Literatur
der Deutschen Demokratischen Republik

KOLLEKTIV FÜR LITERATURGESCHICHTE
IM VOLKSEIGENEN VERLAG VOLK UND WISSEN
Leitung: Prof. Dr. Kurt BÖTTCHER
Redaktion: Dr. Klaus BROSZINSKY
Mitarbeit: Dr. Heinz NEUGEBAUER,
Irmgard NEUGEBAUER, Bernd DREIOCKER
Redaktionsschluß: 17. Februar 1986

LITERATUR der Deutschen Demokratischen Republik

Einzeldarstellungen

von einem Autorenkollektiv
unter Leitung von
Hans Jürgen Geerdts
und Mitarbeit von
Hannelore Prosche

Band 3

Volk und Wissen
Volkseigener Verlag Berlin
1987

Autoren des Bandes

Dr. Simone BARCK, Berlin
Dr. sc. Christel BERGER, Berlin
Prof. Dr. Hans Joachim BERNHARD, Rostock
Prof. Dr. Rüdiger BERNHARDT, Halle-Neustadt
Dr. sc. Mathilde DAU, Berlin
Dr. Jürgen ENGLER, Berlin
Dr. sc. Michael FRANZ, Berlin
Dr. Wolfgang GABLER, Rostock
Prof. Dr. Hans Jürgen GEERDTS, Greifswald
Jürgen GRAMBOW, Rostock
Dr. Michael GRATZ, Greifswald
Dr. sc. Peter GUGISCH, Berlin
Dr. Michael HÄHNEL, Berlin
Dr. Ingrid HAMMER, Leipzig
Dr. Klaus HAMMER, Berlin
Dr. Christel HARTINGER, Leipzig
Prof. Dr. Walfried HARTINGER, Leipzig
Prof. Dr. Dieter HEINEMANN, Halle
Dr. sc. Frank HÖRNIGK, Berlin
Dr. Ulrich KAUFMANN, Jena
Dr. sc. Gudrun KLATT, Berlin
Dr. Gabriele LINDNER, Berlin
Heinz LINKE, Leinefelde
Dr. sc. Gunnar MÜLLER-WALDECK, Greifswald
Dr. sc. Reiner NEUBERT, Zwickau
Prof. Dr. Werner NEUBERT, Kleinmachnow
Dr. Marlis SAILER, Halle
Dr. sc. Jochanaan Christoph TRILSE, Berlin
Dr. Sigurd SCHMIDT, Rostock
Holger J. SCHUBERT, Halle
Dr. Heinz-Jürgen STASZAK, Rostock
Dr. Wolfgang THEML, Jena

ISBN 3-06-102541-3

Inhalt

Anhang

Vorbemerkung

Der dritte Band „Literatur der DDR. Einzeldarstellungen" vervollständigt die bisher publizierten zwei Sammlungen von Autorenporträts. Da der Auswahl auch hier wiederum vom Umfang her Grenzen gesetzt sind, kann nicht ausbleiben, daß nach wie vor noch dieser oder jener Autor vermißt wird. Der eine oder andere Name hätte durchaus durch einen anderen „ersetzt" werden können. Einige Autoren – so Werner Bräunig, Günter de Bruyn, Kurt David, Irmtraud Morgner, Siegfried Pitschmann, Ruth Werner – fehlen wirklich, sie fehlen, weil die in Auftrag gegebenen Beiträge nicht geliefert wurden. Was für die ersten Bände der Serie „Literatur der DDR. Einzeldarstellungen" galt, gilt auch für den dritten: Persönlichkeit und Schaffen von Schriftstellern, die durch ihr Werk einem breiten Publikum bekannt geworden sind, werden von Literaturwissenschaftlern unterschiedlicher Handschrift vorgestellt. Daß sich dabei in den Texten die Verbundenheit des jeweiligen Wissenschaftlers mit ‚seinem' Dichter spiegelt, betrachten wir als Vorzug.

Eine Sammlung von Autorenporträts kann keine Literaturgeschichte sein. Insgesamt – zumal ältere wie jüngere Schriftsteller vorgestellt werden – aber bildet sie auch den Literaturprozeß ab, verweist auf Wandlungen im geschichtlichen Wesen der DDR-Literatur.

Der Bezug zum weltgeschichtlichen Prozeß ist für den Schriftsteller Voraussetzung für das Erfassen wesentlicher gesellschaftlicher Phänomene; er ist bedeutsam für das literarische Schaffen. Einem Autor, der in der Lage ist, seine künstlerische Idee mit wesentlichen geschichtlichen Vorgängen zu verbinden, ist der Zugang zu ‚großer' Gestaltung offen. Dies allein freilich garantiert nicht das Hervorbringen meisterlicher Werke, wohl aber, in einem gewissen Kontext und in einer gewissen Weise, die gesellschaftliche Bedeutsamkeit des literarischen Werks. Der gesellschaftliche Auftrag der Literatur realisiert sich im jeweiligen Entdecken des „prägnanten Punktes" (J. R. Becher) – Ergebnis eines meist komplizierten und vielfältigen schöpferischen Widerspiegelns der Wirklichkeit: Im Besonderen wird das Allgemeine sichtbar, auch das Individuelle des Autors, seine Subjektivität.

Die sozialistische Literatur der DDR hat unter diesem Aspekt längst ihre eigene und originäre Geschichte. Sie darzustellen ist nicht nur interessant, weil es sich um die Geschichte und Literaturgeschichte eines jungen sozialistischen Landes handelt, sondern auch, weil daran Gesetzmäßigkeiten nationalliterarischen Werdens unter sozialistischen Bedingungen beispielhaft erforscht werden können.

Die Bände der „Einzeldarstellungen" – auch dieser neue, dritte – bestätigen den antifaschistisch-antiimperialistischen Grundcharakter der Literatur der DDR, und sie verdeutlichen ihren spezifisch nationalen Beitrag zur sozialistischen Weltliteratur.

Große Werke der antifaschistischen Literatur standen an ihrem Beginn – Werke klassischen Rangs, die zum unvergänglichen geistig-kulturellen Besitz wurden. Im Kampf gegen den Faschismus erwuchsen sie aus der Verantwortung für das „andere" Deutschland. Als die sozialistische Republik entstanden war, sich entwickelte, blieb dieser geschichtliche Auftrag in jeder Periode des literarischen Wachstums gewahrt. Jede neue Schriftstellergeneration brachte Werke hervor, die der Abrechnung mit Faschismus und Krieg galten – eine Kontinuität, die auch außerhalb der Grenzen der DDR große Beachtung findet. Zum anderen reagierten die Schriftsteller der DDR immer wieder auf die eigene Entwicklung, auf Veränderungen, spürten Neues (und Altes) in den Beziehungen zwischen Individuum und Gesellschaft auf und leisteten damit einen spezifischen Beitrag zur Ausprägung sozialistischer Literaturen. Beide Wesensmerkmale waren stets unlösbar mit der Verteidigung des Friedens verbunden; das betrifft Dichtung wie Publizistik. Hierbei konnten nationale Erfahrungen zur Geltung gebracht werden, die in den Jahren zwischen 1933 und 1945 gewonnen wurden, Erfahrungen, die alle Veränderungs- und Wandlungsprozesse der sozialistischen Gesellschaft der DDR grundlegend bestimmten und bestimmen. Gerade Werke, die diese besondere Leistung der DDR-Literatur belegen und so deren Beitrag am weltliterarischen Fonds bezeugen, haben internationale Aufmerksamkeit erregt.

Solche Kontinuität geht mit einer bemerkbaren Diskontinuität einher, die nicht einfach aus dem Wechsel der Generationen resultiert – obgleich jede Generation ihre eigenen Geschichtserfahrungen gewinnt und sie in ihrer Weise artikuliert. Ihr Ursprung liegt in den gesellschaftlichen Veränderungen, den jeweils neuen Lebensverhältnissen. Sie verändern auch die feinen, oft widersprüchlichen literarischen Reflexionen über konkrete Wirklichkeit.

Den Literaturprozeß nach 1945 prägten vor allem ältere erfahrene Schriftsteller, die an ihr Exilerlebnis anknüpften und bestrebt waren, die veränderten nationalen und sozialen Verhältnisse in ihren Werken zu erfassen. Johannes R. Becher, B. Brecht, A. Seghers, A. Zweig und andere schufen damit die Grundlagen einer neuen, sozialistischen Dichtung, die zunehmend auch eine neue Qualität der Autor-Leser-Beziehungen erkennen ließ. In den fünfziger und sechziger Jahren bildeten dann Schriftsteller wie Kuba, Stephan Hermlin, Franz Fühmann, Hermann Kant, Erik Neutsch, Christa Wolf und viele andere ihr spezifisches künstlerisches Programm aus; sie bereicherten auf vielfältige Art das literarische Bild von der entstehenden sozialistischen Gesellschaft. Diese Autoren, zu denen zahlreiche jüngere hinzutraten, artikulierten, nachdem sich in den siebziger Jahren die entwickelte sozialistische Gesellschaft durchgesetzt hatte und neue Lebensprobleme sichtbar geworden waren, ihre gesellschaftlich-ästhetischen Einsichten in höchst differenzierter Weise. Vor allem die jüngeren Schriftsteller konnten und wollten oftmals nicht einfach am Vorbild der älteren anknüpfen. Ausgehend von gemeinsamen Grundauffassungen wurden sie von anderen, neuen Erlebnissen inspiriert. Ihr Leben war anders verlaufen als das jener, die noch den Ersten Weltkrieg erlebt hatten und die Klassenkämpfe des Proletariats vor 1933. Auch ihre Verflochtenheit mit Erscheinungen des bürgerlichen Bewußtseins mußte sich anders ausdrücken, wurde auf eine in vielem gänzlich veränderte, von ihnen mitgestaltete Welt bezogen. Die Fronten erschienen ihnen klarer in ihren Konturen, teils aber auch unschärfer, komplizierter. Daß in diesen und späteren Kämpfen Kräfte der antikommunistischen Reaktion mitzumischen suchten, konnte nicht überraschen.

Ende der sechziger Jahre begann ein Prozeß, der sich bis

in unsere Tage fortsetzt: Die Verästelung der literarischen Methoden wie der Leseerwartungen. Zwar erschienen zahlreiche Bücher, die eine gewisse Universalität in der Publikumswirkung bezeugen, es überwog jedoch der Differenzierungsprozeß. Mit der ästhetischen Emanzipation der Schriftsteller und des Publikums wandelten sich literarische Strukturen; Überkommenes wurde nicht ohne Widerspruch akzeptiert, neue Kommunikationsbeziehungen zwischen Autoren und Lesern bildeten sich heraus. Von diesen Veränderungen wurden natürlich auch Literaturkritik und -wissenschaft ergriffen. Der bald einsetzende intensive theoretische Meinungsstreit hält an.

In früheren Jahren erwarteten die Leser von der Literatur vor allem Aufklärung über die Wirklichkeit, reagierten positiv auf Belehrung. Heroische Vorbilder wirkten, das Verhältnis zwischen Freund und Feind wurde auf seine Grundvoraussetzungen zurückgeführt: Der Klassenkampf erzwang harte Entscheidungen; revolutionäre Phasen und Ereignisse der deutschen und internationalen Geschichte wurden als historische Zeugen aufgerufen. Gewiß, dies und anderes bestimmte das Bild der frühen DDR-Literatur nur in einigen ihrer Hauptzüge, aber diese waren augenfällig. Sie änderten sich in den sechziger Jahren, als die neue Wirklichkeit der sozialistischen Republik Schritt für Schritt entdeckt wurde; frühe Euphorie und antizipatorischer Idealismus wichen realer künstlerischer Analyse, die sich auf aktuelle Situationen und Konflikte, Widersprüche bezog. Die Schriftsteller widmeten sich zunehmend der Problematik einzelner sozialer Phänomene und entdeckten die Merkmale einer historisch neuen Lebensweise, die sich unter Widersprüchen ausformte. Dieser Vorgang entsprang dem dynamischen Verhältnis von realen Daseinsbedingungen und ihrer bewußten und aktiven Aneignung, eine Spannung, welche die Schriftsteller aktivierte, auf die Richtung von Bewußtseinsvorgängen, auf individuelles Bewußtsein einzuwirken. Immer stärker drängte sich dabei das Behandeln und Verhandeln von moralischen Problemen vor, wobei sich der Autor als Partner seiner Leser verstand, als einer, der Vorschläge unterbreitet. „Umverteilung von Erfahrung“ nannte Hermann Kant diesen künstlerisch-ideologischen Prozeß.

VORBEMERKUNG

Geschichtliche Entwicklung ist stets begleitet von Gewinn und Verlust. Mit der ästhetischen Erschließung neuer Lebensbereiche ging in den letzten Jahren ein tieferes Ausloten der Problematik der wissenschaftlich-technischen Revolution einher; auch neue soziale Wertvorstellungen wurden entdeckt und diskutiert oder – in erweitertem Ausmaß – allgemeine Daseinsgesetze in ihrem naturhaften Ursprung verfolgt. Viele Autoren grenzten sich schärfer von spätbürgerlicher Lebensangst, von Weltpessimismus und Untergangsstimmung ab, ohne die unsere Welt bedrohenden globalen Probleme zu verkleinern. Auf der festen Basis des sozialistischen Internationalismus verfochten sie eine Haltung, die Voluntarismus ebenso ausschließt wie selbstgefällige Zufriedenheit mit dem Erreichten. Kritisches Herangehen an Widersprüche nahm deutlich zu, aber auch selbstkritische Tendenzen wurden verallgemeinert. Zu dieser wesentlichen Erscheinung im Gesamtbild der Literatur dieser Phase trugen zahlreiche Schriftsteller entschieden bei – Dutzende von Namen wären zu nennen.

Zugleich gab es in den siebziger Jahren Einbußen. Einige Autoren gerieten zwischen die Fronten des Klassenkampfs, erlagen dem Phantom einer abstrakt humanistischen und gesamtdeutschen Literatur, ja, sie verließen die sozialistische Republik. Keiner von ihnen war bis heute in der Lage, sich aus dieser, seiner Krise zu befreien. Andere Autoren hatten Schwierigkeiten mit dem Verständnis des Verhältnisses von Individuum und Gesellschaft, der Dialektik von Bestimmung und Selbstbestimmung. Es entstanden so auch Unsicherheiten in den Beziehungen zur Tradition, und es kam zum Verlust an sozialistischer Parteilichkeit.

Das Gros der Schriftsteller fand, ausgehend von seiner Bindung an den Sozialismus, zu erweiterten ideologisch-künstlerischen Positionen. Es wurde erkannt, daß gesteigerte Subjektivität die Erweiterung des weltanschaulichen Standpunktes, ein erhöhtes Verantwortungsbewußtsein fordert. Die notwendige Klärung der diskutierten Probleme erfolgte im Dialog mit der Literaturkritik und den Disziplinen der marxistisch-leninistischen Gesellschaftswissenschaft wie den Einzelwissenschaften. Die meisten Autoren folgten den wissenschaftlichen Impulsen und erreichten ein höheres Niveau ihrer vorwiegend aufs Praktisch-Künstlerische bezogenen theoretischen Anstrengungen. Das führte zur Erweiterung literarischer Konzeptionen, zur stärkeren Bindung an die historische Perspektive.

Über die Analyse von Charakteren, Haltungen und Handlungen gelangten zahlreiche Schriftsteller zu bemerkenswerten Aussagen zum revolutionären Weltverständnis. Gerade auch durch das Vermitteln der „kleinen Welt" wurde für das Publikum der Kampf der Gegensätze durchschaubar, wurden Wertvorstellungen vermittelt und nachvollziehbar. Es gehört zu den herausragenden Ergebnissen der siebziger und achtziger Jahre, daß in vielfältiger Weise Geschehnisse und Gestalten des Alltags mit ihren moralischen Ansprüchen den Lesern nahegebracht wurden. Wie Menschen miteinander umgehen und wie der einzelne zu menschenwürdigen Haltungen findet und sie durchsetzt, das sind zentrale Fragen einer Literatur der entwickelten sozialistischen Gesellschaft. Man könnte es mit Bezug auf das Ziel des Menschheitskampfes auch literarisches Erkunden der Schritte, Schwierigkeiten und Erfahrungen, bei der „freien Entwicklung eines jeden" (Marx/Engels: Werke. Bd. 4. S. 482) nennen. Durch die vorrangige Orientierung auf elementare moralische Haltungen – Ehrlichkeit, Verständnis, Vertrauen – konnten jedoch auch wichtige Vermittlungsglieder zwischen moralischen Wertvorstellungen und den realen Anstrengungen und Bedingungen beim Aufbau des Sozialismus und Kommunismus außerhalb des Gesichtsfeldes bleiben.

Kontinuierlich entfaltete die DDR-Literatur ihren Internationalismus. Vor allem die Sowjetliteratur vermittelte mit neuen Werken wesentliche Anregungen; zugleich wurde das Echo auf politische und literarische Vorgänge in Europa und über Europa weit hinaus größer – Afrika, Asien, Südamerika rückten stärker ins Blickfeld, der weltweite antiimperialistische Kampf in Übersee führte zum geistigen Austausch, zu einem erweiterten und vertieften Geschichtsbewußtsein.

Zahlreiche Werke der letzten fünfzehn Jahre – nicht nur historische Romane oder Dramen – erwuchsen aus dem Bestreben, ältere und jüngere Vergangenheit auf das Hier und Heute zu beziehen; diese historische Dimension prägte zahlreiche gegenwartsgeschichtliche Bücher, vertiefte überhaupt die Dialektik von Vergangenheit, Gegenwart und Zukunft quantitativ wie qualitativ in der sozialistischen Literatur der

DDR. Der Bogen war weit gespannt. Uralte Mythologie wurde durchleuchtet und vermittelte Impulse bei der Behandlung von Gegenwartsfragen. Aber auch die jüngere Vergangenheit bot Stoff für Selbstverständigung, für das Hineinwachsen in den Sozialismus. Besonders die Jugend griff nach Büchern, die, die komplizierten Geschichtsprozesse vor und nach 1945 nachvollziehend, sich mit dem „gewöhnlichen Faschismus" auseinandersetzten und auch beschrieben, wie sich einzelne, stellvertretend für die vielen, aus Verblendung durch die faschistische Ideologie wie (späterer) Untergangsstimmung lösten.

Gewiß waren die genannten Vorgänge nicht neu. Schon früher hatte die sozialistische Literatur an ihnen wesentlichen Anteil. Das Neue ergab sich aus der Vielfältigkeit und Differenzierung, auch aus dem Bestreben, originäre Strukturen auszubilden. Mehr als in früheren, an großen Kunstleistungen nicht armen Perioden, wurde im ganzen ein höheres Niveau erreicht. Das entsprach auch der tieferen Erkenntnis über den Zusammenhang von Kunst und sozialistischer Gesellschaft. Die zahlreichen Debatten, die geführt wurden, kreisten oft um die Frage, wie denn Kunst in der Gesellschaft funktioniere, welche Eigenarten sie gegenüber anderen Möglichkeiten der sozialen Kommunikation auszeichneten. Daß hierbei auch die besondere Aufgabe des Künstlers, des Schriftstellers, präziser zu formulieren sei, dies Erfordernis fand überall Anerkennung.

So setzten manche Autoren neu an, um die Subjektivität des künstlerischen Schaffens zu bestimmen, über die Existenz des Dichters zu reflektieren. Dies geschah in vielen Formen, in Essays, Aufsätzen, erzählerischer Prosa wie im Gedicht. Die durchaus verschiedenen Meinungen forderten auch poetische Polemik heraus. Einig war man sich jedoch über das Grundlegende in den Wertvorstellungen, in dem, was für grundsätzlich erstrebenswert gehalten wird und was abzulehnen ist, und darin, daß der künstlerisch schöpferische Mensch verpflichtet ist, sich den großen Lebensproblemen zu stellen und im Friedenskampf das Wort zu ergreifen. Direkt in die Literatur kam das Thema Frieden vor allem durch die neue Qualität der Behandlung des antifaschistischen Stoffes, die sich in vielen Werken der siebziger Jahre äußerte. Frieden – begriffen als

Fähigkeit, freundschaftliche Beziehungen mit allen Völkern zu halten, sich Rassen- und Völkerhetze zu widersetzen, faschistische und nationalistische Demagogie zu durchschauen und zu bekämpfen, aus der Geschichte zu lernen – in den literarischen Werken auch der achtziger Jahre wurde dies mit eindrucksvollen Geschichten und Gestaltungen fortgesetzt und vertieft.

Nachdenken über Poesie und ihre Wirkungen heißt auch neue Inhalt-Form-Beziehungen erörtern. Ein Kennzeichen der gegenwärtigen Literatur ist ihr Reichtum an Gattungsstrukturen. Diese Entwicklung ist begleitet von einer Erweiterung der Traditionsbeziehungen – Ergebnis einer kritischen Sichtung des Erbes und Neuansätzen zu seiner Nutzung (das betraf zum Beispiel Antike, Mittelalter, Romantik, Expressionismus). Das blieb nicht ohne Einfluß auf das künstlerische Niveau der epischen, dramatischen und lyrischen Strukturen. Zu enge Grenzen zwischen den Formen sind längst gesprengt. Nicht Verlust, sondern Gewinn erbringt die ‚Lyrisierung' von Dramatik und Epik, die ‚Dramatisierung' der Prosa oder die ‚Episierung' der Lyrik. Vielfältiger zeigt sich der Umgang mit den literarischen Mitteln und Methoden, was die Kommunikation mit dem Leser fördern, aber auch einschränken kann. Experimente – nicht immer gelungen – können da nicht ausbleiben; nicht ausbleiben kann auch die Forderung nach dem mitdenkenden Leser.

Mit diesen Überlegungen verbinde ich den Dank an alle, die an dem Band mitgewirkt haben; zu danken ist vor allem dem Kollektiv für Literaturgeschichte und besonders Dr. Klaus Broszinsky und Dr. Heinz Neugebauer; sie haben wesentlichen Anteil an seinem Zustandekommen und seiner Gestaltung.

Hans Jürgen Geerdts

Christel und Walfried Hartinger

Heinz Czechowski

Im Nachdenken über den Beitrag, den er in das Ensemble der Literatur, in die Lebensverständigung durch Literatur einbringen kann, hat Heinz Czechowski (geb. 1935) für sich die Maxime gefunden: „Was ich, um das große Wort zu Hilfe zu nehmen, als meinen Auftrag oder als poetische Konfession empfinde: die Momente, da die Dinge mich berühren, betreffen, mich angehen [...] immer als Schnittpunkte zu begreifen und zu fixieren, an denen die Elemente des gewesenen und gegebenen Lebens sich kreuzen. Diese Zusammenstöße, das ist das Erlebnis und zugleich die Mitteilung [...]".[1] Diese Formel faßt die Art der lyrischen Aneignung von Wirklichkeit, aber auch eine grundsätzliche Haltung zu ihr, der Autor erweitert daher auch den Gedankengang: „Da ich jetzt hier zu leben habe, gern aber an vielen Orten, zu vielen Zeiten leben würde, möchte ich diese Erfahrung immer wieder machen, ich betone: diese Erfahrung, wie sich die Dinge in uns stoßen, nicht im Raum, wie Schiller sagt, in uns."[2] Auf die Frage nach solchen prägenden Zusammenstößen antwortete Heinz Czechowski: „[...] seit ich schreibe, wirkt dies über zwei Komponenten: über die Wirklichkeit, aber auch über die Literatur, die Kunst, und ich würde beides in ihrer Einwirkung nicht trennen. Literatur hat mir das Wahrnehmen von Realität geschärft, mich diese intensiver beachten lassen als in der Zeit, da ich Dichtung eigentlich nicht kannte [...]".[3] So geartete poetische Intention bedarf eines weiten Erfahrungs- und Wissenshorizontes: Der Dichter muß, im Sinne Georg Maurers, wissen, „was die Menschen – und nicht nur die Dichter – bisher an den Dingen gesehen, gefühlt, geschmeckt, gerochen, aus ihnen heraus gehört haben", wenn er den eigenen Reflex kennzeichnen will. Daher ist bei diesem Autor nicht nur ein längerer Reifevorgang zu beobachten, auch der Einsatz vielfältiger literarischer Verfahren – Essay, Prosa, Nachdichtung, Herausgabe – ist zu beachten, der ihm die Möglichkeit bot, das Spektrum aktiver Weltbeziehungen durch die der Vorgänger und Zeitgenossen zu komplettieren

Der vierte Doppelpunkt in der spontan begonnenen Rede läßt uns vernehmen: der Gedanke bemächtigt sich des Bildes, die Erwägung setzt die Betrachtung in Gang, der gelegentliche Eindruck bringt beständigere Ansichten über die Wirklichkeit zur Sprache. Jetzt in den Sinn kommende, aber bereitstehende Feststellungen lassen die lyrische Gestalt die Dissonanz zwischen der schönen Ansicht der Landschaft, ihrer „konkreten Mannigfaltigkeit", dem lebendigen „Weitergehen" des Lebens und der täglich präsent gemachten Bedrohung all dessen schmerzlich empfinden. Die innere Debatte hält sich nicht mehr zurück: der Betrachter muß von einem Geschehen innerhalb des überschauten Landes sprechen, das ihn offensichtlich schon lange und drückend beunruhigt, so, daß er es mit bitterer Treffsicherheit personifiziert:

> Mein Gott, und der Beton
> Frißt sich weiter und weiter
> In die Altstadt hinein:
> In die Abrißviertel der Leute,
> Die von der gestundeten Zeit reden,
> Um zu vertauschen Außenabort und Rattenplage
> Gegen Dusche mit Innenklosett. Dazwischen
> Steht schwarz noch und schweiget
> Der Rote Turm [. . .][7]

Schon jene Klammer zum Petersberg („von Goethe bestiegen") machte darauf aufmerksam, daß wir einen kulturgeschichtlich Kundigen hören; das Bild des „schwarz noch und schweigend" stehenden „Roten Turms", überkommene Liedzeilen variierend, verstärkt die Vorstellung, daß er diesen Prozeß zunehmenden Zivilisationswohlstandes von weither kommen sieht und um den „Preis" – die Reduzierung, das Verschwinden alter kultureller Werte – weiß. Er beklagt dies aber nicht in elegischer Pose, er bekennt realistischen Geschichtssinn:

> [. . .]
> Alles
> Hat seinen Preis, auch der Fortschritt.
> Ich zieh einen Schlußstrich
> Unter alle Philosophie:
> Denn der altehrwürdige Dom
> Zerfällt sowieso, und die Türme
> Von St. Marien werden vielleicht eines Tages
> Nur noch auf einem Bild

unmittelbar erfahren läßt, in welcher Situation, unter dem Eindruck welcher Geschehnisse das lyrische Subjekt sich mitteilt –, die im „Abendblatt"-Text beobachtete Sprechweise ist schon zu erkennen. Das lyrische Subjekt stellt sich meist als erlebenden Menschen in Begegnungen mit der landschaftlichen Natur, mit der Stadt und ihren Stätten, mit der Geliebten, den Freunden vor, sieht sich selbst als Gestalt in der „Szenerie". Es wird der Anschein erweckt, als geschähe der Bericht in dem Moment, da sich der Sprechende in der ihm Erlebnis bedeutenden und Erfahrung bewußt machenden Gelegenheit befindet. Die präsentische Wiedergabe der Vorgänge und der subjektiven Reflexe überwiegt in diesen Versen. Dem Leser oder Zuhörer bleibt durch solche Kundgabe die Betroffenheit der lyrischen Gestalt „nachprüfbar", wird die Bekanntschaft (Übereinstimmung oder Auseinandersetzung) mit ihr erleichtert. Anblick und Berührung, Geräusche und Düfte: vornehmlich über die im Text registrierten sinnlichen Wahrnehmungen erarbeitet sie sich, ob allein unterwegs oder mit der Geliebten beim Spaziergang am Fluß, ob hoch über der Stadt lagernd, in Erwartung des Wiedersehens oder im nächtlichen Bahnhofsmilieu, nach Abfahrt und Trennung, die sie damals betreffenden, erworbenen oder erstrebten Inhalte und Fragen ihres Lebens. Sich ihrer zu vergewissern und sie als wesentliche Werte des menschlichen Daseins anderen zu vermitteln, darin sind Motivation wie Konzeption des lyrischen Sprechens, ist das Grundmuster der frühen Gedichte zu sehen. In der Entstehungsphase des ersten Bandes orientierte am Leipziger Literaturinstitut „Johannes R. Becher" ein Lehrer die schriftstellerischen Anfänge auf ein Verständnis des Gedichts, das „die Qualität des Lyrischen [...] unmittelbar spürbar" findet „im Grad der Spannung, der wir [im Gedicht – d. Verf.] ausgesetzt werden. Die Spannung, wird erreicht durch die radikale Erhebung jedes Besonderen ins Allgemeine. Es ist dies die spezifisch lyrische Verhaltensweise in der Welt. Das Subjekt ist von einem besonderen Gegenstand derart ergriffen, als wäre er alles. Der subjektiven Ergriffenheit wird unmittelbar Sprache verliehen, unaufschiebbar."[10] Georg Maurer, der lehrende Dichter, dessen kunsttheoretische und poetologische Auffassungen aus der lebenslangen eigenen künstlerischen Produktion erwachsen waren, vermochte über seine eigenartige Autorität offensichtlich vor allem ein Talent zu formieren, wie es damalige Texte Heinz Czechowskis erkennen ließen.

Auch in dem 1967, nur zwei Jahre nach der ersten Publikation vorgelegten Gedichtband *„Wasserfahrt"* strukturiert sich die lyrische Mitteilung in der Tendenz über die unmittelbar annotierte oder indirekt über Titel, über inhaltliche Faktoren erschließbare punktuell-situative Veranlassung, über die anschauende Gestalt und einen daran gebundenen Redegestus. Entweder signalisieren Titel wie „Ode auf eine Motorradfahrt", „Flug", „Betrachtung einer Stadt", „Auf eine im Feuer versunkene Stadt", „Blick durch die Gärten: Novemberschnee", „Gewitter über Berlin", „Wasserfahrt", „Reisen" solches Anschauen, oder es wird über den im Text erwähnten Standort erschließbar:

Pappeln
Gespinst aus Rauch,
Das sich niedersenkt
Auf die Ebene [. . .]
Ich nehme mit mir
Im Rollen der Räder,
Donnernd über Beton,
[. . .] den
Anblick von Pappeln: [. . .][11]

Im Gedicht *„Rilski Monostir"* lesen wir:

Terrassen des Lichts
Über grünenden Ebenen, Flußtälern, weit,
Bis ein Dörfchen
Den Blick uns verstellt [. . .][12]

Aber der Eindruck formuliert sich in den Gedichten dieses Bandes nicht mehr im „unbedacht" notierten Bild. Das Assoziieren, Erwägen, Vergleichen, Werten- die vorgeführte bedenkende Bearbeitung des Gesehenen bricht die Oberfläche der Erscheinungen auf. Die Mitteilung zielt nicht mehr auf das in der ‚Nachzeichnung' der Phänomene gleichsam ihnen nur an-zu-sehende Wesentliche: Jetzt sind die Aktion ihrer Befragung, die Suche nach ihrer Bedeutung Material und Botschaft der lyrischen Rede ineins.

Während im ersten Band meist metrisch regelmäßig gebundene Verse den impulsiven Ausdruck im Dienste der Deutung disziplinieren sollten und der oft demonstrierenden, ja aufklärerischen Geste der lyrischen Gestalt entsprachen, erlauben nun unregelmäßige Strophen, der freirhythmische Vers der lyrischen Rede ungehindert Bewegung und Ausmaß.

In dieser ästhetischen Bemühung um die eigenständige Durchdringung von Anschauung und Abstraktion, von Kennzeichnung der Phänomene und deren Deutung wirkte sich, neben dem Schaffen Peter Huchels, die sowohl im Vers thematisierte als auch im Essay oder gesprächsweise immer wieder offenbarte Affinität zu Friedrich Hölderlins Dichtung folgenreich aus. Im Zusammenhang mit seiner Sicht des „hohen Stils" in den Gedichten Erich Arendts bestätigte der Autor diesen Traditionsbezug: „Es mag merkwürdig anmuten, aber den Einstieg zu Hölderlin möchte ich über ein anderes, abwegig erscheinendes Gedicht vollziehen, über Brechts großen Text ‚An die Nachgeborenen'. Er hat für mich den ‚modernen' Hölderlin-Ton. Ich nenne diese Dichtung Brechts, weil sich in mir etwas erschloß von dem, was ich für Hölderlin kenntlich machen möchte: Es gab ja auch eine Faszination, die von Klopstocks Oden rührte, und die für Braun und mich und auch für andere gegeben war. Aber Klopstock, zu dem sich Hölderlin eindeutig bekannte, hat einen hohen, einen abstrakten Ton; seine Oden sind, wenn man verkürzt sagen sollte, moralisierend, während Hölderlin die Form seines Ausdrucks auf sein Maß gebracht hat, auf das Individuum Hölderlin, und damit den lyrischen Ausdruck individualisierte. Und hier liegt die Quelle dessen, warum uns Hölderlin heute näher ist. Hinzu kommt das, was wir heute Engagement nennen, das Klopstock sicher auch hat, aber bei ihm bleibt es so hoch getrieben, daß es fast unglaublich für die subjektive, die lyrische Mitteilung wird. Hölderlin dagegen hat sich [...] über den von ihm entwickelten Sprach- und Sprechmodus die Möglichkeit geschaffen, das Gedicht mit all den von ihm gleich weit gespannten überpersönlichen Belangen und Dimensionen in die individuell wahrhaftige, bei aller Repräsentanz wahrhaftig bleibende Äußerung hinauszuführen."[13]

Daß in die Prosa Heinz Czechowskis auch Gedichte eingefügt (so in „Von Paris nach Montmartre")[14], für die Prosa-Sammlung („Herr Neidhardt geht durch die Stadt") ebenso ursprünglich als (epische) Gedichte notierte Texte beachtet werden („Gedenkblatt für U. G.")[15], daß eine zunächst im

Essayband[16] eingeordnete Arbeit („Und eine Stimme springt von den Hügeln")[17] in die Prosapublikation hinübergenommen, in den essayistischen Studien vornehmlich über Lyrik befunden wird und sich in all diesen Veröffentlichungen gleiche oder verwandte Gegenstände begegnen –, dies verweist hinlänglich auf die einheitliche künstlerische Subjektivität. Darüber hinaus aber kann festgestellt werden, daß in allen Texten die Person des Autors anwesend ist und Czechowskis Interesse von jener einheitlichen künstlerischen Konfession aus arbeitet. Wird in den Essays die Aufmerksamkeit vor allem jenen Autoren zugewandt, die den behandelten Stoff als historischen Raum begreifen (z. B. Wulf Kirsten), die bestätigen, „daß sich im begriffenen geschichtlichen Augenblick die ganze Menschheitsgeschichte besser begreifen läßt und nun je fruchtbarer für uns wird, je mehr wir die Gegenwart erkennen mit ihren unauswechselbaren Problemen"[18] oder die einen Stil ausprägen, der „zeitlich und räumlich Entlegenes, subjektive Empfindung und Anschauung zusammen(bringt)"[19], so springt auch in den Prosastücken die vorrangige Beschäftigung des Autors mit historisch-kulturhistorischen Gegenständen sofort ins Auge: den *„Landschaften und Porträts"* zu Dresden und Halle sind „Notizen zu Weimar", zu „Radebeul, Oberlößnitz", zu „Herrenhut" oder „Rimsingen" zugeordnet; neben Mathis Neithardt, den wir unter Matthias Grünewald kennen, wird die Dresdner Malerin Gussy Hippold charakterisiert; wir finden Studien zu „Mendel und Bruckner", zur Begegnung mit Claire Goll in Paris ...

Ist das „Verfahren des poetischen Geistes" identisch, die Stoffwahl gleichsam aus einem Griff, so müssen dennoch Differenzierungen zwischen epischer und essayistischer Aneignung einerseits und lyrischer andererseits bemerkt werden. Die Kritik hat darauf hingewiesen, daß der Widerspruch zwischen der Sensibilität sichtbaren Zeugnissen der Geschichte gegenüber und der großen Empfindlichkeit für den Alltag „eines von Czechowskis stärksten Motiven (ist), zu dessen Entfaltung der Weg durch die Prosa nötig war."[20] Kann dieses Argument auch nicht von der Hand gewiesen werden, so begründet sich der Gattungswechsel doch eher zwingend dadurch, daß der Autor zur Ergänzung der lyrischen Versuche geradezu die Prosa dann braucht, wenn die Fülle und Disparatheit der authentischen Fakten und Gefühlsanstöße der Anstrengung des Materials bedarf, wenn der naheliegende Stoff durch geistige Anstrengung auf *Distanz* gebracht und ins Kontinuum der Individual- wie Menschheitsgeschichte gestellt werden muß. Für die Wandlung von „Erlebtem zu Gedachtem“[21] – von Dresdner Kindheitseindrücken, autobiographischen Wegstationen, Künstlerbegegnungen, Landschafts- wie Reiseimpressionen zu geistiger Durchschau und philosophischer, kultursoziologischer Bilanzierung – eignet sich deshalb vorzüglich der Essay, da in ihm gegenwärtige und vergangene Existenz der Persönlichkeit, Vorgeschichte, Gegenwart und perspektivische Vorstellung über den diskursiv sich bewegenden Intellekt verschmelzbar sind: viele Prosastücke Heinz Czechowskis lesen sich daher auch eher als Essay denn als Erzählungen oder Reise-Bücher.

Im folgenden sei akzentuiert beobachtet, durch welche Weiterung wie Vertiefung der inhaltlich-ideellen Substanz sich die im Lyrikband „Wasserfahrt“ deutlich gewordene modifizierte Handhabung seiner durchgängig verwandten Methode einstellte. Darin bleibt eine eingreifende Veränderung anzunehmen, die seit Mitte der sechziger Jahre bis in die gegenwärtige Arbeit offensichtlich produktiv und tragfähig geblieben ist.

Die in den Schlußversen des Gedichts *„Abendblatt“* indirekt zitierte Metapher vom „Schlaf der Welt“ drängt uns, das „wir“, in dessen Namen die lyrische Gestalt um ein „schreckliches Erwachen“ fürchtet, nicht nur als Verbundenheit mit dem Freund zu verstehen –, der Mensch, die Menschen, Menschheit und Welt sind inbegriffen. Die Besorgnis umfaßt nicht allein jene Stadt Halle, kulturelles Gut im besonderen, sie umfaßt unsere Kultur überhaupt als geschichtlich gewachsene Art und Weise der Menschen, ihrer Natur gemäß zu leben. Darüber im Gedicht zu sprechen, gehörte und gehört zum Programm des Dichters Heinz Czechowski. Unüberhörbar seit Ende des Zweiten Weltkrieges, besonders eindringlich in unserem Jahrzehnt, mußte sich jene jahrhundertealte Beunruhigung, die in den Künsten über die Diskrepanz zwischen jeweils realen Zuständen und dem für menschliches Leben erforderlichen Maß humaner Qualität bekundet wird, zu solcher Spannweite ausdehnen – zur Sorge um die *Existenz* der *Gattung*. Daß solche Sorge eigentlich aller in unserem

Land publik gemachter Literatur allgemeinste, selbstverständlich gesetzte humanistische Verantwortlichkeit ist, hebt dennoch das charakteristische Moment, das für die Dichtung Heinz Czechowskis zu bemerken ist, nicht auf.

Was in diesem Zusammenhang anzunehmen ist, wenn die Geburtsstadt des Autors, die ihn als jungen Menschen umgebende Realität bedacht wird, bestätigen im Prosa-Band *„Herr Neithardt geht durch die Stadt"* Rückblicke auf biographische und psychologische Momente der Kindheit: Dresdens reicher Glanz, durch Kunstschöpfungen und natürliche Lage gegeben, und Dresdens furchtbare Zerstörung haben den am dörflichen Stadtrand, in wenig bemittelter Familie Aufwachsenden eine schwerwiegende, zwiespältige Erfahrung machen lassen, haben gleichsam eine doppelte Norm aufgestellt. Zeugnisse konstruktiver Fähigkeiten wurden von barbarischer Zerstörung verheert; beides vermag der Mensch. Nach dem Inferno des 13. Februar 1945 mußten sich Furcht und Unruhe festlagern, die alle Entwicklung des jungen Augenzeugen dimensionierten: „Ich hätte ja ebenso gut in einer anderen Stadt geboren sein können, aber ich bin es nun einmal in dieser. Wenn gemeinhin von so etwas wie Schicksal geredet wird: hier überschnitten sich eben, wie an Kreuzungspunkten, Möglichkeiten und Unmöglichkeiten zum Leben [. . .]. Das ist eine Grunderfahrung, auf die ich leider nicht verzichten kann. Dieses Zusammentreffen von geschichtlich determinierten Ereignissen öffnete einem die Augen, wenn man sehen wollte [. . .]. Von dort aus laufen alle Fäden, öffnen sich alle Perspektiven, in welche Richtung ich immer blicke. Es ist das eigentliche Maß, mit dem ich messe."[22]

Der werkgenetische Faden, der von dem späteren „Abendblatt"-Gedicht zurückverfolgt werden kann bis zu den ersten lyrischen Texten aus den endfünfziger, beginnenden sechziger Jahren, legt sich nur scheinbar nicht offen dar. Die literaturgeschichtlich oft festgeschriebene Ansicht, daß die kurz vor oder in der Kriegszeit geborene Generation von Faschismus und Völkermord nicht mehr belastet sei, ist sicher berechtigt insofern, als sie die Söhne und Töchter jener Väter und Mütter waren, die den Krieg, die faschistische Diktatur mitverursacht oder sich nicht dagegen gewehrt hatten. Wenn auch derart nicht am „Dritten Reich", an seinen inneren und äußeren Feldzügen beteiligt, so waren die Jungen aber in den Jahren ihrer wesentlichen Prägung noch unmittelbar davon betroffen, waren jene ungeheuerlichen Vorgänge gleichsam das Negativ-Maß für die Erwartungen und Wertsetzungen ihres Lebens. Die Beunruhigung darüber, was Kriege und die sie hervorbringenden Verhältnisse den Menschen an Potenzen und Mitteln zum Menschsein rauben und zerstören können, ließ diese Generation in den kommenden Jahren so bereitwillig und bedürftig die Angebote zur Humanisierung aufgreifen, die ihr die gesellschaftliche Umwälzung entgegenbrachte. Auch der erste Gedichtband Heinz Czechowskis dokumentiert zum einen, daß diese Jungen Haltungen und Vorstellungen jener Angehörigen der mittleren, älteren Generation teilte, die in der erst begonnenen Umgestaltung alle in ihr allmählich und im widerspruchsvollen Prozeß zu realisierenden humanen Möglichkeiten schon verwirklicht sahen und diese in literarischen Zeugnissen der fünfziger Jahre als helle, konfliktfreie Gegenwart präsentierten. Auch in Czechowskis Gedichten ist eine Lebens- und Handlungswelt entworfen, in der die Menschen das erfahren und tun können, was ihnen gemäß und nützlich ist; das lyrische Subjekt sieht – ohne kritische oder skeptische Distanz – ein Land, in dem Fabriken und Werke, Schornsteine mit ihren Rauchfahnen (!), Kanäle, Brücken und Gerüste, Neubauhäuserzeilen einem einheitlich gesinnten Volk bereitstehen, sich eine bessere Zukunft zu produzieren. Diese industriell bestimmte Stadtlandschaft wird in seinen Versen nahtlos hinübergeführt in ein meist sommerlich gezeichnetes Fluß-, Wiesen- und Hügelpanorama:

> Laßt uns den Sommer feiern!
> Die Ströme durchqueren!
> In Flugzeugen fliegen!
> Nie,
> Selbst in den Jahren blutigen Krieges,
> stand so in den Augen eines Jahrhunderts der Glanz
> Der Sehnsucht nach Frieden: Endlich
> umfassen die Völker die Erde und es ist ein Gesetz,
> das sich durch sie erfüllt, daß nie die Kühle Berechnung
> die Erde mit ihrer Schönheit zersprengt
> in Atome glühenden Staubs.[23]

In geradezu vorsätzlich beruhigter Gewißheit eines sich heimatlich fest verwurzelt fühlenden lyrischen Subjekts, das seinen Lebensplan im internationalen Fortschritt fundiert weiß, manifestiert sich jene charakteristische ideologisch-psychologische Verfassung der jungen Generation um 1960.

Zum anderen aber – und dies brachte die literarischen Wortmeldungen Heinz Czechowskis, Volker Brauns, Sarah Kirschs, Rainer Kirschs, Karl Mickels und anderer zu Anfang der sechziger Jahre in Widerspruch zu jenen „linearen" Texten der fünfziger Jahre – verlautbaren die ersten Bände dieser Gruppe eine neuartige, „junge" Reizbarkeit gegenüber allen Faktoren, die ihrer Erfahrung nach *ihre* Gesellschaft, „dieses bessere Land" (Heinz Czechowskis programmatische Formulierung)[24] daran hinderten, die erhoffte humanere, von der alten Zeit deutlich unterschiedene zu sein. Jene früh erfahrene Beunruhigung, zunächst oft überlagert, bricht zu einem Zeitpunkt in einer dialektischen Sicht der sozialistischen Veränderung auf, da diese Generation selbst eigenverantwortlich in der neuen Ordnung mitwirkt. Und Dialektik war eine wichtige Lektion ihrer Ausbildung gewesen.

> [. . .]
> Die mich befragen nach meinen Gesichten
> künftiger Zeiten, nach Liebe, nach Leid,
> ihnen sag ich: In meinen Gedichten
> gibt's neben Helle noch Dunkelheit

heißt es in Czechowskis Gedicht *„Einst"*.[25] Daher ist von einer problematischen Freundschaft zu hören (*„Von der zerbrochenen Freundschaft"*), an deren Bruch der Schuldige nicht eindeutig angezeigt werden kann, werden soll; unterwegs im feriensommerlichen Nachbarland (*„Theresienstadt"*), fühlt die lyrische Gestalt schmerzhaft die Schuld der eigenen Nation; für die ästhetische Arbeit (*„Vers ohne Lösung"*) haben sich Irritierungen eingestellt, die ausgesprochen werden:

> Es sitzt mein Freund am Rande eines kleinen Weihers,
> betrachtet still die Wolke, die darinnen schwimmt,
> die Möglichkeit erwägend eines kleinen Verses,
> der überein mit dieser Wolke, diesem Weiher
> und mit dem großen Aufbruch vieler Völker stimmt.[26]

Solche Verse signalisieren, von heute aus gesehen, wiederum eine Tendenz im Gedichtschreiben dieser Autorengruppe, die nicht nur kurzfristig von der „Lyrikwelle" um 1961 (bis etwa 1964) in die damals breite öffentliche Wahrnehmung gehoben worden war; sie prägte sich vor allem in ihren folgenden weiteren Lyrikbänden aus. Unterwegs sein, Ausfahrt, Reisen ist die, geradezu motivisch zu fassende, Konstellation, in der wir die lyrischen Gestalten oftmals antreffen. Texte oder Bände mit Titeln wie „Wasserfahrt" (Heinz Czechowski), „Landaufenthalt" (Sarah Kirsch),[27] „Marktgang" (Rainer Kirsch),[28] „Landgang" (Volker Braun),[29] so verstanden auch „Vita nova mea" (Karl Mickel),[30] lassen an Reisetagebücher, an Reports denken, in denen, über den heimatlichen Umkreis hinaus, das ganze Land, Kontinent und Erdball in ihrer Mannigfaltigkeit erkundet werden. Auch Heinz Czechowskis Gedichte melden das Erlebnis des Balkan und des Fluges über die europäisch-asiatische Grenze, das der Stadt M. (München) und der Stadt Moskau. Nicht Schaulust, Fernweh, touristische Neugier schlechthin sollen gestillt werden: Fahren ist Erfahren, Greifen ist Begreifen; beide Begriffe, von den lyrischen Gestalten wiederholt verwendet, tragen den gleichen Doppelsinn in sich.

In den Landschaften, geworden durch die Siedlungsformen des Menschen, dessen Bedürfnis und Plan in die natürliche Beschaffenheit eingriffen, recherchiert die Lyrik Heinz Czechowskis nach der Gegenwart in ihrer Geschichte. Die lyrische Gestalt markiert kenntnisreich und scharfsichtig in den historischen „Ablagerungen" jene gewesenen Ereignisse, die heutige Lebensweise erklären oder ihr widersprechen, sie infragestellen oder bestätigen. Der den Anblick fassende Ausdruck verfolgt in diesen Texten eine nun weitergehende Absicht: durch ihn hindurch wird „gelotet", Information über alte Tatsachen stellt die neuen in schärferes Licht. Der Text protokolliert nicht faktisches Wissen, sondern die hartnäckige Suche nach geschichtlich begründeter Wertung, gegenwärtiger Vorgänge und Vorstellungen, deren geschichtlicher Vergewisserung. Idyllen und Idyllik vielerlei Art werden da zerstört. Der Band „Wasserfahrt" eröffnet in dieser Hinsicht eine Komponente im Schaffen Heinz Czechowskis, die über die Publikationen *„Schafe und Sterne"*, *„Was mich betrifft"* (1982) und die Prosadichtung bis heute zu verfolgen ist. Die Gedichte, in denen zunächst die Faszination der lyrischen Gestalt von anderer, exotischer Welt bekannt wird, bekennen zugleich diese Intention; in „Sagora" und „Regen im Hotel"

z. B. wird der idyllische Schleier von dieser südlichen, paradiesisch erscheinenden Landschaft gerissen: vor Zeiten wirkte auch in ihr schon eine sozial zerklüftete Gesellschaft:

> Eher gibt Wasser der Stein,
> Eh wir von Träumen leicht
> Einziehen wieder ins heitre Gefild
> Antikischer Lust.
> Sklave wärst du gewesen,
> Hättest Steine geschichtet [. . .][31];

und auch heute ist es

> [. . .] immer der Schweiß,
> Der die Felder gedüngt hat am Morgen, nicht
> Die Poesie. Und die Frauen in den Rhodopen,
> Die sich nicht immer verschleiern dem Fremden: sie buchstabieren am Abend
> Mühsam das Alphabet. Und der Alte,
> Der seinen Abend verdämmert vor der verfallenen Hütte:
> Es waren seine Enkel, die kämpften in den romantischen Bergen,
> Und es war ihr Blut, das sich mischte
> Mit dem Wasser des Bergbachs.[32]

Und auch für „zu Hause", das Land, „mir schon nah: / Oder und Elbe, die Häuser, / Die nicht für den Wind sind, / Und nicht für die Brände Des kommenden Kriegs . . ."[33] wird gefragt, ob die gegebenen und erreichten Umstände dem nötigen menschlichen Maß wirklich schon entsprechen:

> Über der Ebene vor meinem Fenster:
> [. . .] Himmel, du meines Lands,
> Asche, du, seiner Toten,
> Über und unter der Erde,
> Auf der das Haus steht.
> Wohin mich der Fuß trägt.
> Seh ich die mahnenden Zeichen
> In meiner Stadt.
> Und die geebneten Wiesen: grün
> Unter den giftigen Farben des Himmels,
> Täuschen mich nicht.
> Und nicht die Glocken
> In dieser Stunde des Abends,
> In der mein Sohn spielt vorm Fenster
> In einem Hauch von Asche
> Und Schwermut über der Ebne [. . .][34].

Ein Zeichen unter anderen für die beunruhigtere Sicht: Während die Rauchfahne der Schlote im ersten Band dem lyrischen

Sprecher die Zukunftsträchtigkeit des überschauten Landes anzeigten, wird er jetzt an der gelblichen, verrauchten Farbe des Himmels, am vergifteten Wasser der Flüsse zunehmender Beeinträchtigung des Lebens gewahr. Es wird gefragt, ob das eigene Lebensgefühl wirklich schon so unbeschwert, so souverän sich erheben kann, wie die frühere Mitteilung es bekundete:

[...]
Manchmal,
Ich geb es zu,
Steht es nicht gut um mich:
Die Stadt sehe ich im Feuer, aber:
Die Zukunft kommt mir entgegen, sicher berechnet,
Doch die Zeit, der wir entronnen sind,
Weint.[35]

Über den Jahrtausend-Rückblick werden heute „Frau und Kinder" gesehen auf einem Spaziergang am „Sonntagnachmittag im März"; sie gehen nicht mehr auf der „Grasnarbe, in den Spuren der Karrengeleise. / Auf Asphalt gehen sie. / Keine Furt durchqueren sie. / Sie gehn / Über Brücken aus Stahl und Beton."; aber am „Rande der Stadt" ist nicht zu übersehen: „Wie die Natur sich auch müht / Weder Schilf noch Wildentenflug / Verbergen die Spuren / Unserer Schöpfung". Deren destruktive Wirkungen zu erkennen und zu beseitigen, hat erst begonnen: die Frau und die Kinder gehen „ganz klein / Am Anfang der Straße."[36]

Solcherart dialektische Erwägungen, Eingeständnisse und Korrekturen ziehen auch die eigene künstlerische Arbeit (die der vormals jungen Dichtergeneration) in die kritische Debatte:

Den Zorn, ihr Freunde, wenn das Unrecht tagt,
Teil ich mit euch. Und auch den Schmerz
Des Mißerfolgs. Die Nacht, die ihre Flüge rüstet, ist
Kein Schattenspiel [...]
Die Zeit ist reif, und ich gesteh euch offen:
Der bin ich nicht, den ihr in mir
Erwartet habt. Es gab in kurzen Jahren viele Zeichen,
Und wer sie sehen wollte, hat gesehn.
Wozu an tote Jahre noch Gedächtnis wenden?
Wozu der Liebe folgen, die vergangen ist?
Ich seh bei manchem eine Ader steil geschwollen.
Noch wirkt die Droge: Rosenfingerzehn

Und blaues Traumgetier. Der Wind,
Der Kopilot, bespringt nichts mehr (wagt er jetzt echte Flüge?).
O Dichterlesungen und Zornesschwüre!
Vergänglich ist die Zeit, die Dichter braucht.
Ich sehe eine Zeit mit Liebe, Wein,
Die Zeit Gerechtigkeit und Brot, in der kein Vers
Vergeblich klingt. Nur denen, die mit ihren Flügen
Zu tief ansetzen, kann
Der Waldrand zum Verhängnis werden.
Dem aber ist der Absturz sicher aus der Höhe,
Der oben fliegt. Und stürzt er, fällt er tief.
Doch hat er, was wir nennen: Welt, gesehn.[37]

Gewißheiten werden verabschiedet; Zweifel, Widerrede und Widerruf, der sich widerruft, „verunsichern" in den Dichtungen seit den späten sechziger Jahren die Nachricht. In Texten wie „Wasserstück", „Eigentlich", „Dunkelheit oder die wirklichen Dinge" und „Widerruf" gerät allerdings die angestrengteifrige Reflexion in eine theoretisch-abstrakte Suche gleichsam nach *dem* Gesetz, nach *der* Struktur aller natürlichen und menschlichen Existenz, in denen Fortdauerndes im Veränderten – als unnötiger Ballast oder als unverzichtbare Substanz – begründet liegt. Jene im idealischen Aufschwung der Jugendphase überstiegene Beunruhigung, die nun ausgesprochen wird, und die erworbene Erfahrung setzen „Klippen" in den allzu glatt fließenden „Strom" der Welt-Anschauung, Differenzierung und Dialektik bringen ihn in Bewegung. Die humane Qualität der Menschen-Verhältnisse ist keine feststehende Relation, sie ist immer in bestimmter Hinsicht nur erreicht und bleibt daher fragwürdig – sie war und ist immer ersehnt. Für sie ist Gewinn zu erkämpfen und zu verteidigen, Verlust zu verhindern und zu beklagen. Die Gefährdungen sind andauernd, sie aber motivieren zur Anstrengung um Perspektive:

Altkaditz

Hangab
Von der Wilsdruffer Seite,
Die weiße Betonbahn
Hinunter:
Dem Flugbild der Stare entgegen,
Dem sich selbst Webenden Netz
Des Oktober,

HEINZ CZECHOWSKI

Das über den Fluß kommt,
Sich kreuzend
Mit dem Gebrüll der Kühe,
Wie Glaube und Kindheit.

Landschaft:
Nachricht aus Büchern,
Legenden,
Anmerkungen,
Durchwoben
Mit dem Geruch des Selleriekrautes
Und dem Moos des Vergessens,
Das auf dem Friedhof
Die Kreuze bewächst.

Hier,
Am Rande der Stadt,
Sprechen wir uns zurück
In die Brände
Und in die Zeit,
Die uns aus Angst
Hinüber lanciert hat
Ins neue Jahrtausend,

Das zu benennen
Nicht müde wir werden,
Jeder auf seine
Eigene Weise.[38]

Das literarische Schaffen aus solcherart empirisch und philosophisch überprüfter Intention wurde in den siebziger Jahren – und Heinz Czechowskis Dichtung dokumentiert dies hinreichend – durch den gesamtgesellschaftlichen Prozeß kritischer Selbstbestimmung bestätigt und herausgefordert. Die dabei geleistete geschichtsphilosophische Durchsicht war nötig, um die in der sozialen Sicherheit wurzelnde Auffächerung und deutlicher hervorgetretene Individualisierung der Lebensvorgänge im realen Sozialismus, die Kompliziertheit und Langdauer der weltgeschichtlichen Übergangsepoche zu verstehen. Trotz der erfahrenen gesellschaftlichen Veränderungen im Sozialismus drängte die globale Atomaufrüstung der imperialistischen Mächte die Besorgnis nun auch in planetarische Dimensionen.

All das aber sprengte in unserer Literatur – und sie bezeugte dies oftmals vor anderen Formen des gesellschaftlichen Bewußtseins – jene Sicht der Gesellschaft und der Gegenwart auf, die allein deren epochales Unterschiedensein von der alten Ordnung betonte. Der weiter zurück- und schärfer voraussehende Blick rückte den vielfach aufgespürten zähen Zusammenhang des heutigen Lebens mit der bisherigen Gattungsgeschichte des Menschen in den Blickpunkt. In den Texten Heinz Czechowskis reflektierte sich dieser ideologische Prozeß unmittelbar im Profil der lyrischen Gestalt. Blickwinkel und Gestus ihrer Betroffenheit forcieren Fragen nach den unverträglichen Faktoren unserer Lebensweise und Lebensansicht. Unterwegs „In den schmalen Seitentälern der Saale" wird sie gewahr:

[...]
Die Natur nämlich,
Aus der der Mensch kommt,
Ist voller Merkwürdigkeiten.
Etwas Zerschneidendes, Quälendes
Läßt mich nicht los: auch hier
Ist mein Bewußtsein
Tief in der Geschichte:
Ich schließe die Augen und bin in Paris. Sechs Uhr früh.
Und die Bistros der Rue des Martyrs an der Gare du Nord
Sind schon geöffnet. Ein Flic
Ordnet die ankommenden Taxis. Notre Dame
Steht vor einem Himmel
Wie vergossener Apricot Brandy [...]
Was wollte ich sagen? – Ach, alle Orte der Welt

Eint unser Bewußtsein: Ich lag
In einem Hotelbett in Moskau, Schnee fiel
Vor dem Fenster, es war dieser Herbst, weißt du, wo mir das Leben
So unerträglich schien und du
Mit einem anderen schliefst.
Ungeschminkt
Ist die Wahrheit kaum zu ertragen:
Eine perspektivlose Welt,
In der der Tod auf und ab geht
Und auf dem Bahnsteig eine alte Frau mit umwickelten Beinen
Den Abfall der Nacht zusammenfegt, während wir
Von Belanglosem reden, die Fischerboote
Mit tuckerndem Motor der Nebel verschluckt
Und die Juden von Riga
Das Kol nidre anstimmen und irgendwo eine Bachplatte kreist
Mit dem Text: Ich habe genug.
Viele Rätsel der Welt werden gelöst.
Danton, auf seinem Denkmal,
Schreit noch immer

Sein ‚Kühnheit, nichts als Kühnheit‘,
Das Lenin gefiel. Nur diese Gleichzeitigkeit
Allen Leids, aller Freude
Findet in unserer Sprache
keinen Begriff.[39]

Die lyrische Gestalt kann nicht mehr versprechen, als sie in bestimmter Stunde angesichts unwiderlegbarer Beweise zu sehen meint:

[. . .]
Ringsum die Stadt
Sieht mit erblindeten Fenstern
Über die Mauern:
Gleichen die brüchigen Häuser
Mit ihren Mansarden nicht Särgen?
Gelebt und gestorben,
Gelebt und gefallen,
Gezeugt und wiedergezeugt: damit
Sich ein Sinn dieses Kreislaufs
Doch fände: Heute
Und in aller Zukunft, ein Abzählvers,
Beizeiten gelernt
Mit verbundenen Augen,
Und ein Tasten
Mit weit vorgestreckten Händen
Nirgendwo
Ist das Ziel, bis das Spiel
Aus ist.[40]

Sie übersieht dabei nicht, daß dieses Leben in den Details seiner Bedürfnisse und den dafür gegebenen Bedingungen, in seiner unabweisbaren Präsenz also, ernst genommen werden will:

Coppiplatz

Auch das ist zu berichten und wichtig:
Daß die Gesellschaft
Nicht aus dem Gleichgewicht falle
Und des Staates Keimzelle, die Familie,
Erhalten bleibe: Was Liebe? Die Kindlein
Stehn frierend am Sonntagnachmittag vorm Kino
Während Vater und Mutter,
Weil sonst nicht (Schichtarbeit)
Zeit ist. Oder, zum Beispiel, noch ich
Einer von Vielen, geh übern Coppiplatz, Ging.[41]

Botschaft zu geben, die auf nur einer „Koordinate“ unserer Erfahrung festgelegt wurde, verweigert das künstlerische Subjekt in Heinz Czechowskis zuletzt publizierten Lyrik- und

Prosabänden. Wissend und ratlos sein, gewiß des alles tragenden Kontinuums menschlicher Geschichte und doch haltlos unter dem Druck so vieler sich gegenseitig aufhebender Wahrnehmungen in der alltäglichen Existenz: dieses Sowohl – Als Auch, zwischen dem sich die Mitteilung einspannen muß, entspringt der es auslösenden Disparatheit und Gegensätzlichkeit aller Erscheinungen der Realität, deren unentwegte Entwicklung jedoch aus dieser Natur ihres Zusammenhangs hervorgetrieben wird. Der einzelne aber ist vom Zusammenprall der Erscheinungen konkret und punktuell im alltäglichen Dasein betroffen.

Kunst kann, da es ihre Aufgabe nicht ist, Realität als fixe objektive Sache zu definieren, über das Vorstellen anderer individueller Situationen, menschlicher Lagen in bestimmter Wirklichkeit ihre Empfehlung geben: das Zurechtfinden, Bestehen des Menschen in seinen spezifischen Umständen ist nicht von diesen allein determiniert, sondern auch davon, wie er – subjektiv – auf sie reagiert, sie erkennt, anerkennt und trägt. Er darf allgemeine, generell geltende Bilder und Urteile, Wunsch-Bilder und Vor-Urteile über Realität nicht ungeprüft übernehmen, muß sich bewußtmachen, daß er diese, wenn er auch ihr So-Sein annimmt, über-leben kann. In einem großen Gedicht, *„Realismo (für Hans Bachmann)“* sieht die lyrische Gestalt diese schwierige Tatsache, die subjektive Annahme des Wirklichen beziehungsweise die Ablehnung eines vom Subjekt nicht selbst erworbenen Wirklichkeitsverständnisses in phantastischer Überhöhung gemalt:

[. . .]
Blätternd
in Bildern großen Formats
Sahn wir das Wirkliche:
Gebändigt,
In Formen und Farben geordnet.
Wie aus den Träumen des Malers
Raste auf seiner FLUCHT IN DIE NACHT
Schräg in den Winden der Nackte
Über das Haus.

Was wir in uns tragen,
Was uns aus uns selbst
Mitunter hinaustreibt: hier
War's zu erfahren: das andere Ich,

Die Brücke, die uns nicht trägt,
Die bricht unterm Pinsel des Malers,
Der seine Träume wie Wirkliches malt [. . .][42]

In einem Gespräch bestätigte der Autor, daß solche Annahme der den einzelnen betreffenden Realität nicht „zum Gefühl der Bezugslosigkeit, der Ohnmacht, Deplaziertheit führen" muß, sondern „Potenzierung" ergeben kann, „verstanden als Aufnehmen von mehr Lebensinhalten, -fragwürdigkeiten und -bedingtheiten, als (es) den einzelnen im engeren persönlichen Umkreis betrifft, wie zugleich als Annehmen der Gegebenheit, daß man da ist, daß man leben, tun, sich beziehen kann. Potenzierung, so gesehen auch als Bescheidung, die aber Ankunft beim eigentlichen Menschen ist." Er betonte eine solche, den Menschen letztlich stützende Einstellung vor allem deshalb, „weil ja der Glaube, der religiöse, welcher auch immer, für diese von uns gemeinte Vermenschlichung nichts mehr tun kann. Es gibt daher eigentlich nur eine Rückwendung zu uns selber, dazu, daß wir also dort und damit etwas für uns selber tun müssen, wo die Dinge in uns noch ein Gefühl von uns auslösen können – ein Staubsauger kann mir keine Empfindung abnötigen, ein Auto auch nicht, sondern jene Dinge, die noch herüberreichen aus den geschichtlichen Räumen und so beitragen zur Haltung der Zuständigkeit, des Betroffenseins –, das ist es ja, was ich unter Vermenschlichung verstehen will. Das scheint mir ein Überwindungsprozeß, und deswegen vielleicht auch das sicher von euch als heikel empfundene Wort [. . .] von der ‚rückwärtsgewandten Hoffnungslosigkeit', die dann auch wieder (die nicht illusionäre Hoffnung aus Jenseitigkeiten, aus Versprochenem) zur irdischen Hoffnung werden kann, weil diese nur in uns und in den Dingen, die uns betreffen und bewegen, wohnen und von daher kommen kann."[43]

Annahme der Realität auch als „Bescheidung", als Annahme der Realitäten teilt die lyrische Gestalt des zuletzt publizierten Gedichtbandes rückhaltlos auch für Belange mit, an denen ihr Interesse, ihr Bedürfnis, ihre Sehnsucht besonders beteiligt sind – da ist Bescheidung Begrenzung, und sie wird als solche im elegischen Tonfall benannt:

Nichts, was ich bereue,
Isabell, Laurence und Christine,

Wir sangen die Marseillaise:
Allons enfants de la patrie.

[. . .]
Ich sehe euch fahren,
Isabell, Laurence und Christine,
Nach Lissabon, Paris und Stendal.
Allons enfants de la patrie!

Schönes Vaterland, das mich festhält
Mit seiner preußischen Kraft,
Mit Schnaps und Kartoffeln,
Fahnen und Transparenten.

Mit seinem Stolz
Auf die selbstverständlichen kleinen Erfolge,
Meinen Magengeschwüren und den unzähligen Zigaretten,
Die ich willenlos rauche.
Allons enfants de la patrie,
Land, das mir zu kosten gab
Die bittere Süße der Fremde,
Und das mich zurückrief in seine Grenzen:

So, daß ich die Möglichkeiten der Welt,
Auvergne, Champagne, Spessart und Schwarzwald
Und die gewaltigen Elemente
Das Feuer des Himmels gesehen [. . .][44].

Diese Verzichtsmitteilung, erforderlich aus der Zugehörigkeit zu einem Land mit nationalgeschichtlichen Komplikationen, wird ästhetisch präzis formuliert; Ironie durchdringt das Elegische und trägt wissende Wertung dieser Konstellation in den Wunsch. Die lyrische Gestalt adressiert diese Ironie auch an sich selbst, da die Dinge, wie sie gegeben sind, dem historischen Blick nach so situiert sein und angenommen werden müssen. Darin vordergründig eine Invektive zu sehen, würde die Wahrhaftigkeit dieser Haltung unterschätzen.

Im ersten Gedicht des ersten Bandes *„Nachmittag eines Liebespaares“* berichtet der lyrische Sprecher von einem Freund, der „die Möglichkeit eines Verses erwägt“, in dem die gerade erlebte ruhige Mittags- oder Nachmittagsstunde, „dieser Weiher“, „diese Wolke“ mit dem „großen Aufbruch vieler Völker“ übereinstimmen können. Einen solchen Vers zu finden, ist offensichtlich schwierig, die Nachricht ist überschrieben mit „Vers ohne Lösung“.[45] Die alltägliche, also die besondere Gelegenheit und die weltweiten, die allgemeinen Geschehnisse sollen in der poetischen Mitteilung zugleich erfaßbar werden – das kleine Gedicht steht vor allen anderen, ein spruchartig formuliertes poetologisches Programm.

Von daher betrachtet, zeigt Heinz Czechowskis literarisches, insbesondere lyrisches Schaffen Eigenart und Entwicklung. Sie würden aber mißverstanden, wenn in der Werkgenese ein allmähliches Aufeinanderzuführen beider Pole so gesehen würde, daß diese einmal – an einem bestimmten Punkt – zur repräsentativen Deckung gebracht werden sollten. Die Dichtung dieses Schriftstellers entwickelt sich zu einer Welt-Anschauung und Welt-Mitteilung hin, in denen die den Menschen betreffende Realität – die der persönlichen Konstellation wie die des weltgeschichtlichen Kontextes – nicht in kleine oder große Welt zer-ordnet bleibt, sie wird als uneingeteilte und ungeteilte Wirklichkeit erfahren und ausgesprochen. Nicht die mechanistische Vorstellung, daß der Abstand zwischen Subjekt-Lage und Welt-Situation gewissermaßen quantitativ zu verringern sei, sondern die erworbene dialektische Ein-Sicht in die unauflöslichen Zusammenhänge von Alltäglichkeit und Weltgeschichtlichkeit in ein und derselben Wirklichkeit des Menschen brachte die „Auflösung“ des vormals gesehenen Problems. Gelegenheit birgt Geschichte, Geschichtliches realisiert sich im Gelegentlichen, Individualität birgt Gattung, Gattungsmäßiges verwirklicht sich im Individuellen: Heinz Czechowskis künstlerische Aneignungs- und Mitteilungsweise ist in besonderem Maße prädestiniert, in solcher Immanenz die „Auflösung“ zu gewinnen. Seine Dichtung war immer einem weitreichenden philosophischen Interesse verpflichtet, indem sie sich nicht abhob von der konkreten Lebenslage, der eigentümlichen Subjektivität. Geschichtsphilosophische Intention, Augenzeugenschaft der revolutionären Umgestaltung der alten Gesellschaft in den Anstrengungen um eine humane Kommunikation in unserem Lande, vielschichtige Kunststudien förderten eine konsequente ästhetische Ausprägung seiner künstlerischen „Veranlagung“. Das lyrische Subjekt seiner Gedichte sucht deshalb nicht über die „Landschaft des Dörfchens Rieda“[46], über die „Allee zum Wermsdorfer Schloß“[47] oder eben über jene „Zuckerrübensteppe von Anhalt“ hinweg den sozialen und kulturellen Weltprozeß, sie sieht ihn in „Dölau“, an den „Zechenhäusern"[48], an der alten „Scheune"[49] zu Wuischke oder eben an den „Silos", den „Betonungeheuern / Ähnlich dem Mischfutterwerk, / Das die Aussicht auf Querfurt verstellt."

Kurzbiographie

Heinz Czechowski wurde am 7. 2. 1935 in Dresden in einer Beamtenfamilie geboren. Zehnjährig erlebte er am 13. Februar 1945 die Bombardierung und Zerstörung seiner Heimatstadt.
Nach einer Ausbildung als graphischer Zeichner und Reklamemaler studierte er 1958–61 am Institut für Literatur „Johannes R. Becher" in Leipzig; seit dieser Zeit wirkten das Werk und die Lehrerpersönlichkeit Georg Maurers besonders nachhaltig auf seine eigene literarische Produktion. In den folgenden Jahren wechselten Phasen als freischaffender Autor mit Lektorentätigkeit und literarischer Mitarbeit am Theater. 1972 Übersiedlung von Halle nach Leipzig.
Reisen führten Czechowski u. a. 1977 nach Paris, 1978 in die BRD, wiederholt in die UdSSR, nach Litauen; 1984 besuchte er Schweden, 1986 gehörte er zu einer Delegation des Schriftstellerverbandes der DDR in London.
Heinz Czechowski ist Mitglied des PEN-Zentrums der DDR. Er wurde 1961 mit dem Händel-Preis der Stadt Halle, 1970 im Kollektiv mit dem Goethe-Preis der Stadt Berlin, 1977 mit dem Heinrich-Heine-Preis und 1984 mit dem Heinrich-Mann-Preis gewürdigt.

Jürgen Grambow

Fritz Rudolf Fries

Leser fragen einen Autor: Woran arbeiten Sie jetzt?
Sie sollten sich besser nach der Vorgeschichte des fertigen Buches erkundigen.
Womöglich ist sie unauffindbar.
F. R. Fries über Cortázars „Rayuela“[1]

Den Begriff der Mitte, der in dem „akademischen Kolportageroman aus Berlin“, „*Alexanders neue Welten*“ (1982), eine so große Rolle spielt, nahm Fritz Rudolf Fries in einem Interview über seinen jüngsten Roman wieder auf, als er auf Verläßlichkeiten hinwies, derer man bedarf, „um sich zu finden“[2]. Bei größter gedanklicher Beweglichkeit im Schaffen des Schriftstellers Fries scheint mir die Suche nach Fixpunkten ein Kernmotiv.

Aus seinen Büchern vermeinte man zunächst eine fremde, wenn nicht gar befremdliche Stimme zu vernehmen, obwohl es sich versteht, daß Fries, geboren (1935) zwar im baskischen Bilbao und zweisprachig aufgewachsen, nach der Rückkehr der Familie nach Deutschland 1942 ebenso vom kriegsbetroffenen und vom Nachkriegsleipzig geprägt wurde; die Voraussetzungen und Begleitumstände, unter denen sich unsere Literatur als Ganzes entfaltete, trafen auch für sein Schaffen zu. Seine Wertmaßstäbe, seine Fragen, ja, sein Weg zur Literatur sind typisch, in gewisser Weise jedoch nicht verallgemeinerbar für die Jahrgänge, die sich angesichts zweier vorausgegangener überstarker Erzählergenerationen scheuten, von eigenen Erlebnissen zu sprechen, oder eine lange Zeit glaubten, keine mitteilenswerten oder übermittelbaren Erfahrungen gemacht zu haben. In Kurzgeschichten, Erzählungen und, weit seltener, in Romanen der Ende der sechziger Jahre Dreißigjährigen tauchten auffällig häufig Vertreter der Großvatergeneration als literarische Gestalten auf, Leute mit einem äußerlich bewegten Leben, kauzige und lebenserfahrene Sonderlinge, die fraglos vorgingen und das jeweils Nötige taten. Manchmal waren sie vom Schicksal geschlagen, dann aber weniger verkrüppelt als vielmehr verhärtet in ihren Grundüberzeugungen. Johannes Bobrowski hatte das Augenmerk auf den Zusammenhang von weit zurückliegenden

Vorgängen und heutigen Zuständen gelenkt, auch wenn der Vorvater aus seinem bekanntesten Roman einer anderen Zeit angehörte als die Überlebenden zweier Weltkriege. Und nachhaltiger als in der Figurenwahl – eine direkte Nachfolge ist da auszuschließen – wirkte sein Vorgehen, das das Gewicht der Erzählerfigur als sichtender und wertender Zeitzeuge deutlich machte. Einen geradezu „symptomatischen Vorgang" nannte es Kurt Batt, daß sich die Literatur als Ganzes, daß sich aber auch einzelne literarische Werke der endsechziger und der frühen siebziger Jahre aufspalteten in eine quasi-dokumentarische und eine fiktionale Komponente, letztere sei geprägt durch eine betonte Fabulierfreudigkeit, wobei nun gerade „Autoren, die als Kinder das Ende des Krieges erlebten, [...] frei von Komplexen und selbstbewußt zwischen Satire und Humor pendelnd, reichsdeutscher Vergangenheit" erzählerisch den Abschied geben[3]. Geschichtsbewußtsein, aber auch ein spürbar gewachsenes literarisches Traditionsbewußtsein waren Kennzeichen dieser Prosa, und selbstredend ließen sich die Triebkräfte geschichtlicher Entwicklung in Gestalt einzelner Figuren raumsparend zitieren, erst nachdem die antifaschistische und die Ankunftsliteratur der vorausgegangenen Jahrzehnte Klarheit in den Grundfragen geschaffen hatte. Der VIII. Parteitag der SED und die darauffolgenden Plenen hatten mit der Formel von Weite und Vielfalt, auch das sei nicht vergessen, den Auftakt gegeben für herangereifte Themen und differenziertere Gestaltungsweisen.

Die fiktive Biographie („*Das Luft-Schiff*"), mit der Fritz Rudolf Fries 1974 seinen Durchbruch als Erzähler erzielte, weitete sich zum Familienroman, und als historischer Roman nicht herkömmlicher Machart wurde sie zum Buch einer Epoche. Die Geschichte ist weitgehend bekannt. Dieser Franz Xaver Stannebein, Kegeljunge und Hilfskellner im städtischen Verein für Luftfahrt Leipzig, wendet sich Regionen zu, wo nach romantischem Verständnis die Zitronen blühen sollen – dem Süden. Er wird Vertreter für deutsche Maschinen im prosperierenden Spanien an der Schwelle von der Monarchie zur Republik. Schließlich ist er Teilhaber einer Exportfirma, da flieht er vor Arbeitsalltag und Familieneinerlei zurück in ein möbliertes Pensionszimmer im mitteldeutschen Raum, um auf dem Reißbrett seinem Traum von Luftfahrt nachzuhängen. Als Stannebein endlich Geldgeber für seine Phantasieprodukte findet, gilt die Zuwendung nicht ihm, sondern dem sich anbahnenden Spanienkrieg 1936.

Stannebein selbst kommt in dem Roman so gut wie gar nicht zu Wort, vielmehr hinterfragen drei Generationen in einer ebenso komplizierten wie sinnfälligen Komposition den Lebensgang aus dem Reich des Kaisers in das der Nationalsozialisten, den da einer hinter sich brachte, ohne aufzuwachen aus seinen Träumen. Die Kritik erörterte ausgiebig das souveräne Erzählen auf Handlungs- und Rekonstruktionsebene, das „Doppelangebot" von Roman und Poetik eines Romans[4], dieses ganze komplizierte Geflecht erörternden und mutmaßenden (und das heißt ja schon: zweifelnden, Zweifel anmeldenden) Erzählens, das vier Generationen einbezieht, also „Großvater Stannebein, dem der Hauptanteil dessen gehört, was da erzählt wird; seine fünf Kinder, von denen die Tochter Polonia dem Ich-Erzähler als Gewährsmann dient, der Erzähler selbst und dessen Kinder, denen die Rolle des höchst kritischen zeitgenössischen ‚Räsonneurs' zufällt. Da Stannebein nicht unmittelbar zu Wort kommt, erhält der Leser bereits ‚auf der ersten Verarbeitungsstufe' (bei Polonia) einen auswählenden, subjektiven Bericht, dem der Erzähler bisweilen mit Nachsicht, seine Kinder mit Widerspruchsgeist begegnen. Aber natürlich wählt auch der Erzähler aus, ja, er schaltet apokryphe Kapitel ein und verwikkelt sich in Debatten mit den Kindern, die ihr jüngst erworbenes historisch-materialistisches Wissen mit schöner Unbekümmertheit zur Geltung bringen."[5] Es verbot sich für den Autor, die Hauptfigur satirisch zu disqualifizieren, Stannebein bedurfte der Arglosigkeit. Erst im Prozeß des Erzählens ereigne sich so die Geschichte (und: ereigne sie sich so); sie bedürfe des mündigen und aktiven Lesers als „Teilhaber dieser Biographie".

Die Kritik lobte zwar die Struktur des Romans, war aber nicht bereit, in gleicher Weise den Intentionen des Autors zu folgen. Die Vorwürfe, die seine Erzählungen, den Film und die Romane hinfort begleiten sollten, wurden nach Erscheinen des „Luft-Schiffs" massiver erhoben, vernehmbar wurden sie vereinzelt auch schon, als die „Seestücke" vorlagen. Obwohl Märcheneditionen, ganz gleich, ob in aufwendig historisch-kritischer Ausgabe, ob als reich ausgestattetes Kinderbuch oder als kulturhistorisch interessante Fremdsprachenübersetzung, im Buchhandel sehr gefragt sind, also ein auf das Wunderbare gerichtetes

Lesebedürfnis eindrucksvoll belegen, wurde der spielerische Umgang mit Bildern, die wuchernde und scheinbar willkürliche, ganz eigenständige Metaphorik als „subjektiv-versponnene Betrachtungsweise", gar als „eigenbrötlerisches Spintisieren" abgetan[6]. Träume und Wünsche wurden manchmal mit Phantastereien gleichgesetzt, und – bemerkte Friedrich Albrecht in seinem großangelegten Essay noch das „Kennerisch-Erlesene", den Stellenwert amalgierter Leseabenteuer im Schaffen dieses „L'homme des lettres"[7], so meinte die westdeutsche Kritikerin Sabine Brandt das Verschmockte des „Alexander"-Romans anmerken zu müssen[8].

Neben seiner Tätigkeit als Assistent von Werner Krauss an der Akademie der Wissenschaften der DDR hatte Fritz Rudolf Fries einen Roman in picaresker Tradition geschrieben, bei dem nicht leicht bestimmbar war, ob er das Thema der Ankunftsliteratur eigenwillig verwandelt weiterführte oder parodierte.

Der Schauplatz von *„Der Weg nach Oobliadooh"* (1966) ist Leipzig, die Handlungszeit: wenige Wochen in den fünfziger Jahren. Wenn ich den Namen der Stadt hervorhebe, so deshalb, weil die Weltoffenheit der Messe und die der Deutschen Bücherei neben einer von Neugier und zupackender unternehmender Verbindlichkeit getragenen sächsischen Mentalität einen anderen Erzählrahmen konstituieren als beispielsweise die Kunststadt Dresden, als die namenlosen Großbaustellen auf planer Wiese oder das von der Schizophrenie der offenen Grenze und der Frontstadtaggressivitäten geprägte Berlin des Nachkriegsjahrzehnts. Arlecq und Paasch, Philologe der eine, der andere angehender Zahnmediziner, genießen die Wochen doppelter Bindungslosigkeit, nämlich der, die aus dem Epochenumbruch erwächst, und der natürlichen Ungebundenheit zwischen Studienabschluß und beruflichem Anfang, skeptisch jugendlich revoltierend in Jazzschwelgereien und dichterischen Plänen. Wer will, findet bei sonst scharfen Trennungslinien, die zwischen den Generationen verlaufen, sogar das Stafettenmotiv in dem Roman. „Eure Idee scheint verloren, wo sie uns nicht gewinnen konnte, derer sie bedurfte, um mit Erfolg zu Ende geführt zu werden"[9], überlegt Arlecq, als ihm der Vater seiner Angebeteten Isabel in den Sinn kommt, ein General aus dem spanischen Bürgerkrieg, der in Dresden sein Exil gefunden hat. Diese Untermieter- und Dachstubenbohemiade war so frech und unbekümmert, daß man sagen könnte, sie sei, was man einen großen Wurf zu nennen pflegt. Derart überragende Romanerstlinge, weit mehr als die gewöhnlichen Talentproben, wirken wie ein Versprechen, das reifere Arbeiten nur schwerlich einlösen können, selbst wenn sie an den Auftakt heranreichen. „Der Weg nach Oobliadooh" erschien jedoch nur im Suhrkamp Verlag in der BRD. Eine ungewollte Folge war – Friedrich Albrecht hat darauf hingewiesen –, daß die Leser eine Kontinuität zwischen den Büchern dieses Autors nicht herzustellen vermochten, eine jede Veröffentlichung wurde für sich allein gesehen. Das wurde nach Erscheinen der *„Seestücke"* (1973) ganz offenkundig. Fand man bei uns die subjektiv-phantastische Betrachtungsweise befremdlich, so vermochten westliche Rezensenten wie Reinhard Baumgart oder Jürgen P. Wallmann darin nur banalen DDR-Alltag zu erblicken. „An der Ostsee ist alles gut", überschrieb die „Deutsche Zeitung" ihre Rezension höhnend. Ein Subjekt, lautete der Tenor, notiere Kleinigkeiten.[10]

Um einen weiteren Grund für das erschwerte Verständnis des sich entfaltenden Werks zu nennen, sei vorausgreifend auf iberische Einflüsse hingewiesen. Noch bevor der *Erzähler Fries* und sein ganz eigenständiger literarischer Topos sichtbar werden konnten, hatte sich der *Übersetzer* gleichen Namens etabliert, möglicherweise zum Schaden des ersteren, so verdienstvoll es auch war, daß der in zwei Kulturen Großgewordene bald nach Abschluß seines Studiums „Leben und Taten des Estebanillo González" für einen Leipziger Verleger wiederentdeckt und übertragen hatte. Es folgten im Laufe der Jahre, in denen wir uns gerade anschickten, hispanoamerikanische Literatur zur Kenntnis zu nehmen, Bücher von Barbadillo und Buenaventura, Otero und Delibes, Diezcanseco, Guillén, Pérez, Galdós, Izcaray, Ordoñez de Montalvo, Romera, Sanjuán und Schauspiele von Quintero Sastre und Buero Vallejo. Gipfelleistungen dieser sprachmittelnden Unternehmungen waren Nachdichtungen von Zyklen des Nobelpreisträgers Vicente Aleixandre und Cortázars Roman „Rayuela". Fries hat uns die Augen geöffnet für Eigenheiten einer ganz anders gearteten Volks-, richtiger wohl: Völkermentalität, obwohl es auch da, selbstverständlich, Rückkopplungen gibt: Die Lateinamerikaner beziehen sich auf den

Ahnherren aller Prosa, Cervantes, genauso wie auf die angelsächsische Moderne, Joyce oder Faulkner beispielsweise, und sie prägten mit dem magischen Realismus eines Asturias oder Carpentier, die indianische Einflüsse aufnahmen, unverwechselbar Eigenes. Dem Erzähler Fries flossen zwangsläufig unterderhand Stilelemente, Motive, strukturelle und stoffliche Anregungen des iberisch-lateinamerikanischen Kulturkreises in die eigenen Arbeiten, die unserer auf ausbalancierte Harmonie gerichteten Erwartung nicht entsprachen. In der picaresken Poesie stehen sich die Protagonisten starr polar gegenüber, sie sind lernunfähig; Kennzeichen der Mischung aus phantastischem Realismus, Schelmenroman und der Wandlungsfähigkeit der Commedia, auf die man voraussetzungslos gestoßen wurde, sind der Eindruck simultaner Abläufe, fehlende Identifikationsmöglichkeiten mit einer der Zentralgestalten und die Fähigkeit zur Assoziation und Reflexion, ohne daß es dem Erzählwerk an Sinnlichkeit gebräche. Márquez hat die Technik unvorbereiteter Zeitsprünge und wechselnder Erzählperspektive, die die Vorgeschichte an die Folgen einer Entwicklung heranführt, bis auf den Punkt der Gleichzeitigkeit, im „Herbst des Patriarchen" zum wahren Redeexzeß kultiviert.

„Seestücke" und „Luft-Schiff" erschienen in rascher Folge. Anderes, wie der erst jetzt editierte kleine Roman von der *„Verlegung eines mittleren Reiches"* (1984) –, will man Fries glauben, zu Papier gebracht in den späten sechziger Jahren –, landete vorerst in der Schublade. Fritz Rudolf Fries schrieb Essays, Rezensionen und Nachworte und arbeitete eingegangene Verpflichtungen als Übersetzer ab, Hörspiele entstanden verstärkt, vor allem aber wandte er sich der Reiseprosa zu. Nach eigenen Worten ein „fanatischer Spaziergänger im Reich der Luft" und nach denen des Regisseurs Rainer Simon ein „Luftfahrtbesessener"[11], war Fries nicht wahllos unterwegs, seine Affinität zur See und zu den Ländern des romanischen Kulturkreises bestimmte, neben Zufälligkeiten, die Reiserouten. Neuerlichen Höhepunkt aller dieser Unternehmungen, nachdem er 1963 seinen Lehrer Werner Krauss nach Kuba begleiten durfte und mit dem Dichter Guillén zusammentraf, bildete das Wiedersehen mit dem aus Francos lähmender Zucht endlich entlassenen Land seiner Geburt, Spanien, 1976 und 1977. Im Ergebnis der Spanienreisen entstand ein eigenständiges

Buch, *„Mein spanisches Brevier“* (1976). Euskera lautet das baskische Wort für baskisch; baskisch ist das Memento für spanisches Leiden und für die Schande der deutschen Legion Condor, Guernica, baskisch sind aber auch Azpeitia, das Dorf, das Sancho Pansa zugeschrieben wird, und das des Großvaters aus dem „Luft-Schiff“-Roman, Amorebieta. Angekommen in der Küstenregion an der Biskaya, aufgenommen in den Schoß der weitverzweigten Familie (im katholischen Süden und darüber hinaus im gesamten mediterranen Raum bekanntlich ein Lebenszentrum), befindet sich der Spanienbesucher im Zentrum des Baskenlandes und damit zugleich im Gegensatz zum Mutterland, zu Spanien; wieder also zwischen den Fronten, wenn auch anderen. Mit Überlegungen zur Stellung nationaler Minderheiten in einem größeren Staatsverband erörtert Fries in seiner spanischen Reisekladde auch noch ein anderes, sein persönliches Problem. Er ist in der Lage, Umbrüche alternativer Art, sichtbare Zäsuren, den Anfang von Scheidewegen im eigenen Lebenslauf begrifflich auf den Punkt zu bringen, und zwar mit der Abreise aus seinem Geburtsland im Kriegsjahr 1942, von wo aus eine Biographie gedanklich korrigierbar ist. Er kann spekulativ durchspielen, was aus ihm geworden wäre im francistischen Spanien, in der baskischen Großstadt Bilbao. Die spielerisch angenommene hypothetische Entwicklung – nach fünfunddreißigjähriger Abwesenheit von den Stätten frühester Kindheitstage –, dieses Gantenbein-Syndrom, sublimiert er in Entwürfen eines Romans, den er nicht schreiben kann und nicht schreiben wird. Ein Stadt-Roman müßte das werden, Großstadtroman, ein Buch über die Vätergeneration überdies, und auch das unter einem übergreifenden Aspekt: Beide Reisen gipfelten in der Frage, ob das Spanien der Väter – die notgedrungen Täter sein mußten, Mitmacher, wie sie Opfer wurden – mit den Söhnen zwangsläufig nicht auch die Zukunft opferte.

Das „Brevier“ lebt von nichtausgesparten Widersprüchen, mit der terroristischen ETA und dem nationalistischen Dachverband PVN stellen sich Überlegungen zu einer ähnlichen Konfliktlage ein, nämlich der im nordirischen Dublin als einem Phänomen in europäischem Rahmen. Da Fries anderenorts auch immer anarchistische Positionen ins Spiel bringt[12], prüft er kritisch wägend eine Kraft, die neben der organisierten

Arbeiterbewegung einherlief, seit es diese gibt, und deren verhängnisvolle Verlockung nach Zerbröckeln der Außerparlamentarischen Opposition in der BRD nur zu offenkundig wurde.

1977 erschien in der Reihe der Biographien im Reclam Verlag eine Lebensdarstellung Lope de Vegas, die Fries als exzellenten Kenner des „Goldenen Zeitalters" und der spanischen Bühnentradition auswies. Die Schilderung rekonstruiert faktenreich eine uns sehr ferne und fernstehende Zeit auf das glücklichste, aber erst in dem Hörspiel *„Der Mann aus Granada"* (U. 1978) ahnt man etwas von dem Zauber, der von der Commedia dell'arte ausgegangen sein muß, und von der Verschwägerung von geradezu harlekinesker Wandlungsfähigkeit und menschlicher Würde im spanischen Nationalcharakter. Aber dazu später. Ich rechne die Lebensbeschreibung des Begründers des spanischen Nationaltheaters gleichfalls noch zu den – in bezug auf das Hauptwerk – Verlegenheitslösungen, zu den, gewiß hoch anzusetzenden, Überbrückungsarbeiten, auch wenn die nebenherlaufende essayistische Durchdringung eines Problems aus Fries' Schaffen nicht wegzudenken ist. Die Biographie hatte nichts gemein mit den sich romanhaft gebenden Künstlerbiographien, für die Härtlings „Hölderlin" (im Untertitel: Ein Roman) den Prototyp abgeben mag und die Lebensberichte über Keller von Adolf Muschg und Mozart von Hildesheimer Höhepunkte darstellen, während der Zweig in vorgeblicher Authentizität des ganz und gar fiktiven „Marbot"-Essays zur Kunstkritik eine merkwürdige Blüte trieb. Gekonnt hätte Fries das zweifellos, äußerte er doch eingangs des „Luft-Schiffs" in Arbeitsthesen zu den wechselseitigen Bedingtheiten von Roman und Biographie, Biographie und Roman: „Eine Biografie ist weitaus glaubwürdiger als ein Roman [. . .]. Mit anderen Worten, ein Romancier, der nicht über die Mittel des Biografen verfügt, ist ein Dilettant. Andersherum, eine Biografie, die nicht die Kunst des Romans aufbringt, dann und wann, erscheint irgendwie abgeschrieben, fad, scheinlogisch in ihrer Entwicklung, die nur an den Sprossen der Jahreszahlen in die Höhe käme."[13] Es war, als wollte er mit seinem *„Lope de Vega"* beweisen, wie gezielt und differenziert er die ihm zur Verfügung stehenden Mittel den jeweiligen Zwecken unterzuordnen versteht.

1984 erschienen die Funkarbeiten, (bis auf eine[14]) entstanden zwischen 1976 und 1981, gesammelt in Buchform. Es handelt sich um *„Hörspiele"*, die eigentlich für Kinder gedacht waren. Arbeiten also, die nicht den Anspruch des literarisch ambitionierten Abendhörspiels erhoben (wenngleich durchaus erfüllten); aber sie führen das Thema aviatischer Besessenheit, die des erfolgreichen Lilienthal und des von Forscherdrang getriebenen Strindberg (bekanntlich nahm nicht der, wohl aber ein Neffe des Dichters an Andrées Flug zum Pol teil) weiter, und sie variieren das Spanienthema. Die Motive sind geeignet, früher gestaltete, die Fries hier bündelt, genauer zu bestimmen.

In den Hörspielen geht es in sehr verzwickten Zusammenhängen um Geschichtssinn und Heldenverehrung; es findet sich der ausgestellte männliche Stolz, für den es im Spanischen, ich glaube, aus mexikanischem Sprachgebrauch stammend, das Wort Machismo gibt; und wieder werden Zeitunterschiede spielerisch überbrückt. Fries führt Lilienthal mit Friedrich Engels und dem gemaßregelten Offizier Moritz von Egidy zusammen, den Maurenherrscher Boabdil läßt er auf die Königin Isabella treffen und auf Kolumbus, dieser wiederum begegnet dem Klassiker der spanischen Moderne, Lorca, der wird mit der Situation in seiner Heimat vierzig Jahre nach dem eigenen Tod konfrontiert. Es bereitet keine Schwierigkeiten, den Erfinder Lilienthal, der ein Theater finanziert und ein Stück schreibt, wie den Entdecker neuer Welten, den in der Erzählung die Erinnerung an zu enge überfüllte Kleinleutestuben aufs Meer treibt und der im Hörspiel als „Aufwiegler, Volksbetörer, Wandbeschmierer, ... Versemacher, Bänkelsänger"[15] verhöhnt wird, was der Admiral ja in der Wirklichkeit nun wahrhaftig nicht war, als Künstlerexistenzen in einem weit gefaßten Sinne zu begreifen. Auch Amadis' Vater, König Perion, gehört als „ein rastloser Träumer über den Rätseln des Lebens"[16] und als sanfter Herrscher in den Dualismus von Politik und Poesie, in dessen Zentrum die Frage historischer Gerechtigkeit gerückt ist. Der Gerechtigkeitssinn der Spanier äußert sich in der hartnäckigen Frage, wo Federico nur bleibe, in der Forderung nach Kolumbus' Rehabilitierung und in einer Sinnfindung für die Opfer der Geschichte. Die Mitglieder der Wanderschauspielertruppe verändern den Text ihrer Rolle, wenn er ihr Gerechtigkeitsempfinden verletzt, mit störrischer Hartnäckigkeit. Nutzlos sei – führen die Hörspiele in ihrer Gesamtheit vor – jede Art von ehernem Denkmal, vergänglichem Ruhm; Lorca hingegen ist seinem Volk beinahe so gegenwärtig wie der Gekreuzigte in der alljährlichen österlichen Prozession, ein Zeichen ihrer Hoffnungen. Er lebe „immer, denn er ist der Dichter Granadas“[17], und gleich ihm steigt Strindberg in Colemans Ballon immer wieder von neuem auf, zu neuen Taten.

Damit schließt sich der Kreis noch nicht: Fries’ Vorgehen, seine Methode des literarischen Rösselsprungs, der assoziativen Reihung, der Abschweifung und Zeitverschiebung macht es schwer, die literarischen Motive auf den Faden einer Chronologie, just so, wie die Bücher erschienen sind, aufzureihen. Die vielgestaltige, bewegliche und verquickte Motivik zwingt uns vielmehr, noch einmal zum „Luft-Schiff“ zurückzukehren; die Verfilmung des Romans und die veröffentlichten Vorarbeiten zum Film (die apokryphen Szenen des Treatments!) lassen Metamorphose und Möglichkeiten eines Stoffes verfolgen. Doch man kann gerade dieses Buch getrost in das Zentrum der Betrachtung rücken, denn im „Luft-Schiff“ sind Versatzstücke späterer Arbeiten keimhaft enthalten, wie man andererseits in dem frühen Erzählband *„Der Fernsehkrieg“* (1969) auf Zeisig, den einstigen Bananenkönig stößt, dem der ambulante Obsthandel im Dritten Reich unmöglich gemacht wird und der seinen Kopf – ähnlich Liebold – trägt, als horche er ständig ängstlich auf irgendetwas. Man trifft schon da auf den Handel mit Posamentierwaren und den sich zu Tode stürzenden „Läufer auf dem Dach“. Bestimmte Konstellationen scheinen sich der Erinnerung des Autors als archetypische Muster des Nachkriegslebens tief eingebrannt zu haben. Denken wir über Gestalten und Situationen aus „Luft-Schiff“ und „Fernsehkrieg“ hinaus an die wiederkehrende väterlich gelassene Gestalt aus Island, den Handelsmann, Konsul, Geburtstagsgast, was auch immer, an die ständig strickende Mutter, an Krankenhaustrauma und Dolmetschermilieu, so offenbart sich: das schriftstellerische Schaffen wird bestimmt durch ein nachhaltiges Grunderlebnis, und insofern sind alle entstehenden Arbeiten Variationen, aber auch erörternde Korrekturen des abgeschlossen Vorliegenden und Veröffentlichten.

Dabei versteht es sich, alle Vergleiche sind, als versuchte Annäherungen an ein nicht zu Vergleichendes, wichtig für uns, für unser Verständnis, nicht für die Bilderketten eines dichterischen Topos, der in ganzer Vielschichtigkeit sein sinnliches Eigenleben führt.

Man kann in die zentrale Metapher, rein semantisch, auch Schwäche hineininterpretieren, wie Kafka das tat, Flugbereitschaft als „Schwanken und Unbestimmtheit und Flattern"[18]; Stannebein scheitert offensichtlicher als der noch im Sterben bestätigte Lilienthal. Seine Verstiegenheiten als Protest und Potenz hinzunehmen in einer Phase, als das Wort von der Pflicht zum Erfolg die Runde machte, mochte schwerfallen. Fries hat nie verhehlt, daß er Phantasie als Kraftquell des Menschlichen (als ihre „unabdingbare Seite", in seinem jüngsten Roman) hochschätze; als „Wahrheit von morgen" definierte er sie in dem Hörspiel „Der Mann aus Granada"[19]. In allen Geschichten vom Fliegen ist auch immer von Freiheit die Rede; das zielt zunächst einmal auf die bürgerlichen Freiheiten, den Zugang zu Büchern, Informationen, sensualistische Erlebnisse aus erster Hand, die dem „Freigeist" Berlinguer kein Problem mehr sind, wohl aber dem Kleeblatt Arlecq, Paasch, Stanislaus aus dem zwanzig Jahre zuvor geschriebenen Roman. „Was Sie jetzt noch vermissen, Ihren Shearing, Ihren Proust, das wird Ihnen gegeben werden, sobald Ihr Land ökonomisch und technisch ein starker Staat geworden ist. Da wird man Zeit haben, sich umzuschauen, um zu bemerken, was noch fehlt, womit man auch noch Leuten wie Ihnen, verzeihen Sie bitte, eine Freude bereiten kann."[20] Mit nachsichtiger Ironie belehrt der Gewerkschaftsfunktionär Casas aus Bolivien seinen unzufriedenen Dolmetscher. In den „Seestücken" feiert ein Mann wie Casas als Vertreter der australischen Seeleutegewerkschaft Urständ.

Fries ist nicht technikfeindlich, wie könnte er das als Nutznießer von Flugverkehr und Ätherwellen und als Liebhaber beweglicher Bilder. Aber schon in seiner ersten Veröffentlichung spricht er von der Magie der Technik. Fehlt die, bleibt bares Zweckdenken. Die prospektive Utopie, die das Interieur des Hotels Adlon kurzerhand auf die Luftschiffsgondel überträgt, hat alles andere denn das technisch Mach-

bare im Sinn, die Technik soll für die Erleichterung der menschlichen Verhältnisse in Dienst genommen werden; nicht mehr und nicht weniger, ihr wohnt eine demokratische Komponente inne. „Fliegen soll einmal ein Volkssport werden. Wie Radfahren“[21]. Freiheit heißt bei Fries auch immer Lebensgenuß; Ohrenfest, Augenschmaus, Gaumenfreuden. Die Entfaltung aller menschlichen Fähigkeiten einschließlich der, träumend gelegentlich auch einem Phantom nachzujagen, in die Irre zu gehen.

Fliegen und Wahrheit, Fliegen und freie Willensentscheidung, die Nähe zum Licht, zu den „Göttern“ – man stolpert förmlich über diese Auffassung, die Fries mit der gleichen fast ausschließlichen Vehemenz vorträgt wie andere Autoren ihre Lieblingsgedanken.

In den Hörspielen ist der Zusammenhang von Utopie und sozialer Erfüllung des träumend Vorweggenommenen nicht zu überhören, auf ihren sozialen Gehalt angesprochen werden die Utopien ebenso im „Alexander“-Roman: „Im Genuß seiner Rechte erfährt sich der einzelne als Teil des Ganzen, das sie ihm sichert“[22]. Das ist ein Satz, der leicht untergeht in anderen, sich vordrängenden Passagen, aber es ist ein eminent wichtiger.

Die Kritik sah das, als „Das Luft-Schiff“ noch für sich stand, anders. Idealistische Weltenflucht bei Stannebein, sozial verankerte Analyse beispielsweise in Bobrowskis „Vierunddreißig Sätze über meinen Großvater“, auf diese Formel brachte Werner Liersch in dem bemerkenswerten Kritikerdisput für die „NDL“ seine Befürchtung, das Fries'sche Plädoyer für eine sich entfaltende Phantasie werde wesentlich beeinträchtigt. In den Filmmaterialien nun und auf dem Zelluloidstreifen, acht Jahre später, vertiefte der Autor seinen Standpunkt oder nutzte die Möglichkeit, ihn differenzierter darzubieten. Das Angebot reicht von der „Erhebung der Seele“ (Filmsequenz 196) bis zur ganz praktischen Arbeitstherapie für die Anstaltsinsassen und den in Dösen internierten Erfinder. Stannebein will die Menschheit, kann er sie schon nicht im Ganzen bessern, „ihrer Laster, Schwächen und Gemeinheiten“ entheben, indem er sie „vom Ort ihrer Leiden und Kriege“ entfernt (Sequenz 296). Soll man die Verhältnisse verändern oder erst einmal sich selbst ändern –? Seit Schillers Vorschlag über die ästhetische

Erziehung des Menschengeschlechts stellt eine jede Revolution die Frage neu auf ihre Tagesordnung. Stannebeins spanischer Chauffeur Sorigueta, aber auch der Barrikadenkämpfer des mitteldeutschen Aufstands von 1923 gehen den zu Stannebein entgegengesetzten Weg („Wir schaffen erst hier unten Ordnung"; Filmsequenzen 202 und 275)[23]. Doch nicht die starre Entgegensetzung, nicht das schroffe Entweder-Oder sind hier gefragt, nicht der deutsche Irrationalismus und die Folgen sind eigentliches Thema dieses Erzählers, der vielberufene Großvater kann vielmehr – darüber herrschte Einhelligkeit – als ein Don Quichote gelten, doch als einer, der, wie Karl Mickel sagte, nicht gegen, „der für die Windmühlenflügel kämpft: so hält die Gestalt komisch wach, was wir gern vergessen, nämlich, jede Realisierung tötet 100 Möglichkeiten"[24]. Was nach Torheiten aussieht, bewahrt Stannebein vor der bürgerlichen Misere eines früh verplanten Lebens, Stannebein mö nicht, wovon seine Geliebte mit Verachtung spricht, „ein r cher Pinkel mit viel dummer Familie" werden[25].

Fries spielt die Verhaltensweisen durch, durch die sich der einzelne auf die Gesellschaft und ihre Bedingungen einläßt oder mit denen er sich, unter Umständen, gegen ihre Zumutungen wehrt. Das Leben des Berufsrevolutionärs, des bewußten Teilhabers der sich des gesellschaftlichen Fortschritts sicheren und sichernden Bewegung, erscheint zitatenhaft nur in Randfiguren wie Sorigueta, Barrikadenkämpfer und Hauptmann Janina alias Johanna aus dem Filmtreatment, oder in Korrektivfiguren wie Casas und australischer Seemann; sattsam Bekanntes muß nicht ein weiteres Mal ausgebreitet werden. Die Liebe des Autors gehört – das bedarf keines weiteren Satzes – den Zuspät- und Zukurzgekommenen, den Träumern, deren Gegenstück nicht unbedingt die ersteren sind, sondern vielmehr die geistfeindlichen Technokraten, der Postbeamte Coleman aus dem „Strindberg"-Hörstück und die Unternehmer Levin & Schütte aus dem Roman, und schließlich der Patentbeamte aus dem Film. Der Pragmatismus des kalauernden nüchternen Schaltermenschen vom Patentamt ähnelt, wo er Radikalkuren anempfiehlt („Dynamit, wupp! und weg ist es"; Filmsequenz 267), fatal den Anschauungen des Anarchisten in Stannebeins Alptraum, der mit der Axt in der Hand die Worte spricht: „Dynamit, weg ist der alte Plunder, Schocktherapie" (Sequenz 297). Und war der Rationalismus der Kinder im Buch, die so altklug Lebenswahrheiten zum besten gaben, noch erträglich – Fries ist zu sehr Dialektiker, als daß er seinen Figuren nicht Gerechtigkeit widerfahren ließe –, so ist Schüttes Urteil über Bücher als einer verkehrten Welt schlichtweg barbarisch zu nennen, wenn er Doña Matilde rät: „Verkaufen Sie das alles! [. . .] Bewahren Sie Ihre Kinder und uns alle vor den Folgen!" (Sequenz 307). Stannebeins Erfindungen müssen Reißbrettaventiuren und poetische Opposition bleiben, weil er frei konkurrierend gegen die wohlorganisierten Erfinderteams, die in dem bestens ausgerüsteten Forschungsappendix der Großen Industrie zusammenwirken, antritt. Das einzelne Mitglied der durchrationalisierten Braintrusts ist mehr Techniker denn Wissenschaftler, und sein Anteil am Ergebnis wird von der Intelligenz des Apparates geschluckt. Namenlos, das heißt ja auch immer, das Individuum ist in seiner Identität bedroht. In ihrer Identitätssuche mögen sich Erfinder und Dolmetscher, Stannebein und Berlinguer, ähneln, und in diesem Problem beide dem Autor. Denn der Eindruck wiederkehrender Charaktere, die von denselben Eigenschaften geprägt scheinen und auf dieselbe Weise handeln, nur unter jeweils anderen Namen auf den Buchseiten ihr Leben leben, ruft den Kurzschluß hervor, man habe es mit einem autobiographisch ausbreitenden Erzählen zu tun. Aber man wird gut beraten sein, Stannebein nicht unter den Fries'schen Vorfahren, sondern im Straßenverzeichnis des Leipziger Stadtplans zu suchen, Namen und Legende des einen wurden Wesenszügen des anderen aufgesetzt, der Eindruck familiärer Selbstdarstellung täuscht.

Schon in seinem ersten Roman hatte der Autor nüchtern bilanziert, daß – da spricht er stärker vom Generationsgefühl als vom eigenen Status –, einen die Biographie eher verstimmen denn versöhnen oder gar beflügeln könne: „Arlecq, an seinem Schreibtisch, notierte sich nichtgelebte Biographien, um zu sehen, was dann noch übrig bliebe. Also: keine psychologischen Konflikte großen Stils. Die Generationsfrage hatte den Krieg nicht überdauert. Wo gab es den jungen Mann, der sich bildend die Welt bereist. Die jähen Untiefen der Liebe. Die große metaphysische Frage. Der Klassenkampf. Der Sturm auf die Barrikaden. Die Apotheose der Fortschrittsgläubigkeit. Und er hat nicht umsonst sein Leben gegeben.

Was blieb, ließ sich zu Papier bringen. Geburtsurkunde, Meldelisten, Polizeikarteien, Ausweise, Mitgliedskarten, Lesekarten, eine Examensbescheinigung, eine Eintragung auf dem Finanzamt zwecks Steuerklassifizierung, eine Sozialversicherung für Freischaffende. Erst die Krankengeschichten gaben Profil. Die ärztliche Diagnose, das gab Charakter, das Röntgenbild war verläßlich, der Rhythmus des Pulsschlags ordnete die Lebensmelodie, die Fieberkurve war eine seelische Startbahn."[26] Sehr nüchtern klingt das und ein wenig kaltschnäuzig, wer indes genau hinzuhören versteht, wird die Melancholie des Zuspätgekommenen vernehmen.

Stannebein ist ein Einzelgänger, die Sehnsucht nach Verbündeten wirkt so stark wie der Wunsch, die eigenen Kräfte in einem Werk bleibend herauszustellen. Andere Gestalten Fries', Arlecq und Paasch, der Weltbürger und Wahlberliner Berlinguer und der bestallte Akademiker Alexander Retard (das „Spätchen'), Strindberg und Coleman, haben ein sichtbares *alter ego.* Oder sie versichern sich ihrer Freundinnen, wobei der Typ der selbstbewußt emanzipierten Frau, die dem Helden in seinen Höhenflügen ein rational reagierendes, ironisches Regulativ ist, bei Hermann Kant anzutreffen ist und bei Jurek Becker, bei intellektuellen Erzählern also, denen die eigene eloquente Suada bisweilen unheimlich vorkommen mag. Und so auch bei Fries. Doppelgänger- und Stellvertretermotiv gehen bei diesem Erzähler einher mit einer ursprünglichen Lust am Rollentausch. Die Rundfunkredakteurin Lea Stein als die Dame, die sowohl Berlinguers als auch Retards Widersprüche aufhebt, ist ein Rollenfach der Frau mit dem Blumennamen: Während Hyazinthe die Vielgestaltige, Vielgesichtige, Wandlungsfähige darstellt, bleibt sich die Handballtrainerin Anne, die Sportliche, Herbe, Sachliche, immer gleich. In dem Verwechslungs- und Verwirrspiel vom „Mann aus Granada" stellen die beiden Federicos, die auf Lackhelme der Guardia Civil wie auf touristische Reemigranten und die Zigeunertruppe von Wanderschauspielern treffen, die Hohe Schule spielerischen Rollentausches und unbekümmerter Darstellungslust vor. Als Arlecq als Kind, wie der Autor, auf die Reise gehen muß, spaltet er sich in ein Ich und ein Es, indem er ein geliebtes Spielzeug, das Wollmännchen Arlecchino, als durch die Phantasie belebten Partner akzeptiert.

Die Lust zu schaffen, zu schöpfen durch Benennung, durch Namensgebung, diese bewegliche und flüchtige erste Inbesitznahme, die schon einen Kolumbus weitertrieb von Insel zu Insel und die in Sinnfindung mündet, sie hat Fries thematisiert, als er den Dichter Strindberg mit seiner Sehnsucht nach dem weiblichen Ideal in einem Sujet von Stifter, „Der Kondor", agieren läßt. Gebremst wird dieser ballonfahrende Strindberg durch Frauen, die, ähnlich den Kindern vor dem Standbild des Rodrigo („Ein Pferd aus Eisen, ein Ritter aus Erz, ein Koffer voll Sand"), pragmatisch orientierte respektlose Fragen stellen. Andererseits wäre – das Motiv zieht sich durch alle Arbeiten, nicht nur durch die Hörstücke – der Dichter „ein Toter im Lande der Lebenden ohne die Liebe der Frauen".[27] Konnte Amadis, der Held der Sage, noch „der beste Ritter", also keusch und sittsam, zugleich der „treueste aller Liebhaber" sein, so besteht Strindbergs Tragik darin, daß er seine Unternehmungen nur mit Hilfe eines Pragmatikers wie des navigationskundigen Postbeamten durchsetzen kann und nur gegen die, für die er eigentlich zu Werke geht; mögliche Partnerinnen sind unterlegen oder phantasielos.

In einer Zeit, in der sich in der sogenannten Frauenliteratur, was immer das sein mag, eine Sensibilität selbstbewußt artikulierte, die über juristisch gesicherte Gleichberechtigung hinaus Ansprüche anmeldete, attackierte Fries emanzipatorische Blaustrümpfeleien.

In seiner Laudatio auf zwei Heinrich-Mann-Preisträger hatte er Gratziks Satz aufgenommen und abgewandelt: „Merk dir eins, Paule, mit den Frauen, wenn du sie auf deiner Seite hast, kannst du Politik machen!"[28] Allerdings läßt eine Unbedingtheit, die an die Sehnsucht des Frisch'schen Don Juan nach Vollkommenheit erinnert, seine Figuren ihren Ruhepunkt nur schwer finden.

Von anderen Prämissen ausgehend, als wir sie für uns akzeptieren können, hat der westdeutsche Doktorand Helmut Böttiger in seiner Promotionsschrift das Schaffen dieses Autors als Tasten zwischen Selbstentwurf und sich verabsolutierender Sehnsucht bestimmt, das die Dualismen Kunstwelt und Alltag, Geist und Körper, Augenblick und Dauer, Lust- und Realitätsprinzip, Gefühl und Ritual auszutarieren sich müht. Der in einzelne Anläufe sich unterteilende Fries'sche Gesamtentwurf sei „von der Suche nach Normalität bestimmt, als Gegensatz zur Künstlichkeit des Romans, der Alltag soll als Alternative zum Außergewöhnlichen stilisiert werden."[29] Als einem Kenner von Surrealismus und Strukturalismus sei Fries der Hautgout vertraut, der sich bei der Ästhetisierung des Profanen einzustellen pflegt. Das trifft schon zu, der Fries'schen Romankonzeption wohnt auch eine Ästhetisches diskutierende Dimension inne: Während eine bestimmte Auffassung des Literarischen dafür plädiert, das Leben, die Welt, farbig zu sehen, scheint Fries der Ansicht, Realismus und Optimismus kämen sich nicht ins Gehege (und: Historiker und Poet), wenn nur die Wirklichkeit bunt, vielfältig und überraschend ist.

Wenn wir in dem Œvre, dessen Teile sich zueinander verhalten wie These und Antithese, wo alle Motive ineinander übergehen, miteinander korrespondieren oder sich gegenseitig korrigieren, eine Zäsur aufzufinden hätten, so wäre die mit dem Roman „Alexanders neue Welten" gegeben. Nachdem manches Ziel erreicht ist, stellt Fries den aufklärerischen Optimismus, der Entwicklung grundsätzlich als Fortschritt in der Menschheitsgeschichte und als zunehmende Verwirklichung der Freiheit aufgefaßt hatte, partiell in Frage. Wohlgemerkt, er verwirft platt pragmatisches Zweckdenken, ohne den aufklärerischen Impetus opfern zu wollen. So leidenschaftlich die Figur des Berlinguer nach Gründen, heimisch zu werden in Europas Mitte, auf unserer Seite, sucht, so sehr es ihn nach Gewißheiten, Verläßlichkeiten verlangt, so stark ist er bemüht, sich Veränderungsmöglichkeiten offenzuhalten.

Als Prüfstein für Ankunft und Aufbruch sind in dem utopischen Tagebuchroman *„Verlegung eines mittleren Reiches"* andere Akzente gesetzt – der Autor geht diesmal sein Thema von den Folgen her an.

War es Arlecq wichtig gewesen, „einmal Ideale gehabt zu haben", und: „welche im einzelnen"[30], so muß sich der Chronist des isolierten, auf Grundfunktionen des Zusammenlebens und des Überlebens reduzierten Gemeinwesens im Niederbarnim mit einer gewissen Bitterkeit fragen: „Was hatten wir denn bewirken wollen? Hatten wir nicht den Egoismus aller durch eine eigene Variante bereichert?"[31] Wo ein Pfund

Pferdefleisch, die tägliche Schale Tee und die Hoffnung, unbehelligt gelassen zu werden, sich als einzige Lebensziele anbieten, ist es eine Tugend, die einzig mögliche, wunschlos, namenlos zu sein. Die, gewiß milden, Okkupanten müßten „vertrieben werden, damit der alte Traum vom allseitig erzogenen sittlichen Menschen wieder geträumt werden kann“[32]. Nun hat es aber zu eben den Zuständen dieser melancholischen Warnutopie geführt, daß es bei Träumen von vernünftigen Wesen blieb, Kritik ist der Darstellung immanent.

Fries spielt ein weiteres Mal das Versteckspiel mit vorgeblich aufgefundenen Papieren, mit Tagebucheintragung, collagierter Zeitungsnotiz, amtlicher Mitteilung, einem Anhang. Auch wenn dieses Buch schmuckloser und weniger beredt als alle vorausgegangenen ist, so wären wir, das Ganze im Blick, nur allzugern bereit, die traumtänzerische Leichtigkeit seiner schweifenden Prosa und das zugleich neutrale, auf Distanz bedachte Erzählen dem beweglichen romanischen Geist zuzuschreiben, einer Menschenart und einem Landstrich, schlüge uns aus der klassischen spanischen Literatur nicht stellenweise in steifer Würde eine düster-pomphafte Rhetorik entgegen, und wüßten wir nicht von der Unverantwortlichkeit des picaresken Helden.

Auf den ersten Blick scheint Fries, wo er auf Kunst und Kunstmachen, aufs Schreiben, zu sprechen kommt, vergleichsweise immer wieder die Malerei heranzuziehen, Caspar David Friedrich und den japanischen Holzschnitt eines Hiroshige, die konstruktivistisch zergliederten kristallinen Himmel seines einstigen Wohnnachbars Otto Zestermann und diesen Wahlfranzosen Michel, der Ansichtskarten zerschneidet und ihnen andere Bedeutungen einklebt. Aber sind die stilisierten Naturstücke der Frühromantiker, in die Menschen gestellt sind wie in Kulissen, wirklich bewegliche Malerei, sind sie Vorgaben für eine „unabgeschlossene Betrachtung“[33]? Und könnten uns die Bilder eines Goya, eines Velázquez oder auch einer Nuria Quevedo nicht vielmehr belehren, daß spanische Malerei im Gegensatz zu dem, was Fries macht, eher statisch, erdverhaftet, schwer und verhalten sein kann, alles andere als geronnene Bewegung? Schließlich, die Fülle des Dinglichen und der Alltagsrealien, die die südamerikanische Prosa aufschwemmen und, nach Carlos Fuentes, ein Kontinuum herzustellen haben bei einer Diskontinuität, die Autoren – wie ihren einheimischen Lesern – bewußt ist und die nationaler Abgeschiedenheit, Fälschungen der offiziösen Historiographie und eruptiven Umbrüchen in der Herrschaftshierarchie geschuldet sind, könnten diese festgeschriebenen Augenblicke nicht auch bei Joyce ihren Ursprung haben oder, in seinem Fahrwasser, bei Arno Schmidt? Der Dubliner reihte anscheinend bedeutungslose und beziehungslose Momentaufnahmen, bis ein Untertext, ein Doppel- und Hintersinn aufschimmerte, und der Mann aus Bargfeld suchte Alltagsbanalität und Löcher im logischen Denken mit Bedeutung, Bedeutsamkeit zu füllen in dem „Musivisches Dasein" genannten Puzzle. So selten ist es ja nicht mehr, daß die vermischten Nachrichten Welt in eine Kammerspielprosa zu bringen haben.

Es ist also alles andere als eine Routinefeststellung, wenn man sagt, Fries' Schaffen sei zwar geprägt von einem gravierenden Grunderlebnis, aber es nähre sich aus vielen Quellen.

Mit dem Wort von der „Maler-Prosa"[34], das ja naheliegt, ist die Methode dieses Mannes nicht zu fassen, zieht er auch immer wieder Vergleiche aus der bildenden Kunst heran, schreibt eine sinnlich gesättigte Prosa. Bildvergleiche werden dann wiederum mit Beobachtungen erklärt, die der Musik und den darstellenden Künsten entnommen sind. Die funkdramatischen Arbeiten, erst einmal einfach nur Stimmen, Selbstgespräche, schweifende Tagträume wie der des Toningenieurs im Krankenhausbett, durchzieht eine Spur epischer Dramaturgie. Erzähleinschübe, Fragen Heutiger –, die Kinder im *„Cid"* reagieren wie die auf der Fernsehdiele im „Luft-Schiff" –, aufklärerische Unterweisungen unterbrechen die Einfühlung des Leser-Hörers. In dem Roman, den wir in den Mittelpunkt unserer Analyse rückten, aber auch in dem aufschlußreichen Gespräch mit Liersch, Nowojski und Plavius rühmte Fritz Rudolf Fries das „simultane Vermögen", den schnellen, fast parallelen Schauplatzwechsel, der vom Film auch für den Roman zu lernen sei, und im Treatment ist, wenn beispielsweise der Schwarzmarkthändler Unger mit dem Charme eines Willi Birgel raunzt, wenn die über die Dächer hastende Gestalt die Agilität eines Harry Piel aufbringt und Stannebein auf dem Perron mit dem Kreissäge genannten Strohhut auf dem Kopf ausschaut wie Buster Keaton, die

„Essenz einer Filmszene aus vielen (UFA- und Bavaria-)Filmen“[35] im Zitat aufbereitet. Mit Schärfenverlagerung, optischen Verzerrungen und dem Ineinanderfließen der Bilder, mit den Animationen der Flugmaschinen und mit Slapsticks versuchte schon der Drehbuchautor, dem Film zu geben, was der Film braucht. Wenn die Zitate nicht als solche erkannt wurden, mag das auch dem Einsatz der Farbe geschuldet sein, die eine andere Dimension einbringt. Aber das ist eine Vermutung.

Nun waren Schieber und Schwarzmarkthändler auch bevorzugte Filmfiguren aus frühen DEFA-Jahren, zu denken wäre an „Ware für Katalonien“ oder den Streifen über den Raub der Zirkuspferde bei Barley. Diese gestanzten Figuren und genormten Verhaltensmuster haben eine archetypische Dimension angenommen, sie sind geeignet, ein Umfeld von Nachkriegswirklichkeit widersprüchlichster Art zu assoziieren, Vorsätze von damals, Sehnsüchte, Absprachen in Erinnerung zu rufen.

Wenn Fries die Möglichkeit zu zitieren ausgiebig nutzt in Strukturen, die vorliegende erzählerische Mittel des Mutmaßend-Phantastischen mit äußerster Konsequenz mischen, so zu einem Zweck, und den legte, als wir über die episch *verfremdete* Hördramatik sprachen, schon das Reizwort aus dem Arsenal Brechtscher Verfahren nahe: Fries geht es nicht um das Abspulen einer Geschichte, ihm sind die Fragen allemal wichtiger.

Ein Mann wie Helmut Heißenbüttel merkte diese Absicht selbst den „Seestücken“ an, indem er den Titel wörtlich nahm und schrieb, eine bestimmte Grundmotivik werde in jedem Seestück, in jedem Einzelstück neu abgewandelt. „So sehr Fries seine Kunst darauf verwendet, das einzelne See-Stück in sich abzurunden, in sich autonom zu halten, so stark ist doch jedes in eine ganz bestimmte Perspektive ausgerichtet und daran orientiert. [...] Fries redet vom DDR-Alltag als dem Alltäglichen. Aber in das, was davon mitgeteilt wird, in der Benutzung der alltäglichen Sprache und der sprachlichen Vermittlung von Alltag (und das sind die Bausteine, aus denen Fries die Autonomität seiner Prosa aufbaut) ist immer schon von Anfang an eingeflochten, eingelassen, mitgemeint der Ausblick, der Ausflug, die kleine Bewegung, die daraus hinausführt. Das geschieht lautlos und überraschend zugleich. Möglichkeit öffnet sich"[36] Kurt Batt sah in einem zunehmend essayistisch-reflektorischen Erzählen die Gefahr, die Prosa ginge „unverzichtbar sensueller Qualitäten verlustig"[37]. Obwohl nicht das Verb, sondern das gereihte Substantiv, die Kette der Aufzählungen in den Texten dominiert, ist diese Prosa so von Wahrnehmungen gesättigt, daß sie sinnlich und zugleich intellektuell ist. Diese Kombination ist charakteristisch für das Schaffen Fritz Rudolf Fries'.

Kurzbiographie

Fritz Rudolf Fries wurde am 19. Mai 1935 im baskischen Bilbao (Spanien) als Sohn eines deutschen Kaufmanns geboren. 1942 übersiedelte die Familie, nachdem der Vater eingezogen war, nach Leipzig. Fries wuchs zweisprachig auf, mit der Großmutter mütterlicherseits konnte er sich nur Spanisch verständigen. 1953–58 studierte er an der Karl-Marx-Universität Leipzig Anglistik und Romanistik, sein Examen legte er bei Werner Krauss in Hispanistik ab. Freischaffend als Übersetzer und Dolmetscher. 1960–66 war er wissenschaftlicher Assistent an der von Krauss ins Leben gerufenen und geleiteten Sektion deutsch-französische Aufklärung an der Akademie der Wissenschaften zu Berlin. Seit 1966 freischaffender Schriftsteller in Petershagen bei Berlin.
1979 erhielt er den Heinrich-Mann-Preis. Er ist Präsidiumsmitglied des PEN-Zentrums der DDR.

Jürgen Engler

Peter Gosse

„Als erstrebenswert empfinde ich eine Literatur, die Überblick und Betroffenheit vereint“, so Peter Gosse (geb. 1938), befragt über seine poetische Entwicklung.[1] In dem Spannungsfeld dieses dialektischen Widerspruchs ist das Schaffen des Schriftstellers angesiedelt. Allein auf „Überblick“ aus sein, würde bedeuten, die unter die Haut gehenden Wirkungen von Literatur geringzuschätzen. Auch bestünde die Gefahr, daß Literatur in Illustration vorgefertigter – von anderen beziehungsweise vom Autor selbst entwickelter – Theorien abglitte. Doch „Betroffenheit“ allein auszustellen hieße, den Dichter nur als Seismographen zu verstehen, künstlerische Wirkung auf das Anzeigen von Erschütterungen einzuengen. Für Gosse ist Literatur vielschichtiger: Wiedergabe dessen, was ist, und Wider-Gabe, Vorzeigen dessen, was sein könnte, sollte, sein müßte.

Das ausdrückliche Streben nach dialektischer Vermittlung von „Überblick“ und „Betroffenheit“ ist Ergebnis der bisherigen literarischen Entwicklung dieses Schriftstellers. Am Beginn steht eine stark operativ akzentuierte Literatur. Die Herausbildung politischer Anschauungen, Bildungsweg und berufliche Tätigkeit des Autors spiegeln sich in ihr unmittelbar. Anläßlich des 50. Jahrestags der Großen Sozialistischen Oktoberrevolution erscheint Gosses Reportagebändchen *„Antennendiagramme. Junge Leute vor dem 50.“*. In assoziativer Weise erschließt der Verfasser das Denken und Fühlen junger Menschen in der Sowjetunion. Den Dialog bevorzugend, zeichnet er lebendige Porträts von Intellektuellen, deren Verantwortungsgefühl gegenüber den Geschehnissen in der Welt, deren Wunsch nach schöpferischem Wirken für die sozialistische Gesellschaft er preist.

Als nächstes schreibt dann Gosse zusammen mit Werner Bräunig, Jan Koplowitz und Hans-Jürgen Steinmann über den Aufbau von Halle-Neustadt: *„Städte machen Leute“* (1969), ein Reportageband. Gleichfalls als Co-Autor ist Peter Gosse am Entstehen der Stücke *„Anregung I“* (1969) und

„Kleine Gärten – große Leute“ (1971) beteiligt. Letzteres sollte gewissermaßen die „technische Revolution nahe- und voranbringen helfen“[2]. Eine solche, sehr anspruchsvolle Äußerung belegt das Streben des Autors nach Operativität, läßt allerdings zugleich zu stark vereinfachende Vorstellungen von künstlerischer Wirkung erkennen. Gosses Beteiligung an der Herausgabe der Anthologien *„Vietnam in dieser Stunde“* (1968) und *„Chile – Gesang und Bericht“* (1975) beweist seine Aufgeschlossenheit gegenüber kollektiver künstlerischer Arbeit, die auf politisch erhellende und mobilisierende Wirkung zielt.

Ich beispielsweise will mitmischen fünf, sechs Abende wöchentlich.
Ich bring noch ein Dutzend mit.
Hemdsärmelige, denen's nicht ist um ein bißchen unbezahlten Schweiß.
Wenn wir loslegen, ist das übrigens
ein sehenswertes Gewimmel.[3]

So schließt das Gedicht *„An den Rat der Stadt Leipzig“*, ein oft zitiertes Beispiel der frühen Lyrik Gosses. Mitzumischen im faustischen „Gewimmel“ produktiv-angestrengten Tuns ruft der Lyriker lauthals auf; eine die Schwerkraft verspottende „Baute“ will er errichtet sehen, weithin sichtbares Zeichen der Symbiose von Kommunismus und modernster Technik. Dieses Drängen auf umfassende Produktivität korrespondiert mit den politischen Orientierungen der zweiten Hälfte der sechziger Jahre: Im hochangesetzten Wettbewerb mit dem Imperialismus wurde dazu aufgerufen, insbesondere mit der Meisterung der wissenschaftlich-technischen Revolution einen spürbaren Produktivitätszuwachs zu erzielen.

„Nützlichsein“ ist eine zentrale Vokabel in Gosses erstem Gedichtband. Schon der Titel, *„Antiherbstzeitloses“*, spricht sich „gegen Herbstiges und Zeitloses und Blümeliges“ aus (S. 5). Angaben „Zur Person“ stellen sich polemisch quer zur Betonung des individuell Besonderen und Unwiederholbaren:

Wer mich liest, der sei gewarnt:
Unwiederholbar bin ich
in der Linienführung meiner Daumenhaut (vielleicht),
in nichts ansonsten,
das beruhigt.

Gesellschaftlich nützliche Tätigkeit wird in starkem Maße als technische ins Bild gefaßt. Das Gedicht *„Pygmalion“* hat als

Vorwurf den antiken Mythos vom Bildhauer, der sich in seine Schöpfung verliebt; bei Gosse bastelt Pygmalion Radios, und der innigste Wunsch geht danach, die „kleine Schaltung" zum Leben zu erwecken. Gosse greift bei der Bildung seiner Metaphern auch dann oft auf technische Begriffe und Beispiele zurück, wenn der Gegenstand das nicht nahelegt. Und in dem Gedicht *„Das Selbstverständliche"*, das den Band programmatisch einleitet, verschmelzen Technik und Kunst zu ungeteilter menschlicher Lebenstätigkeit. Gosse vertritt die These vom Miteinander von „Physik" und „Poesie" und bezieht nachträglich Stellung zu der in der Sowjetunion leidenschaftlich geführten Debatte der Physiker und Lyriker.

Alles auf nützliches Tun gerichtete Engagement erhält für ihn erst dadurch seinen Sinn, daß es auf den weltrevolutionären Kontext bezogen wird. Die mit der Oktoberrevolution in die Welt gekommenen Perspektiven für die Völker, auf revolutionärem Weg zur Selbstbestimmung zu finden, bilden für Gosses Lyrik Bezugspunkte. Das Gedicht *„Steine"* – eines der eindrucksvollsten des Bandes – fordert auf, das Vermächtnis dieser Revolution nie zu vergessen. Der Revolutionär „vom Jahre 17" brüllt den „Kommenden" zu:

Jeden Meter Straßenpflaster, den wir vorwärts,
jeden Schritt, jede Handbreit
Pflasterstein um Pflasterstein! ...

Ich habe EINE Angst:
Die Steine, die könnten Euch nichts als Steine sein.
Euch könnten sie einfach Steine sein.
Nichts sein als einfach Steine.
Einfach Steine sein.

Epoche und Alltag werden dialektisch verklammert; solche Verbindung – daher der aktivistische Grundgestus der Lyrik Gosses – ist das Werk revolutionärer Subjekte. Das betont internationalistische Denken und Fühlen dieses Autors hat seine Wurzeln in einem unmittelbaren Bildungserlebnis während des Moskauer Studiums – im Einbezogensein in eine internationale Studentengemeinschaft, aber auch in späteren Erfahrungen als Dolmetscher in einer RGW-Sektion. Peter Gosse bekennt sein „Unverständnis fürs Nationelle"[4], sein Blick wird sich auch fürderhin, im Historischen wie im Gegenwärtigen, auf die Menschheit richten.

Den XX. Parteitag der KPdSU erlebt er als Aufbruchssituation. Es wäre falsch, zumal wenn man unterschiedliche ästhetische und politisch-ideologische Entwicklungen von Schriftstellern der gleichen Generation bedenkt, das allein als Generationserlebnis zu bezeichnen. Generationszugehörigkeit *und* Klassenzugehörigkeit, gefaßt als ideologische Positions- und Selbstbestimmung, weisen nach Gosses Auffassung in ihrer dialektischen Verknüpfung dem Schriftsteller Platz und Rolle in der Gesellschaft zu. Den sozialistischen Dichter Gosse zeichnet aus, daß er, selbstbewußt und ohne Scheu vor Konflikten, immer wieder den produktiven Zusammenhang mit dem Wirken der führenden Arbeiterklasse und ihrer Partei herzustellen und auszubauen sucht.

Majakowskis epochales dichterisches Neuerertum, die unlösbare Verbindung seines Schaffens mit der Revolution wie die Revolutionierung der Ausdrucksmittel, ist faszinierend auch für Gosse. Historischen Atem spürt er in den Versen Walt Whitmans, den er in dem Gedicht *„Zu S.s Gemälde ‚Ideale Landschaft'"* zu den „Ehrenbürgern des Planeten" zählt. Gosses Gedichte sind in starkem Maße aus der Quelle des Humanismus und des Demokratie-Verständnisses Whitmans gespeist, aus dessen aktiver Menschenliebe, der gemeinsames schöpferisches Tun als höchster Wert gilt. Für die lyrische Darstellung gibt es dabei keine mehr oder weniger geeigneten Realien, alles verlangt nach Ausdruck und Gestaltung: Hohes und Niederes, Erhabenes und Banales, Tragisches und Komisches, Häßliches und Schönes. Die Sphären des Gesellschaftlichen, Allgemeinen, Politischen und des Individuellen, Intimen fließen zu einer einzigen und unteilbaren zusammen. Solche Welthaltung und -aufnahme drängt zu einem lyrischen Ausdruck, der alle festen und starren Formen sprengt, der des schwingenden freien Rhythmus bedarf und der weitgespannten langzeiligen Verse, des gehobenen und preisenden Tones, der jedoch auch – um einer allein anrufend-kontemplativen Wirklichkeitsbeziehung zu begegnen – immer wieder ironisch gebrochen wird.

Der Dichter wird von Gosse konsequent an die Seite der Arbeitenden gestellt; durch nichts von ihnen unterschieden, ist er mit ihnen „vermasst" (*„An Messeonkel A."*). Die Entscheidung hat Konsequenzen für Gestus, Sprachgehalt und

-gestalt des Gedichts; der Wille, im Alltag zu wirken, ist ihm eingeschrieben; es sucht den Dialog; Rede und Anrede bestimmen in starkem Maße seine Struktur. Alltagssprache, Fachtermini, Idiome, modernes Begriffsgut aus Wissenschaft und Politik fließen in das Gedicht ein. Die Verschleifungen, Verkürzungen und Ballungen der Umgangssprache, ihre Redundanz und ihre Unkonzentriertheiten werden reproduziert, Verdichtetes steht neben Weitschweifigem und Abschweifendem, der Stil lässigen Sprechens – als Bruch, daß sich nicht falsches Pathos einstelle – wird kultiviert. Das alles ist Ausdruck der Polemik mit jener Poesie, die sich von Alltagssprache und -leben strikt abgrenzt. Daß es dabei zu Überspitzungen kam, war unausbleiblich. Die Kritik verwies auf manieristische Züge in Syntax und Wortwahl, auf Künstlichkeit bei der Verknappung von Satzbildung und auf Gestelztheit bei Wortneubildungen.

Der Titel des 1975 erschienenen Bandes *„Ortungen“*, er enthält Gedichte und Essays, umreißt gleichfalls ein Programm: Literarisch erörtert werden soll der Platz der sozialistischen Gesellschaft im weltrevolutionären Prozeß. Kündet der erste Band vom Willen des Dichters, mit allen Kräften zu helfen, die sozialistische Gesellschaft voranzubringen, so unterzieht sich Gosse nun der größeren Aufgabe, den objektiven Bedingungen nützlichen Handelns nachzufragen. Entschieden wendet er sich den ökonomischen, sozialen und politischen Verhältnissen zu, den Zwängen und Notwendigkeiten, den konkreten Widersprüchen und Konflikten, die die beschworenen und erwünschten Aktivitäten befördern oder auch hemmen.

Aufmerksamkeit gilt vor allem den Beziehungen von Politik und Ökonomie in der Gesellschaft. Dieser Zusammenhang wird als komplexer und widersprüchlicher Vorgang zur Sprache gebracht. So auch wenn er Probleme innerhalb der sozialistischen ökonomischen Integration aufgreift (*„Heldenreport“*). Dabei findet er überzeugende Bilder dafür, wie ökonomische Gegebenheiten, Zusammenhänge und Entwicklungen konkrete menschliche Einstellungen und Haltungen produzieren.

Potenzen und Grenzen sozialistischer Demokratie in der Gegenwart beschäftigen Gosse immer wieder. So sehr er für die weitere Entfaltung der sozialistischen Demokratie plädiert, so sehr wendet er sich dagegen, unmittelbare, kurzfristige Interessen der Arbeiter zu verabsolutieren. Er behauptet die Priorität der Strategie, der langfristigen Interessen der Arbeiterklasse: So liegt es ihm auch fern, Wünschenswertes für die Entwicklung der Gesellschaft als schon Erreichtes auszugeben, beispielsweise die Illusion zu verbreiten, es existiere heute schon die Möglichkeit direkter – nicht über Institutionen vermittelter – Vertretung der Interessen der Arbeiterklasse durch ihre Angehörigen selbst. So wird in Gosses Gedichten die Frage aufgeworfen: „Wie sehr muß noch Ungleichheit in der Machtverteilung sein, daß der Sozialismus vorankommt, und wie sehr, daß er vorankommt, darf sie noch sein?“[5]

Geschichtsphilosophisch wie ästhetisch bedeutsam sind in diesem Zusammenhang die Texte *„Munterung an Dädalus“* und *„Kreon sagt an“*. Indem Gosse die Gestalt des Dädalus als Leitfigur im wahrsten Sinne des Wortes wählt und mit ihr „vernünftiges“, das heißt, bei allen Risiken Erfolg versprechendes Verhalten propagiert, verwirft er zugleich polemisch die tradierte Ausformung des Dädalus-Ikarus-Mythos.

Taktiere, Stratege, stiehl Dich voran, was das Wachszeug hält
den Weg, der alle Kraft frißt, den einzigen, diesen schlingernden
Grat.
Harthalsig flexibel sei.
Kraftsparend leicht marschier, begeh den Kompromiß, diesseits von
Grübeln und Traumeln! Taktier
zwischen Che und Dubcek, auf nieder auf nieder wie sisifosen
die Federgestänge! Lavier – dort ist das Land! –
zwischen Selbstaufgabe und Selbstmord.

Der Mythos dient dabei der Reflexion konkreter Geschichte. Dädalus wird als Kollektivfigur modelliert: Er personifiziert realen Sozialismus in seiner widerspruchsreichen Fortentwicklung zur künftigen klassenlosen Gesellschaft. Der Rückgriff auf den Mythos erlaubt, die gesellschaftsphilosophische Aussage im Bild konkreten Verhaltens einer Person, wenn auch einer Kunstfigur, aufzuheben. Die Struktur des Gedichts beruht auf dem Widerspruch zwischen der – alltäglichem Sprachgebrauch höchst fremder – Wortballung und kommunikationsbetonter Anrufung und rhetorischer Kundgabe.

„Kreon sagt an“ ist als parabolisches Lehrgedicht dem

Dädalusgedicht vergleichbar: in der aus zeitgenössischem Interesse betriebenen Umwertung der überkommenen Werte. Der Lyriker leiht seine Stimme dem König Kreon, dem im traditionellen Verständnis – vor allem durch die Tragödie des Sophokles geprägt – hartherzigen Herrscher, während Antigone, bei allem Mitgefühl, der Kritik ausgesetzt wird.

> [...]
> Antigone, eine Feier der Menschen,
> Thebens zu weit vor gezeugte Seele,
> zu früh war sie natürlicher Mensch,
> zu früh war sie zart.
> Und hier lebte ich, Kreon, ein Kerl
> von der zartren Art Zartheit, der krassen,
> der möglichen.

Nicht die allgemein-menschliche, sondern die konkret-menschliche, die politische Haltung wird gefordert und gefeiert. Mit der vom Gedicht propagierten Lehre, sich dem Gegner weder materiell noch geistig waffenlos und ungeschützt in die Hände zu geben, stellt sich der Lyriker mitten in den politischen und philosophischen Streit der Zeit. Das Gedicht ist ambivalent gefügt aus Archaismen und Modernismen, sein Gestus verweist auf den gehobenen Ton alter Chroniken und Gesänge, die von exemplarischen menschlichen Haltungen und Handlungen künden.

„Das poetische Modell sollte sich an großen zeitlichen und räumlichen Räumen konstituieren“, betont Gosse in einem dem Band beigegebenen Essay.[6] Damit wird zugleich auf das Spannungsfeld von Ideal und Wirklichkeit verwiesen. Gedichte wie *„Dreiländereck“* und *„Weltfestspiel, 1973“* lassen das kommunistische Ideal aufleuchten: die klassenlose Menschheit, in der individueller und kollektiver Egoismus überwunden sind.

> Keine Rasse ist schlechter oder besser als irgendeine andere.
> Das runzlige weise Gesicht ist nicht schlechter oder besser als
> das junge Gesicht.
> Kein Körperteil ist schlechter oder besser als irgendein anderer.
> Kein Mund ist unmündig, keine Hand zu handeln unfähig.
> Jeder trägt auf dem Leib die Kleidung, die seinem Leibe behagt,
> die teilende Mode ist vorbei, die dividendenausteilende.

Das Festhalten an diesem Ziel erfordert zugleich, sich der Nähe oder Ferne zu ihm bewußt zu werden. Geortet werden deshalb der objektive Platz des Sozialismus im weltrevolutionären Prozeß, Strategie und Taktik der Arbeiterklasse, insbesondere der sozialistischen Staatengemeinschaft, im Kampf für Fortschritt, Demokratie und Sozialismus. Das lyrische Ich sucht seine Position in der widersprüchlichen „wirklichen Bewegung" zu bestimmen. Gosses Gedichte präsentieren sich als Lehrgedichte wie als intime Dokumente der Sorgen und Hoffnungen des Dichters. „Politisches und Intimes", so kennzeichnet Gosse sozialistische Lyrik, „werden sich [...] nicht als gegensätzlich, ja einander ausschließend auftun, sondern als einander bedingend, nahe und sich nähernd."[7]

Dieses Zueinander von Politischem und Intimem prägt in neuer Qualität den Gedichtband *„Ausfahrt aus Byzanz"* (1982). Im Mittelpunkt steht die Frage nach der inneren Entwicklung der sozialistischen Gesellschaft, die Frage nach ihrer Vergangenheit, Gegenwart und Zukunft, nach ihren Entwicklungsgesetzen und -perspektiven. Die „sich als vollzogen oder vollziehend empfindende Revolution", bemerkt Gosse, „konnte Geschichte als ‚Vorgeschichte' großzügig abtun, sie konnte sie ohne Analyse (die ja immer Selbst-Analyse, Selbst-Infragestellung ist) rigoros und souverän ausschlachten".[8] Angesichts langfristiger gesellschaftlicher Entwicklung jedoch artikuliert sich das Bedürfnis nach Rückblick ebenso wie nach Vorausschau. Dabei richtet der Autor sein Augenmerk auf die Wandlungen der Gesellschaft.

Nachgedacht wird in dieser Lyrik über den welthistorischen Stellenwert unserer revolutionären Entwicklung und über ihre Fortsetzung. Wesentlich ist: Nicht das Resultat des Nachdenkens wird festgehalten, sondern der Denkprozeß vorgeführt. Die Gedichte geben Unsicherheit preis, in ihnen rumort das Wissen darum, was noch zu leisten ist.

Im Gedicht *„Schwebe"* wird eine Situation bezeichnet, die durch den Schwund an verbindlichen und verbindenden Sinn-Erlebnissen in der Gesellschaft charakterisiert ist, durch Privatisierung und „Vereinzellung".

Ja, als ...
wir unsre Freude genossen am Glimmen nächtlicher blühender Kirschbäume, wie Gestirne beinern glommen sie unterm Hotelfenster, und
wir dieses Dasein von irritierender irrsinniger irisierender
Einmaligkeit feinfühlend auslebten

da kamen uns die sehr skurril vor, die wir gewesen waren,
mit Schafgarbe oder Rübensirup, oder mit nichts auf der Brotscheibe
in der hohlen Nachkriegs-Brotbüchse zufrieden

Das Klanggewebe, wie es sich – nicht nur in diesem Gedicht – durch Assonanzen und Alliterationen reich nuanciert und suggestiv entfaltet, läßt die Verführung zu einem Dasein sinnlich erlebbar werden, das ganz auf Erhöhung und Verfeinerung individuellen Lebensgenusses aus ist und das hart mit einer – vergangenen – Existenz materieller Not und Entbehrung konfrontiert wird. Aber das feinempfindende Ausleben eines solchen Daseins ist zugleich mit einem Gefühl von Unwirklichkeit verschwistert: Wie in „Schwebe", eben körperlos und schattenhaft, erscheint gegenwärtiges Leben in seiner kaum aufstörbaren Bequemlichkeit; aber auch das erfüllt gelebte Dasein der Vergangenheit entzieht sich und wirkt wie fremd. Nun will das lyrische Ich jene Zeit durchaus nicht verklären, und es weiß, daß der Gang der Dinge keineswegs ein „Stoßgeschäft" ist; dennoch blickt es, bekümmert über das zu langsame Verschwinden „teilender Moden", mit Wehmut auf die Jugendjahre der Gesellschaft zurück.

Liefert „Schwebe" vornehmlich einen sozialpsychologisch grundierten Stimmungsbericht, so wird in *„Zwischenbilanz"* das materielle Substrat dieser Empfindungen genauer erkennbar.

[. . .]
zwischen meiner Wut über die Datschen, die wie Geiseln an den
Ländern umherklebten in ihrem zuckrigen Zaunzeug
und so etwas wie Demut (jedenfalls Scham über diese Wut),
wenn ich Frieda aus der Wollkämmerei mit ihren zerarbeiteten
(nicht zerlebten) Händen im gartenzwergbestückten Beet
Erde häufeln sah um ein einsetzendes Grün
zwischen der Wehmut um das Zersitzen der Sache zu Siebensachen
(und was die mondiale Wende schien, war wieder nur Regionalgefecht)
und dem Unmut über diese Wehmut, denn ist eine Sache, die sich
zersitzen läßt, *die* Sache? Oder vielmehr: sind Siebensachen
nicht die Bißprobe jeder Sache?

In den Gedichten des Bandes „Ausfahrt aus Byzanz" treten weitreichende Gesellschaftsprogrammatik, Analyse des Gegenwärtigen und Individualbefinden in durchaus spannungsvollere Beziehungen. Große bilanzierende Gedichte führen eine Vielzahl von Realien auf, um den Zustand einer gesellschaftlichen

Lage beziehungsweise einer sozialen Gruppe nachprüfbar zu dokumentieren. Gosse entwickelt einen immer schärferen Sinn für die Empirie des Alltags, zugleich aber strebt er danach, sich durch diese hindurch zu Epochenbefunden vor- oder emporzuarbeiten. Durchsicht, Klarsicht, Transparenz zu erreichen, nennt Gosse nun als ästhetische Zielvorstellung.

Eines seiner jüngsten Gedichte, das Sonett „*An P.*“[9], formuliert dies programmatisch. Es mag zugleich als Beispiel für die verstärkte Hinwendung Gosses zu strengen Formen stehen; der Kunstcharakter des Sonetts wird durch das Amalgamieren von laxer Sprache und geballter Gedanklichkeit auf besondere Weise behauptet.

> Erwachsen werd! Nicht denke, daß Geglose
> von Tränen dich mir näh'rte. – Jene kreiden
> geruhsam an, und diese lassen kreiden
> geruhsam. Wisse was du weißt: Osmose
>
> geht vor. *Wo* Welt vor geht – ists nicht gleichviel?
> Ein Vorgehn ist es, stete, kein Zergehen.
> Du Börne freilich mußt hie Siechen sehen
> und fern Gesichte. Nimm das Muskelspiel
>
> des Ganz scharf blickend wahr! Des Transparents
> beschwingte Wichtelzeit ist einmal wieder
> vorüber. (Dieses Zucken deiner Lider;
>
> gut möglich, daß ich dich um es beneide.)
> Die Forderung des Heute ist nicht Heute.
> Anstatt des Transparentes: Transparenz!

Peter Gosses Gedichte durchmessen von Daseinsfreude bis zu Todesschmerz die ganze Spannweite individuellen Empfindens. Neben innigen, zarten, musikalischen Gedichten stehen solche, die rabelai'sch leiblich-sinnliche Genüsse preisen: „Der Appetit in dieser Gedichtewelt ist auf die Appetite gerichtet. Zu ihnen selbst werden wir verführt, indem ihre Gegenstände glänzend aufscheinen. Leben hier ist Begehren, schön der bedürftige Mensch.“[10] Sie offenbaren also eine neue Totalität individuellen Daseins als soziales Leben, die sich in einer gewachsenen Sprach- und Formkraft kundtut: Neben dem hymnischen steht der elegische, neben dem ruppigen und deftigen der verhaltene und schlichte Ton; Filigranes kontrastiert mit Geballtem, Heftiges und Überschwengliches mit Sachlichem und Nüchternem. Die Formen arbeiten, in strenger Gebundenheit wie in prosanaher Diktion; die Worte – gehobener Stil oder dem Jargon abgelauscht – erstrahlen im Glanz der Bedeutungen; hier fasziniert das Spiel des Andeutens und Ausdeutens.

Zahlreiche Gedichte, durchsetzt von Inversionen, Ellipsen und Parataxen, sind kompliziert gefügt. Doch hat sich andererseits gerade der lebendige Kontakt des Lyrikers zur Sprache unserer Zeit vertieft. Zugleich scheint das lyrische Wort stärker unter das „Kunstgesetz" gestellt. Das „Kreatürliche" und das „Erhabene" der Lexik, um Gosses Worte über Whitmans Verskunst aufzugreifen und auf ihn anzuwenden, arbeiten einander zu.

In dem Gedicht *„Neujahr auf der Müllkippe"* fällt ein für Poetik wie Gesellschaftsbild Peter Gosses wesentlicher Begriff, wenn es von den Leuten heißt: „Karnevalisch gehen sie aus sich heraus." Karnevalisch stammt von Michail Bachtin, der durch seine Untersuchungen zur Volkskultur des Mittelalters und zum Genre des Romans bekannt wurde. „Der Karneval", schreibt er, „ist ein großes, *das ganze Volk erfassendes* Weltempfinden vergangener Jahrtausende, ein Weltempfinden, das von Angst befreit, das in höchstem Maße die Welt den Menschen und die Menschen einander annähert (alles wird in den Bereich des freien, familiären Kontaktes einbezogen)."[11]

In dem Bühnenstück *„Tadmor"* wird die Frage erörtert, wie ein solches „familiäres" Gemeinwesen aussehen müßte, das allen Glück und Wohlstand, Entfaltung der Persönlichkeit, Freiheit und Gleichheit verheißt, und mit welchen Mitteln und Methoden man zu ihm gelangt. Der Autor hält sich – ähnlich wie Volker Braun in „Großer Frieden" – an überlieferte Ereignisse und sucht deren Gleichnishaftigkeit für die gegenwärtige Epoche herauszuarbeiten: „Etwa, warum hierarchische Verhältnisse mit schierster Hartnäckigkeit sich halten und, wenn einmal nivelliert, alsbald wieder inkrafttreten."[12] Das Stück ist szenisch locker gefügt, mischt abwechslungsreich „Haupt- und Staatsaktion", philosophischen Dialog und Volksszene.

Auch im Bereich der Funkdramatik versucht sich Gosse: Das Hörspiel *„Leben lassen"* (U. 1981) gestaltet moralische Konflikte zur Zeit des Faschismus; das Problem des Mitläufertums wird mit suggestiver Eindringlichkeit verhandelt.

Liegen mit diesen Texten beachtenswerte dramatische Arbeiten vor, so bekennt der Autor mit Blick auf die Epik: „Zur Langprosa fehlt mir die Neigung, vielleicht weil sie einer entspannten Sprache bedarf.“[13] In der Tat, die wenigen bisher veröffentlichten Prosatexte, die zumeist den Möglichkeiten individueller Produktivität (im ökonomischen beziehungsweise wissenschaftlich-technischen Bereich) nachspüren, suchen den Gegenstand durch eine angespannte, von Manier nicht freie Sprache ästhetisch zu bewältigen.

Wesentlicher ist Gosses Leistung auf dem Gebiet der Essayistik, zu deren wohl originellsten Vertretern in der DDR-Literatur er gehört. Der Bogen seiner Versuche ist weitgespannt: Schriften der ältesten indischen Dichtung, Texte von Laudse (Lao-Tse), Kungfudse (Konfuzius), Hanfedse (Hang Fe-Tse), Li Tai-bo, der althochdeutschen Literatur, über Rabelais, Fleming, Goethe, Hölderlin, Herder, Heine bis hin zur Weltliteratur des 20. Jahrhunderts werden bedacht. Kommentare und Betrachtungen zu Gedichten von Erich Arendt, Johannes R. Becher, Volker Braun, Bertolt Brecht, Hanns Cibulka, Adolf Endler, Manfred Jendryschik, Georg Maurer, Karl Mickel und Walter Werner geben Auskunft über Gosses innige, aufgeschlossen-kritische Beziehung zur Lyrik der DDR. Mit Aufsätzen zum Schaffen ihm befreundeter bildender Künstler weitet sich der Kreis der essayistischen Gegenstände. Literatur und Kunst der DDR werden diachronisch wie synchronisch in den Kontext internationaler Entwicklungen gestellt. Gosse trachtet, „synphasische Strömungen“, „phasengleiche Texte“ verschiedener Epochen aufzuspüren und zu analysieren. Dieses Verfahren typologischen Vergleichens legt es nicht darauf an, die Abhängigkeit eines Kunstwerks von anderen, früher entstandenen, nachzuweisen. Im Gegensatz dazu läßt es jedem Text seinen Eigenwert; denn eigentlich werden Texte erst so – im Aufspüren ihrer inneren Korrespondenz – recht vergleichbar. Die Aufmerksamkeit dieses Dichters richtet sich also auf epochale Bezüge, die er aber an der bedeutenden Einzelheit des künstlerischen Werks namhaft zu machen weiß. Den Essays und Notaten Peter Gosses liegt nicht zuletzt die ästhetisch-pädagogische Überzeugung zugrunde, daß bedeutende Literatur durchaus erhellender Kommentierung bedarf (*„Ein paar Schwierigkeiten beim Lesen von*

Gedichten"). Dabei ist – bei allem Drang zur Objektivierung – nicht zu übersehen, daß Gosse immer auch seinem persönlichen Verhältnis zur Welt und zur Kunst Ausdruck verleiht. Er äußert sich beispielsweise indirekt zu Antrieben des eigenen Schaffens, wenn er Hölderlins Dichten und Denken als Ringen um eine „erwachsene Mitte" zu deuten sucht („*Notizen zu Hölderlin*"). Gosses Essays sind die eines Lyrikers, dem es nie um die übergreifende Aussage allein geht, sondern immer zugleich um das faszinierende Detail, um die Genauigkeit und den Facettenreichtum des dichterischen Wortes. Auf besondere Weise ist in den essayistischen Texten wiederum die Absicht des Autors zu erkennen, „klarsichtiges Darüberstehen und betroffenes Drinnensein" zu vereinen[14] und damit den Leser zu einer produktiven Haltung zu ermutigen, die Erkenntnis und Parteinahme nicht scheut.

Kurzbiographie

Peter Gosse wurde am 6. 10. 1938 in Leipzig als Sohn eines Drehers geboren. 1956–62 studierte er Hochfrequenztechnik am Institut für Energetik in Moskau. Anschließend bis 1968 Diplomingenieur in der elektronischen Industrie; danach ein Jahr freischaffender Schriftsteller. 1970 arbeitete er als Automatisierungsingenieur in einem Großforschungszentrum. 1971 Aspirantur, seit 1973 Lehrtätigkeit am Institut für Literatur „Johannes R. Becher" in Leipzig. Gosse erhielt 1969 den Kunstpreis der Stadt Halle-Neustadt und der Stadt Leipzig (jeweils im Kollektiv), 1985 den Heinrich-Heine-Preis.

Holger J. Schubert

Uwe Greßmann

In einem Brief sagt Greßmann (geb. 1933) über seine Dichtung:

„Bei oberflächlichem Lesen könnte der Eindruck entstehen: daß in den Kurven Geige spielende Straßenbahnen lediglich in der heutigen Großstadt erlebbar und in diesem Punkt auch Zeugnisse der ‚Gegenwartsliteratur' seien. Aber kann es da überhaupt noch Beziehungen zur Überlieferung geben? Scheinbar wohl nicht. Und doch: In bestimmten Zusammenhängen wird man die Beziehung zur Überlieferung erkennen; da die auf das Gegenwärtige beschränkte Schreibweise Vergangenes nur in bestimmten Anspielungen umschreiben kann, verschlüsselt sie auch, was sie sagen will.

Wer zum Beispiel die griechische Sagenwelt nicht kennt, wird wohl kaum einsehen können, daß Volksmund und die ein Konzert gebende Großstadt im ‚Vogel Frühling' den sagenhaften Sängern der Griechen Orpheus und Apollo entsprechen.

Setzen wir beispielsweise in dem Gedicht ‚Moderne Kunst' für ‚Stadt' ‚Apollo' ein, so mag uns die nun entstehende Wendung ‚Aber Apollo, der Pfeile der Pest einst schoß . . . / Viele des Volkes da traf er . . .' an den Anfang der Iliade erinnern, wo Apollo Pfeile der Pest ins Lager der Achaier schoß. Und der Tod, der viele dahinrafft, tut es nun im Zeichen der Großstadt nicht mehr mit Pfeilen, sondern Verkehrsunfällen. Ob hier in der Großstadt ein Krieg stattfindet, wie der zwischen Trojanern und Griechen? Vielleicht der zwischen Fußgängern und Kraftfahrern? Solche Beziehungen zwischen Vergangenheit und Gegenwart muß ich im Vergleich stillschweigentlich voraussetzen. Sie zu nennen, hindert mich die Absicht, es von der Gegenwart aus zu sagen. Diese stillschweigende Voraussetzung ist somit die in die Vergangenheit zurückführende Brücke. Das Moderne, das überhaupt ‚Gegenwartskunst' ist, kann das Vergangene auch unter dem Gesichtspunkt: ‚Es war alles schon einmal da.' voraussetzen. Sicher, die Geige spielende Straßenbahn gab es früher nicht, wohl aber das

Weinen und Lachen der Menschen, das Gehen auf den Füßen. Vergegenwärtigen wir uns, daß Apollo zum Schießen Hände braucht, ja daß er tatsächlich Hände hat; und: daß er damit auch die Tür der Straßenbahn öffnen könnte, lebte er unter uns, so erklärt sich uns auch von selber, was wir voraussetzen müssen: das allgemein Menschliche."[1]

Das mag verblüffen oder irritieren; jedenfalls sagt es etliches aus über den Verfasser. Auch über seine poetische Welt.

Uwe Greßmann war ein eigenwilliger Dichter. In seinen autobiographischen Aufzeichnungen schreibt er: „Ich wurde am 1. 5. 1933 zu Berlin geboren. Den Vater sah ich nie, die Mutter etwa drei Wochen; sonst lebte ich unter Fremden."[2] Greßmann, dessen Leben von schweren Krankheiten gekennzeichnet war, konnte nur das Erscheinen seines ersten Gedichtbandes erleben: *„Der Vogel Frühling"* (1966). Bereits *„Das Sonnenauto"* (1972) erschien postum, 1978 folgte die Nachlaßausgabe *„Sagenhafte Geschöpfe"*. Damit liegt ein in sich geschlossenes Werk vor. Jeder Gedichtband war ein literarisches Ereignis.

Greßmanns Habitus war derart leptosom, daß man glauben konnte, der Dichter wäre ein begehrtes Modell Ernst Kretschmers gewesen und sei dessen berühmtem Buch „Körperbau und Charakter" gerade erst entstiegen. Er hatte große Augen, trug das Haar lang und ungescheitelt und nach hinten gekämmt. Greßmann war unerbittlich gegenüber seinen körperlichen Gebrechen. Geniale Züge und eine manchmal rührende Unbeholfenheit waren ihm eigen. Seine menschliche Lauterkeit ist nicht vergessen. In den Gesprächen, die wir miteinander führten, philosophierte er gern über Kant und Hegel und mit der gleichen Selbstverständlichkeit über sich und den Stuhl, auf dem er eben saß, entdeckte verblüffende Zusammenhänge und manchmal ganz für sich auch etwas, das vor ihm schon längst entdeckt worden war.

Das war der Dichter Uwe Greßmann, dessen Gesicht schön wurde, wenn er sich freute. Er konnte sich freuen wie ein Kind und war dann ganz beseelt von Freude. Seine Phantasie erschloß ihm eine Welt. Wenn wir sie entdecken, spüren wir plötzlich, daß es unsere Welt ist. Aber so haben wir sie bisher nicht gesehen.

Erste Gedichte schrieb er als Vierzehnjähriger, so *„Zaunkönig"*, das als frühestes poetisches Zeugnis im „Vogel Frühling" zu finden ist.[3]

Greßmanns Vater war Autosattler, die Mutter Dienstmädchen. Die Kindheit erlebt der unehelich geborene Sohn bei Pflegeeltern und in Waisenhäusern. Waisenhäuser, man ist versucht zu sagen: ohne Zahl. Zunächst das in der Alten Jacobstraße in Berlin, später Kinderheim Hohen Neuendorf, Auffanglager Küstrin und Demmin, Umsiedlerlager Berlin und Beeskow, Durchgangsheim Volksdorf bei Hamburg. Greßmann flüchtet; kommt in das Kinderheim Wentorf bei Reinbeck. Dann wieder in Berlin: Durchgangsheime, Kinderheim, Lehrlingsheim schließlich – bis 1949. Zwischendurch bei Pflegeeltern (1939 Selbstmord der ersten Pflegemutter, wieder ins Waisenhaus, später bei der zweiten Pflegemutter in Schöningsbruch/Neumark und beim Pflegevater in Augsburg und Eystätten). Dazwischen liegen Stationen. Dann kommen die Krankheiten. 1949 bis 1954 muß sich Greßmann wegen Tuberkulose in Krankenhäusern und Heilstätten aufhalten. Später ein Nierenleiden und zeitlebens eine akute Schwäche seiner physischen Konstitution. Frühe Unterernährung und Krankheiten haben deutliche Spuren hinterlassen. Psychische Spannungen folgen. Die große Selbstverwirklichung Greßmanns wird seine Dichtung.

Den Weg zur Literatur erschließt sich Greßmann durch autodidaktisches Studium. Zudem war er ein begabter Zeichner. 1961 stellt sich der Lyriker in der Zeitschrift „Neue Deutsche Literatur" erstmals dem Publikum. In den Jahren darauf folgen weitere Veröffentlichungen, auch in „Sinn und Form" und im „Sonntag". Seine Gedichte finden Aufnahme in den Anthologien *„Auftakt 63"*, *„Sonnenpferde und Astronauten"* sowie *„In diesem besseren Land"*.

Schon mit „Vogel Frühling" hatte sich Greßmann als Dichter von bleibender Bedeutung erwiesen. Als er die Vorbereitungen für die Veröffentlichung von „Sonnenauto" traf, war er bereits freischaffend. Er besorgte Nachdichtungen. Seine Lyrik wurde von Rezensenten gewürdigt. Rundfunklesungen folgten. Im Lyrik-Club Pankow vermittelte der Poet nun seine Erfahrungen an junge Autoren wie er einst selbst in Zirkeln und Seminaren des Deutschen Kulturbundes Zugang suchte zur Welt der Literatur. Während seines fünfjährigen Aufenthalts in Krankenhäusern und Heilstätten hatte sich Greßmann der Philosophie und Literatur zugewandt. Hier entstand eine Vielzahl von Zeichnungen: Milieustudien seiner Umwelt und Porträtskizze von Patienten. Hier konnte sich Greßmann erstmals auf sich selbst besinnen. Endlich war die Zeit fragwürdiger Erziehungsmethoden vorbei. Vorbei auch der aufreibende Wechsel von Waisenhaus zu Waisenhaus.

An einem Lungenleiden, geschwächt durch einen zerrütteten Gesundheitszustand stirbt Uwe Greßmann am 30. Oktober 1969 in Berlin. Die Arbeit am „Sonnenauto" war noch nicht abgeschlossen. Die endgültige Auswahl und Zusammenstellung der Gedichte besorgte der Herausgeber. Der in diesem Band veröffentlichte Versuch *„Wie entsteht ein Gedicht?"* zeugt von den essayistischen Bemühungen Greßmanns und vermittelt interessante Momente zur Psychologie des künstlerischen Schaffensprozesses. Greßmann schildert, wie er über Eindruck, Erinnerung, Einfall, Vergleich und Urteil das poetische Bild formt: „In den Kurven spielen / Straßenbahnen Geige."[4]

Die aus dem Nachlaß des Dichters zusammengestellte Ausgabe *„Sagenhafte Geschöpfe"* stützt sich auf Handschriften und Typoskripte des Autors: je nachdem, was als Fassung letzter Hand in Betracht kam. In Greßmanns Nachlaß, der in den Literaturarchiven der Akademie der Künste in Berlin aufbewahrt wird, finden sich noch zahlreiche poetische Zeugnisse, deren künftiges Erschließen eine dankenswerte Aufgabe ist.

Greßmanns Dichtung zeichnet sich durch ihre großartige Metaphorik ebenso aus wie durch ihr Naturell. Sie ist die Offenbarung eines wirklichen Naturtalents. Hier wird die Welt mit den Augen eines Kindes entdeckt. Allein damit wird man Greßmanns Poesie noch nicht gerecht, denn in gleichem Maße setzt sich der Dichter in Beziehung zur Tradition: zur Klassik, zu Hölderlin, zur Romantik, zu Rilke. Tradition und Gegenwart münden in einer unmittelbaren Dichtung, die ein harmonisch empfundenes Sein kündet. Weltanschauungsdichtung steht neben dem Gelegenheitsgedicht. Makrokosmos und Mikrokosmos werden gleichermaßen poetisch durchdrungen. Auch dort, wo sich Greßmann dem kleinen Gegenstand zuwendet, gleitet er niemals in eine unverbindliche Ding-Dichtung ab. Dabei gilt den Dingen durchaus seine Aufmerksamkeit.[5] Der intensive Bezug aber zwischen Mensch und Ding schließt den Prozeß der Verdinglichung aus: „Die Dinge haben einen Sinn, / Weil sie uns so erfreuen.“[6]

Über den Bereich des Alltags hinaus dringt Greßmann über die Eroberung von natürlicher Landschaft und Stadtlandschaft bis zum Kosmos vor. Die Errungenschaften der Technik und Zivilisation, die unser Leben begleiten, werden als selbstverständliche Bestandteile unseres Seins erlebt, aber dennoch als Wunder gefeiert. Als romantisches Erlebnis. Da gibt es die „Prawda, die Times, le Monde, die Morgenpost, Trud, das ND“, aber all diese Blätter wachsen am „Pressebaum“.[7] Poetische Momente des Märchens und der Sage werden in die Realität einbezogen. Geniale Personifizierungen und Allegorien entstehen, Idyllen und hymnische Dichtungen des großen Gegenstands. *„Die Sage vom Vogel Frühling“* ist ebenso der Folklore verbunden wie die *„Volksmund“*-Gedichte eine Besinnung auf das volkstümliche Lied erkennen lassen: „der Mund in Volkes Mitte“.[8] Aus dieser Position heraus ergibt sich für das urpoetische Talent Uwe Greßmanns in logischer Konsequenz eine Antiposition gegenüber Dekadenz und Moderne:

Und manche der Modern(d)en zogen einen Kittel an, die Künstlerlaboranten
Und suchten in Latrinen und Müllhaufen, Versuchsstationen später Kunst,
Den einstigen Glanz des Wortes; auf Emaille der Pfützen auch:
Mülleimer steht da. Und doch! Was bleibt den Spätlingen übrig,
Da ihr aschener Mund des Volkes Lied nicht mehr singen kann,
Als den Abschiedsgesang, der ganz zerfetzt wie Papier von Müllkutschern ist,
Mit den Händen der Schaufel zusammenzufegen und aufzuladen
Das Experiment der Kunstlaboranten.[9]

Die Lyrik Greßmanns vereint einfallsreiche Bildschöpfungen mit unkonventioneller Farbgebung. Seine Gedichte sind dem Empirischen und Meditativen verpflichtet. Darin zeichnen sich ab: Größe und Grenzen seiner Kunst.

„Und ich sehe zu euch zurück, / Die ihr in den Jahrhunderten steht. / Denn ich werde euch singen und mich, die kommende Zeit."[10] Dieser Positionsbestimmung seiner Dichtung entspricht ein Bild vom schöpferischen Menschen. Das führte auch zur Aufnahme des Fauststoffes in verschiedene Gedichte, ebenso zu einem „*Faust*"-Fragment, das lyrische, dramatische und epische Gestaltungselemente vereint. Der Psychologe Richard Pietraß bemerkt zu diesem Fragment, ausgehend von Greßmanns konfliktbeladenem Verhältnis zur Mutter: „Das Grund-Weltproblem schien ihm folgerichtig das zwischen Erziehern und Zöglingen zu sein. Er stellte es in den Mittelpunkt seines ‚Faust' [...]. Die Erziehung der Erzieher lag ihm am Herzen, die Einstellung des Krieges zwischen ihnen und den Kindern, in dem er die Wurzel der Völkerkonflikte entdeckt zu haben meinte."[11]

Uwe Greßmann nähert sich all seinen Gegenständen unmittelbar. Er rückt sie uns nahe, indem er das, worüber er schreibt, beim Wort nimmt. Bei diesem Poeten blieb die Fähigkeit des Kindes erhalten, Situationen elementar naiv zu empfinden. In Texten, die als umfassende poëtische Bekenntnisse angelegt, in Gedichten, die alltäglichen Situationen verpflichtet sind, fixiert Greßmann seinen Standpunkt vom Leben des Menschen. Immer wieder rückt er dem Alltag mit Wortspiel und Sprachwitz zu Leibe:

Das Telefon klingelt im Ohr

Ja der Direktor geht im Oberstübchen
Augenblicklich, -zwinkerlich ... auf und zu

Ob die Leitung noch Kontakt
Mit den Stellen der Schuhabteilung hat
Da nämlich ist der große Onkel zuständig
Manchmal ist auch die Volkshochschule dran
Die noch keine Zeit hat
Mensch ärger dich nicht zu spielen
Zumal wenn gleich zwei Hörer auf den Bänken sitzen
Und doch an der Leitung hängen; rührig, nicht?
Schnarren vom Strom die Worte
Ja wem soll mans zuerst sagen
Hält man den Mund
Ans Gully der funkenden Ferne

Aber da gehts nicht mehr weiter:
Im Lauf des Beins ist der große Onkel eingeschlafen
Auch andere Stellen der Schuhabteilung
Drücken sich da vor
Schmerzen

Zwinkert das Oberstübchen
Mit dem Augenblick des Direktors

Ach da klingelt das Telefon schon wieder im Ohr

(„Geschäftsleitung“[12]*)*

Es ist kein Wunder, wenn sich Greßmanns Welt wiederholt dem Märchen öffnet, der Legende und Sage. In eben dieser für ihn typischen Haltung werden wesentliche Realitätssegmente erschlossen. Eine märchenhafte Naturdichtung rückt vermenschlichte Natur ins Bild. Diese Gedichte sind gleichsam poetische „Erzählungen“: Erde, Luft, Licht, Sturm usw. fungieren als Erzähler, werden also personifiziert und erzählen von einer ebenfalls personifizierten Natur: die Rede ist von „Waldes dunklem Mund“[13], vom „Ober- und Unterkiefer des Waldes“[14], und Baumstämme sind Zähne. Sonnenstrahlen werden als Weltraumfahrer begriffen, die bereits auf den Flugplätzen des Mondes gelandet sind: Vorwegnahme menschlicher Tat. „Trage die Menschen / Und sei gut zu ihnen“[15]: das wünscht sich der Mond von der Erde.

Schönheit und Wahrhaftigkeit erstehen aus einer Autorenhaltung des Zu-sich-selbst-gekommen-Seins. Am Modell Schildas wird menschlicher Unzulänglichkeit scherzhaft-derb begegnet. In den Minnesang-Gedichten rücken Vergangenheit und Gegenwart einander nahe, und Münchhausen wird ganz auf eine Alltagssituation (heute und hier) bezogen. Ob sich der Poet wissenschaftlicher Termini bedient oder sich der abzubildenden Objekte mit einem ungewöhnlichen Spieltrieb bemächtigt, dieser Dichter erlebt, was er abbildet, elementar und ordnet mit geübtem Griff Alltägliches und Historisches, kleine Gegenstände und große Sachverhalte einander zu. Da entstehen erstaunliche Bezugsebenen, die zu Offenbarungen einer originellen Sicht werden.

Greßmann arbeitet mit Witz und Phantasie. Er bekennt sich zur Harmonie zwischenmenschlicher Beziehungen und richtet das „verloren gewesene Ideal“ neu auf. Die rote Nelke wird zur „politische(n) Blume“[16], die eine Haltung demonstriert. Der „Feier im Alltag“ bricht der Poet wiederholt eine Lanze, so im Gedicht *„Lebenskünstler“*:

„Doch um nicht das frohe Fest zu versäumen, / Das trotz der saueren Woche um dich her stattfindet, / Mußt du auch einmal hochsehen, / Maler, von deiner Arbeit, / Damit du das abmalen kannst, / Noch ehe der Sonntag da ist."[17] Die heitere Akzentsetzung spricht von der Freude, die der Alltag trotz mancher Mühen zu geben vermag. Ob es eine Blume ist (die „arbeitet als Lesezeichen"[18]), ob Urlaub oder der Weg zur Arbeit (in der Straßenbahn etwa) betrachtet werden oder Momente der Arbeit selbst, überall steht der Poet mitten unter uns und spricht von den täglichen Problemen mit einer nicht alltäglichen Phantasie. Da entsteht ein Mosaik des Alltags: heiter und ernst.

Daß seine Schöpfungen das Leben ernst nehmen, mag einer der Gründe sein für die nicht selten ungewöhnliche Heiterkeit dieser Poesie. Immer wieder stehen wir vor einer erstaunlichen Phantasie. Dabei ist der stete Sinn für die Realitäten des Lebens unverkennbar. Welch ungewöhnliches Denken in Bildern! Kleine Dinge erhalten plötzlich ihre große Dimension. Etwas so Großes aber wie der kosmische Raum wird so wortwörtlich genommen, daß er unversehens dem Raum eines Hauses vergleichbar wird. Wie ein Weltweiser regiert Greßmann im Spiel-Raum seiner Dichtung. Und sein Spieltrieb ist beträchtlich. Wie eigenwillig verbindet er Kosmos und Alltag und Sage und Gegenwart! Die „sagenhaften Geschöpfe", denen wir begegnen, sind so alt wie die Märchen und Mythen und so neu, wie Greßmann sie erfindet. Sein Faust ist „nicht mehr der Alte, / Wie Sie ihn vom Volksbuch her in Erinnerung haben", er muß sich nicht (will er Erkenntnis) dem Teufel verschreiben, sein Faust, der „die Dinge gleich Glas durchschaut"[19], hat (was ihn bewegt) erkannt: auch Kunst, auch Wissenschaft. Greßmann nennt ihn ihren Schöpfer.

Der sowjetische Literaturkritiker Ratgaus sagt über Greßmann: „Von all seinen Altersgenossen empfindet nur er die Natur so stark, nur bei ihm spürt man diese innige Verbundenheit mit dem nächtlichen Himmel, mit den nächtlichen Bäumen, mit der feuchten Erde der Stadtparks oder der Äcker [. . .]. Eine so natürliche und kühne Annäherung von Himmlischem und Irdischem, daß diese Verse ein modernes Weltempfinden ausdrücken – der Himmel ist keine kalte planetarische Weite mehr [. . .]. Der Mensch geht durch den Sternenhimmel so frei wie über die Erde."[20] Naivität und Kunstwille, Visionäres und Surreales vereinen sich bei Greßmann in höchst eigener Weise wie All und Alltag, wie Ewigkeitswerte und Banalitäten, wie Komisches und Kosmisches. Die Weisen des Minnesangs und die Lieder aus „Des Knaben Wunderhorn“ sind bei Greßmann sehr heutig. Er ist ein souveräner Dichter des Realismus, ein moderner Klassiker schon. „Wo der Leuchter mit dem Mond / Und den Sternen brennt“, vermutet Greßmann: „Vielleicht hat das ein Elektriker / Vor Jahrmillionen einmal angelegt.“[21] Und der Zug, natürlich, fährt „nach Zukunft“.[22] Welch ein Selbstbewußtsein: „Ich, Mensch, ein kleiner Kosmos, wie Philosophen sagten, / Trug die Erde am Schuh und in mir die Idee der Schöpfung“.[23] Welch „eine Schöpfung aus Liebe zum Menschen“[24], wie Axel Schulze Greßmanns Dichtung bezeichnet, wenn es heißt:

Ansage trat ans Mikrophon und rief:
„Genossen!
Von nun an tagt die aufgehende Sonne
In Norden diesseits des Tores
Und wo Genossin Erde sonst noch wohnt.

Euch aber, Genossen Sterne, rufe ich auf,
Die Frage des Himmels zu klären,
Des muffigen Zimmers,
Das Genossin Erde bewohnt;
Und bitte euch, zu heizen,
Damit ihr das Kind nicht erfriert,
Das sie noch stillt.“[25]

Weiß man um die schweren Krankheiten Greßmanns, so verlangen uns seine poetischen Leistungen besonderen Respekt ab. Über die deprimierenden Erfahrungen seiner Kindheit setzt er sich im künstlerisch-schöpferischen Akt hinweg, ohne diese Erfahrungen zu verdrängen:

Meine Mutter war
Eine Rose

Von Dornen hatte
Ich eine Wiege;
Und: verwelkte.

Mein Vater kam nicht,
Sie zu besuchen,
Als sie gebar.
Wo blieb er denn?

Die lustigen Bienen
Umschwärmten diese Blüten.
Und was für Früchtchen
Kamen da? Und er?
Wo blieb er denn?

Doch Bäume standen
An meiner Wiege,
Die *Großen*, wuchsen
Schatten ihnen
Zu Söhnen heran

Und wurden größer,
Da Sonne sank am
Blauen Vorhang.

Die Fremden gingen
Da ein und aus und
Die weißen Wolken.
Und er? Wo blieb er nur?

An der Hecke
Grünem Hause
Wohnte Rose,
Meine Mutter.

(*„Sagenhafte Eltern“*[26])

Uwe Greßmann sucht und findet den für ihn möglichen Weg seiner Existenz: einer Erhöhung in der Dichtung. Wen nimmt es wunder, daß den Poeten, der bereits mit 36 Jahren stirbt, die Problematik des Todes so stark berührt, wie er es in manchen Gedichten zum Ausdruck bringt: „Auf dem Steine krächzt ein Rabe / Niemand steht an deinem Grabe / Niemand lacht hört er von dir“.[27]

Ein poetisches Talent wie Uwe Greßmann bereichert das Spektrum, Welt zu erfahren und Welt auszudrücken, sowohl durch Sicht wie Diktion. Die besondere Stärke dieses Dichters ist zweifellos seine Phantasie. Sie wurde für ihn gleichsam der Schlüssel zur Realität. Von hier aus erschließt er sich das Leben. Aus seiner von schweren Krankheiten beeinflußten Biographie, die ihm manch gewünschten Kontakt erschwerten, einer ersehnten kontinuierlichen Bildung sogar entschieden entgegenstanden, ist Greßmanns Weg der des unermüdlich an sich arbeitenden Autodidakten. Was man an seiner Sicht als naiv bezeichnen kann, ist plastisch geworden in seiner Dichtung.

Das bestimmt die Eigenart dieser Poesie, die zugleich lebensnah ist, denn der überaus sensible Dichter nahm alles, was ihn umgab, alles, was er erfuhr (sei es durch Zufall oder eignes Bemühen) begierig in sich auf. Dieses wache Interesse an der Realität spiegelt sich in seiner Lyrik, die vom skurrilen Witzgedicht bis zum großen hymnischen Entwurf reicht. Greßmann gelingen bestechende Schöpfungen von poetischer Meisterschaft. Sie offenbaren einen beträchtlichen Zusammenhang der Dinge, auch Weltzusammenhang.

Paul Günter Krohn, ein Altersgenosse des Dichters, selbst Poet und Literaturhistoriker dazu, schrieb in einem seiner Gedichte: „. . . in die Poesie / Wollen wir hineingehen / Wie in diese neue Zeit: Fröhlich / Und unsere liebste Freundin im Arm: / Phantasie“.[28] Greßmann tat es.

Kurzbiographie

Uwe Greßmann wurde am 1. Mai 1933 in Berlin geboren. Die Kindheit erlebte er in Waisenhäusern und bei Pflegeeltern. Nach dem Abschluß der Volksschule konnte er wegen schwerer Tuberkulose keinen Beruf erlernen. Die Krankheit verhinderte auch die Aufnahme eines Studiums. Nach mehrjährigem Aufenthalt in Krankenhäusern und Heilstätten arbeitete Greßmann ab 1954 als Montierer, später als Bote und Postabfertiger in Berlin. Den Weg zur Literatur erschloß er sich durch autodidaktische Studien. In seinen letzten Lebensjahren war er freischaffend. Uwe Greßmann starb am 30. Oktober 1969 in Berlin.

Hans Joachim Bernhard

Werner Heiduczek

Im Herbst 1977 erschien der Roman *„Tod am Meer“*. Die Hauptfigur, der Schriftsteller Jablonski, wegen einer Gefäßblutung ans Bett des Krankenhauses einer bulgarischen Stadt gefesselt, erzählt einem Zimmergefährten, wie sein Leben verlaufen ist. Sein außergewöhnlicher Zustand provoziert jenen Charakter einer Bilanz, der den Roman kennzeichnet. Nicht äußere Übereinstimmungen allein deuten auf Autobiographisches hin – Jablonski wuchs wie Werner Heiduczek (geb. 1926) in Zabrze auf, war Neulehrer, Schulrat und später Lehrer in einem bulgarischen Fremdsprachengymnasium – eher fallen die Elemente einer Rechenschaft ins Gewicht, die ganz offensichtlich das bisherige Schaffen des Autors betreffen.

Es sind vor allem Probleme des Schreibens und des Schriftstellers, die Heiduczek über Jahre hin bewegen, auch wenn er sie nicht zum Thema erhob und erst im „Tod am Meer“ explizit erörterte. Die Konsequenzen und die Verantwortung, die sich aus einem als gesellschaftlicher Auftrag verstandenem Schreiben ergeben, bestimmen seine Überlegungen seit langem. Ihnen sind Einsichten zu verdanken, die für die Literaturentwicklung in der DDR wichtig wurden. Dabei traten Widersprüche zutage, die Heiduczek lösen mußte, um sich eine eigenständige ästhetische Position zu erarbeiten. Die Bedrohung für den Schreibenden: das flächige, schnell verwertbare, aber kurzlebige Ergebnis zu erstreben, oder die gesellschaftliche Verantwortung des Schriftstellers durch ästhetisierende oder subjektiv-elitäre Gesten zu verwässern oder zu unterhöhlen, ist in den Prüfungen, die einige Figuren zu bestehen haben, immer gegenwärtig. Die Suche nach jenem Punkt, bei dem sich die Produktivität des Schriftstellers in das Bemühen des Lesers umsetzt, für die Gesellschaft tätig zu sein, hat dabei Vorrang in Heiduczeks Denken.

Die Überlegungen des Autors sind immer wieder auf das Problem der Wahrheit gerichtet. Die Wahrheitssuche, ein vorherrschendes Motiv seiner künstlerischen Arbeit, erscheint mitunter vordergründig und forciert. Dies ist sicher darauf zurückzuführen, daß für Heiduczeks Entwicklung moralische und ethische Fragen besonderes Gewicht gewannen. Sie hängen mit dem katholischen Milieu seiner ostoberschlesischen Heimat zusammen wie auch mit der Notwendigkeit, sich festere Grundlagen für eine langfristige poetische Konzeption zu schaffen. Außerdem brachten die sechziger Jahre, in denen Heiduczek in das literarische Leben eintrat, objektiv neue Anforderungen mit sich. Die moralische Überlegenheit der sozialistischen Ordnung war zu konkretisieren, Gesetzmäßigkeiten ihrer Entwicklung waren zu erkunden. Hier Illusion von Realität zu trennen, gute Vorsätze und unerfreuliche Auswirkungen auseinanderzuhalten, einem Lebensgefühl Ausdruck zu geben, in dem der historische Reichtum der sozialistischen Gesellschaft lebendig ist und die Realität weder ins Voluntaristisch-Normative umgebogen, noch einer isolationistischen Skepsis geopfert wird: das war die Forderung, die ebenso leicht aufzustellen wie schwer zu verwirklichen ist. Heiduczek kam ihr nach im Wissen darum, wie sehr man irren kann. Von hier aus eröffnet sich die Möglichkeit, seine Stellung in der Literatur der DDR zu sehen und zu verstehen.

Im Roman *„Abschied von den Engeln“* (1968) trat er erstmalig mit dem nicht geringen Anspruch auf, Wahrheit aufzudecken, die Zeit, die Epoche und die Menschen, mit denen er zusammenlebt, künstlerisch zu erschließen. Die Suche nach jenem Zentrum, von dem aus das eigene Leben zu ordnen und zu organisieren ist, bewegt fast alle Gestalten dieses Romans. Daraus ergibt sich sein spezifischer Charakter, der von Aufbruch, Unruhe und Ausschau nach neuen Horizonten bestimmt ist.

Außer den Problemen des künstlerischen Schaffensprozesses und ethischen Fragen beansprucht die Entwicklung junger Menschen die besondere Aufmerksamkeit des Schriftstellers Heiduczek. Hier war die Kritik – sie wies auf Autoren wie Alfred Wellm hin – schnell mit der Erklärung bei der Hand, das sei durch seine Tätigkeit als Lehrer bedingt. Die günstigen Voraussetzungen, die dieser Beruf mit sich bringt, das Denken und Fühlen junger Menschen kennenzulernen, sei nicht bestritten. Der Autor aber will mehr als Stimmungen und Verhaltensweisen schildern: Er will Probleme aufdecken, die sich für die sozialistische Gesellschaft aus den Leistungen und

Erwartungen junger Menschen ergeben, die in ihr groß geworden sind. Ihnen ist Unbedingtheit eigen, die sie dazu drängt, Verbrämungen den Kampf anzusagen. Die Wahl solcher Figuren hat weitreichende ästhetische Folgen. Jugendliche fragen ganz selbstverständlich nach dem Sinn des Lebens. Die Kompromißlosigkeit ihres moralischen Urteils kann poetisch voll ausgeschöpft werden, da sie die Suche nach einem vollen geschichtlichen Verständnis der Umwelt als Teil ihrer intellektuellen Entwicklung einschließt. So werden Lebensneugier und moralischer Rigorismus zu einem antreibenden Element, verhindern sie, daß vorbildliche Geschichtsinstruktion oder moralisch motivierte Resignation die Oberhand gewinnen.

Aus solchen Grundpositionen Heiduczeks ergeben sich Folgerungen für die poetische Konzeption, die Basis des Erzählens. Dies zeigt sich vor allem in der Neigung, Vorgänge zuzuspitzen. In einem Brief antwortete er auf die Frage, ob er eine Lieblingsthematik habe: „Eigentlich nicht. Mich interessieren Menschenschicksale, die mir etwas von dieser Welt hier deutlich machen."[1] Daher bezeichnete er Scholochow auch als einen der Autoren, die für seine künstlerische Entwicklung bedeutsam wurden. Dem harten Aufeinandertreffen von Meinungen, Interessen und Aktionen weicht der Autor nicht aus – überzeugt, daß Extremsituationen Wesentliches offenbaren. Dabei bleibt mitunter unbeachtet, daß solche Verschärfung eines groß angelegten Charakters oder auch Raumes für geistige Bewegungsfreiheit bedarf. Gehäuft und auf engem Raum besteht leicht die Gefahr, daß das Krasse, menschlich Erschütternde zum bloßen Effekt herabsinkt, ohne tiefe Einsichten zu bewirken. Heiduczek ist dem nicht immer entgangen, obwohl er durchaus über jene Zwischentöne verfügt, wie sie gerade die Darstellung von Jugendlichen verlangt. Der poetische Reiz der Märchen, die differenzierende Wiedergabe von Stimmungen und psychischen Reaktionen, die wir bei ihm finden, weisen aus, daß die forcierte Konfrontation durchaus entbehrlich ist. Augenscheinlich verbirgt sich dahinter die Sorge, ins Sentimentale abzugleiten, die Heiduczek hemmt. Auch die Veränderungen in den Beziehungen seiner Figuren noch nuancierter aufzudecken wäre durchaus zu wünschen. Wobei er die für ihn charakteristische enthüllende Härte des Zusammenstoßes der Interessen nicht aufzugeben brauchte.

Am 24. November 1926 wurde Werner Heiduczek in Zabrze, dem damaligen Hindenburg, als fünftes Kind eines Maschinenschlossers geboren. Ab 1933 besuchte er die Friedhofsschule der „Sandkolonie" zu Hindenburg. Dann glichen die äußeren Stationen seines Lebenswegs für lange Zeit denen vieler seiner Altersgefährten: Luftwaffenhelfer, Arbeitsdienst, faschistische Wehrmacht, später Kriegsgefangenschaft. Ab 1946 war Heiduczek Neulehrer, Kreisschulrat in Merseburg, unterrichtete an der Kinder- und Jugendsportschule Halle, am Fremdsprachengymnasium in Burgas und am Herder-Institut in Leipzig. Dorthin übersiedelte er auch 1972, nachdem er seit 1965 in Halle als freischaffender Schriftsteller gelebt hatte.

Heiduczeks Lesern wird auffallen, daß die frühen Jahre des Schriftstellers erst im Roman „Tod am Meer" für seine Arbeit Bedeutung gewannen. Ein Brief deutet allerdings darauf hin, daß auch die ersten literarischen Versuche davon bestimmt waren: „Ich habe wohl zehn Jahre lang alles wild durcheinander geschrieben: Gedichte, Erzählungen, Schauspiele. Nichts wurde veröffentlicht, denn alles war noch sehr unreif, von Gefühlen überladen, die mir sehr wichtig erschienen, anderen aber wenig sagten."[2]

So finden wir in den ersten veröffentlichten Werken keine Auseinandersetzung mit dem Kriegserlebnis, auch nicht mit der Kindheit oder den Konflikten, die sich aus der streng katholischen Erziehung ergaben. Eher das Gegenteil ist der Fall. Heiduczeks erste Erzählung, *„Jule findet Freunde"*, 1958 in einer Anthologie publiziert, handelt von einem Jungen, Sohn eines Kommunisten, der mit Hilfe seines Großvaters im letzten Kriegsjahr ein Dorf vor der Zerstörung durch die Faschisten bewahrt. Auch die Erzählung *„Matthes und der Bürgermeister"* (1961), das erste veröffentlichte Buch, schildert die harte Arbeit von Kommunisten bei der Überwindung der Kriegsfolgen. Der Kommunist Fenz, zwölf Jahre im KZ eingekerkert, wird Bürgermeister in einem kleinen, fast völlig zerstörten Dorf. Er erzählt in der Ich-Form einerseits von Resignation, Mißtrauen und Gewalt, andererseits von beharrlicher Arbeit, Sorge auch um den einzelnen und von dem Bemühen, in den vom faschistischen Denken verwirrten Köpfen der Einwohner Klarheit zu schaffen, sie vom Nutzen des Aufbaus der antifaschistischen Ordnung zu überzeugen. Matthes und Hanka, beide im Krieg elternlos geworden, werden Fenz' erste Helfer. Sie gründen eine FDJ-Gruppe und beginnen, in Athelsdorf Häuser zu bauen.

Schon hier taucht ein zentrales Motiv des Autors auf. „Ihr müßt doch die Wahrheit sehen", ruft Fenz den Bauern zu. Von Wiele, dem Genossen, der an seine Seite tritt, heißt es: „In ihm brannte die Gier nach dem Wissen um Wahrheit". Aber der Versuch, die Härte jener Zeit durch die Rauheit der Sprache, durch die Häufung von Überfall und Gewalttat zu verdeutlichen, bleibt insgesamt noch zu einschichtig. In dem Roman *„Matthes"* (1962) gelang es dem Autor dann, die Hauptfiguren differenzierter zu zeichnen und im Episodischen reicher zu erzählen. Vor allem jugendliche Leser fühlten sich angesprochen. Weniger Erfolg hatte die Bühnenfassung *„Leben aber wie"* (1961). Mehr Anklang fand das Schauspiel *„Jule findet Freunde"* (1959), das die Jugendtheater der Republik zu einem über Jahre währenden Erfolg führten.

In diese ersten Arbeiten flossen also kaum generationstypische Erlebnisse des Autors ein. Das mag seiner Scheu geschuldet sein, die Kompliziertheit eigener Entwicklung selbst Gegenstand des Schreibens werden zu lassen, oder auch der verbreiteten Auffassung, Vorbildwirkung von Literatur sei nur aus der Darstellung der unmittelbaren Umwelt zu gewinnen. So ließ er seine Erfahrungen reifen und wertete sie später gründlich aus. Davon zeugt dann sein Roman *„Abschied von den Engeln"* (1968).

Schon während des Bulgarienaufenthalts plante Heiduczek eine Folge von Novellen und Erzählungen. Der Romanentwurf erlebte viele Korrekturen. Mehrmals änderte der Autor Grundlegendes in der epischen Konzeption, vor allem die Anlage der Figuren. In einem Gespräch wandte sich Heiduczek dagegen, „Abschied von den Engeln" auf den Typus des Familienromans festzulegen[3], da er sich nicht darauf beschränke, lediglich das Schicksal der Geschwister Marula darzustellen. Die Charaktere im Roman und deren Entscheidungen sind unmittelbar verknüpft mit wichtigen Problemen unserer Zeit. Die verwandtschaftliche Beziehung der Figuren gibt die Gelegenheit, Widersprüche zwischen ihnen stärker zuzuspitzen. Dabei kann Heiduczek aber einen Vorzug des Familienromans nutzen: Das Figurenensemble bleibt überschaubar, und ein schneller

Episodenwechsel erschwert nicht das Verständnis für neue Situationen und Verhaltensweisen der Hauptfiguren.

Am Schicksal der vier Geschwister Marula, deren Familie nach 1945 aus dem oberschlesischen Zabrze umgesiedelt wurde, werden die bewegenden Fragen nach dem Sinn und Ziel menschlichen Tuns behandelt – insbesondere in der Gegenüberstellung der beiden deutschen Staaten und der viel zugespitzteren Stellung der Individuen zur Gesellschaft, die Suche nach weltanschaulichen Positionen.

Zwei Mitglieder der Familie Marula leben in der DDR. Herbert ist stellvertretender Bezirksratsvorsitzender von Hallenbach; Thomas, der Bruder, 1956 einmal aus dem Schuldienst entlassen, wird nach erfolgreicher Lehrtätigkeit in Bulgarien Direktor der Herder-Schule in derselben Stadt. Ruth, die Tochter eines Freundes der Familie Marula, hatte sich vor Jahren für Herbert entschieden, obwohl sie sich innerlich noch mit Thomas, dem vom Leben anscheinend Benachteiligten, verbunden fühlt. Ihr Vater, Karl Westphal, der viele Jahre eingekerkert war, erst im KZ, dann als Funktionär der KPD in Westdeutschland zur Zeit Adenauers, wird nach geglückter Flucht – er will auf seinem Platz weiterkämpfen, nicht Ruhe und Sicherheit in der DDR finden – erneut inhaftiert. Max Marula und seine Schwester Anna leben in der BRD. Max ist Theologieprofessor. Anna ist mit dem Inhaber eines Schuhgeschäfts verheiratet, der – getrennt von ihr und den Kindern, Hanne und Franz – in einem Kloster als Flickschuster lebt. Anna hat ihre Tochter, die bald darauf unheilbar krank wird, mit ihrem Geliebten, einem geschäftstüchtigen Händler, verheiratet. Der epische Vorgang, der die Figuren zusammenführt, ist der Entschluß von Annas Sohn (Franz), in die DDR zu gehen, und seine spätere Entscheidung, zurückzukehren. Der siebzehnjährige Franz ist durch die heuchlerisch verschleierte Beziehung seiner Mutter zu dem Händler erschüttert. Auch sein Onkel, Max Marula, kann ihn nicht zum Bleiben bewegen. Sein Aufenthalt in der DDR zwingt alle, die mit ihm zusammentreffen, ihre Haltung zu überprüfen. Der Anlaß zu seiner Rückkehr ist zwar eine persönliche Enttäuschung, aber ihn bewegt noch etwas anderes: Das Wissen um die Notwendigkeit eines eigenen Beitrages zur Veränderung der Gesellschaft, das in ihm gewachsen ist, führt ihn zu der Einsicht, daß dieser Beitrag an dem Platz geleistet werden muß, an den man gestellt ist, eine Erkenntnis, zu der die Bekanntschaft mit dem Kommunisten Karl Westphal nicht unwesentlich beitrug. So muß denn Max Marula bei der Beerdigung seiner Schwester feststellen – Anna wollte, um ihren Sohn zur Rückkehr zu bewegen, einen Selbstmord vortäuschen, ist dabei aber gestorben –, daß Franz zwar wieder da, aber nicht wirklich hier ist.

Wir haben es also mit keiner breit gefächerten Handlung zu tun, sondern eher mit einem Erzählvorgang, der viel von seinem novellistischen Ursprung behalten hat. Dafür sprechen auch die relativ kleine Personenzahl und der kurze Erzählzeitraum. Die Personen sehen sich in diesen Monaten des Jahres 1960 vor Entscheidungen gestellt, die letztlich durch Franz provoziert oder durch seine Handlungsweise sichtbar gemacht werden.

Bedeutsam aber sind der Charakter und Inhalt dieser Entscheidungen und der Konfliktsituationen, die ihnen zugrunde liegen. Aus ihnen bezieht der Roman seine Substanz, einen beachtlichen philosophischen Gehalt und gedankliche und soziale Reichweite, wie sie einen Gesellschaftsroman kennzeichnen. Entscheidungen für die geschichtliche Alternative, den realen Sozialismus, sind nicht eine Sache des einfachen Bekenntnisses, sie sind mit einer Vielzahl von Konflikten, Härten und persönlichen Enttäuschungen verbunden. Es gelingt Heiduczek, den gesellschaftlichen Wertbezug und den geschichtlichen Aspekt der ihn bewegenden moralischen Fragen kenntlich zu machen. Darin besteht vor allem seine Leistung.

Neben die Auseinandersetzung mit Auffassungen der spätbürgerlichen Philosophie, etwa dem Absurden als bestimmendem Lebensprinzip, tritt die Frage nach der Verantwortung des einzelnen, seiner Gefährdung durch Privilegien oder der gerechten Bewertung selbstloser Arbeit für die Gesellschaft. Dies geschieht nicht von einem nur existentiellen, sondern stets von einem geschichtlich fixierten Standpunkt aus, begünstigt durch die epische Struktur des Romans, die Heiduczek gewählt hat. Er nutzt die Möglichkeit, die mit der Gestalt eines Jugendlichen gegeben ist, rigorose Urteile über die Verhaltensweisen der Romanfiguren zu fällen. Aber die Vorgänge werden nicht nur aus dem Blickwinkel des Suchenden gesehen, der für komplizierte Zusammenhänge noch wenig Verständnis aufbringt. Der Erzähler, den Franz' Beobachtungen herausfordern, macht auch seinen Standort genau kenntlich, und er behält die bestimmende Sicht auf die Vorgänge. Franz sucht nach einem Ziel, das hohen Einsatz lohnt. Darin stimmt er mit den meisten Erwachsenen überein, die sich unruhevoll darum bemühen, den „zentralen Punkt des Lebens" zu finden. So wird die Anziehungskraft des Kommunisten Westphal begreiflich, dem Franz unbewußt bei seiner Flucht hilft. Die innere Souveränität dieses Mannes, der keine Trennung von individuell-moralischer und geschichtlicher Verantwortung kennt, begründet die Wirkung, die von ihm ausgeht. Westphal und der Bezirkssekretär Fox, mit dessen Sohn Berry Franz während seines Aufenthaltes in der DDR befreundet ist, sind zwei Gestalten, deren geschichtliche Repräsentanz nicht nur postuliert wird, sondern aus dem Umfeld der Entscheidungen, die von den Hauptfiguren zu treffen sind, hervorgeht. Gerade dies setzte freilich die Verwendung von epischen Mitteln voraus, die eine komprimierte Erzählweise ermöglichen, damit Beziehungen, Umstände, Vorausgegangenes einfließen können. Dominierendes Mittel des Erzählens ist der Einschub von Abschnitten in den Erzählvorgang, die als Abbreviaturen wirken. Heiduczek verwendet diese von Inhalt und Funktion her höchst unterschiedlichen Einschübe recht virtuos und entgeht so der Gefahr der Monotonie. Es treten innerer Monolog, Dialog, Anzeigentext, die Trauformel, Redezitate und andere Formen auf. Sie charakterisieren verknappt die Beziehungen zwischen den Figuren, verdeutlichen die Vorgeschichte von Personen und Handlungen, ja sie haben vielfach auch – meist als Einzelsätze – thematisch-motivische Aussagekraft. Dadurch wird eine verdichtete Erzählweise erreicht. Die Plastizität in der Beschreibung einzelner Vorgänge, aber auch die Originalität der Figuren zeugen von Heiduczeks Fähigkeiten zu erzählen.

Der zwar genau motivierte, letztlich aber doch ungewöhnliche Entschluß des Jungen, in die DDR zu gehen, setzt das Leben in der sozialistischen Gesellschaft einer verfremdenden Optik aus. Auf vieles, was Franz auffällt oder mißfällt, achten die Bürger häufig nicht, weil sie daran gewöhnt sind. Zur wichtigen Frage wird, wie man der Wahrheit richtig und überzeugend Ausdruck gibt. Der Roman verbindet gewichtige philosophische Fragen mit alltäglichen Vorgängen und dem kritisch gesehenen Detail. So kann er durchaus beanspruchen, eine relativ breite Bestandsaufnahme im Sinne des Motivs zu sein, das ihm seinen Titel gab: die Lösung von üblichen Denkvorstellungen und Gewohnheiten, die Abkehr von illusionärer Lebenshaltung. Franz nimmt Abschied von der kindlichen Hoffnung, sich Konflikten und Zusammenstößen durch Flucht entziehen zu können. Aber auch die anderen Hauptfiguren müssen sich von liebgewordenen Vorstellungen und gut gehegten Gedankenreservaten trennen. Historisch gesehen ist es die Absage an die Idee, zusammenhalten zu können, was nicht mehr zusammengehört, und an die Vorstellung, die sozialistische Gesellschaft könne sich durch eine allgemeine schnelle Anstrengung guten Willens mit dauerndem Glanz umgeben.

In der Folgezeit veröffentlichte Heiduczek zwei kleinere, ebenfalls vielbeachtete Prosaarbeiten: die Novelle „Die Brüder" und die Erzählung „Mark Aurel oder ein Semester Zärtlichkeit". Beide Werke stehen thematisch zum Roman in Beziehung: Im ersten wird menschliche Verantwortung in schwieriger Situation überprüft. Dabei erscheinen verwandtschaftliche Bande als untergeordnet. Im zweiten schildert der Autor die Schwierigkeiten junger Menschen beim Hineinwachsen in die Gesellschaft. Für *„Die Brüder"* (1968) schuf er eine klassische Novellensituation. Der dreizehnjährige Daniel Kreizinger hat bei Streifzügen, die er 1955 mit seinem Vormund, dem jetzigen Tankstellenbesitzer Gumpholz, im Grenzgebiet der DDR unternimmt, auf den Grenzsoldaten Heinz Gerau geschossen und ihn schwer verwundet. Das „Unerhörte" des Vorgangs wird durch die Tatsache verstärkt, daß Heinz Gerau in Daniel seinen Bruder wiederzuerkennen glaubt. Es hat ihn all die Jahre bedrückt, daß er den letzten Wunsch der Mutter, die in einem Flüchtlingstreck auf einer schlesischen Landstraße im Winter 1945 umkam, nicht erfüllen konnte. Er sollte auf den kleinen Bruder achtgeben. Nach seiner Genesung macht er sich auf, Daniel zu suchen, der als Findelkind in einem kleinen Ort im Schwarzwald bei dem Pfarrer Jerome Kreizinger aufwuchs und nach dessen Tod eine bittere Kindheit hatte. Daniel, der einer Begegnung mit Heinz Gerau im Krankenhaus zunächst ausweicht und aus dem Kinderheim, in das er gebracht worden ist, flieht, sucht diesen nach einem Aufenthalt in Westberlin selbst auf. Heinz Gerau bezeichnet ihn vor dem Offizier der Volkspolizei als seinen Bruder, wissend, daß „dies nicht das Entscheidende" ist.

Heiduczek schrieb diese Geschichte im abwägenden und distanzierenden Stil der klassischen Novelle. Die ruhige, immer auf Verknappung und Konzentration bedachte Erzählweise gilt nur der Frage: Ist es wirklich der Bruder, und warum kam es zu dieser Begegnung? Plastisch dargestellt werden hier jene Figuren, die auf Daniels Leben Einfluß nahmen, wie Mahaspe, Kreizingers alten, trunksüchtigen Küster. Heiduczek sagte selbst, er habe die „Möglichkeiten der Problematik, des Konflikts und insofern auch der Sprache nicht konsequent ausgeschöpft"[4], da er sehr stark die jugendlichen Leser im Auge hatte. Sicher hätte er dem Stoff mehr abgewinnen und sich mit der häufig demagogischen Verwendung der Bruder-Metapher genauer befassen können; trotzdem fand diese Novelle eine anhaltende Resonanz.

Noch nachdrücklicher kann das von *„Mark Aurel oder ein Semester Zärtlichkeit"* (1971) gesagt werden. Hier geht es nicht um ein Problem, erwachsen aus der Konfrontation historisch antagonistischer Kräfte, das ins klassische Erzählmaß gebracht wird, sondern um die Persönlichkeitsentwicklung junger Menschen in unserer Gesellschaft. Christiane Trauzettel ist Chemiestudentin. Wegen ihrer Beziehung zu dem Mathematikstudenten Walter hat sie ein Studium in Leningrad ausgeschlagen, das eine räumliche Trennung der beiden bedeutet hätte. Da tritt Hans-Peter Herdegen in ihr Leben, der sich Tolja nennt und auch für sie einen Namen findet: Yana. Diese Namensgebung wird zum Sinnbild der Veränderung, der sie unterliegt. Yana, als junger Mensch auf der Suche nach einer eigenen, unverwechselbaren Stellung im und zum Leben, wird angezogen von dieser bislang nicht gelebten Haltung, die durch ein Bekenntnis zum Spontanen, Ungewöhnlichen, ja Extremen besticht. Hier kündigt jemand den normalen, vorgezeichneten Lebensweg, den auch sie zu beschreiten begonnen hat, auf. Zwar weiß sie, wie aufrichtig, zärtlich und klug ihr Freund Walter ist, doch Tolja scheint jenes gewisse Einmalige, Erhoffte zu gewähren, vor dem alle anderen Überlegungen und Bindungen zurücktreten. Sie fühlt sich wohl in der „zweiten

Welt", die Tolja für sie „zaubert". Sie tut es um so mehr, als sie immer genauer spürt, wie sich hinter Toljas Hochmut und Ironie, hinter seinem Spiel mit den skeptischen Weisheiten Mark Aurels doch Ratlosigkeit und Unsicherheit, ja, sogar die Angst eines Menschen verbergen, der im Grunde einsam ist. Yana hält es für möglich, Tolja gewissermaßen zu erziehen – mit der ganzen Kraft ihrer Liebe, fühlt sich stark genug für zwei zu leben. Aber sie überschätzt sich. Als Tolja schließlich exmatrikuliert wird, hält Yana zu ihm; denn er verspricht, durch ein selbständiges Studium zu zeigen, was in ihm steckt. Als er auch hier aufgibt, ist ihre Kraft erschöpft. Nach einem Krankenhausaufenthalt schreibt sie daheim die Geschichte ihrer Beziehung zu Tolja auf.

Diese Erzählsituation gibt dem Werk fast den Charakter eines Tagebuches. Die Grenzen der Figurensicht schränken die analytische Qualität des Erzählens zwar ein, in der Subjektivität der Selbstverständigung eines jungen Menschen liegt jedoch gerade der Reiz der Geschichte.

Heiduczek greift ein Problem auf, das die Zeit auf die Tagesordnung gesetzt hat und weiß es dialektisch zu erschließen. Ihm liegt nichts an der beifallheischenden Protestgebärde oder der belehrenden Verallgemeinerung. Die Figur des ungebärdigen Suchers ist in seinem epischen Ensemble von Anfang an vorhanden. Er verurteilt die Unruhigen und Ungeduldigen nicht vorschnell als Menschen, die gegen das Normale sind, er vermeidet es aber auch, ein Verhalten ungeprüft zu verherrlichen, mit dem alltägliche Mühen herabgesetzt oder das Risiko um seiner selbst willen gepriesen wird. Solche Differenziertheit, die gleichzeitig der Rezeption ein breites Angebot macht, ist sicher der Grund dafür, daß es zu einer lebhaften Diskussion über dieses Buch kam. Es entspricht den Bedürfnissen junger Leser, die sich selbst und andere ergründen wollen. Es befaßt sich mit der Verantwortung des einzelnen und der Gesellschaft gegenüber jungen Menschen mit kompliziertem Charakter, denen jede vorschnelle und flache Antwort besonders schadet. In Diskussionen wünschten manche Leser Toljas Rettung oder fanden Yana zu einschichtig dargestellt. Dazu schrieb Heiduczek in einem Brief: „Vielleicht erhoffen wir auch zuviel auf einmal. Der Sozialismus ist ja etwas, was wir in unserer Unvollkommenheit selbst zu machen haben."[5]

„Vielleicht schreibe ich auch Märchen, weil mich das Poetische solcher Geschichten reizt", antwortete Heiduczek auf die Frage, wie er darauf gekommen sei, „Bilderbücher" zu schreiben.[6] Und sicher hat er recht damit, wenn er das Poetische hier im weitesten Sinne meint. Die Freude am Ausschmücken und Fabulieren, der Reiz, mit Wort und Vorgang zu spielen, kommen zu ihrem Recht. Die poetischen Verkürzungen seiner Märchen enthalten das Gegenstück zu den oft mit sich noch uneinigen, suchenden Figuren seiner Erzählungen. Erstrebtes, künftige Möglichkeiten des Menschen kommen ins Bild.

So nimmt es nicht wunder, daß Heiduczek sich für Wolfram von Eschenbachs *„Parzival"* (1974) entschied, als er – wie etwa auch Fühmann und de Bruyn – ein Werk aus der Blütezeit des Feudalismus auf seine Aussagekraft für die Gegenwart prüfte. Suche nach dem, was dem Menschen erreichbar – um nicht Vollendung zu sagen – und Sinnbild für das zu Erstrebende: diese Grundbeziehung, die sich bei Heiduczek immer wieder findet, haben im „Parzival" in den Mühen des suchenden Helden und dem Gral ihr für diese Epoche charakteristisches Modell. Heiduczek geht ihm nach: nicht mit angemaßter Souveränität des Erzählers, der mit dem Vorgegebenen nach Gutdünken umspringt, sondern behutsam nacherzählend. Er löst die Vorstellung einer geschuldeten Vorherbestimmtheit der Heilsgeschichte auf – in der Notwendigkeit, sich immer neu zu entscheiden, aus Erfahrungen zu lernen, sich nicht zu den Genügsamen zu schlagen. So rückt ein Werk aus ferner Zeit ganz nahe an uns heran. Heiduczek nutzt die Farbigkeit der vielfach märchenhaft anmutenden sozialen Erscheinungen und verdeutlicht durch Kommentare ihre geschichtlichen Zusammenhänge. Dabei arbeitet er auch mit Ironie, die aber nicht verletzt, sondern verständnisvoll distanziert: Ein Gewinn für den Leser und offensichtlich auch für den Autor selbst; denn eine gediegene und farbige Sprache, der genaue Umgang mit dem Detail werden als Vorzug deutlich. Sie verbinden Bildhaftigkeit mit einer geschichtlichen Dimension.

Wie wenig der Autor sich durch die Parzival-Nacherzählung der Aufgabe enthoben sah, den Entscheidungen und Konflikten unserer Tage auf der Spur zu bleiben, zeigt das Schauspiel *„Max oder wie man Karriere macht"*, 1974 in Leipzig uraufgeführt. Im Vergleich zu den Bühnenfassungen der frühen

Prosawerke und auch zur Bühnenversion von „Abschied von den Engeln", *„Die Marulas"* erweist es sich als Vorteil, daß er den Stoff gleich vom dramatischen Konflikt her organisiert. Die Dialoge wirken lebendiger, die Charaktere genauer umrissen. Das gilt nicht nur für Maxi, Schichtingenieur in einem großen Kombinat, und ihren Kreis, sondern auch für das im Gegensatz dazu nicht komödiantisch angelegte Ensemble um den Bildhauer Marillo in dem Schauspiel *„Das andere Gesicht"*, das 1976 im Leipziger Kellertheater uraufgeführt wurde. Offensichtlich beeinträchtigten aber noch Unentschiedenheiten in der Gestaltung des Konflikts den Erfolg der Stücke.

Mit dem Schauspiel „Das andere Gesicht" greift Heiduczek ein Thema auf, das auch für ihn jetzt stärkeres Gewicht bekommt: die Selbstverständigung über die Position des Schriftstellers in unseren Tagen, über seine Verantwortung gegenüber dem Leser, der Gesellschaft und seinen Auftrag. Er folgt jedoch damit nicht nur einem Trend, wie man angesichts der Dominanz dieses Themas in der DDR-Literatur annehmen könnte.

Der Roman *„Tod am Meer"* (1977) weist aus, daß sich der Autor dem Problem der erhöhten Anforderungen an den Schriftsteller stellen will. Er befaßt sich mit der Pflicht des Künstlers, wahr zu sein, mit seinem Recht auf Wahrheit und der gesellschaftlichen Verantwortung beim Umgang mit der Wahrheit.

Der Autor läßt einen Herausgeber mit wenigen erläuternden Sätzen auf das Charakteristische des Manuskripts hinweisen, das der Schriftsteller Jablonski hinterließ. Angesichts des Ausmaßes von Selbstanklagen, verdrängten Einsichten und widersprüchlichen Bekenntnissen, die er vorfindet, verzichtet er darauf, ihm angetragene Korrekturen anzubringen, das „subjektiv Übersteigerte" ins „Licht der Objektivität" und somit der Gerechtigkeit zu stellen. Als Jablonskis Zimmergefährte, Bai Dimiter, aus dem Krankenhaus entlassen wird, schreibt der Schriftsteller – im fiktiven Gespräch mit diesem – weiter auf, was ihn belastet, verwirrt, quält. Eine Besserung seines Zustandes, die es ihm erlaubt, eine Wohnung in der Stadt zu beziehen, erweist sich als trügerisch. Jablonski wird das Opfer seiner Beichte. Auf einer Bank im Meeresgarten erleidet er eines Nachts eine tödliche Gehirnblutung. Der Herausgeber hebt den Satz aus Jablonskis Tagebuch hervor: „Ich bekenne mich zu meinen Irrtümern." Ein solches Bekenntnis zum Geschehenen im Handeln und Unterlassen, die Absage an jegliches Beschönigen und Umfärben bildet für ihn die Voraussetzung, daß es weitergeht: menschlich, moralisch, künstlerisch. Philosophisch wird also das Verhältnis von Wahrheit und Irrtum in den Mittelpunkt des Erzählten gerückt. Die plötzliche Besessenheit, wahrhaftig zu sein, die der Herausgeber als Anlaß für Jablonskis letztlich selbstmörderische Schreibgier ansieht, läuft ständig Gefahr, eine Verkettung von Irrtümern zu konstruieren. Als individuelles Fehlverhalten und moralisches Versagen erscheint, aus zeitlichem Abstand, was nur im Geflecht politisch-moralischer Entscheidungen einer konkreten geschichtlichen Situation verstanden und beurteilt werden kann. Gerade das aber geschieht nicht.

Die Frage nach dem moralischen Wert des eigenen Handelns kann schon auf Leben und Tod gehen. Damit ist nicht ausschließlich der physische Tod gemeint. Heiduczek hat sich bei seiner Hauptfigur dafür entschieden, und wenn man deren inneren Zustand berücksichtigt, mag diese Lösung auch richtig sein. Auf alle Fälle verschärft er so die Probleme. Der Roman fordert nicht zur Identifizierung mit Jablonskis Haltung auf. Er rechnet mit dem kritischen, denkenden Leser und braucht ihn auch. Hier steht der Leser Erlebnissen gegenüber, die – ausschließlich von einer differenzierten moralischen Weltsicht her vorgetragen, über Jahre offensichtlich ignoriert oder unterdrückt – einen Menschen über Gebühr gequält haben. Der Herausgeber möchte, daß Jablonskis Manuskript „Türen zur Betrachtung unseres Lebens aufschließt", die sonst verschlossen blieben.

Wir werden im Text davor gewarnt, Jablonski etwa nur als Opportunisten zu sehen. In den Jahren des Aufbaus des Sozialismus wurde er zu einer Persönlichkeit. Das Ansehen des Mannes, der sich vom Neulehrer und Schulrat zum gefeierten Schriftsteller entwickelte, der Ruhm und Geld erwarb, bezieht sich vor allem auf äußeren Erfolg. Es fehlt aber eine innere Entwicklung, das politisch-moralische Wachsen, das sich im Ästhetischen nicht verleugnet. Wir nehmen teil an der Zerstörung einer Figur im Interesse einer Provokation. Der Leser soll Gewohntes und Bewährtes überprüfen, mit neuen Augen sehen. Jablonski und sein Manuskript sind nur aus der Extremsituation zu erklären, in der er sich befindet. Die Abgeschlossenheit und die Lebensgefahr, in der er schreibt, läßt Konturen überdeutlich hervortreten, gibt den lange praktizierten Rechtfertigungen, den Formen der Selbstbetäubung keinen Raum mehr. Schon die Reise nach Bulgarien war eine Flucht. Das Bedürfnis, von vorn anzufangen, hängt mit dem Streben nach Bilanz zusammen, nicht zuletzt mit seinem Lebensalter, einem halben Jahrhundert.

Diese Ausgangssituation bestimmt den Aufbau des Romans. Ein Erzählrahmen wird durch die Einführung des Herausgebers und die sehr kurzen, abschließenden Urteile eines Dramaturgen, der früheren Frau Anissa und des Arbeiters Willi Hutkessel über Jablonski gegeben. Die Erzählungen Jablonskis werden in Charakter und Kontur bestimmt durch jenes Vorhaben, das am besten in seinem Satz zu fassen ist: „Ich suche den Punkt, von dem aus mein Leben anfing falsch zu laufen." So kommen Stationen einer Entwicklung ins Bild. Ein so beschaffener epischer Rahmen kann zur Willkür in der Wahl der Elemente, die ihn ausfüllen, verleiten oder jedenfalls zu geringerer Kontrolle über diese Elemente. Durch die Konzentration der Episoden auf den Krieg und die erste Nachkriegszeit entsteht die Tendenz einer betont moralisierenden Selbstbewertung. Die Konfrontation mit der gesellschaftlichen Realität in entscheidenden Lebensjahren des Erzählers – der Zeit, da er Schriftsteller wurde und Erfolg hatte – wird dagegen nicht episodisch, sondern aphoristisch-sentenzenhaft vorgenommen, mit allen Folgen, die sich daraus ergeben.

Erzählerisches Zentrum der einzelnen Episoden ist jeweils Jablonskis Beziehung zu einer Frau. Das ist genau durchgehalten. Jablonskis Äußerungen zeigen das Versagen vor einem menschlichen, einem moralischen Anspruch, wie er aus der Beziehung zu den Frauen, denen er begegnete, erwuchs. Die objektivierende Funktion der abschließenden Äußerungen über Jablonski kommt vielleicht bei Anissa am besten zum Ausdruck. Sie können als Schlüssel zum Verhalten des Schriftstellers gesehen werden: Es heißt, daß er zu sehr „Beobachter oder Besucher blieb", daß die „Unfähigkeit lieben zu können", die er im Manuskript einem anderen unterstellt, eigentlich für ihn zutreffe. „Jablonski hat viel Liebe genommen und wenig gegeben. Vielleicht ist er daran gescheitert." Tatsächlich ist das Unvermögen, sich mit etwas zu identifizieren, von sich abzusehen, etwas von sich im Interesse des anderen auf- oder abzugeben, der vorherrschende Eindruck, den diese Episoden hinterlassen.

Obwohl sich die Sicht des Erzählers auf das höchst Subjektive beschränkt, kommt doch die objektivierende Qualität eines Erzählvorganges zum Tragen. Immerhin werden Selbstverleugnung und Kraft, Opfer und nicht zuletzt Liebe jener sichtbar, die Jablonskis Weg gekreuzt, ihm geholfen haben, auf ihn Einfluß zu nehmen suchten. Es kommt zum Vorschein, wer diese Gesellschaft gebaut hat, wer die Fundamente legte. Der aufmerksame Leser kann ein Bild von der stillen, harten Arbeit, der Entsagung und dem Enthusiasmus der dem Sozialismus ergebenen Menschen gewinnen, obwohl der Erzähler wenig Hilfe dazu gibt. Ihm wird klar, daß sie Jablonskis Aufstieg ermöglichten.

Seine poetische Qualität bezieht der Roman vornehmlich aus der Figurenzeichnung. Dies gilt vor allem für Gestalten wie Anissa und Immanuel Feister, genannt Imme, den Parteiarbeiter, denen der Erzähler Einfluß auf seine Entwicklung zugesteht. Sie erhalten eine verklammernde Funktion, die sich leitmotivisch äußert. Anissa kreuzt beispielsweise immer wieder Jablonskis Leben und Denken. Von Feister aber, der im Juni 1953 das Opfer von Provokateuren wird, stammt der häufig wiederkehrende Satz: „Die Macht geben wir nicht mehr aus den Händen." Diese Grunderkenntnis liegt Jablonskis Haltung, bei allem, was er sich – und der Leser ihm – vorzuwerfen hat, zugrunde. Sie stimuliert trotz aller Selbstvorwürfe und Bedenken sein Bemühen um einen neuen Anfang, der dem geschichtlichen Sinn dieser Maxime gerecht wird.

Fazit der Überlegungen ist der Satz: „Ich muß mein Leben ändern." Dies provoziert auch den Leser, der an diesem Versuch, der zum tödlichen Wagnis wird, teilnimmt.

Der Roman, einen widerspruchsvollen Menschen vorführend, ist kräftig in seinen Farben. Er bringt einige interessante Figuren und einen bis zum Anekdotischen vorgetriebenen Erzählvorgang. Viele Widersprüche, auch in Sprache und Stil, sind nicht zu übersehen. Sie resultieren wohl aus den neuen

Ansprüchen, denen sich der Autor stellt. Heiduczek gibt häufig der Lockung nach, zu der das spezifisch Subjektive des Erzählaspekts verleitet. Es ist ein Buch über Wahrhaftigkeit und daher anregend und herausfordernd für den Leser.

In der Folgezeit wandte sich Heiduczek wieder der Welt des literarischen Erbes zu. Fußend auf Gorres, Rückert und Schack legte er Sagen aus dem iranischen Kulturkreis in neuer Fassung vor. *„Die schönsten Sagen aus Firdausis Königsbuch"* erschienen 1982. Firdausi, eigentlich Abu al Qasis Mansur, ein iranischer Dichter aus der Stadt Tus, lebte vor 1 000 Jahren. Mit dem „Schahnamen", dem Königsbuch, einem Heldenepos von mehr als 50 000 Versen, wollte er zu Frieden und Einigkeit in seinem zerstrittenen Land aufrufen. Er ist in den Jahrhunderten selbst zu einer Gestalt der Volksüberlieferung geworden. Er hatte jahrhundertealte Erzählungen verwendet, die in vielen Fassungen im Lande verbreitet waren. In einer Sprache, die sich in ihrer betonten Einfachheit am Märchen orientiert, treten die menschlichen Schicksale aus dem Gegeneinander kämpfender Herren und rivalisierender Fürsten in der Eigenart der zeitlichen und kulturellen Bestimmtheit wie in ihrem unvergänglichen, den heutigen Leser noch über das historische Interesse hinaus ansprechenden Gehalt hervor.

Eine wichtige Arbeit, die Heiduczeks Möglichkeiten bei der Erschließung weltliterarischen Erbes – als einem weiteren Feld dieses interessanten Autors – erneut bestätigt.

Kurzbiographie

Werner Heiduczek wurde am 24. 11. 1926 in Hindenburg (Zabrze, VR Polen) als Sohn eines Maschinenschlossers geboren. Er konnte die Oberschule besuchen, wurde 1943 Luftwaffenhelfer, danach in den Arbeitsdienst und die Wehrmacht eingezogen; er geriet in amerikanische und in sowjetische Kriegsgefangenschaft. 1946 wurde Heiduczek Neulehrer, studierte bis 1949 Pädagogik und Germanistik in Halle und war danach als Lehrer an der Oberschule in Herzberg/Elster und ab 1952 als Kreisschulrat in Merseburg tätig. 1955–65 unterrichtete er an der Kinder- und Jugendsportschule in Halle, am Fremdsprachengymnasium in Burgas (Bulgarien) und am Herder-Institut in Leipzig. Seit 1965 freischaffender Schriftsteller in Halle, dann Übersiedlung nach Leipzig. 1969 erhielt er den Heinrich-Mann-Preis und den Händel-Preis.

Frank Hörnigk

Christoph Hein

Dieser Schriftsteller hat in nur wenigen Jahren mit den von ihm vorgelegten Arbeiten die literarische Landschaft der DDR nachhaltig bereichert. Seine Prosatexte „Einladung zum Lever Bourgeois" (1980), „Der fremde Freund" (1983), „Horns Ende" (1985), Stücke wie „Cromwell" (1978) oder „Die wahre Geschichte des AhQ" (1983), in jüngerer Zeit auch eine Reihe essayistischer Beiträge, in denen sich der Autor engagiert und sachkundig sowohl zu Fragen des eigenen Schaffens als auch zu Beziehungen literarischer Öffentlichkeit und Kommunikation in der sozialistischen Gesellschaft geäußert hat, weisen Christoph Hein (geb. 1944) heute ohne Zweifel als eine der wichtigsten Begabungen jener jüngeren Generation von DDR-Schriftstellern aus, die sich seit Ende der siebziger Jahre immer nachhaltiger – und beachteter – literarisch zu Wort gemeldet hat. Die meisten dieser Autoren hatten bereits zu Beginn dieses Jahrzehnts ihre ersten Werke vorgelegt, ihr eigentlicher Eintritt in die Literatur erfolgte dann in der Regel allerdings erst sehr viel später, in nicht wenigen Fällen erst im Verlaufe eines konfliktreichen Prozesses ästhetischer und ideologischer Meinungsbildung, der sich immer wieder um die polemisch aufgeworfene Frage nach der weltanschaulichen Klarheit und Reife poetischen Wirklichkeitsverständnisses bewegte. Auch Heins künstlerischer Anspruch wurde von der Kritik eher als Störung und unzulässige Herausforderung denn als legitimes Angebot einer kollektiven Verständigung aufgenommen. Er teilte also die für seine Generation nicht seltene Erfahrung, über einen längeren Zeitraum nicht oder kaum wahrgenommen beziehungsweise verstanden zu werden – zugleich aber immer das deutlich adressierte Unbehagen an den eigenen Versuchen zu spüren. Seine Fähigkeit, dennoch konsequent in der eingeschlagenen Richtung weiterzuarbeiten, aber auch Lernhaltungen zu entwickeln, sollte hervorgehoben werden, wenn von den späteren Erfolgen dieses Autors gesprochen wird.

1978, als in der Zeitschrift „Theater der Zeit"[1] zum ersten Mal eines seiner Stücke, das Schauspiel *„Cromwell"*, gedruckt wurde, kannte kaum jemand den Namen des Verfassers, und der war zu diesem Zeitpunkt immerhin 34 Jahre alt. Er schrieb seit zehn Jahren vorwiegend Dramen, von denen bis dahin lediglich eine szenische Collage aus *„Schlötel oder Was solls"* im Rahmen des von Benno Besson 1974 an der Berliner Volksbühne inszenierten „Spektakel II" aufgeführt worden war, hatte Moliere und Racine übersetzt, mehrere Nachdichtungen vorgelegt und auch als Dramaturg auf sich aufmerksam gemacht. Die spätere Bemerkung von Peter Hacks in seiner Laudatio auf den Heinrich-Mann-Preisträger der Akademie der Künste der DDR 1982, daß diese nun endlich erfolgte Würdigung auch jenen schmeichle, die Christoph Hein diesen Preis zuerkannt hätten, weil sie den Tatsachen „nicht allzu lange nachgehinkt"[2] wären, hatte durchaus einen ironischen Sinn und wurde auch so verstanden: die Bedeutung dieses Schriftstellers für die DDR-Literatur wurde zwar spät, aber nicht zu spät in dieser Auszeichnung gewürdigt.

Geboren wurde Christoph Hein 1944 in Heinzendorf (Schlesien). Daß sein Geburtsdatum jeden direkten Bezug zu dem „besonderen kulturellen Dreiklang seiner deutsch-polnisch-jüdischen Geburtslandschaft"[3] von vornherein ausschloß, ist nur unschwer zu erkennen; dem Gedanken jedoch, darüber hinaus auch dem „Indirekten auf die Spur zu kommen"[4], sollte man nachgehen, um die allgemeineren Traditionslinien oder literarischen Bezugspunkte dieses Autors aufzusuchen. Hier treten Erinnerungen an „Vorfahren, Erlebnisse, registriert im kindlichen Unterbewußtsein"[5] zutage und werden zugleich überlagert –, so ließe sich ergänzen, von einem durch Erziehung und wachsendes Wissen sich immer stärker ausprägenden Interesse an den kulturellen und sozialen Wurzeln der eigenen Herkunft.

Später, nach Flucht vor der Roten Armee und Umsiedlung, werden sie sich erweitern in den Erfahrungen der seit 1945 in einer sächsischen Kleinstadt verbrachten Kindheit und Schulzeit; ohne Frage wohl auch in dem vollzogenen Wechsel des Vierzehnjährigen aus einer Grundschule der DDR in ein Westberliner Gymnasium für alte Sprachen, das er ab 1958 besuchte, bevor 1960 die Rückkehr in die DDR erfolgte. Die folgenden Jahre, die vor allem durch die stärker werdende Neigung zum Schreiben und die Arbeit in verschiedenen Berufen ausgefüllt sind –, Christoph Hein hebt selbst immer wieder seine Tätigkeiten als Montagearbeiter, Buchhändler, Regieassistent hervor –, unterscheiden sich äußerlich kaum von den Biographien anderer Künstler seiner Generation. Die Vielzahl der Berufe, in denen man sich ausprobierte, wurde zum Zeichen einer sich in ihrer Mobilität und Unangepaßtheit verstehenden Lebensvorstellung. Bei Christoph Hein folgt auf diese Erfahrung ein Studium der Philosophie und Logik an der Leipziger Karl-Marx-Universität, dann an der Berliner Humboldt-Universität und ab 1971 die Wiederaufnahme der Arbeit als Assistent und Dramaturg an der Berliner Volksbühne, wo er 1974 seinen ersten Autorenvertrag erhält.

Erst fünf Jahre danach, im Alter von 35 Jahren, entschließt sich Hein, künftig freiberuflich zu arbeiten; ein Schritt, der lange hinausgezögert, aus seiner Sicht aber nötig wurde. Gleichzeitig aber ohne Zweifel eine Konsequenz, die nicht leicht einzugehen war angesichts des poetischen Selbstverständnisses, an das sie sich band: nämlich mit seinen Texten „Spielanlässe" geben zu wollen, nicht vorrangig Prosa zu schreiben, sondern durch die Öffentlichkeit des Theaters zu wirken.

Der in einer Reihe theoretischer Äußerungen später immer wieder aufgenommene und diskutierte Begriff von Öffentlichkeit, die Rigorosität, mit der er zur Vor-Bedingung jeder künstlerischen Arbeit erhoben wird, ist wohl auch eine Reaktion auf die praktischen Erfahrungen, die Christoph Hein über Jahre im Umgang des Theaters und der Kritik mit seinen Stücken erlebt hat. Nur selten, und das gilt bis heute, gelang es, die besonderen Möglichkeiten, den Entwurfscharakter ihrer Dramaturgie als Angebot zur Kommunikation mit dem Zuschauer auch über mögliche und notwendige Veränderungen von Rezeptions- und Sehgewohnheiten wirklich produktiv zu machen. Die Neigung, in Figuren wie Cromwell, Lassalle, später auch AhQ, vor allem Transporteure einer Art von Sklavensprache zu vermuten, mit der – wie Christoph Hein es einmal sarkastisch benannt hat – die vermeintlichen „Kassiberinformationen"[6] ihres Autors an den Mann, sprich an das Publikum zu bringen seien, belastete mehr als einmal die Versuche, seine Stücke aufzuführen. Vor allem wurde dadurch der Blick auf das wirkliche und bewußt ins Spiel gebrachte Dilemma dieser Figuren verstellt, nämlich am Ende doch immer von den Verhältnissen abgeschafft zu werden – ein Gesichtspunkt, der Auskunft über diese Verhältnisse ebenso hätte vermitteln können wie auch über die Haltungen Christoph Heins zu ihnen.

Das Drama „*Cromwell*" steht exemplarisch für solche Art von Schwierigkeiten, einen Text zu lesen. Das Stück sei „weder eine Historie noch eine Parabel", hatte der Autor mehrfach betont.[7] Seine wesentliche Aussage läßt sich nicht darauf reduzieren, von einem DDR-Dramatiker Ende der siebziger Jahre noch einmal zu erfahren, daß die frühbürgerliche Revolution in England in ihrem realen Geschichtsverlauf ihre ursprünglich formulierten Zielvorstellungen eingebüßt hatte. Daß andererseits diese besondere Ebene geschichtlicher Erfahrungen im Text durchaus *auch* als allgemeine Gesetzmäßigkeit der Entwicklung von Klassengesellschaften benannt wird, ist nur konsequent, beseitigt allerdings die Widersprüche des Stückes weit weniger als es sie formuliert. Cromwell erscheint in diesem Sinne als eine wirklich revolutionäre Figur ihrer Zeit. Zwischen alle Fronten geraten, ist er entschlossen und zugleich außerstande, die Folgen der von ihm mitgeschaffenen Lage zu ertragen. Er sieht die Gefahr von Seiten der Reaktion, kann sich aber nicht wehren, weiß um den Hunger und kann doch nicht helfen, ihn zu stillen. So wird er zum Opfer der objektiven Verhältnisse. In seinem Dilemma erinnert er an Büchners Revolutionsfiguren, verbinden sich in ihm die Züge Dantons und auch Robespierres. Bei Christoph Hein wird sein Ende allerdings zu einem lakonischen Vorgang: Trotz voller Lagerhallen hält die Bourgeoisie die Lebensmittel zurück, lautet die knappe Information im Stück. Cromwell war zu weit gegangen, als er sich mit den utopischen Vorstellungen einer radikalen Gruppierung innerhalb seiner Armee solidarisierte. Die Quittung dafür erhält er in Gestalt einer Drohung durch seine anderen Partner im Kampf gegen den König, die Vertreter der neuen Klasse der Bourgeoisie. Einen Angriff auf das bürgerliche Eigentum werden sie nicht dulden. Cromwells Versuch, den Interessengegensatz, in den er geraten war, aufzulösen, endet fatal. In einer Umkehrung der Katharsis vollendet er mit Terror und Unterdrückung, was als eine befreiende Tat im Kampf gegen die Krone begonnen hatte. Der ursprüngliche Kampf gegen den König wird so zum Krieg für die englischen Handelshäuser und gegen das Volk, gegen dessen Ziele in der Revolution. Cromwell sinkt in diesem Krieg zum Banditen herab; mit der Liquidierung seiner ehemaligen Verbündeten vollzieht sich der endgültige Verrat. Am Ende ist er ein Relikt, das verschwinden kann. Tragödie und Komödie liegen hier eng beieinander: zur gleichen Zeit, als Cromwell an Atemnot, am Londoner Smog stirbt, wird Karl II. König – und erreicht ist, was in den Handelshäusern geplant war: „Seine Revolution befreite uns gründlich von allen Wirrköpfen. Der Weg in einen geordneten Fortschritt liegt offen. Für die nächsten fünfhundert Jahre haben wir die Revolutionäre vom Halse.“[8]

Beschrieben wäre damit zunächst nur der äußere Handlungsablauf des Stückes, eine bis dahin mit konventionellen dramaturgischen Mitteln aufgebaute, wenn auch pointiert geschriebene Theaterszene. Doch der erste Eindruck täuscht. Christoph Hein hat, auf das Übergreifende dieses Stoffes angesprochen, bemerkt, daß es ihm wohl um Geschichte gegangen sei, mehr noch aber darum, zu zeigen, „wie sich Vergangenes und Gegenwart berühren, reiben“[9]. Damit ist eine Rezeptionsvorgabe formuliert, die der Text bei genauerer Betrachtung auch bestätigt. So fällt auf, daß eine über weite Strecken an Shakespeares Dramen geschulte Diktion immer wieder, genau dosiert, von sprachlichen Aktualismen unterbrochen wird, die eine Aufsplitterung des Handlungsablaufs nach sich ziehen, beispielsweise in der Schilderung der City mit dem gefürchteten Londoner Smog, den „Industrieschloten“ oder in dem Hinweis auf die Macht der Presse („Observer“). Solche Art Verfremdung wird außerdem im Dialog offensichtlich, sie geht bis zur Umschreibung komplexer politischer Sachverhalte. Begriffe wie „Compañeros“, „Soldaten der Revolution“ oder auch das Bild der zurückgehaltenen Lebensmittel schaffen und erweitern Assoziationsräume, betonen den übergreifenden Charakter des Spiels durch Fragmentarisierung des *einen* geschlossenen dramatischen Vorgangs. Weggefallen ist damit auch das direkte Gegeneinander-Handeln der Figuren. Der Dialog erwächst nicht in erster Linie aus ihrer Gebundenheit an die besondere, das dramatische Geschehen prägende Konfliktstruktur, sondern zielt weit mehr auf ihre Auflösung. Dadurch wird der Dialog gleichsam freigesetzt, wird zu einem an den Zuschauer gerichteten Code, auch wenn über weite Strecken die Fiktion des Dialogs gewahrt bleibt. Im Spiel entsteht daraus eine Metaphernkette, die sich in ihrer Bedeutung mehr in Bildern jenseits der konkreten Aktion manifestiert als in der eigentlichen Handlung. Die individuelle Tragödie Cromwells verliert dadurch ihren Heroismus, das Ereignis reduziert sich auf die Anekdote, wird zum Anlaß, am Beispiel des historischen Dilemmas einer Figur zugleich auch über allgemeinere Fragen der Weg-Ziel-Dialektik revolutionärer Bewegungen zu diskutieren; etwa über das Verhältnis von Anspruch und Realität, Handlungsmöglichkeit und -notwendigkeit des einzelnen in der Geschichte. Christoph Hein gibt keine fertigen Antworten, aber er kennt sich offensichtlich aus in der Physiognomie des tragischen Helden: die Revolution hat ihre Determinanten; zu ihnen gehören einerseits der andauernde Zwang zum Weitermachen, ohne die Möglichkeit, das Errungene auskosten zu können, andererseits aber auch der Widerspruch, in diesem Prozeß zugleich in einen Interessengegensatz zu jenen zu geraten, in deren Namen alles geschieht. Dieser Widerspruch erscheint innerhalb des Stückes als unauflösbar und verspricht das Ende des Protagonisten. Oliver Cromwell ist nicht zu retten. Ein solches Wissen wird sowohl im Spiel selbst ausgesprochen als auch in ironischer Distanz an die Zuschauer direkt weitergereicht. Ihrem Urteil wird so zwar von der Bühne herab nicht vorgegriffen, doch soll Nachdenklichkeit durchaus impliziert werden.

Die Rigorosität, mit der in einem solchen Sinne Geschichte befragt wird, leitet sich ab und ist gerechtfertigt aus einem Verständnis über die Funktion des Dichters als Historiker, für den Geschichte „Gegenstand einer Konstruktion ist, deren Ort nicht die homogene und leere Zeit, sondern die von Jetztzeit erfüllte bildet“[10].

Heins Anmerkung, daß das „Interesse an der englischen Geschichte das Interesse an uns ist“[11], entspricht eben diesem Grundverständnis literarischer Widerspiegelung von Wirklichkeit (geschichtlicher wie gegenwärtiger) und tangiert, den besonderen Fall überschreitend, zugleich die anderen dramatischen Versuche des Autors.

In einer Notiz anläßlich seines *„Lassalle“*-Stückes (1981)

nennt Hein den Text „vor allem ein Stück Autobiographie. Eine Möglichkeit, von eigenen Zwängen, Verstrickungen und Befindlichkeiten spielerisch zu erzählen",[12] dabei mit den Kunstformen des 19. Jahrhunderts arbeitend und sie zugleich aus der Distanz betrachtend. Auch hierin ist dieses Stück dem vorhergehenden vergleichbar: in der eigentümlichen Brechung von Traditionen des Shakespeare-Dramas nämlich. In beiden Fällen ist es der Eigensinn, Interesse an der Geschichte rigoros zum stofflichen Ausgangspunkt zu machen, jener schöpferische Eigensinn, der in die poetische Aussage drängt. Es ist dies ein Wesenszug der Dramaturgie Heins, der sich über seine „Lenz"-Adaption des „Neuen Menoza..." bis in die *„Wahre Geschichte des AhQ"* (U: 1983) aufzeigen läßt. Auch hier hat sich der Autor einem historischen Stoff zugewandt, der Vorlage Lu Xuns, was er mit dem „Interesse an der AhQ-Figur selbst"[13] bzw. ihrer Physiognomie als besonderer Typ einer sozialen Gruppe, deren Sozialverhalten sie auf besondere Weise mitrepräsentiert, begründet. Es ist eine Schicht, „die Tendenzen zur revolutionären Entwicklung hat, ohne sich je tatsächlich zu engagieren und zu gefährden"[14].

In mancher Hinsicht ist es eine traurige Geschichte, die vorgeführt wird, ein Beispiel – mit unglücklichem Ausgang, im konkreten Fall ohne Ausweg für die Betroffenen: Sie sitzen in einem zugigen Raum, in den es hineinregnet, aber sie bleiben untätig. „Der Moment sinnerfüllten Lebens"[15] durch Arbeit, für AhQ und den Philosophen Wang kommt er nicht. Das Dach, das sie reparieren sollen, bleibt auf diese Weise defekt, ihr Essen lassen sie sich von der kleinen Nonne bringen, ohne es zu verdienen. Sie erleben alle Demütigungen der Unterdrückung und Verachtung. Von dem Polizisten Maske werden sie zusammengeschlagen, von einem Tempelwächter, der sie nachts einschließt, ständig provoziert mit Weisheiten über ein gesundes Leben, die Vorzüge der Körperertüchtigung bis ins Alter und das Glück der Selbstdisziplin. Dennoch ertragen sie diesen Zustand. Er bringt ihnen scheinbare Sicherheit. Andere Beziehungen zur Wirklichkeit sind abgeschnitten. AhQ probt noch einmal den Ausbruch, geht zu den Revolutionären in die Stadt. Als er zurückkommt, berichtet er über die Revolution, die er gesehen hat: „Sie macht Lärm. Man schlägt den Anarchisten die Köpfe ab [...]".[16]

Seine Erfahrungen werden zum Störfall der eigenen Theorie und damit zum Sicherheitsproblem für AhQ als „Intelligenzarbeiter": wenn der Schmerz am größten ist, flüstern sie sich das Zauberwort „Anarchismus" zu. Es ist ihre Sehnsucht. „Wahre Revolutionäre", Anarchisten wollen sie sein, die gegen alles kämpfen und die sie erniedrigenden Verhältnisse eines Tages umstülpen werden. Darauf arbeiten sie hin mit „Kopf-Arbeit", standhaft, die Praxis verdrängend. Doch als das Ereignis tatsächlich über Nacht hereinbricht, von dem es heißt, es sei die Revolution, verschlafen sie es. Niemand weckt sie, man hat sie vergessen. Aber es war nicht die „richtige" Revolution, aus dem „gnädigen Herrn" ist lediglich ein „revolutionärer Herr" geworden. Das mildert zwar die Enttäuschung, das Bewußtsein allerdings, eine „unerwartete Wendung der Geschichte" miterlebt zu haben, bleibt. Sie können sie gerade noch nachträglich analysieren, kritisieren – für die nächste Runde. Doch die Erkenntnis kommt als kollektive Erfahrung zu spät. AhQ wird exekutiert, allerdings nicht wegen eines Verbrechens, das er begangen hat, sondern wegen eines nicht begangenen Diebstahls, für den er nun vom „revolutionären Herrn" bestraft wird.

Die Szene wird zu einem grotesken Bild. In seinem Mittelpunkt: die satirisch aufgedeckten Defekte sozialer Haltungen bei den verhandelten Figuren des Stückes. Sowohl AhQ als auch sein Freund Krätzebart Wang sind in ihren angenommenen Rollen außerstande, das Dilemma ihrer sozialen Existenz selbstkritisch aufzuarbeiten. Als bloß meditierende Kopf-Arbeiter haben sie außerhalb ihrer Welt des reflektierenden Scheins nichts zu sagen. Sie sind lediglich in der Lage, ihre eigene Ohnmacht nach außen zu verlagern und als Öffentlichkeitsdefekt einzuklagen. Daraus erwächst Komik. Sie basiert auf der Unangemessenheit solcher Haltungen, ihrer Selbststilisierung in einer brüchigen Exklusivität, die bei nächster Gelegenheit ad absurdum geführt werden kann. Dennoch: Die Komik einer individuellen Situation transportiert zugleich den permanenten Ernst einer allgemeinen Lage. Das Versagen der Figuren wird dadurch nicht zurückgenommen, aber auch von der eigenen Lebenspraxis nicht als beruhigend ferngerückt aufgezeigt. So bleibt ein Bewußtsein erhalten für die Schwierigkeiten, sich als Individuum selbst deutlich vernehmbar zu machen, also eingreifen zu können in den geschichtlichen Prozeß, dessen Notwendigkeiten die Erfahrung, wirklich zum Subjekt dieser Bewegung zu werden, nicht nur innerhalb des Spiels, sondern auch in der Realität nur schwer erkennbar machen.

Beteiligung und Anteilnahme an den individuellen Schicksalen des AhQ und des Wang werden von daher nicht ausgeschlossen. In der satirischen Überbelichtung ihrer Fehlhaltungen wird neben der kritischen Distanz zu einer besonderen Existenzweise in diesem Verständnis immer auch die Gefahr des Kommunikationsverlustes innerhalb der sozialen Verhältnisse als allgemeines Problem mitbenannt, bleibt als Warnung präsent. Christoph Hein formuliert auch hier sein eigentliches Angebot an die Zuschauer; ihre Betroffenheit und Stellungnahme werden genauso aufgerufen wie ihrem Urteilsvermögen vertraut wird. Weder der Autor noch seine Helden haben eine die eigene, selbständige Mitarbeit des Publikums ersetzende Botschaft, die lediglich zu verkünden wäre: „Sie sollen sich selber was denken", beruhigt Wang den verzweifelten AhQ, der die Menschheit anrufen, ihr etwas Großes, ein „überwältigendes Gefühl" mitteilen möchte – und dem nichts einfällt.

Christoph Heins „Geschichte des AhQ" ist in diesem Sinne ein Angebot für Realisten, kein Kunstprodukt, in dem nur Realität vorkommt.[17] Das Stück erschöpft sich nicht darin, die wissenschaftliche Erkenntnis einer Gesellschaft lediglich mit künstlerischen Mitteln noch einmal vorzustellen oder zu illustrieren, sondern will seinen Auftrag vielmehr in Richtung auf einen Dialog zwischen Theater und Zuschauer verstehen, will mittels Phantasie Möglichkeiten zur Erhellung gesellschaftlicher Widersprüche erkunden. Hier liegt seine ureigene Wahrheit und hierin bestehen die wesentlichsten Bezüge zu den anderen Theaterarbeiten Heins. Alle diese Texte wehren sich gegen einen allzu leichten Zugriff, verlangen Co-Produktion, das heißt Lust an der „Rückübersetzung" des Theatergleichnisses in die eigene Lebenswirklichkeit von Menschen – um deren Veränderung es geht.

1978 hatte Christoph Hein auf die Frage, welche Chancen er für junge Autoren sehe, Theaterstücke zu schreiben und sie auf der Bühne ausprobieren zu können, geantwortet, daß das

„gegenwärtige Theater [...] Schreibanlaß für Prosa" sei.[18] Es war ein einseitiges Urteil, nicht ohne Selbstironie, wie sich bald herausstellen sollte.

Als „Die wahre Geschichte des AhQ" 1983 unter der Regie von Alexander Lang am Deutschen Theater uraufgeführt wurde und sich in der Folge sowohl um die Inszenierung als auch um den Text eine lebhafte Diskussion entwickelte, war ihr Hintergrund allerdings nicht zuletzt mit dadurch bestimmt, daß sein Verfasser in der Zwischenzeit als Prosa-Autor erreicht hatte, was ihm als Dramatiker bis dahin in verschiedenen Anläufen nicht gelungen war, nämlich die Gelegenheit zu erhalten, seine künstlerischen Versuche in der Öffentlichkeit in einer kritischen Auseinandersetzung wirklich überprüfen zu lassen.

Der erste Prosaband, *„Einladung zum Lever Bourgeois"* (1980), hatte solche Diskussionen zwar noch nicht im Rahmen eines sehr großen Leserkreises auslösen können, dennoch war schon hier in jeder der einzelnen Erzählungen ein Konzept von Prosa-Schreiben erkennbar und auch wahrgenommen worden, das sich souverän über die traditionellen Gattungsgrenzen hinwegsetzte, dabei das Nachdenken über die Selbständigkeit dieses Konzepts ebenso motivierte wie es dazu anregte, Vergleiche zu den Theatertexten seines Autors anzustellen. Christoph Heins Prosa war zu keinem Zeitpunkt eine bloße Fortsetzung seiner Dramatik mit anderen Mitteln. Das hier aufgenommene Wirklichkeitsabbild hat eine andere Struktur als das der Stücke. Das Gemeinsame liegt allenfalls, wie Peter Hacks es beschrieb, in der besonderen und übergreifenden Hochachtung vor dem Wirklichen[19]. Nur die Wahrnehmung dieser Haltung, nicht aber der primäre Vergleich der unterschiedlichen Möglichkeiten, sie anzueignen, kann auf Dauer der in diesem Sinne auch einheitlich aufzufassenden poetischen Nachricht dieses Autors gerecht werden.

Die Titelerzählung schildert die Ankleideszene Racines vor einer Audienz am Hofe Ludwig XIV. Es werden die Abhängigkeiten kenntlich gemacht, die den Dichter an die Macht binden, die Schwierigkeiten beim Schreiben der Wahrheit, aber auch die Würde seiner Resignation, an den Verhältnissen nicht vorbeizukommen.

Die zweite größere Erzählung des Bandes, *„Die russischen*

Briefe des Jägers Johann Seifert", erinnert an eine Reise Alexander von Humboldts nach Sibirien im Frühjahr 1829. *„Der neue (glücklichere) Kohlhaas"* ist eine Hommage an Heinrich von Kleist. In jedem der drei Fälle werden die zitierten historischen oder literarischen Bezüge zum Anlaß, die in ihnen enthaltenen alten Erfahrungen im neuen Lichte zu besehen. Doch es bleiben fiktive Geschichten; die Sehnsucht nach dem Dokumentarischen, das entlastet, wird nur vordergründig bedient.

Christoph Hein trägt – wie schon in seinen Stücken – auch hier sein literarisches Anliegen nicht vor sich her; er verspricht nichts. Das vermeintlich unumstößliche historische Faktum führt damit nicht in die Sicherheit, sich heraushalten zu können aus den Verhältnissen, die es in Wirklichkeit übersteigt.

Das *„Album Berliner Stadtansicht"*, ebenfalls aus dem ersten Erzählband, baut auf eben diesem Grundansatz von Prosa auf – und erweitert ihn zugleich. Ins Bild gebracht werden nach den historischen „Berühmtheiten" Racine, Humboldt und Kleist nun auch Namen, Schicksale und Begebenheiten, die von vornherein auf Unbekanntes, Alltägliches zielen, einer erinnerten oder beobachteten Geschichte über Menschen, die durch Literatur aus ihrer Anonymität herausgehoben werden. Es sind kleine Geschichten von großer Eindringlichkeit und Verallgemeinerbarkeit. Peter Hacks nennt sie in seiner Laudatio: „Einmalige Vorfälle, keine unvergeßlichen, [...] durch Wahrheit groß."[20] Als Erzählungen genügen sie sich selbst, stehen für sich – und verweisen doch schon auf Zukünftiges.

Die 1983 erschienene Novelle *„Der fremde Freund"* könnte als eine mögliche Form ihrer Aufhebung gelesen werden: in dem konsequent durchgehaltenen poetischen Bild eines in seinen Alltagsbeziehungen scheinbar perfekt funktionierenden Lebenskonzepts ist – gleichsam als Untertext – eine Dimension sozialer Erfahrungen und Widersprüche mit eingeschrieben, die die Provokation des besonderen Falles, seine kritische Beurteilbarkeit, möglicherweise auch moralische Ablehnung, weit überschreitet. Heins Prosa begnügt sich auch hier nicht mit Ableitungen, läßt sich nicht lediglich auf eine Verständigung über das persönliche Betroffensein und Versagen einer Figur in den sie umgebenden Verhältnissen reduzieren, sondern hinterfragt durch sie diese Verhältnisse selbst.

Für den Autor ist das Thema seines Buches von daher auch eindeutig: es liege, so notiert er, in der unbedingten Aufgabe, „daß über unseren Stand der Zivilisation gesprochen wird [. . .] über Kosten [. . .], die dieses durch die Produktionsweise notwendige Leben uns erbracht hat.“[21]

Die Selbsterfahrung der Ich-Erzählerin Claudia, einer vierzigjährigen Ärztin, gewinnt in diesem Bezug erst ihre eigentliche Bedeutung und Perspektive: die Anstrengung, aus den früh empfundenen, in ihrer Mittelmäßigkeit und Gewalt aber zunehmend beherrschend gewordenen Rollenverhältnissen zunächst des Elternhauses, dann der Schule, später auch ihrer Ehe auszubrechen, trägt die allgemeine Signatur einer in diesen Mechanismen sich widerspiegelnden Lage. Ihre Bedingungen scheinen vorgegeben, werden determiniert durch die ökonomischen Grundbeziehungen der Menschen. Der Versuch, einen radikalen Ausstieg aus dieser Lage zu finden, für sich Unabhängigkeit zu behaupten in dem Bewußtsein, nur dadurch letztlich die eigenen Interessen, Überzeugungen und Bedürfnisse formulieren zu lernen und nicht mehr nur als von außen gesteuert zu erfahren, endet fatal. Nicht Selbstbefreiung, sondern Selbstisolation ist das Ergebnis: von der Ich-Erzählerin wird sie nur noch als notwendig zu kalkulierender Preis empfunden, schließlich angenommen und verinnerlicht als Vorbedingung eines allein auf solcher Grundlage noch durchzuhaltenden Lebensanspruchs. „Ich bin gegen alles gewappnet“, heißt es am Ende des Textes, „mich wird nichts mehr verletzen. Ich bin unverletzlich geworden. Ich habe in Drachenblut gebadet, und kein Lindenblatt ließ mich irgendwo schutzlos.“[22]

Henry, der fremde Freund, wird zum Objekt solcher „Unverletzlichkeit“ – und in seiner Rolle zugleich zum Beleg der Ausweglosigkeit und Krise einer individuellen Existenz, die mit der Unfähigkeit, Gefühle aufzubauen, immer weiter in die Richtung zunehmender Vereinsamung und Sprachlosigkeit treibt, schließlich in völliger Bindungslosigkeit endet. Kein Selbstzweifel, nicht einmal im Ansatz die Möglichkeit zu einer kritischen Selbstreflexion, aber andererseits auch kein Infragestellen dieser Haltung durch ihre Umgebung, verweisen auf Korrekturbedürftigkeit. Im Gegenteil, innerhalb des von Christoph Hein aufgebauten Figurenensembles *erscheint* dieses

Leben vielmehr harmonisch, ausgefüllt und normal: hier hat eine intelligente Frau ihre sozialen Beziehungen beherrschen gelernt. Sie beherrscht sie wie sich selbst: ohne Störungen. Der Verlust des Partners wird bewältigt und überstanden wie die Beziehungen zur Familie, zu ihren Kollegen, Bekannten, Nachbarn. So ist letztlich alles erreicht: „Ich wüßte nicht, was mir fehlt. Ich habe es geschafft. Mir geht es gut. Ende.“[23], lautet der letzte Satz des Textes. Er bleibt als die entscheidende Herausforderung des Buches offen, bedeutet in seiner Behauptung des so *lebbaren* Lebens, auch unter unseren gesellschaftlichen Verhältnissen, eine Provokation und grundsätzliche Aufforderung zur Auseinandersetzung, zur Kritik und Selbstkritik an sozialen Verhaltensmustern, die Christoph Hein – indem er sie formuliert – zugleich als eine auf Beunruhigung zielende Fragestellung an die Leser weitergibt. Auf ihre Kritikfähigkeit wird gebaut, sie wird vorausgesetzt und gefordert.

Kenntlich wird hierin erneut ein Funktionsverständnis literarischer Arbeit, das sich – wohl noch entschiedener als in den früheren Arbeiten Christoph Heins – gegen jede Vorstellung einer auf bloße Belehrung reduzierten Aufklärungsabsicht wendet: der Autor ist nicht klüger als der Leser, lautet eine der wesentlichsten Konsequenzen dieses Ansatzes; Ziel ihrer Kommunikation kann also allein ein Dialog Gleichgestellter über gemeinsam als wichtig erkannte Fragen sein; kein Fall der Unterweisung, sondern eine Probe kollektiver Selbsterfahrung, in der die Deutung des besonderen literarischen Bildes dem Leser als Arbeit abverlangt wird. Das schließt die Stellungnahme, den Standpunkt des Autors nicht aus. Er ist hier in der textimmanenten Distanz zu der Ich-Erzählerin deutlich aufgehoben, wird für die Rezeption durchlässig gemacht sowohl in der Wahrnehmbarkeit des bewußt auf Verfremdung zielenden Kunst-Spiels (in dem ein Mann die Geschichte einer Frau erzählt und dabei selbst ausspricht, wovon er annimmt, daß es eine Frau sagen würde) als auch in der Art und Weise, wie dieses Kunst-Spiel (Sprechen) immer mehr zu einem Masken-Spiel wird, an dessen Ende das Warnbild einer endgültigen Erstarrung steht: die Maske, die sich der Ich-Erzählerin ins Fleisch geschnitten hat, ist ihr zur zweiten Haut geworden. Über den individuellen Störfall hinaus beinhaltet dieses Bild zugleich auch die Benennung eines in ihm enthaltenen allgemeineren gesellschaftlichen Bezugspunktes Hein'scher Kritik. Poetisch formuliert und abgeleitet ist dieser Bezug aus dem Wissen um die noch immer als objektive Bedingung angesehenen Zwänge ökonomischer Zusammenhänge, aus denen weiterhin falsches Bewußtsein erwachsen kann. Der Traum zu Beginn des Textes, in dem eine existentielle Bedrohung als lediglich „ausgestandene Hilflosigkeit",[24] nicht als Bewältigung dieser Bedrohung gezeigt wird, gewinnt vor diesem Hintergrund ebensolchen Zeichencharakter wie die zwar gescheiterten, aber doch deutlich erkennbaren Versuche des Widerstands der Ich-Erzählerin, gegen die sie beherrschende Gewalt der Verdrängungen anzugehen. Es sind Versuche des Sich-Erinnerns, aus denen Hoffnung erwachsen kann. Das immer wieder aufbrechende Schuldbewußtsein gegenüber der frühen Schulfreundin Katharina etwa steht für eine solche Anstrengung. Daß der Versuch letztlich dennoch scheitert, spricht nicht gegen seine Probe. Für die Leser, für Christoph Hein selbst wird er zu einem sinngebenden Zentrum, zur Chance weiterführender Möglichkeiten.

Mit dem Roman *„Horns Ende"* (1985) nimmt der Autor gerade diesen Gedanken erneut auf, stellt ihn leitmotivisch fast beschwörend ins Zentrum des bislang umfangreichsten Prosawerkes. „Erinnere dich [. . .]. Du mußt dich erinnern"[25], lautet die immer wiederkehrende Aufforderung. Erinnert werden soll zunächst an Horn, an einen lange zurückliegenden Selbstmord, an Vorgänge des Jahres 1957 in einer Kleinstadt der DDR (Bad Guldenberg), die zum Tod dieses Menschen führten. Christoph Hein läßt in einer Art fiktiver Zeugenbefragung Zeitgenossen des Ereignisses – aus sehr unterschiedlicher Perspektive – diesen Vorgang bewerten. Was dabei entsteht, ist ein Mosaik verschiedenartigster Erfahrungen, persönlicher Haltungen und Überzeugungen, sich widersprechender, aber auch ergänzender Ansichten über Zusammenhänge, deren individuelle Tragik bald schon überlagert wird von dem Bild eines aus diesen Einzelberichten sichtbar werdenden Panoramas alltäglich erlebter DDR-Realität der fünfziger Jahre. Wie in „Berliner Stadtansichten" gelingen Christoph Hein dabei zum Teil eindrucksvolle, tief berührende Porträts. Die Geschichte des Malers Gohl und seiner Frau, die sich unter den Faschisten für ihr behindertes Kind geopfert hat und mit ihrem Tod das Überleben und Weiterleben ihrer Tochter ermöglichte, bleibt als ein bewegendes Symbol für ein mutiges, schweres Leben im Widerstand und eine andauernde menschliche Würde unvergeßlich. Auf ähnliche Weise überzeugend erscheint die zu einem ganzen Lebensbericht anwachsende Aussage der Gertrude Fischinger, einer alleinstehenden, einfachen Frau, bei der Horn fünf Jahre lang als Untermieter lebte. Andere Porträts bleiben in ihrer Prägnanz demgegenüber zurück, dennoch vermitteln auch sie, jedes für sich, wichtige Einblicke in die geschichtlichen und politischen Zusammenhänge der frühen Aufbaujahre der DDR. Der Tod Horns wird so zu einem Teil erlebter Wirklichkeit, bleibt wichtig als Symptom dabei auch erfahrener, nicht verdrängbarer Verletzungen und Selbstverletzungen der sozialistischen Gesellschaft, die aufgearbeitet werden müssen, aber auch aufgearbeitet werden können.

Sich dieser Aufgabe zu stellen, ist ohne Zweifel ein Verdienst dieses Buches und darüber hinaus ein wichtiger Beitrag zur Vertiefung unseres Geschichtsbewußtseins. Christoph Hein als überblickender Erzähler bleibt dabei erneut deutlich im Hintergrund. Seine künstlerische Entscheidung, Zeugen der Geschichte sprechen zu lassen, kann man als Bemühen um Genauigkeit in der Annäherung an einen Prozeß verstehen, zugleich aber auch als den Beleg andauernder und notwendiger Verunsicherung, als selbst in diese Geschichte erst Hineingewachsener der eigenen Erinnerungen und Bilder sicher sein zu können. Das über den gesamten Erzählvorgang hinweg geführte Gespräch des toten Horn mit dem inzwischen erwachsenen Thomas, der als Zwölfjähriger die Ereignisse in Bad Guldenberg miterlebte, wird zum widersprüchlichen Zitat dieses Wissens. Die Aufforderung bzw. Selbstaufforderung, sich zu erinnern, ist in diesem Sinn eine unablässige Störung, aber zugleich auch die wichtigste, zögernd angenommene Chance, sich der eigenen Geschichte gewachsen zu zeigen, sie anzunehmen als Voraussetzung für Zukünftiges.

Christoph Heins bisheriger Beitrag zur Literatur der DDR ist diesem Auftrag und Thema durchgehend verpflichtet. Sein heute schon aus unserer Literatur nicht mehr wegzudenkendes künstlerisches Angebot, mit dem er sich dieser Aufgabe stellt, zeugt von der zunehmenden Sicherheit des Autors, diesen, seinen eigenen Gegenstand zu formulieren. Wenn „Der fremde Freund“ aus solcher Sicht als das bislang am konsequentesten entwickelte Konzept seiner Prosa erscheint, wertet das anderes nicht ab, sondern formuliert im Gegenteil nur einen wichtigen ästhetischen Maßstab. Hierin vor allem liegt der Gewinn, daß dieser Ansatz vielfach und zunehmend verstanden und angenommen wird, auch zurückwirkt sowohl auf noch nicht genügend Wahrgenommenes dieses Werkes als auch auf ästhetisch noch Vorläufiges – ein Vorgang, der für den Autor wie für die Leser spricht.

Kurzbiographie

Christoph Hein wurde am 8. 4. 1944 in Heinzendorf (Schlesien) geboren. Nach dem Abitur und verschiedenen Berufen Studium der Philosophie (Diplom), danach Tätigkeit als Dramaturg und Regieassistent an der Berliner Volksbühne. Seit 1979 freischaffender Dramatiker und Erzähler, lebt in Berlin. 1982 mit dem Heinrich-Mann-Preis ausgezeichnet.

Werner Neubert

Stefan Heym

Rasches intellektuelles Reifen und Sich-Bewähren-Müssen ist kennzeichnend für jene Generation progressiv-demokratischer und sozialistischer Schriftsteller, deren Geburtsjahr in den Vorabend oder schon in die Jahre des Ersten Weltkrieges fällt. Dazu gehört Stefan Heym, geboren 1913 in der sächsischen Industriemetropole Chemnitz. Aus zunächst bürgerlichen Lebens- und Erziehungsumständen kommend, offenbart er schon als Jugendlicher seinen wachen Sinn für soziale Gerechtigkeit und den historischen Anspruch der Arbeiterklasse. Der faschistische Terror des Jahres 1933 trifft sogleich auch die Familie jüdischer Herkunft; sein Vater wird als Geisel festgenommen. Der Sohn – den Nazis schon längst wegen antifaschistischer Publizistik mißliebig – kann in die Tschechoslowakei entkommen. Das Nachbarland, durch natürlich-geographische und kulturell-sprachliche Zugänge dazu vielfach geeignet, wurde für Stefan Heym in der Gemeinschaft mit vielen anderen deutschen Antifaschisten auch zur ersten Station des kämpfenden Exils. Bei der Mitarbeit an den international verbreiteten Zeitschriften „Neue deutsche Blätter", „Das Wort", „Internationale Literatur" erkundete er seine individuellen Möglichkeiten, das journalistische und künstlerisch-literarische Wort in den Dienst eines historisch neuen Humanismus zu stellen. So versuchte er sich außer in der Publizistik auch in anderen Gattungen und Genres. (*„Die Hinrichtung"*, 1935; Schauspiel, dazu zahlreiche Gedichte mit politischem Bekenntnis-Charakter in der Tradition der revolutionär-demokratischen und sozialistischen deutschen Lyrik des 19. und 20. Jahrhunderts).

Operativität und Sensibilität prägen das journalistische und literarische Bemühen Stefan Heyms von Anfang an. Nach einem in Jahrzehnten entstandenen Werk, dessen Konturen im wesentlichen festgestellt sind, erscheint es gerechtfertigt, die eigentümliche Neigung des Autors zum Epischen anzumerken. Im Epischen vermag Stefan Heym auch am nachhaltigsten, Historisches zu erschließen. Seine literarische Betätigung als (mitunter sogar recht subjektivistischer) Moralist findet im Episch-Historischen das am meisten interessierende Feld. Spätere Werktitel, die schon von ihrem metaphorischen und verbalen Klang her suggestive Wirkung erzwangen – „Die Augen der Vernunft", „Im Kopf-sauber", „Schatten und Licht" – können durchaus auch als programmatische Sinngebungen des Autors für sein umfangreiches und differenziertes Werk verstanden werden.

Operativität (verstanden als Kenntnis der Situation und Einwirkenwollen auf sie) und Sensibilität (verstanden als Aktivieren von Erlebtem und Erfühltem bis in die psychologischen Bereiche der Sehnsüchte und Ängste hinein) bewirkten zusammen die Idee zu seinem ersten Roman – wie die späteren dann auch – zunächst englisch geschrieben: *„Hostages"* [Die Geiseln] (1942), dt. *„Der Fall Glasenapp"* (1958). Er machte Stefan Heym als Romancier weithin bekannt.

In der Selbstdarstellung *„Wie ‚Der Fall Glasenapp' entstand"* heißt es darüber: „Die Grundidee [...] trug ich schon lange im Kopf. Mein Vater war 1933 als Geisel verhaftet worden; die ganze Frage der Geiselnahme bewegte mich sehr." Der Widerstandskampf der Werktätigen im „Reichsprotektorat", einem Teil der ČSR, liefert mit Prag im Mittelpunkt die konkrete historische Szene. Aber auch die „Marktlage" für ein solches Buch in den USA wußte der Autor zu erkunden: „Ich überlegte mir sehr nüchtern: was für Bücher gehen hier in Amerika, was ist hier möglich, wo trifft man auf die wenigsten Widerstände? Die Antwort: Detektiv- und Kriminalromane. Aber wenn schon so etwas, dann mußte man einen Kriminalroman schreiben, der anders war als das Übliche, mit einer anderen Formel. Was war nun das allen Kriminalromanen Gemeinsame? Das war, daß der Detektiv am Ende siegt. Also mußte ich einen Detektiv wählen, der am Ende als Verlierer dasteht, und das konnte der Natur der Dinge nach nur ein Nazidetektiv sein.

Das war das zweite Element, das in die Story des Romans hineinkam. Und das dritte war: der Tod, Todesangst, Würde bewahren auch angesichts des Todes. [...] es war eine Zeit des Krieges und der Konzentrationslager, und der Tod gehörte zum täglichen Erleben."[1]

Dem forschenden Ausschauhalten nach zeit- und situationsbedingten Bedürfnissen und dem Darauf-Einstellen der eigenen Phantasie ist nicht von vornherein der Vorwurf des Konjunkturismus zu machen. Aktuelle Anlässe sind für Stefan Heym vom ersten Buch an tatsächlich die wesentlichen Motivationen für Themen und Stoffe geblieben. In dieser Hinsicht begründete der Autor mit „Hostages“ eine kennzeichnende eigene Traditionslinie.

Im Herbst 1942 erschien der Roman in amerikanischer Sprache, vom führenden Kritiker der „New York Times“, Orville Prescott, sogleich mit dem höchstmöglichen Lob bedacht (künstlerische Nähe zu Thomas Mann „und Leuten von ähnlichem Kaliber“[2]). Der Autor erinnert sich noch heute an das Erfolgserlebnis jener ihn sehr ermutigenden Kritik.

Unter den Bedingungen des Zweiten Weltkrieges war die „moralische Aufrüstung“ in den USA eine unabdingbare politische und militärische Aufgabe, wozu Stefan Heyms Buch – zusammen mit einem Werk wie „Das siebte Kreuz“ von Anna Seghers – tatsächlich beitragen konnte. Die spannungsgeladene Fabel, die Anleihe an die in den USA verbreitete Tiefen-Psychologie auf der Grundlage Sigmund Freuds (1856–1939), die Leidenschaftlichkeit des Autors ließen auch in sachkundigen Besprechungen das Literarisch-Ästhetische in den Hintergrund rücken.

Tatsächlich bildet das Buch in der jetzt möglichen Rückschau und Bilanz die „Eröffnung“ des literarischen Schaffens von Stefan Heym, wobei manches Element des nicht oder noch nicht Gemeisterten auch in der späteren Epik wiederkehrte. Auch der nach dem Roman gedrehte Hollywood-Film hatte Erfolg. Der Autor berichtete nach dreißig Jahren, daß die Aufführung bei seinen 1944 zur Invasion in England zusammengezogenen Kameraden den Eindruck erweckte, er selbst habe diese zeitlich so arrangiert. Immerhin griff die reaktionäre Hearst-Presse den Film an – „weil da ein Kommunist als Held dargestellt würde“.[3]

Die Einberufung zu den US-Streitkräften mit der Bestimmung, im Sommer 1944 an der Landung der Alliierten in der Normandie teilzunehmen, unterbrach zwar zunächst das Schreiben, gewährte dem Autor jedoch ein Erlebnis von beträchtlicher historischer Bedeutung. Das unmittelbare Beteiligtsein an Geschichte als Schicksal von Millionen, das eigene Erfahren von neuen Konfliktsituationen (z. B. die antidemokratische, faschistoide Virulenz bestimmter Gruppen innerhalb einer deklarativ zur Verteidigung von Demokratie, Freiheit und Menschenwürde gegen den deutschen Faschismus ausgezogenen Armee) lieferten dem spezial-dienstlich eingesetzten Schriftsteller ein Material von tatsächlich epochaler Bedeutung. In einer der US-Army-Abteilungen für psychologische Kriegsführung lernt Stefan Heym die Geburt jener Züge von Zynismus, machtstrebendem Pragmatismus und Anti-Demokratismus kennen, die in der Nach-Roosevelt-Periode maßgeblich den kalten Krieg herbeiführten. Mit dem darauf beruhenden Roman *„The Crusaders“* [Die Kreuzfahrer] (1948), dt. *„Kreuzfahrer von heute“* (1950), gelang dem Schriftsteller mit erstaunlich kurzem Zeitabstand zu den Geschehnissen des Zweiten Weltkrieges – vom Erlebnis auf der Seite der westlichen Alliierten der Antihitlerkoalition her – eine bleibende gültige Darstellung von individuellen Schicksalen im Kriege. In einer bewegten, die Dynamik der Kriegshandlungen adäquat wiedergebenden Handlung leistete der Autor im erzählerischen Sinne eine mutige Enthüllungsarbeit bis in die Tiefe und Subtilität individueller menschlicher Beweggründe hinein, wobei die Psychologie hier vor allem für eine genauere Diagnose des sozial Motivierten genutzt wird. Der US-Soldat Thorpe, dem ein in jeder Hinsicht widerwärtiges Subjekt Unterschlagung von Heeresgut unterstellt hat, besitzt eine hochgradige Sensibilität für das unterschwellige Anwachsen des militant Antidemokratischen, Antihumanen, in der Summe schließlich Faschistischen amerikanischer Prägung. Seine Erfahrungen und seine Besorgnis, dazu die rohe, am eigenen Leib erfahrene Gewalttätigkeit rufen bei ihm eine Psychose hervor. Er wird schließlich ein Opfer der Intrigen von Medizinern und Juristen sowie eines ungeschriebenen „Ehren“-Kodex' in der Armee.

Obgleich Stefan Heym in Aufsätzen – so in dem Sammelband *„Im Kopf – sauber“* (1954) – die grundsätzliche Berechtigung der Antihitler-Propaganda durch die US-Spezialabteilungen während des Zweiten Weltkrieges betont hat, läßt er in der Figur des sympathischen Bing in *„Kreuzfahrer von heute“* doch auch schon die klassenbedingte Unentschiedenheit in der strategischen Zielsetzung dieser Propaganda, die ja Aufklärung über das Wesen des Hitlerfaschismus und über die Perspektiven der Deutschen sein soll, aussprechen: „,Ja, Fräulein Wallace', sagte Bing, ,wenn nur jemand endlich klar aussprechen würde, wofür wir eigentlich kämpfen, dann hätte ich eine Grundlage [für die Argumentation eines bestimmten Flugblattes, d. Verf.]'."

Entlarvend – auch in der Terminologie purer, hemmungsloser Gewalt – sind solche Gestalten wie der US-General Farrish („Wir brauchen eine richtige Säuberungsaktion. Wir müssen die unerwünschten Elemente ausmerzen – die Schwindler, die Politiker und die Burschen, die immer widersprechen und immer tausend Zweifel haben.") und SS-Obersturmbannführer Erich Pettinger beziehungsweise Generalfeldmarschall Klemm-Borowski („Es gibt immer wieder eine nächste Runde. Und genauso, wie wir 1918 die nächste Runde vorbereiteten, müssen wir es auch heute tun").

Sicherlich ist auch dieser umfangreichste Roman aus der Feder (und persönlichen Erfahrung) Stefan Heyms nicht vollkommen frei von Momenten des sensationell Zusammengefügten und eines übermäßigen dialogischen Aufwandes, der aus dem Streben nach weitgehender Totalität der Bezüge (das angloamerikanisch-französische Verhältnis, die Beziehungen der deutschen Monopole zum internationalen Monopolkapitalismus, die Rivalität Wehrmacht – SS usw.) entsteht. Das Buch repräsentiert mit seiner auch internationalen Verbreitung innerhalb des Gesamtschaffens des Schriftstellers jedoch die historisch genauste und weiteste Sicht, was die Vorausschau von Entwicklungstendenzen betraf.

Begründete Stefan Heym mit „Der Fall Glasenapp" für sich erstmals den Typ des aktuellen politischen Romans antifaschistischer Zielsetzung, so rückten die auf ihn folgenden wie „Kreuzfahrer von heute", „Die Augen der Vernunft" und „Goldsborough" auf Grund der sich gesetzmäßig immer schärfer stellenden Klassenfrage immer dichter an das gefährliche Phänomen des militanten Antikommunismus mit dessen Konzeption des „roll back" um jeden Preis heran.

In dem Roman *„The Eyes of Reason"* (1951; dt. *„Die Augen der Vernunft"*, 1955) ist der Schauplatz die sich zum Sozialismus hinwendende Tschechoslowakei der Nachkriegsjahre, in *„Goldsborough"* (1953; dt. *„Goldsborough oder Die Liebe der Miss Kennedy"*, 1954) bilden die USA mit dem gewaltigen Bergarbeiterstreik der Jahre 1949/50 die Szenerie für literarische Erkundung von einzelnen Schicksalen im bewegten Gang der Zeit.

Charakteristisch für die Schaffensjahre Stefan Heyms zwischen 1942 und 1952 sind die Vertiefung des solidarischen Klassengefühls sowie die bewußte Mitverantwortung für die Sache des Friedens in der Zeit des von den reaktionären Kräften vor allem in den USA forcierten kalten Krieges und des Koreakrieges (der seit dem Sommer des Jahres 1950 tobte), was sich besonders in der demonstrativen persönlichen Rückgabe amerikanischer Kriegsauszeichnungen aus dem Zweiten Weltkrieg zeigte. Dabei war es vornehmlich der Journalist und Publizist, der den Auseinandersetzungen mit dem Antikommunismus/Antisowjetismus, den öffentlich geführten Disputen über die Überwindung der geistigen Überbleibsel des Nazismus sowie über die Schaffung der günstigsten Bedingungen für den Aufbau des Sozialismus in der DDR die Feder lieh.

Stefan Heym, der 1952 aus den USA in die DDR übersiedelte, erwies sich in jener Zeit als streitbarer Kolumnist der antifaschistischen Presse, dessen Standpunkt zu aktuellen Fragen des Lebens und der Politik, besonders nach den konterrevolutionären Vorgängen des 17. Juni 1953, das lebhafte Interesse der Leser fand. In der umfangreichen, bewußt informationsvermittelnden Reportage *„Reise ins Land der unbegrenzten Möglichkeiten“*, die 1954 in verschiedenen Publikationsformen (Tageszeitungen, Broschüren) erschien, ergriff Stefan Heym inmitten des kalten Krieges und angesichts immer noch nicht überwundener Vorurteile gegen alles „Sowjetische“ auch unter Teilen der Werktätigen der DDR entschieden für das große historische Beispiel der Sowjetunion Partei. Auf die an sich selbst gestellte Frage, woher deren Stärke rührt, antwortete er als Resümee seiner Beobachtungen: „Von der Stärke ihrer Menschen, die schaffen und bauen und produzieren, auch manchmal Fehler machen und diese Fehler korrigieren, aber jedenfalls immer vorwärts gehen, zielsicher.“

Auf bemerkenswerte Weise kehrte Stefan Heym in dem mit feuilletonistischer Lockerheit und Witz geschriebenen Zeitungsaufsatz *„Aber Herr Tillich“* zu dem großen epischen Stoff seines Kriegsromans „Kreuzfahrer von heute“ zurück: „Flugblätter! Sie trudeln langsam aus dem Blauen herab – eigentlich ganz hübsch, wie Blütenblätter, die im Frühling fallen. Und auf einmal verändert sich für mich die Landschaft. Ich sehe wieder die stinkenden Hecken der Normandie, sehe die aufgedunsenen Kadaver von Menschen und Vieh, sehe die winzigen Figuren, die irgendwohin hasten, nach Deckung suchend – und auch damals der gleiche blaue Himmel voller flatternder Flugblätter. Die Flugblätter von damals waren von zwei amerikanischen Sergeanten geschrieben worden – einer hieß Hans Burger und der andere Stefan Heym ...

Aus diesem Grunde interessierten mich die Flugblätter, die fast zehn Jahre später, am 1. Mai 1954, vom Berliner Himmel fielen [...]. Ich war enttäuscht: Ich hatte mehr von drüben erwartet, westliche Qualität, sozusagen. Es war aber Dilettantismus [...]. Um wirkungsvolle, dauerhafte Propaganda zu machen, muß man Wahrheit und Recht vertreten. Wahrheit und Recht sind aber seit 1945 nicht mehr auf seiten der amerikanischen psychologischen Kriegsführung."[4]

In der Folgezeit sind solche kompromißlosen Standpunkt-Äußerungen besonders von dem Schriftsteller und Journalisten nicht in gleicher Weise fortgesetzt worden. Die klärende Operativität seines Wortes trat allmählich zurück hinter den Ausbau einer ausgeprägt subjektiv-eigenwilligen Sensibilität, die auch in der Diskussion über Wesen und Weg der Literatur in der DDR bald ihre Widerspiegelung in Wort und Gegenwort fand. Aufschlußreich ist in dieser Hinsicht der Disput zwischen Willi Bredel und Stefan Heym auf dem IV. Deutschen Schriftstellerkongreß (Januar 1956) in Berlin. Willi Bredel verteidigte hier die noch junge, in ihrer ideologischen und künstlerischen Existenzberechtigung vom Gegner bestrittene DDR-Literatur gegen Stimmen des Vorwurfs hinsichtlich der Qualität, ihres Entwicklungstempos und Talent-Reservoirs: „So, glaube ich, ist auch in diesen sogenannten unbehauenen Steinklötzen der Literatur, von denen unser Freund Heym sprach, inhaltlich, ideologisch – wenn wir das Wort gebrauchen wollen –, weltanschaulich, gesinnungsgemäß das Zukunftsträchtige, die Zukunft überhaupt. Das muß man sehen und darf nicht rein formale Maßstäbe anlegen wollen."[5]

In Diskussionen zu verschiedenen Fragen der gesellschaftlichen und literarischen Entwicklung in der DDR wurde so im Kreise der Schriftsteller unentwegt um Selbstverständigung gerungen, wobei auch dem Autor Stefan Heym stets die demokratische Möglichkeit eingeräumt wurde, seinen Beitrag zu leisten. Die weitere gesellschaftliche Entwicklung in der DDR mit neuen Problemen, die Erfordernisse des realen Sozialismus nach innen und nach außen (der Schutz seiner Errungenschaften gegen seine Feinde) verlangten und verlangen ständig auch tiefere Einsichten jedes schriftstellerisch Tätigen. Der VIII. Parteitag der SED (1971), die Fortführung seiner erfolgreichen prinzipiellen Linie auch in der Kulturpolitik durch die nachfolgenden Parteitage hat für das konstruktive Gespräch auch über komplizierte Fragen und Standpunkte individuellen Schaffens eine produktive Grundlage geschaffen. Dabei kann gerade die sozialistische Literaturkritik in bezug auf eine objektiv begründete Wertung der neueren Arbeiten Stefan Heyms (die Romane und Erzählungen) eine konstruktive Rolle spielen.

Deutlich bildete Stefan Heym die historisch-epische Linie seines Schaffens weiter aus. Dabei folgte er dem Grundgedanken aller Autoren dieses auch philosophisch anspruchsvollen Genres, besonders markante Springpunkte der gesellschaftlichen Entwicklung erzählerisch zu verdeutlichen. Der revolutionär-demokratischen Tradition des deutschen Volkes wandte sich der Schriftsteller in dem umfangreichen Roman *„Die Papiere des Andreas Lenz“* (1963) zu. In den Mittelpunkt des Erzählens ist hier das heroisch-tragische Schicksal der revolutionären Demokraten von 1848/49 gerückt, von denen viele in der Festung-Rastatt durch preußische Exekutionskommandos fielen.

Der Roman weist auf eine exakte historische Quellenforschung des Autors hin, schreitet dabei jedoch das der Literatur und Kunst Gemäße voll aus. Die „Papiere des Andreas Lenz“ sind von der Komposition her in eine kunstvolle Rahmenhandlung gefaßt, die die Assoziation zwischen dem 19. und 20. Jahrhundert und ihren Kämpfen und Opfern herstellt: Der zum US-Heeresdienst eingezogene Sergeant Andrew Lenz entdeckt auf dem Friedhof von Gettysburg das Grab seines Großvaters Andrew (deutsch: Andreas) Lenz, 1863 als Captain gefallen in der unter der Fahne von Demokratie, Menschenrecht und Menschenwürde kämpfenden Unions-

Armee. Auf amerikanischem Boden setzte er den zeitweilig verlorenen Kampf von 1848/49 fort, bis ihn die Kugel der Reaktion traf. Auch sein Enkel, tief betroffen von dem persönlichen Anruf des Schicksals und der Geschichte durch jenen Grabstein, wird fallen – im Frühling 1945 „an einer dummen kleinen Brücke über einen dummen kleinen Fluß, von der Hand einiger dummer kleiner Hitlerjungen, die eine Panzerfaust abfeuerten“. Die Ehefrau des im 20. Jahrhundert Getöteten schickt dem Freund und Kameraden ihres Mannes die Papiere des „alten“ Andreas (Andrew) Lenz, die der Enkel besaß, zur Erinnerung und freien Verwendung. Diese Aufzeichnungen bilden nun die Substanz des Romans, wobei der die Rahmenhandlung setzende „Prolog“ eine selbständige Anekdote von Kleistscher Prägnanz ergibt. Insgesamt stellt dieser Roman nach „Kreuzfahrer von heute“ einen weiteren Höhepunkt im Schaffen des Autors dar. Die Fabel ist von bemerkenswerter Dichte, die Dialoge offenbaren eine Vorliebe für eine zugespitzte dramatische Diktion; auch die Milieu-Details verwendet der Autor, um unausgesetzt an einem scharf gestochenen Bild der Zeitverhältnisse zu arbeiten. Die Sprache als Mittel des Inhalts hat in „Die Papiere des Andreas Lenz“ eine eindrucksvolle epische Reife erreicht. Wenn dieser Roman im Vergleich zu „Kreuzfahrer von heute“ nicht jene Massenwirksamkeit erlangte, dann dürfte dies wesentlich in der Beanspruchung eines sehr konkreten Geschichtsinteresses an einer Periode zu suchen sein, die durch die ganz neuen Dimensionen der Historie zeitweilig überlagert worden ist.

Andererseits zeigt der Roman *„Der König David Bericht“* (in der DDR erschienen 1973), daß auch Stoffe aus alttestamentarischer Quelle die lebhafte Anteilnahme des Lesers finden, wenn der Autor einen überdauernden Sinngehalt originell darstellt und dabei jenes „Ko-Fabulieren“, wie Brecht die schöpferische Mitwirkung des Kunstaufnehmenden bezeichnete, betätigt. Der Roman belegt die beachtliche Mobilität des Autors nicht nur hinsichtlich der Stoff- und Themenwahl, sondern vor allem im Gebrauch der sprachlich-stilistischen Mittel. Für die Fabel um den Historiker und Biographen Ethan aus Esrah, der im Auftrag des Königs Salomo über dessen Vater David Bericht geben soll – gereinigt von den Untaten, gefärbt vom Kult der Lobpreisung – findet Stefan Heym hier eine „Sprachhülle“ von adäquater Diktion und Bildhaftigkeit. Die teils kriminalistische Methode, die der Autor anwendet, entspricht dem Gegenstand. Dabei wird ein auch in anderen literarischen Arbeiten bewegtes moralisches Anliegen Stefan Heyms deutlich: Die notwendige Bewahrung der individuellen Identität angesichts der möglichen Pression durch die Macht.

Die einschneidende Frage des Verhältnisses von Macht und Geist, die primär den Intellektuellen, darunter den Künstler, in der antagonistischen Klassengesellschaft trifft und betrifft, ist literarischer Verhandlungsgegenstand auch in der historischen Erzählminiatur *„Die Schmähschrift oder Königin gegen Defoe“* (in der DDR erschienen 1974). Defoe, sonst wehrlos, verfügt über die mächtige Waffe des Wortes, das er zur Satire spitzt, zu jenem Mittel des schöpferischen und spöttischen Geistes, das jede volksfeindliche Macht begründet fürchten muß. Die Macht samt ihren öffentlichen und geheimen Dienern verliert das Duell. Auch bei diesem Stoff, der realen Geschehnissen um den Robinson-Verfasser angenähert ist, wendet der Autor die Fiktion von auf seltsame Weise überlieferten Aufzeichnungen (Miss Creech) an, seiner eigenen Methode des Verfremdens folgend. Die tageweise datierten „Aufzeichnungen“ sind in ihrer sprachlichen Dichte ein Beispiel für ökonomisches Erzählen. Die in der ganzen ersten Periode seines Schreibens immer wieder bemerkbare Extensität ist hier deutlich überwunden. Mit der ironisch-satirischen Knappheit im Stile eines Voltaire erzielt Stefan Heym eine Art Medaillon-Bild aus der Zeit des „gesetzlichen Despotismus“ der englischen Monarchie Anfang des 18. Jahrhunderts.

Trotz eines enormen historisch-zeitlichen Abstandes zu Ferdinand Lassalle (1825–1864), der in der Anfangsperiode seines Wirkens durch die öffentliche Agitation der sogenannten Arbeiterfrage Bahn brach und die praktische Organisierung der Arbeiter in Deutschland tatsächlich vorantrieb, ist doch der innere Bezug zwischen „König David Bericht“ und dem biographischen Roman *„Lassalle“* (in der DDR erschienen 1974) nicht zu übersehen. Sicherlich haben geschichtliche Erfahrungen darauf hingewiesen, daß zur Verwirklichung des Sozialismus-Kommunismus Inhalt und Formen der Machtausübung zu jeder Zeit mit den Anforderungen eines realen

Humanismus übereinstimmen müssen. Auch das Problem der geistigen, charakterlichen, psychologischen Beschaffenheit der führenden Persönlichkeiten – des subjektiven Faktors – ist stärker erkannt worden.

Doch das literarische Spielen mit einer Art Verhängnis im Wirken großer Persönlichkeiten, das Überziehen der Parabel und Reduzieren auf das Subjektive, kann den Blick auf reale Geschichte eher verstellen als erhellen. So ist die Figur des Ferdinand Lassalle, dessen Leben sowohl angefüllt war von spektakulären Episoden und politisch fragwürdigen Aktionen (Bismarck-Lassalle) als auch von unzweifelhaften Verdiensten, doch nur recht partiell bewältigt worden. Dazu trägt das zuweilen kolportagehafte Hervorkehren und sogar Ausschlachten der skandalhaften Züge in der Biographie Ferdinand Lassalles wesentlich bei.[6]

Auch die Sprache des Romans folgt dieser Sehweise. Während der Autor in vorangegangenen Romanen versuchte, ein möglichst umfassendes Bild der geschichtlichen und sozialen Bezüge herzustellen, ist seine Optik hier übermäßig reduziert.

Einen beachtlichen Platz nimmt Stefan Heym im Genre der Erzählung und Kurzgeschichte ein. In den Bänden *„Schatten und Licht“* (1960) und *„Erzählungen“* (1976) erweist er sich als Moralist und Humorist, wobei das Heitere bei ihm gelegentlich ins Satirische übergeht. In der Erzählung *„Ein sehr guter zweiter Mann“* (in beiden Bänden enthalten) prangert der Autor karrieristische Heuchelei an, die hier mit der Stereotype: „Ich bin ja nur der Sohn eines einfachen Arbeiters“ zu Werke geht. Kriwitzky wird satirisch gezeichnet („selbst der Nase fehlt der Charakter“), während Robert, der von dem Karrieristen stets nur so bezeichnete „gute zweite Mann“ der wirkliche Fachmann, Mensch und Kommunist ist. Die Konsequenz des moralischen Gewissens soll die aktive moralische Handlung, die Tat, sein, fordert der Autor sinngemäß in der Erzählung *„Der Überlebende“*, die zeitlich in der Zeit des Faschismus spielt. Der humoristisch-satirischen Kalendergeschichte zollt Stefan Heym seinen Tribut in der Erzählung *„Die wahre Geschichte der großen Kartothek der Nationalsozialistischen Partei“*.

Fast ausnahmslos alle Erzählungen dringen zu einem moralischen Fragepunkt vor, von dessen richtiger – menschlicher –

Beantwortung letzten Endes das Schicksal des einzelnen wie der Gesellschaft als Ganzes abhängt. Daß der Autor solche kardinale moralische Fragepunkte auch im und für den Sozialismus sieht, ist ein unverzichtbarer und legitimer Bestandteil schriftstellerischer Verantwortung.

In vier Jahrzehnten publizistischer und schriftstellerischer Tätigkeit hat Stefan Heym ein vielseitiges Werk mit bedeutenden menschheitlichen Fragestellungen und Problemen vorgelegt. Das forschende literarische Interesse dabei mehrfach wechselnd und verlagernd, ist seine Hauptaufmerksamkeit offensichtlich seit langem auf den historischen Stoff mit sich besonders anbietendem Gleichniswert gerichtet. Dabei treffen auch auf ihn die allgemeingültigen künstlerischen Erfahrungen zu, daß das Gelingen immer wieder unterschiedliche Stufen aufweist, woran stets komplizierte Fragen des Inhaltlichen und Formgebenden, schließlich des Ideologischen und Künstlerischen in seiner Gesamtheit beteiligt sind.

Heyms Griff nach Themen und Stoffen der Epoche, so im Roman „Kreuzfahrer von heute", stellt ihn in die Reihe jener Autoren, die es mit künstlerischem Wagemut unternommen haben, die Siege und Niederlagen, die Hoffnungen und die Ängste des Menschen in unserer Zeit tiefer Wandlungen aller menschlichen Lebensformen erkennend zu gestalten und gestaltend zu erkennen. Seine antifaschistische Position innerhalb der in der Deutschen Demokratischen Republik geschriebenen Literatur, seine vielseitigen künstlerischen Bemühungen haben ihm hier – wie auch außerhalb der Grenzen der DDR – eine große Anzahl von Lesern erworben.

Kurzbiographie

Stefan Heym (eigtl. Helmut Flieg) wurde am 10. 4. 1913 in Chemnitz geboren. Er stammt aus bürgerlicher Familie. In der Gymnasiastenzeit erste publizistische und literarische Versuche. 1931 erschien das Gedicht „Export-Geschäft", das ihm die Relegation vom Gymnasium einbrachte. Geiselnahme des Vaters durch die Faschisten bei deren Machtergreifung 1933. Emigration in die ČSR. Mitarbeit in der antifaschistischen, mit der Arbeiterbewegung verbundenen Emigrationspresse. 1935–37 Studium als Stipendiat an der Universität Chicago/USA, Abschluß mit dem Diplom (M. A.), danach verschiedene Tätigkeiten: u. a. als Kellner, Tellerwäscher, Buchhändler, Verkäufer, Korrektor, Handelsvertreter, Sprachlehrer. 1937/39 Chefredakteur der antifaschi-

stischen Wochenzeitung „Deutsches Volksecho" (bis zu ihrem Verbot), deren englischen Teil er ebenfalls bestreiten mußte und dabei englisch schreiben lernte.
Seit 1943 Soldat (bald Offizier) der US-Armee. Einsatz in England, Frankreich (Normandie), Deutschland in einer Abteilung der psychologischen Kriegsführung. Nach Kriegsende Mitbegründer der „Neuen Zeitung" in München. Wegen progressiv-demokratischer Einstellung nach den USA zurückbeordert. Entlassung aus dem Armee-Dienst. 1952 Übersiedlung in die DDR, seitdem in Berlin lebend. Während des Korea-Krieges demonstrative Rückgabe amerikanischer Kriegsauszeichnungen und des Offiziers-Patents. 1954 Studienreise in die Sowjetunion, später wiederholt Reisen nach Übersee. 1953 erhielt Heym den Heinrich-Mann-Preis, 1956 Literaturpreis des FDGB, 1959 Nationalpreis der DDR.

Ulrich Kaufmann

Uwe Kant

Als Ende der sechziger Jahre Uwe Kant (geb. 1936) auf sich aufmerksam machte, hatte sein Bruder Hermann bereits Jahre vorher im Mittelpunkt vieler Literaturdebatten gestanden. Nicht nur einmal wurde von der Literaturkritik auf die Ähnlichkeit in der Begabung beider verwiesen und Gemeinsamkeiten in der künstlerischen Handschrift konstatiert. Indessen darf der Altersunterschied nicht übersehen werden. Innerhalb normaler Zeitläufe sind 10 Jahre nicht gar so wesentlich. Während aber Hermann Kant noch Soldat in der faschistischen Wehrmacht war und anschließend Jahre in der Gefangenschaft verbrachte, erwiesen sich für den später geborenen Uwe rückblickend die weltgeschichtlichen Ereignisse im Frühjahr 1945 als Grunderlebnis, auch wenn er damals noch Kind war. Interessant ist, daß Uwe Kant – ähnlich wie sein Bruder – diese prägenden Eindrücke vergleichsweise spät literarisch gestaltet.

Nach der Schulzeit in Parchim und einem Pädagogik-Studium in Rostock und Berlin arbeitet er drei Jahre als Lehrer für Deutsch und Geschichte. Auf die Frage, ob der Schriftsteller vom Lehrer profitiere, antwortet Kant später: „Ich bin im Zweifel, ob ich überhaupt etwas geschrieben hätte, wenn ich nicht in dieser Arbeit gewesen wäre. Aus ihr kam der Impuls, für Kinder zu schreiben und noch heute fuße ich auf der damaligen Erfahrung.“[1] Zunächst war aber nicht an eine Zukunft als Kinderbuchautor gedacht. „Ich hegte das gleiche Vorurteil wie viele andere, daß Kinderliteratur, wenn schon nicht zweitrangig, so doch irgendwie eine kleinere Literatur sei, eine nette, hübsche Sache für Spezialisten, und ich wollte gleich nach den höheren Sachen greifen [. . .]. Übrigens trenne ich ungern zwischen Kinder- und Erwachsenenliteratur, die Unterscheidungen stimmen alle nicht so recht. Ich will aber auch den Begriff nicht abschaffen, zur Verständigung ist er gut zu gebrauchen. Man muß ihn aber immer wieder mal ein wenig auf die Schippe nehmen, damit er sich nicht festsetzt als ein Sondername für ein Sondergebiet.“[2] Trotz Betonung von

Gemeinsamkeiten sieht Uwe Kant natürlich einige Spezifika der Literatur für Kinder und Jugendliche. Sie liegen für ihn weniger im Stofflich-Thematischen, als vielmehr im konsequenten Einstellen auf einen bestimmten Adressaten. In den zahlreichen Überlegungen Kants zu Fragen der Kinder- und Jugendliteratur steht die Verständlichkeit an erster Stelle. Deshalb fordert er sich in jedem seiner Bücher ein Höchstmaß an Phantasie, Sprachkraft und sozial genauer Beobachtung des Alltags ab.

Trotz einiger vorhergehender kleinerer Veröffentlichungen ist *„Das Klassenfest“* (1969) als Debüt Uwe Kants anzusehen. Dieses bis heute viel gelesene Buch nennt man noch immer in einem Atemzug mit dem Namen des Autors. Die Schreibanfänge allerdings liegen Jahre früher. Bereits 1961, als er sein Lehrerstudium abschließt, erscheint in der Zeitschrift „Neue Deutsche Literatur“ unter dem Pseudonym Uwe Parchim die erste Geschichte: *„Nachmittags gegen halb vier“*. Für den Nachdruck in einer Anthologie wird der etwas bemühte Titel dieser Kindheitserinnerung um die Jahreszahl 1942 erweitert. Durch diese nicht unbedingt für Kinder gedachte Arbeit wird der Kinderbuchverlag auf diesen Autor aufmerksam; nach weiteren Plänen befragt, zeigt Kant Vorarbeiten, „weil er nichts anderes zu zeigen hatte. Der Verlag war aber sofort dafür und muß geradezu als Initiator des Buches bezeichnet werden, von dem zum Vertragsabschluß gerade an die siebzehn Seiten und jene höheren Absichten existierten.“[3]

Wie viele Debütanten greift auch Uwe Kant in seinem ersten Buch auf Selbsterlebtes zurück: Das trifft vor allem auf die Jahre 1961 bis 1964 zu, in denen er als Lehrer in Lübbenau (im Buch: Luckenau) arbeitet, aber auch auf die Berliner Studienjahre, die episodisch ins Bild rücken.

Im „Klassenfest“ werden einige Monate aus dem Leben des fünfzehnjährigen Schülers Otto Hintz, dem Sohn einer geschiedenen Schichtarbeiterin, erzählt. Trotz ausgeprägter Phantasie und vielseitiger Interessen ist dieser Junge versetzungsgefährdet. Über die Art und Weise, wie Otto zu motivieren ist, gibt es zwischen der Mutter, die ihrem Sohn ein Moped in Aussicht stellt, und dem jungen Klassenlehrer Nickel unterschiedliche Auffassungen.

Wenn man hier den Handlungskern des Werkes herausstellt, wird man dem Text jedoch nur bedingt gerecht, ist doch Uwe Kant unter den Kinderbuchautoren gewiß nicht den „Fabelfetischisten“ zuzurechnen. Die Geschichte erhält vielmehr ihren Reiz durch vielfältige, ausgestaltete Episoden und Reflexionen sowie die verschiedenen Sehweisen, die Otto und Nickel als alternierend agierende Ich-Erzähler einbringen. (Bereits hier wird deutlich, daß Kant seinem Leser einiges abverlangt. Und er dürfte durchaus mit dazu beigetragen haben, neue Lesegewohnheiten ausprägen zu helfen.) Hintz und Nikkel, Hauptheldeń des Buches, wenngleich altersmäßig durch 10 Jahre getrennt, ähneln einander in ihren Interessen, Stärken und Schwächen, ja sogar im Sprechen. Was eine Kritikerin – in Anlehnung an Erich Kästner – veranlaßt, vom „doppelten Ottchen“[4] zu sprechen. Damit sind Stärken und Schwächen des Werkes herausgestellt: Zum einen ist die Ähnlichkeit, die Verwandtschaft beider Zentralgestalten Indiz für eine zu wenig differenzierende literarische Gestaltung, zum anderen steht sie für Kants Auffassung vom Lehrer als einem – durchaus nicht makellosen – Freund und Partner des Schülers. Es ist ihm wichtig, seinen jugendlichen Leser auch um die vielfältigen Anforderungen wissen zu lassen, vor denen ein junger Lehrer steht.

Die bleibende Leistung von Uwe Kants erstem Buch sieht die Kritik in folgendem: „Mit diesem Kant zog Ironie, als durchgängiges Gestaltungsmittel, in die Kinderliteratur ein: Das ist die freche, frische Ironie einer vorwärtsdrängenden Jugend. Keine ätzende Kritik, sondern vor allem Selbstironie.“[5] Spracheigenheiten hängen mit dem Temperament des Autors zusammen: „Ich habe Behagen am Erzählen und neige demzufolge mehr zu der oft als altmodisch bezeichneten Auffassung, daß es vor allem wichtig ist, gute Geschichten zu erzählen. Ich betreibe das Schreiben unaufgeregt, nicht aufgepeitscht und nicht bedrängt von Nöten, die ich mir vielleicht sogar noch bemüht ausdenken müßte. Ich bin einmal nicht so ein leidender Typ. Vielleicht hat man sogar ein besseres Gefühl für das wirklich Schwierige im Leben, wenn man nicht gleich ein dumpfes Unbehagen ausstellt und dann dafür die Indizien bringt, sondern die Sachen ruhig anguckt.“[6]

Kants Sprache ist stimmig, dem (jugendlichen) Volk hat er

genau „auf's Maul geschaut". Dennoch schränken zu häufige Anspielungen auf Zeitgenossen (z. B. bekannte Sportler der sechziger Jahre) und eine Vorliebe für den Fachjargon (etwa im Schlußkapitel, das auf einem Fußballplatz spielt) die Wirkungsmöglichkeiten des Werkes etwas ein.

Befragungen haben ergeben, daß viele Leser, indem sie sich eine weit ausführlichere Darstellung der Beziehung Ottos zu seiner Freundin Hanna und eine größere Breite bei der Schilderung der Abenteuer Ottos (Unternehmung Wasserburg z. B.) erhofften – damit allerdings tendenziell ein anderes Buch wünschten.[7] Auch der bestimmte Erwartungen weckende Titel, „Das Klassenfest", sowie der offene, die Aktivität des Rezipienten herausfordernde Schluß fanden nicht die Zustimmung vieler Leser. All diese Einwände sprechen jedoch nicht gegen das Buch, sondern verdeutlichen vielmehr Leistung und Eigenart. Die Gestalt des Otto Hintz, die Hanna-Episode, die Figur des Lehrers Nickel sowie die vielfältige, humorvolle Art der Problemerörterung führten vor allem dazu, daß sich Uwe Kants Erstling die Gunst unzähliger Leser eroberte.

Mit der Erzählung *„Die liebe lange Woche"* (1971) knüpft der Autor an bereits Bewährtes an. Auch hier steht ein phantasiebegabter Junge im Zentrum, der aus seiner Sicht erzählt, was er zu Hause, in der Schule, in seiner Freizeit erlebt. Dennoch fallen Unterschiede sofort ins Auge. Der Handlungsort ist Berlin, der Held einige Jahre jünger, vor allem aber ist Harald Ahlgrimm ein guter Schüler, der aus intakten Familienverhältnissen kommt. Das ist als Kontrast zum ersten Buch interessant, jedoch hält dieser Text weit weniger Konfliktpotential für den Leser bereit. Die erzählerische Klammer entsteht dadurch, daß Harald zum einen das Ende der langen Woche herbeisehnt, da er dann Geburtstag hat, zum anderen jedoch die Zeit dringend benötigt, um seinen Hausaufsatz zum Thema „Übung macht den Meister" zu schreiben. Obwohl auch hier wieder episodisch kleinere Abenteuer erzählt werden, ist das Hauptanliegen des Autors, den Alltag eines Kindes poetisch zu ergründen. Die Schlußgedanken haben etwas Programmatisches: „Aber wirklich: etwas Besonderes hat es nicht gegeben. Ich hab mir nicht das Bein gebrochen. Ich habe kein Nilpferd gefangen. Ich hab nicht nach einem Schatz gegraben. Das ist nur so eine Woche gewesen."[8]

Es ist gewiß kein Zufall, daß Uwe Kant sich etwa zur selben Zeit, als er sein zweites Buch schreibt, positiv zu Werner Bräunigs Band „Gewöhnliche Leute“ äußert[9], jenen bewußt als Gegenstück zur Literatur über die Planer und Leiter (die sogenannte Königsebene) konzipierten Erzählungen.

Zugleich ist Kants Geschichte auch ein Beitrag zur Darstellung der „Mühen des Schreibens“. Denn nicht nur der zehnjährige Harald quält sich tagelang mit seinem Aufsatz herum, auch der Schriftsteller Stultze-Schrey hat erhebliche Mühe, eine Kurzgeschichte termin- und qualitätsgerecht für die Redaktion der Zeitschrift zu schreiben, in der Vater Ahlgrimm als Literaturverantwortlicher tätig ist. Andere innerliterarische Fragen werden ebenfalls im Text selbst verhandelt. Es ist dies nicht das einzige Buch, in dem der ehemalige Germanist und Lehrer Uwe Kant öffentlich darüber nachdenkt, wie interessanter, lebendiger Unterricht – namentlich im Fach Deutsch – aussehen könnte. Im vorletzten Kapitel des Buches, das diesmal streng, und zwar nach den Wochentagen, gegliedert ist, schildert der Autor eine Deutschstunde bei Fräulein Wesoldt, einer eifrigen Praktikantin. Die Beobachtungen sind so genau, die Fehler eines werdenden Lehrers so treffend eingefangen, daß sie auch den erwachsenen Leser anregen. Kant liefert faktisch einen kompletten Stundenentwurf für die Behandlung von Brechts Gedicht „Die Pappel vom Karlsplatz“, den Lehrer später übrigens als Modell mehrfach erprobten.[10]

Selbst wenn Jahre später Autoren wie Benno Pludra („Insel der Schwäne“, 1980), Alfred Wellm („Karlchen Duckdich“, 1977) oder Gerhard Holtz-Baumert („Erscheinen Pflicht“, 1981) den Alltag von Kindern und Jugendlichen in seiner Konflikthaftigkeit tiefer gestalteten, bleibt Kants zweites Buch ein bemerkenswerter Versuch, das „gewöhnliche Leben“ eines Kindes literarisch erkundet zu haben.

Die Erzählung *„Der kleine Zauberer und die große Fünf“* (1974) ist eine Geschichte, in der Fragen des Lernens eine wesentliche Rolle spielen. Doch lassen bereits die Eingangssätze, in denen wir erfahren, wie der Zauberkundelehrer Fiebig dem Schüler Oliver Schneidewind die verpatzte Arbeit in Zauberkunde zurückgibt, einen Neuansatz im Schaffen des Autors vermuten. Kant verzichtet hier auf einen konkret fixierten Handlungsort, auf autobiographische Momente, sondern arbeitet mit vorwiegend phantastischen Mitteln. Dies zu einer Zeit, als heftig darüber diskutiert wurde, ob solche Literatur ihre Berechtigung habe, ob sie realistisch zu nennen sei. Nach der doch etwas handlungsarmen Erzählung „Die liebe lange Woche“ bot sich dem Autor in seinem dritten Buch nunmehr Gelegenheit, dem Bedürfnis der Leser nach Spannung und Spaß stärker Rechnung zu tragen: In dem Bemühen, die unangenehme Note 5 wegzuzaubern, passieren Oliver, einem Schüler der 4. Klasse, die tollsten Sachen. Da er das Zauberhandwerk unzureichend beherrscht, ergeht es ihm wie dem Goetheschen Zauberlehrling: Die Geister (in der vorliegenden Geschichte zuerst Meerschweinchen, dann Gänse), die er herbeizitiert, wird er nicht mehr los. Erst der Vater, der als Dreher in einer Fabrik arbeitet, die Zauberstäbe herstellt, kann die Sache bereinigen. Obwohl, oder gerade weil dieses Buch – humor- und phantasievoll von Manfred Bofinger illustriert – eine Fülle „unwirklicher“ Details enthält, bleibt doch immer klar, wieviel Olivers Geschick mit der Realität zu tun hat. Zauberkunde ist eines neben den üblichen Unterrichtsfächern. Im Deutschunterricht steht erneut die Behandlung eines Gedichts auf dem Plan, wobei dem Leser vor Augen geführt wird, daß Dichter (hier Clemens Brentano), die sich allerdings ihrer Mittel sicher sind, auch zaubern.

Obschon der Autor seiner Phantasie anscheinend keine Zügel anlegt – ein unwahrscheinliches Ereignis folgt dem anderen –, spielt die Geschichte nicht im Märchenland hinter den sieben Bergen, sondern ganz und gar in der Gegenwart. Oliver (und mit ihm der Leser) begreift, daß Zaubern harte Arbeit ist und daß man nur durch Anstrengung aus Konfliktsituationen herauskommt. Nicht zufällig heißen die Zauberer bei Kant daher nicht Flix, Sesemihl oder Vitzliputzli, sondern Hinz, Kunz, Dannemann, Meyer oder eben Fiebig. Deshalb auch nennt Kant die Bauarbeiter Bauzauberer.

Dem Autor geht es zudem darum, Möglichkeiten des Umgangs mit Sprache bewußt zu machen. Als ein „Sprachwunder“ besonderer Art zeigt sich dabei die fußballbegeisterte Katze Lisbeth, die ziemlich ahnungslos mit Fremdwörtern jongliert und dadurch für den verzweifelten Oliver kein Partner sein kann. Lisbeth steht gewissermaßen als spracherzieherisches Warnbild in einem Buch, in dem der Leser viel über Sprache erfahren kann. War doch Uwe Kant von jeher dagegen, Kinderbücher mit einem Notwortschatz auszustatten oder gar in ein Radebrechen zu verfallen.[11] Um gute deutsche Prosa ist es ihm zu tun, und schon deshalb verlangt er dem Leser – das Impressum empfiehlt die Lektüre für Kinder ab 8 Jahre – sprachlich einiges ab. Der Text ist ausgesprochen expressiv angelegt, erhält durch geschickten Einsatz von treffenden Attributen Farbigkeit, weist viele sprachliche Neubildungen auf, lebt in sehr starkem Maße von Übertreibungen und dem Spiel mit dem Wort.[12]

Als ein Vorzug dieses Buches erweist sich, daß sein Autor – diesmal auf episodische Abschweifungen verzichtend – das Erzählte auf den Konflikt Olivers konzentriert. Die Geschichte wird von einem als Person im Hintergrund bleibenden Erzähler liebevoll-ironisch dargeboten. Nur in dem Nachsatz meldet sich das Erzähler-Ich, um einen weiteren Denkanstoß zu vermitteln: „Gibt es denn überhaupt Zauberer und so weiter? Ja – was weiß ich?

Aber daß es keinen Menschen gibt, der nicht wenigstens ein klein bißchen zaubern kann, das weiß ich ganz genau.“[13]

Von Uwe Kants Büchern, die ins Russische, Polnische, Slowakische, Bulgarische, Ungarische, Lettische und Finnische übertragen wurden und auch als Lizenzausgaben in der BRD erschienen, ist wohl das „Zauberer“-Buch auch international das erfolgreichste (der Prager Volksverlag z. B. brachte es in einer Auflage von 100 000 Exemplaren heraus).

Einen Text ganz anderer Art legte Uwe Kant 1977 mit *„Roter Platz und ringsherum“* vor. Geschrieben im Auftrag des Kinderbuchverlages, ist es zugleich ein Beitrag zum 60. Jahrestag der Oktoberrevolution. Dieses Buch stand am Beginn einer Serie, in der namhafte Autoren versuchen, Kindern die sozialistischen Länder nahezubringen. Offenkundig hat es Gesicht und Methode dieser Reihe wesentlich geprägt. Wir haben es diesmal nicht mit fiktionaler Prosa zu tun, sondern streckenweise auch mit einem Sachbuch. „Roter Platz und ringsherum“ ist gewissermaßen ein Reiseführer und zugleich auch ein Reisebild. Vermittelt werden eine Fülle interessanter Informationen über die UdSSR im allgemeinen und über deren Hauptstadt im besonderen: historische Sehenswürdigkeiten, Sitten und selbst statistische Angaben. Hinzu kommen Karten, ein Verzeichnis wichtiger russischer Vokabeln, ein Exkurs über die Personennamen im Russischen und vieles, vieles mehr. Trotz der Faktenfülle wird der Leser (der Verlag dachte wiederum an Kinder ab 8 Jahre) nicht überfordert. Das Buch ist anschaulich, witzig, abwechslungsreich. Der Autor, auf alles zu Erwartende selbst gespannt, versteht, die Neugier auf seinen Leser zu übertragen. Dadurch, daß Kant mitunter die Illusion erzeugt, der Leser mache die Reise mit ihm gemeinsam, zieht er ihn unmittelbar ins Geschehen hinein.

In keinem anderen Buch Uwe Kants besitzen die einzelnen Teile eine solche Autonomie: Die Anekdoten, Reiseschilderungen und kleinen Geschichten, die sich in vierzehn Maitagen zugetragen haben, werden nur lose durch den Hin- und Rückflug des Ich-Erzählers verklammert.

Eine Tendenz, die sich in späteren Werken dieses Schriftstellers weiter ausprägt, ist hier bereits sichtbar. Der Ich-Erzähler, im vorliegenden Fall identisch mit dem Autor, reflektiert mehrfach – in direktem Bezug auf den Leser – die Frage, *wie* man schreibt. Das Kapitel „Hunde“ setzt beispielsweise so ein: „Gerade überlege ich, wie ich weiterschreiben soll. Man muß sich das nämlich tatsächlich überlegen, weißt du. So ein Bericht erscheint einem nicht im Traum. Gerade überlege ich zum Beispiel: Was tue ich mit den Hunden?“[14]

Natürlich wird auch in diesem Werk der Literatur selbst Platz eingeräumt. Kant bringt den Kindern so verschiedene Schriftsteller wie Majakowski und Lew Tolstoi nahe. Die beiden Tolstoi-Kapitel gehören zu den schönsten Partien des Buches und sind sicher geeignet, einen Zugang zu diesem Großen der Weltliteratur zu ermöglichen. Die Passagen, in denen der Autor beschreibt, wie die deutschen Faschisten in Jasnaja Poljana wüteten, sind, dem Thema angemessen, in einer ungewohnt ernsten Tonlage gehalten. Dieses ansonsten ringsherum freundliche Buch über die Sowjetunion ist das Ergebnis der Arbeit zweier Künstler: Uwe Kant und Manfred Bofinger, einer Generation angehörend, bringen in ihr zweites gemeinsames Buch eine ähnliche Sicht auf den Gegenstand ein. Die spielerisch-lockeren Illustrationen, die sich mitunter vom Text abheben, bieten zusätzliche Informationen. Sie lassen die Reize der sowjetischen Hauptstadt sinnfällig werden und unterstreichen den jugendlich-frischen Grundgestus des Textes.

Der Titel von Kants nächstem Werk, *„Die Reise von Neukuckow nach Nowosibirsk“* (1980), läßt ein zweites Sowjetunionbuch vermuten. Diese bisher umfangreichste Prosaarbeit des Autors ist jedoch etwas anderes. Jürgen Rogge, der Held, schreibt „Nowosibirsk“ zwar als Fernziel auf ein an seinem Mofa befestigtes Pappschild, drückt damit jedoch mehr die Hoffnung aus, später einmal in das weit entfernte sowjetische Forschungszentrum zu gelangen. Zunächst einmal will der fünfzehnjährige Jürgen sein Zerwürfnis mit der schönen Susanne Albrecht überwinden und plant, ihr in den Ferien an die Ostseeküste nachzufahren. Jürgens Verliebtsein bildet lediglich den Anlaß für die Reise, keineswegs jedoch das ideelle Zentrum der Erzählung.

In seinen umfangreicheren Prosabüchern bevorzugt Kant ein weitausholendes Erzählen. Geschichten, die schnell zur Sache kommen, die auf äußere Aktion und Spannung bauen, sind seine Sache nicht. Hier nun wird dem jugendlichen Leser (ab 13 Jahre) gleich ein Maximum an Lesefähigkeit abverlangt. Es bleibt zu vermuten, daß mancher Jugendliche bei der Lektüre über die ausgiebige Exposition der Erzählung nicht hinausgekommen ist. Der Hauptheld wird auf Seite 24 eingeführt, die Freundin Susanne erwähnt Kant erstmals (gekonnt-beiläufig) sechs Seiten später, die im Titel apostrophierte Reise gar beginnt erst auf Seite 97 – etwa in der Mitte des Textes. Ausgiebig und liebevoll-ironisch entwirft der Autor zunächst ein Porträt der Kreisstadt Neukuckow, in dem er zeigt, wie die Menschen – ein Rentnerehepaar, ein Gastwirt, ein Optiker und schließlich die Rogges – hier leben. Die Kritik hat angemerkt, wie gekonnt der Autor kauzige und skurrile Figuren gestaltet, „die Merkwürdigkeiten des lokalen Horizonts“[15] herausstellt. Zu wenig wurde indessen deutlich gemacht, in welcher Weise viele Figuren als Kontrast zu Jürgen Rogge angelegt sind. Rogge ist der beste Schüler seiner Schule, ja sogar der Stadt. Besondere Begabungen hat er auf naturwissenschaftlichem und sportlichem Gebiet, er soll auf die Erweiterte Oberschule, dann zum Studium. Niederlagen gab es in seinem bisherigen Leben kaum. Vor allem die Mutter ist von der schnellen Karriere ihres Sohnes überzeugt und sieht ihn bereits als Professor. Schon bei den Reisevorbereitungen und auf der Reise selbst begreift Jürgen, „daß sozusagen das Leben doch nicht von ganz alleine funktionierte. Andererseits auch nicht haargenau so, wie man möchte"[16]. Zu solchen Erkenntnissen gelangt der Held erst durch gezieltes Beobachten seiner Mitmenschen.

Mit wenigen Strichen skizziert Uwe Kant seine Figuren – beispielsweise einen alten Mann. „Tiedemann, der ehemalige Säckedieb und Erste im Deutschen Ausdruck, hatte zu lange, beinahe sein Leben lang, mit einundzwanzig Büchern, die immer älter wurden, in der Stube gesessen und auf wissensdurstige Leute gewartet, die niemals gekommen waren. (Einmal war er nur fortgewesen, da hatte man ihm gleich einen Arm abgeschossen ...) Jetzt war er nur noch Erster im Guten-Tag-Sagen."[17] Nicht weniger eindrucksvoll ist das Porträt des Mathematiklehrers Dr. Blumenhagen, der sich entschlossen hatte, die letzten drei Arbeitsjahre in Neukuckow zu verbringen. War er vorher ein schlechter Universitätslehrer, „ohne Schwung und Ideen"[18], der von vielen Jüngeren überflügelt wurde, so entwickelt er nun Elan, erwirbt sich in der Kleinstadt Achtung und kümmert sich – wie sein Kollege Wanzka in Alfred Wellms bekanntem Lehrerbuch[19] – in besonderer Weise um ein Mathematik-Talent.

Rogge (und mit ihm der Leser) begreift, daß auch ihn Niederlagen erwarten, daß es ihm trotz aller Erfolge noch an ganz wesentlichen Dingen mangelt: So erfindet er mehrere Geheimsprachen, muß jedoch erschrocken konstatieren, keinerlei Geheimnisse zu haben. Obwohl Jürgen auch in Deutsch die Note „1" hat, besitzt er vorerst kein Gespür für poetische Texte, ein Umstand übrigens, der die Kluft zu seiner Freundin wesentlich vertieft (sie nennt ihn die „reinste Rechenmaschine").

Kant macht hier deutlich, worin ein wesentlicher Konflikt vieler Jugendlicher besteht: Von Rogge wollen alle etwas (die Mutter, der Leichtathletiktrainer, der Lehrer, vor allem Dr. Blumenhagen), und ihm bleiben kaum Möglichkeiten zu artikulieren, was *er* will, was *er* vom Leben erwartet. Deshalb reist er nicht mit den Eltern, die liebevoll, jedoch auch in ihren kleinbürgerlichen Zügen gezeichnet werden, sondern verwirklicht erstmals eigene Vorstellungen. Rogge kehrt als einer heim, der nun etwas genauer weiß, was er kann, was er will. Bot eine Krise in der jugendlichen Partnerbeziehung lediglich den Anlaß der Reise, so ist die Reise selbst wiederum nur Folie, um äußerlich unspektakuläre Begegnungen Rogges vorzuführen und zu zeigen, was sie im Innern des Helden bewegen.

Umfassend wird über das Thema Freiheit reflektiert. Ungekünstelt und jugendgemäß werden die ganz großen Aspekte dieser Frage sowie die kleinen alltäglichen Sorgen Rogges bedacht. Diese Buchpassage, von der Kritik einhellig positiv bewertet, gewinnt noch durch fiktive Interviews. Rogge, auf dem Mofa sitzend, befragt den Gastwirt und den wohlsituierten, als Arzt arbeitenden Bruder. Dadurch wird im Nachhinein die geistige Biographie beider Gestalten deutlicher akzentuiert. Uwe Kant nutzt noch andere Möglichkeiten, seiner Geschichte tiefere Dimensionen zu verleihen. Eine davon ist die intensive Auseinandersetzung mit der Novelle „Der Schimmelreiter" von Theodor Storm, zu der Schüler heute erwiesenermaßen schwer einen wirklichen Zugang finden. Rogge, der mit diesem Werk Storms seinerzeit ebenfalls wenig anfangen konnte, begegnet einem Mann, dem es das wichtigste Buch ist und der seit seiner Kindheit – unter anderem seiner Rechenkünste wegen – der Deichgraf genannt wird. Rogge und Lüttjohann, wie der zurückgezogen lebende, vitale ehemalige Meliorationsarbeiter heißt, erörtern die Frage, ob Hauke Haiens Leben glücklich oder unglücklich verlaufen sei. Rogges oberflächliche Pflichtlektüre hinterließ bei ihm den Eindruck, im Leben des Hauke Haien sei alles „schief gelaufen", er habe kein Glück gehabt. Lüttjohann ist gegenteiliger Auffassung: „Nee. Der hat nämlich schwer Glück gehabt. Aber zu schlau ist er gewesen. 'ne zu dumme Zeit und 'n zu kluger Mensch, das harmoniert sich nicht. Da hilft das ganze Glück nix. Hat nämlich Glück gehabt, daß sein Vater nicht so ein Gnadderkopp gewesen ist [. . .], und hat ihn rechnen und tun lassen mit diesem Geometriebuch, na, wie heißt er, Euklid, ja [. . .]. Nachher haben sie ihn noch zum Deichgrafen gewählt. Bitte. Wo soll denn da das ganze Pech sein."[20] Der Junge muß erkennen, daß man mit Wendungen wie „die gesellschaftlichen Verhältnisse waren noch nicht reif" zwar eine historische Situation umreißen, kaum aber ein Kunstwerk in seiner Eigenart erfassen kann. Das „Schimmelreiter"-Erlebnis trägt dazu bei, das Leben – wie die Literatur – künftig genauer zu betrachten, hilft ihm dieses

Beispiel an Beharrlichkeit und Ausdauer doch, eigene Konflikte einzuordnen und im Alltag besser zu bewältigen. Indem der dem norddeutschen Sprachraum verbundene Uwe Kant hier – scheinbar ganz nebenbei – ihm wichtiges, vielen schwer zugängliches Erbe aufarbeitet, vermittelt er ein weiteres Mal Impulse für den Unterricht in deutscher Sprache und Literatur. Mit Lüttjohann, der noch der in der Realität kaum mehr existierenden, märchenerzählenden, flötenschnitzenden Großvätergeneration angehört, kommen märchenhafte Züge in die Geschichte. Rogge, mit einem Prinzen vergleichbar, der durch sein Erscheinen Lüttjohann „erlöst", entlockt ihm unzählige Geheimnisse und erschließt den menschlichen Reichtum dieses in seinen „Rentner-Shirts" äußerlich so unscheinbaren Mannes.

„Die Reise von Neukuckow nach Nowosibirsk" ist das erzähltechnisch bisher wohl am weitesten ausgereifte Werk des Autors. Zwar benutzt Uwe Kant hier die mehrfach erprobte Ich-Erzählweise nicht durchgehend, doch bietet er dafür eine ständig wechselnde Erzählerperspektive an, die die Denkhaltungen des Jugendlichen mit der „Weisheit" der Erwachsenen mischt, ohne daß der Autor auch nur an einer Stelle den Zeigefinger erhebt.[21] Erzählen wird im Text selbst als etwas Spielerisches vorgeführt. Nach einem zeitlichen Vorauseilen des Erzählers heißt es einmal: „Aber das kommt erst noch. Der Abend kommt erst noch, und der ‚Schimmelreiter' kommt erst noch. Jetzt ist noch das Tageslicht in der Küche."[22]

Verschiedenartige Erzählverfahren (Rückblendetechnik, Simultangestaltung) werden von Uwe Kant so souverän und spielerisch gehandhabt, daß durch sie mehr Welt in das Buch kommt, ohne daß sich dabei Rezeptionshürden auftun. Er liebt parodistische Zuspitzungen, Übertreibungen. Den Helden allerdings, „den größten Sohn der Stadt"[23], hat der Autor wohl etwas überzeichnet. Das immer wieder hervorgehobene übersteigerte Selbstbewußtsein dieses genialischen Angebers könnte beim Leser mehr Distanz erzeugen als möglicherweise beabsichtigt. Indem Uwe Kant einen ausgezeichneten Schüler zum Helden seines Buches wählt, der zudem auch keine tiefergehenden Spannungen zu den Eltern hat, macht er es sich allerdings nicht leichter, sondern schwerer. Diese Heldenwahl sowie das Fehlen äußerer Konflikte erfordert und ermöglicht, in viel stärkerem Maße die inneren Vorgänge zu gestalten.[24]

Uwe Kant ist ein Meister der Episodengestaltung. Stellvertretend für andere besonders gelungene Passagen sei die Beschreibung von Schleedes Bäckerladen genannt. Liebevoll, aber nicht ohne Schärfe zeichnet der Autor die klatschsüchtigen Frauen einer Kleinstadt, unter anderem Frau Klickermann, die zu jenen Menschen gehört, „die ihr Leben lang auf der Suche nach dem idealen Brot sind". Das ist in einer Prosa geschrieben, die Jugendlichen und Erwachsenen gleichermaßen Genuß bereitet.

Ende der siebziger, Anfang der achtziger Jahre entstehen einige autobiographische Erzählungen, die in der Zeit des Zweiten Weltkrieges angesiedelt sind. Kant wollte Kindheitsgeschichten für Kinder schreiben, für ein Publikum also, das gewohnt ist, „Schönes, Freundliches, Gemütliches" anzunehmen.[25] In diesen Geschichten über gräßliche, den Kindern zunächst unverständliche Umstände, begegnet uns eine für diesen Schriftsteller bis dahin ungewohnte Sprache: Hier wird spröde, ja, lakonisch formuliert.

Am Beginn dieses Zyklus steht die gemeinsam mit Steffi Blum geschaffene Bilderbuchgeschichte *„Vor dem Frieden"* (1979). Zwei Jungen versuchen, auf einem Güterbahnhof Spielzeugflugzeuge zu bekommen, die aus einem Waggon geworfen werden. Sie schaffen es nicht, da die Erwachsenen in diesen „alten Zeiten" keinen Sinn für die Bedürfnisse der Kinder aufbringen, brauchen sie die Flugzeuge doch als Feuerholz. Uwe Kant, der Verständlichkeit für ein Hauptkriterium guter Kinderliteratur hält, beabsichtigt in diesem Falle eine „gewisse Unverständlichkeit", um für den Leser diese „auf dem Kopf stehende Zeit" nacherlebbar zu machen.[26]

Die Eigenart der Geschichte besteht darin, daß sie wie ein Märchen anhebt, stets von den „alten, alten Zeiten" spricht, das Schreckenswort „Krieg" ausspart, es aber im Titel und gleich mehrfach im Text poetisch umschreibt. Zum anderen kommen in dieser Ich-Erzählung, die sich wie die „Tagebuchaufzeichnung eines Minderjährigen"[27] liest, sehr reale, nüchterne Dinge zur Sprache.

„Es war einmal ein Krieg. Der Krieg trug sich zu von meinem dritten bis zu meinem neunten Lebensjahr." So beginnt die 1982 gedruckte Geschichte *„Die Wörter im Kriege"*, die Kant für den Band „Ich leb so gern – Ein Friedensbuch für Kinder" schrieb.[28] Der Leser erfährt, wie der Ich-Erzähler die Kriegsjahre in der kleinen Stadt P. (Parchim) an der Elde erlebte. Die Besonderheit dieses Textes besteht darin, daß nicht Begebenheiten im Zentrum der Erzählung stehen, sondern vielmehr das Nachdenken über die Verwendung einzelner Wörter in jener Zeit: über den Sprachgebrauch. So kann der kindliche Leser einerseits erfahren, was man unter „Friedensware", „abgeholt", „Ostfront", „Alarm", „schwerverwundet" verstand, beziehungsweise, was sich ein Kind seinerzeit darunter vorstellte. Zum anderen regt Kant dazu an, über Möglichkeiten der Sprache nachzudenken, indem er etwa bei dem Wort „gefallen" zeigt, wie ein Sachverhalt durch eine Bezeichnung mehr verdeckt als erhellt wird.

Auch die Geschichte *„Das Gespenst"*, die Uwe Kant als Eröffnungsbeitrag für ein Buch verfaßt, das Kindern einen Zugang zum „Kommunistischen Manifest" ermöglichen soll,[29] gehört in diesen Umkreis. Der Erzähler, dessen Vater, wie man in dem Text lesen kann, als Gärtner, später als Müllfahrer und Gelegenheitsstraßenkehrer arbeitete, gesteht den Kindern, daß sein Interesse am Marxismus über das – im Eingangssatz des „Manifests" apostrophierte – „Gespenst" geweckt wurde. Indem er schildert, was er sich damals unter einem Gespenst vorstellte, das er fürchtete und dennoch herbeisehnte, gewinnt er das Interesse der Kinder, regt er ihre Phantasie an. Das Gespenst kam nicht, dafür kamen die „Russen". „Wirklich, die sahen wie Krieger aus und hatten, was sie getan hatten, für den Frieden getan."[30] Erneut versucht Kant, den Lesern ein Gefühl für Sprache, das heißt auch, für sprachliche Bilder zu vermitteln. „Die Russen [. . .] hatten doch nicht die geringste Ähnlichkeit mit den Gespenstern vom Schlage der heulenden Bettlaken, sondern waren die lebendigsten Menschen, die ich kannte [. . .]. Es mußte wohl noch etwas anderes dahinter stecken."[31]

In einem etwas didaktisch wirkenden Nachsatz erfährt man, was Uwe Kant erst Jahre später bewußt wird, nämlich daß Marx und Engels beim Schreiben jenes ersten Satzes von „zornigem Spott" erfüllt waren und die Fähigkeit besaßen, sich gut auszudrücken.

Man wird dem Autor, wenn man sein Schaffen zusammenfassend darstellen will, nicht gerecht, behält man lediglich die belletristischen Arbeiten im Auge. Kant hat sich zugleich als Publizist und Literaturkritiker einen Namen gemacht. Seit reichlich zwanzig Jahren arbeitet er für die Monatszeitschrift „Magazin“, deren hauptamtlicher Literaturredakteur er in den Jahren 1964 bis 1967 war. Man kann wohl sagen, daß er – wenngleich zunächst anonym – über Jahre hinweg mit der Rubrik „Ausgelesenes“ Wertmaßstäbe für Literatur bei Tausenden, diesmal vorwiegend „Erwachsenen“, mitgeprägt hat, zumal das „Magazin“ nachweislich mehr Leser als Abonnenten hat. „Vielleicht fällt auf, daß ich mich vorwiegend positiv äußere, das hängt einfach damit zusammen, daß ich bei meiner Lektüre von vornherein versuche, schlechte Sachen zu meiden.“[32] Nicht zu vergessen ist sein Engagement im Schriftstellerverband der DDR, dessen Vorstand er seit 1978 angehört. Wie sein um zehn Jahre älterer Bruder Hermann ist auch Uwe Kant ein origineller Redner. Erinnert sei nur an seine Diskussionsbeiträge auf dem VII. und VIII. Schriftstellerkongreß 1973 und 1978, wo er zu Fragen der Nachwuchsentwicklung im Verband beziehungsweise zu westlichen Reaktionen auf unser literarisches Leben sprach.

Am Beginn der achtziger Jahre scheint auch im Schaffen Uwe Kants eine neue Tendenz insofern deutlich zu werden, als das Schreiben, die Berufsprobleme eines Autors in stärkerem Maße thematisiert werden. In dem Aufsatz „Schreiber, Leser und Verbände“[33] stellt Hermann Kant diese Beobachtung – wenngleich nicht ohne Selbstironie – als ein Merkmal neuerer DDR-Literatur heraus, zumal Schreibende mehrfach Helden seiner Erzählungen und Romane sind.

In dem in der „NDL“ erschienenen Text *„Mit Dank zurück“*[34] schildert Uwe Kant die Konflikte des Kollegen Mungk, der von einem jugendlichen Leser alle seine Bücher zurückbekommt, da dieser für sie keinerlei Verwendung mehr hat. Mungk ist verunsichert, verärgert (immerhin ist er Träger des Sehr Großen Preises, SGP) und will schließlich sein Leben ändern. Alte Pläne zu optimistischen Geschichten läßt er fallen und beschließt, stattdessen seine Memoiren zu schreiben. Vor allem ist er fest entschlossen, seinen verstimmten Leser aufzusuchen.

Über diese satirische Geschichte (Teil einer größeren Arbeit), in der autobiographische Momente nicht zu übersehen sind, läßt sich schwer etwas Abschließendes sagen, da wir gewissermaßen nur die Exposition kennen.

Fragen schriftstellerischer Produktion bringt Uwe Kant indessen bereits dem ganz jungen Leser in einem Bilderbuch – von Egbert Herfurth phantasie- und humorvoll illustriert – nahe. „*Wie Janek eine Geschichte holen ging*“ (1980) ist der Titel seines bisher letzten Buches: Dem kleinen Janek sind die Geschichten ausgegangen, und weil auch die Eltern keine finden, geht er in den Laden des Geschichtenmachers. Bestimmte Wünsche bringt er mit: Die Geschichte soll in der Sahara spielen, wo Pfirsichbäume wachsen, und in ihr möchten – bitte-schön – Raketen, Eisbären, ein singender Schneemann, Jungpioniere, Indianerhäuptlinge sowie achtundachtzig Blechritter vorkommen. Die gemeinsamen Versuche, aus diesen Vorgaben eine Erzählung zu verfertigen, scheitern. Seinem kleinen Kunden verdeutlicht nun der Geschichtenmacher, daß es mit der Entstehung einer Geschichte seine eigene Bewandtnis hat. Uwe Kant gelingt es hier, auch komplizierte Fragen der Rezeptionsästhetik kindgemäß-bildhaft zu gestalten. „Eine Geschichte geht mehr so wie eine Blume, weißt du? Ein Samenkorn, ein Keim, ein Stengel, kleines Blatt, großes Blatt, schöne Blüte. Und alles gehört zusammen, und überall ist der gleiche Saft drin.

Und braucht sie auch Sonne? fragte Janek. Natürlich, sagte der Geschichtenmacher, wie soll sie ohne Sonne auskommen? Die Sonne, das bist du. Wenn du die Geschichte anguckst und ihr auch gut zuhörst, dann fängt sie erst so richtig an zu grünen und zu blühen.“[35]

Kurzbiographie

Uwe Kant wurde am 18. 5. 1936 in Hamburg als Sohn eines Gärtners geboren. Schulbesuch in Parchim (Mecklenburg), 1956 Abitur, danach Studium der Germanistik und Geschichte in Rostock (bis 1958) und Berlin (bis 1961); von 1961–64 war U. Kant Lehrer in Lübbenau, von 1964–67 Literaturredakteur beim „Magazin“. Seit 1967 lebt er als freiberuflicher Journalist und Schriftsteller in Berlin. 1978 in den Vorstand des Schriftstellerverbandes gewählt. 1969, 1971 und 1976 erhielt er Preise für sozialistische Kinder- und Jugendliteratur des Ministeriums für Kultur, 1972 den Kunstpreis der FDJ, die „Erich-Weinert-Medaille“, 1978 den Kunstpreis des FDGB und den Nationalpreis.

Michael Gratz

Rainer Kirsch

Als einer der vielseitigsten Autoren jener „mittleren Generation" von DDR-Lyrikern trat zu Beginn der sechziger Jahre Rainer Kirsch (geb. 1934) in der sogenannten Lyrikwelle in Erscheinung. Was diese Generation der damaligen ‚jungen Lyriker' neben der auffälligen Häufung bemerkenswerter Talente auszeichnet, ist wohl zuerst ihr recht ausgeprägter Gruppen-Charakter. Zumeist untereinander befreundet, sich „bis zu einem gewissen Grade"[1] gegenseitig anerkennend, einander Gedichte und kritische Bemühungen widmend und in Gedichten zitierend, verwandte Motive aufnehmend und weiterführend: dieses „erstaunliche Phänomen ist bisher auch im Inland kaum zur Kenntnis genommen, viel weniger gewürdigt oder auf seine Gründe untersucht", schreibt Kirsch 1976 in einem Aufsatz über Mickel.[2]

Die meisten von ihnen beziehen sich auf Georg Maurer als ihren Lehrer, durchaus nicht unkritisch, aber doch übereinstimmend in einigen wesentlichen Punkten ihrer Poetik, so daß gelegentlich sogar von einer „Maurer-Schule" gesprochen wurde. Maurer selbst schrieb den vielumstrittenen Jungen frühzeitig einen „Blankoscheck" aus.[3]

Den Gruppen-Charakter dieser Generation machen jedoch nicht allein Faktoren wie gleichzeitiger Start in einer für neue Lyrik günstigen Zeit, Herkunft, Umgang mit Tradition und miteinander aus. Auch scheint die Talentehäufung in dem benannten Zeitraum mehr als bloßer Zufall. Sie waren bei Kriegsende 5 bis 11 Jahre alt, ihre persönliche Entwicklung lag in einer Zeit gesellschaftlichen Aufbruchs und heftiger Widersprüche; ihr Erwachsenwerden fiel mit dem zusammen, was Becher in seinen späten Gedichten von 1956/57 den „Schritt der Jahrhundertmitte" nannte.

„Angefangen zu schreiben hatte ich nach dem sowjetischen zwanzigsten Parteitag, der unser Leitbild Stalin zerschlug und uns auf eigenes Denken, die marxistischen Quellen und schließlich auf die Wirklichkeit zurückwarf", schrieb Kirsch aus der Rückschau 1978.[4] Man erinnert sich, daß Louis Fürnberg, der in seinen letzten Lebensjahren viele junge Schriftsteller förderte, in einem Brief an Kirsch, der auf Fürnbergs Todestag datiert ist (23. 6. 1957), in einer „weltschmerzlichen" Situation den Rat gab, sich Marx, Engels, Lenin und der Wirklichkeit zuzuwenden.[5] Peter Gosse hat 1983 in einem Interview überraschend ähnliches zur eigenen Entwicklung gesagt und zugleich weitreichende Verallgemeinerungen für die Entwicklung der DDR-Literatur seit den fünfziger Jahren und speziell für seine Generation im Unterschied zu Älteren wie Jüngeren getroffen. Gosse studierte von 1956 bis 1962 in Moskau, eine „erstaunliche Zeit"[6]: „Ich geriet [...] in eine Aufbruchssituation. Während manchen, nur um wenige Jahre älteren, das Weltbild riß nach dem sechsundfünfziger Kongreß, baute sich mir in dessen Gefolge eines auf. Ein ziemlich euphorisches. Für die Botschaft, die man gehört hatte, fehlte nun der Glaube nicht. Eine weltweit brüderliche, im Handumdrehen erlangbare Zukunft malte sich berauschend her. [...] Aus diesem Überschwang [...] begann ich zu schreiben."[7]

Die Beispiele von Kirsch, Gosse und anderen markieren die heute mögliche und mit Blick auf gegenwärtige Literatur nötige genauere Sicht auf das, was in den fünfziger Jahren die Krise der jungen Lyrik genannt wurde. Gosse skizzierte die Entwicklung seiner Generation einmal mit den Begriffen: „Aufschwung, dann Enttäuschung, nun Sichten des Geschehens."[8] An anderer Stelle, in einem Vortrag im Moskauer Literaturinstitut, nennt er das, vielleicht präziser: „Klassik (verstanden als gelassenes geschichtsoptimistisches Einvernehmen des Ichs mit der Welt in Zeiten spürbaren gesellschaftlichen Sogs); hernach frühe Romantik; sodann Realismus."[9]

„In diesem besseren Land", so benannten die Herausgeber Adolf Endler und Karl Mickel ihre 1966 erschienene Sammlung „Gedichte der Deutschen Demokratischen Republik seit 1945", die sich heute als repräsentatives Dokument der ersten zwei Jahrzehnte sozialistischer Lyrik in der DDR liest. Die programmatische Titelzeile ist einem Gedicht Heinz Czechowskis entnommen, in dem, um die Mitte der sechziger Jahre, eine Art Bilanz über die Entwicklung weniger Jahre gezogen wird, vom „Mikrokosmos meines Gefühls"[10] hin zum Begreifen der wirklichen Welt – „In diesem besseren Land".[11]

Die wörtlich gleiche Wendung steht in dem groß angelegten,

ebenfalls bilanzierenden Gedichtzyklus „Marktgang 1964" von Rainer Kirsch. Solche Formulierungen kennzeichnen eine Besonderheit dieser Dichter, die „mit ihrem Land aufwuchsen"[12] und deren Entscheidungen durchaus nicht konfliktlos, mit den politischen Entscheidungen, in ihrem Land fast parallel liefen. Kirsch 1965: „Auf die Gefahr, westliche Leser tief zu erschrecken, muß ich aussprechen, daß meine Freunde und ich für die Mauer sind. Nicht, daß wir sie angenehm finden; wer reist nicht gern zum Bodensee oder nach Italien. Aber in der Politik geht es nicht um Wunschträume, sondern um Realitäten. [...] Wir haben Ruhe im Land und die Möglichkeit, unsere Wirtschaft kontinuierlich zu sanieren und aufzubauen."[13]

Frühere Generationen der DDR-Literatur waren unter dem Programm einer sozialistischen Nationalliteratur in oder für Deutschland angetreten.[14] Für die nur wenige Jahre nach der „Lyrikwelle" Nachrückenden dagegen scheint das Unverständnis des 24jährigen Manfred Jendryschik, 1967/68, gegenüber den „schaufelschleudernden" Gedichten des frühen Volker Braun („in der Epoche der Kybernetik, Datenverarbeitung, Atomkraft etc.")[15] charakteristisch.

Der Zusammenhang also zwischen der Lyrikwelle – ebenso den vergleichbaren Entwicklungen in Prosa und Dramatik zur gleichen Zeit – und der neuen Phase der gesellschaftlichen Entwicklung in ihrem Land, markiert mit den Stichworten „Sozialistischer Frühling" der Landwirtschaft und Sicherung der Staatsgrenze in Berlin, ist wesentlich für diese Autoren. So scheint es kein Zufall, daß im Jahre 1984 der Titel jener Anthologie von 1966 als Stichwort für die Etablierung einer eigenständigen DDR-Literatur benutzt werden konnte.[16] Eine mit ihrem Land aufgewachsene und sich entwickelnde Generation fand da das Stichwort für das neue Selbstverständnis einer reifen, sich entwickelnden sozialistischen Gesellschaft.

Rainer Kirsch veröffentlichte ab 1956 einzelne Gedichte in Zeitungen und Zeitschriften. 1957 schickte er ein Bündel an Fürnberg, der einige der Gedichte namentlich hervorhebt („Ihr wunderschönes Hohelied")[17]. 1961 gab Gerhard Wolf die Anthologie „Bekanntschaft mit uns selbst. Gedichte junger Menschen" heraus, in der neben Czechowski und Mickel unter anderem auch Kirsch mit acht Gedichten vertreten war. Bis auf ein Gedicht von 1959 ist nichts davon in die Sammlung vom

Autor für gültig angesehener Arbeiten aufgenommen worden, die erst 1980 als erster eigener Lyrikband Kirschs erschien (*„Ausflug machen“*). Die bis 1984 bereits viermal unverändert aufgelegte Sammlung umfaßt 55 Gedichte, denen etwa 30 bis Mitte der sechziger Jahre verstreut publizierte bzw. dem Titel nach bekannte Gedichte gegenüberstehen. Kirschs strenge Auswahl ist insofern berechtigt, als sie tatsächlich nur tilgt, was ästhetisch unterm Strich bleibt, so daß die Leistung seines eigentlichen Antritts (sechs Gedichte von 1962, gerahmt von je einem von 1959 und 1964, bilden den ersten Abschnitt: Gedichte von 1959 bis 1964) für den heutigen Leser unverstellt daliegt. Freilich begünstigt das Verfahren eine gewisse abstrakt ästhetische Lesart der Texte –, fällt doch dabei so manches Zwischenglied fort, das für das Verständnis der raschen Entwicklung jener Generation und der DDR-Literatur überhaupt unentbehrlich bleibt. Die 1961 für einen Schulchor verfaßte Kantate *„Der Tag fängt morgens an“* und Kirschs Bericht *„Über die Zusammenarbeit an einer Kantate“* wären solche Zwischenglieder, die die Bindung Kirschs und seiner Generationsgefährten an gesellschaftliche Prozesse als Voraussetzung und Hintergrund auch des bald einsetzenden Meinungsstreits einsichtig machen: Geschichtsbewußtsein mithin als Weg zum Verständnis der Gegenwart. Das Selbstbewußtsein von 1962 wäre nicht möglich ohne die kräftigen Schritte auf dem „Bitterfelder Weg“, die dem vorausgegangen waren. Eine Art Parallelschaltung mit ihrer Gesellschaft erweist sich durchaus als Schlüssel für diese Generation. Die erste Bitterfelder Konferenz (1959), der XXII. Parteitag der KPdSU (1961), die Jugendkommuniqués des Politbüros von 1961 und 1963 sind in einer später nicht mehr anzutreffenden Direktheit auch Fakten der Literaturgeschichte. Das *„Lied von den Bärten“* samt den von Kirsch notierten Diskussionen verweist auf die härteren Auseinandersetzungen von 1962/63, nach den ersten großen Lesungen im Rahmen der „Lyrikwelle“:

Manche tragen Bärte, die unsichtbar sind.
Aber die Bärte rauschen.
Sie klagen, daß wir zuwenig dem Wind
Ihrer rauschenden Bärte lauschen.

Daß wir anders als sie durch die Straßen gehn,
Treibt ihre Stirn in Falten.

Sie schmerzt, nicht die große Gebärde zu sehn,
Mit der sie uns ihre Reden halten ...
[...]
Mag sein, wir sind heute anders jung.
Vielleicht, weil wir andere Zeiten haben?[18]

1962 erfolgt der Durchbruch in quantitativer (14 Gedichte von den 22 des Bandes *„Gespräch mit dem Saurier“* von 1965) und qualitativer Hinsicht. Im gleichen Jahr entsteht auch Brauns „Zyklus für die Jugend“. Es war zugleich ein Durchbruch in die literarische Öffentlichkeit: mit der Lyriklesung in der Akademie der Künste vom Dezember 1962 war das Interesse des Publikums an der neuen Dichtergeneration geweckt und die Serie der großen Dichterlesungen eingeleitet, die ab Januar 1963 vom Zentralrat der FDJ veranstaltet wurden. Der Antritt von Kirsch, Braun, Mickel und anderen Lyrikern fiel beinahe überein mit der Kenntnisnahme durch eine breitere Öffentlichkeit. Die „Lyrikwelle“ war da.

In die Literatur traten „Gestalten, die bis dahin, außer in der Wirklichkeit, überhaupt nicht vorgekommen waren“.[19] Kirschs Sonette *„2005“* und *„Meinen Freunden, den alten Genossen“* lösten handfesten Streit aus. Von „falschen und überflüssigen“ Gedichten war die Rede, von einer „Subjektivierung richtiger Fragestellungen“, von „belehrendem Ton“ den alten Genossen gegenüber und künstlicher Aufbauschung des Generationskonflikts. Es entstanden sogar Gegengedichte.[20] Karl Mickel notierte 12 Jahre später über die Sonette: „Beim Wiederlesen [...] staune ich, wie normal sie sind. Kein Anzeichen von Hysterie. Der heutige Leser, unkundig der Zeit, muß annehmen, die Sonette seien verfaßt, die Wogen stürmischer Diskusion zu glätten und die Ansichten der Genossen zu einen. Dies war tatsächlich Kirschs Zweck gewesen.“[21]

In den Sonetten stehen für diesen Dichter wesentliche Stichworte: Mut, Verstand, Glück, Wahrheit, Spiegel, nennen, genau ... Sie artikulieren eine aktive, schöpferische, zum Eingreifen herausgeforderte und auf Eingreifen drängende Haltung gegenüber der Geschichte. Dieses Vokabular wird später nicht zurückgenommen, nur ergänzt. In ihm steckt Generationstypisches ebenso wie für die eigene Poetik Charakteristisches. Bis in die Formulierungen hinein gehen die Anknüpfungen an die Dichtung der sozialistischen „Klassiker“, namentlich an

Bechers „Schritt der Jahrhundertmitte". Der „Mut [...] den Spiegeln ins Gesicht zu sehn" korrespondiert mit Bechers „In viele Spiegel gilt's zu schauen, / Bis wir der Wahrheit Spiegel sind"[22], Kirschs „die ganze Last der Wahrheit kennen" mit Bechers „Darum laßt uns die Wahrheit sagen, / [...] Unteilbar, / Ganz"[23] usw. Darin ist die kurze Zeit der „Lyrikwelle" ganz ein Phänomen des Übergangs. In ihr vereint sich das Aufbruchspathos der fünfziger Jahre, vermittelt auch über die Großen der sozialistischen Dichtung[24], mit den eigenen, alltäglichen, nüchterneren Erfahrungen. Für das Neue an dieser Dichtung erscheint das Wort „genau" als Schlüssel. Es steht im Zentrum beider Sonette: „Hatten wir den Mut, genau zu lieben?" („*2005*"), „Schwerer ist es heut, genau zu hassen" („*Meinen Freunden, den alten Genossen*").

Dies Bestehen auf Genauigkeit bezeichnet zunächst den Wunsch und die Anstrengung, die großen Worte auf die selbsterlebte, unfestliche, widersprüchliche Realität anzuwenden. Nicht Lippenbekenntnisse und Träume von „Glückssemestern" werden verlangt, sondern die schwere Arbeit des praktischen Eingreifens, die die gedankliche Anstrengung einschließt. Die gleiche Geste in Volker Brauns „Anspruch": „Das Leben ist kein Bilderbuch mehr, Mister, und keine peinliche Partitur, Fräulein, / Nix zum Herunterdudeln! Hier wird ab sofort Denken verlangt"[25].

Dies Bekenntnis also zum genauen Wort, das Mut und Anstrengung verlangt, bildet zugleich die Klammer zu späteren, weniger geradlinigen Texten, die manchen heute vielleicht die frühere „Einfachheit" zurückwünschen lassen. In dem – Mickel gewidmeten – Gedicht „*Lehre Pascals*" von 1977 steckt die gleiche Haltung, wenn auch auf eine weiterentwickelte, vielleicht komplexer erscheinende Wirklichkeit bezogen:

wenn Einer, sagt Pascal
Sicht findet zwischen zwei Extremen, darf er
Nie die Mitte wählen, sondern muß
Beide Enden aushalten![26]

Genauigkeit weist auch in einer weiteren Hinsicht auf die Verwandtschaft dieser ansonsten in ihrer Poetik sehr unterschiedlichen Dichter. Ihr Lehrer Maurer hatte das Programm formuliert: „Die Genauigkeit der Benennungen will uns faszinieren, denn wir wollen auch lernen, genau zu sein. Genauigkeit, eine ästhetische Kategorie, die bei uns verwildert ist! Aber Genauigkeit führt uns denn doch weiter als nur bis zur Beschreibung eines Zustands, der eo ipso beklagenswert ist. Denn kein Zustand hält sich auf die Dauer selbst aus. Weltverlust zieht Ich-Verlust nach sich. Darum ist mir das großgeschriebene Ich der jüngsten Lyrik, das sich nicht durch Phrasen und Losungen sichert, sondern ziemlich splitternackt auftritt, zunächst lieb. Denn ich bin sicher, daß dieser Ich-Gewinn Weltgewinn nach sich ziehen wird."[27]

Die Kategorie Genauigkeit steht auf je verschiedene Weise im Zentrum der Poetiken Kirschs und seiner Altersgefährten. In ihr macht sich sowohl eine polemische Wendung gegen eine vorangegangene Dichtung manifest als auch ein Bezug auf eine Traditionslinie, die bis dahin, von Sonderfällen wie Bobrowski und Arendt abgesehen (die beide ebenfalls zu den Lehrmeistern dieser Generation zu zählen sind), abseits der Traditionsbezüge der DDR-Lyrik gestanden hatten: Klopstock und Hölderlin. Damit beginnt, über jene älteren Vorgänger vermittelt, eine bedeutungsvolle Wende in der sozialistischen deutschen Dichtung, nicht im Sinne von Ablösung, sondern vielmehr von Verzweigung. Bei jener kurzzeitigen Annäherung zwischen der jungen Dichtung und einem breiteren Publikum konnte es auch aus inneren, poetologischen Gründen nicht bleiben. Um der fortschreitenden Wirklichkeit auf die Spur zu kommen, mußten diese Autoren ihre individuellen Poetiken entwickeln und dadurch jenes vielfältige, Teile des Publikums mitunter verwirrende Bild unserer neuen Lyrik schaffen. Wie ihren Becher und Brecht, so hatten sie auch ihren Klopstock gelesen. Bei Klopstock konnten sie zum Beispiel folgende Überlegungen über den Zusammenhang von Genauigkeit (Deutlichkeit), Kürze und Dunkelheit lesen: „Oft ist es, um hier bis zu diesem Grade der Deutlichkeit zu kommen, nicht etwa nur gut; es ist notwendig, kurz zu sein. Die Kürze fasset wenige Teile durch Worte von starker Bedeutung zusammen und leuchtet gleich einer großen Lichtmasse auf einem Gemälde. Gleichwohl ist sie es, die am gewöhnlichsten der Dunkelheit beschuldigt wird."[28]

Die Sonette von 1962 sprechen es eher in programmatischer Weise aus; poetologisch stehen sie Bechers später Lyrik nahe. Von den frühen Gedichten dringt am ehesten das bekannte

„Ausflug machen" in neues Terrain vor, das die Oden *„Auszog das Fürchten zu lernen"* (1966) und *„Sewan"* (1967) dann systematisch ausbauen. Der Unterschied ist schon äußerlich am Rhythmus abzulesen, wenn man die beiden Sonette von 1962 mit sämtlichen nach 1967 geschriebenen vergleicht.

Zu dieser durch die Seminare Maurers und die Lyrik Bobrowskis und Arendts geförderten Traditionsaufnahme tritt ein weiterer, für die gesamte neuere DDR-Lyrik wichtiger Umstand. Kirsch berichtet, daß der Slawist Fritz Mierau ihm und anderen Lyrikern nach den ersten Lyriklesungen vorschlug, sich an Nachdichtungen zu versuchen. Fast alle wichtigen DDR-Lyriker haben sich auf diesem Gebiet betätigt, was unter anderem dazu beitrug, daß die DDR heute als ein Land mit hoher Übersetzungskultur gelten kann und die Leser mit wesentlichen Erscheinungen der internationalen Poesie seit der zweiten Hälfte der sechziger Jahre zunehmend besser vertraut gemacht wurden (die Herausgabe der „Weißen Reihe" des Verlages Volk und Welt und des monatlichen „Poesiealbum" im Verlag Neues Leben, beide seit 1967, bedeuten zweifellos einen qualitativen Sprung). Nicht weniger folgenreich war dieser Vorgang für die Entwicklung der beteiligten Lyriker, die auf diese Weise mit wichtigen internationalen Traditionen, mit „anderen Welthaltungen und poetischen Techniken" vertraut wurden. Das Übertragen, sagt Kirsch, zwinge „zur Erweiterung der beherrschten poetischen Mittel, was dann der eigenen Produktion zugute kommen kann"[29]. Besonders wichtig für ihn wurde die Beschäftigung mit sowjetischen Lyrikern wie Jessenin, Achmatowa, Mandelstam und mit georgischer Lyrik, die damals begann. Vielleicht kam von daher auch der Anstoß zur frühen Beschäftigung mit der formalistischen Schule (er nennt Schklowski, Tynjanow, Jakobson), die ebenso folgenreich war. Der Dichter und Nachdichter Rainer Kirsch ist ein sehr theoriebewußter Autor, und wenn er über Gedichte schreibt, geht er stets rational-aufklärerisch vor. Zu den am häufigsten verwendeten Termini in seinen Analysen zählen „Mittel" und „Techniken", und dem verschwommenen Begriffspaar Inhalt-Form zieht er die konkretere Bezeichnung „poetische Information" vor, der an das materieller Analyse Zugängliche anknüpft und auf diesem Wege zum Gehalt an Welt vordringt.

Die Veränderungen in Kirschs Lyrik nach 1965 lassen sich jedoch nicht rein innerliterarisch erklären. In einem Rundfunkbeitrag zum 60. Geburtstag Maurers spricht er darüber, was er und seine Freunde dem Lehrer verdanken. Es heißt dort unter anderem: „Das alles, sagte mir jemand, können Sie unmöglich bei Maurer gelernt haben. Nein, sagte ich, auch bei den Klassikern, und im Leben."[30]

Von 1957 bis 1960 war Rainer Kirsch in verschiedenen Bereichen der materiellen Produktion tätig. 1960/61 hatte er durch Vermittlung des Schriftstellerverbandes einen Betriebsvertrag mit einer LPG, der ihm auch Einblick in Leitungsprozesse ermöglichte. Zwei Kantaten – für einen Schulchor und eine LPG – schließen diese Phase jener direkten Praxisbeziehungen, wie sie damals auf der Bitterfelder Konferenz angeregt worden waren, ab. Sie bildeten, wie bereits erwähnt, wichtige Übergangsstufen zur Lyrik von 1962. In der Folgezeit schrieb er Reportagen – unter anderem im Auftrag der Studentenzeitung „Forum" – und Porträts bekannter Wissenschaftler. Die Notwendigkeit fundierter Wirklichkeitskenntnis gehört ins Zentrum seiner Poetik und der anderer Lyriker: Sie sahen große Veränderungen vor sich gehen, die, wie es für ein paar Jahre schien, in kurzer Zeit sichtbare Ergebnisse zeitigen würden. Solche voluntaristischen Züge bei den meisten dieser Autoren (Kirsch nennt Mickel als die Ausnahme)[31] gerieten bald in Konflikt mit der Realität. Kirsch formulierte 1965 sein Bekenntnis zum „Bitterfelder Weg" gerade aus der Ambivalenz von Veränderung und Beharrungsvermögen: „Hier haben wir zu fragen und zu erfahren; wir haben die Pflicht zur unbequemen Neugier. Wir müssen wissen, wie es in den Betrieben, in den landwirtschaftlichen Produktionsgenossenschaften, in den Schulen, in den Parteibüros zugeht. Wir haben kein Recht, uns snobistisch gleichgültig zu verhalten zu den Prozessen der technischen Revolution, und es wäre gut, etwas von politischer Ökonomie zu wissen."[32] Der gewachsene Realismus des Autors ist nicht allein das Ergebnis von Illusionsabbau, sondern wesentlich positive Wirklichkeitserfahrung.

Ein erstes poetisches Zeugnis für das Abstreifen voluntaristischer Vorstellungen war das Gedicht *„Empfang in meiner Heimatstadt"*, das als Kern des großangelegten Zyklus „Marktgang 1964" bestehen blieb. In einem der vier (wie alles – außer „Empfang in meiner Heimatstadt" – gestrichenen) „Exkurse" des Zyklus mit der Überschrift *„Karl Marx"* wird die Selbstkritik explizit:

> Reißt nicht Gestirne vom Himmel in euren Gedichten,
> Aus den Ballonworten laßt die Luft ab: Armselig
> Kratzen wir noch an der Rinde des Weltalls.[33]

„Empfang in meiner Heimatstadt" beschließt einen hochfahrenden Weltverbesserungstraum mit der nüchternen Frage „nach einer kleinen nützlichen Arbeit".[34]

Wenn für Kirsch Erkundung der Welt zu den Voraussetzungen des Kunstmachens gehört, so macht es seine spezifische Reaktion auf die veränderte Situation um die Mitte des Jahrzehnts aus, daß er seine eigene hohe Auffassung vom „Amt" des Dichters aufbaut. Rigoros formuliert er 1971: „Die wenigen wirklichen Schriftsteller, die es in einem Land gibt, haben, glaube ich, nicht das Recht, sich in aktuelle Politik zu flüchten – es ist niemand sonst da, der ihre für die Gesellschaft lebensnotwendige Arbeit machen kann [. . .]".[35]

Diese nützliche Arbeit des Dichters gilt für Kirsch fortan nicht als klein, sondern an den höchsten Werten orientiert, an der Vernunft, an Geschichte und Zukunft der Menschheit, gewissermaßen an einem materialistisch gefaßten „Weltgeist".[36] Schon das nächste große Gedicht, *„Auszog das Fürchten zu lernen"* (1966), untersucht die Voraussetzungen des Weltverbesserns, aber nun, paradoxerweise, realistischer, da am Märchenstoff. Der Märchenheld verhält sich als König genauso wie das Ich des „Empfangs":

> Ich König. Machs neu. Ich:
> Richter gerichtet, Verträge um sie zu halten
> Den Bauern Brot, dem siebzigfachen Mörder
> Statt Rente den Strick (mein Generalstab leer)[37]

Gerade der Märchencharakter bewirkt, daß das Gedicht jetzt statt von Weltverbesserungsträumen von wirklichem Handeln in der Geschichte spricht:

> Ich:
> Zuviel geglaubt zu viel gesehn zu viel gewußt
> Jetzt schlagen sie mir die Messer in die Brust[38]

Das Gedicht, so zeigt sich, erschöpft sich nicht in der dürren Lehre des Nachspruchs. Der Aufklärer zieht sich in die Geschichte / ins Märchen zurück, um der Wirklichkeit / Gegenwart beizukommen.

Bemerkenswert ist der Fortschritt des Dichters im Technischen, die sichere Verwendung eines freien, hart gefügten Blankverses mit wenigen relevanten Reimmarkierungen und die entsprechende „harte Fügung" der Bedeutungen.

Erkundung von Geschichte im direkten Zugriff, der nun von längerem Atem getragen wird, leistet Kirsch in *„Lenin 1918"* (1970). Zitate aus Lenins Telegrammen werden so montiert, daß nicht Episodisch-Illustrierendes entsteht, sondern Geschichte (der „Weltgeist"!) sichtbar, ja greifbar wird. Eine Geschichte, an deren offenem Ende wir bauen:

> Unbegreiflich optimistische Telegramme
> Der Horizont zerbrechlich wie früher Herbst
> Rotarmistenmäntel, zerrissen und schwer wie Wolken
> Eisenbahnwagen alt und ernst
> Die Weltrevolution kommt später. Wir arbeiten weiter[39]

Auch das Erlebnis mehrerer Reisen in die Sowjetunion schlägt sich in diesen Gedichten vielfältig nieder, nicht als Anreicherung mit Reiseeindrücken, sondern in gewisser Hinsicht existentieller. Adolf Endler schrieb über sein Georgienerlebnis, es habe ihn zu unerwarteter Produktivität geführt. Mickel bescheinigt Kirschs späteren Versen als neue Qualität das „persönlich durch und durch gefühlte Erlebnis, frisches Zutrauen zu Leib und Seele", was nun „ernstlich neben den Emotionen des Kopfes" bestehe.[40]

In *„Schwimmen bei Pizunda"* beeindruckt die Aneinanderfügung von Natur- bzw. Landschaftserlebnis, Wahrnehmungen sozialer Art, Erinnerung an Liebe, sodann an die bedrohlicheren Seiten des Jahrhunderts, alles aufgefangen in einem Augenblick existentieller Gewißheit, der schnellen Folge von Erlebnis/Reflexion/Geschichte/Erlebnis/Zukunft:

> Nun gleit, treib, leicht
> In überm Meer – hier
> Ist der Triumph des Körpers: Ich, ungemordet
> In diesem Jahrhundert! schwimm
> Nicht schnell, nicht langsam durch was um mich fließt
> An ein besteintes Ufer bei Pizunda.
> Ich hab noch vierzig Jahre, oder mehr.[41]

Auch was sich, isoliert betrachtet, als Resignation deuten ließe, ist das Gegenteil von Geschichtspessimismus, ist Realismus. Ähnlich auch das Hermlin gewidmete Gedicht *„Der Untergang“* (1979), das keine zynische Heraufbeschwörung des Untergangs, sondern Analyse als Voraussetzung des Widerstehens ist. Kirsch selber beobachtet diese Haltung an einem Sonett von Mickel und kommentiert: „Der Text ist so trostvoll wie radikal (und vermöchte, wäre er nicht radikal, nicht zu trösten) [. . .] Bestandsaufnahme ist der erste Schritt zur Daseinsbewältigung.“[42]

Auch in der neuen Schaffensperiode bleibt der Bezug des Persönlichen auf Geschichte konstitutiv, ja er wird vielleicht erst jetzt ganz realistisch erfaßt. Auch dies ein Generationsspezifikum. Für die nachfolgenden Generationen wird sich der Bezug von Ich- und Weltgewinn anders herstellen. Neue Schlüsselworte Kirschs, nicht anstelle der alten, sondern an sie anschließend, sie präzisierend, sind „reden“ und „trösten“.

> Das Jahr wird spitz. Doch wenn wirs so benennen
> Wird es, kann sein, uns nicht so scharf verbrennen
> Am Mund, der was? der immer noch, wo? an
>
> Seltsamen Örtern, wie? verzerrt, doch noch
> Redet, und sagt was ist, indem er ausspricht
> Was nicht ist (das heißt wünscht) [. . .]
>
> [. . .]
> Was ist denn Trost. Ich wünsche, also bin ich.[43]

Rainer Kirschs Werk, in allen Phasen exponiert auf Gesellschaftlichkeit aus, stand so auch oft im Zentrum von Meinungsverschiedenheiten und Mißverständnissen. Schon bei den Sonetten von 1962 entsteht der Vorwurf, Kirsch „bewege sich als Beobachter, nicht als Beteiligter“.[44] Die zeitgenössische Kritik sah dann zwar neue Ansätze im „Marktgang 1964“; aber was sie da lobte, sah sie im weiteren Werk nicht fortgesetzt. An die Stelle der sozialen Erkundung, so mochte es scheinen, traten die räumlich, zeitlich, sozial ferneren Regionen des Märchens (das Gedicht „Auszog das Fürchten zu lernen“ von 1966, die Märchenkomödie „Der Soldat und das Feuerzeug“ von 1967) oder entfernter Weltgegenden („Sewan“, 1967; „Weg in Signachi“, 1968). An die Stelle klarer, das Bekenntnis nicht scheuender Aussage traten ungewohnte, verwickeltere Sprechweisen. Die Diskussion um das letztgenannte, „metaphernlose“ Gedicht, die Anfang der siebziger Jahre geführt wurde, verdeutlicht jene Irritation.[45] Eine „wohlmeinende“ Kritik von außerhalb wollte gar „hermetische Verschlüsselung“ und kunstvolle Überlistung der Zensur sehen.[46]

Aus der Kenntnis des heute vorliegenden Werkes, nicht nur einzelner Gedichte, wird leichter sichtbar, daß hier kein Umweg und kein Rückzug aus der gesellschaftlichen Verständigung der sozialistischen Gesellschaft vorlag, sondern gerade der Versuch eines schärferen, bündigeren Diskussionsbeitrags. Kirsch besteht auf der Unersetzbarkeit der Kunst ebenso wie auf ihrer Anwendbarkeit.[47] Gerade der letztgenannte Aspekt verbietet jede isolierte Betrachtung von Umbauten der Dichterpoetik, die, wo sie vertraute Positionen anzutasten scheinen, nicht selten mit Mißtrauen bedacht werden.[48]

Einige Aspekte veränderter Kommunikationsbeziehungen lassen sich aus der Betrachtung des Prosa- und Dramenschaffens gewinnen. Kirsch begann Anfang der sechziger Jahre mit Arbeiten für den Rundfunk. 1962 entstand das Hörspiel *„Berufung“* (Erstsendung Mai 1963), dessen Handlungszeit mit Juni 1962 angegeben wird. Der Brigadier Wilhelm Santner muß erfahren, daß sein Sohn straffällig geworden ist. Er versucht zu begreifen, wie es dazu kommen konnte, und wird sich dabei zunehmend eigener Versäumnisse bewußt. Er befragt frühere Kollegen seines Sohnes und entdeckt dabei Oberflächlichkeiten und festgeschriebene Vorurteile, die den Jungen in die Isolierung getrieben hatten, was schließlich zu einer unbedachten, aber dennoch strafbaren Handlung führte. Am Ende des Spiels steht die Mitteilung der Staatsanwältin, daß sie beim Kreisstaatsanwalt Protest zugunsten des Angeklagten gegen das vom Gericht ausgesprochene Urteil einlegen werde.

Die Wirkungsstrategie des Stückes wird deutlich am Beispiel folgender Szene: Santner hat eine Auseinandersetzung mit seinem Kaderleiter, der ihm vorwirft, kein Vertrauen zum Gericht zu haben und klüger als die Partei sein zu wollen. Er entgegnet: „Ich fühle mich nicht erhaben. Bin ich weniger Partei als du? Da wird ein Urteil gefällt. ‚Wie leicht und mit welch fertigen Formulierungen‘. Der Mann aus dem ‚Elften Gebot‘ sagt das. Hättest dir das merken können, von der

Wahrheit, die wertlos werden kann wie eine abgegriffene Münze. Ich hab mir's gemerkt." Der „Mann aus dem ‚Elften Gebot'", der hier quasi als handelnde Figur mitwirkt, stammt aus Lajos Mesterházis Stück „Das elfte Gebot", das 1962 in der Zeitschrift „Junge Kunst" veröffentlicht und am Berliner Maxim-Gorki-Theater aufgeführt worden war. Er steht für eine heute verblüffende Direktheit der „Anwendbarkeit" von Kunst: ein 1960 in Ungarn veröffentlichtes Stück als gesellschaftliches Agens in einer Kleinstadt bei Berlin im Juni 1962.

Doch schon nach drei Jahren spricht Kirsch distanziert von jenen „vor ein paar Jahren aus Ungarn und der ČSSR zu uns gekommenen kritisch-moralischen Stücken", die zu ihrer Zeit ein Fortschritt gewesen seien, inzwischen aber von neuerer DDR-Dramatik (Hacks, Müller) überholt.[49]

1967 entsteht sein erstes Drama, eine „Märchenkomödie für Erwachsene", „Der Soldat und das Feuerzeug", ab 1967 kommen dann seine Wissenschaftlerporträts („Kopien nach Originalen") und eine Reihe zumeist märchenhafter Prosaerzählungen. In den siebziger Jahren schreibt Kirsch die Komödie „Heinrich Schlaghands Höllenfahrt", die Märchenkomödie „Das Feuerzeug", das Ballett „Münchhausen", die Oper „Das Land Bum-bum", daneben Nachdichtungen von Stücken Majakowskis („Schwitzbad") und Shelleys („Der entfesselte Prometheus") sowie Stückbearbeitungen und Kinderbücher. Die Märchenkomödie nach Andersen *„Der Soldat und das Feuerzeug"* stellt sich – ähnlich dem zur gleichen Zeit entstehenden Gedicht vom „Fürchtenlernen" – als Lehrstück in Sachen Revolution dar. „Es zeigt die Entwicklung eines jungen Mannes aus dem Volke, der Talent und Ideale hat, jedoch die Welt nicht kennt. Durch Erfahrungen gewitzigt, lernt er die Welt bewältigen und zwar durch Klassenkampf: ein positiver Held. Man könnte auch sagen, das Stück erzählt, wie aus einem Soldaten, der treu, das heißt, ohne nachzudenken, für seinen König kämpft, ein Mensch wird; seine einzige Chance dazu ist, die Revolution zu machen, und er nutzt sie."[50] Auch hier ist der Lernprozeß des Helden mit dem Motiv der Furcht verknüpft. Als der Soldat, gefangen und ohne das Feuerzeug, auf den Galgen wartet, kommt ihm die späte Erkenntnis, nur das Halbe gewollt zu haben:

Die Zähne zeigen, aber
Nicht zubeißen. Und ohne Furcht voran, das hieß
Ohne Vorsorge. Also geschieht's mir recht
Wenn ich dort hänge.
Ihr aber, die ihr gafft und unten sitzt
Lernt das, warum ich sterb, und seid gewitzt[51]

Mit Hilfe einiger Leute aus dem Volk gelingen Rettung und Umsturz. Freilich, die Revolution ist damit nicht beendet. Kirsch benutzt den Märchenstoff, ein Gegenwartsstück der endsechziger Jahre zu schreiben. Was hier gestaltet wird, ist die neue Phase der Revolution, sie bedarf vieler Arbeit, „scharfen Fleißes", erfindungsreicher Liebe und auch der Kunst:

Es fängt erst an.
Die Mächtigen sind gestürzt [. . .]
Wir singen. Und mit Recht. Denn vieles bleibt
Zu tun, daß es viel Lieder braucht
Um überm vielen Salz aus Schweiß, und Tränen
Und Unrecht, das, zwar langsam, aber abnimmt
Nicht müde zu werden. Sind wir selber doch
Die nun das Neue machen müssen, so
Neu nicht, und erst seit kurzem wenig klüger
Als die, die wir nun klüger machen solln
Daß sie sich ähnlich werden.[52]

Aufschlußreich ist ein Vergleich der Märchenadaptionen Kirschs mit Fühmanns Verfahrensweise in den Märchengedichten der fünfziger Jahre. Diese wurden zu ihrer Zeit als bedeutsamer Beitrag zur Behandlung aktueller Probleme der sozialistischen Gesellschaft verstanden und waren es gewiß auch für einen kurzen geschichtlichen Moment. Die Abstraktheit ihrer aufklärerischen Gesten entspricht dem Unentwickelten einer eben erst beginnenden Phase, in der die sozialistische Gesellschaft in ihren „Alltag" eintritt.

Auch Kirsch begann mit recht abstrakten Gesten, die auf Durchsetzung der Wahrheit und auf frontale Bekämpfung unpraktischer Haltungen zielten. Die Leistung seiner Generationsgefährten, Dramatiker und Erzähler eingeschlossen, im Verlauf der sechziger Jahre ist demgegenüber als Ankunft im Alltag einer langen geschichtlichen Phase der Gestaltung des entwickelten Sozialismus anzusehen. Genaues Wirklichkeitserkunden und Verarbeitung durchaus widersprüchlicher Erfahrungen im Umgang mit Kunst gehen Hand in Hand. Die Zuwendung zu Märchenstoffen ist kein Rückzug aus der Gegenwart. Wie die Fabel im Großen, so beziehen sich alle Details des Stücks auf die Herausbildung realistischer, das sind: der Revolution dienliche Haltungen. Wenn manche Äußerung im Stück an unsere eigenen Auseinandersetzungen der sechziger Jahre erinnert, dann handelt es sich nicht um versteckt angebrachte Anspielungen, sondern um wesentliche Bestandteile der verhandelten Sache selbst.

Wie muß eine Kunst aussehen, die sich nicht bloß kontemplativ zum Gang der Geschichte stellt, sondern eingreifen will? Diese Fragestellung, immer als Teil des wesentlichen Erkenntnisinteresses, kehrt auch in der Märchenoper *„Das Land Bum-Bum“*, in den Geschichten und in der Komödie *„Heinrich Schlaghands Höllenfahrt“* wieder. Befragt, weshalb er für Kinder schreibe, benennt Kirsch 1976 zwei Grundpositionen realistischer Kunst: Vertrauen auf Langzeiteffekte und einen „Hang zu staatsbürgerlichem Denken [...]; *man sieht ja viel, wenn man hinsieht*“[53].

Seit den frühen Reportagen stehen bei Kirsch immer wieder bissige Attacken auf unrealistische Haltungen, sei es von Wissenschaftlern, Journalisten, Künstlern oder Lesern. In der Komödie widerfährt das dem Künstler Schmonzacka, der ein Monument des erfolgreichen Bauleiters Schlaghand entwirft:

> Ich habe mich befragt
> Bei hohen Leitungen, das ist gesichert:
> Sie sind ein neuer Mensch, zwar noch mit Schwächen
> Das ist das Leben, wir sind Realisten.
> [...]
> Und keine Angst, daß Sie zu ähnlich werden!
> Zwar sind Sie typisch, doch ich werde Sie
> Zum typisch Typischen verallgemeinern;
> Das erst ergibt die Kunst, und macht die Preise.

Schlaghand bemüht sich vergeblich, ‚Licht im Dunst“ (gereimt auf „Kunst“) zu machen, und resümiert: „er sieht nichts! Er sieht nichts.“[54]

Aber der Bauleiter Heinrich Schlaghand ist keineswegs bloß Sprachrohr des Autors. Auch er wird dem Test auf Realismus unterworfen. Keiner der Protagonisten – weder Schlaghand noch die Frauengestalten, noch der Parteisekretär Hurre, der Gewerkschaftsvorsitzende Dunty, der Kreissekretär Trulla oder der Unterteufel Müller – hat allein und ganz recht oder unrecht. Daher geht jede Lesart des Stückes fehl, die einzelne Fabelstränge oder gar Äußerungen dieser oder jener Figur zum Angelpunkt machen will. Der Teufel zum Beispiel spricht ganz wie Schlaghand (und wie der Autor), wenn er eine Szene mit der Aufforderung zum Hinschauen ankündigt, denn „manchmal sieht man viel".[55] Seine Argumentation aber, als er Schlaghand zum Pakt überredet, für die Ultima ratio und „List" des Stückes auszugeben, wie es in der BRD-Kritik geschah[56], geht an der dialogischen Struktur und am ideellen Gehalt des Stückes vorbei. Besteht doch der Realismus dieses Stückes gerade darin, daß verschiedene abstrakt moralisierende, rigoristische, auf absolute Selbstverwirklichung oder das praktizistisch Machbare orientierende Haltungen, oft innerhalb ein und derselben Person im Widerstreit, vorgeführt und dem Zuschauer der Komödie anheimgestellt werden, als „Verbesserungsvorschlag einer Lebensform", wie ein Interviewpartner des Autors formulierte.[57] Kirschs Stücke, Gedichte und Prosatexte weisen ihn seit mehr als zwei Jahrzehnten als engagierten Teilnehmer der kollektiven Selbstverständigung seiner Gesellschaft über Wirklichkeit und Utopie, Gegenwart und Zukunft, Gewißheit und Bedrohung aus, und dabei als einen, der pointiert auf die besondere Arbeit des Dichters verweist, der „die Gesellschaft mit dem ausrüstet, was er ihr geben kann"[58].

Kurzbiographie

Rainer Kirsch wurde am 17. 7. 1934 als Sohn eines Lehrers und späteren Germanistikdozenten in Döbeln/Sachsen geboren. 1953–57 studierte er Geschichte und Philosophie in Jena und Halle (ohne Abschluß). Danach je ein Jahr Druckereiarbeiter, Chemiearbeiter und (1959/60) Landarbeiter. 1960/61 hatte er (gemeinsam mit Sarah Kirsch) einen Betriebsvertrag mit der LPG Schafstädt. Seit 1961 freiberuflicher Schriftsteller in Halle, später Berlin. 1963–1965 studierte er am Literaturinstitut „Johannes R. Becher".
Er erhielt die Erich-Weinert-Medaille 1965, den Händel-Preis der Stadt Halle 1965, 1975 den Preis des Ministeriums für Kultur für neue Bühnendramatik, 1983 den F.-C.-Weiskopf-Preis der Akademie der Künste.

Gabriele Lindner

Erich Köhler

1964 erschien anläßlich der 2. Bitterfelder Konferenz der Band „Erkenntnisse und Bekenntnisse"[1] – unter anderem mit einem Beitrag von Erich Köhler, „*Reiten auf dem Leben*". Es sind fiktive Tagebuchnotizen aus der Zeit zwischen Juni 1950 und Mai 1962. Am Anfang benennt der junge Wismut-Hauer sein ganz eigenes „Erlebnis mit der Luft", „das Verhältnis des Körpers zum Licht" – vor und nach der Nachtschicht, in den Schachtwettern, auf den Höhenwegen des Erzgebirges. Da ist auch die nächtliche Begegnung mit einem weißen Reh und jener Plan, eine Geschichte zu schreiben, „nichts Außergewöhnliches, [...] nur die Beschreibung einer Schicht, [...] aber die Kumpel werden sie mir unbedingt glauben, denn sie handelt nicht von einem weißen Reh"[2].

Am Ende wird, „um Klarheit zu bekommen", der bisherige Weg überschaut als eine „gerade Linie": Die praktische Arbeit – im Bergbau, in der Landwirtschaft – macht das Leben aus. Doch auch das Wissen ist schon da, daß diese Arbeitslinie einmal aufhören wird zugunsten des Schreibens.[3]

Das sieht auf den ersten Blick nach Kontinuität aus, fast nach Planmäßigkeit. Was Erich Köhler hingegen aus den dazwischenliegenden Jahren mitteilenswert erscheint, bestätigt diesen Eindruck denn doch nicht ganz. Auf eine Eintragung vom September 1951 folgt eine vom August 1954: „Was geht mich der Geschmack der Luft an? Absurd, der Gedanke an so eine Schwärmerei. Ich bin Steiger." Und: „Ich habe seit Jahren keine Zeile mehr geschrieben."[4]

Weil die künftige Frau ins verwaiste Elternhaus nach Mecklenburg geht, wird aus dem Bergmann ein Mitglied des Örtlichen Landwirtschaftsbetriebes („Wo bin ich bloß hingeraten!"). In der Familie ist viel von Geld die Rede, das fehlt. In Erinnerung an das vor Jahren für eine nicht mal gedruckte Geschichte empfangene Honorar beginnt Köhler wieder zu schreiben, um dem Familienetat aufzuhelfen.

1959 ist er als „junger Autor, Sektion Landliteratur", Teilnehmer der Bitterfelder Konferenz. Was in diesem Zusammenhang notiert ist, schließt einiges auf über die Persönlichkeit Erich Köhlers, über sein literarisches Werk bis heute. Er hört die Berichte über die Betriebsaufenthalte von Schriftstellern und wie aus solchen Erkundungen Literatur entsteht. „Die Verbindung des Schriftstellers zum Leben wird so organisiert. Ich bin nicht in der Verfassung, dem vorbehaltlos zuzustimmen. Möglicherweise läßt sich das Bücherschreiben von talentierten Menschen so gut erlernen wie von Jockeis das Kunstreiten. Dann ist das In-den-Betrieb-Gehen viel weniger eine Verbindung mit dem Leben als mehr ein Reiten auf dem Leben. Dann macht es wenig Mühe, auch von einem Pferd zum anderen zu springen. Ich bin nicht fürs Reiten auf dem Leben und werde es noch so virtuos ausgeführt.

Aber ich könnte von mir nicht behaupten, daß ich gegen die organisierte Verbindung mit dem Leben bin. Es ist immer noch besser als gar keine Verbindung oder als Unverbindlichkeit [...]. Ich gehe meinen eigenen Weg. Der stimmt zwar im Prinzip mit dem von Bitterfeld überein, aber ich habe ihn mir selbst gesucht. Ich bin meilenweit voraus. Nur habe ich wenig darüber geschrieben, weil ich mit den dabei auftauchenden Problemen noch nicht fertig geworden bin [...].

Morgen fahre ich aufs Land zurück. Hoffentlich sind inzwischen die Saatkartoffeln eingetroffen."[5]

Im Mai 1961 folgen noch einmal Notizen zu diesem Thema: „Dieser Bitterfelder Weg verfolgt mich doch hartnäckiger, als ich angenommen hatte. Er ist freilich eine Abstraktion und bedeutet alle Wege, die geeignet sind, den Dichter Teil der großen sozialistischen Bewegung werden zu lassen, statt Beobachter zu sein [...]. Er kann das subjektive Wesen des gesellschaftlichen Auftrags nicht ersetzen."[6]

Ist es Empfindlichkeit gegen das Kampagnehafte der kulturpolitischen Impulse von Bitterfeld, was sich hier ausdrückt? Das wäre keine so einmalige Reaktion, auch keine besonders tiefgreifende. Das dort verfochtene Anliegen (organisierte Verbindung mit dem Leben) ist für Köhlers Schreiben von Anfang an Ausgangspunkt gewesen, Fundament; nicht bloße Materialquelle für Literatur, sondern zuerst einmal etwas, das, wie er sagt, dem Menschen ein „Profil" gibt. Er weiß um die körperlichen, geistigen und charakterlichen Anstrengungen, die nötig sind, um zu einem wirklichen Ergebnis zu kommen (sei es im Uranbergbau oder in einem Landwirtschaftsbetrieb). Da ist es dann naheliegend, daß vereinfachende Ratschläge, neue ‚Ergebnisse' in der sozialistischen Literatur zu organisieren, nicht bedingungslos hingenommen werden. Aber nicht Ablehnung setzt er dagegen, sondern sein: Ich bin meilenweit voraus. Das stimmte rein äußerlich, die Lebensweise Köhlers betreffend. Es stimmte aber auch im Substantiellen, wenn bei ihm das subjektive Wesen des gesellschaftlichen Auftrags als das Eigentliche beim Schreiben erscheint, als etwas, das keiner Diskussion bedarf. Seine eigene lakonische Standortbestimmung deutet noch auf etwas anderes hin: nämlich auf Selbstsicherheit und Unanfechtbarkeit. Das ist auch etwas, was zum Profil dieses Autors gehört und was nach seinem eigenen Verständnis im „wahren Leben" wurzelt: Da er wieder zu schreiben beginnt und seine Frau allein den Lebensunterhalt verdient, im mecklenburgischen Dorf diese Ungeheuerlichkeit entsprechend gewertet wird, die Genossen im Landwirtschaftsbetrieb ihn wegen schlechter Arbeitsmoral rügen, kann er dennoch registrieren: „Wenn ihnen allen eins imponiert, so ist es meine Sturheit. Das Fahren, jene zielstrebige Gangart des Bergmanns immer geradeaus, hat sich nun als Sturheit im Charakter niedergeschlagen."[7]

Der da 1959 mit einiger Distanz auf die Bestrebungen von Bitterfeld schaute, sich selbst meilenweit voraus sah, aber mit all den dazugehörigen Problemen noch längst nicht fertig war, legt 1983 in „Sinn und Form" ein Bekenntnis ab. Das wiederum hat viel mit dem zu tun, was an Erwartungen mit den kulturpolitischen Vorstößen von Bitterfeld verbunden war.

In *„Dichter und Gral"*[8] attackiert Köhler Wirkungen, die auch noch im Sozialismus aus dem Warencharakter von Literatur resultieren. Er ist nicht der erste, der die objektive Unterwerfung des bürgerlichen Dichters unter den Marktmechanismus benennt, die „anonyme, nahezu allumfassende Korruption durch den materiellen Anreiz".[9] Der Geschichte dieser Unterwerfung setzt Köhler seine Vorstellung entgegen, wie die notwendig neuartige soziale Einbindung des sozialistischen Schriftstellers ins Ganze seiner Gesellschaft aussehen könnte. Er sieht für die Goethesche Sentenz im „Tasso" – „Wo gleiches Streben Held und Dichter bindet" – die Chance, aus „edler Rhetorik" in „Verbindlichkeit" umzuschlagen.[10] „Der proletarisch tradierte, revolutionär motivierte Dichter gehört nicht in die Verbrauchergesellschaft, sondern in die Produktionsgesellschaft integriert." „Höchste Zeit, den Dichter vom Markte abzuknüpfen, ihm eine würdige Freistatt im Arbeiterbetrieb zu schaffen, sagen wir um Meisterlohn [...]. Wenn es stimmt, daß der Kommunismus [...] nicht von ungefähr daherkommt; wenn der Sozialismus das Instrument ist, um die höhere Formation zielstrebig herzustellen, dann wird es Zeit, dem sozialistischen Schriftsteller einen anderen Status einzuräumen als den des herkömmlich marktanteiligen Honorarabrechners."[11]

Die Redaktion von „Sinn und Form" hat am Ende einen Nachsatz untergebracht: „Der Beitrag von Erich Köhler ist die persönliche Meinung des Autors, der seinen Überlegungen gemäß handelt und mit dem VEG Tierproduktion Radensdorf einen Vertrag abgeschlossen hat."[12] Dieser Nachsatz enthält zwei wichtige Auskünfte über den Autor: die über seine äußeren Lebensumstände und – damit zusammenhängend – die, daß er seinen Überlegungen gemäß handelt. Der Nachsatz impliziert natürlich auch eine Distanzierung. Köhlers – nicht nur in dieser Frage – rabiates Herangehen von der praktischen Seite her führt auf jeden Fall zu scharfer Konturierung der Problematik. Es ermöglicht ihm immer wieder, sich vor Wunschdenken zu bewahren; es sichert ihm zugleich immer neu den dialektisch-materialistischen Umgang mit Lebensfragen und auch eine realistische Haltung zu Problemen des eigenen Schaffens.

1978 von Eva Kaufmann nach seinem Urteil über vorgefundene Lesegewohnheiten befragt, stellt er folgenden Bezug her: „Die Forderung nach höherem Anspruch an die Literatur hängt von der notwendigen Verbesserung der Lebensverhältnisse ab. Sonst unterliegt man illusionären und idealistischen Vorstellungen. Der Mensch kann so anspruchsvoll reagieren wie seine Lage es zuläßt."[13]

Erich Köhler hat bisher ein umfangreiches Werk vorgelegt. Karin Hirdina nennt die Bücher Köhlers „Glücksfälle" der Literatur und registriert angesichts der Tatsache, daß es um diesen Autor dennoch recht still geblieben ist, daß wir eigentlich wenig darüber wissen, wovon öffentliche Resonanz abhängt.[14] Auch Eva Kaufmann konstatiert jene Zurückhaltung, auf die seine Bücher treffen.[15] „Worüber reden Leute, wenn sie über Literatur reden?" fragt Karin Hirdina und teilt ihre eigene Beobachtung mit: „Vor allem wohl über sich selbst, über ihre Erfahrungen, Wunschbilder, Empfindlichkeiten, Ziele, über Verdrängtes auch."[16] Das sind ganz sicher Impulse, die Leser zu öffentlicher Wortmeldung nach einem Leseerlebnis veranlassen. Lösen Erich Köhlers Bücher ihrerseits diese Impulse zu wenig aus? Zu sich selbst ist der Leser im allgemeinen sehr schnell geführt, wenn Erfahrungen, Wünsche, Ziele im Stofflichen des Werkes Momente des eigenen Lebens berühren. So alt wie die Literatur (und Kunst überhaupt) ist aber auch die Erfahrung des Kunstgenusses: Je größer die sinnliche und gedankliche Fülle, umso größer der notwendige Aufwand, um in vielfältiger Kunstwelt auch sich selbst zu finden, aber eben nicht nur sich selbst. Was hat das nun mit Köhlers Werk zu tun? Es berührt ein früh zustandegekommenes Mißverständnis, das sein Schaffen betrifft. Karin Hirdina zitiert die Kennzeichnung, die Köhler im Lexikon „Schriftsteller der DDR" erfährt und hält dagegen, daß die Bücher dieses Autors aber etwas ganz anderes sind. Eine Literaturwissenschaft, die vorrangig auf die stoffliche Beziehung zur jeweiligen Gegenwart schaut, kann diesem Werk tatsächlich nicht gerecht werden.

Köhlers erste noch zugängliche Erzählung *„Das Pferd und sein Herr"* (1956) wird zum Beispiel nicht nur in jenem Lexikon, sondern auch in der „Geschichte der deutschen Literatur. Literatur der DDR" unter die Erzählwerke eingeordnet, die auf veränderte Lebensbedingungen auf dem Lande reagieren.[17] In „Das Pferd und sein Herr" wird zwar – im Jahr 1955 – in einem Dorf eine Geschichte erzählt, und sich vollziehende Veränderungen (z. B. im Verhältnis zum Privatbesitz) werden auf dieser Erzählebene auch reflektiert. Aber gerade diese Partien sind in ihrer poetischen wie gedanklichen Substanz wenig genau. Denn der erzählte Vorgang ist ein Kriegserlebnis.

Diese Erzählung ist ein Stück Antikriegsliteratur, das den Leser der achtziger Jahre wegen seines Sujets durchaus modern anmutet. Es ist die Geschichte des Pferdeburschen Ott, seiner hingebungsvollen Liebe zur Stute seines Majors. Es ist die Geschichte einer Faszination, die alle Sinne schärft, und so sieht denn Ott auf das Geschehen um sich, sucht darin jede

Chance, diesem Pferd nahe zu sein, es zu beschützen; zugleich durchleidet er mit dem Tier die drohenden Gefahren. Er erlebt die ehrgeizigen und doch sinnlosen Durchhaltebefehle der faschistischen Wehrmachtsoffiziere. Der tiefe innere Aufruhr Otts gegen den erbarmungslosen Umgang mit dem wehrlosen Tier setzt bei ihm emotionale Aktivitäten frei, die der Abstumpfung des Denkens und Urteilens durch die Vernichtungsmaschinerie entgegenarbeiten. Der tiefe Widerspruch, der sich auftut zwischen den individuellen Möglichkeiten und Zielen und dem objektiven Eingebundensein in Abläufe, die der einzelne nicht direkt beeinflussen kann, die aber in sein individuelles Leben rigoros einbrechen, ist schon in dieser Erzählung Köhlers da. Er wird in späteren Werken wichtig bleiben. Er ist auch da als Verwundung im buchstäblich blutigen Sinne und mit seinem möglichen Balsam. Dieser Widerspruch wird in der poetischen Welt der Erzählung entfaltet, er ist nicht – wie die Reflexion der Erzählgegenwart von 1955 – didaktisch-rhetorisch formuliert.

Kriegsliteratur, die über ihren Stoff hinaus auf das Leben zielt. Das ist das Besondere an dieser frühen Erzählung Köhlers. Sie hat im Sujet und seiner Entfaltung manche Ähnlichkeit mit Erik Neutschs schöner, literarisch natürlich reiferen Erzählung „Der Hirt", die fast fünfzehn Jahre später erschien und die „manche Kritiker [. . .] gar nicht haben (wollten)."[18]

Auch *„Die Teufelsmühle"* (1958) ist eine Geschichte aus den letzten Kriegstagen. Weniger angestrengt gebaut, liest sie sich flüssiger. Aber ihr Gehalt bleibt stärker durch die faktischen Bestandteile der Fabel begrenzt. Eine tiefere Dimension wird durch die Erzählerfigur, einen Jungen am Ende der Kinderjahre, erzielt. Das Erlebte – der wenig ältere Freund wurde in den Tod gehetzt – wird aus der Sicht und aus der Verstandeswelt des Kindes erzählt. Sorge um den Freund und das Bedürfnis, ihm zu helfen, beschleunigen jedoch dessen Ende wie auch das seines Vaters.

Damit steht nicht nur dieser sinnlose Tod zur Diskussion. Das Urteil über die Erwachsenen, die ja den Faschismus akzeptieren, wird auch dadurch gefällt, daß sie die naiv-bescheidene Güte des Kindes zur Schuld umbiegen. In der gutgläubigen und scheinbar harmlosen Loyalität des alten Vaters findet die kindliche Güte ein Pendant, das zugleich den gefährlichen Umschlag von schuldlos zu schuldig deutlich hervortreten läßt. Diese Erzählung enthält einen Ansatz, der später bewußter produktiv gemacht wird: kindliches Verhalten zwischen Nachahmung, Bereitschaft, sich führen zu lassen und eigenwilliger Opposition gegenüber den Verhaltensnormen Erwachsener. Diese Konstellation ist in der Kinder- und Jugendliteratur überhaupt recht ergiebig.

Die Inhalte der Kinderbücher dieses Autors, an denen sich kindliches Anlehnungsbedürfnis und Renitenz aufspalten, wurzeln unverwechselbar in Köhlers sich immer deutlicher herauskristallisierendem Generalsthema, das Karin Hirdina so formuliert: „wie gesellschaftlicher Fortschritt in unserer ureigensten Geschichte zustande kam und wie, woran er zu messen ist.“[19] Das trifft genau den Kern und ist zugleich so weit verallgemeinert, um die vielfältige literarische Ausformung und die unterschiedlich akzentuierten Urteile Köhlers hierzu einzuschließen.

Fortschreiten zu neuen menschlichen Beziehungen und zu höherer gesellschaftlicher Produktivität wird bei ihm auch im Kinderbuch erlebbar gemacht im Zusammenstoß mit egoistischem Besitzstreben. Da ist beispielsweise Fritzchen in „*Goldnase*“ (1965) recht einfallsreich beim Erfinden von Rechtfertigungen für seine Faulheit in der Schule. Er hört Erwachsene mit spürbarer Achtung von einem Bauern reden, der sich in der LPG nicht gerade durch Einsatzfreude hervortut. Sie sagen rechtfertigend, der habe sich eben als Einzelbauer schon eine goldene Nase gemacht. Man braucht, so der Junge, offenbar eine „goldene Nase“, um faulenzen zu können und dennoch bewundert zu werden!

Erich Köhler erklärt das Entstehen seiner Kinderbücher aus ganz eigennützigem Grunde, nämlich um „die Sprache von allem Überdrehten, Überhöhten, Abstrakten zu reinigen und wieder auf den ganz schlichten Ausdruck zu kommen[20].“ Die kindlichen Helden eignen sich jedoch auch, das Denken in ihrer Erwachsenen- (und kindlichen) Umgebung von Abstraktem und Überdrehtem zu reinigen. Oft organisieren sie sich ein Publikum, das in disputierenden Aufruhr gerät und aus diesem verändert, auf jeden Fall differenziert, hervorgeht. Der Schalk Eulenspiegel ist auch dann als Pate zu erkennen, wenn er mit kindlich-ernsthafter Miene daherkommt.

In der ketzerischen Osterpredigt, die Hänschen Teutschke im Roman *„Hinter den Bergen"* (1976) hält, und mit der er schönen Illusionen den Todesstoß versetzt, wird der Eulenspiegel des Volksbuches denn auch vom Erzähler als einer der geistigen Väter für das Weltverständnis der Figur offenbart. Etwas Ketzerisches – im produktiv aufrührenden Sinne – ist Erich Köhler wohl auch selbst eigen. Die buchstäblich zauberhaften Mittel, die er für diese Zwecke aufbietet, stützen ein solches Prädikat. Das ist jedoch kein Widerspruch in Köhlers Schaffen: der Praxisfanatismus, das Abweisen jeglichen Wunschdenkens einerseits und das Bekenntnis zur Utopie, zur Produktivität der Phantasie.

1979 erschien die phantastische Erzählung *„Reise um die Erde in acht Tagen"*. Entstanden ist sie bereits 1962. Hier wird phantastisches Instrumentarium benutzt, aber nicht zum Sehen, sondern zum Sichtbarmachen. Das seherische Geheimnis ist in der Erzählung selbst verraten, wenn es heißt: Man sieht „wieder einmal, wie die Notwendigkeit unter bestimmten Voraussetzungen nur diese und keine andere Fragestellung zuläßt."[21] Der Schusterlehrling Gerhard Fiebig aus Groß Lütten in der DDR verschwindet auf geheimnisvolle Weise acht Tage vor Beginn seiner Facharbeiterprüfung. Nach seiner (rechtzeitigen) Rückkehr gibt er Mitlehrlingen und Lehrern einen Bericht über die Umstände seiner phantastischen Reise nach den „Gesegneten Staaten von Emerici (GSE)". Was er dort erlebt hat, ist die Vorbereitung der „nuklearen Endlösung der Kommunistenfrage" bis wenige Minuten vor dem Zeitpunkt X. Erfahren hat er die Eigengesetzlichkeit dieser bedrohlichen Entwicklung und die Schaffung einer diesem Ziel adäquaten Ideologie. Und er hat in der Not der Stunde, auch persönlich unmittelbar bedroht, herausgefunden, wie die menschheitszerstörende Vitalität dieses Systems zu kanalisieren ist: Die empirische Wiederentdeckung des Newtonschen Gravitationsgesetzes „vom Zusammenhalt der Welt", daß also die Erde nicht spaltbar ist in eine emericinisch beherrschte Überlebensseite und eine abstoßbare kommunistische, das macht die herrschende „Goldene Herde" zwar kurzzeitig hilflos, aber noch nicht berechenbar. Gestoppt wird die tobsüchtige Clique durch das Signal: „Halt! Ich habe ein Geschäft für Sie."[22] Sein Compagnon wider Willen in den – so gut vorstellbaren – acht Tagen Irrsinn flieht zu den Bergleuten, die sich dem Befehl widersetzen, zum Zeitpunkt X in die Schächte zu gehen (ihr „durch praktische Erfahrung untermauertes Mißtrauen" warnt sie). Dieser Compagnon gibt dem Schusterlehrling auch den weisen Rat: „Du brauchst deinen Landsleuten nichts zu erzählen. Was hier im Schatten der offiziellen Entspannungspolitik betrieben wird, ist so unwahrscheinlich, daß es dir sowieso kein Mensch abnimmt."[23]

Die Erzählung ist ein Feuerwerk ebenso monströser wie in ihrem Mechanismus genau strukturierter Aktionen, mit denen Wahnsinn und reale Gefahr imperialistischer Machtkonzentration gleichermaßen getroffen sind. Die ganze Atmosphäre stimmt. Satire, die einen frieren macht und dennoch nicht lähmt, weil die Persiflage erkennbar bleibt. Man bedenke, was die Erzählung zu ihrer Entstehungszeit (1962) beim Autor voraussetzte: Angesichts erster zaghafter Anzeichen von Entspannungserfolgen wird mit Sicherheit deren weltweite Durchsetzung vorweggenommen wie auch schon die Strategie, mit der die am stärksten in ihrem Aktionsfeld beengten Vertreter des Monopolkapitals auf eine solche Entspannung antworten würden! Fiebig gesteht diese Reise übrigens am Ende vor Lehrlingen und Lehrern gelassen als Phantasieprodukt ein; sein Fabulieren aber ist vollständig gerechtfertigt durch die geistige Aufregung, in die er den gesamten Zuhörerkreis versetzt hat. Es ist eine auf die weltpolitische Sache gerichtete Aufregung. Köhler läßt auch auf dieser Erzählebene die Möglichkeit zu satirischen Querschüssen nicht ungenutzt. Ein Lehrer für Allgemeingeographie zum Beispiel bleibt immun gegenüber den auf- und anregenden Wirkstoffen in Fiebigs Geschichte. Solcherart Unempfindlichkeit bekommt ihr Urteil im letzten Satz der Erzählung: „Gold geht unverdaut durch derbe Mägen."

Das Mittel des Phantastischen hat in der DDR-Literatur seit den siebziger Jahren seinen festen Platz. Köhler benutzt es bereits weit früher – zu Beginn der sechziger Jahre – mit Jules-Vernescher Unbändigkeit (die von Jules Verne ausgehende Inspiration ist übrigens offen ausgestellt). Daß die Erzählung zunächst nicht gedruckt wird, hindert ihn nicht, die *„Kiplag-Geschichten"* (1980) zu schreiben.

Die locker verbundenen vier Erzählungen lesen sich wie

Träume mit einer latenten Neigung zum Alptraum. Die Vorgänge sind ebenso fremd, befremdlich, wie in sich auch zugleich folgerichtig. In ihnen entfaltete Widersprüche muten höchst vertraut an. Ihre Beziehung zur Realität ist parabelhaft, aber auch wieder nicht in zu strengem Sinne; dafür stattet Köhler sie mit einem zu vitalen Eigenleben aus, um sie dann wieder in Sentenzen münden zu lassen, die ganz auf reale Gesellschaftlichkeit bezogen werden können. Da ist zunächst die *„Glücksinsel"*. Die Existenz des Inselstaates beruht auf der Verlautbarung, daß sich in seinem geographischen Zentrum ein riesiger Goldschatz befindet, nach dem zu suchen jedem erlaubt ist, der eine Art Aktie dafür erwirbt. Es wird offen ausgesprochen, daß dieses ganze System nur funktioniert, weil der Schatz nicht gefunden wird und gar nicht gefunden werden darf. Doch keiner der zu diesem Zwecke anreisenden Ausländer etwa nimmt von einem Versuch Abstand. „Der ganze Betrieb ist auf zwei der menschlichsten Begierden aufgebaut, die es gibt, von denen eine zugleich die unmenschlichste ist, nämlich Neugier und Habgier."[24]

Die drei Abenteurer der „Kiplag-Geschichten" stoßen in eigenartige Welten vor, ins Land „WIR", ins Land „Ohne", zur „unbekannten Größe". Jeweils bestimmte Konflikte, von der sozialen Organisation des Menschen hervorgebracht, aktivieren ewig-menschliche Zwiespalte, verleihen ihnen geradezu körperliche Gestalt: schöngeistige Ideologie und Rowdytum, individuelle Identität und Austauschbarkeit, Abgeklärtheit und Abenteuerlust ... Nachdem all das erkundet und ausgekostet ist, schickt Kapitän Rebhuhn per Flaschenpost die Nachricht in die Welt: „Man müßte den verdammten Mut aufbringen, ständig etwas ganz Alltägliches zu tun."[25] Das Alltägliche ist nicht Rückzugsterrain; es gibt den vielfältigen Ausformungen des Menschseins Boden und Maß. Durchaus deutlich wird in diesen Geschichten die Begeisterung Köhlers für Edgar Allan Poe, die hier in eigene Produktion umschlägt.

Was im Entstehungsjahr dieser Erzählungen von ihm gedruckt wird (1964 erscheint der Roman „Schatzsucher"), läßt eher allgemeine Charakteristika der DDR-Literatur in der ersten Hälfte der sechziger Jahre erkennen. Mit dem Titelmotiv wird zugleich das Thema entfaltet, auf das Erich Köhler in seinen literarischen und anderen Wortmeldungen immer wieder zurückkommen wird. Bis heute hegt er ein tiefes Mißtrauen dagegen, daß materieller Anreiz allein ausreichend sei, die sozialistische Gesellschaft zu vervollkommnen. Alternativen, zumindest notwendige Komplettierungen, werden angeboten, und der eigene Beitrag wird darin eingeordnet.

Das Leseerlebnis von Scholochows „Neuland unterm Pflug" ist noch frisch, als Köhler die Konzeption für „Schatzsucher" entwirft: Wie die revolutionäre Veränderung auf dem Lande so erschütternd bewußt machen, daß sie selbstbewußt macht, stolz, aktiv aus solchem Selbstverständnis heraus? Liegt im „Tun und Lassen meiner Landsleute [...] weniger erschütterndes Format [...] als in den fast monumental erscheinenden Kosaken"?[26] Selbstkritisch vermutet er, „daß wir noch nicht genug den höheren ästhetischen Anforderungen unserer fortgeschritteneren Lebensverhältnisse nachzukommen vermögen." Der Bauer, der mit zäher Skepsis die Großraumwirtschaft ablehnte, „schließlich in sie einbezogen wird, endlich [...] merkt, daß es genossenschaftlich auch geht, daß es auch besser geht, [...] was macht der Erschütterndes [...] durch? Ist es [...] nicht [...] ein langsam wirkendes, selten eingestandenes, aber in der Stille nicht weniger erschütterndes Bildungserlebnis?"[27] „Muß [...] nicht auch die Erschütterungsfähigkeit des gebildeteren Menschen, also Lesers wie Buchhelden, auf eine höhere, feinere, empfindsamere Stufe emporsteigen, anstatt auf jener zu bleiben, wo Leben und Tod einander unmittelbar, noch Auge in Auge gegenüberstehen?"[28]

Die Abenteuersuche in den Kiplag-Geschichten mündet in einem „Erzählen vom Mut zum Alltag". Und 1982 legt Köhler ein Bekenntnis zum Hesiodischen ab, das „in der Literatur dort (ist), wo ein Autor die Arbeit im großen gesellschaftlichen Zusammenhang wie auch im Kleinen zum Gegenstand der Poesie macht."[29] (Dieser Aufsatz – *„Nichts gegen Homer!"* – war, als akademische literar-historische Untersuchung gelesen, übrigens auch Anlaß zum Mißverständnis.)[30]

Grundwerte seines Daseinsverständnisses bekräftigt Köhler immer neu, ob nun in zeitlich dicht beieinander liegenden, doch in Sujet, Genre, Erzählgestus ganz und gar andersartigen Werken oder über größere Zeiträume hinweg.

Das Titelmotiv des Romans *„Schatzsucher"* wird von einer Romanfigur, dem malenden Bauern Heinrich Ramm, eingebracht. Er gebraucht es abwertend – als Vorwurf gegen Streben nach materiellem Wohlstand, das im Widerspruch steht zum eigentlich menschlichen, über egoistische Interessen hinausstrebenden Wirken. Er negiert diesen Antrieb zum Handeln so rigoros, setzt sich über die Wirklichkeit hinweg, daß er selbst (als Vorsitzender der LPG) daran scheitert, den neuen ökonomischen und menschlichen Beziehungen auf dem Lande zum Durchbruch zu verhelfen. Das hohe eigene Ideal macht ihn unfähig, den realen gesellschaftlichen Boden dafür zu bereiten. So flieht er in die Malerei. Das Bild, das er malt, macht einen Entwicklungsstand sichtbar, den andere (Eisenkolb, Pflock), moralisch weniger rigoros urteilend, inzwischen jedoch tatsächlich durchgesetzt haben. Dieses Bild ist für Ramm ein wichtiger Schritt, aus der Isolation wieder herauszukommen, ja, selbst zu handeln. Das Studium der Wirklichkeit im Interesse der Malerei eröffnet ihm zugleich auch neue Beziehungen zu den wirklich anstehenden Aufgaben. Sein Bemühen um die Darstellung des Menschen im Bild ist auch ein Ringen um seine wirkliche Haltung zu den Mitmenschen. Im Porträt des toten Kommunisten Franz Malterer gestaltet er das für ihn gültige Menschenantlitz überhaupt. Eisenkolb wendet hier ein: „Ja, so geht das doch nicht, Heinrich, sich durch die Kunst über 'ne Weltauffassung klarwerden zu wollen. Der Weg geht doch umgekehrt."[31] Das scheint auch das Urteil des Erzählers zu sein. Doch bildet sich bei Ramm unter dem Zwang anschaulicher Darstellung eine praktikablere Weltsicht aus. Kunst wird hier deutlich als eigenständige, nicht austauschbare Form von Wirklichkeitsaneignung erfahren.

Zwei Probleme beschäftigen Köhler bis in diese Jahre hinein stark: die Alternative „Worte oder Taten", das heißt, „Sozialistische Verhältnisse in der Praxis durchsetzen oder ein Buch darüber schreiben"[32], und die andere zwischen „zielender" und „nichtzielender" Schreibweise. In den autobiographischen Notizen „Reiten auf dem Leben" gesteht er, wie sehr es ihn irritiert, wenn Leser seine Erzählung zu einer „Aussage" zusammenfassen. „Jetzt weiß ich nicht, wie es weitergehen soll. Offensichtlich übt jedes gedruckte Werk, sowenig es auch beabsichtigt sein mag, eine objektive Wirkung aus. Dann erhebt sich aber doch die Frage, ob ich nicht lieber schon beim Schreiben Einfluß auf die objektive Wirkung nehmen und sozusagen eine transitive Schaffensmethode pflegen oder ob ich mich weiterhin unbewußt geben und auf das Wunder der selbsttätigen Objektivierung verlassen soll."[33] 1962 notiert er, er habe sich „unter Vorbehalt" für die „zielende Schreibweise" entschieden.[34] Diese Entscheidung ist in „Schatzsucher" spürbar.

Den Konflikt zwischen praktischem und künstlerischem Eingreifen in die Wirklichkeit erlebt auch die Romanfigur Ramm. Konsequenter geht Köhler selbst während der Entstehungsgeschichte des Romans durch diesen Konflikt hindurch.

Im Auftrag des Literaturinstituts schreibt er über die heimatliche Genossenschaft sein *„Marnitzer Tagebuch"*.[35] Soviel Material aus dieser Vorarbeit auch in den Roman eingeht (Figurenprofile, Handlungs- und lokale Details) – das Tagebuch liest sich wie eine empirische Analyse, auf bessere Arbeitsorganisation und höhere Produktivität gerichtet. Es geht darin um die Sache selbst und darum, subjektiv motivierte Kritik zu objektivieren. „Im Vorstand wurde heftig über das Tagebuch diskutiert. Mir wurde der Vorwurf gemacht: ‚Wenn du alles besser weißt, dann übernimm doch selbst den Vorsitz der Genossenschaft.' Nichts ist konsequenter als das, denn wer klug schreibt, der muß auch klug handeln können. Jetzt bin ich Feldbaubrigadier."[36]

Über die Konflikte zwischen „Worten und Taten", „zielender und nichtzielender Schreibweise" kam Köhler offenbar in dem Maße hinaus, wie er sie nicht als Alternativen behandelte. Er suchte sie praktisch zu bewältigen, indem er sich an eine produktive Umwelt anschloß und sein Urteil über die Bewegungsgesetze gesellschaftlicher Wirklichkeit so weit objektivierte und stabilisierte, daß auch überschäumendes Fabulieren diese Position nicht aus den Angeln heben kann. Er bekennt sich zu Anna Seghers' Position, von der Warte des dialektischen und historischen Materialismus aus am weitesten blicken zu können und macht zugleich die Goethes zu seiner eigenen: „Wenn ein Schriftsteller zum Objektiven durchbricht, ist er gerettet, während eine subjektive Natur ihr bißchen Inneres bald ausgeschrieben hat und in der Manier zugrunde geht."[37] Das ist nun wieder zu einem Zeitpunkt gesagt, da in der Literatur der DDR nicht wenige Autoren ihre subjektiven Erfahrungswerte – zum Teil übergewichtig – bedeutsam gemacht haben. Erleben und darüber schreiben nennt Köhler eine „primitive Art des literarischen Reflexes", das übrigens mit kritischem Blick aufs eigene Schaffen („Schatzsucher", „Krott").[38] Köhlers Satz „Ich gehe meinen eigenen Weg" drängt sich dem Betrachter des bisherigen Werkes immer wieder ins Bewußtsein, bestätigt er sich doch in mehr als nur einer Hinsicht.

Die oft erhebliche zeitliche Spanne zwischen Entstehen und Erscheinen seiner Bücher bejubelt Köhler nicht gerade, hält das jedoch eher für ein Problem des „Zeitgeschmacks" und der „Rezeptoren", die erst ausgebildet sein müssen[39] (auch „Der Krott", 1976 erschienen, entstand schon 1969). Auf die ästhetischen Auffassungen der sechziger Jahre, von denen er sich teilweise eingeengt fühlte, reagiert er praktisch. „Wollte ich von da an jedenfalls mit meiner Neigung zum Parabelhaften weiterkommen, so mußte ich insofern vor allem Realist sein, als ich meinen Verstand dafür gebrauchte, Texte zu schreiben, die der damals geltenden Realismusauffassung [...] nicht zu weit enteilten, ihr teils entgegenkamen, teils aber diese Kruste von innen her sprengten"[40], *„Nils Harland"* nennt er dafür als Beispiel.

Erzählt wird die Geschichte einer schicksalhaften Begegnung zweier Menschen im Moorgebiet, das zudem Grenzland ist. Klima und Landschaft spielen hier eine eigenständige Rolle im zerstörerischen Mißverständnis zwischen den beiden Männern. Abgesehen vom Vorgang selbst, ist hier vor allem der Erzählgestus Poes aufgenommen, der, auf die Begebenheiten gerichtet, damit zugleich Selbstbeobachtung und Selbstanalyse des Erzählers verbindet. Dadurch wird in die sonderbare, zeitlich unbestimmte Geschichte ein verbindliches moralisches Wertmaß eingebracht. Nach einer einleitend berichteten Jugendepisode teilt der Erzähler mit: „[...] denn heute weiß ich, daß ich in der Begegnung mit Nils, dem Einsiedler, nur deshalb versagt habe, weil ich in dem vorentscheidenden Augenblick versäumte, mich an einer menschlichen Gemeinschaft mitgestaltend zu üben."[41]

Zielende Schreibweise war für Köhler nie etwas anderes, als schon beim Schreiben Einfluß auf die Wirkung zu nehmen, das heißt, nicht beliebige Ausdeutungen des Werkes zu ermöglichen. Indem die Deutungsimpulse jetzt weniger als

Erzählerkommentar oder Figurensprache im Text erscheinen, sondern eher als dem Werk vorgelagerte Überzeugung des Autors spürbar werden, steht die „transitive" Schaffensmethode phantasievoller Erfindung nicht mehr alternativ entgegen. Bei Stoffen aus der geschichtlich überholten Welt lassen sich solch allgemeine Prämissen offenbar leichter finden. Diese Welt macht Köhler satirisch-grotesk durchschaubar, indem er Einsicht in deren inneren Mechanismus vermittelt. In „Reise um die Erde..." (1979) geschah das sozusagen mit Pauken und Trompeten, konkret, mit Rockband und Elektronikorgel. In *„Die lange Wand"* geht das leiser, aber gleichermaßen folgerichtig vor sich. Innerhalb der demagogischen Ehrung von Kriegstoten in der Bundesrepublik hat der „irrtümlich" überlebende Veteran des 1. Weltkrieges, Wilhelm Lahmtreter, einfach keinen Platz. Der „Betrieb" der Bundeskriegsgräberfürsorge braucht nur die Toten.

Eva Kaufmann zählt die 1976 erschienenen Werke Köhlers, „Der Krott", „Der Gespensterwald von Alt-Zauche" und „Hinter den Bergen", „zum Wichtigsten und Interessantesten, was die DDR-Literatur in den siebziger Jahren hervorgebracht hat"[42]. Zu *„Krott oder das Ding unterm Hut"* äußert sich Köhler selbst recht kritisch. Er stuft die Erzählung als „literarische Skizze" ein, in der die ihm fremde Welt des Kraftwerks noch nicht hinreichend frei beherrscht ist. Und doch ist gerade hier Köhlers Generalthema am bis dahin rigorosesten und so komplex wie nie vorher angeschlagen, nämlich die Frage nach Impulsen und dem Maß für unseren Weg auf den Kommunismus zu. Durchaus auch warnende Töne klingen jetzt lauter in das beobachtete Fortschreiten hinein. Das Skizzenhafte der Erzählung besteht wohl darin, daß die Erscheinungen des gesellschaftlichen Fortschritts sehr direkt verhandelt werden, weniger poetisch verfremdet, sondern eher in ihrer wirklichen Gestalt, zugleich schärfer konturiert durch ein phantastisches Requisit, den Krott. Das ist ein im Wasser lebendes gepanzertes Wesen, mit einer „Haftfläche – wenig größer als ein Zweimarkstück", das „sich an die Schädelwölbung unvorsichtiger Taucher" heftet und sofort beginnt, „zahlreiche feine Wurzeln, myzelartige Tentakel, durch die Kopfhaut des Opfers zu bohren."[43] Die Wirkung dessen: „Das zentrale Nervensystem wird zuerst angeregt, dann aufgeregt, mobilisiert, entphlegmatisiert, alle Sinne werden bis zum Äußersten gespannt."[44] So nehmen beispielsweise die Sinne des Gewerkschafts-Kulturfunktionärs Paul Jordan Wirklichkeit wahr beim Tun all dessen, „was der Tag verlangt" im Kraftwerk, „das gerade vom Minister besucht wird und in dem „ein zu schlechter Umwandlungsgrad von der Kohle in Elektroenergie"[45] an der Tagesordnung ist. Er fragt sich, wie die höhere Produktivität wirklich zu erreichen und dabei auch noch sein vorausgegangener Traum von einer Menschheit erfüllt werden kann, „deren Artenegoismus sich nicht im materiellen Verbrauch der Natur erschöpft, sondern sich vielmehr zur Anschauung all ihrer Formen verfeinert hat".[46] Und wie ist der Krott zu schlagen, damit er nicht sein Opfer paralysiert? Im Grunde verhilft die Wirkung des Krott dem von ihm Befallenen dazu, daß er auch den Hammer findet (und den, der ihn führt), mit dem wiederum der Krott rechtzeitig geschlagen werden kann. Der Funktionär Jordan hat, da vom Krott befallen, geschärfte Sinne, die führen ihn in sonst fremd gebliebene Bereiche des Kraftwerkes. Dort, wo tagtäglich härteste Knochenarbeit gemacht wird, die man „lieber abschaffen" sollte und die doch „mehr (ist) als bloßer Broterwerb"[47], wird ihm „schnurz und schnäuzig eins aufs Dach gegeben".[48] Was die an- und aufgeregten Sinne erkundet haben, ist geblieben. Im Gesundungsschlaf Paul Jordans produzieren die letzten Fäden des Krott einen Traum, ein Regelschema für das Geschehene auf menschlichen Fortschritt zu. Brutto- und Nettogewinn, Reproduktionsfonds und Prämienfonds, Querverbindungen und Rückkopplungen gibt es darin. Der Träumende setzt einen Trichter auf und schöpft Masse hinein, „hoffend, es fände sich darunter – wie Erz im Gestein – jenes unerfindliche Keimchen Sinnerfüllung, welches ich PATHOS nennen möchte, Hochgefühl des bewußten Seins; handlungsumschlossene Anschauung der Natur und aller eigenen Schritte darin."[49] Das Schatzsuchermotiv noch immer abschätzig gebraucht („die Herzen hebeln wir uns in die Brieftaschen"[50]), aber nicht als Wiederholung, sondern als Fortsetzung von früherem, nicht mehr als Frage individueller Moral, sondern als Bestandteil des gesellschaftlichen „Regelkreises", menschheitsgeschichtlich ausgeweitet und mit folgender Vorstellung von Realismus verbunden: „ein Behelfswort für die Kunst, die

Dinge so in Beziehung zu setzen, wie sie einander bedingen: das Innere und das Äußere; Körper und Seele; Materie und Geist; Licht und Schatten; Sinn und Form; Instinkt und Verstand; Historie und Mythos; Ordnung und Chaos; Vulgarismus und Pathetik; Traum und Wirklichkeit."[51] Hier hat es ein satyrhafter Künstler so formuliert. Paul Jordan hat angeblich nicht über diese Worte nachgedacht. Erich Köhler stehen sie indessen zu Gesicht. Sie haben nicht nur mit Realismus in der Kunst zu tun.

Im „Krott" plädiert der konsequente Materialist Köhler für die Produktivität von Traum, Phantasie, Pathos. Das ergibt einen dialektischen Umgang mit Wirklichkeit, der aufnahmefähig macht für deren ganzen sinnlichen Reichtum. Im Roman „Hinter den Bergen" geht Köhler damit geradezu verschwenderisch um.

Dialektische Betrachtungsweise ließ Köhler sehr früh etwas Wesentliches im Verhältnis individueller Lebenswege zum gesellschaftlichen Vorwärtsschreiten entdecken. Schon in „Schatzsucher" sind individuelle Bedürfnisse und Handlungsmotivationen (materielle, ideelle, moralische) sehr differenziert erfragt. Die Figuren werden nicht nur daran gemessen, ob sie die allgemeinen gesellschaftlichen Ziele zu ihren persönlichen machen oder nicht. Ihr jeweiliger Antrieb wird darauf abgetastet, wie er für das Ganze produktiv zu machen ist. So kommen hier übrigens Aspekte zur Sprache, die in der allgemeinen gesellschaftlichen Diskussion der sechziger Jahre erst keimhaft vorhanden waren: beispielsweise über die Figur des Bauern Lenz Fragen des Mittelmaßes und des Bewegungsradius einer leistungsstarken Persönlichkeit im Sozialismus.

Köhlers Verständnis der Wechselbeziehung von Individuum und Gesellschaft läßt weder gewaltsame Subsumierung des einzelnen unter das gesellschaftliche Ganze zu, noch einen verhärteten Konflikt zwischen „unten" und „oben". Das gilt selbst für die in dieser Richtung äußerst zugespitzte Filmerzählung *„Hartmut und Joana oder Geschenk für Kinder"* (1980). Auch in *„Hinter den Bergen"* (1976) geht Köhler mit der Dialektik Individuum – Gesellschaft konsequent dialektisch um und findet dabei die allgemeine Voraussetzung, von der aus er das wissende, das gezielte Schreiben über Gegenstände sozialistischer Wirklichkeit mit überraschendem Phantasieren in Einklang bringen kann. Im Gespräch erklärt er Eva Kaufmann: „Ich bin kein systematischer Erforscher gesellschaftlicher Triebkräfte. Ich suche dieses Problem nicht im sentimentalischen Sinne auf und erfinde die passenden Sujets dazu. Ich ahne, fühle stärker als ich verstehe."[52] Ahnungen, die in der Kunst zur Anschauung, Anschaubarkeit gelangen, öffnen seine Geschichten zu neuen Räumen (Heinrich Ramms Bilder; Fiebigs ausgedachte Geschichten; das Märchen vom Schlangenkönig im gleichnamigen Kinderbuch; die steinerne Kröte im Theaterstück *„Der Geist von Cranitz"*; und nicht zuletzt die Gemälde Ahnfelds auf den permanentenen Fenstern in der Kirche zu Ruhin, dem Dorf „Hinter den Bergen"). So ersteht vor dem Leser die Geschichte Ruhins, indem der Erzähler überliefertes Material intuitiv, durch eigene Vorstellungen und Vermutungen vervollständigt. Seine Kenntnisse über die Anfänge und ersten Jahre in der abseitigen Gemeinde bezieht er vom Chronisten Ahnfeld, der seinerseits die Vorgänge nicht nur notiert, sondern seherisch gedeutet hat.

Im Mai 1945 deutet der Laienprediger Rufeland die nächtliche Geburt eines Kindes im Winkel einer Scheune den vom Krieg erschöpften Menschen als „Zeichen" und zugleich Aufruf zu neuer Organisation ihrer Gemeinschaft. Unter dem Sinnbild der jungen Mutter, der „Jung-Frau" Alma Teutschke, und ihres Sohnes Hans entwickelt Rufeland ein Gemeinwesen sozialer Gleichheit, aus dem materielle Gewinnsucht einzelner verbannt bleiben soll, „ein Staat des frommen Willens, so klein so festgefügt und beispielhaft gegründet [...]. Darin der Mensch des Menschen Wolf nicht länger, sondern Bruder sei."[53] Durchgestandene Erschütterungen, existentielle Not, Bedürfnis nach Trost machen die Menschen aufnahmebereit für solches Postulat. Sie folgen dem sich anbietenden Hirten. Die ideale kleine Welt entsteht und bewährt sich fürs erste. Doch Rufeland setzt sich bald mit seinem schönen Projekt über die Verschiedenartigkeit seiner Gemeindemitglieder hinweg. Die wird in dem Maße wirksam, wie die einzelnen für die Gemeinschaft produktiv werden. Sie reproduzieren dabei auch ihre Unterschiedlichkeit, wie Unterschiede produziert werden. Am deutlichsten ist dieser Vorgang bei Alma. Nach ihrer Eignung und Neigung für die Rolle der Jungfrau war nicht gefragt worden. Nun bekommt sie ein Kind nach dem anderen, will doch die männliche Umwelt sie nicht als Heilige, sondern als Weib haben. Rufeland verstößt die „Priesterin der Begierde" und liefert anderen den Vorwand, mit ihr den eigenen Interessen gemäß umzuspringen. Andererseits entdeckt der Prediger nach Scheitern seines Werkes, daß er die Bedürfnisse der übrigen Frauen in der Gemeinde nicht bedacht hat, ihnen „anstatt vager Gleichnisse handfeste Positionen" hätte zuerkennen müssen.

Das Dorf Ruhin hinter den Bergen wird vor den Bergen, wo eine ganz andere Entwicklung mit Bodenreform und zunehmendem Wohlstand vor sich geht, mehr und mehr zur Kenntnis genommen. Ja, es wird schließlich in diese Entwicklung einbezogen. Staatliche Maßnahmen, die der Erfasser Waag bis nach Ruhin durchzusetzen hat, erschüttern an sich die Grundfesten dieses „Gottesstaates" kaum. Es sind die Ruhiner, die selbst nach und nach aus Rufelands Organisation ausbrechen, sie erliegen den „Versuchungen des Wohlstandes" und der „Unterscheidung". So nimmt das Gemeinwesen hinter den Bergen nach und nach Merkmale eines „sozialistischen Provinzialismus" an (von der abseitigen Lage besonders begünstigt).

Für die Angleichung an die Verhältnisse vor den Bergen fehlen dem Erzähler die Zeugnisse und Deutungen Ahnfelds. „Von der Warte unseres Wissens um die größere Welt"[54] sinnt der Erzähler nun nach über den Fortgang der Einzelschicksale und über die kommunale Perspektive. Sympathisierende und zugleich distanzierende Ironie gegenüber den Ereignissen dieser Anfangsjahre ergab sich aus den Vorgängen selbst, aus der Spanne zwischen Erhabenem und Nüchternem, Anrührendem und kleinlich-Egoistischem. Weil Erhabenem und Anrührendem immer weniger Raum bleibt, wird die hintergründig funkelnde Spannung geringer. Ironie geht jetzt stärker vom Erzähler selbst aus. Sie signalisiert unter anderem, daß die Utopie des weit zurückliegenden Neubeginns, verpufft als Illusion, sich dennoch nicht erledigt hat.

Für Ruhin hört man immer häufiger den Namen Teutschkendorf. Die sechs unehelichen Kinder der zunächst geheiligten, dann benutzten und bedrohten Alma formen das Leben in ihrem Dorf (sie züchten dort Rosen und Schweine, pflegen die Flur, organisieren den Tourismus und die staatliche Ordnung). Und die Gemeindemitglieder sind's zufrieden.

Das Ergebnis im Ganzen wird im Roman nicht zurückgenommen; doch für Ruhin ist etwas Wertvolles auf der Strecke geblieben. Der „unruhige aktive Gottesbegriff" Rufelands war ein Agens, das emotionale, organisatorische Produktivität hervorgebracht hat, die die fatalen Grenzen pragmatisch-egoistischer Selbstbescheidung zu durchbrechen vermochte.

Eine notwendig offene Bilanz. Sie entspricht Köhlers Begriff von Realismus als einer Qualität seines Umganges mit Wirklichkeit überhaupt: mit dem tätigen Leben verbunden sein und in der Kunst ihm vorauseilen, wissend phantasieren, alle Themen und Mittel gebrauchen, „wenn sie nur den einen Zweck deutlich erfüllen: Aus dem stetigen Widerspruch zwischen dem Materiellen und dem Ideellen neue progressive Impulse zu gewinnen."[55]

Kurzbiographie

Erich Köhler wurde am 28. 12. 1928 in Karlsbad (Karlovy Vary) als Sohn eines Porzellanschleifers geboren. Er begann eine Bäcker-, eine Schneider- und eine Malerlehre und war Landarbeiter. Nach dem 2. Weltkrieg trampte er durch Westdeutschland und Holland und kehrte 1950 in die DDR zurück. Er arbeitete bei der Wismut-AG unter Tage und zog 1955 nach Mecklenburg, wo er in der Landwirtschaft tätig war. Er studierte von 1958 bis 1961 am Institut „Johannes R. Becher" in Leipzig.
Seit 1962 lebt er in Alt-Zauche (Kreis Lübben).
1964 erhielt Erich Köhler den Literaturpreis des FDGB, 1977 den Heinrich-Mann-Preis.

Peter Gugisch

Wolfgang Kohlhaase

Am 1. August 1947 veröffentlichte das „Illustrierte Blatt der jungen Generation" „Start" eine Kurzgeschichte mit dem Titel *„Das Einfamilienhaus"*.[1] Sie erzählt von einem lärmgeplagten Mieter, der sich durch eine Annonce zum Kauf eines Eigenheims verleiten läßt und fortan alle Nöte eines Hausbesitzers kennenlernt. Das geht so zwei Monate. Dann verkauft er das Haus (per Annonce und zum Doppelten des ursprünglichen Preises!) und lebt wieder als Mieter, lärmumbraust und stillvergnügt. Von Zeit zu Zeit begegnet er ‚seinem' Haus: als groß aufgemachter Offerte im Anzeigenteil einer Zeitung. „Wenn ich dann an solchen Tagen meinen Portier treffe, gebe ich ihm ein Trinkgeld, und die Nachbarn auf der Treppe wundern sich."[2] Die Geschichte entsprach in Thema und Tonfall dem, was in den ersten Nachkriegsjahren den Feuilletonteil der Zeitungen bestritt. Uns ist allein ihr Autor wichtig: Mit diesem Prosastücklein debütierte der damals sechzehnjährige Wolfgang Kohlhaase als Erzähler! In der Folgezeit war sein Name – neben Tschechow, Thurber, Bergengruen, Polgar, Vera Imber und vielen Unbekannten – immer wieder auf der Schlußseite des „Start" zu finden; mit vier Beiträgen avancierte er bereits im ersten Jahr zum meistgedruckten Autor. Über die *Wirkung* seiner Geschichten wissen wir durch Hermann Kant, der den „Start" als Kriegsgefangener in die Hand bekam und in ihm die Erzählungen eines Autors fand, „dessen, wie heißt das, Fan ich lange war, bevor ich sein Freund und Berufskollege wurde".[3]

Wolfgang Kohlhaase, am 13. März 1931 als Sohn eines Schlossers in Berlin geboren, wurde nicht an der Wiege gesungen, daß er seinen Lebensunterhalt mit Feder und Bleistift erarbeiten sollte. „Wenn ich nicht alles für möglich gehalten hätte, dann sicher auch nicht, daß ich bei einer Zeitung arbeiten würde, ein Beruf, für den in meiner Umgebung kein Beispiel war und von dem ich zwei oder drei Jahre vorher nicht einmal hätte sagen können, daß es ihn gab."[4] Immerhin schrieb der Schüler K. „kurze humorige Geschichten amerikanischer Art"[5], schickte sie an verschiedene Redaktionen und bewarb sich schließlich bei „alle(n) Berliner Zeitungen in Ost und West"[6] als „Volontör" (sic!). Er kam 1947 beim „Start" an und arbeitete erst dort und später bei der „Jungen Welt". „Wir waren kaum zehn Leute. Wegen der Außenpolitik ging man sich irgendwo erkundigen, aber sonst füllten wir die Zeitschrift, zwölf Seiten pro Woche, mit unseren entschiedenen und munteren Meinungen."[7] Kohlhaase hat sich zu dieser Lehrzeit als Journalist, der „machte, was zu machen war"[8], stets nachdrücklich bekannt. „Ohne diese Jahre, ohne diesen Einbruch von Neuem weiß ich nicht, was aus den spielerischen Versuchen, etwas zu schreiben, geworden wäre. Wahrscheinlich nichts."[9]

1950 kam er zum Film, „weil ich irgendwann von der Zeitung wegging und durch Zufall zu einer Art Arbeitsgemeinschaft geriet, wo allerhand Leute saßen, und jeder dachte sich einen Film aus, und ich dachte mir auch einen aus, der nie gemacht wurde."[10] Bis 1952 („nicht viel länger als ein Jahr"[11]) war er DEFA-Dramaturg; seither arbeitet er freischaffend.

Der Filmautor Kohlhaase debütierte mit zwei Streifen für Kinder: *„Die Störenfriede"*, 1953 (mit H. W. Kubsch), und *„Alarm im Zirkus"*, 1954 (mit H. Kubisch). Beide wurden als Film-Erzählungen auch gedruckt. Als sein eigentliches Film-Debüt versteht Kohlhaase „Alarm im Zirkus". Die abenteuerliche Kriminalgeschichte im viergeteilten Berlin (mit einem Nationalpreis gewürdigt und noch heute sehenswert) war ein doppelter Beginn. Sie bildete den Auftakt zu den Berliner Filmen, die 1956 mit *„Eine Berliner Romanze"* (ebenfalls als Film-Erzählung gedruckt) und 1957 mit *„Berlin – Ecke Schönhauser"* fortgesetzt wurden; und sie stand am Beginn der Zusammenarbeit mit dem Regisseur Gerhard Klein. „Es war unser beider Beginn", hat Kohlhaase später gesagt, „wir erzählten von der Stadt, in der wir zu Hause waren, in gewisser Weise von uns selbst, wir versuchten, offene Fragen ins öffentliche Bewußtsein zu heben, wir wollten richtiges Kino machen und doch politisch wirksame Filme, an alltäglicher, wenn man will historischer Konfrontation, war ja in Berlin kein Mangel. Wir suchten unseren eigenen, manchmal eigensinnigen Weg, wir haben Streit nicht vermieden, wir konnten, ohne Pause, einen Film nach dem anderen drehen und haben, alles in allem, eine Arbeitsposition gefunden, aus der sich machen ließ, was wir machen wollten."[12] Das klingt programmatisch und ist wohl auch so gemeint: Zuerst in Gerhard Klein, später in Konrad Wolf hat Kohlhaase Partner gefunden, mit denen sich jenes ausgewogene Maß an Übereinstimmung und Reibung herstellte, das Produktivität schafft. Alle drei Berliner Filme wurden von Klein inszeniert. In einem Artikel *„Gerhard Klein zum Gedenken"* vom 1. Juni 1970 hat Kohlhaase formuliert: „Die Poesie seiner Filme, in denen selbst die leeren Straßen von denen reden, die in ihnen wohnen, gewann er aus seinem tiefen Respekt vor der Wirklichkeit. Er war überzeugt, daß ein Satz in der Küche anders gesagt wird als in der Stube. Er konnte zeigen, wie ein Hof riecht. Er glaubte an die künstlerische Beweiskraft des genauen, nicht vertauschbaren Bildes."[13] Es ist auffällig, wie sehr diese Sätze mit Äußerungen übereinstimmen, in denen Kohlhaase Grundpositionen seiner eigenen Arbeit umrissen hat. „Mich interessieren generell genau gemachte Filme", heißt es in einem Gespräch mit Horst Knietzsch[14], und zu Luise Koepp: „Nur durch genaue Bezeichnung wird eine Sache poetisch. Und damit bedeutsam im Sinne einer Wirkung."[15]

Daß Kohlhaase mit seinen ersten Filmarbeiten Berlin als Gegenstand entdeckte, darf als Glücksfall einer künstlerischen Entwicklung gelten. Ohne Umwege gelangte er zu Themen, die er gut (und besser als mancher andere) kannte. Er gehört ohne Zweifel zu den Autoren, die durch die Landschaft, in der sie geboren und aufgewachsen sind, bleibend geprägt wurden. Kohlhaase ist Berliner: Er hat die Stadt gewissermaßen durch die Haut aufgenommen; er hat sie später erforscht und ihre Geschichte mit kritischer Sympathie verfolgt; er kennt sie von innen; er spricht ihre Sprache; er hat ihren Witz und bezieht aus ihr das Gefühl für den schmalen Grat zwischen dem Erhabenen und dem Lächerlichen. Die Berliner Filme – unter denen der letzte zugleich der wichtigste ist – setzten einen Anspruch für den sozialistischen deutschen Film, den Kohlhaase selbst – mit *„Solo Sunny"*, 1980 – am nachdrücklichsten eingelöst hat.

1961 hatte *„Der Fall Gleiwitz"* Premiere, geschrieben gemeinsam mit Günther Rücker, inszeniert von Gerhard Klein. Es war Kohlhaases erste direkte Auseinandersetzung mit dem deutschen Faschismus, „der mich, weil er mit meiner Kindheit zusammenfiel, für immer betrifft, ob ich darüber schreibe oder nicht“[16]. Ein Modellfall wird vorgeführt: So werden Kriege gemacht. Vielleicht war es gerade die drohende Aktualität des Vorgangs im Jahr 1961, die den Blick auf das Film*kunstwerk* zunächst verstellte. Inzwischen ist „Der Fall Gleiwitz“ längst in den Rang eines filmkünstlerischen Dokuments aufgerückt.

Bis zur nächsten Filmpremiere sollten sieben Jahre vergehen. Es waren keine fetten Jahre. Nach einem Abstecher zum Fernsehen (*„Josef und alle seine Brüder“*, 1962, zusammen mit K.-G. Egel) plante Kohlhaase einen neuen Film mit Gerhard Klein, der „gewisse Aspekte von ‚Berlin – Ecke Schönhauser‘ weiterführen“[17] sollte. Es kam nicht dazu. In einem Gespräch mit Hans Richter – 1979 – hat Kohlhaase die Gründe dafür angedeutet. „Zum ersten Mal saß ich damals (Mitte der sechziger Jahre, d. Verf.), als es um unseren und andere Filme ging, in Diskussionen, aus denen ich voller Widerspruch und mit leerem Gefühl ging. Heute meine ich, daß eine aus komplexen Gründen erfolgte politische Standortbestimmung im Kostüm einer Kunstdiskussion auftrat. Es wurde etwas an Beispielen zu beweisen versucht, auf die nicht zutraf, was gesagt werden sollte, jedenfalls nicht in so schlichter Rigorosität. So konnten Frage und Antwort sich kaum begegnen. Es ist, für eine sensible Sache, mehr Maßstab verloren als gewonnen worden. Vor allem eine bestimmte Generation in den Künsten, zu der ich gehöre, geriet in Konflikte, die, wie mir scheint, nicht mehr in ein gemeinsames Verständnis gebracht worden sind.“[18] An die Stelle produktiver Anstrengung trat eine „Art Untätigkeit, die bitter macht“[19], oder – in anderen Fällen – eine Form künstlerischer Geschäftigkeit, die das „Hauptgeschäft“ aus dem Auge zu verlieren drohte. – In dieser Situation muß Kohlhaase die beginnende Zusammenarbeit mit Konrad Wolf als befreienden Vorgang empfunden haben, weil sie eine produktive Herausforderung – politischer wie künstlerischer Art – darstellte und weil sie für ihn – auch – eine Aufhebung der ungelösten Widersprüche vorangegangener Jahre war.

Das erste, in seiner Bedeutung kaum zu überschätzende Ergebnis gemeinsamer Arbeit war der Film *„Ich war neunzehn“* (1968). Der Impuls dazu ging von Wolf aus. Die Geschichte eines jungen Deutschen, der als Offizier der sowjetischen Armee im Frühjahr 1945 nach Deutschland kommt, der den hartnäckigen Widerstand des Alten und die ersten, opferreichen Schritte des Neuen erlebt, ist im Kern biographisch. Wolf hat sie an sich erfahren. *Seine* Begegnung mit Deutschland ist Gegenstand und geistige Mitte des Films. Kohlhaases Ausgangsposition war anders. Während einer Aussprache im Moskauer „dom kino" hat er bekannt: „Als Konrad Wolf mich fragte, ob ich mich am Drehbuch zu diesem Film beteiligen möchte, habe ich mich gefragt, ob ich in moralischer und ästhetischer Hinsicht das Recht habe, mich zu beteiligen. Da aber das Frühjahr 1945 und alles, was ich damals sah und zu verstehen versuchte – und vieles verstand ich damals nicht – für mein ganzes Leben von sehr großer Wichtigkeit war, glaubte ich doch, an der Entstehung dieses Films mithelfen zu können [...]."[20] Die Zusammenarbeit war überaus fruchtbar. „Wir haben, glaube ich, professionell und zugleich mit Improvisation und Leichtigkeit gearbeitet, was nicht immer gelingt."[21] Für die Kunst (nicht nur die Filmkunst) der DDR brachte „Ich war neunzehn" einen wichtigen Neuansatz. So war zuvor nicht auf das Jahr 1945 geblickt worden; so waren sowjetische und deutsche Menschen nicht vors Auge des Betrachters getreten. Nicht nur die Sehweise und die Erzählweise des Films (sein Rhythmus, seine offene Form, seine Personage): neu war der Umgang mit jüngster Geschichte. Natürlich war Konrad Wolf zu diesem Film besonders legitimiert. Abgehoben von seiner Persönlichkeit (also nicht nur von seiner Künstlerschaft) ist er nicht vorstellbar. Dennoch ist es durchaus auch ein Kohlhaase-Film. Durch die Zusammenarbeit beider erhielt er gleichsam einen doppelten Brennpunkt, wohl auch seine literarische Qualität. In jeder Sequenz ist dem Zuschauer bewußt, daß hier ein historischer Augenblick ins Bild gebannt ist, aber das geschieht in einer reich facettierten Spielhandlung, im Wechsel von Tragischem und Komischem, von dramatischer Aufgeregtheit und epischer Gelassenheit, von Niedagewesenem und Längstvertrautem. Der Zuschauer ist gefordert, mit seinem Urteil dazwischenzugehen: nicht der gläubige Aufblick, sondern der kritische Einblick ist gewünscht.

Vieles von dem trifft auch auf den zweiten Kohlhaase-Wolf-Film zu, obgleich sein ganz anders geartetes Sujet jeden direkten Vergleich ausschließt. 1974 kam *„Der nackte Mann auf dem Sportplatz"* ins Kino, Szenen aus dem Leben eines Bildhauers. Kohlhaase, von dem die Filmidee stammt, hat die Anstöße dazu ausführlich dargelegt: „Die Entstehung des Stoffes verdanke ich ganz wesentlich meiner Bekanntschaft mit dem Bildhauer Werner Stötzer. Sie kam nicht zustande mit der Absicht, einen Film zu machen. Wir haben uns irgendwie vor längerer Zeit kennengelernt. Er erzählt gern Geschichten. Wir erzählten uns Geschichten. Darüber entstand eine Art von Beziehung: Ich ging ihn besuchen, guckte zu bei seiner Arbeit. Ich habe dabei etwas sehr Schönes erlebt, was einem nicht jeden Tag geschieht. Mir hat sich der Blick auf seine künstlerische Arbeit geöffnet, von der ich wenig wußte. Ich habe die Ähnlichkeit mit meiner Arbeit entdeckt und die Unähnlichkeit. Und wenn ich etwas begriffen habe, dann mindestens so viel durch Herumstehen wie durch Reden. Ich habe seine Arbeiten in ihrem Entstehen gesehen. Mir ist auf eine neue Art bewußt geworden, daß es überhaupt keinen anderen Zugang zur Kunst gibt als den Umgang mit ihr. Es gibt keine abstrakte Möglichkeit, nur eine sinnliche. Wenn man die sinnliche Beziehung hat, kann einem die Abstraktion natürlich etwas verdeutlichen."[22] Hier ist beides benannt, der Anlaß des Films, aber auch seine „Philosophie". „Ich sah die Möglichkeit, etwas zu erzählen über die Schwierigkeit und Schönheit, sich in unserer Gesellschaft produktiv zu verhalten."[23] Das meint, wenn das Kunstwerk sich nicht selbst genügt, sondern Aufnahme und Kommunikation erheischt, eine Produktivität, die den Rezipienten einschließt. Auch er muß sich aktiv verhalten. Und das ist mehr als ein Akt des guten Willens. „Wir haben es zu tun mit den Mühen, Schwierigkeiten und auch Mißverständnissen, die fast unvermeidlich entstehen, wenn sich eine riesige soziale Gruppe von Leuten, eine neue Klasse, mit bestimmten Gegenständen, beispielsweise der Kunst, zu beschäftigen beginnt. Das war in der alten Gesellschaft das Privileg von wenigen. Unsere große Errungenschaft ist es doch, daß das nun ein alltäglicher Vorgang werden kann, der viele angeht. Aber das heißt noch nicht, daß dieser Vorgang gemeistert ist. So groß ist doch die Frage."[24]

Dieser Frage am Beispiel nachzugehen, ist Anliegen des Films! Ein wenig haben Kohlhaase und Wolf dabei wohl selbst die Erfahrung des Bildhauers Kemmel machen müssen. „Der nackte Mann auf dem Sportplatz", unter Kennern und Kollegen geschätzt, hat sich im Kino nicht durchsetzen können. Sein *Anliegen* bleibt davon unberührt. Wie Rückers Hörspiel „Portrait einer dicken Frau" (1971), zu dem enge geistige Beziehungen bestehen, versteht sich der Film als Plädoyer für eine Kunst und ein Kunstverständnis, die dem Sozialismus gemäß sind.

Bereits Ende der sechziger Jahre trat Wolfgang Kohlhaase aus dem Bannkreis des Films öffentlich heraus. In Zeitschriften erschienen erste Erzählungen; vor allem aber profilierte er sich als Hörspielautor: 1968 mit „Fisch zu viert", 1969 mit „Fragen an ein Foto", 1970 mit „Ein Trompeter kommt". Die erste Begegnung mit der Funkdramatik war zufällig. *„Fisch zu viert"*, eine märkische Moritat aus dem vorigen Jahrhundert, entstand als Arbeit fürs Fernsehen, wurde dort zunächst nicht akzeptiert und gelangte so zum Rundfunk. Daß dieses Kabinettstückchen eines zwar schwarzen, aber freundlichen Humors über den Hörspielerfolg ins Fernsehen zurückkehrte und als Funk-, Fernseh- und Bühnenstück einen Triumphzug durch ganz Europa unternahm, gehört zu den Kuriositäten der Wirkungsgeschichte. „Fisch zu viert", geschrieben zusammen mit Rita Zimmer, belegt Kohlhaases Kondition fürs komische Fach, die hier zum ersten Mal das Feld behaupten durfte.

„Fragen an ein Foto", das Hörspiel über vier junge Deutsche in der Sowjetunion, die Hitlers Krieg den Rücken gekehrt haben und als Verbündete der Roten Armee über den deutschen Linien abspringen wollen, entstand nach Materialien, die Kohlhaase im Umkreis des Films „Ich war neunzehn" gesammelt hatte. Er hatte sich – noch ohne ein gestalterisches Konzept – von Menschen erzählen lassen, die sich angesichts des grausamen Vernichtungsfeldzuges gegen friedliche sowjetische Menschen für die „andere Seite" entschieden hatten. Im Hörspiel sah Kohlhaase eine Möglichkeit, diesem Stoff eine literarische Form zu geben. So entstand die Geschichte von der Fahrt der vier zu ihrem ersten Einsatz – nur einer wird ihn überleben. Die Art und Weise, wie der Autor die Stimmen der vier aus einem Foto heraustreten läßt, verlangt sehr funkgemäß die imaginative Mitarbeit des Hörers. „Fragen an ein Foto" ist nach Inhalt und formaler Bewältigung ein ideales Hörspiel!

Jahre später zeigte Kohlhaase die Geschichte Konrad Wolf. In gemeinsamer Arbeit entstand daraus 1977 der Film *„Mama, ich lebe“*, ein in vielen Passagen anrührendes Werk, das aber die Intensität des Hörspiels im ganzen nicht erreichte. Mag sein, daß der Grad der filmischen Aneignung nicht groß genug war (das Szenarium folgte über weite Strecken dem Hörspieltext), mag sein auch, daß das Schicksal der vier jungen Männer im Bild eine „Erdenschwere“ bekam, die die nachschaffende Phantasie eher hemmte als beflügelte. „Die Gattung insgesamt“, hat Kohlhaase über die Kunstform Hörspiel gesagt, „scheint mir von unnaturalistischer Art zu sein, sie kann nur sichtbar und vorstellbar machen, was sie hörbar macht. Darin steckt ein Zwang zu Komposition und Stil.“[25]

Der erste Satz wiederholt eine (längst unbestrittene) These. Der zweite leitet eine Konsequenz daraus ab, die nicht allgemeine Empfehlung, sondern persönliche Strategie ist. Es ist bemerkenswert, daß Kohlhaases Folgerung aus der „unnaturalistischen Art“ des Hörspiels nicht zum auditiven Zauberwerk, zum entfesselten Experiment mit Stimmen, Klängen und Geräuschen führt, sondern zu streng komponierten Geschichten realistischen Zuschnitts. „Es war für mich eine Möglichkeit, mit Sprache umzugehen, alle Bedeutung einer Geschichte muß ja im Dialog stehen.“[26]

Einmal hat Kohlhaase alle Register des Sprach-Spiels gezogen. Er hat – im wortwörtlichen Sinne – die Puppen tanzen lassen, und entstanden ist ein köstlicher Spaß – nicht nur für Insider: *„Ein Trompeter kommt“* (1970). Ein Autor und ein Dramaturg „erfinden“ vor den Ohren ihrer Hörer eine Geschichte: so, wie sie sich heute zutragen könnte, und zugleich so, wie Maupassant sie hätte erleben und aufschreiben können. Die Ebenen verschieben sich ineinander, und da der Hörer die Vorgänge (wie in jeder wirklich guten Komödie) als Mitwisser des Autors erleben darf, indem er in die Geschichte ‚von oben‘ hineinschaut, gerät das Ganze zum großen intellektuellen Vergnügen. Dagegen mußte die gutgemeinte Fernsehadaption des Hörspiels unbefriedigend bleiben.

Kohlhaases viertes – und bislang letztes – Hörspiel ist zugleich sein berühmtestes. *„Die Grünstein-Variante“* wurde 1976 urgesendet und im darauffolgenden Jahr in Venedig mit dem Prix Italia ausgezeichnet. Es ist eine Geschichte um drei

Männer, einen Deutschen, einen polnischen Juden und einen Griechen, die im Sommer 1939 in einem Pariser Gefängnis sitzen. Sie sind unter fadenscheinigen Vorwänden verhaftet worden; nun warten sie auf den Spruch, der über ihr weiteres Schicksal entscheiden wird. Um der inneren Unruhe, auch der Langeweile und der wachsenden Mißstimmung Herr zu werden, bringt Lodek, der deutsche Seemann, dem polnischen Schächter Grünstein das Schachspiel bei, und nachdem der Pole wieder und wieder verloren hat, besiegt er seinen Lehrer zweimal mit einem ungewöhnlichen Springerzug. Wie dieser Zug war, wird nie aufgeklärt. Lodek kommt in ein anderes Gefängnis; das Spiel ist vorbei. Die Geschichte wird als Rückschau erzählt. Lodek ist Grünstein und dem kaisertreuen Griechen nie wieder begegnet. Und Grünsteins Springerzug? „Komisch, so viele Leute spielen Schach, aber diesem Zug bin ich nie wieder begegnet. Kann so was einfach verlorengehen? Und man findet es nie wieder? Weil sich diese Sache nur Grünstein ausdenken konnte?“[27]

Das ist eine Geschichte von der Kraft der Schwachen, voller Witz und Melancholie. Sie kündet vom – vorerst – moralischen Sieg der Unterdrückten und ist damit voller Hoffnung. Kohlhaase hat ihr den Untertitel „Eine Geschichte in Erinnerung an Geschichten, die Ludwig Turek erzählt hat“ gegeben und so die Quelle einzelner Episoden benannt: Sie wurden ihm erzählt und wären ohne das Hörspiel vergessen wie Grünsteins Zug. Kohlhaase hat sie bewahrt. Er hat sie aus dem Anekdotischen herausgeführt und ihnen im Rahmen seiner Geschichte einen würdigen Platz gegeben.

Auch „Die Grünstein-Variante“ wurde inzwischen – durch Bernhard Wicki – verfilmt. Hier bleibt die Filmgeschichte ebenfalls nahe beim Hörspiel und bezieht ihre Wirkung – in der Interpretation durch drei hervorragende Darsteller – vor allem aus Kohlhaases Text.

1977 veröffentlichte Wolfgang Kohlhaase seinen bisher einzigen Band mit Prosaarbeiten. Er trägt den sachlichen Titel *„Silvester mit Balzac und andere Erzählungen“* und enthält dreizehn Texte sehr unterschiedlichen Charakters, von denen einige zuvor bereits in „Sinn und Form“ erschienen waren. Er war das Ergebnis jahrelanger Bemühungen um die erzählende Prosa, das „Debüt“ eines Sechsundvierzigjährigen, der als Film-

und Funk-Autor zwar längst berühmt, aber nur einem vergleichsweise kleinen Kreis von Menschen bekannt war. Wer kennt schon den Drehbuchschreiber? Wer merkt sich den Autor eines Hörspiels! Nun erst, schwarz auf weiß, prägte sich sein Name ein, denn sein wenig umfangreiches Buch wurde ein literarisches Ereignis.

Für Kohlhaase war der Umgang mit Prosa, zwar früh geübt, aber lange hintangestellt, ein Abenteuer. „Ich habe nie Gedichte geschrieben, nie einen Impuls zur Lyrik gehabt. Ich bin durch die Arbeit bei der Zeitung und durch das Filmemachen von meinem Ich in gewisser Weise weggekommen. Bei der Zeitung mußte man nicht über sich schreiben, sondern über andere und über Vorgänge. Man war Übermittler. Das heißt nicht, daß von einem selbst nicht über Haltung, Blick und Stil etwas in die Dinge hineinkam. Aber letztlich war man dem Objektiven näher als dem Subjektiven. Beim Filmemachen hat sich das fortgesetzt. Sie können in einem Film sehr schwer Ich sagen. [. . .] Ich bin erst jetzt, als ich diese Geschichten geschrieben habe, behutsam dichter an das Ich gekommen."[28] Behutsam dichter an das Ich: Zieht man von dieser Formulierung das Kohlhaase eigene Understatement ab, dann bleibt das Bekenntnis: Prosa heißt für mich, über persönliche Betroffenheit auch in persönlicher Form zu sprechen. Natürlich war Kohlhaase in den Personen seiner Filme und Hörspiele, in Lodek *und* Grünstein, in Reiber *und* Klettke, in Kemmel, sogar in Gregor Hecker, aber das ist etwas anderes als zu schreiben: „Am dreißigsten März habe ich Inge Kaliska geküßt, ihre Lippen schmeckten nach einem fremden Salz."[29] Natürlich ist auch das Ich der Erzählung dem Autor-Ich nicht identisch, aber es ist ihm – mindestens durch die Form seiner Verlautbarung – viel näher als in Kunstformen, die sich über einen Darsteller vermitteln. Es unterstreicht Kohlhaases Rang als Erzähler, daß er gerade dort Maßstabsetzendes geleistet hat, wo dieses ‚Ich' ganz unmittelbar zu Worte kommt: in „Inge, April und Mai", in „Silvester mit Balzac", aber auch in „Worin besteht das Neue auf dem Friedhof?" und – nicht zu vergessen! – in „Kohlen und Kavallerie". Eingangs- und Schlußerzählung schaffen einen zeitlichen Rahmen des Bandes.

„Inge, April und Mai" ist die Geschichte eines Vierzehnjährigen, für den die Zeit der ersten Liebe zusammenfällt mit dem

Ende des Zweiten Weltkriegs. Das ist – noch – kein literarischer Vorgang; er wird es erst durch den Geist der Erzählung, in dem sich das Individuelle zu behaupten hat gegen das Weltgeschehen. „Kindheit prägt jeden, wer sie in sich nicht verliert, hat etwas zu erzählen“[30], sagt Kohlhaase, und dann: „Für jeden ist offensichtlich etwas anderes poetisierbar, aber immer geht es darum, einem Material einen Sinn zu geben, um ein erhellendes Moment, das man ebenso mit allen Sinnen findet wie mit dem Verstand.“[31] An anderer Stelle spricht er seine poetische Absicht sehr direkt aus: „Ich wollte etwas über einen Vorgang schreiben, der mich selbst und vielleicht auch eine bestimmte Generation betrifft, wo Pubertät und Weltgeschichte unaufklärbar durcheinander gingen, wo eine Zeit der Freiheit begann, die eigentlich nie übertroffen worden ist.“[32] Charakteristisch für Kohlhaase ist der Hinweis auf den *Vorgang*, den er zu beschreiben suchte. Stets – und hierin zumindest gibt es Gemeinsamkeiten zwischen seinen Erzählungen, Hörspielen und Filmen – macht er Haltungen und Verhaltensweisen an Vorgängen sichtbar, in die Menschen gestellt sind. So entstehen genau beobachtete Portraits, die sich aus verschiedenen, oft winzigen Begebenheiten aufbauen. In „Inge, April und Mai“ etwa denkt der Erzähler über seinen Freund Gerdchen Pachähl nach, der im April 1945 mit „einem langen Beutegewehr“[33] losmarschiert ist. Auf Nimmerwiedersehen. „Was war mit ihm los? Ich weiß nicht. Ich weiß nur, daß ich ihn in diesem halben Frühling gekannt habe wie mich selbst, obwohl er ein Jahr älter war und in der Fabrik bei Osram lernte. Im Park schnupperten wir die gleiche Abendluft, die nach Zigaretten und Mädchen schmeckte, nach Abenteuern, die den Krieg übertrafen. Er schnitt mir die Haare, und ich schnitt sie ihm. Wir aßen seiner Mutter den Zucker aus dem Kleiderschrank und wollten zusammen zur Marine. Als wir den Fähnleinführer Kruse mit seiner Pistole sahen, rief Gerdchen ‚Pflaumenkruse‘ hinter ihm her, weil wir nicht mehr vernarrt waren in die Idee mit dem Endsieg.“[34] In diesen Zeilen, die scheinbar frei assoziieren, wird ein Mensch vorgestellt, wird eine Beziehung verdeutlicht und eine Zeit skizziert. Kohlhaase sagt nicht: Er war mein Freund, ein feiner Kerl. Er sagt: Ich habe ihn gekannt „wie mich selbst“. Er benennt den Zucker (im Kleiderschrank!), den Traum von der Seefahrt und das Haareschneiden. Wenn seine Figuren reflektieren, dann beschreiben sie nicht Gefühle, sondern Vorgänge, an die diese Gefühle gebunden sind. Das andere ist Sache des Lesers, Hörers oder Zuschauers. Stets sind die Figuren sozial genau umrissen (Gerdchen lernte „in der Fabrik bei Osram“!). Das Detail ist nirgends beliebig. Sprache – so sehr sie Sprache des Autors ist – folgt dem sozialen Gestus der Figur. Die meisten Erzählungen sind dialogreich, wobei der knappe, pointierte Wortwechsel, der die kleinen Absurditäten der Alltagssprache hat, vorherrschend ist. „Die Wirkung von Prosa“, sagt Kohlhaase, „liegt nicht nur im Vorgang, der ja erst in seiner ästhetischen Bewältigung Bedeutung und die besondere Realität der Literatur gewinnt. Man kann ein und denselben Vorgang erzählen, und eine unterschiedliche sprachliche Haltung, in der man ihn erzählt, preist ihn oder denunziert ihn. Die Dimension der Sprache ist wichtig, und gerade in der Sprache liegen die Nuancen. Wenn es aber nicht glatte Artistik sein soll, muß es eine Beziehung zu einer Vielzahl von Details geben. Mir wäre es ein Geheimnis, wie ich eine Frühstückspause in einer Fabrik beschreiben soll, wo ich nie in der Fabrik frühstücke. Ich kann mich natürlich da dreimal hinsetzen; die Leute erzählen sich etwas, der eine knistert mit dem Papier, einer spricht von seiner Frau – alle diese Dinge kann man zusammensetzen; die Sachen sind ja im Prinzip so, wie man sie sich denkt. Das Geheimnis ist, daß sie eben nur eine Idee anders sind, und darum muß man sie genau kennen – als Voraussetzung, scheint mir, für jene andere, nicht naturalistische Genauigkeit, die künstlerische.“[35]

Auch *„Silvester mit Balzac“* fixiert genau den Zeitpunkt des Erzählten. „Die Hände in den Taschen, fröstelnd von einem Fuß auf den anderen hüpfend, sah ich dem neuen Jahr in die unterschiedliche Miene, wie ein Zeuge, wie ein Beobachter, und fühlte mich fremd in diesem Jahr, in dem ich vierzig werden würde.“[36] Das ist in Budapest während einer Reise, die der Erzähler unternommen hat, um einer Liebe davonzulaufen, weil er spürt, daß sie sein Leben verändern wird, und obwohl er bereits weiß, daß er ihr nicht entgehen wird. Wie die erste so ist auch diese letzte Erzählung des Bandes eine Liebesgeschichte, wenn man darunter mehr faßt als die herkömmliche Lovestory. Es ist eine Weltschau anläßlich einer Liebe, durchaus ernst trotz der zur Schau gestellten erzählerischen Leichtigkeit, faszinierend in der Fülle ihrer Aspekte. Sie zeigt Kohlhaase auf der Höhe seiner Möglichkeiten, sie ist von gelassener Souveränität. „Der politische Standpunkt regelt nicht den poetischen", hat Kohlhaase zu H. Richter gesagt, „er geht aber in ihn ein. Die poetische Position hat mit Natur und Existenz zu tun, mit der Summe von Lebens- und Kunsterfahrung und mit Lebens- und Kunstfähigkeit."[37] Was hier theoretisch formuliert ist, tritt dem Leser in „Silvester mit Balzac" künstlerisch-praktisch entgegen.

„Kohlen und Kavallerie" ist die Miniatur einer Erzählung. Dieckmann sagt: „Pointenlosigkeit setzt sich in ihr mit viel Kunst selbst als Pointe."[38] Der Satz stimmt nur dann, wenn Pointe als Schluß-Pointe verstanden wird, denn das Zweieinhalb-Seiten-Geschichtchen pointiert auf sehr genaue und vergnügliche Weise die Haltung des Kohlenmannes, der noch immer von seiner Zeit bei den Leipziger Ulanen träumt. „Na ja, man lebt von der Erinnerung, sagt er. Vorbei ist vorbei, sage ich."[39] Danach kommt man wieder auf die Briketts zu sprechen. Der Sprachkünstler Kohlhaase stellt sich hier vor. Glanzvoll. Es gibt gelegentlich so kleine Prosastückchen (Kants „Gold" zählt dazu!), die wie erzählerische Visitenkarten abgegeben werden.

Zwei Erzählungen des Bandes fallen aus dem Rahmen dessen, was der Autor an Selbsterlebbarem mitzuteilen hat: „Erfindung einer Sprache" und „Mädchen aus P.". Beide reichen in die Zeit des Faschismus zurück; sie lassen das erzählende Ich redlicherweise nicht zu; sie haben eine andere Ton- und Gangart als die übrigen Geschichten. *„Erfindung einer Sprache"* weiß von einem holländischen Studenten zu berichten, der eine Sprache erdenkt und damit sein Leben rettet. Das ist 1944 in einem deutschen Konzentrationslager, und sein Kapo möchte Persisch lernen. Das ist ein Einfall, der den Atem Stocken macht: eine große sinnliche Metapher, die das Nachdenken in Bewegung setzt. Kohlhaase teilt den ungeheuren Vorgang ohne Umschweif, beinahe karg mit. Seine Schlußsätze sind von klassischem Zuschnitt: „Ein Maitag wird kommen, an dem die Tore offen sind, an den Straßen blühen die Kastanien, wer lebt, geht, wohin er will. Straat wird nach Holland zurückkehren, er wird seine Physik zu Ende bringen, Lehrer werden. Er wird leicht ermüden sein Leben lang. Niemals mehr wird er etwas so Großes tun, wie er vollbracht hat, er hat eine Sprache erfunden, die er allmählich vergißt. Battenbach wird nach Persien gelangen, in das Kaiserreich Iran, verwundert über das seltsame Persisch, das man dort spricht."[40] Kohlhaase hat das Zustandekommen der Erzählung in einer Diskussionsrunde der Akademie erläutert: „Auf diese Geschichte bin ich gekommen, weil mir irgendjemand vor vielen Jahren den Kern der Sache erzählt hat (aber das war kein Holländer, das war kein Student): jemand hätte angeblich eine Sprache erfunden und hätte es geschafft, mit diesem großen, verzweifelten Einfall zu überleben. Das ist zehn oder fünfzehn Jahre her. Ich habe das immer im Kopf behalten, nie vergessen. Alles andere ist im wesentlichen ausgedacht. Mein Arbeitsproblem war dabei unter anderem, die Erzählhaltung zu finden, also sich nicht mit einer Haltung zu schmücken, als wäre man dabei gewesen, nicht zu weit in die Figuren hineinzugehen – das hat nämlich riesige Konsequenzen –, auch den Einfall mit der Erfindung dieser Sprache nicht allzu sehr zum Vergnügen zu benutzen."[41] Bemerkenswert ist die lange Zeitspanne zwischen der ursprünglichen Anregung und der Niederschrift. Die Geschichte hat lange „geruht", sie ist voll ausgereift. Das kann als Merkmal Kohlhaaseschen Schreibens konstatiert werden. In einer schnellebigen Zeit, die auch die Versuchung zum Schnell-Schreiben in sich trägt, hat er die Ruhe, den schöpferischen Prozeß nicht zu forcieren.

„Mädchen aus P." ist die Geschichte der sechzehnjährigen Jüdin Rejka, die auf dem Weg in die Deportation vergewaltigt wird, dem Tode entkommt, ihr Kind austragen kann und danach tatenlos zuschaut, wie es stirbt. „Rejka nickte und sagte einfach: ‚Ja, es ist tot'."[42] Erst dann löst sich der Krampf, der sie umklammert hatte. „Und dann begann sie zu weinen, aufrecht stehend, die Hand vor das Gesicht geschlagen, am ganzen Leib geschüttelt, ohne Trost."[43] – Kohlhaase selbst und hernach seine Exegeten haben darauf hingewiesen, daß diese Geschichten klüger sind als die Menschen, die sich in ihnen bewegen. Zwischen dem Horizont der Figuren und dem Horizont der Erzählung bleibt ein Raum, den der Leser auszufüllen hat: mit Nachdenklichkeit und Betroffenheit.

Man hat dem Autor vorgehalten, seinen Werken mangele jene Konsequenz, die einer Geschichte ihre schlimmstmögliche

Wendung gibt. „Kohlhaase", schreibt Dieckmann, „ist das Gegenteil eines Moralisten, er kann das Böse nicht hassen, er kann es, mitsamt dem Haß, den es hervorbringt, nur beschreiben; ja es gibt das Böse als subjektive Kategorie, als Verhaltensentscheidung des einzelnen Menschen eigentlich nicht bei ihm, es gibt nur böse Verhältnisse."[44] Nun, diese Feststellung variiert nur am speziellen Gegenstand, was marxistische Gesellschafts- (nicht nur Kunst-!)auffassung generell vertritt: Das Böse am Menschen (und das Gute in ihm gleichermaßen!) kann öffentliches – also auch künstlerisches – Interesse erst dort beanspruchen, wo es in (oft höchst verzwickter) Beziehung zu den „Verhältnissen" steht. Das Böse schlechthin (wenn es das gibt) hat nur den fatalen Reiz einer Abnormität auf dem Rummelplatz, auf die wir mit kühlem Schauder blicken, weil sie bestenfalls Mitleid weckt. Selbst im „Mädchen aus P.", der wohl härtesten Geschichte des Bandes, in der alles Menschliche pervertiert scheint, bleibt der Streifen Hoffnung, den ein Tränensturz nach innerer Austrocknung anzeigt. Die Geschichte siedelt wie „Inge, April und Mai" im Umbruch der Zeiten, in gewisser Weise ist sie ihr Pendant. Es wäre ein Akt künstlerischer Willkür, wollte Kohlhaase ihr die Hoffnung verweigern, die objektiv aufkommt. Ob Rejka sie wird fassen können, bleibt dahingestellt. Sie ist in der Welt.

Schwerer wiegt die Bemerkung, in Kohlhaases Erzählungen walte ein „episches Behagen"; eine „schöne Gelassenheit" bewahre ihn „vor jenem Äußersten, das die eigentliche Sphäre der Dichtung ist"[45]. Läßt man einmal beiseite, daß diese Klassifizierung auf eine Scheidung zwischen der eigentlichen und der uneigentlichen Poesie hinausläuft, so bleibt als Kern, daß Kohlhaase den Rezipienten nie ohne ein Quentchen Zuversicht entläßt. Man mag das historischem Optimismus zuschreiben, man kann es aus seiner Welthaltung oder aus der Eigenart einer temperierten Persönlichkeit ableiten: Es ist ein Wesenszug seines Schaffens, den es zu akzeptieren gilt. Der verpönte Begriff hat hier seinen Platz: Diese Literatur ist ein Stück Lebenshilfe.

Die Arbeit an der Prosa war für Kohlhaase nicht das letzte Wort. Er wandte sich erneut dem Film zu, wohl wissend, daß der Schriftsteller in ihm nur Teilhaber am Gesamtwerk ist. „Ich halte nichts von der Theorie, die von Drehbüchern sagt, das sei eine Literatur für sich", hat er 1976 vor Studenten erklärt. „Man entdeckt, wenn der Film gemacht wird, wirklich nicht nur das eine, nämlich, daß manches nicht so wird, wie man es sich gedacht hat, sondern man entdeckt auch, daß manches besser wird, als man es sich so durchschnittlich gedacht hat, weil der Regisseur, der Kameramann, die Schauspieler etwas dazutun."[46]

1980 hatte *„Solo Sunny"* Premiere: der letzte Film mit Konrad Wolf; der erste Film, an dem der Drehbuchautor Kohlhaase als Co-Regisseur beteiligt war: „Ich hatte, nach längerer Pause, große Lust, wieder eine Geschichte von Leuten und für die Leute in dieser Stadt Berlin zu erzählen, aus dem Respekt vor ihr und ihrer Realität"[47]. Das verweist auf die Berliner Filme der fünfziger Jahre: eine Bezugnahme nach fast einem Vierteljahrhundert. Was der Film erzählt, ist jedoch ganz gegenwärtig. „Wenn ich eine Kurzauskunft über die Geschichte geben sollte, würde ich sagen: Der Roman einer Schlagersängerin, eine Geschichte von Liebe suchen, Liebe finden, auf die Fresse fallen, wieder aufstehen. Da sie nicht gestorben ist, wird sie – kräftiger, wünschen wir ihr – weiterleben. Christine sagt zu ihr: ‚Du bist nicht allein.' Das ist wahr."[48] Es ist ein Film *über* junge Menschen *für* junge Menschen. Der in ihm formulierte Lebensanspruch – der Wunsch nach dem ‚Solo', nach Erfüllung in der Arbeit wie in der Beziehung zu einem anderen Menschen – betrifft gewiß nicht nur die Jungen, aber der Film geht ihm dort nach, wo ihn junge Menschen leben. Möglichkeiten werden ‚durchgespielt', Lebenshaltungen gezeigt, die einander teils ergänzen, teils ausschließen. Was Konrad Wolf ein Jahr später auf dem X. Parteitag der SED als Anspruch des sozialistischen Künstlers vorgetragen hat, ist mit Sunny bereits ins Bild gesetzt: der Anspruch, gebraucht zu werden. Der Film – mehrfach preisgekrönt – erreichte, was seine Schöpfer wollten: „Ein Film kann Bilder liefern, in denen der Zuschauer etwas von sich und etwas für sich findet. Ein Film schuldet denen, die ihn sich ansehen sollen, einen Ton, der sie berührt. Ein Film kann auch nichtabfragbare Wirkungen haben."[49]

Die Zusammenarbeit von Wolfgang Kohlhaase und Konrad Wolf, ihre – nicht ununterbrochene, aber niemals abgebrochene – Partnerschaft über eineinhalb Jahrzehnte hat die Filmgeschichte der DDR nachhaltig geprägt. Der Tod Wolfs im März 1982 zerriß ein Band, lange bevor es abgespult war. „Lieber wäre ich still. Ich denke immer noch, er könnte wieder zu Hause sein, die Tür aufmachen und vorangehen in die Küche." So Kohlhaase, und dann: „Sein Respekt vor Menschen entsprach seiner großzügigen Natur, aber darin steckte auch ein klarer politischer Gedanke. Der Sozialismus, meinte er, sei für viele da, und viele müßten, immer aufs neue, an ihm beteiligt sein."[50]

Die Filme, für die Kohlhaase nach Wolfs Tod als Drehbuchautor zeichnete, entstanden nach literarischen Vorlagen: *„Der Aufenthalt"* (mit Frank Beyer), eine Filmnovelle nach dem gleichnamigen Roman von Hermann Kant, 1983, und 1985 *„Die Grünstein-Variante"* (mit Bernhard Wicki).

So wenig Kohlhaase der gedanklichen Reflexion in seinen Werken Raum gibt, so umfangreich sind seine Äußerungen zu kulturpolitischen und künstlerischen Fragen auf Kongressen, in Interviews und bei öffentlichen Diskussionen, als Gesprächsleiter und -teilnehmer. Weltanschaulich gebildet, in seinem Metier erfahren, versteht er es, eine Sache sprachlich auf den Punkt zu bringen. Seine Gegenstände sind mannigfaltig, aber nicht beliebig, weil sie auf wenige, sehr grundsätzliche Probleme zulaufen. „Ich habe einen gesicherten ersten Satz anzubieten", eröffnet Kohlhaase seinen Diskussionsbeitrag auf dem VII. Schriftstellerkongreß, „er heißt: Literatur und Wirklichkeit, das ist ein Thema, in dem man sich verlaufen kann."[51] Sein Beitrag versteht sich nicht als Ariadnefaden, dem man blindlings folgen kann. Alle seine Äußerungen sind frei von Besserwisserei. Sie sind Korrelate seines künstlerischen Schaffens, verallgemeinert aus praktischer Erfahrung. Stets geht es ihm um Realismus. „Die Dinge sehen, wie sie sind. Hier berührt sich realistische Kunst mit den Interessen der Arbeiterklasse, die ihre geschichtliche Aufgabe nur lösen kann, wenn ungezählte Menschen, die Mehrheit, die Dinge zu sehen beginnen, wie sie sind."[52] Das ist eine politische, ideologische und ästhetische Maxime. Im Gespräch mit Richter hat Kohlhaase ihr zwei wichtige Aspekte angefügt: „Ich meine", sagt er dort, „es gehört auch zum Realismus, daß man das Publikum nicht aus dem Auge verliert und das Handwerk nicht mißachtet."[53] Als Filmautor weiß er genau, daß sich das Kunstwerk erst im Betrachter vollendet. „Vor allem brauchen wir im Interesse ihres Zusammenwirkens genauere Vorstellungen über die unterschiedlichen Möglichkeiten von Kino und Fernsehen. Das soll nicht heißen, daß die Theoretiker nun schleunigst einen Katechismus der Massenmedien verfassen, sondern daß wir eine normale, alltägliche Vernunft walten lassen. Erfolg und Mißerfolg prüfen, wissen, daß es dabei um Kunstfragen, letztlich um Erfolg und Mißerfolg im politischen Kampf geht. Wir haben es einerseits mit unseren Absichten und andererseits mit den Erwartungen des Zuschauers zu tun (auf diesen Zuschauer haben aber auch noch andere Leute ihre Absichten). Es gibt offensichtlich Bedürfnisse und Erwartungen verschiedenen Niveaus: Unsere Arbeit hätte idealerweise an Bedürfnisse anzuknüpfen, ohne bei ihnen stehenzubleiben."[54] Und die Quintessenz: „[. . .] das Einzige, was uns hilft: Realismus – Realismus, der die Wirklichkeit zeigt, wie sie ist, und der uns hilft, sie zu verändern. Eine Kunst, die, aus sozialistischem Bewußtsein entstehend, sozialistisches Bewußtsein erzeugt und festigt, die uns stärker macht, indem sie uns menschlicher macht."[55] Was Kohlhaase als das Handwerk bezeichnet, zielt auf die künstlerische Meisterung des Gegenstands. Auch hier: um der Wirkung willen. „Professionalität" ist ihm notwendige Voraussetzung, weil erst durch sie aus einer guten Absicht eine gute Sache wird.

Zwei Äußerungen dürfen als Leitgedanken gelten. Die erste – 1974 – ist in einen Satz gefaßt: „Ortszeit ist immer auch Weltzeit!"[56] Sie betont den welthistorischen Zusammenhang, in dem heute die Entwicklung sozialistischer Kunst gesehen werden muß. Die andere – 1978 – gehört zu den schönsten bildhaften und prägnanten Definitionen dessen, was realistische Kunst zu leisten hat. „Es gab eine Fotografie meiner Großmutter, die ihr nicht gefiel: Sie sah alt darauf aus, von Krankheit gezeichnet, erschöpft. So mochte sie sich am Ende eines Lebens, das sie so hatte werden lassen, nicht sehen. Die Vorstadtfotografen aller Gegenden lösen das Problem leicht durch Retusche und werden deshalb von den besseren Fotografen verachtet. Aber ist die Haltung meiner Großmutter, die Momentaufnahme ihrer fatalen Befindlichkeit nicht als Bild von sich zu akzeptieren, nur töricht gewesen? Wohl nicht, wenn man darüber nachdenkt. Denn ihr Wunsch, besser auszusehen, der, wie gesagt, mit einer Fälschung zu betrügen gewesen wäre, entsprang auch einem Bedürfnis nach Emanzipation, das sich an alle Kunst richtet, an das Schöne als Utopie, als Ideal. Sich an ihre Jugend erinnernd, aus Rebellion gegen den Tod, aus Eitelkeit vielleicht, hatte meine Großmutter eine schönere Idee von sich, und damit hatte sie etwas Wichtiges, Menschliches, das auf einem Bild von ihr mit zu sehen sein mußte. – Ich rede also vom Realismus, der nicht mit einem Spiegel auskommt, nicht mit dem positiven oder negativen Schema, sondern der sich immer wieder einlassen muß auf das Sichtbare und auf das Nicht-Sichtbare in der Gestalt eines Menschen oder eines geschichtlichen Vorganges oder auch nur einer Blume."[57]

Kurzbiographie

Wolfgang Kohlhaase wurde am 13. März 1931 in Berlin geboren. Sein Vater war Schlosser. Er begann 1947 bei der Jugendzeitschrift „Start", war danach Mitarbeiter der Zeitung „Junge Welt" und von 1950–52 Dramaturg bei der DEFA. Seitdem lebt er als freischaffender Schriftsteller in Berlin. Kohlhaase wurde wiederholt mit Preisen ausgezeichnet (u. a. mehrfach mit dem Nationalpreis für Kunst und Literatur); er ist Mitglied der Akademie der Künste und des PEN-Zentrums DDR.

Dieter Heinemann

Hans Lorbeer

Im Jahre 1953 schlug Johannes R. Becher seinem alten Freund und literarischen Kampfgefährten aus der Zeit des Bundes proletarisch-revolutionärer Schriftsteller, Hans Lorbeer (1901 bis 1973), vor, einen Roman über Luther und die Reformation zu schreiben. Diese Aufforderung überraschte Lorbeer, hatte er doch bisher ausschließlich Stoffe und Themen gestaltet, denen eigene Erlebnisse oder doch genaue Beobachtungen von menschlichen Schicksalen und sozialen Vorgängen in seinem unmittelbaren Lebensbereich zugrunde lagen; das historische Sujet war für ihn also Neuland. Außerdem lagen seine hauptsächlichen literarischen Erfahrungen und Erfolge, die er auf epischem Gebiet nachweisen konnte, in den kleinen Formen. Frühe Anerkennung hatten seine Skizzen und Kurzgeschichten aus der zweiten Hälfte der zwanziger Jahre gefunden[1]; sein erster, 1928 beendeter Roman konnte unter dem zur Macht gelangten Faschismus in Deutschland nicht mehr erscheinen und war bis 1953 noch nicht in deutscher Sprache veröffentlicht worden[2]. Nach 1945 hatte Lorbeer vor allem in Erzählungen die gesellschaftlichen und sozialen Veränderungen im Zuge der demokratischen und sozialistischen Neugestaltung der Verhältnisse verfolgt und mitgestaltet, seinen zweiten, 1953 gerade erschienenen Roman „Die 7 ist eine gute Zahl" aber weder zur eigenen noch zu Bechers Zufriedenheit bewältigt. Schließlich mußte es ihn frappieren, daß Becher ihn ausgerechnet auf Luther verwies. Hatte doch gerade Becher in der Frühzeit ihrer Freundschaft, wenn er den jungen proletarischen Dichter in dessen – direkt vor den Toren Wittenbergs gelegenem – Heimatort Piesteritz besuchte, schroff das aus begreiflichem Lokalstolz des Provinzlers gegenüber dem Gast aus der Hauptstadt geborene Ansinnen zurückgewiesen, die Wirkungsstätten des berühmten Reformators und seiner Mitstreiter zu besichtigen: Was Lorbeer denn für ein seltsamer Kommunist sei, der sich für Luther und die Reformation interessiere?[3]

Dennoch ließ Lorbeer sich überzeugen und wagte sich an das gewaltige Vorhaben, von dem Becher ganz offen zugab,

Lorbeer könne damit „auch Schiffbruch erleiden"; und für die Mehrzahl der Leser in der DDR verbindet sich Lorbeers Name seither vor allem mit seiner Roman-Trilogie „Die Rebellen von Wittenberg", die inzwischen weit mehr als zehn Auflagen erfahren hat.

Dabei hatte der junge Hans Lorbeer als Lyriker begonnen und bis zu seinem Lebensende auch Gedichte geschrieben.[4] Bei proletarischen Pflegeeltern in Kleinwittenberg aufgewachsen, gehörte die Erfahrung des Ausgeliefertseins des Proletariers an die Fabrikarbeit zu seinen Grunderlebnissen.

Besonders kraß mußte der junge Arbeiter den Gegensatz empfinden, in dem seine jetzige Existenzweise zu dem während der Kindheit ausgeprägten, außerordentlich engen Verhältnis zur Natur stand. Piesteritz, erst während des Ersten Weltkrieges durch den Bau des Stickstoffwerkes und die gewaltige Erweiterung der nahegelegenen Sprengstoffwerke zu einer ausgesprochenen Industriearbeitersiedlung geworden, war in Lorbeers Kindheitstagen eine noch fast dörfliche Gemeinde. Die Eindrücke der heimatlichen Landschaft, der umliegenden Wälder und weiten Elbwiesen sowie des Stromes selbst hatte der heranwachsende Junge zunehmend bewußter aufgenommen. Die daraus entstehende tiefe Beziehung zu dieser Landschaft wie zur Natur überhaupt empfand er sehr früh als ein bestimmendes Moment seiner sich ausprägenden Lebenshaltung; schon als Fünfzehnjähriger verfaßte er ein Gedicht, in dem Naturerscheinungen – Wind, Quelle, Blumen – direkt angesprochen werden, um von ihnen Rat und Antwort zu erbitten.

Der innigen Naturbeziehung entsprach die schon während der Schulzeit ausgebildete besondere Neigung zur volkstümlichen romantischen und nachromantischen Dichtung des 19. Jahrhunderts: Brentano, Eichendorff, Uhland, der junge Heine und die diese Tradition aufnehmende Lyrik von Geibel bis Storm sowie das überlieferte alte Volksliedgut bestimmten Lorbeers literarische Vorstellungen. Die von sozialen Konflikten scheinbar unberührte „bessere Welt" in dieser Dichtung erschien ihm als Trost und seelischer Ausgleich für die quälenden eigenen Lebenserfahrungen, und solche Gedichte auch selbst zu schreiben, lag für ihn unter diesen Umständen nahe.

Tatsächlich nehmen Naturlyrik und stark naturbezogene Liebesgedichte in Lorbeers frühem poetischen Schaffen bis etwa zur Mitte der zwanziger Jahre einen wesentlichen Raum ein. Das mag verwundern, da der junge Arbeiter während dieser Zeit keineswegs eine weltabgewandte, von den aufwühlenden sozialen Bewegungen distanzierte Entwicklung durchlief. Die Ereignisse der Novemberrevolution, stärker noch die nachfolgenden revolutionären Erhebungen des deutschen Proletariats bis 1924 griffen tief in Lorbeers Leben ein. Schon 1919 schloß er sich der Arbeiterjugendbewegung an und wurde bald einer ihrer aktivsten Funktionäre in seinem Heimatort. 1921 trat er der Kommunistischen Partei bei. Es war für ihn nur natürlich, sein literarisches Talent sofort in den Dienst des revolutionären Klassenkampfes zu stellen; mit zahlreichen appellhaften Gedichten, häufig auf Versammlungen vorgetragen, und in Prosabeiträgen, die von 1922 an auch in der Arbeiterpresse publiziert wurden, trug Lorbeer zum Selbstverständnis und zur Aufklärung besonders der Arbeiterjugend über Inhalt und Ziele der revolutionären Bewegung bei. Aber neben diesen sozial und revolutionär engagierten Texten, scheinbar unabhängig von ihnen, entstanden jene Gedichte, in denen Lorbeer eine in sich geschlossene, gewissermaßen „heile“ Welt vorführte. In keinem dieser Gedichte versuchte Lorbeer, die poetisierte Natur und Landschaft in einen direkten Bezug zur gesellschaftlichen Realität zu setzen, etwa durch Aufnahme von Erscheinungen des proletarischen Alltags. Niemals gab er vor, in der Begegnung mit der Natur könnte der Mensch den Zwängen seiner Lebenswirklichkeit entfliehen und sich dort eine Stätte ungebrochenen menschlichen Empfindens bewahren. Damit unterschied schon der Standpunkt des jungen Lorbeer sich grundsätzlich von den Auffassungen anderer Arbeiterdichter (Hermann Claudius, Walter Schenk u. a.), bei denen die romantizistisch verklärte Natur als realer Fluchtraum für den Proletarier erschien, in dem er zeitweise, am Feierabend und am Wochenende, sein durch die Fabrikarbeit deformiertes Menschsein wiedererlangen konnte. Lorbeer ging es nicht darum, Illusionen über die tatsächlichen Lebensbedingungen der Arbeiter und Möglichkeiten ihrer Verbesserung zu erzeugen; ihm dienten seine romantisch geprägten frühen Naturgedichte dazu, sich eine ganz subjektiv begründete und ausgebildete Vorstellung von Menschlichkeit und humaner gesellschaftlicher Perspektive zu bewahren, ohne sich im unklaren darüber zu sein, daß sein an romantischen Dichtungsgehalten orientiertes Ideal eine Fiktion war. Es ist bemerkenswert, wie lange und intensiv Lorbeer an diesen Vorstellungen festhielt, selbst noch zu Zeiten, als er durch bewußtes Studium grundlegender Werke von Marx, Engels und Lenin gefestigtes theoretisches Wissen gewonnen hatte und als Parteipropagandist mit großem persönlichen Einsatz verbreitete. Offenbar bedurfte er neben den theoretisch abstrahierten Kenntnissen über Weg und Ziel des proletarischen Klassenkampfes auch eines konkret anschaulichen Welt-Bildes, in dem für ihn die erstrebten gesellschaftlichen Zustände sinnfällig zusammengefaßt waren.

Die besondere Rolle, die Natur und Landschaft in der poetischen Vorstellungswelt Lorbeers spielten, beschränkte sich jedoch nicht auf seine Naturdichtung, von der er große Teile gar nicht veröffentlichte; diese besondere Rolle kommt vielmehr erst dadurch recht zur Geltung, daß Lorbeer auch in seine sozialkritischen und revolutionären Gedichte häufig Naturbilder oder einzelne Naturerscheinungen einbezog. In der Regel ergibt sich daraus ein für Lorbeers – vor allem frühe – Dichtung eigentümliches Spannungsverhältnis: die Natur ist bewußt in Kontrast gesetzt zu den geschilderten realen gesellschaftlichen Verhältnissen. Mit diesem Gestaltungsprinzip bezweckte Lorbeer zweierlei: er benutzte die Naturwerte als Sinnträger der Lebenswerte, für deren Realisierung er im praktischen politischen Tageskampf focht, und zugleich demonstrierte er den Widerspruch, der zwischen diesen Idealen menschlichen Lebens und der von Klassengegensätzen und Klassenkämpfen bestimmten Wirklichkeit bestand, die es folglich zu verändern galt. Die Kontrastierung erfolgt auf unterschiedliche Weise. Im *„Lied im Maien“* („Und so will ich noch einmal, / Maitag, dich besingen“) wird in den ersten Strophen ganz konventionell das Bild eines frischen, frühlingshaften Maitages ausgemalt, das die glückliche Harmonie von Mensch und Natur einschließt („[...] und die Herzen alle sind / voller Licht und Freude“); erst in der dritten und letzten Strophe bricht der Dichter die für die ausgebeuteten Proletarier seiner Gegenwart unwahre Darstellung mit dem Verweis auf deren soziale Not abrupt auf. Im *„Wanderlied"* dagegen kontrastieren jeweils zwei aufeinanderfolgende Verszeilen mit völlig entgegengesetzten Bildern und Stimmungsgehalten:

Die Birke rauscht am Felderrand.
Das Blut verspritzt im ganzen Land.

[...]
Im goldnen Korn ersteht das Feld,
indessen wächst die Hungerwelt.

Und Blumenduft und Feldergrün –,
Wann wird der Zorn im Volk erglühn?

Doch nicht immer gestaltet Lorbeer Naturbilder völlig aus, um sie kontrastiv zu verwenden; in vielen Gedichten, in denen er das soziale Elend der untersten Schichten anklagend schilderte, erscheinen nur einzelne Naturattribute als Bestandteil der vorgeführten Situation: die „Blume im Fabrikfenster", die „Birke im Fabrikhof" oder der „blaue Himmel über Mietskasernen", „reines Licht", „schöner Wiesengrund" und andere chiffrenhafte Wendungen verweisen auf den unerfüllten Lebensanspruch.

Die Beständigkeit, mit der Lorbeer an seiner Gestaltungsweise festhielt – auch in vielen seiner frühen Prosatexte –, charakterisierte schon 1929 die namhafte kommunistische Literaturkritikerin Frida Rubiner in ihrer Besprechung seines Prosabandes *„Wacht auf!"* (1928): „Der junge Hans Lorbeer ist ein Dichter. Schildert er, Prolet und Revolutionär, den dunklen Hof der Fabrik mit den überragenden Schloten, so zeigt er noch ein Stückchen Himmel dazu; durch das Dröhnen der Maschinen im Fabriksaal hört er noch das Rauschen des Windes, und in der größten Not und Pein seiner Helden kann er nicht das Schreien der Vögel und das Glühen des Abendrots vergessen. Auch von den Menschen weiß er nicht allein das zu erzählen, was sie tun und lassen, sondern immer schwingt da ein Unterton von Seelenregung mit, ein kleines bißchen Lyrik schiebt der Erzähler selbst dort noch unter, wo die Wirklichkeit grau in grau ist."[5] Ein zweites wesentliches Moment in Lorbeers literarischen Darstellungen ist neben dem Naturbezug die Genauigkeit, mit der er die soziale Realität erfaßte. Das gilt in besonderem Maße für die äußeren Bedingungen und die psychischen Folgen der kapitalistisch entfremdeten Arbeit in der Großindustrie. An ganz konkreten Vorgängen und menschlichen Verhaltensweisen macht Lorbeer einsichtig, in welch hohem Grade die Arbeiter von den Phänomenen und Zwängen des Arbeitsprozesses bedrückt und zermürbt werden; selbst Arbeitspausen und Feierabend bleiben überlagert von dem Bewußtsein, dem vernichtenden Zwang der Fabrikarbeit nicht entrinnen zu können.

Die Gefahr der physischen und psychischen Verkrüppelung des Proletariers leitete Lorbeer jedoch keineswegs aus dem industriellen Arbeitsprozeß schlechthin ab; immer wieder versuchte er – durch die Kompliziertheit der darzustellenden Zusammenhänge oft überfordert –, poetisch die sozialökonomischen Wurzeln der kapitalistischen Entfremdung zu gestalten und dabei auch die manipulierten sozialen Differenzierungen unter den Ausgebeuteten kenntlich zu machen. In dem Gedicht *„Die Fabrik“* (in: „Gedichte eines jungen Arbeiters“, 1925) benennt er zum Beispiel neben der Unterjochung des Arbeiters unter die Technik und seiner Bedrohung durch Arbeitsunfälle ausdrücklich die Knechtung des Proletariers durch den von ihm geschaffenen, aber nicht ihm gehörenden „Wert“ sowie seine Bespitzelung durch die korrumpierten Handlanger des Kapitals („Antreiber umkriechen dich ränkevoll“) als Gründe für die Deformation alles Menschlichen im kapitalistischen Arbeitsprozeß.

Auf diese Weise gelangte Lorbeer schon Mitte der zwanziger Jahre zur poetischen Vermittlung der Erkenntnis, das entfremdete Verhältnis des Proletariats zur Industrie und zur Fabrikarbeit sei von den herrschenden Besitz- und Klassenverhältnissen bestimmt und könne nur durch deren Abschaffung grundlegend verändert werden. Damit wurde es ihm auch möglich, sein proletarisches Bewußtsein von der historischen Perspektive unmittelbar auf die Beziehungen zur Arbeit anzuwenden und in Gedichten wie *„Die Fabrik“*, *„Das Tor“* und anderen – wenn auch gedanklich verkürzt – vorwegzunehmen, wie die eingangs der Gedichte jeweils als Qual geschilderte Arbeit zu freudig bejahter und als beglückend empfundener Tätigkeit derjenigen wird, denen die „befreiten Maschinen“ zu „Brüdern“, die befreiten Fabriken zur Verheißung einer lichtvollen Zukunft geworden sind. Häufig verband Lorbeer dabei in seinen Gedichten die Erfahrungen der damals jüngsten Vergangenheit – das Scheitern der Bemühungen des Proletariats, die Errungenschaften der Novemberrevolution zu verteidigen und die revolutionäre Entwicklung zielstrebig voranzutreiben – mit der direkten oder indirekten Erläuterung der Aufgaben, die die Arbeiterklasse zu ihrer endgültigen sozialen und politischen Befreiung lösen mußte. Die Verschränkung politischer Gehalte mit dem Anspruch des Menschen auf umfassende Lebenserfüllung zeichnet auch die reportage- und skizzenhaften kurzen Erzählungen aus, die Lorbeer seit 1925 zunehmend schrieb und in Tageszeitungen veröffentlichte.[6] Schon früher hatte er sich an Geschichten versucht, in deren erfundenen Fabeln er eigene gesellschaftliche Erfahrungen und aktuelles politisches Geschehen mit verarbeitete, wobei aber kolportagehafte Elemente überwogen, wie schon die Titel verraten („*Arme Liebe*", „*Die Geheimratstochter*"). Diese Versuche fiktiven Erzählens waren abgelöst worden durch stark stimmungsgeladene Schilderungen von Erlebnissen, die er auf Wanderfahrten mit der Naturfreunde-Jugend hatte, einer proletarischen Touristenvereinigung, der Lorbeer angehörte. In den Texten jedoch verschmolzen die Beschreibung von Natur und Naturerleben immer wieder mit dem Nachdenken über soziale Gegebenheiten, insbesondere über die Lebensverhältnisse und -perspektiven der jungen Proletarier; dementsprechend münden sie in revolutionäre Bekenntnisse oder Aufrufe. Schon in diesen ersten Pressepublikationen – die Beiträge wurden in Zeitschriften der „Naturfreunde" abgedruckt – ging der junge Autor über die sachliche Berichterstattung hinaus, weitete er die persönlichen Erlebnisse kraft seiner schöpferischen Phantasie aus und bemühte sich selbst bei der Abhandlung ausgesprochen politischer Gedankengänge um Poetisierung und bewußte künstlerische Gestaltung; damit ging er einen ganz anderen Weg der literarischen Entwicklung als andere proletarische Autoren neben ihm, die nicht durch literarische, sondern zeitungsjournalistische Aktivitäten (z. B. als Arbeiterkorrespondenten) zum Schreiben kamen.

Seine ab Mitte der zwanziger Jahre entstehende Kurzprosa war ihrem Wesen nach die epische Nachgestaltung von Erlebnissen, die Lorbeer seit seinem Eintritt ins Berufsleben gehabt hatte. In den Texten erfaßte er mit dokumentarischer

Sachlichkeit und revolutionärem Wahrheitsgehalt die sozialen Verhältnisse der Piesteritzer Chemiearbeiter und veranschaulichte sie als Bedingungen des Klassenkampfes. Die exakte Darstellung einzelner Entwicklungsstufen der Arbeiterbewegung in individuellen Gestalten und Schicksalen, die genaue Beschreibung der Methoden und Formen des Klassenkampfes weisen gegenüber der bisherigen Prosa Lorbeers eine neue Qualität ideologischer Zielstellung und literarischer Gestaltung aus und kennzeichnen für sein episches Schaffen den Beginn einer nächsten Etappe.

Die Texte sind ihrem Genre nach nicht einheitlich zu klassifizieren. Sie spannen den Bogen vom Erlebnisbericht über skizzenhafte Reportagen bis zur Kurzgeschichte und knappen Erzählung. Die Sujets bleiben zunächst scharf begrenzt, episodisch; weder Fabeln noch Figuren werden entwickelt, sondern einzelne Vorgänge geschildert, an denen der Autor aktiv oder passiv beteiligt gewesen war: „Die Kriegsgefangenen", „Die Matrosen sind da", „Am Morgen der Revolution".

Schon bald weitete sich der thematische Bereich, ins Zentrum der Darstellung rückten die Arbeitsbedingungen der Proletarier in der chemischen Großindustrie, ihre Streik- und Widerstandsaktionen und ihre bewußte Solidarität, andererseits die Lebensumstände der Ärmsten, die Not und das Elend der Ausgesperrten und Alten.

Die Geschichten zeichnen sich durch genaueste Beobachtung und strenge Wahrhaftigkeit aus; die in ihnen erreichte Einheit von revolutionärer Grundüberzeugung und realistischer Wirklichkeitserfassung beeindruckte noch Jahre später die literarischen Kampfgefährten Lorbeers im „Bund proletarisch-revolutionärer Schriftsteller". Energisch wies (z. B.) Kurt Kläber darauf hin, Lorbeers Erzählungen enthielten „Revolutions- und Arbeitergesichter aus der Periode von 1918, wie sie einfach nur der niederschreiben kann, der 1918 und 1919 mitten unter ihnen stand. Die Milieuschilderungen, Beschreibungen von Baracken und Massenquartieren, von Eigenheiten der Arbeiterschaft" seien nicht weniger bedeutend, „Eigenheiten, wie sie nur dem in die Feder kommen können, der noch heute leibhaftig in Baracken und Massenquartieren umherläuft". Bemerkenswert seien vor allem „der Elan", „das Feuer", mit denen Lorbeer seine Geschichten verfasse; es gehöre „schon etwas dazu, so mit vollen Backen und so guter Begeisterung unter den Kessel ‚Masse' zu blasen". Schließlich zeichne Lorbeers Schaffen sich durch den Optimismus des Autors aus, nicht Optimismus „im rein agitatorischen Sinne", sondern als „Wille zum Sieg unter der Arbeiterschaft", auch unter den Arbeitslosen, den Hungernden; „ihre Solidarität, ihre Kameradschaft, ihr Mut und ihre Kampfentschlossenheit" fänden in seinem Schreiben Ausdruck.[7]

Mit den Geschichten, die anfangs vereinzelt – vor allem in der Wittenberger Kreisbeilage des „Klassenkampf" –, in den folgenden Jahren in vielen Parteizeitungen ganz Deutschlands veröffentlicht wurden und 1928 schließlich zusammengefaßt in dem Sammelband *„Wacht auf!"* erschienen, erwies Lorbeer sich als Pionier der literarischen Gestaltung des proletarischen Alltags; seine „Chemieerzählungen" kennzeichnen den Beginn jenes Entwicklungsstranges der proletarisch-revolutionären Epik, den in der Folgezeit Marchwitza, Bredel und andere mit ihrem Werk weiterführten. Seinen Weg als Erzähler setzte Lorbeer mit der Fertigstellung seines Romans *„Ein Mensch wird geprügelt"*[8] fort, an dem er – unter wechselnden Titeln – bereits mehrere Jahre gearbeitet hatte. Das literarisch Neue an Lorbeers Vorhaben war, einen proletarischen Einzelhelden in seinem Werdegang ins Zentrum eines Romans zu stellen. Auf der Grundlage seiner Erfahrungen als Fabrikarbeiter und Parteifunktionär suchte der Autor die komplizierte Entwicklung eines jungen Arbeiters darzustellen und dabei die differenzierten gesellschaftlichen Einflüsse jener Jahre zu erfassen, denen ein solcher Entwicklungsprozeß unterlag. Geschickt nahm Lorbeer die Möglichkeiten seines Stoffes wahr, anschaulich darzustellen, wie klassenbewußte Proletarier in der Chemieindustrie – deren Arbeitskräfte großenteils aus ländlichen Gebieten zusammenkamen, nicht in geschlossenen Städten oder großen Arbeitersiedlungen wohnten und durch die Aus- und Nachwirkungen kleinbürgerlichen Bewußtseins in ihrer politischen Entwicklung stark gehemmt wurden – nur unter erheblichen Schwierigkeiten neue Verbündete im revolutionären Kampf gewinnen konnten. Vor diesem Hintergrund gestaltete er überzeugend, wie sein Held sich unter der Wirkung einer Fülle desillusionierender Erfahrungen progressiv entwickelte. Folgerichtig führte der Autor seine Hauptfigur damit genau bis zu dem Punkte, wo die Darstellungen Bredels und anderer dann einsetzten: der Bewährung im Klassenkampf.

Die exakte Schilderung der sozialen Verhältnisse und der spezifischen gesellschaftlichen Kräfte in dem von Lorbeer gestalteten Umkreis erklärt, weshalb der Roman, der in Deutschland nicht mehr erscheinen konnte, in der Sowjetunion sofort lebhaftes Interesse erregte, als Lorbeer 1929 sowjetische Genossen mit dem Manuskript bekanntmachte: hier gewannen sie Einblick in die Situation großer Teile der deutschen Arbeiterjugend und in Bedingungen des Kampfes der Arbeiterklasse in Deutschland. Schon 1930 erfolgten daher der Zeitschriftenabdruck einer russischen Übersetzung und die Buchpublikation in russischer Sprache. Mit Lorbeers Erzählungsband *„Wacht auf!“* hatte der Internationale Arbeiterverlag 1928 seine Reihe „Arbeiterdichtungen“ eröffnet. Im Urteil zeitgenössischer Editoren und Rezensenten beanspruchte Lorbeer einen der vordersten Plätze unter jenen aus dem Proletariat hervorgewachsenen revolutionären Schriftstellern und Dichtern, die maßgeblich zur Herausbildung der modernen sozialistischen deutschen Literatur beitrugen.

Seine frühesten Veröffentlichungen erschienen bereits in den Jahren 1922/23, der erste Lyrikband, „Gedichte eines jungen Arbeiters“, 1925 – lange vor dem großen Aufschwung, den die proletarisch-revolutionäre Literatur Ende der zwanziger, Anfang der dreißiger Jahre nahm. Viele Arbeiten Lorbeers markieren – ihrem ideologisch-ästhetischen Gehalt nach – das entscheidend Neue und politisch Aktuelle dieser Literatur als einer Waffe im Klassenkampf: sowohl die Lyrik als auch die Prosa Lorbeers stehen für den Beginn von Entwicklungslinien einer spezifisch proletarischen Literatur, die sich abhebt von der sozialreformistisch-bürgerlichen „Arbeiterdichtung“.

Beleg dafür sind auch Verbreitung und Popularität seiner Arbeiten: der Zahl der Veröffentlichungen in der kommunistischen- und Arbeiterpresse nach (zwischen 1927 und 1931) nimmt Lorbeer einen der vorderen Plätze ein und wird lediglich von Autoren wie Weinert und Becher übertroffen. So nimmt es auch nicht wunder, daß er mit zu den Begründern des „Bundes proletarisch-revolutionärer Schriftsteller“ (BPRS) gehört.

Der Forderung nach politischer Operativität entsprach Lorbeer auf vielfältige Weise. Er verfaßte revolutionäre Sprechchöre (z. B. 1927 *„Liebknecht – Luxemburg – Lenin"*), Szenenfolgen (*„Märzkämpfe in Mitteldeutschland"*, 1929) und kleine Stücke für Agit-Prop-Gruppen (u. a. das Drama *„Phosphor"*, 1928; 1931 auch ins Russische übersetzt und in der Sowjetunion aufgeführt). Eine Zeitlang arbeitete er in der Gruppe „Rotes Sprachrohr" mit, die unter Leitung von Maxim Vallentin in Berlin wirkte. Er schrieb den Text eines revolutionären Oratoriums *„Panzerkreuzer Potemkin"* (1929), das im Ruhrgebiet mehrfach in überfüllten Sälen aufgeführt wurde und unter den proletarischen Zuhörern Begeisterung auslöste. Zeitweise war Lorbeer auch als freier Mitarbeiter der „Roten Fahne" tätig und verfaßte dort Reportagen und Berichte über die soziale Lage Berliner Arbeiter und Arbeitsloser.

Folgerichtig gehörte Lorbeer zu den Autoren, die 1929 als erste Delegation des BPRS in die Sowjetunion eingeladen wurden, um dort die neue sozialistische deutsche Literatur zu repräsentieren.

Da nicht nur Lorbeers literarisches Schaffen Ausdruck seiner politischen Überzeugungen war, sondern seine schriftstellerische Arbeit immer in Einheit mit aktiver parteipolitischer Tätigkeit verlief, mußte es bereits während der Weimarer Republik zu Zusammenstößen mit dem herrschenden System kommen: Ein erster Versuch der Justiz, ihn auf Grund der politischen Tendenz seines Schaffens wegen „Vorbereitung zum Hochverrat" vor Gericht zu stellen, scheiterte 1928; eine zweite Verhaftung in Berlin im gleichen Jahr konnte durch den Protest bekannter Autoren verhindert werden.

Um 1930 geriet Lorbeer zusätzlich in ernsthaften Konflikt mit seiner eigenen Partei, als er sich energisch weigerte, die zeitweise überspitzten, aus Fehleinschätzungen des Charakters der Sozialdemokratie resultierenden, objektiv sektiererischen Richtlinien der KPD im Hinblick auf die Arbeit von Kommunisten in den Gewerkschaften zu befolgen. Auf Grund seines Widerstandes gegen die Verketzerung sozialdemokratischer Arbeiter als angebliche Sozialfaschisten wurde Lorbeer wegen „Verstoßes gegen die Parteilinie" 1931 aus der KPD ausgeschlossen. Nach 1945 wurde sein Parteiausschluß annuliert.

Wie sehr Lorbeer unter der gewaltsamen Trennung von seiner Partei litt, ist auch daraus zu ersehen, daß er eine Folge von ihm verfaßter literarischer Porträts unter dem Pseudonym „Peter im Exil" veröffentlichte. Die Porträts galten fünfzehn dem Proletariat ehemals oder gegenwärtig verbundenen Dichtern, unter anderem Max Barthel, Heinrich Lersch, Karl Bröger, Erich Mühsam und Johannes R. Becher; unter dem Titel *„Dichterköpfe"* erschienen sie 1931/32 in der Zeitschrift „Arbeiterpolitik" als letzte Publikation Lorbeers vor 1933. In diesen Porträts gelang es Lorbeer, die Zusammenhänge von Geschichte, Persönlichkeit und künstlerischem Schaffen deutlich zu machen und damit sowohl seine kritischen Vorbehalte als auch engagierten Würdigungen zu begründen und zu vermitteln.

Wegen seiner gegen den drohenden Faschismus gerichteten politischen Aktivitäten kerkerten die Faschisten Lorbeer sofort nach ihrer Machtergreifung im Jahre 1933 ein, und da er sich nach seiner Entlassung einer illegalen antifaschistischen Widerstandsgruppe anschloß, wurde er 1937 erneut zu mehreren Jahren Zuchthaus und Moorlager verurteilt, später unter ständige Gestapo-Aufsicht gestellt.

Die während dieser schweren Zeit geschriebenen und verwahrten Gedichte hat Lorbeer 1948 unter dem Titel *„Die Gitterharfe"* veröffentlicht. Vornehmlich wieder in der Gestalt von Natur- und naturbezogenen Liebesgedichten haben hier Trauer und Not, Einsamkeit und Sorge, Erinnerung und Sehnsucht, aber auch Haß sowie Hoffnung und Gewißheit über den endlichen Sieg der Menschlichkeit ihren Ausdruck gefunden. Ebenfalls 1948 erschien die gleichfalls noch vor 1945 entstandene Erzählung *„Die Legende vom Soldaten Daniel"*, in der sich der Autor mit der Söldnerideologie deutscher Soldaten im Zweiten Weltkrieg auseinandersetzte. Auch der Gedichtband *„Des Tages Lied"* (1948) enthielt Arbeiten aus der Zeit des Faschismus, vermehrt um Gedichte der ersten Jahre nach der Befreiung; in diesen neueren Gedichten rechnete Lorbeer mit den Verführern des Volkes ab, benannte aber auch Schuld und Versagen jener, die nun unter den Folgen der Nazizeit litten, und thematisierte die ersten, noch schweren Schritte der Menschen in eine neue Gegenwart und Zukunft. Als bestimmendes Thema und in höherer künstlerischer Reife prägt dieser neue Stoffbereich den 1950 erschienenen Band

„Es singt ein Mensch auf allen Straßen", dessen Verse das Leben im jungen neuen Staat, die Liebe zur befreiten Heimat und zur Natur besingen, doch auch Feinde des Neuen und Zurückgebliebene satirisch aufs Korn nehmen.

Zu größeren literarischen Vorhaben fand Lorbeer in den ersten schweren Jahren nach dem Kriege nicht die Zeit: als einer der Aktivsten der ersten Stunde war er 1945 zum Bürgermeister von Piesteritz und zwölf umliegender Gemeinden ernannt worden, fünf Jahre lang übte er diese Funktion aus.

Aus den Erlebnissen dieser verantwortungsvollen politischen Tätigkeit entstanden neben den erwähnten Gedichten auch Erzählungen (*„Vorfrühling und andere Liebesgeschichten"*, 1953; *„Der Birkenhügel"*, 1960), in denen Lorbeer seine Fähigkeit erneut unter Beweis stellte, in ganz individuellen Fabeln, im Lebensgefühl und in den Handlungen seiner Figuren die großen gesellschaftlichen Konflikte anschaulich und überzeugend zu erfassen. Die Geschichten, in denen Lorbeer vornehmlich von den Veränderungen im Bewußtsein der Arbeiter, von ihrer Rolle bei der Umgestaltung der gesellschaftlichen Verhältnisse und ihrem Einfluß auf die anderen Schichten erzählt, offenbaren seine Verbundenheit mit den einfachen Menschen ebenso wie seine ursprüngliche Lust am Fabulieren.

In dem Roman *„Die 7 ist eine gute Zahl"* (1953), Lorbeers erstem größeren Projekt, seit er – frei von anderen beruflichen Verpflichtungen – sich ausschließlich dem literarischen Schaffen widmen konnte, sucht der Autor den mit seinen Erzählungen eingeschlagenen Weg weiterzugehen. Der Wiederaufbau eines Karbidofens im Stickstoffwerk Piesteritz, dem Werk, mit dem Lorbeer sein Leben hindurch so eng verbunden und das auch Handlungsort eines großen Teils seiner frühen Kurzprosa wie seines ersten Romans gewesen war, dient ihm als Modell, um die allmähliche (nämlich innere) Inbesitznahme des Betriebes durch die Arbeiter nach 1945, die Überwindung alter Gewohnheiten und die Lösung neuer Widersprüche vorzuführen. In einer geschlossenen Fabel werden die handelnden Figuren in ihrer Entwicklung, mit ihren Konflikten und Problemen gezeigt. Obwohl der Roman in wesentlich geringerem Maße die Schwächen anderer, in dieser Periode unserer Literaturentwicklung entstandener sogenannter Betriebsromane aufweist (in denen Werk und Technik den Menschen zu verdrängen drohten, in denen technologischer Fortschritt und Produktionssteigerung vielfach als Zweck, Arbeiter und Ingenieure aber als Mittel zum Zweck erschienen), bemerkte Lorbeer schon während des Schreibens, daß seine Darstellung nicht frei von Klischees blieb. Da die Voraussetzung seines bisherigen Schaffens, die genaue Kenntnis der Arbeiter, ihres Werkes und ihrer Lebensumstände aus eigener praktischer Erfahrung für ihn nicht mehr gegeben und von außen her auch nicht mehr zu erreichen war, verarbeitete der Autor vieles, was ihm während der Arbeit am Roman angeraten wurde, ohne daß er es durch genaue Sachkenntnis verantworten konnte. Damit verstieß er gegen ein Prinzip, auf das es ihm beim Schreiben immer angekommen war: die aktuellen politischen Aufgaben und Ziele nicht von den allgemeinen menschlichen Lebensinhalten zu trennen, sondern den ganzen Menschen zu sehen und anzusprechen, ihn aus seinen konkreten sozialen und natürlichen Bindungen zu verstehen und darzustellen, seine Haltungen und Handlungen zu motivieren aus der Gesamtheit von Überzeugungen, Gefühlen, Sehnsüchten und Träumen, die durch gesellschaftliche und individuelle Faktoren bedingt waren. Da ihm das nach seinem eigenen Urteil nicht überzeugend gelungen war, hielt er das Buch für mißglückt; wollte er seinem Anspruch weiterhin genügen, mußte er sich neue Stoffbereiche erschließen. Diese Einsicht bewog ihn, Bechers Vorschlag aufzugreifen und sich Luther und seiner Zeit als Gegenstand literarischer Gestaltung zuzuwenden. Als wesentlicher Beweggrund wirkte dabei die von Becher im Exil gewonnene Erkenntnis, daß sich im Rahmen des gesellschaftlichen Neubeginns in Deutschland auch ein neues, demokratisches und revolutionäres, wirklich humanistisches Nationalbewußtsein ausbilden müsse und das nicht zu erreichen sei, ohne den Menschen die großen Traditionen des Fortschritts bewußtzumachen, über die auch Deutschland verfügte. Nach Bechers Überzeugung war die Epoche der Reformation und des Bauernkrieges einer der Höhepunkte der deutschen Geschichte. Die bürgerliche Geschichtsschreibung und Literatur aber hatten die sozialen und geistigen Bewegungen jener Zeit im Interesse der Bourgeoisie interpretiert; die Schriftsteller des Proletariats – am ausgeprägtesten Berta Lask und Friedrich Wolf – setzten dieser Deutung die ideellen und sozialpraktischen Interessen ihrer Klasse entgegen, indem sie den Revolutionär Thomas Müntzer als ihren Helden gestalteten, der als Führer der Bauern konsequent deren Rechte verfocht, während Luther im Kontrast dazu in diesen Darstellungen als Verräter an der Sache des Volkes erschien. Bechers gewandelte Auffassung, für die er Lorbeer gewann, trug nun dem Sachverhalt Rechnung, daß ohne Luthers Auftreten die mächtigen Volksbewegungen des 16. Jahrhunderts nicht zu begreifen sind, Luther demnach eine zentrale Figur der nationalen deutschen Geschichte ist, deren literarische Würdigung nicht Sache der bürgerlichen Literatur allein bleiben konnte.

Mit außerordentlicher Energie und Intensität hat Lorbeer sich in jahrelanger Vorarbeit zunächst einen präzisen, bis ins kleinste gehenden Überblick über das Material geschaffen. Grundlegende Werke über den Bauernkrieg entwarfen ihm das soziale Panorama der Zeit; Darstellungen der Kirchengeschichte verschafften ihm Zugang zu den geistigen und kirchlich-religiösen Bewegungen und Auseinandersetzungen; kunstgeschichtliche Schriften über Wittenbergs Denkmäler der Baukunst und Malerei sowie die Wittenberger Stadtchroniken vermittelten ihm ein plastisches äußeres Bild des Handlungsortes. Kirchen- und Universitätschroniken, Landrechtsverfassungen, Markt-, Gerichts-, Handwerks- und Verwaltungsordnungen sowie Bau-, Münz- und Gesindevorschriften des 16. Jahrhunderts, schließlich Traktaten und späteren Darstellungen der Lutherzeit entnahm er die zahllosen Detailkenntnisse, die ihm jenen Fundus an Wissen sicherten, aus dem er Denken und Verhalten seiner Figuren historisch getreu ableiten und das Mosaik einer historisch wahren Zeitdarstellung zusammenfügen konnte. Um selbst eine möglichst anschauliche Vorstellung zu erhalten, sammelte der Autor sogar zeitgenössische Porträts und Stiche und fertigte sich Bauskizzen der mittelalterlichen Stadt- und Hausanlagen an.

Schon auf dieser Stufe der Materialsammlung und -sichtung begann Lorbeer die Hinwendung zum historischen Stoff als eine sinnvolle und organische Ergänzung seiner bisherigen literarischen Arbeit zu empfinden. Dabei ging es ihm weder darum, „Historie an sich“ zu veranschaulichen oder zu kommentieren, noch um die Heroisierung Luthers als Mann, der „Geschichte gemacht“ habe. In Lorbeers Konzeption war das

Geschehen um den Reformator von Anfang an in die Zeitverhältnisse eingebunden. Außerdem verhehlte er nie den proletarischen Autor, dessen Aufmerksamkeit und Anteilnahme auch beim historischen Sujet in besonderem Maße den Vertretern des Volkes, den Fischern, Tuchmachern, Bauern, dem Handwerksbürgertum galt. Lorbeer entschied sich, seine Darstellung auf die Jahre 1517–1525 zu konzentrieren, jenen Zeitraum also, der von den beiden historisch bedeutendsten Ereignissen begrenzt wurde: vom Thesenanschlag Luthers einerseits und vom Höhepunkt und Ende des Großen Deutschen Bauernkrieges andererseits. Die Romanhandlung setzt im Mai 1517 ein, etwa ein halbes Jahr vor Luthers öffentlichem Auftreten, und sie endet im August 1525, wenige Monate nach der Zerschlagung des unter Müntzers Führung kämpfenden thüringischen Bauernheeres in der Schlacht bei Frankenhausen. Die fast 2000 Seiten umfassende Darstellung erstreckt sich über drei in sich abgeschlossene Romane: *„Das Fegefeuer“* (1956), *„Der Widerruf“* (1959) und *„Die Obrigkeit“* (1963).

Als verbindenden Obertitel der Trilogie wählte Lorbeer ursprünglich „Die Rebellen von Wittenberg. Ein Lutherroman“, und auch die einzelnen Bände wurden durch Untertitel („Ein Roman um Luthers Thesenanschlag“, „Ein Roman um Luthers Wandlung“, „Ein Roman um Luther und den Ausgang des deutschen Bauernkrieges“) auf den Reformator bezogen. Diese Kennzeichnung ist in späteren Auflagen zu Recht fallengelassen worden.

Der erste Band stellt Luther als den um das rechte Bibelverständnis und die Behebung der kirchlichen Mißstände Ringenden dar. Im zweiten Band geht es – gleichfalls noch in großer Ausführlichkeit – um die Schilderung der einsetzenden Widersprüche in Luthers Entwicklung, um sein Einschwenken auf die Linie der Fürstenreformation parallel zur wachsenden Volksbewegung, dem Eindringen seiner Gedanken von der „Freiheit eines Christenmenschen“ ins Denken des „gemeinen Mannes“ und deren Deutung im – letztlich – Müntzerschen Sinne. Allerdings werden die Stufen dieser Entwicklung vergleichsweise gerafft vorgeführt und manche wittenbergischen Besonderheiten als Symptome für den allgemeinen Prozeß gesetzt. Im dritten Band schließlich verlagert der Autor den Schwerpunkt des Geschehens von Luther (immer mehr im Rückzug in die private Sphäre) auf den Ausgang des Bauernkrieges und dessen nationale und soziale Folgen. Das endgültige Auseinanderbrechen von Luthers Reformationsbewegung und der Sache des „gemeinen Mannes“ versinnbildlicht Lorbeer am Schicksal der handlungsbestimmenden Figuren, die entweder hingerichtet werden oder Wittenberg verlassen in der Hoffnung, ihre Vorstellungen von Freiheit im politischen Sinne anderswo verwirklichen zu können. So ist Luther wohl die ideelle Hauptgestalt des Geschehens, nicht aber die eigentlich handlungstragende Zentralfigur. Der Handlungsablauf der Romane wird durch eine ganze Reihe anderer Figuren wenigstens ebenso stark bestimmt und vorangetrieben wie durch Luther und die um ihn gruppierten Aktionsfelder.

Vor allem aber griff Lorbeer in der Trilogie nur eine vergleichsweise kurze, wenn auch wichtige Phase aus Luthers Leben heraus und erhob schon dadurch nie den Anspruch, die Gestalt des Reformators in ihrer ganzen inneren Kompliziertheit zu erschließen und den vollen Umfang seiner historisch und geistig überlieferten Leistungen zu erfassen, worin wohl das Anliegen eines Romanes hätte bestehen müssen, der die Persönlichkeit Luthers zum eigentlichen Helden genommen hätte. So aber steht Luther in Lorbeers Werk zwar durchaus exponiert, doch in der Gemeinschaft anderer historischer Figuren wie Melanchthon, Lucas Cranach, Müntzer, Spalatin, Karlstadt und anderer inmitten eines großen Ensembles von (frei erfundenen) Gestalten, die über weite Strecken Träger eines eigenständigen, mit Luther zwar kompositorisch verbundenen, aber doch nicht ihn selbst betreffenden Geschehens sind. Lorbeer konzentriert die Darstellung Luthers auf den Zusammenhang mit der revolutionären sozialen Bewegung.

Aus diesem Blickwinkel sind und bleiben für Lorbeers Darstellung die Thesen von 1517 und die sich aus ihnen entwikkelnden Konsequenzen im Hinblick auf die Papstkirche das Entscheidende, und folgerichtig führt Lorbeer seinen Luther im wesentlichen in der inneren und äußeren Auseinandersetzung um den Wahrheitsgehalt der in den Thesen verfochtenen Auffassungen vor. Die Luther-Handlung der Trilogie kreist dementsprechend um die Konflikte, in die der Reformator durch die verschiedenen Interpretationen und gedanklichen Weiterführungen seiner Thesen durch ihn und seine Freunde, durch

Klerus, Adel, die humanistisch gesinnte bürgerliche Intelligenz und die Volksmassen gestürzt wird. Dabei gelingt es Lorbeer durchaus, die dem Auftreten und Wirken Luthers in Hinsicht auf die Reformation der Kirche immanente geistige Grundhaltung anschaulich zu machen, so daß der Leser gezwungen wird, sich damit auseinanderzusetzen und Stellung zu beziehen. Andererseits bleibt als Folge der Fixierung auf den geistigen Gehalt der Thesen vieles außer acht, was außerhalb des dargestellten Zeitraumes liegt, für das Verständnis von Luthers Denken und Handeln jedoch nicht unwesentlich ist, so zum Beispiel seine Herkunft und seine biographische und geistige Entwicklung vor der Wittenberger Zeit. Unberücksichtigt läßt Lorbeer sogar entscheidende Faktoren der Lutherschen Wirksamkeit während des geschilderten Lebensabschnittes, etwa die Übersetzung des Neuen Testaments ins Deutsche, die sprachschöpferischen Anstrengungen und Verdienste des Reformators, ebenso Abhandlungen und Schriften, die nachhaltige geistig-kulturelle Wirkungen in Deutschland hinterließen. Dem Verlauf der Romanhandlung nach ist der Reformator einer (der erste und zeitweise bedeutendste) der „Rebellen von Wittenberg", den die von ihm ausgelöste Bewegung überholt. Insofern gibt auch die eingeschränkte Gestaltung den historischen Sachverhalt zutreffend wieder, zumal Lorbeer bei Aufdeckung aller Widersprüchlichkeiten Luthers deutlich macht, daß seine Absage an die kleinbürgerlich-plebejisch-bäuerlichen revolutionären Volkserhebungen zwar eine Art „Widerruf" seiner das Aufbegehren fördernden Gedanken bedeutet, nicht jedoch individuellen Verrat an der Sache des „gemeinen Mannes".

Unbestritten bleibt indes das Verdienst Lorbeers, sowohl in der Personnage seiner Romane als auch mit der Ausmalung der Lebensverhältnisse vor allem in der Stadt Wittenberg ein außerordentlich lebendiges Bild der Zeit und ihrer Menschen gezeichnet zu haben. So repräsentiert jede der (erfundenen) Hauptgestalten eine bestimmte soziale Schicht. Da sind der Kleinschmiedegeselle Berthold Thamm und die Magd Barbara, deren zufälliges Zusammentreffen den Romanzyklus eröffnet und deren weiterer gemeinsamer Weg in die Stadt führt, wo sie mit beinahe allen Kreisen der damaligen Gesellschaft und natürlich auch mit Luther in Berührung kommen. Da ist der Buchhändlersohn, der vom Humanismus beeinflußte Student Bachmann, Vertreter des nach geistiger Öffnung strebenden Bürgertums; Meister Melchthofer, dessen Frau und die Tochter Julia, eine festgegründete, lebenstüchtige und lebensfrohe Familie, die zur tragenden Schicht der damaligen Gesellschaft gehört und sich ihrer Bedeutung durchaus bewußt ist; da sind der scharfsichtige und scharfzüngige Fischer Schittenbeck und Sebastian Balzer, der von seinem Land vertriebene aufsässige Bauernsohn, der Bergknappe im Mansfelder Land wird und mit seinem Freund Bachmann zu Müntzers Heerschar stößt. Auf der anderen Seite fehlen auch nicht die selbstbewußten Bürger, Ratsherren und Professoren, die unruhigen Studenten, die Mönche und geistlichen Herren; da sind auch die Vertreter der Junker und Fürsten, die in der lutherischen Lehre gleichzeitig eine Bedrohung und ein Mittel zur Festigung ihrer Macht gegenüber der katholischen Kirche sehen, und da sind die vielen kleinen Leute, die dem Ganzen erst jenes Kolorit geben, das einen historischen Roman glaubwürdig macht.

Den Widerstreit der unterschiedlichen ideologischen Haltungen und Strömungen und der dahinter wirkenden sozialen Interessen und Kräfte setzt Lorbeer somit in individuelle Figuren, deren Denken, Verhalten und Handeln um. Auf diese Weise werden das große politisch-gesellschaftliche Geschehen und das alltägliche Leben der einfachen Menschen miteinander verknüpft, wozu dem Autor vor allem eine Reihe von Liebesgeschichten dient, die alle drei Bände durchziehen. In dieses individuell geprägte Handlungsgefüge sind auch die historischen Figuren organisch eingebunden; zugleich erhalten die persönlichen Verbindungen einschließlich der Liebesbeziehungen eine Art gleichnishaften Charakter, indem sie Verbindungen von Vertretern verschiedener sozialer Schichten symbolisieren, deren Miteinander gesellschaftlich bedeutsam war beziehungsweise unter perspektivischem Aspekt bedeutsam werden sollte, zugleich wurden aber auch die Grenzen gezeigt, die zwischen den Klassen und Ständen verliefen.

In der Erzählweise knüpft Lorbeer an die im 19. Jahrhundert begründete Tradition des historischen Romans an. In epischer Breite wird jeder Schritt seiner Figuren psychologisch motiviert, jede Handlung in ein sorgsam ausgesponnenes Netz von Handlungen verflochten. Die Methode, über die gewissenhaft geknüpften Handlungsfäden der individuellen Fabeln sozusagen einen Gobelin der historischen Verhältnisse zu weben, verführte den Autor allerdings dazu, den vielsträngigen Handlungsablauf in die Breite zu ziehen, manche Situationen und lokale Gegebenheiten liebevoll auszumalen und damit die Entwicklung des Gesamtgeschehens gelegentlich ungebührlich zu verzögern, obwohl im Prinzip geradlinig und ohne kompositorisch bewußten Einsatz retardierender Momente erzählt wird.

Auch die psychologische Zeichnung der einzelnen Figuren ist Lorbeer in einigen Fällen nicht so überzeugend gelungen wie bei der Mehrzahl seiner Gestalten. Das gilt in bestimmtem Maße für die Figur Luthers, besonders im letzten Band der Trilogie. Weil der Gesamtzusammenhang von Luthers Ideen und Anliegen nicht hergestellt wird, ist Lorbeer genötigt, die Zwiespältigkeiten des Reformators gegenüber den sozialen Folgen seiner Lehre außer durch quälende Reflexion auch durch häufigen Wechsel seines körperlichen Befindens auszudrücken, wiederholt auftretende plötzliche depressive Zustände als Symptome seiner inneren Zerrissenheit einzusetzen.

Am stärksten überzeichnet und in seiner Infamie geradezu zur Karikatur geraten ist jedoch das Gespann der ‚Erzbösewichter‘ der Trilogie, das nicht nur haßerfüllt Luther und seine Lehre bekämpft, sondern überhaupt nur Intrigen spinnt und Schurkereien verübt: der Gewandschneider und Ratsherr Herberger, Schwager des ehrsam-biederen Meisters Melchthofer, und Pater Sebaldus, ein fanatischer, diabolischer Franziskanermönch. Beide sind vollkommen statisch angelegt, wirken wie Demonstrationsobjekte für die Verkümmerung alles Menschlichen auf Grund reaktionärer, erstarrter geistiger Haltung; doch werden sie in der Monotonie ihrer Charakteristik ziemlich unerträglich und verkörpern letztlich nur psychopathische Fälle. Hier haben Sympathie und Antipathie des Autors mit seinen Figuren und ihrer geistigen Physiognomie ihn dazu verführt, die Grenzen der Gestaltung negativer Typen zu überschreiten.

Der Handlungsraum des Romangeschehens weitet sich von Band zu Band aus. Eigentliches Zentrum ist und bleibt zwar das trotz seiner Universität recht enge und armselige Wittenberg mit seiner fortschrittlichen Professorenschaft und den vielfältigen gegensätzlichen Gruppierungen seiner Einwohner; doch in dem Maße, wie die Folgen von Luthers Auftreten über die Stadt hinausgehen und er in Leipzig, Augsburg, Worms und anderswo den Kampf für seine Ideen und Forderungen auszufechten hat, bezieht Lorbeer diese Städte, die Reiserouten, Raststätten ein. Die Vielfalt an Schauplätzen überlastet notwendigerweise die an Wittenberg gebundene Grundfabel, so daß sie das umfangreiche Gesamtgeschehen nicht mehr straff zusammenhalten kann.

Am stärksten verselbständigt sich der Anfang des dritten Bandes der Trilogie, in dem Lorbeer – übrigens mit dem längsten Kapitel des Gesamtwerkes – eine breite Schilderung der Entscheidungsschlacht des Bauernkrieges bei Frankenhausen gibt. Erst danach kehrt die Erzählung nach Wittenberg und zu den mit Luther verbundenen Handlungselementen zurück. Der von Luthers Thesen inspirierte Führer des Bauernheeres, Thomas Müntzer, tritt als Figur zwar nur wenige Male kurz auf; dennoch steht der dritte Band zunächst im Zeichen der Hoffnung auf den Sieg, dann der Verzweiflung über die Niederlage Müntzers, und insgesamt bestimmt das Weiterwirken der Müntzerschen Ideen über seinen Tod hinaus die Gedanken, Gefühle und Taten der Figuren, wovon auch Luther nicht unberührt bleibt.

Mit diesem wuchtigen Einsatz des Schlußbandes der Trilogie verlagerte Lorbeer den Schwerpunkt seiner Darstellung ideell von Luther und seiner Lehre auf den Ausgang des Bauernkrieges und dessen Folgen für die deutsche Nation. Auch dafür bediente er sich seines bisherigen Figurenensembles. Einige Gestalten werden durch Verfolgung, Folter, Prozesse direkt in das Geschehen nach der Niederschlagung der Aufständischen einbezogen, andere indirekt durch ihr Eintreten für die Angeklagten und Verurteilten: selbst Luther wird zu einer – wenn auch erst nach langem Drängen widerwillig übernommenen – Intervention am Hofe veranlaßt.

Am Ende verlassen alle, auf die zu hoffen wäre, Wittenberg, um ihren Kampf für Freiheit in einem weiteren als in Luthers Sinne anderswo fortzuführen; zurück bleibt Luther als ratloser, starrsinniger, von den Widersprüchen in sich selbst und in der Welt gepeinigter und von den Freunden verlassener

Mann. Den Ausgewiesenen und Verfolgten aber läßt Lorbeer den Fischer Schittenbeck nachsinnen: „Die Freiheit, dachte er, die Freiheit muß nicht aus Wittenberg kommen. Mir scheint, sie kommt aus dem Herzen, aus den Fäusten Vertriebener, Ausgewiesener, Verfolgter. Von Jahr zu Jahr werden's mehr sein, denn die Obrigkeit ist grausam im Vertreiben, bis sie selbst vertrieben wird."

Damit eröffnete Lorbeer, ohne gezwungene Aktualisierung und ohne Vergewaltigung des historischen Stoffes, seinen Lesern am Ende des Werkes die geschichtliche Perspektive auf ihre Gegenwart, stellte er das Zeitalter der Reformation an den Beginn der revolutionären Traditionen des deutschen Volkes. Auf seine Weise und nach seiner Überzeugung erfüllte Lorbeer mit „Rebellen von Wittenberg" die Forderung, die sein Freund Johannes R. Becher ihm als dringende Verpflichtung sozialistischer deutscher Schriftsteller ans Herz gelegt hatte: auch Luther und seine Reformation in ein neues, demokratisches, sozialistisches Geschichtsbild einzuordnen. Mit seiner Trilogie hat Hans Lorbeer dazu einen ersten, ganz wichtigen Schritt getan.

Kurzbiographie

Hans Lorbeer wurde am 15. August 1901 als uneheliches Kind eines Dienstmädchens geboren. Aufgewachsen war er bei proletarischen Pflegeeltern in Kleinwittenberg; nach nicht abgeschlossener Berufsausbildung Hilfsarbeiter in verschiedenen Chemiebetrieben in und bei Wittenberg, auf Grund politischer Agitation 1925 entlassen und bis 1933 arbeitslos. Lorbeer hatte verschiedene Funktionen in der KPD inne, war eines der Gründungsmitglieder des „Bundes proletarisch-revolutionärer Schriftsteller" Deutschlands. Wegen antifaschistischer Widerstandsarbeit von 1933 bis 34 im Konzentrationslager, dann von 1937 bis 1939 im Zuchthaus und im Moorlager, danach schließlich Hilfsarbeiter unter Gestapo-Aufsicht. Von 1945 bis 1950 war Lorbeer Bürgermeister, dann bis zu seinem Tode, am 7. September 1973, freischaffend.

Hans Lorbeer war Mitglied der Akademie der Künste der DDR. Er erhielt 1959 den Heinrich-Mann-Preis, 1961 den Nationalpreis, 1963 den Händel-Preis des Bezirks Halle und 1971 den Lion-Feuchtwanger-Preis.

Michael Franz

Kito Lorenc

Angesehenster sorbischer Lyriker unserer Tage, leistet Kito Lorenc (geb. 1938) zugleich einen wichtigen Beitrag zur sozialistischen Nationalliteratur der DDR. Dessen Unverwechselbarkeit ergibt sich nicht nur aus dem Talent, den persönlichen Anlagen dieses Dichters, sondern auch aus seiner Erschließung der sorbischen Volkskultur, in die er nicht einfach hineingewachsen ist; er hat sie sich bewußt angeeignet. Es war für Lorenc keineswegs selbstverständlich, daß er ein sorbischer Autor wurde, seine ersten Gedichte schrieb er deutsch. Gerade weil seine Begegnung mit sorbischer Kultur und Geschichte nicht ohne Fragen und Zweifel war, wurde sie zugleich zu einem Vorgang der Selbsterkundung. Das Sorbische forderte Lorenc heraus, er nahm es an und bewährte sich darin. So liegt hier sein Grunderlebnis, in dem Bewußtes und Unbewußtes, Spontaneität und Reflexion nachhaltig zusammenwirken. Das prägt seine Lyrik in ihrem Bilderreichtum, ihrem weltanschaulichen Anspruch, ihrer sprachgestalterischen Virtuosität.

Kito Lorenc, Sohn eines sorbischen Holzkaufmanns, erlernte erst mit 14 Jahren, in der neugegründeten Cottbuser sorbischen Internatsschule, die Sprache seiner Nationalität. Zu Hause wurde deutsch gesprochen, und er war nichts anderes als die deutsche Schreibung seines Namens – Christoph Lorenz – gewohnt. Erst mit dem Erlernen der Sprache konnte er die Bücher und nachgelassenen Manuskripte seines Großvaters Jakub Lorenc-Zaléski lesen, der in den ersten Jahrzehnten unseres Jahrhunderts ein geschätzter und einflußreicher sorbischer Autor war. Dieser Mann, der als Förster in der Eifel sowie als Forstinspektor des Thyssen-Konzerns im Rheinland tätig war und lange Zeit nicht in der Lausitz lebte, kaufte in Schleife eine Sägemühle, „um sich eine Existenz als unabhängiger sorbischer Volksschriftsteller zu sichern"[1], die später der Sohn betrieb. Bis in die Motivik hinein bestimmt sie die dichterische Welt auch des Enkels Kito. Nach Abitur und Studium als wissenschaftlicher Mitarbeiter am Institut für sorbische

Volksforschung in Bautzen tätig, übersetzt und ediert Lorenc zunächst maßgebliche Autoren wie Handrij Zejler (1804 bis 1872), den „Ahnvater der sorbischen Poesie“[2], und Jurij Chežka (1917–1944), der, beeinflußt von tschechischer Lyrik, „die Wende zu einer modernen sorbischen Poesie“[3] einleitete.

Als Lyriker führt Lorenc eine doppelsprachige Existenz: er schreibt sorbisch, und er schreibt deutsch. Die Kenntnis des einen befruchtete das andere in besonderem Maße. Wichtig für Lorenc ist auch der intensive Dialog mit Lyrikern wie Endler, Czechowski und Rainer Kirsch. Es ist schon ein avanciertes Deutsch, das Lorenz schreibt, virtuos in der Klangbehandlung der Sprache, in der spielerischen Eröffnung und Variation von Sinnaspekten. Daß ihm die Aneignung des Sorbischen zugleich den Schlüssel zu einer reichen und unverbrauchten Metaphorik in die Hand gab, die seine deutschen Gedichte unverwechselbar macht, das hat er nie geleugnet, er weist in Anmerkungen zu seinen Gedichten stets darauf hin.

Lorenc fühlt sich als Sorbe einer ethnischen Gemeinschaft zugehörig, die in den sozialistischen Nationalverband der DDR mit gleichen Rechten eingegliedert ist und die sich nicht mehr –wie in Jahrhunderten zuvor – davor bewahren muß, germanisiert zu werden. Dennoch scheint die kulturelle Identität der Sorben heute aus anderen Gründen möglicherweise gefährdet –, kann sie doch ihre Grundmuster nicht mehr in Lebensformen einer vorindustriellen Vergangenheit haben. Das heißt, die Kultur des Volkes läßt sich nicht allein durch museale Pflege bewahren, sie bleibt nur dann lebendig, wenn sie sich den übergreifenden Vorgängen der Gegenwart, der fortschreitenden Vergesellschaftung und Internationalisierung des menschlichen Zusammenlebens und insbesondere der sozialen Kommunikation nicht verschließt. Nur in diesem großräumigen Zusammenhang kann sie lebendig bleiben und sich zugleich erneuern, Einflüsse von vielen Seiten in sich aufnehmen und das Eigene einbringen. Die Geschichte der Sorben, aufs engste mit der des deutschen Volkes verflochten, zeigt diese Menschen vor allem als Leidtragende, Diskriminierte und Niedergehaltene, doch zeugt sie auch von deren schöpferischer Selbstbehauptung und streitbarer Solidarität, von List und Widerstand gegen den deutschen Herrschaftsapparat sowie von produktiver Wechselwirkung zwischen sorbischen und deutschen

Humanisten, Aufklärern, Demokraten, Sozialisten. Diesen Zusammenhang läßt Lorenc nie außer acht, wenn er sorbische Geschichte im Gedicht aufarbeitet – er fühlt sich der Geschichte *beider* Völker verpflichtet und tut das Seine, um eine produktive Wechselwirkung zu erhalten. Seine Zweisprachigkeit ist heute nicht mehr Anpassung an deutsche Vorherrschaft, wie das einst war, sondern Vermittlung zwischen zwei Literaturen, die sich in der sozialistischen Nationalliteratur der DDR vereinen. Als deutsch schreibender Autor gehört Lorenc – wie Jurij Brězan, Jurij Koch, Angela Stachowa – auch zur deutschsprachigen Literatur der DDR; andererseits sieht er seine sorbisch verfaßten Originaltexte in einem darüber hinausreichenden Kontext, nämlich als Beitrag zur Literatur der großen slawischen Völkerfamilie; und dies ist ein wesentlicher Rückhalt seiner Arbeit, der nicht übersehen werden sollte.

Wenn sorbische Lyrik heute mehr ist als behutsam fortgesetzte traditionelle Verskunst, wenn sie avancierte Poesie im Kontext des 20. Jahrhunderts ist, so dürfte das vor allem ein Verdienst von Kito Lorenc sein. Dabei ist für den Autor die moderne deutschsprachige Lyrik das entscheidende Bezugsfeld. So wie er bestimmte poetische Errungenschaften, die auf Maurer, Bobrowski, Mickel, Czechowski, Endler oder Rainer Kirsch zurückgehen, in die sorbische Dichtung eingebracht hat, so hat er die deutschsprachige Lyrik wiederum durch eine neue Art der metaphorischen Konstruktion und des poetischen Sinnspiels bereichert.

Die Annäherung ans Sorbische vollzog sich in mehreren Anläufen. In den Mitte der sechziger Jahre entstandenen Gedichten des Bandes „*Kluče a puče*" („*Schlüssel und Wege*", 1971) ist es in der Sprache da, aber noch nicht als poetisches Sprachmaterial, als Lied- und Spruchgut, in Bildern und Metaphern. Noch arbeitet Lorenc mit traditionellen Genetivmetaphern.

Bezeichnend für seine eigenwillige Sehweise, die sich allmählich entwickelt hat, ist das ungewöhnliche Gedicht „*Frühlingslandschaft*". Es beginnt mit dem üblichen Blick nach oben, dem gewohnten Aufbruchpathos in der schönen Anfangszeile „Die großen blauen Sonnenadler bäumen auf in der Ebene". Aber nicht ihnen gehört das Gedicht, sondern den „Heerhaufen der Maulwürfe", die „aufgeschreckt, wie irrsinnig losbuddeln hochwärts". Die Sympathie mit den Maulwürfen sollte zu einem Grundmotiv in der Lyrik von Lorenc werden, dem man auch in den siebziger und achtziger Jahren begegnet. So entsprang der Phantasie des Autors im Kindergedicht aus Maulwurf und Grille ein neues Wesen, die „Maulwurfsgrille"; das Bild kehrt wieder in der poetischen Bilanz der langjährigen Arbeit an einem *„Sorbischen Lesebuch"*, das Lorenc 1981 endlich herausgeben konnte.

Vergraben zu den vergrabenen Dichtern
das eigne Mundwerk
wer weiß für wes Wurf
grab ich ihr Feld um werf
Maulwurfshügel auf schlag zu
mit dem Spaten dem späten
wenns hochkommt immer
auf das schnelle Mundwerk
(*„Sitzend überm Sorbischen Lesebuch"*)

Das eigene Tun wird hier als Maulwurfsarbeit gesehen. Das Gedicht schließt mit dem Bekenntnis, zwar langsam und geduldig, aber unermüdlich zu sein: „Oder spannt den Maulwurf / vor und schlaffts / allemal loch." Dieser 1984 publizierte Text zeigt noch eine Eigenheit der letzten Jahre, den sinnspielerischen Austausch von Phonemen.

Neben konventionellen elegischen Formen finden sich im Band von 1971 originelle Kinderlieder, Vogellieder, aber auch der Versuch, liedhafte, fast balladeske Formen für die Beschäftigung mit der faschistischen Vergangenheit nutzbar zu machen. Motive sind vorgeprägt, die sich durch das ganze spätere Werk ziehen, „Vergessen" zum Beispiel und der „Kampf gegen das Vergessen" bereits in den einfachsten zwischenmenschlichen Beziehungen: „Vergessen ist ein schönes Wort für Töten" heißt es 1964, und Anfang der achtziger Jahre:

man muß nicht erst
sterben um zu vergessen
und ich sagte weißt du
da kann man auch
gleich leben bleiben
(*„Und was der Ofen ist"*)

Was unterscheidet ein Leben, in dem eines nach dem anderen vergessen wird, noch vom Tod? Im Band findet sich auch ein erster Versuch, in locker gegliederter, unregelmäßig rhythmisierter, reimloser Großform das Kindheitsmotiv aufzunehmen („*Aber wenn ihr weint*"). Vergegenwärtigt wird das „Holzhaus meiner Kindheit": Holz wird zum Indiz einer lebendigen Behausung, in deren „wärmendem Holzwald" es lustige Nester gab, zum Indiz auch eines Lebens im Rhythmus der Jahreszeiten, der wohlabgestimmten Einheit von Arbeit und Natur. Das ist keine zivilisationsfeindliche Klage, keine Verklärung einer Kindheit im sorbischen Birkenwald. Hier wird ein umweltbezogenes Problembewußtsein geäußert, das lange vor dem modischen Gebrauch ökologischer Reizwörter die möglichen Gefahren der Industrialisierung signalisiert. Gefragt wird nach der Gesinnung, ob wenigstens das Bittere der Notwendigkeit empfunden wird, wenn ganze Wälder gefällt werden, weil es aus volkswirtschaftlichen Gründen notwendig erscheint, „denn unter den Wäldern liegt Kohle und / sie haben wohl recht".

Der Durchbruch gelang dem Lyriker Kito Lorenc mit dem im Domowina-Verlag Bautzen publizierten zweisprachigen Band *„Struga. Bilder einer Landschaft"* (1967). Als Motto sind dem Band Verse von Bobrowski vorangestellt: „Eulenschreie – so in der Nacht / reden die Dörfer, wie sag ich / daß ihr mich hört, / Sorben [...]". Die Zeilen entstammen dem Gedicht „Jakub Bart in Ralbitz" und gelten dem modernen „Klassiker der sorbischen Literatur".[4] Bart (1856–1909), der sich Ćišinski [der Schweigsame] nannte, führte, so Kito Lorenc, die sorbische Literatur, „das [...] in provinzieller Verflachung erstarrte folkloristische Muster durchbrechend, [...] in die Kämpfe seiner Zeit, auf die Höhe einer national bedeutsamen, das ‚Drama des lyrischen Subjekts (J. Suchy) enthüllenden Weltanschauungsdichtung"[5]. Bobrowski hat Lorenc das Beispiel gegeben. Das reicht weit über die unmittelbare Herausforderung hinaus, die in dem Porträtgedicht auf Bart für jeden sorbischen Lyriker unserer Zeit liegen mußte. Nach Angaben von Lorenc stand Bobrowski mit jungen sorbischen Kulturschaffenden in Kontakt, der ihn bei seiner Arbeit anregte.

Das erst nach Bobrowskis Tod im Band „Wetterzeichen" (1966) veröffentlichte Gedicht auf Bart-Ćišinski wurde bereits 1963, im Entstehungsjahr des Textes, in der sorbischen kulturpolitischen Monatsschrift „Rozhlad“ [Umschau] abgedruckt. Was Lorenc den eigenen Weg wies, das war vor allem Bobrowskis poetische Methode der Spurensuche, der Erkundung von Landschaft in ihrer gesellschaftlichen und geschichtlichen Bedeutung, der Wiederbelebung von Völker- und Menschenschicksalen in den Zeichen, in denen sie sich der Landschaft eingeschrieben haben und die solange tote Zeichen sind, wie sie nicht aus ihrer Stummheit erlöst und in Worte gebracht werden. Landschaft erscheint nicht als Buch der Natur, in dem alle Phänomene als Zeichen göttlicher Schöpfung zu lesen sind (wie bei Hamann), sondern als Buch der Geschichte, von Menschen geschrieben, wenn auch nicht aus „freien Stücken“, wie es bei Marx heißt. Darin sind Porträts von Menschen aufgenommen, die in dem landschaftlich-geschichtlichen Raum tätig waren. Doch Lorenc erlag nicht der Gefahr, Bobrowski einfach zu kopieren, sich in die Schar seiner Epigonen einzureihen und allenfalls vom Stoff her Neues zu bringen. Im Gegensatz zur lyrischen Abbreviatur, in der Bobrowski seine Form fand, verfaßte Lorenc seine Gedichte großräumig und detailreich, und statt einer elliptischen Sprechweise bevorzugt er einen vollständigen Satzbau. Verwandte jener kunstvollen freien Rhythmen, so liebt Lorenc fünfhebige variable Langverse, hierin insbesondere Endler und Rainer Kirsch verpflichtet. An Bobrowski erinnern besonders bestimmte Inversionen.

Kito Lorenc hat jetzt seine poetische Konfession gefunden, und er kann sie auch essayistisch erläutern und begründen (*„Struga – eine Konfession“*). Sie ist frei von Provinzialismus jeder Art, und so verwundert es nicht, daß sie auf dem III. Internationalen Oktobertreffen der Schriftsteller 1966 in Belgrad vorgetragen wurde. Dem Struga-Buch ist der gleichnamige Essay als Einführung beigegeben. „Die Struga oder besser: ein Begriff von ihr, erscheint hier als die Nabe der Welt, oder besser: eines dichterischen Ortes. Zunächst aber ist sie ein Fließ, wie es sich für meine kleine Heimat gehört, und kein Strom, wie es ihr indoeuropäischer Wurzel entstammender sorbisch-slawischer Name vermuten ließe, der gewaltigerer Landschaft würdig wäre. Und diese Struga fließt also, von dem Städtchen Weißwasser (Běla Woda) herkommend, durch eine Handvoll ursprünglich sorbischer Dörfer – meine Kindheitsgegend –, ehe die Spree (Sprjewja) sie aufnimmt, dieser schmale Fluß, der die ganze sorbische Sprachinsel, richtiger dieses Archipel von Sprachinseln – hundert Kilometer die Länge, vierzig Kilometer die Breite – längswärts von Süd nach Nord, von den Bautzener Bergen her bis zum Spreewald hin durchmißt. Und im mittleren Heidewaldgürtel dieser Lausitz, unter der Handvoll Strugadörfer, liegt mein Geburtsort Schleife (Slepo), welcher dem kleinen Kirchspiel seinen Namen gibt, der nach Volkstracht, Volksmusik, Brauchtum, Dialekt und herbem Landschaftsreiz wohl noch urständigsten, originellsten sorbischen Region."[6]

Lorenc greift Goethes, von Becher unter verschiedenen Sinnaspekten gebrauchte Formel vom „prägnanten Punkt" des Dichters auf; er geht von der Struga aus, um die Welt und sich selbst poetisch zu erkunden. Es ist der Punkt, in den er sich gleich einem Zirkel sticht, um seine Kreise im geographischen und geschichtlichen Raum zu schlagen. Doch das Bild des Zirkels wird zugleich wieder angezweifelt: „[...] so ist ja der Standort des Gedichtschreibers kein statischer". Er ist ein beweglicher Standort. „Fortwährend sind wir Gewordene, Seiende und Werdende in einem"[7]. Auch die Sorben bleiben nicht nur Bauern und Handwerker, sie werden Physiker, Ingenieure, Ärzte. So ist auch die Struga kein unveränderlicher, zeitloser Ausgangspunkt der dichterischen Ortsbestimmung. Zu dem Zeitpunkt, da Lorenc sie als Nabe (nicht Nabel) seiner Welt entdeckt, ist sie bereits ein Opfer der „Menschen und Sprachen und Sitten durcheinanderwirbelnden Industrialisierung der Lausitz", eines Vorganges, den er als notwendig erachtet und bejaht. „Wir aus den Strugadörfern bekennen uns zu dieser schwierig-schönen Praxis, wir machen sie ja. Wir geben ihr unsere Heidewälder und Dörfer unter die Bagger; wir geben ihr unsere alte Struga, die wir in ein künstliches Bett leiten und mit unseren Abwässern verseuchen".[8] So ist die Struga kein Symbol für eine unberührte sorbische Region und ihr entsprechende, gleichsam unter Naturschutz gestellte Lebensformen, sondern ein Indiz für die Widersprüche, die jeder gewaltsame Eingriff in die Urständigkeit der Landschaft mit sich bringt. Gottfried Fischborn hat in einem Aufsatz Jurij Kochs und Lorenc' Heimatbegriff und sorbisches Selbstwertgefühl miteinander verglichen: „Die Heidewälder und Dörfer, die bei Lorenc unter den Bagger gegeben werden, gehen auf in der Umgestaltung der ganzen Landschaft, Synonym für den Geschichtsfortschritt im Sozialismus; und die sorbische Eigenart wird zu *einem* Ferment im großen Schmelztiegel, euphorische Hin-Gabe zur Voraussetzung neuer Identitätsfindung [. . .]. Was 1966, durch Lorenc, immerhin schon mitartikuliert wurde, wird 1976 von Koch betrauert: der Preis des geschichtlichen Fortschritts."[9] Betrauert wurde, wie Fischborn es durchaus angemessen ausdrückte, „daß" sich nicht alle sozialen, sittlichen, kulturellen Werte der Nationalität, konkret die der traditionellen sorbischen Bauern- und Handwerkerfamilie, innerhalb neuer, andersgearteter Lebensformen werden retten lassen".[10] Zu fragen sei aber, ob bestimmte, nicht bornierte Werte es nicht „sehr wohl ‚verdienten', bewahrt oder auf höherer Stufe wiedergewonnen zu werden, weil sie dem humanistischen Wesen des Sozialismus entsprechen: behutsamer Umgang zwischen Mann und Frau . . . und zwischen den Generationen noch im Widerspruch; Essen, Feiern, Musizieren als selbstverständliche Daseinsweisen alltäglicher Gemeinschaftlichkeit; [. . .] Einheit von Arbeit und Schönheit als Ingredienz der gesamten Lebensweise".[11] Dabei ist Koch 1976 sowenig wie Lorenc 1966 dafür, daß die Sorben es sich „als idyllische Minderheit vor reizvollem Landschaftshintergrund gemütlich machen" (Lorenc) – auch für ihn gibt es keine sinnvolle Alternative zum „Anschluß an moderne, sozialistische Lebensformen in industrialisierter Umwelt"[12], doch er sucht in einem elegisch getönten Konfliktbewußtsein zwischen beiden Sphären schlichtend zu vermitteln. Es fragt sich, ob Fischborns Worte den Sinn des Struga-Buches treffen, wenn er bei Lorenc von „euphorischer Hin-Gabe" spricht. Bereits das erwähnte Gedicht von 1964 *„Aber wenn ihr weint"* belegt eine solche These nicht. Das Titel-Gedicht des Struga-Buches (*„Die Struga"*) weckt zunächst Beklemmung: „Gekrümmt in den Dämmerbogen des Viadukts / stand ich. Der Zug – wollüstig Schauer / Furcht, dröhnend den Rücken entlang: / Wenn es zusammenbräche." Vor diesem Hintergrund werden Bilder heraufbeschworen, die nichts Gegenwärtiges haben, sondern das Flüßchen so zeigen, wie es einmal war: mit Fischen. Es sind Engramme, die sich in der Kindheit eingeprägt haben: „Schattenzug der Fische / Molchspur im Grundschlamm". In der Erinnerung steigt auch ein nachgerade klassisches Schönheitsbild herauf: „kamen die

Mädchen, in blaue Krüge / schöpfend Jugend und Schönheit". Ist das Bild in die Wirklichkeit zurückzuholen? „Nur schweigt, dreht euch nicht um." Vergebliche Mahnung. „Ach, schweigen können wir nicht, / grell im Licht, wir rasen über die Brücke". Es ist eine Furchtlosigkeit, die dem Dichter Angst macht. Nicht auf den Zusammenbruch des Viadukts muß er warten: „Was / brach zusammen – die Struga, da / fließt sie, ein Abwasser, trüb. / [. . .] Struga, wässernde Strieme / im räudigen Fell der Landschaft". Trauer liegt in den Zeilen, mit denen Lorenc den Preis der Industrialisierung bedenkt, die immer und überall wirksame Dialektik von Gewinn und Verlust:

> [. . .]
> O Heimat, dreckiges
> Schlaraffenland – ich könnt
> davonlaufen wie die Lutken, die Zwerge, einst
> vor den Glocken, entfliehn wie die Fische
> der übelriechenden Struga, ich könnt
> zünden darüber die Weihrauch-Triebwerke
> des Kirchturms zu Schleife, dieser urtümlichen
> Himmelsrakete mit den vielen verschobenen Starts
> (es krachen die Fugen aus Eiweiß und Quark,
> die Glocken dröhnen wie wild [. . .]

Von euphorischer Hin-Gabe kann wohl keine Rede sein, vielmehr sind die Widersprüche benannt und der Wunsch, den Bach wieder zu beleben. „Die Struga / in uns eine Saite, wie tönt sie. Ich geh / sie zu stimmen, heut / geh ich zur Quelle." Nicht zufällig zeigt sich in diesen Schlußversen die formale Verwandtschaft mit Bobrowski, die sonst zurücktritt.

Daß im „Struga"-Buch das im Bobrowski-Zitat angesprochene Sprachproblem („wie sag ich, / daß ihr mich hört", bezogen auf die hier und heute lebenden Sorben *und* Deutschen) noch keinesfalls gelöst war, belegt das lange Programmgedicht *„Versuch über uns"*. Ihm ist ein anderes Gedicht als Motto vorangestellt – ziemlich konventionell und liedhaft – über die Eberesche am Rain, ein frühes Gedicht von Lorenc aus dem Jahre 1961, aus dem ersten, rein sorbischsprachigen Band *„Nowe časy – nowe kwasy"* [Neue Zeiten – neue Hochzeiten]. Darauf bezieht sich der Autor gewissermaßen, indem er *„Versuch über uns"* mit einer Frage einleitet: „Oder in welcher Sprache soll ich reden / von uns zu uns?" Den Konflikt von Umgestaltung, Zerstörung, Erhaltung bringt Lorenc in den alten poetischen Gegensatz von Nacht und Tag; nachts träumt er von sorbischer Volksphantasie: „Aber in welcher Sprache, daß ihr mich hört, / red ich zu euch, meine Freunde, bei Tag?" Das scheint auf einen Dualismus von Nacht- und Tagesprogramm der Poesie hinauszulaufen, denn der Tag gehört nach Lorenc' Einsicht der wissenschaftlich-technischen Revolution, die auf sorbische Tradition und Eigenart wenig Rücksicht nimmt, nehmen kann. Doch der Dualismus von Volkspoesie und Wissenschaft ist nicht durchzuhalten:

> Verlockung der Formel –
> da schwirrn mir Hanos Sagen zwischen
> die Zeilen, bitter auf der Zunge schmeck ich
> Nepilas Melde, Laukos schiefes Lächeln verzerrt
> mein Gesicht, in meine Augen tritt das Blut
> der Bäume des Dichters: Gleichung mit wieviel
> Unbekannten, Anfälle von Irrsinn über
> der Lösung – ich biete sie nicht: hinter keiner
> verschleierten Wirklichkeit die eigentliche
> Realität.

Eine Realität, in der alles stimmig aufgeht, gibt es nicht. Auch die Volkspoesie speist sich aus bitterer Erfahrung. Eine Verklärung sorbischer Lebenskunst ist kein Programm: „kein Arkadien, darin / nicht brüderlich wohnte der Tod noch". Auf der anderen Seite gilt auch: „Aber längst / geschrieben ist das Poem auf den Bau / des Panamakanals." Doch da ist das „Seelenland" der Individuen, die alle Technik erfinden und einsetzen. „Wer programmiert / dies Seelenland, daß es nicht sei ein Gedächtnis, / gewaltig im Endarchiv der Eierköpfe [...]?"

Das Unterlegenheitsgefühl der Kunst gegenüber dem allzu gläubig erhofften Siegeszug der wissenschaftlich-technischen Revolution, das Lorenc hier produktiv zu wenden sucht, erinnert an die Situation der sechziger Jahre, als man von Kybernetik und Systemtheorie vorübergehend Wunderdinge erwartete. Dem entspricht die Aufnahme wissenschaftlicher Termini in die Poesie, der Versuch, sie metaphorisch zu nutzen, beispielsweise wenn Lorenc das „Stück Deutschland", in dem er wirksam werden möchte, hinsichtlich der zu erwartenden Publikumsreaktionen als Black-Box bezeichnet oder wenn er der „harten Objektsprache des Alltags" die Priorität zuerkennt und die Worte des Dichters demgegenüber als „Metasprache" definiert. Diese Bezeichnung ist im wissenschaftlichen Sinne durchaus zutreffend, und zwar insofern, als die Alltagssprache für die Dichtung ein Sprachmaterial ist, mit dem sie arbeitet. Überhaupt ist die natürliche Sprache nicht einfach nur das Ausdrucksmittel der Poesie, sondern ihr Gestaltungsmaterial, in dem aus vorgegebenen Elementen, die zum Teil auch ausgewechselt werden können, neuartige Ordnungen aufgebaut werden, die nicht vorgeschrieben sind; natürlich können die primären sprachlichen Ordnungen nicht völlig außer Kraft gesetzt werden, wenn das Ergebnis noch Mitteilungscharakter haben soll. Metasprachlicher Charakter der Dichtersprache äußert sich in einem sprachreflexiven Grundzug der Bilder und Metaphern – bis hin zu dem Extrem, daß sich Sprache nur auf Sprache bezieht, mit Sprache spielt und schließlich auflöst. Auch solche Tendenzen gibt es bei Lorenc, wenn auch eigentlich erst in den späten siebziger und frühen achtziger Jahren. In seinen Kindergedichten („Die Rasselbande im Schlammassellande", 1983) fängt er diese Tendenz produktiv sinnvoll auf. Im „Versuch über uns" werden die Sprachprobleme des sorbisch-deutschen Lyrikers noch naiv beredet – das ist auch eine Schwäche des Gedichts.

Im Struga-Buch erprobt Lorenc viele Sprachmöglichkeiten. So finden sich in *„Anrufungen"* Verse von betörender Musikalität: „Sänftigend nun im warmen / Taubenrauch abends, leiser / ruf ich, tief in der Kehle, zärtlicher / immer, nimmer ermüdend / die wie noch nie trunkene / Stunde vor Nacht." Hier kommen auch Engramme der Kindheit und Jugend zur Sprache; was sie über prosaische Beschreibung erhebt, das ist der Zauber der sonderbaren Polysemantik des Sorbischen, wenn beispielsweise Vogelarten mit Mädchennamen bezeichnet werden. In *„Lieder aus Schleife"* und *„Die Volkskünstlerin Marja Kudźelina"* finden neuartige lyrische Montageformen Eingang, Volkslied-Collagen, in denen die Bruchstellen zu erkennen gegeben und gleichzeitig überspielt werden. Einen eher epischen Sprachgestus zeigen indessen die Porträtgedichte. *„Die Schriften des Hanzo Nepila"* erscheinen als Rollengedicht: eine ruhig vorgebrachte Lebensbilanz, in der sich kaum eine andere Spur von Erregung findet als die refrainartige Wendung „O meine Zeit – bittere Melde". Der sorbische Bauer Hanzo Nepila (1761–1856) verfaßte dreißig Handschriften, teils religiösen, teils autobiographischen Inhalts. Lorenc läßt ebenso Nepilas naive Kosmologie wie seine entbehrungsreiche Lebensgeschichte zum Bild werden. Der alte Nepila dankt dem lahmen Schneider, der den Bauernjungen im Lesen und Schreiben unterwiesen hat. Die Möglichkeit, seine Visionen und Erfahrungen aufschreiben zu können, half ihm, Würde und Souveränität zu gewinnen und zu verteidigen, so eingeschränkt seine Entwicklungs- und Handlungsmöglichkeiten auch waren. Die Angehörigen gaben dem Nepila die Schriften mit ins Grab. Nur wenige blieben erhalten. Das Gedicht hat einen Epilog:

> Seine Blöße bedeckend mit Büchern
> also in den Acker des Gottes zur Zeit
> fuhr Hanzo Nepila, da übermächtig
> im Leib ward die Sehnsucht ihm
> des Lehms und des Wassers, und seine Seele
> aufging im bitteren Samen der Melde.

Anders *„Briefe an Herrn Willibald von Schulenburg (Jan Hanĉo-Hano)"*. Auch Hano (1846–1901) war Bauer, Gemeindevorsteher in Schleife, und er schrieb Briefe an den deutschen Gelehrten Schulenburg, einen Mann, der Verdienste um die sorbische Volkskunde hat. In diesen Briefen teilte Hano Ergebnisse eigener ethnographischer, botanischer und archäologischer Studien mit. Lorenc referiert in einer an die Figurensicht nahe herangerückten Autorenperspektive die Tätigkeiten Hanos und entfaltet in freien Rhythmen, in dichten Bildern und in harter Fügung den Inhalt dieser Tätigkeiten: erinnern, lauschen, lächelnd verstehen, fragen, sammeln, tiefer graben, aufschreiben, bewahren alles, mitteilen müssen. „Und der Schluß aller Briefe: / Ich schriebe mehr, aber / ich muß bestellen / das Feld."

In solchen Porträtgedichten nimmt die von Lorenc bewunderte „Kraftentfaltung eines zahlenmäßig kleinen Volkes in tausendjährigem Lebenskampf" („Struga"-Essay) vor dem Hintergrund sozialer Ausplünderung und Knechtung individuelle Gestalt an. Dem eigenen Großvater ist das mehrteilige Gedicht *„Der Dichter Hinter-den-Wäldern"* („Begegnung mit Kifko", „Besuch bei Lauko", „Gedanken im Holzhaus") gewidmet: Jacub Lorenc (1874–1939) nannte sich Zaléski [der hinter den Wäldern]. *„Begegnung mit Kifko"*, einer Gestalt aus einem Kunstmärchen des Großvaters, ist wieder in fünfhebigen variablen Langversen verfaßt, in einer volltönenden, dichten Bildersprache: „Aufflug, schwer, des Hähers, Hasenflucht – / Herzsprung in den Zickzack der Angst". *„Besuch bei Lauko"*, einem Original aus Schleife, in einem Erdloch hausend: beschwingt, liedhaft, freie Rhythmen und ein zugespitztes Problem, das Problem der Volksweisheit, ihrer Schlüssigkeit, ihrer Grenzen und der Notwendigkeit, streitbar gegen sie vorzugehen, wo sie nichts ist als List der Verweigerung. Lauko sagt: „Wer nichts hat dem nimmt man nichts / der im Erdloch braucht kein Grab." Der Dichter Hinter-den-Wäldern antwortet: „Wer sich nichts nimmt, der hat nichts, / wer nicht ins Grab will, braucht kein Erdloch." Das „Holzhaus" des letzten Teils kennt der Leser bereits: hier hat der Enkel seine Kindheit verlebt. *„Gedanken im Holzhaus"* ist ein fiktiver Monolog des Großvaters vor dem Hintergrund der Naziherrschaft – Auseinandersetzung eines bürgerlichen Demokraten mit sich, seinen Versäumnissen, Illusionen und Idealen.

Oft publiziert ist das glücklich-einfache und zugleich hochkomplizierte Weltanschauungsgedicht *„Ostereiermalen"*. Lorenc schildert in aufzählender Reihung die Arbeitsschritte und -mittel des alten, bis in mythisches Dunkel zurückreichenden sorbischen Brauchs, der etwas Magisches zurückbehalten hat. Es lockt den Autor, die vorgeschriebene Ornamentik metaphorisch nachzuzeichnen und weltanschaulich zu deuten – als zyklische Zeit- und Lebensauffassung, deren Schutz- und Ordnungsvorstellungen sich mit Wiederkehr der Zeiten, Symmetrie der Ereignisse, Gleichgewicht der Generationen, Proportionalität der Geschichte, zusammengefaßt als starre Harmonie der Welt, umschreiben lassen. Was soll man anfangen mit diesem Brauch? Man kann ihn ohne jeden Gedanken an weltanschauliche Hintergründe einfach betreiben, weil er beruhigt, Spaß macht und die Menschen verbindet; man kann sich auf Naturmythologie und -magie zurückziehen, gegen historisches und Entwicklungsdenken die Wiederkehr des Gleichen beschwören, oder man pflegt den Brauch, „bezaubert vom Mysterium / der federführend Zeichnenden, der / Ackerbauer-Ahnen-Myriaden" und tut danach das „einzig Vernünftige": „Wir haun ihn auf zu Ostern, diesen / steinzeitlichen Dämonenkult-Fetisch, / entkleiden ihn seiner schönen Schale / und verdauen den Inhalt."

Das mythische Urei wird so zum Ei des Kolumbus. Nun schlägt der Dichter eine Volte – das Ei erlebt seine Auferstehung in den Menschen („in unseren Hälsen hockt ein lockrer Hahnenschrei"), die von innen her alle Schalen zerbrechen: „Menschheit kriecht aus dem Ei". Das Pathos wird wie immer bei Lorenc durch übermütiges Sinnspiel mit Bildern und Metaphern ironisch gebrochen.

1973 erschien der deutschsprachige Band *„Flurbereinigung"*, für den der Verfasser 1974 den Heinrich-Heine-Preis erhielt. Der Band vereinigt die Bücher „Kluče a puče" und „Struga. Bilder einer Landschaft", enthält aber auch unter dem Titel Aufbruch" zwischen 1968 und 1972 entstandene Gedichte, die über das Bisherige hinausführen, wie sie es zugleich auf andere Weise fortsetzen. Das zeigt gleich das erste Gedicht *„Das Wort"*. Hieß es in *„Anrufungen"*: „Worte, schön flügelnd", so beginnt der neue Text: „Das Wort eine Nuß / das Wort eine eiserne Nuß / zwischen den Zähnen." Man wird unwillkürlich an Rilkes Gedicht „Ein Prophet" erinnert:

„Ausgedehnt von riesigen Gesichten, / [. . .] / sind die Augen, [. . .] / [. . .] Und in seinem Innern richten / sich schon wieder Worte auf, // nicht die seinen (denn was wären seine / und wie schonend wären sie vertan) / andre, harte: Eisenstücke, Steine, / die er schmelzen muß wie ein Vulkan // um sie in dem Ausbruch seines Mundes / auszuwerfen [. . .]."[13]

Nun ist Kito Lorenc kein Prophet: seinem Selbstverständnis als Autor fehlt jede Verstiegenheit. Dennoch würde er nicht schreiben, wäre er nicht überzeugt davon, daß er seinen sorbischen Landsleuten – und nicht nur ihnen – etwas zu sagen habe, das seine empirische Individualität übersteigt und ins Überindividuelle reicht, aus der Geschichte kommt und in die Zukunft weist. Auch Lorenc' Worte sind kollektiven Ursprungs; nunmehr ist das Sorbische – als Sprichwörterschatz und als eine eigene Metaphernwelt – voll angeeignetes Sprachmaterial, in dem der Dichter seine Worte vorfindet und umformt. Doch er kann das Vorgefundene nicht einfach aus seinen historischen Gebrauchszusammenhängen herauslösen, er kann beispielsweise nicht eine „seidige Sprache" führen, wenn die Lebensvoraussetzungen dafür fehlen. Wie immer er seine Worte wählt, sie müssen so sein, daß nicht nur ein Gähnen umgeht „in den Windbergen der Lüge".

Zuweilen packt den Dichter im Umgang mit sorbischer Folklore-Metaphorik der Übermut, und er läßt sich anstecken vom Schalk des Bloßstellens und Überführens durch das Absurde, das die Würze vieler Sprichwörter ist: so im „Bericht vom großen Kampf" und in „Mein Jüngster Tag", zwei für die DDR-Lyrik zu dieser Zeit ganz ungewöhnliche Gedichte, die sich spielerisch geben, im Spiel mit Sinnbezügen jedoch einen eigenen Sinnbefund ergeben. So mag man *„Mein Jüngster Tag"* zunächst für eine grobianische Paraphrase der in ihrer Naivität bezaubernden sorbischen Legende „Sintflut, Himmel, Hölle" halten, eine Parodie im religionskritischen Geist, in der am Ende auch ein völlig betrunkener Noack nicht fehlen darf, der die ganze Sintflut mit einem in der Arche versteckten Simulator lediglich inszeniert hatte. Man mag das als peinliche Verkleinerung eines großen Motivs empfinden. Zu entdecken ist in dem Gedicht aber, wenn man es als Vorgang aufnimmt, die Generalabrechnung mit jeglichem Dualismus, religiösem und nichtreligiösem, der doch seinerseits alle Gegensätze reinlich scheidet und nicht ihr Verschlungensein im Kampf begreift, ihre jeweilige Einheit als Bewegungsform ihres Widerstreits – das gilt auch für das Verhältnis von Wahrheit und Lüge, Form und Inhalt:

Sahn Wahrheit Nackedei stummstolz die Weggefährtin leugnen,
und Lüge Kurzbein sprach: Wer einen Mund hat, hat auch Hände.
Sahn die große Form des Flickens losgetrennt vom größren Loch des Inhalts
sich vergeblich mühen es zu decken, auch erschienen andre wundersame Wesen

An dieser Stelle erfolgt der Umschlag im Gedicht:

Mit der Ursache ging da die Wirkung schwanger, gab
den Anlaß ab an Vaters Statt,
und ein Widerspruch, der sich teils liebte, teils auch
haßte, einte sich auf dem Papier, da fing es Feuer.

Die letzten beiden Zeilen können auch als Motto für Lorenc' Dichten gelesen werden. Der Text schließt dann mit einer Vision, in der jeder Dualismus aufgehoben erscheint.

„Bericht vom großen Kampf" nimmt ebenfalls eines der gewaltigsten Motive der Weltliteratur auf, das Motiv des Kampfes, und spielt es im Material sorbischer Folklore-Metaphorik durch; in der atavistischen Form eines grotesken Zwei-

kampfes wird jede Apologetik des Krieges, jede Verherrlichung der Gewalt im Wortsinn ad absurdum geführt, dabei scheut Lorenc nicht die Komik von Nonsens-Versen.

Ein Friedensgedicht anderer Art, zurückhaltend und daher höchst eindringlich, ist *„Geschichte von meinem Vater"*. Dieser Text ist einer der wenigen, in denen Lorenc auf Metaphorik weitgehend verzichtet; streng deskriptiv, freilich unter Einbeziehung sinnträchtiger Klangspielereien, wird eine Geschichte erzählt, die eine doppelte Vorgeschichte hat: sie wird erst am Ende ganz enthüllt. „Dienst ist Dienst mein alter Vater Holz / sägen und besäumen hobeln spunden" – so beginnt der Text, die Rede ist von „hohen Stapeln die er schichtet / Schichten Tag und Nacht Geschichte / hochgestapelt Frist die fristlos / so ihr Dasein fristet frißt und fräst." Ein Baum wird eingeliefert, kommt unter die Säge, die stehenbleibt, ein Zahn bricht aus, ein Stück Blei wird aus dem Baum entfernt, der Vater hebt es auf, schafft das Holz beiseite, „das kann man noch gebrauchen". „Schnaps ist Schnaps mein alter Vater Fische / ködern stippen angeln drillen keschern"; der Vater „sitzt im Sonntagskahn dem Eigenbau / aus *diesem* Baum und läßt den Anker wurzeln / senkt mit *diesem* Blei hinab den Wurm" – nach Stunden („Zeit dem Friedfisch / Zeit dem Raubfisch") weiß er plötzlich, was es mit Blei und Baum auf sich hat: das Blei hat im letzten Krieg die Brust eines Menschen durchschlagen, auf den geschossen wurde. „Und mein alter Vater wird ganz stille / hört sein Blut verwundert liebt den Frieden / lächelt, kerbt den Kahn an diesem Fundort." Eine Anagnorisis, eine Erkennung im aristotelischen Sinne, der Umschlag von Nichtwissen in Wissen; von diesem Gedicht kann eine kathartische Wirkung ausgehen.

In den „Aufbruch"-Gedichten setzt Lorenc auch die Linie seiner im Sprachgestus epischen Porträtgedichte fort: *„Huldigung für den Fabeldichter Handrij Zejler"* und *„Lieber Maler, mal mir eine Rose – Für Horst Bachmann in Auritz am Steinbruch"*; der Band „Flurbereinigung" ist mit Reproduktionen des Maler-Autodidakten Bachmann ausgestattet, mit dessen bildnerischer Vitalität und Phantasie Lorenc viel verbindet. Die Aufarbeitung sorbisch-deutscher Geschichte erreicht in dem mehrteiligen Gedicht *„Bautzen – Neue Ansicht vom Proitschenberg"* einen weiteren Höhepunkt; es bildet zugleich einen relativen Schlußpunkt, Lorenc ist auf diese Thematik jedoch nicht wieder zurückgekommen. Der Text macht vor allem dadurch betroffen, daß der Autor auch auf die in „tausend Jahre(n) treue(r) Wacht im Ostkampf" schuldig gewordenen deutschen und sorbischen Bewohner von Bautzen zu sprechen kommt, wenn er ihren Widerstand rühmt. Am Ende wird das zentrale Motiv des Gedichts umgedreht: nicht mehr allein und vorwiegend darauf kommt es an, wie die Stadt ihre Bewohner sehen will – auf Grund herrschaftsbedingter Satzungen – wie in der Vergangenheit –, sondern darauf, wie die Menschen ihre Stadt sehen wollen. Auf das Sprachproblem, das Lorenc in doppelter Weise gefangenhält (als Verhältnis des Sorbischen zum Deutschen sowie der Alltagsrede zur Dichtersprache) kommt Lorenc im Schlußgedicht des Zyklus „Aufbruch" zurück, *„Flurnamen"*, einem Text über die Dialektik von Provinz und Welt. Er bekennt sich zum ganzen Spektrum der erprobten Sprachmöglichkeiten: „... im Liedwind, im Märchenlicht, unter dem Rätselstern / siehst du: liegt / Wortland." „Seelenland" muß als „Wortland" aufbereitet werden, um es bearbeiten, in Bewegung bringen zu können. „Wortland" ist auch das Reizwort, das zehn Jahre später den Titel für die umfassende Reclam-Auswahl der „Gedichte aus zwanzig Jahren" geliefert hat (*„Wortland"*, 1984).

In den siebziger Jahren widmete sich Lorenc im wesentlichen der Arbeit am *„Sorbischen Lesebuch"*, einer großangelegten historischen Anthologie der sorbischen Volks- und Kunstliteratur von den Anfängen bis heute, die 1981 in einer Zweisprachenedition als Reclam-Mehrfachband erschien, was ihr weite Verbreitung und leichte Zugänglichkeit sicherte. Lorenc hat langwierige Quellenforschung betreiben müssen, um „in einem wesentlich chronologischen Aufbau den Entwicklungsprozeß der sorbischen Literatur zu modellieren: ihr allmähliches schwieriges Wachtstum, den bei aller Einschränkung doch unverkennbaren inneren und äußeren Stoffwechsel dieses kleinen, relativ eigenlebigen Literaturorganismus, sein System von Korrespondenzen und Verweisungen, Längs- und Querbezügen, Vor- und Rückgriffen"[14]. Die hier nicht genannten Gedichte, die Lorenc nebenher schrieb, lassen kein neues Entwicklungsstadium erkennen. Sie erweitern jedoch insofern die Gesichtspunkte, als sich der Verfasser in verstärkem Maße darauf einläßt, kritikwürdige Verhaltensweisen in der sozialistischen Gegenwart satirisch und mitunter grobianisch darzustellen, teils in bissigen Invektiven, die den Einfluß von Adolf Endler erkennen lassen (bis zum Verwechseln in dem Gedicht „Unser Großväterchen"). Doch findet sich das Satirische auch in poetischen Gegenbildern, etwa zum kleinbürgerlichen Besitzdenken in Liebesbeziehungen (*„Der Täuber hat zwei weiße Füße"*, burleskes Schreckbild einer stetig wachsenden Liebes-Kommune), oder zur liebedienerischen Betriebsamkeit um des eigenen Vorteils willen (*„Die Schlaraffen"*, mit denen Lorenc deutlich sympathisiert). Bloßstellungen richten sich gegen die verbreitete blumige Umschreibung der eigenen Angelegenheiten (*„Öffentliche Anlage mit Petunien"*) oder gegen antiquiert autoritäre Erziehung (*„Aus dem Stegreif"*). Dennoch gewinnt man den Eindruck, Lorenc habe sein Grundthema verloren und noch kein neues gefunden; auch ein Verlust an weltanschaulicher Substanz ist unverkennbar, virtuose Klang- und Wortspielereien gleichen ihn nicht aus. In teilweise grimmigen Ausfällen verschafft sich eine Stimmung der Isoliertheit und Bedrohtheit Luft, die man bisher bei diesem Dichter nicht kannte: „Wo man sich die Klinke nicht in die Hand gibt / da schlägt die Tür zurück."

Ein neuer Kito Lorenc, den man allerdings schon seit langem kennen oder ahnen konnte, zeigt sich dagegen in der Sammlung von Kinderliedern und -gedichten *„Die Rasselbande im Schlamassellande"* (1983). Das sind keineswegs nur Gedichte für Kinder, sondern für „Kindsköpfe" generell, worunter Lorenc auch Erwachsene versteht, die nicht in tierischem Ernst erstarrt sind, die noch Sinn haben für die meistens hintersinnigen Faxen. Man denkt dabei an Morgenstern und Ringelnatz. Lorenc gibt in souveränen sprachschöpferischen Sinnspielen eine antiphiliströse Lebenslehre, deren letztes Wort – wie in allen seinen Büchern – die Mahnung zum Frieden ist:

> Gute Nacht
> (auf Verdacht)!
> Bitte gebt acht,
> daß, wenn ich schnarche,
> meine Arche
> nicht zerkracht!

KITO LORENC

Kurzbiographie

Kito Lorenc wurde am 4. März 1938 in Schleife (Lausitz) als Sohn eines Sägemüllers geboren. 1952–56 Besuch der sorbischen Internatsoberschule in Cottbus, danach Studium der Slawistik in Leipzig. Von 1961–72 wissenschaftlicher Mitarbeiter am Institut für sorbische Volksforschung in Bautzen.
Dann – bis 1979 – Dramaturg am Staatlichen Ensemble für sorbische Volkskultur. Seit 1979 freischaffend.
Als zweisprachiger Lyriker ins Bewußtsein der literarischen Öffentlichkeit getreten, entfaltete Lorenc eine vielseitige Tätigkeit als Herausgeber, Nachdichter und Essayist.
1962 und 1968 erhielt er den Literaturpreis der Domowina, 1974 den Heinrich-Heine-Preis.

Ingrid Hammer

Hans Marchwitza

„Kunst und Literatur sind kein Privileg einer von Natur oder irgendwelchen geheimnisvollen Göttern bevorrechteten Menschenschicht. Sie sind Kraft und Gut des Volkes."[1] Der dies auf dem IV. Deutschen Schriftstellerkongreß (1956) feststellte, konnte aus eigener Erfahrung sprechen, der Bergmann und Parteiarbeiter, der Spanienkämpfer und Emigrant, der Kommunist Hans Marchwitza (1890–1965). Er stammte von Arbeitern ab, fühlte sich ihnen zeitlebens zugehörig, wählte ihr Leben zum Stoff seiner literarischen Werke.

Von seinem ersten Buch *„Sturm auf Essen"* (1930) bis zum abschließenden Band der Kumiak-Trilogie (1959) war und blieb sein Thema die widerspruchsvolle Entwicklung der deutschen Arbeiterklasse. Dabei erwarb sich Marchwitza das Verdienst, das Alfred Kurella anläßlich seines siebzigsten Geburtstages würdigte, über „die größte Wandlung unserer Epoche, den Aufstieg des Industriearbeiters vom gequälten, entmenschten Arbeitsvieh und Opfer der Geschichte zum selbstbewußten Menschen, zum Herrn und Meister der Menschengesellschaft in *einer* durchgehenden Kette thematisch miteinander verbundener Romane und Erzählungen"[2] geschrieben zu haben.

Seine unverwechselbaren Arbeiterfiguren zeugen von intimer Kenntnis ihrer Lebenslage. Daß der Autor ihre aus sozialen Mißständen rührenden Schwächen nicht verurteilt, brachte ihm den Ruf ein, „Dichter der behutsamen Überzeugung"[3] zu sein. Es sind keine strahlenden Helden, einwandfreien Vorbilder oder Draufgänger, die ihn interessieren. Immer wieder zeigt er den Typ des naiven, politisch ungeschulten Arbeiters, der erst nach und nach ein Bewußtsein über seine Klassenlage gewinnt, indem er sich in den sozialen Kämpfen, in die er vorerst ohne eigenes Zutun hineingezogen wird, bewährt. So liebevoll Marchwitza sich seinen Personen auch zuwendet, ihre Zweifel und unterschiedlichsten Gedanken toleriert, vertritt er ebenso konsequent die Ziele seiner Partei, vermittelt er die Gewißheit vom endgültigen Sieg seiner Klasse.

Doch nicht nur die Figuren, auch der proletarische Alltag

ist genau beschrieben; detailliert und einfühlsam sind erfaßt: die harte Arbeit, die Querelen zwischen den Kollegen und innerhalb der Familie, die Zustände in den meist überbelegten Wohnungen, der Hunger und die Verzweiflung über die anscheinend ausweglose Lage.

Diese Milieugenauigkeit fußt auf eigenen sozialen Erfahrungen in Scharley, dem kleinen, ärmlichen (Geburts-)Ort in Oberschlesien. Der Vater war ein Erzbergmann, er trank, um Elend und Demütigungen wenigstens zeitweilig zu vergessen. Die Mutter, die zwölf Stunden lang als Erzschlepperin arbeitete und außerdem ein Kind nach dem anderen gebar, starb mit einundvierzig Jahren an Schwindsucht. Der Junge, dem in der Schule Ordnung und Untertanengeist eingeprügelt wurde, begann in dieser Zeit zu lesen, zunächst die zugänglichen, üblichen Abenteuerheftchen. Das Interesse selbst an diesen anspruchslosen Geschichten erlosch, als er mit vierzehn Jahre einfahren mußte: „Ich las nicht mehr; ich wankte nach der Zeche, ein kleines, altes Männlein; mit halbschlafenden Augen stolperte ich nach Hause und warf mich sofort in meinen Grubensachen auf den Strohsack hinter dem Ofen.“[4]

1910 unterzeichnete Marchwitza einen Arbeitskontrakt für die Kohlenschächte an der Ruhr. Doch bessere Bedingungen fand er kaum vor. Dafür geriet er unweigerlich in die Klassenkämpfe, die in dem industriellen Ballungsgebiet in verschärfter Form auftraten. 1915 wurde er Soldat; er wollte Kaiser und Vaterland dienen sowie der Schinderei im Schacht entkommen. Die Begeisterung hielt nicht lange an; die Erlebnisse im Schützengraben brachten ihn bald zum Nachdenken. Die Folge war, daß er sich nach der Rückkehr aus dem Kriege einer Soldatenratswehr anschloß und Mitglied der USPD wurde.

Bedenkt man, daß Hans Marchwitza nur die Grundschule besuchte, er nicht einmal die Hochsprache richtig beherrschte, sondern ein deutsch-polnisches, mit rheinischen Dialekteinflüssen ergänztes ‚Gemisch‘ sprach, dann erhebt sich die Frage, wo die Antriebe zu suchen sind, die ihn zur Literatur führten. Da ist zuerst das Bedürfnis zu nennen, „seine Qual hinauszuschreien“[5], sich Verzweiflung, Wut und Haß von der Seele zu schreiben. Auch wollte er sich jemandem mitteilen, Verständnis finden in einer Welt, in der sich die Menschen verbittert voreinander verschlossen, weil sie durch die Arbeit und familiäre Misere erschöpft waren und sich nicht noch mit den Sorgen des Nebenmannes belasten konnten. Aber vor allem besaß Hans Marchwitza ein ursprüngliches Erzähltalent, das ihn dazu bewegte, sich schon im Alter von fünf Jahren kleine Geschichten auszudenken und damit einen erkrankten Onkel zu erfreuen. Daß in seiner Familie gern erzählt wurde und er die Vorliebe dafür geerbt hatte, war ihm stets bewußt: „Hier sprudelten die Quellen, aus denen ich später nie genug schöpfen konnte."[6]

Während die Großeltern ihre Geschichten dem Schatz der Märchen und Legenden entnahmen, ging der Enkel von seinen unmittelbaren Erlebnissen aus. Dazu bekannte er sich auf dem I. Internationalen Kongreß zur Verteidigung der Kultur 1935 in Paris, als er sagte: „... denn wir schreiben nur unsere Erfahrungen."[7]

Zu Beginn seiner schriftstellerischen Tätigkeit kümmerte sich Marchwitza weder um theoretische Fragen noch um literarische Vorbilder. Erst später empfahl ihm ein Redakteur, die Bücher großer Schriftsteller zu lesen. Da er aber nur wenig gebildet war, konnte er vieles nicht ganz verarbeiten; er war verwirrt und verunsichert. Erst in der Sowjetliteratur fand er etwas vorgebildet, an das er anknüpfen konnte. Gladkows „Zement" und „Der stille Don" von Scholochow begeisterten ihn; vor allem aber Gorkis Arbeiten. „Der Proletarier, gleich, ob er nun schreibt oder nicht, fühlt sich, sobald er Gorki erst einmal gelesen hat, zu ihm hingezogen, weil Gorki ihm in der Literatur die Klassenwahrheit seines Daseins entdeckt, weil er ihm seine mögliche menschliche Schönheit zeigt, die es nur zu befreien gilt, weil er ihm das Bewußtsein stärkt, daß seine Kraft ausreichen wird, nicht nur sich zu befreien, sondern am Ende auch diejenigen, die heute unsere Feinde sind. Gorki ist aber kein Magier, er hat im Proletariat, in der Arbeiterklasse nichts entzünden können, was nicht schon selbst in uns angelegt ist; seine wirkliche Größe besteht darin, daß er alle Regungen des Proletariats zwischen unwissender Verzweiflung und kämpferischer Hoffnung aus eigenem Erleben kannte."[8] Dieser Aussage läßt sich entnehmen, in welchem Maße Marchwitza von seinem Vorbild gelernt hat. Was er über Gorki sagte, gilt für ihn ebenso. Seine ersten, Anfang der zwanziger Jahre entstandenen Verse, – „voller Gift und Galle [...] und noch sehr ungehobelt“[9] – künden bereits von seinem Willen, die Wirklichkeit in ihrer Härte vorzuzeigen: „Ich schreibe nicht fein, ihr Feinen [...]“[10]; Worte, die für den Autor, der fortan hauptsächlich Prosa verfaßte, gültig blieben.

1924 arbeitslos und auf die „Schwarze Liste“ gesetzt, weil am Zustandekommen eines Streiks zur Einführung der Sieben-Stunden-Schicht beteiligt, schrieb Marchwitza als Arbeiterkorrespondent für die Zeitung „Ruhr-Echo“, bei der Alexander Abusch als Redakteur tätig war, Berichte, Reportagen, Kurzgeschichten, Erzählungen.

1930 legte er, inzwischen Mitglied des „Bundes proletarisch-revolutionärer Schriftsteller“ Deutschlands geworden, die erste selbständige Publikation *„Sturm auf Essen – Die Kämpfe der Ruhrarmee gegen Kapp, Watter und Severing“* vor. Dem Buch lagen seine Erlebnisse als Zugführer der Roten Ruhrarmee im März 1920 zugrunde. Detailgetreu und überzeugend beschrieb er die Kämpfe der Ruhrarbeiter, die nur knapp einen Monat währten, zwischen dem Beginn des Kapp-Putsches und dem Terror der Reichswehr- und Freikorpsverbände nach dem Bruch des Bielefelder Abkommens. Die Fabel des Buches fällt mit den Ereignissen jener Tage zusammen, die aus der Sicht der Arbeiter chronologisch beschrieben sind. „Die Gegenseite kommt nur in Gestalt der konterrevolutionären Exekutive und in Reflexionen über ihre Strategie und Taktik ins Blickfeld, so daß eine relativ geschlossene Erzählatmosphäre entsteht, die bis ins sprachliche Detail hinein von der Welt der Ruhrkumpels bestimmt ist.“[11] Manche Arbeitergestalten heben sich dadurch aus der Masse heraus, daß ihre unterschiedlichen Beweggründe, sich am Kampf zu beteiligen, oder ihr Zaudern, ihre politische Haltung wie auch ihr Familiensinn verdeutlicht werden. Wenn der Autor auch auf die Unterschiede und Widersprüche innerhalb ihrer Mitglieder eingeht, zeigt er die Arbeiterklasse insgesamt doch als eine machtvolle Kraft. Die historischen Geschehnisse werden aus ihrer Anonymität gelöst und nacherlebbar gemacht, weil sie mit konkreten Schicksalen verbunden sind. Am ausführlichsten ist die Figur des jungen Bergmanns Franz Kreusat geschildert. Er schließt sich der USPD entgegen dem Willen seiner Mutter an; sie hat zwei Söhne im Krieg verloren und will den letzten unbedingt hüten.

Als er eine Aktion gegen die Polizei vorbereitet, wird er verhaftet und gefoltert. Nachdem ihn seine Genossen befreit haben, geht er sofort zur „Roten Ruhrarmee", bewährt sich als Zugführer und wird erschossen, als er den Rückzug der Kameraden deckt. Sein Tod weckt Trauer und Zorn, er stellt jedoch nicht den Sinn des Kampfes in Frage. Wenn die Arbeiter auch jetzt eine Niederlage hinnehmen müssen, wird doch ihr endgültiger Sieg nicht aufzuhalten sein.

Da der Roman Anklang fand, wurde er mehrmals veröffentlicht. Er erschien in Fortsetzungen in der Arbeiterpresse und eröffnete die Reihe „Der Rote 1-Mark Roman" im Internationalen Arbeiterverlag. Auch zwei Verlage der UdSSR brachten das Buch in deutscher Sprache heraus (1932); in Übersetzungen erschien es in der Sowjetunion bereits 1931, in Großbritannien (1932) und, wie der Autor selbst erst als Emigrant in Amerika erfuhr, sogar in Japan. Auf der II. Internationalen Konferenz proletarischer und revolutionärer Schriftsteller in Charkow (1930) wurde es als „Roman der Klassenerfahrung des Proletariats"[12] gewürdigt. Der preußische Innenminister Severing jedoch verfügte 1931 ein Verbot des Buches. Das warf ein bezeichnendes Licht auf die Zustände innerhalb der Weimarer Republik.

In dem Aufsatz „Unsere Wendung" (1931), der nach der Charkower Konferenz und während der Diskussion um das neue Programm des Bundes proletarisch-revolutionärer Schriftsteller Deutschlands entstand, forderte Johannes R. Becher, eine Massenliteratur zu schaffen. Er orientierte auf die Gemeinsamkeit „mit allen Gruppierungen und Strömungen der ganzen Klasse" und stellte fest: „Diese Verbundenheit muß nicht nur eine Verbundenheit sein mit dem politischen Leben der Klasse, sondern auch eine Verbundenheit mit dem ganzen proletarischen Alltag (ohne Heuchelei, ohne Schönfärbung) mit all seinen Schattierungen, Widersprüchen und Unterschiedlichkeiten – und damit vor allem auch eine Verbundenheit mit der Sprache der Klasse."[13] Diese Forderungen entsprachen den Ansichten Marchwitzas, er kam ihnen nach – und legte in kurzer Zeit mehrere Erzählungen und drei weitere Romane vor.

Immer genauer beschrieb er den proletarischen Alltag, erfaßte ihn in seiner Vielfalt und ging der Entwicklung von Arbeitern nach. 1931 erschien, ebenfalls als „Roter 1-Mark Roman“, *„Schlacht vor Kohle“*. Er beruht auf Tatsachen und ist „den Toten von Alsdorf und Eschweiler Reserve, den zahllosen Kumpels, die die Schlacht vor Kohle während der kapitalistischen Ordnung gefordert hat“[14], gewidmet. Der Roman handelt von einer Grubenkatastrophe, zu der es infolge des Raubbaus und der Verstöße gegen die Sicherheit der Bergleute kam und die 169 Tote und viele Verwundete forderte. Als wieder Druck auf sie ausgeübt wird, streiken die Kumpels.

Marchwitza griff darin zwar „die von Bredel erprobte Struktur des Betriebsromans“[15] auf, ging jedoch über dessen Beschränkung auf den Arbeitsprozeß und die Beziehungen unter den Kollegen hinaus. Er bezog die persönlichen Nöte und die wenigen Freuden, wie sie in den Zechenkolonien üblich waren, mit ein. Vom Verständnis für den oft sehr widerspruchsvollen Werdegang der Proletarier zeugt auch *„Walzwerk“*, in dem Folgen der Wirtschaftskrise behandelt sind. Er erschien 1937 in der „Universum-Bücherei für Alle“. Erzählt wird von einer jungen Frau, Marianne Kayser, die sich mit einem unehelichen Kind durchschlagen muß. Die ersehnte Ehe bringt nicht das erhoffte Glück, sondern Demütigung und Abhängigkeit. Nachdem sie bereits mit dem Gesetz in Konflikt geraten ist, schließt sie sich (unterstützt von Freunden und getragen durch die Liebe zu einem klassenbewußten Arbeiter) der Arbeiterbewegung an und nimmt ihr Schicksal nicht mehr ergeben hin. Im Gegensatz zu dem Buch „Schlacht vor Kohle“, das verwirrend viele Figuren enthält, wovon die meisten unzureichend individualisiert sind, konzentrierte sich Marchwitza in diesem Roman auf eine Person, bürdete ihr jedoch so viele Schicksalsschläge auf, daß die Gefahr besteht, sie als Sonderfall und nicht als typisches Beispiel für die verheerenden Folgen der kapitalistischen Weltwirtschaftskrise zu verstehen.

Als Besonderheit ist anzusehen, daß Marchwitza als Zentralfigur eine Arbeiterin wählte, eine Frau also, die in doppelter Form abhängig ist – von ihren Arbeitgebern und von ihrem Mann. Sie muß sich aus beiden Abhängigkeiten befreien. Schließlich vermag sie ihre eigene Würde zu erkennen und sich allmählich von kleinbürgerlichen Konventionen zu lösen, motiviert auch dadurch, daß die Frau in Sowjetrußland gleichberechtigt ist.

Als die Faschisten die Macht ergriffen hatten, mußte Hans

Marchwitza Deutschland verlassen. Im April 1933 kam er in die Schweiz, wo er bis zu seiner Ausweisung im November 1934 in Zürich wohnte. Ungeachtet der bedrückenden materiellen Lage, in der er hier lebte, schrieb er intensiv an einem neuen Roman, der 1934 in der „Büchergilde Gutenberg" (Zürich) veröffentlicht wurde: „*Die Kumiaks*". Damit gelang ihm ein Werk, das er über Jahrzehnte hinweg weiterführte und das eine Zäsur setzte in seinem Schaffen. „Zwar wandte sich Marchwitza auch diesmal wieder den Erlebnissen im Ruhrgebiet zu, aber diese ‚Geschichte der Ruhrkumpel' war keine Wiederaufnahme der Ruhrkampfthematik seiner bisherigen Bücher. Die unerwartete Stoffülle des Romans bedeutete keine bloße Ausweitung, sie ergab sich aus der Notwendigkeit einer umfassenden Analyse der historischen Situation, die in Deutschland zur Machtübernahme des Faschismus geführt hatte."[16] Mit diesem Buch führte Marchwitza die Tradition des Erziehungs- und Entwicklungsromans weiter. Verfolgt wird der geistige Reifeprozeß des Bergmanns Peter Kumiak, ein Vorgang, der sich unter komplizierten historischen Bedingungen vollzieht.

Kumiak, wie Generationen vor ihm Tagelöhner auf einem westpreußischen Gut, wandert mit seiner Frau und den vier Kindern ins Ruhrgebiet aus, davon überzeugt, „durch seiner Hände Arbeit sich einmal einen bescheidenen Wohlstand [. . .] erarbeiten"[17] zu können. Gutgläubig und politisch völlig unerfahren kommt er in ein industrielles Ballungsgebiet, in dem es eine starke Arbeiterklasse gibt, wo aber auch die verschiedensten politischen Strömungen aufeinandertreffen, die in den Wirren von Nachkriegs- und Inflationszeit an Umfang und Einfluß gewonnen haben. Kumiak will es mit keiner der Gruppierungen verderben, und erst ganz allmählich – und zuerst oft unbewußt – schließt er sich den klassenbewußten Kumpels an. Mit ihnen beteiligt er sich an der Niederschlagung des Putsches der rheinischen Separatisten, an ihrer Seite kämpft er für eine Arbeitszeitverkürzung und kommt deshalb auf die „Schwarze Liste". Da Kumiak nun im gesamten Kohlerevier keine Arbeit mehr finden kann, muß die inzwischen siebenköpfige Familie erneut ihre Habseligkeiten packen. Der Auszug aus dem Ruhrpott gleicht dem Einzug vor anderthalb Jahren: „Viel führten sie nicht mit sich. Ein Bündel Bettzeug, ein paar Kisten mit dem Notwendigsten".[18] Sie fahren nach Holland, in der Hoffnung, sich dort etwas Geld ersparen zu können. Also schließt sich der Kreis, und Peter Kumiak beginnt von vorn. Es scheint nur so: Die Voraussetzungen haben sich entscheidend geändert, und er hat dazugelernt. Er ist ohne Illusionen, kein naiver Tagelöhner mehr, sondern durch und durch Bergmann, der sein Fach versteht und die Arbeit untertage, trotz aller Gefahr und Schinderei, liebt. Auch hat er sich in den Klassenkämpfen bewährt, und er weiß zu unterscheiden zwischen leeren Worten und wirklicher Hilfe, auch wenn er noch nicht weiß, wo die Ursachen für das elende Leben der Arbeiter zu suchen sind.

Mit den „Kumiaks" war es Marchwitza gelungen, den Alltag der Ruhrkumpel lebendig zu schildern, die Psyche und das Lebensgefühl der Bergleute Anfang der zwanziger Jahre zu erfassen. Das Schicksal des einzelnen verwob er mit dem der Klasse. Das Buch wurde viel gelesen, weil der dargestellte Bereich noch nie so intensiv beschrieben worden war. Es sprach die Leser emotional an und ermöglichte ihnen, sich mit Peter Kumiak zu identifizieren; denn er wurde nicht als ein untadeliger Held, sondern als irrender und suchender Mensch gezeigt. Die Figuren wirken wohl deshalb so lebendig, weil ihnen Erlebnisse und Erfahrungen des Autors zugrunde liegen. Doch nicht nur Marchwitza verwandte in dieser Zeit autobiographisches Material, auch Becher („Abschied"; 1940), Bredel („Die Väter"; 1941), Scharrer („Der Hirt von Rauhweiler"; 1942) oder Renn („Adel im Untergang"; 1944). „Es hatte tatsächlich etwas mit der Krisenzeit des Exils, mit dem Vertrauen einzig auf das Selbsterfahrene zu tun. Dabei stand es gleichzeitig im Zusammenhang mit einer anderen Besonderheit literarischer Veränderungen nach 1933. Die Erfahrungen der Niederlage zwangen zur Frage nach den Ursachen dieser Ereignisse, zum erneuten Nachdenken über Vergangenheit und Zukunft [...]."[19]

Ob der Handlungszeitraum eine kleinere oder größere Zeitspanne umfaßt, ob das Autobiographische mehr oder weniger offensichtlich ist – in jedem Fall suchen die Autoren Bilanz zu ziehen über die Epoche und einen Überblick zu geben über die gesellschaftliche Entwicklung in Deutschland.

Nach seiner Ausweisung aus der Schweiz (1934) ging Hans

Marchwitza zunächst ins Saarland, wo er sich denen anschloß, die den Anschluß dieses Gebietes an Hitlerdeutschland verhindern wollten. Als es dann dem Deutschen Reich angegliedert war, übersiedelte er illegal nach Paris. Schon damals schrieb er am nächsten Band der Kumiaks, aber das Manuskript ging verloren. In Paris leitete er auch einen Arbeitskreis für junge Autoren, der vom „Schutzverband Deutscher Schriftsteller" (SDS), initiiert worden war.

Im November 1936 meldete sich Marchwitza nach Spanien. Dort kämpfte er im legendär gewordenen Tschapajew-Bataillon. Die Erzählungen *„Araganda"* (1939) und *„Vor Teruel"* (1939) vermitteln die Atmosphäre in den Internationalen Brigaden; sie berichten von den schweren, verlustreichen Kämpfen, in denen sich Freiwillige aus der ganzen Welt gegen die Franco-Faschisten bewährten.

Die Anfänge eines Spanien-Buches, an dem der Autor während der Gefechtspausen schrieb, sind gleichfalls verlorengegangen. 1938 kehrte Marchwitza nach Paris zurück. Bereits im Herbst desselben Jahres wurde er, wie viele seiner Genossen, aus der Hauptstadt ausgewiesen und nach dem Ausbruch des Zweiten Weltkrieges in verschiedenen Lagern interniert. Mit Hilfe des US-amerikanischen „Emergency Rescue Committee" gelang es Marchwitza, ein Visum für Mexiko zu erhalten. Doch dieses Land sah er nie, die lange Fahrt endete in New York. Die amerikanischen Behörden untersagten ihm die Weiterreise. Da er nicht Englisch sprach und schon in den Fünfzigern stand, fiel es ihm schwer, seinen Unterhalt zu bestreiten; er nahm jede Gelegenheitsarbeit an, die sich ihm bot. Trotz aller Schwierigkeiten fand er auch Zeit zum Schreiben. So legte er 1942 zwei schmale Gedichtbände (*„Wetterleuchten"* und *„Untergrund"*) vor, die der Sohn seiner Lebensgefährtin und späteren Frau Hilde Stern, Lehrling in einer Druckerei, selbst technisch hergestellt hatte. Hier kommt zum Ausdruck, was ihn wie die meisten Emigranten quälte, die Liebe zur Heimat, die Sehnsucht nach ihr.

Während des Aufenthaltes in New York schrieb Marchwitza über die Erlebnisse in Frankreich und an der Geschichte seiner Kindheit und Jugend. Über die Jahre, die er in den USA verbrachte, berichtete er erst später – sehr sachlich und doch erregend – in dem Band *„In Amerika"* (1961). Das „eisige, herzlose Amerika"[20], das Land der kalten Zementtürme und geldgierigen Bosse blieb ihm immer fremd. Doch fand er im Exil auch Freunde und Genossen, die ihm das Einleben in der Millionenstadt erleichterten und das anfängliche Gefühl der Verlassenheit verdrängten.

Nachdem Marchwitza dreizehn Jahre lang ruhelos und unsicher als Emigrant gelebt hatte, konnte er im Dezember 1946 endlich in die Heimat zurückkehren. Zuerst ließ er sich in Stuttgart nieder, übersiedelte aber schon 1947, nachdem er einige Schwierigkeiten mit den amerikanischen Besatzungsbehörden überwunden hatte, nach Potsdam-Babelsberg. Im selben Jahr erschien beim Verlag Volk und Welt sein autobiographischer Roman *„Meine Jugend"*, den er im Exil geschrieben hatte. Die meisten Leser, die das Buch in die Hand bekamen, kannten nicht einmal den Namen des Autors, der zwölf Jahre lang ausgebürgert gewesen war. Aber auch Marchwitza mußte sich erst mit den Umständen in Deutschland vertraut machen. Viele Leute stürzten sich auf diese Literatur, die ihnen bisher vorenthalten war, denn sie half ihnen, sich von der faschistischen Ideologie freizumachen.

In dem Buch, dessen Handlung kurz vor der Jahrhundertwende einsetzt und bis 1918 reicht, befaßte sich Marchwitza wiederum mit einem entscheidenden Zeitraum der deutschen Geschichte. An persönlichen Schicksalen untersuchte er den Entwicklungsstand des Proletariats in verschiedenen Stadien und Milieubereichen. Mehr als in den „Kumiaks" zeigt sich hier die Tendenz zur Gestaltung des Selbsterlebten und zur Gesellschaftsanalyse. In diesem Fall geht es um die Zeit vor 1914, in der die Vorbereitung auf den Krieg nicht immer offen zutage trat und die Gefahr im normalen Alltag unterging. Geschrieben ist das Buch als eine Mahnung, das politische Geschehen aufmerksam zu verfolgen und sich nicht wieder mißbrauchen zu lassen.

In chronologischer Folge erschließt sich die Lebensgeschichte des Johann Thomek, eines oberschlesischen Bergmannsjungen. Sein Vater trinkt, um das Dasein zu ertragen, die Mutter stirbt früh und hinterläßt fünf unmündige Kinder. Nach Abschluß der Schule, in der mehr Wert auf Unterordnung als auf Wissen gelegt wird, erwartet ihn und seine Klassenkameraden die Arbeit in der Grube, eine Hölle für die Vierzehnjährigen. Der

Soldatendienst erscheint ihnen als eine Chance, dem Bergmannsleben zu entkommen. Da man sie aber noch nicht braucht, werden sie wegen Unterernährung ausgemustert. Daraufhin verpflichtet sich Hanku (der Held) für die Kohlengruben an der Ruhr. Er verdient tatsächlich mehr Geld, muß aber ebenso hart arbeiten. Da er sich bisher nie mit Politik beschäftigt hat, verwirren ihn die unterschiedlichen Ansichten der Bergleute. Obwohl er eigentlich nur in Ruhe gelassen werden will, kann er sich nicht aus den Klassenkämpfen heraushalten. Als er zum Beginn des Ersten Weltkrieges eingezogen wird, hält er es für seine Pflicht, dem Vaterland zu dienen. Er wird sogar zweimal für seine Tapferkeit ausgezeichnet und zum Unteroffizier befördert. Daheim indessen ruiniert seine Frau ihre Gesundheit in einer Pulverfabrik, und die fünfjährige Tochter stirbt an Entkräftung. So kommt es, daß er am Sinn des Krieges zweifelt, nicht mehr mitmachen will und zu den Franzosen überläuft.

Die Zentralfigur hat ein Schicksal zu bewältigen und Entscheidungen zu treffen, die nicht etwa nur den einzelnen angingen, sondern die mehr oder minder eine ganze Generation von Proletariern mit sich ausmachen mußte. Dabei begriffen die jungen Leute, daß sie ihre Lage verändern konnten. Das war die andere Seite des Frontgeschehens, es brachte sie dazu, politisch zu handeln.

Wenn man sich fragt, warum dieses Buch die Leser so zu überzeugen und zu beeindrucken wußte, so sollte man die Antwort nicht allein im eigenen Erleben des Autors suchen. Es schrieben ja auch andere proletarisch-revolutionäre Schriftsteller über eigene Erlebnisse – ebenfalls mit der Absicht, den Arbeitern Einblick in ihre Lage zu geben und sie zu mobilisieren. Verwiesen sei hier auf Ludwig Tureks autobiographischen Roman „Ein Prolet erzählt", der zu den bekanntesten gehört. Diese Bücher entstanden viel früher – mit nur geringer zeitlicher Distanz zum Handlungsgeschehen.

Als Hans Marchwitza über seine Kindheit und Jugend schrieb, waren bereits Jahrzehnte vergangen. Er hatte an geistiger Reife gewonnen, konnte die geschichtlichen Ereignisse besser überschauen: Parallelen zwischen den beiden Weltkriegen herstellen, beispielsweise die Verblendung der Menschen. Außerdem trieb ihn sicher die Sehnsucht nach der Heimat an, wesentlichen Entwicklungslinien nachzugehen, sich den Personen besonders sorgsam zuzuwenden. Der subjektiven Ich-Form des Romans ist es zu danken, daß er zu den reifsten, künstlerisch ausgewogensten Arbeiten des Autors gehört. Das gründliche Befragen der eigenen Vergangenheit ermöglichte gültige Aussagen über die betreffende Epoche, wobei vor allem die Gestaltung des Zusammenhanges von individueller und gesellschaftlicher Entwicklung gelungen ist. Grundmotiv des Romans ist – wie in den „Kumiaks" – der Abschied von der Heimat und das Heimischwerden im Ruhrgebiet. Die jeweiligen Hauptgestalten Hanku Thomek und Peter Kumiak sind trotz des Unterschieds im Alter und in den Erkenntnissen einander geistig verwandt: schwerfällig im Denken und gutgläubig. Sie kommen nicht plötzlich zu Einsichten, lassen sich nicht durch ein Ereignis zu revolutionären Taten hinreißen, nehmen neue Ideen nur langsam und widerstrebend auf.

Anfang der fünfziger Jahre setzte Marchwitza die Arbeit an der Kumiak-Trilogie fort. 1952 erschien *„Die Heimkehr der Kumiaks"* und sieben Jahre später *„Die Kumiaks und ihre Kinder"*, in denen ein halbes Jahrhundert Geschichte der deutschen Arbeiterbewegung Gestalt annimmt. Beide stehen in der Tradition bester deutscher Erziehungs- und Entwicklungsromane. Sie unterscheiden sich von entsprechenden Büchern bürgerlicher Schriftsteller durch die stete Verknüpfung von persönlichen und sozialen Vorgängen, die einander durchdringen: „Das ist die große historische Anlage der Kumiak-Trilogie; von der Darstellung der antihumanen kapitalistischen Entfremdung des Menschen und des Kampfes des Proletariats gegen das System, das diesen Zustand verewigen möchte, vorwärtszuschreiten zur Darstellung der Aufhebung dieser Entfremdung, der Schaffung einer wahrhaft humanen, schönen Menschengemeinschaft."[21] Überblickt ist hier ein Zeitabschnitt, gemäß dem Motto von Gorki, das der Autor dem ersten Band der Trilogie voranstellte: „Wir leben in der Epoche des radikalen Umbruchs des alten Daseins, in der Epoche, wo im Menschen das Gefühl seiner eigenen Würde erwacht, in der Epoche, wo er sich seiner als einer Kraft bewußt wird, die die Welt wirklich ändert. Zum Haupthelden unserer Bücher müssen wir die Arbeit wählen, das heißt den Menschen, der durch den Prozeß der Arbeit geformt wird."[22]

Als Peter Kumiak 1925 aus Holland zurückkommt, armseliger noch als bei der ersten Ankunft im Ruhrgebiet, ist er zwar durch die Arbeit geformt, muß sich aber noch der eigenen Macht und Würde bewußt werden. Das geschieht innerhalb der Partei; denn die Genossen beziehen ihn in die Tätigkeit ein. In der Folge entwickelt sich Peter Kumiak zu einem aktiven Parteifunktionär. Daher gehört er auch zu den ersten, die ihrer Gesinnung wegen verhaftet, gefoltert und in ein KZ gebracht werden.

Im zweiten Band hat sich Peter Kumiak als Genosse zu bewähren und Verantwortung zu übernehmen, ja, er scheut sich auch dann nicht davor, als dadurch sein Leben bedroht ist. Der Mensch wird jetzt stärker in seinem sozialen Beziehungsgefüge gezeigt. Die verschiedensten Schichten und Gruppierungen sind durch eine größere Anzahl vielfältiger Figuren repräsentiert, durch jüdische Geschäftsleute, Intellektuelle, Sozialdemokraten, Gewerkschafter oder Christen. Doch nicht alle Personengruppen sind gleichermaßen gut erfaßt. Großindustrielle und faschistische Machthaber waren Marchwitza fremd, daher gelang es ihm nicht, diese Gruppe ausreichend zu individualisieren. Insgesamt gesehen ist die Achtung des Autors gegenüber Andersdenkenden unverkennbar, dabei bleibt auch der eigene Standpunkt stets gewahrt. So verurteilt Marchwitza die Handlungsweisen der Figuren nie pauschal, sondern erklärt sie aus ihrer Herkunft und den Anschluß an bestimmte Gruppen. Bei der Darstellung der SA berücksichtigt er beispielsweise die Unterschiede in der sozialen Zusammensetzung dieser Organisation, er deckt die Verbindung mancher Führer zur Wirtschaft auf und geht den Ursachen nach, warum sich sogar viele Arbeiter den Faschisten angeschlossen haben. Auch Kumiaks ältester Sohn läßt sich einige Zeit von den Demagogen verleiten und tritt der SA bei. Dieses Phänomen, das Eindringen der nazistischen Ideologie in die Arbeiterklasse, beschäftigte Marchwitza so sehr, daß er darüber auch in einigen Geschichten des 1950 erschienenen Bandes *„Unter uns. Erzählungen aus älterer und jüngerer Zeit“* schrieb.

Der dritte Band der Trilogie, *„Die Kumiaks und ihre Kinder“* (1959), umfaßt den Zeitraum zwischen 1942 und 1948. Von der Niederlage bedroht, zeigen sich die Faschisten noch einmal von ihrer gefährlichsten Seite. Die Masse der Bevölkerung ist von Bombenangriffen und Evakuierung betroffen. In fast jeder Familie sind Tote zu beklagen. Die Freude über das Ende des Krieges geht einher mit der Angst vor der Rache der Sieger, vor allem der Russen – die Greuelpropaganda wirkt nach. Die Menschen sind entwurzelt, verzweifelt, ratlos, gleichgültig, jeder ist sich selbst der Nächste. Allerdings führen die beginnenden Umwälzungen in Industrie und Landwirtschaft auch zu einem tiefgreifenden Wandel im Denken und Handeln.

Nach seiner Entlassung aus dem KZ arbeitet Kumiak wieder als Bergmann, und er beteiligt sich am illegalen Widerstand gegen das Naziregime. Als ihm eine erneute Verhaftung droht, verläßt er seine Stadt und findet Arbeit bei einem Großbauern in Sachsen. Nach Kriegsende holt er die Familie nach, kümmert sich um Vieh und Feld und läßt die Wirtschaft nicht verkommen. Obwohl es ihm auf dem Lande gefällt, geht er ins Oelsnitzer Kohlenrevier zurück, als er darum gebeten wird, beim Ausbau der alten Schächte zu helfen; Brot und Kohle, das ist für ihn vorerst das Notwendigste. Die altgewohnte Arbeit fällt ihm schwer; schließlich hat er schon die Sechzig überschritten. Doch mehr als sein Alter belastet ihn der Zustand der Gruben und die Denkweise der Kollegen. Viele sind nicht vom Fach, wollen im Bergbau nur gut verdienen, recht zwielichtige Gestalten sind darunter. Kumiak könnte manchmal verzweifeln, doch er überwindet solche Stimmungen, zeigt den Kumpels keine Schwäche. Im Gegenteil, er geht mit gutem Beispiel voran, um die Ziele der Partei zu verwirklichen, denn er kann ohne Arbeit nicht leben und fühlt sich noch gebraucht. Er ist ein „Traber", ein selbstloser, unermüdlich arbeitender Genosse (vor allem in der zweiten Hälfte des Bandes taucht das Bild vom Traben besonders häufig auf, es wird in manchen Fällen überstrapaziert). Peter Kumiak, nunmehr zur herrschenden Klasse gehörend, nimmt seine Pflicht wahr, in Arbeitsbelangen mitzureden. Er muß sich bewähren, allerdings unter anderen Bedingungen. Es muß sich zeigen, ob sich der Kampf gelohnt hat. Die Schwierigkeiten ermöglichen oft keine eindeutige Antwort, und manches sieht anders aus, als es die Kommunisten ersehnt hatten.

Diese widerspruchsvolle Wirklichkeit erscheint nicht nur in einem kleinen Ausschnitt, dem beginnenden Wandel im nunmehr volkseigenen Bergbau, Marchwitza führt auch den schweren Beginn der Neubauern vor. Dabei wird vermittelt, in welchem Maße beide Bereiche zusammengehören und aus welchem Grunde Arbeiter und Bauern ein Bündnis eingehen müssen. Ausführlich ist wiederum die Arbeit untertage beschrieben, die sich äußerlich in nichts von der früheren Schinderei unterscheidet. Doch die Erfahrung des Peter Kumiak ist gewachsen, es ist für ihn nicht nur eine These, daß ihm die Arbeit selbst zugute kommt, dem Volke nutzt. Damit dieser Unterschied sichtbar würde, bediente sich Marchwitza einiger Höhepunkte, die sich vom normalen Alltag abheben, er beschrieb Ausnahmesituationen, wie die Freilegung eines Luftschachtes unter Lebensgefahr oder die Aktivistenleistung Adolf Henneckes. Durch die Verwendung pathetischer und hymnischer Ausdrucksweisen versuchte er, den Vorgang zu poetisieren und das unauffällige Heldentum der Arbeiter hervorzuheben. Diese Art der Darstellung beruht zwar auf der „unbedingte(n) Hochschätzung der Arbeit und des arbeitenden Menschen, die bei Marchwitza aus jedem Satz spricht“[23], sie entsprach aber nicht mehr dem Empfinden der Leser. Der dritte Band der Trilogie wirkt insgesamt künstlerisch weniger geschlossen als die vorhergehenden. Möglicherweise hat das eine Ursache im Fehlen von autobiographischem Erlebnisstoff, fehlt doch auch die Lebendigkeit, die sonst Marchwitzas Erzählen bestimmt. So wirken vor allem die in der zweiten Hälfte des Buches eingeführten Arbeiterfiguren recht blaß.

„Die Kumiaks und ihre Kinder“ war nicht der erste Roman, in dem Marchwitza Menschen beim Wiederaufbau des Landes darstellte. Bereits 1949 hatte er geäußert: „Dieses neue schöpferische Leben der Nation fordert auch von den Kulturschaffenden eine Wandlung der alten Formen, der alten abgelebten Inhalte, die mit dem wirklichen Leben keinen Schritt halten.“[24]

1953 veröffentlichte die „Neue Deutsche Literatur“ (April, Mai) im Vorabdruck einen wesentlichen Teil des neuen Romans von Hans Marchwitza, „Roheisen“, mit dem er dieser von ihm vertretenen Auffassung Rechnung tragen wollte. Doch kam – nach langen in der „NDL“ geführten Debatten – der gesamte Roman erst 1955 (im Verlag Tribüne) heraus.

In *„Roheisen“* wird chronikartig der Aufbau des Eisenhüttenkombinats Ost – vom ersten Holzeinschlag 1950 bis zur Produktion knapp drei Jahre – später geschildert. Marchwitza beschreibt das Entstehen des Kombinates als beispielhaft und typisch für den Aufbau des Sozialismus in der DDR.

Seine Absicht war, das Verhältnis der Menschen zur Arbeit und die Arbeit *für* diesen Betrieb (wie für die Gesellschaft) als kollektive schöpferische Leistung darzustellen. Er verflocht im Handlungsablauf den Aufbau des Kombinats mit zahlreichen Figuren und deren Entwicklung.

Dieses Bemühen um Synthese brachte ihn jedoch in die Situation, daß seine Figuren mit dem voranschreitenden Aufbau des Werkes ein immer mehr anwachsendes Bewußtsein zugeschrieben bekommen mußten. Der durchaus im Buch vorhandene analytische Ansatz, in dem der Prozeßcharakter jener Entwicklung zum Ausdruck gekommen wäre, wird immer wieder ersetzt durch die verbale Andeutung von Perspektive; er wird so „lediglich zur Folie für eine verallgemeinerbare Aussage über ein zukünftiges Stadium der Gesellschaft".[25]

Es konnte so nicht ausbleiben, daß die Romanfiguren – zumeist allein im Arbeitsbereich gezeigt und ohne Hintergrund – von der zeitgenössischen Kritik als „schemenhafte Menschen, verschiedene Personifizierungen der ‚Idee' des Arbeiters von heute"[26] empfunden wurden.

Die grundlegende Kritik, die aus heutiger Sicht sicherlich leichter fällt als zu jener Zeit, nämlich, daß Marchwitza in der „Roheisen"-Konzeption individuelle Entwicklung lediglich als Ausdruck des geschichtlichen Prozesses betrachtete und damit die Dialektik von Charakteren und sozialen Umständen vernachlässigte, wurde damals – vor allem auf Grund der Forderung nach neuen Inhalten in der Literatur – hintenangestellt.[27] So war für Johannes R. Becher dieser Roman ein „durchaus eigenwilliger und nicht nachzuahmender Versuch", mit dem „Neuland betreten" worden sei. Doch schränkte Becher zugleich ein, daß sich der Autor dabei „auch übernommen" hätte: „Es wird wohl so gewesen sein, daß Marchwitza von seinem Material überwältigt wurde und es ihm nicht gelungen ist, das ‚Roheisen' zu verarbeiten und diesen spröden Stoff künstlerisch zu ordnen."[28]

Entgegen seiner bisherigen Praxis, weitgehend das eigene Erleben zu befragen, hatte sich Marchwitza bei der Arbeit an

„Roheisen“ lediglich auf Beobachtungen gestützt, die er während seines Aufenthaltes auf der Großbaustelle machen konnte. Der Autor ging hier also entgegen seiner eigenen Schreiberfahrung vor: ein Punkt, der sicherlich mit die gestalterische Schwäche dieses Romans ausmacht.

Dieses Werk jedoch hat – wie auch andere, die in jener Zeit unter dem Begriff der „Betriebs“- oder „Produktionsromane“ bekannt wurden – trotz der Schwierigkeiten in der Erfassung von individuellen Wandlungsvorgängen und gesellschaftlichen Verhältnissen durchaus dazu beigetragen, literarische Erfahrungen zu vermitteln, Erfahrungen, die erst Jahre später in der Prosaliteratur wiederaufgenommen wurden.[29]

Als Hans Marchwitza 1950 als eines der ersten Mitglieder der neubegründeten Deutschen Akademie der Künste berufen wurde, war die Laudatio Wilhelm Piecks zugleich Wert- und Einschätzung dieses Schriftstellers, hieß es doch darin: „Ihre Herkunft und Ihr eigenes Erleben gaben Ihnen vom ersten Tage an, als Sie zur Feder griffen, die Kraft, die großen sozialen Fragen unserer Zeit dichterisch zu gestalten. Ihre Werke haben der deutschen Arbeiterklasse unendlich viel gegeben, und Ihre lebendige Anteilnahme an den Kämpfen des werktätigen Volkes um seine Befreiung ließ Sie zu einem großen realistischen Schriftsteller werden.“[30]

Kurzbiographie

Hans Marchwitza wurde am 25. Juni 1890 in Scharley (Oberschlesien) als Bergarbeiterkind geboren. Mit vierzehn Jahren Kohlenschlepper im Schacht. 1910 übersiedelte er ins Ruhrgebiet und heiratete 1914 eine Witwe mit vier Kindern. 1915 Einberufung, während der Novemberrevolution Mitglied einer Soldatenratswehr. 1919 trat er der USPD bei. Während des Kapp-Putsches kämpfte er in der Roten Ruhrarmee. 1920 wurde er Mitglied der KPD, 1924 arbeitslos, erste Veröffentlichungen (»Ruhr-Echo“ u. a. Publikationsorgane). 1928 Mitglied des „Bundes proletarisch-revolutionärer Schriftsteller“, reiste mit einer Delegation des Bundes 1929 in die Sowjetunion. 1930 als Delegierter Teilnahme an der II. Internationalen Konferenz proletarisch-revolutionärer Schriftsteller in Charkow. 1933 Emigration: Schweiz (bis 1934), dann Paris, dort 1935 Teilnahme am I. Internationalen Schriftstellerkongreß zur Verteidigung der Kultur. 1936/38 Offizier in den Internationalen Brigaden in Spanien. Nach seiner Rückkehr nach Frankreich 1939 interniert. 1941 Flucht; in den USA mußte er sich mit Gelegenheitsarbeiten seinen Unterhalt verdienen. 1946 Rückkehr, zu-

nächst nach Stuttgart, 1947 Übersiedlung nach Potsdam-Babelsberg. 1950 wurde Marchwitza Gründungsmitglied der Akademie der Künste. 1950/51 vertrat er die DDR als Botschafter in Prag. Er starb am 17. Januar 1965 in Potsdam.
1950, 1955 und 1964 Nationalpreis, 1959 FDGB-Literaturpreis.

Heinz-Jürgen Staszak

Karl Mickel

„[. . .] Nie hat Wissenschaft Kunst so gebaut / Kühl wie die ist und wahr [. . .]“[1], so dichtet Volker Braun Mitte der siebziger Jahre in einem Sonett an Karl Mickel (geb. 1935). Der Literaturessayist Bernd Leistner bezeichnet ihn als „plebejischen Intellektuellen“[2]; Hans-Georg Werner, der Literaturwissenschaftler, charakterisiert ihn als „poeta doctus“[3], als gelehrten Poeten; sein Dichterkollege Rainer Kirsch spendiert ihm das Prädikat „klassischer Dichter“[4]; die Literaturkritikerin Annemarie Auer nennt ihn einen „Wissenschaftler als Dichter“[5], und Adolf Endler, Mitstreiter seit frühen Jahren, erkennt in ihm einen „deutschen Dichter Karl Mickel“[6]. Freilich stand solcherart Lob auch anderes gegenüber, von dem „hilfloses Ich“[7] wohl nicht das am meisten kränkende war. Karl Mickel selbst bleibt sachlich-zurückhaltend: „Ich bin ein Prolet aus Sachsen, und seit über 25 Jahren Parteimitglied.“[8] Ursache solcher inzwischen einhelligen Wertschätzung ist ein dichterisches Werk, dem man solche Wirkungen nicht auf den ersten Blick ansieht: drei schmale Gedichtbände, die in dem Reclam-Band „Odysseus auf Ithaka“ (1976) zusammengefaßt, korrigiert und ergänzt wurden, drei Stücke fürs Theater, darunter das Libretto für die Dessau-Oper „Einstein“, ein blitzgescheiter, aber ebenfalls schmaler, weil ungeheuer komprimierter Essayband, vereinzelte Prosaarbeiten, dramatische Skizzen, Studien; dies alles in die literarische Öffentlichkeit gebracht im wesentlichen in den Jahren von 1960 bis 1975. Das Verhältnis zwischen Textmenge und Wirkung zeigt Disziplin und poetische Effizienz, obwohl dieses Werk sich kaum breite Leserschichten erobern konnte – vielleicht auch nicht wollte. Man kennt den Namen Karl Mickel, aber gelesen wird er wahrscheinlich nur von einer engen Gemeinde. Zum zitierbaren Grundbesitz sind seine Texte wohl nur für wenige geworden. Dennoch weisen gesellschaftliche Normierungen – repräsentative Anthologien, Arbeiten der theoretischen Literaturreflexion, Preisverleihungen usw. – dieses Werk als einen unverzichtbaren Bestandteil der wirkenden DDR-Literatur aus. Die zweifelsfreie ästhetische und weltanschauliche Anregungspotenz des Mickelschen Werkes scheint sich weniger im frontalen Zugang auf breite Leserschichten, sondern eher als interner Stimulus für dichtende und reflektierende Fachkollegen zu entfalten. Der Kontrast zwischen deren Urteilen und der unmittelbaren Wirkungsweise könnte das signalisieren.

Die semantischen Differenzen der kollegialen Bewertungen, die dennoch alle um gemeinsame Punkte kreisen, deuten auf Widersprüche, nicht nur der Wirkungsweise, sondern in Werk und Persönlichkeit des Dichters. Hier sind sie keine trockenen Gegensätze und Unvereinbarkeiten, sondern hier – wie Mickel sagen würde – „wirtschaften" sie als bewußt gelebte, zu genießende und zu erleidende Einheit.

Einer dieser wirtschaftenden Widersprüche, der zwischen Wissenschaft und Kunst, hat seine offensichtlichen Gründe im Biographischen. Karl Mickel studierte Wirtschaftsgeschichte und war – nach einem Intermezzo als Redakteur der Zeitschrift „Junge Kunst" – mehrere Jahre als Wissenschaftler an der Berliner Hochschule für Ökonomie tätig, ehe er für sechs Spielzeiten Dramaturg am Berliner Ensemble wurde. Diese Spannungspole prägten auf charakteristische Weise das Wirklichkeitsverhältnis und die Produktion des Dichters – und Mickels Entwicklung als Dichter ist nicht die Aufhebung des Pols Wissenschaft durch den Pol Kunst, sondern die ständige Reproduktion ihres Wechselwirkens. Vom Historiker Mickel hat er die theoretisch-philosophische Bewußtheit, die scharfgeschnittenen materialistischen und dialektischen Grundmuster seiner Wirklichkeitsaneignung; vom Künstler Mickel hat er den Zwang zur Anschauung und Konkretisierung sowie die Kühnheit, das Faktische zu übersteigen. Die Koexistenz von Wissenschaft und Kunst erzeugt die geistige Innovation und den angestrengten Formwillen seiner Texte, ihre Mischung von präziser Phantasie und ästhetischer Genauigkeit. Sie ist aber auch Symptom geschichtlicher Möglichkeiten sozial-kultureller Entwicklung in unserer Gesellschaft: der „Prolet aus Sachsen" wird „poeta doctus".

Aber das ist nur die greifbare Oberfläche, Erscheinungsform eines dahinter liegenden dialektischen Verhältnisses: der gleichermaßen produktiven Entfaltung von Intellektualität und Sensualität, ohne daß das eine das andere hindert. Quelle und

Ausdruck findet das Zusammenspiel von Intellektualität und Sensualität im konsequenten philosophischen Materialismus, der Mickels Lebens- und Weltansicht sowie sein poetisches Konzept fundiert. Sinnfällig wird das bereits im zentralen Motiv des Begreifens, das in vielfachen Abwandlungen als Gegenstand, Thema und Wirkungsstrategie in seinem Werk erscheint:

Die Hände steck ich aus dem Zug
Ich will mit der Hand sehn!
Hand Hand Windpflug
Begreifen ist schön,

heißt es schon 1957 in dem frühen Gedicht *„Reisen"*: „Begreifen", Weltaneignung als wechselwirkende Aktion des Kopfes und der Hand, als Einheit von rationaler und sinnlicher Tätigkeit. Hier deutet sich an, was sich später immer stärker ausprägt: Der materialistische Zusammenhang von Sein und Bewußtsein, von Materie und Geist, von Natur und Mensch erschließt sich Mickel nicht nur über die Aufdeckung allgemeiner Gesetzmäßigkeiten, die sich allzu leicht ins Philosophisch-Abstrakte verflüchtigen und dann ins Idealisch-Voluntaristische umzuschlagen drohen, sondern ebenso über die konkrete, erfahrbare Leiblichkeit von Natur, der natürlichen wie der gemachten, und von Mensch und Menschheit. Dies ist nicht lediglich ein poetisches Verfahren, das Bild- und Metaphernwahl und ihre Kombination steuert, sondern ein grundsätzliches Erlebnis- und Anschauungsprinzip des Dichters. Mickel bleibt dort, wo er philosophiert, zumeist sinnlich-konkret, greif- und begreifbar, wenn auch mit Anstrengung, und dort, wo er das Konkret-Gegenständliche ergreift, philosophisch durchleuchtet. Paradigmen seiner Intellektualität sind rhythmisches und semantisches Sprachbewußtsein, gedankliche Strenge und „ästhetischer Kaltsinn und Selbstbehauptung"[9]; extremes Paradigma seiner Sensualität ist sein unverstelltes Verhältnis zu handfester Sinnlichkeit und Sexualität, ohne Grobheit, gut durchlüftet, kühl und herb, als eine Form der Leiblichkeit des Lebens. „Manchmal ist das treffende Wort nicht schicklich", sagt Mickel, was ihm dann auch von idealischer Prüderie den ungerechten Vorwurf des „Prahlens mit dem offenen Hosenlatz"[10] eingetragen hat.

Bleibt man nicht vordergründig, dann zeigt sich hier, daß

das spezifische Gleichgewicht von Intellektualität und Sensualität bei Mickel nicht nur eine individuelle philosophisch-psychologische Spannung ist, sondern daß sie auch einen deutlichen sozialen Untergrund hat. In dieser Spannung stellt sich auch die Einheit von Intellektuellem und Proletarischem her, und so könnte man vorschlagen, Karl Mickel auch einen, wenn auch in neuem Sinn, „proletarischen Dichter" zu nennen, weil er das Wirklichkeitsverhalten arbeitender Menschen ins Intellektuelle transponiert.

Zweifellos geht die Mannigfaltigkeit Mickels und seines Werkes nicht allein in diesen Momenten auf. Aber die ausbalancierte Spannung von Wissenschaftlichkeit und Kunst, von Intellektualität und Sensualität, von Intellektuellem und Arbeiter charakterisiert die Singularität von Mickel als einem Teil der DDR-Literatur. Zugleich repräsentiert er, trotz der unverwechselbaren Individualität, einen neuen sozio-kulturellen Typ von Schriftsteller, der sich, obwohl nicht ohne Tradition, in dieser Form wohl erst in der sozialistischen Literatur der DDR herausgebildet hat (Volker Braun etwa und Peter Gosse wären noch zu nennen).

Karl Mickel gehört zu jener Generation von DDR-Schriftstellern, die „die entscheidenden Jahre (ihrer) Ausbildung bereits unbelastet von Problemen der Schuld und des Sich-Wandeln-Müssens oder irgendwelcher Heimkehr, sei es aus der Gefangenschaft, sei es aus dem Exil, in einer befreiten, wenn auch notdürftig lebenden Gesellschaft"[11] erlebte. Mickel wächst sozusagen gemeinsam mit der sozialistischen Gesellschaft auf. Ihr Werden ist seine entscheidende Sozialerfahrung. Maßstab der Bewertung dieser Gesellschaft ist nicht lediglich ihr Kontrast zu anderen, zur alten, sondern ihr sich erst entwickelndes eigenes Wesen. Ansprüche und Erwartungen an diese Gesellschaft werden einerseits präziser, individualitätsbezogener, andererseits nüchterner und realitätsbezogener. So ist es kein Zufall, daß Mickels Eintritt in die literarische Öffentlichkeit unmittelbar verbunden ist mit jenem auffälligen literarischen Ereignis in der ersten Hälfte der sechziger Jahre, der „Lyrikwelle".

In dieser Lyrikwelle artikuliert und praktiziert eine neue Dichtergeneration ihr Verständnis von der sozial-ästhetischen Funktion der Literatur.

Mickel ist es, der – sicherlich zufällig, aber dennoch symptomatisch – die Eckpunkte dieser Periode markiert: 1963 gibt er seinen ersten Gedichtband „Lobverse & Beschimpfungen“ heraus; 1966 legt er den zweiten vor, „Vita nova mea – Mein neues Leben“.

Die Sprechweise der jungen Lyriker unterscheidet sich deutlich von der damals gewohnten; sie ist direkter, herausfordernder und demonstrativer. Ihre poetologischen Programme verabschieden sich vom gebräuchlichen rethorisch-agitatorischen Gestus und dem operativen Aktualitätsbestreben, ohne deshalb auf eingreifende soziale Wirkungen der Dichtung zu verzichten. Mit dieser Lyrik ist eine neue Lust am Experiment und an der Innovation verbunden. In all ihrer Widersprüchlichkeit und auch Aufgeregtheit zielt die Lyrikwelle auf zwei Ansprüche, die sich später zu Grundtendenzen der sich entfaltenden DDR-Literatur ausprägen. Sie artikuliert einmal energisch den Anspruch auf Subjektivität, die nicht als bloße ichbezogene Originalität gefaßt wird – damals häufig mißverstanden –, sondern als die Fähigkeit des einzelnen, zunehmend zum Subjekt des persönlichen und gesellschaftlichen Lebensprozesses zu werden. Nicht weniger energisch arbeiten diese Dichter an der Ausprägung des Kunstcharakters der sozialistischen Literatur, an der Formierung jener speziellen Ästhetik, mit der die keineswegs bezweifelte ideologische Funktion der Lyrik unter den neuen gesellschaftlichen Bedingungen wahrgenommen werden kann. Diese Tendenzen werden durch Mickels Beiträge auf charakterische Weise mitgeprägt, auch wenn seine Beiträge damals nicht als die auffälligsten erschienen.

Schon der Titel des ersten Gedichtbandes, der Texte aus den Jahren von 1955 bis 1962 sammelt, also noch aus dem Vorfeld der Lyrikwelle, spannt das Beziehungsfeld aus: *„Lobverse & Beschimpfungen“* (1963). Dieses plakative Bedienen eines eingeengten Funktionsverständnisses von Lyrik, das zwischen Sozialismuslob und Kapitalismuskritik pendelt, stellt es zugleich bloß (das kaufmännische „&“ ist reine Parodie). Indem sich Mickel dieses nackten Mechanismus bedient, hebt er ihn auf, findet in ihm und außer ihm neue Möglichkeiten lyrischen Sagens. Der Band ist von dichter Mannigfaltigkeit, die handwerklich zu sicher gehandhabt wird, als daß sie nur dem experimentierenden Suchen geschuldet sein könnte: kaum ein Gedicht wiederholt ein anderes. Das Hauptmotiv dieser Mannigfaltigkeit formuliert der Schluß von *„Winterreise 1959"*: „Wir können ändern. Ändern und begreifen: / Zu allem Neuen eine neue Landschaft. / Wir schließen langsam mit uns selbst Bekanntschaft." Das Grundprinzip, mit dem Mickel der sozialen und weltanschaulichen Dialektik des werdenden Sozialismus auf die Sprünge kommen will, ist Polarität. Polar ist die Gegenüberstellung von Lobversen und Beschimpfungen (wobei letztere für die als gültig geltende Sammlung von 1976 ausgeschieden werden). Polar ist die Montagetechnik, mit der die lyrischen Texte jeweils mit knappen Prosatexten, dokumentarischen Sachtexten oder einem wissenschaftlichen Anmerkungsapparat konfrontiert werden. Polarität in der Mannigfaltigkeit zeigen auch die Gegenstände, sie umschließen das „Alltägliche" ebenso wie die globale Friedensbedrohung durch den Imperialismus, die Eroberung des Kosmos wie die Intimität sachlich-bitterer Partnerschaft, Aufbauprozesse im Sozialismus wie die Manipulation durch Klerikalismus in der BRD. Auf Polarität zielen auch die unverhüllt ausgestellten Traditionsbeziehungen zu Becher und Brecht, zu Maurer und Klopstock. Die Darbietungsformen reichen von Spruch und Strophenlied über Sonett und Ode bis zur Zitatmontage. Das lyrische Subjekt zeigt sich betont sachlich, aber auch elegisch oder satirisch pathetisch und ebenso hintersinnig ironisch. Mit solchen polaren Strukturen will Mickel offensichtlich die Spannung zwischen den Mühsalen der Unentwickeltheit und menschheitsgeschichtlicher Hoffnung ausschreiten.

Das Charakteristische dieses Bandes ist am Beispiel nur eines Gedichtes kaum zu fassen. Die meisten Merkmale vereinigt noch das mächtige *„Lamento und Gelächter"*, gleich am Anfang in Kontrast zum Strophenlied „Das Alltägliche" stehend. Mit großer mythischer Gebärde, in deutlicher Anlehnung ans odische Versmaß von Klopstock, klagt das lyrische Ich:

> Und eine solche Traurigkeit ergriff mich des Abends,
> Daß ich zu den Leuten ging und ihnen klagte:
> Ich gehöre zu den Toten des nächsten Krieges!

Übergangslos wird diesem Lamento gegenübergestellt:

> Da aber lachte es schallend und lachte, erschallte
> Gelächter aus tausend Mündern [. . .]

so daß das lyrische Ich betroffen fragt:

[. . .] was habt ihr
Für Gründe zu lachen, ich seh euch noch immer
Schwitzend die Arbeiten ausführen, seh euch des Abends
Müd über Büchern [. . .]

Gleichfalls übergangslos gewinnt das lyrische Ich die Schlußerkenntnis (die übrigens in der Sammlung von 1976 eine charakteristische Veränderung erfahren wird):

Da war mir [. . .]
Als wäre ihr Dasein das Lachen [. . .]
[. . .]
[. . .] Das Lachen ist dieser Leute Beruf.
Wer mit ihnen es aufnehmen will, der wird zu Tode gelacht,
So groß ist ihr Atem; ich lernte das Lachen bei ihnen.

Todesfürchtige Klage und deren Unverständnis werden aufgehoben im Vertrauen auf die soziale und geschichtliche Kraft der lachenden, arbeitenden Menschen; geschichtsphilosophisch leuchtet die historische Mission der Arbeiterklasse auf. Solche sonettartigen Strukturen, die sich aus antithetischen Positionen zu einer vermittelnden Schlußerkenntnis vorarbeiten, treten – mit unterschiedlichem lyrischem Gewicht – vermehrt auf: Die Vorliebe Mickels für sie nährte sich wohl aus ihrer Analogie zu sauberen logischen Schlußfiguren. Sie zeigen, daß die Wirkungsstrategie des Dichters noch weitgehend darauf aus ist, dem Leser einen lyrisch formulierten Begriff von der Wirklichkeit, den Widersprüchen der Epoche und ihrer gewünschten Aufhebung zu vermitteln.

Der zweite Band, „*Vita nova mea*“ (1966), ist wohl weniger, wie es der Titel ironisch bezugnehmend auf Dante, zu signalisieren scheint, Ausdruck einer neuen Entwicklungsstufe des Dichters, als vielmehr der einer Stufe der Literaturverhältnisse – auch, weil fast ein Drittel der Texte schon vor dem Erscheinen des ersten Bandes entstanden ist. Dennoch hat die damalige Kritik diesen Band als krassen Bruch zum vorhergehenden empfunden: „Ein ironisch und schlaksig reflektierendes ‚Ich‘ konfrontiert sich mit einer merkwürdig diffusen und gebrochenen Welt“[12], „Parteinahme ist kaum mehr zu verspüren“[13], das Buch mache einen „deprimierenden Eindruck“ und sei eine „Fehlleistung“[14], so lauten die Urteile der Rezensenten, die sich aus heutiger Sicht als Fortwirken des operativ-politischen Lyrikverständnisses erweisen. Tatsächlich sind die Gedichte dieses Bandes die Entfaltung dessen, was keimhaft bereits im ersten enthalten war, zu einer konsequent durchgeführten poetischen Konzeption, allerdings auch mit Diskontinuitäten. Die vermißte politisch-soziale Zielstellung und die Parteilichkeit funktionieren nicht mehr lediglich vordergründig als Parteinahme für die politische Aktualität, sondern weltanschaulich ausgreifend als geschichtsphilosophische Parteinahme für den oft mühseligen, aber unaufhaltsamen Gang der Geschichte. Das Grundmotiv des Begreifens (mit seinem Pendant des Änderns) wirkt fort; sein unbekümmerter Erkenntnisoptimismus aber wandelt sich in die bohrende Frage: „Wo bin ich? Wer? ..." (*„Dresdner Häuser"*, 1958/62), und sie meint nicht den geographischen oder sozialen Ort, der ist klar, sondern den geschichtlichen. Damit einher geht ein Gewinn an Dialektik in Weltsicht und poetischer Konzeption, der hier vornehmlich als wachsende Sensibilität für Widersprüchlichkeit erscheint. Individuelle und gesellschaftliche, soziale und geschichtliche Widersprüche werden kaum verblümt benannt, aber nicht mehr vorschnell auf den Begriff gebracht, nicht mehr im Status des Begriffenseins angeboten, sondern in dem des zu Begreifenden. Die Gedichte wollen mehr als sie sagen; sie verlangen von ihrem Leser ästhetische Arbeit. „Ironie" und „Schlaksigkeit" der Reflexion sind Mittel für Autor und Leser, gegenüber dem neuerfahrenen Schmerzlichen Haltung zu bewahren, dieses Schmerzliche nicht in Unproduktivität und Resignation umschlagen zu lassen.

„Zehn Risse sind im, leider, dicken Fell / Die wachsen zu. Ich fürchte sehr: nicht schnell.", lautet das Fazit des programmatischen Sonetts *„Das Zeichen"* (1963/64). Diese beiden Verse lassen die Prägnanz des poetischen Verfahrens erkennen. Durch unaufwendige syntaktische Doppelbedeutungen wird Widersprüchlichkeit nicht mehr nur mitgeteilt, sondern entsteht als Gestus. Das „Ich" stellt nüchtern, aber zugleich überrascht fest, daß geschehen ist, was es eigentlich nicht für möglich hielt: Trotz des „dicken Fells" hat es Verwundungen durch die Wirklichkeit erhalten; zugleich denunziert es seine Illusion der Unverwundbarkeit („leider" bezieht sich eben auf „dickes Fell" und nicht auf „Risse"). Dann: „Die wachsen zu" – die sichere Gewißheit, das ist auszuhalten und überwindbar. Aber gleich: „Ich fürchte sehr ...", bezogen auf den vorhergehenden Halbvers, läßt es die Furcht vor abgestumpfter Unempfindlichkeit entstehen, der nachgestellte Zusatz „nicht schnell" wiederum läßt es zugleich als Furcht vor andauernder Verwundung erscheinen.

Mickel zeigt sich hier, wie im ganzen Band, als Herr seiner dichterischen Sprache. Sie funktioniert nicht mehr einfach metaphorisch; die Metapher ist nicht lediglich Mittel zur poetischen Bezeichnung. Zeichen und Bezeichnetes fließen zu einem Dritten zusammen, in dem sich ihre Trennung aufhebt, zu einem Feld möglicher Bedeutungen, aus dem in einem Zug verschiedene, auch gegensätzliche, sich gegenseitig kommentierende Bedeutungen aktualisiert werden. So verknüpft Mickel verschiedene Metaphernwelten, verschiedene Sprechweisen, verschiedene Sprachschichten zu einer kombinatorischen Dichte, deren Wesen dialektische Differenziertheit ist und deren Schönheit Rainer Kirsch mit der Schönheit von Schachspielen verglich.[15] Dabei vollzieht sich eine weitere Ausdifferenzierung der Mannigfaltigkeit. Neben Texten wie dem streng-schönen *„Demselben"* (1964):

Nicht meine Schulter ist's, die Demeter
Abnagte aus Versehn, nicht auf mein Fleisch
Bevor sie's kaute, tropften ihre Tränen.
Mein Vater heißt nicht Tantalos, ich heiße
Nicht Pelops folglich, unverkürzt
An Arm, Bein, Kopf und Hoden bau ich
Kartoffeln an und Lorbeer hier in Preußen.
Ich warte nicht auf Götter zur Montage
Normal wie üblich ist mein EKG
Wenn ich ein Messer, scharf und schneidend, seh.

stehen solche, die aus Lust am volkstümlichen Sprachspiel geboren scheinen:

Ich steh, du bist weg
Auf deim Fleck
Guckt'n Fisch ausm Wasser
Mein Aug ist nasser, („*An M.*")

andere wieder neigen zu hermetischer Rätselhaftigkeit, so *„Elegie"* von 1964:

Nicht schlafen nicht wachen das Herz
Durchs Schlüsselloch aufsteigt Orion Schnee
Inmitten des Zimmers am Boden
Das letzte Grün ein Laubblatt rasselnd

Eine der wesentlichen Innovationen, die die junge Dichtergeneration in die literarische Entwicklung einbringt, ist das weltanschauliche Landschaftsgedicht. Mickel hat an seiner Ausprägung kräftig mitgewirkt, indem er diesen Typ – in nur wenigen Exemplaren – am konsequentesten entwickelt, ohne ihn vielleicht zu vollenden. Beispiel dafür ist die odische Hymne *„Der See“* (1963), um die es damals eine kontroverse Diskussion gab. Das Gedicht zeigt einen aus Wirklichem und Phantastischem kombinierten Vorgang von hoher Symbolkraft. Den See erlebt das lyrische Ich als „[...] schartige Schüssel, gefüllt mit Fischleibern“, als „Anti-Himmel“ und „abgesplitterte Hirnschal des Herrn [...] Hydrocephalus“, „Eingedrückt ins Erdreich“, „Wo alte Schuhe zuhaus sind zwischen den Weißbäuchen“. Er erscheint nicht nur als harmonische Verklärung der schönen Natur, sondern als „unersättlicher Kreislauf/ Leichen und Laich“, als Sinnbild der Naturgeschichte. „Das soll ich ausforschen?“ (Begreifen!), fragt das Ich. Als geistige Aktion, in ideeller Anschauung scheint dies nicht möglich, „Also bleibt einzig das Leersaufen [...]“ – und das lyrische Ich holt zu einer großmächtigen Gebärde aus: „So faß ich die Bäume [...] / Und reiße die Mulde empor, [...] / Ich saufe, ich saufe [...]“; aber, und nun wird der metaphorische Vorgang wieder ganz gegenständlich, „– wohin mit den Abwässern!“. Das führt dann zur Schlußsentenz: „See, schartige Schüssel, [...] / Durch mich durch jetzt Fluß [...]“. Die Bildstruktur zeigt: Begreifen und Ändern ist nicht als „Ausforschen“ möglich, sondern nur als „Leersaufen“, und dadurch – und nur dadurch – wird aus dem verrotteten See ein, wenn auch nicht sehr appetitlicher, Fluß – und „Fluß“ war bereits in *„Abend am Fluß“* (1960) als Metapher verändernder Bewegung konstituiert:

> Auch wenn kein Wind mehr unsern Wald bewegt
> Bewegt der Wald sich. Sieh den Wald im Fluß.

Als gedichtinterne, metaphorische Gelenke funktionieren „Hirnschal“ und „Leersaufen“. Sie führen auf die „Spur Tamerlans“, „der [...] sich aus Feindschädel-Pokalen eins an(soff)“. Die Parallelität der Vorgänge gibt dem Text eine weitere, gesellschaftsgeschichtliche Dimension. Er ist nicht nur poetische Reflexion des Naturverhältnisses oder der Naturaneignung, sondern sehr viel grundsätzlicher die des Geschichtsprozesses, der durch die Anstrengung des Subjekts (das eigentlich kein einzelnes Ich mehr ist) aus dem unersättlichen Kreislauf herausgerissen und zum bewegten Fluß wird. Damit offenbart sich die materialistische und geschichts-optimistische Grundstruktur des Gedichts, allerdings mit stark aktionistischer Akzentuierung.

Neu an diesem Gedicht ist die Funktionsweise des Naturbildes. Es verbleibt nicht im Zustand des bloß Angeschauten, es steht nicht nur für sich selbst oder nur für gemeintes schönes menschliches Sein. Als „naturaler Vorgang“[16], in dem Natur nicht nur begriffen, sondern buchstäblich gegriffen wird, faßt es in einer autonomen Kunstwirklichkeit menschliche Geschichte als Aneignung von Naturstoff. Der naturale Vorgang erlaubt, die brutalen und unappetitlichen Seiten von Natur- und Geschichtsprozeß nicht zu verhehlen und zugleich ihren „naturalen“ Charakter zu kritisieren. So ist das Gedicht eine großartige, wenn auch angestrengte, Metapher vom Zusammenhang von Natur, Geschichte und Mensch, in dem Natur als Geschichte und Geschichte als fortgesetzte Naturgeschichte funktioniert, in dem Gewalt in der Geschichte als Gewalt aus der Natur erscheint und in dem die Geschichte der Natur Gewalt antut.

Diesen Zusammenhang verkündet das lyrische Subjekt des Textes nicht mehr: es steckt in ihm selbst. Der Text als „Kunstraum“ ist so organisiert, daß der Leser, ist er nur bereit, sich zu ihm in Beziehung zu setzen, diesen Zusammenhang erfahren kann – sich identifizierend oder distanzierend. Damit deutet sich in diesem Text eine neue Wirkungsstrategie des Dichters an. „Gedichte lehren“, schreibt Mickel als Antwort auf Fragen des „Forum“, „wenn sie etwas lehren, wie ein Mensch mit sich selber etwas anfangen könne“[17] – und zwar, so könnte man ergänzen, indem er mit dem Gedicht etwas anfängt. So stellt sich der lyrische Text nicht mehr schlechthin als begriffene oder zu begreifende Wirklichkeit dar, sondern als Organ für Autor und Leser zum Begreifen der Wirklichkeit.

Um die Mitte der sechziger Jahre beginnt Mickels Produktion weiter auszugreifen. Schon „*Vita nova mea*“ (1966) enthält – keineswegs als bloßen Anhang – zwei Essays, einen zur Klopstockschen Hymne („*Was die Hymne leistet*“), in dem

Mickel seine Position zum Erbe als „freies, ehrfürchtiges Gelächter" bestimmt, im anderen („*Stufen des Verstehens*") expliziert er am Beispiel Schillers sein in den Gedichten wirkendes Funktionsverständnis von Literatur. Er stößt damit zu Positionen vor, in die Kulturpolitik und Literaturwissenschaft erst Anfang der siebziger Jahre zunehmend theoretische Einsicht gewinnen. Dabei sind diese Essays keine begleitenden theoretischen Selbstverständigungen; sie erweisen sich als Bestandteil des wirkungsstrategischen Konzepts: „Gewisse ästhetische Erziehung der Nation scheint mir [. . .] erheischt", erklärt Mickel 1966, „die Nation darf nicht zum und am Schlechtesten gebildet werden [. . .]. Ich halte pädagogisch-essayistische Tätigkeit des Dichters für geeignet, mancherlei Schwierigkeit, wenn nicht auszuräumen, so doch einzuschränken."[18] Auch hier zeigt Mickel wieder sein Gespür für offensichtlich notwendige Tendenzen des Literaturprozesses in der DDR, wie das erstaunliche Anwachsen essayistischer Begleitproduktionen bei fast allen bedeutenden DDR-Schriftstellern in den siebziger Jahren beweist.

Um die gleiche Zeit beginnt Karl Mickel, sich zunehmend mit Texten für das Theater zu beschäftigen. Die Wurzeln dafür scheinen im bereits 1963 erschienenen „*Requiem für Lumumba*" zu liegen. In der weiteren Entwicklung vollzieht sich hier ein ähnlicher Prozeß wie in der Lyrik: die Aufhebung der operativ-politischen Wirkungsrichtung in einer die zeitgeschichtliche Dimension übersteigenden historischen Sicht. So greift Mickel in seinem dramatischen Erstling (sieht man von einer politischen Revue von 1958 ab) zu einem mythologischen Stoff, nicht um den Mythos wiederzubeleben, sondern ihn als Kunstmodell zu nutzen, um in ihm menschheitsgeschichtliche Fragen, in die die zeitgeschichtlichen eingeschlossen sind, durchzuspielen. Aus der Phäakenepisode in Homers „Odyssee" und aus Anregungen von Dantes „Göttlicher Komödie" kombiniert Mickel die Szenenfolge „*Nausikaa*", die 1968 im Potsdamer Theater uraufgeführt, aber seither kaum beachtet wurde. Mickel verwendet die von ihm weitergedachte Geschichte der Nausikaa, der Tochter des Phäakenkönigs (die beschließt, Odysseus an sich zu binden, um ihr Land vor einer bösen Prophezeiung zu retten, und die damit einen gesellschaftlichen Wandel einleitet, der nicht in die erträumte und gewollte

Richtung geht), nicht einfach als überzeitliches, sozial leeres Paradigma. Er historisiert den Mythos konsequent: dieser gesellschaftliche Wandel erscheint als sozial konkret gefaßter Übergang von der Naturalwirtschaft zur Sklavenhalterordnung. Damit deutet sich als Thema, obwohl die Lesarten verschieden sind, die Frage an: Wie stellt sich das Individuum zu solchen Umwälzungen, wenn es erkennen muß, daß sich die gewollten geschichtlichen Wirkungen anders – und nur zum Teil – einlösen, daß die idealisch gewollte Aufhebung alter Macht- und Hierarchiestrukturen real nur als Etablierung neuer erfolgt?

Mit solcherart aufgefaßtem Mythos gliedert Mickel sich auf seine charakteristische Weise wiederum in Hauptströmungen der DDR-Literatur ein. Mit Dramatikern wie Heiner Müller und Peter Hacks hat er die Hinwendung zum antiken Mythos als einem stofflichen Muster für die historische Ausweitung zeitgeschichtlicher Fragen gemein; er unterscheidet sich von ihnen dadurch, daß er den Mythos nicht als „Übergeschichte" faßt, in deren abstrakt-philosophischem Raum solche Fragen gegenständlich diskutiert werden können, etwa wie bei Hacks' „Amphitryon" (1968), sondern als konkretes, aber überschaubares Beispiel von menschlicher Geschichte, an dem die Antworten anderer Geschichtsepochen auf Fragen, die auch uns bewegen, befragt werden können.

Eine dieser Fragen wird zunehmend zum zentralen Thema des Mickelschen Schaffens. Er bezeichnet sie als die Frage nach dem Verhältnis von sozialem und humanem Fortschritt.[19] Für Mickel ist das eine merkwürdig unscharfe Formulierung, in die möglicherweise die Frage nach dem Verhältnis zwischen gewollten und tatsächlichen Resultaten geschichtlichen Handelns der Menschen gekleidet ist.

Jedenfalls wird genau das im nächsten Theatertext Mickels, dem Opernlibretto *„Einstein"* (1974), in deutlicher Fassung aufgenommen. Dieser Text ist sicherlich ein Ergebnis von Mickels Tätigkeit am Berliner Ensemble und zugleich die Realisierung eines alten Brecht-Planes, ohne deshalb eine einfache Fortschreibung des „Galilei" zu sein. Die Oper, komponiert von Paul Dessau, in der Uraufführung an der Deutschen Staatsoper von Ruth Berghaus inszeniert, ist auch keine vertonte Einstein-Biographie. Mickel nutzt konsequent die Künstlichkeit der Gattung Oper und baut wiederum ein Kunstmodell, diesmal kein mythisches, sondern ein absurd-phantastisches, das gleichwohl sozial und historisch lokalisiert ist. Im Mittelpunkt steht die Entscheidung des Physikers, den amerikanischen Präsidenten zum Bau der Atombombe aufzufordern, um den barbarischen Faschismus zu besiegen, wobei mit dieser Bombe zugleich das Inferno von Hiroshima und Nagasaki und die globale Vernichtungsdrohung für die ganze Menschheit entstanden ist. Von solcherart Fortschritt zerrissen, verzichtet der Physiker auf jeglichen weiteren Fortschritt: er vernichtet seine neuen Forschungen.

Ihren Sinn erhält diese Fabel durch die spezifische dramaturgische Struktur, deren Prinzip sich in diesem Text, wohl weil er ein Operntext ist, am schärfsten ausprägt. Mickel hat diese Struktur als „Geflecht szenischer Metaphern" definiert, in dem sich „gleichzeitig auf verschiedenen Ebenen ablaufende Prozesse bedingen, steigern, widersprechen, stützen, stören"[20] (die Analogie zum lyrischen Verfahren ist offensichtlich). Es wird damit die Haltung des Physikers als bürgerlich kritisiert – Signal, daß das Stück mehr ist als eines über die gesellschaftliche Verantwortung des Wissenschaftlers. Es zeigt parabelhaft die entsetzliche Verkettung des ideal gedachten humanistischen Bestrebens: „Der Menschenfreund im Bund mit aller Menschheit Feinde", heißt es im Prolog, weil – so formuliert Mickel im Vorwort: „Der Imperialismus gebiert den Faschismus; um den Barbaren zu bekämpfen, wird die Mutter des Barbaren bewaffnet." Gegen diese „Schrecknisse des Humanismus" (so der gemeinsame Titel, unter dem die Texte „Nausikaa" und „Einstein" 1974 erschienen) setzt das metaphorische Geflecht andere Vorgänge: Arbeiterfrauen nehmen für den humanen Wert Frieden den sozialen Mißwert Arbeitslosigkeit in Kauf; ein junger Physiker zieht die Konsequenz, das Atombombenmonopol des Imperialismus zu brechen. Schließlich wird die tragische Einstein-Metapher durch die komische Hans-Wurst-Metapher kontrapunktiert; Hans Wurst, der traditionelle Protagonist plebejischen Volkstheaters, wird von einem Büttel einem menschenfressenden Krokodil vorgeworfen, entgeht ihm beim ersten Mal, wird dann gefressen und steht schließlich wieder auf: Allegorie der unzerstörbaren, plebejisch-kreatürlichen Lebenskräfte der arbeitenden Massen als

Pendant zu den „Schrecknissen des Humanismus". Hans Wurst hat das letzte Wort: „Ein Spaziergang auf dem Rasiermesser macht auch Spaß. / Sie sehen, meine sehr verehrten Damen und Herrn: / Ich lebe gern."

In anderer Sicht beschäftigt sich Mickel mit dem gleichen Grundproblem in seinem wohl erfolgreichsten Bühnentext „*Celestina*"; das Stück wurde 1975 am Berliner Ensemble uraufgeführt. Wieder baut Mickel ein Kunstmodell, diesmal ein historisches, die Tragikomödie von Calisto und Melibea, eine frappierende Bearbeitung des altspanischen Dialogromans von Fernando de Rojas aus dem 15. Jahrhundert. Das junge Herrchen Calisto liebt die gleichfalls adlige Melibea, zu ihrer Eroberung braucht er aber die soziale ‚Unterwelt', insbesondere die listige Kupplerin Celestina; mit ihrer Hilfe setzt das Räderwerk der Intrige von geburtsstolzen Adligen, diebischen Dienern und schlauen Dirnen ein, die alle glauben, ihre persönlichen Interessen zu realisieren, und dabei nur an den Fäden eines sozialen Mechanismus zappeln. Lediglich Calisto und Melibea stoßen ahnungsweise – durch sinnenentfesselte Liebe – an die Grenzen dieses Mechanismus. Witzigerweise begreift Calisto im Augenblick des Beischlafs: „Kein höhres Wesen / Ist, als der Mensch." Da ihm aber dies neue, nur aufzuckende Verständnis des Menschen an eben diese Situation gebunden ist, ihm eine andere soziale Struktur, in der dies machbar wäre, (als die plebejische Anarchie) nicht denkbar ist, bricht er – sich den Hals. Celestina war schon vorher an den sozialen Anstrengungen der Intrige gestorben; aber eine ihrer Huren tritt wie selbstverständlich in ihre Rolle, die Institution bleibt am Leben. Über allem thront die Inquisition, die nur beobachtet, ohne einzugreifen, denn der von ihr etablierte und bewachte soziale Mechanismus funktioniert längst in den Individuen. Eigentlich ist das Stück ein Marionettenspiel, dessen grotesk-ironischer Grundgestus alle seine Figuren der Kritik preisgibt.

Dieses hintersinnig dialektische Intrigenspiel, in dem Menschen, die sich bewußt an einen sozialen Mechanismus ketten, dabei Gedanken finden, die diesen Mechanismus übersteigen, aber damit nichts anzufangen wissen, ist wohl weder als historische Parabel für eine verschlüsselte Botschaft noch als historisches Modell der Renaissance zu lesen. In einem Interview von 1980 gibt Mickel Ansatzpunkte. „Die jahrhundertelange spanische Stagnation ist eines der Hauptprobleme der neuen europäischen Geschichte wie die jahrtausendelange chinesische Stagnation eines der Hauptprobleme der Weltgeschichte ist.“[21] Aus der Verwunderung nicht über diese Stagnation, sondern darüber, daß es in anderen Gegenden Europas eine kontinuierliche Entwicklung gab, die ausgeprägtes wissenschaftliches Hypothesenbewußtsein beweist, schlußfolgert Mickel: „Insofern ist die spanische Stagnation ein wesentlicher Ansatzpunkt für eine heute sehr notwendige nichtabstrakte Geschichtsphilosophie.“[22] Also um nichtabstrakte Geschichtsphilosophie ginge es, und „Celestina“ wäre am Beispiel Spaniens im 16. Jahrhundert eine geschichtsphilosophische Komödie?

Jedenfalls läßt diese Frage Zusammenhänge sichtbar werden. Wird mit „Nausikaa“ und „Einstein“ nach den Verhaltenschancen großer und kleiner Individuen gefragt, wenn sich Geschichte bewegt und/oder bewegt werden soll, so mit „Celestina“ danach, wenn sie sich nicht bewegt. Problematisiert wird nicht die Geschichte, sondern der Prozeß des Begreifens ihres Kontinuums. Aneignung der Geschichte will Mickel befördern. Die sozial eingreifende Wirkungsabsicht wird nur modifiziert, nicht in Frage gestellt: „Die Völker auf Geschichte weisen, heißt: sie in historische Handlungen treiben“[23], so steht es im Klopstock-Essay aus der gleichen Zeit. Und wieder erscheint das zentrale Motiv vom Ändern und Begreifen, nur nüchterner. Verlangt das Ändern und Begreifen der Geschichte das Wissen über die Bedingungen, unter denen sie sich bewegt, verlangt es ebenso das Wissen über die Bedingungen, unter denen sie sich nicht bewegt – und als Aneignung von Geschichte eine ästhetische Form, so Mickel, die „die Abenteuer des Erkenntnisprozesses dem Publikum (= Öffentlichkeit) zugemutet wünscht“.

Die lyrische Produktion dieses knappen Jahrzehnts, die 1975 im Band *„Eisenzeit“* gesammelt erscheint, kreist um die gleichen Fragestellungen, im einzelnen Gedicht prägnanter, in deren Gesamtheit ausgreifender. Das Verhältnis zum vorhergehenden Band zeigt sowohl Kontinuität als auch Diskontinuität. Das lyrische Verfahren ändert sich nicht grundsätzlich, es wird nur strenger und konsequenter gehandhabt. Die charakteristische Mannigfaltigkeit der Gegenstände und Sprechweisen prägt sich womöglich noch schärfer aus. Die Spannweite reicht wiederum vom Alltäglichen über das Mythologische bis zu Zeitgeschichtlichem. Aber diese Gegenstände werden immer weniger zu Vehikeln der Aussprache eines lyrischen Ich, ihre Gegenständlichkeit wird, ohne an Sinnbildhaftigkeit einzubüßen, immer konsistenter; der lyrische Vorgang versucht, die Gegenstände selbst zum Reden zu bringen. Die lyrische Sprechweise orientiert sich stärker an dem unterschiedlichen Gestus mündlicher Rede, nutzt ihre spezifischen Assoziationsmechanismen – bis hin zur beinahe naturalistischen, aber durch rhythmische Raffinesse ins Künstlerische aufgehobenen Notierung von „Hofgeschrei".

Im Ganzen geht durch den Band ein neuer Zug von Sachlichkeit und Objektivität. Der Autor begibt sich in die Position eines zwar betroffenen, aber unerregten Beobachters; das lyrische Ich wird nicht mehr zur Sprachröhre der Bewegtheit des Autors. Damit einher geht eine deutliche Zunahme des Typs der Ding- und Rollengedichte. So gewinnt Mickel eine strenge Einfachheit, die nicht mit leichter Zugänglichkeit gleichzusetzen ist: nach wie vor bildet der spannungsvolle Wechsel verschiedener Verständlichkeitsstufen eine Grundstruktur. Ein solcher Wechsel schließt beispielsweise das *„Gesellige Lied"*: „Hab ich mit den Leuten Sorgen? / Mit den Leuten hab ich keine / Gestern, heute nicht und morgen: / Der Gemeine schätzt Gemeine" ebenso ein wie etwa die geometrisch-starre Strophe von *„Siebter, erster, zehnter Gang"*: „10 / Ab und zu fällt ein Blatt / von rechts oben vorn nach links unten hinten / Das ist der Ort und die Zeit".

Solche Merkmale sind Indizien für eine grundsätzliche Veränderung in der weltanschaulich-ästhetischen Position des Dichters. Sie zeigen einen weiteren Zugewinn an Dialektik an. Solcher Gewinn hatte sich in „Vita nova mea" als neuerfahrenes, aber auch zerreißendes Widerspruchsbewußtsein hergestellt. Hier nun erweist sich der Zugewinn darüber hinaus als Bewußtsein von der Einheit der Widersprüche, was nicht ihre glättende Harmonisierung meint, sondern ihre dauernde Existenz als Triebkraft der Entwicklung; dialektisches Bewußtsein stellt sich hier als Bewußtsein von der Widersprüchlichkeit der Entwicklung und der Entwicklung der Widersprüchlichkeit her. „In ‚Vita nova mea'", so sagt Mickel selbst,

„interessierte mich mehr das Aufreißen des Widerspruchs, hier vordringlich die Einheit des widersprüchlichen Prozesses."[24] So wird zum eigentlichen Generalthema von „Eisenzeit" – wie schon in den gleichzeitig entstandenen Theatertexten – die Geschichte, von der die Gegenwart nur ein Zustand ist, als ein Fortschreiten, das mit der optischen Vorstellung einer aufsteigenden Linie gar nicht und mit der der Leninschen Spirale nur sehr näherungsweise erfaßbar wird. Geschichte, Entwicklung, Fortschritt erscheinen wesentlich als die Herausbildung qualitativ neuer Formen, in denen sich immer erneut die Widersprüche von Progression und Regression, von Trieb- und Retardationskräften bewegen.

Dieser thematische Hauptakzent zeigt sich deutlich im Signalgedicht *„Das Eisen. Nach Polybios"*, das dem Band den Namen gab. Es ist von geschlossener Prägnanz und karger Schönheit:

Polybios beschreibt im 2. Buch
Den Krieg zwischen Bronze und Eisen.
Ein Tribun erklärte den Kohorten:
Ihr fangt die ersten Schläge mit den Lanzen
Die Schwerter der Insubrer sind sofort
Krumm in die Breite, in die Länge krumm.
Eure Feinde müssen vor dem zweiten
Hieb die Waffen in die Erde rammen
Und geradetreten. Treten
Sie, dann sticht sie euer Kurzschwert
In Gesicht und Brust, von unten auf
Das Eisen die Gebeugten.
(Am Klusios-Fluß im Cenomanen-Land
Vor unsrer Zeit, 223)

In Fortsetzung der „Nausikaa"-Thematik und ihrer Technik der parabelhaften Historisierung warnt der chronikartige Text vor gläubigem Geschichtsoptimismus und naiver Fortschrittseuphorie.

Auch in anderen Gedichttypen wird dieses Grundthema aufgenommen, so im Weltanschauungs-Natur-Gedicht *„Die Elbe"*, das als Weiterentwicklung von „Der See" erscheint. Der Text ist deutlich zweigeteilt, kombiniert die lyrische Naturerfahrung mit ihrer lyrisch-philosophischen Aufarbeitung. Aber schon die Naturerfahrung wird entpoetisiert, entpsychologisiert und entindividualisiert: „Schwarz die Elbe, Schwemmholz rammt das Ufer / [. . .] / Die Böschung ist befestigt. Stein an

Stein". Die Bewegung des Flusses ist eingesteint; mehr Bewegung lassen seine Ufer erkennen, denn „Kein Brocken ohne Inschrift, Initialen / Gespeerte Herzen [...] / [...] / Die Rillentiefe mißt des Mädchens Keuschheit". Diese in Stein gekratzten Mitteilungen sicherlich individueller Liebeserlebnisse werden zu anonymen Zeichen des sexuellen Gattungsgeschäfts, das (wie der Fluß, an dessen Ufern es geschieht) durch die Generationen sich wiederholt und fortsetzt – fließt. Analogien zum Text „Der See" sind unabweisbar, aber das lyrische Ich verhält sich anders; es ist nicht mehr am Vorgang beteiligt, sondern nimmt ihn lediglich als Beobachter wahr: „So sah ich das. Jedoch das exponierte / Material reicht weiter". Das „Naturerlebnis" wird ihm zum Gegenstand nachfolgender gegenständlicher weltanschaulicher Reflexion, in der sich wiederum unterschiedliche Metaphernwelten verknüpfen:

> [...] Männer, Frauen
> Vernetzt gekoppelt, schlagen Wellen, Fluß
> Neben dem Fluß, der Verkehrsstrom
> Reißt, der Interruptus auf der Straße
> [...]
> [...] wenn zwei Autos sich
> Vernichteten, [...]

Der Strom und die Verkehrsströme neben ihm, der auf den Wiesen und der auf der Straße, vernetzen sich, den Marxschen Gedanken von der Verkehrsform vergegenständlichend, zur Komplexmetapher vom Strom der Geschichte als einem Kontinuum von Kontinuität und Diskontinuität. Die Vernetzung wird nicht in einer Schlußsentenz klärend aufgehoben, sondern in der Spezifikation „Berufsverkehr" – als natürlicher und sozialer Bedingung der Reproduktion der Gattung und der Geschichte – zu einem Strudel von syntaktisch-rhythmischer und semantischer Fortentwicklung *und* Stagnation, von Durchbrüchen *und* Stauungen komprimiert. Indem der Text darüber hinaus seinen eigenen Entstehungsprozeß vorführt, macht er für seinen Leser etwas erfahrbar, was er nicht thematisiert: die Schwierigkeiten des Begreifens.

Mickels neue Sicht auf „die Einheit des widersprüchlichen Prozesses" erzeugt aber auch einen neuen Gedichttyp, der sogar zur Serienbildung drängt. Die Serie *„Mottek sagt"*, didaktische Sentenzen von ausgeklügelter Dialektik, angeregt durch den Lehrer Mickels, den Wissenschaftshistoriker Prof. Dr. Hans Mottek, zeigt als „Portrait einer Denkweise", wie sich Mickel eine nichtabstrakte Geschichtsphilosophie denkt. Diese Texte werden strukturiert durch solche widersprüchlichen Zusammenhänge wie: „[...] wer ein Auto kauft / Kauft den Autounfall, weiß er das? / Mottek sagt, er denkt, der Andre hat ihn." In solchen einfachen, aber sinnfälligen Bildern artikuliert sich ein Geschichtsverständnis, daß Geschichte nicht als einfache Fortbewegung, sondern als die Auflösung und Produktion immer neuer Widersprüche begreift; und in der Haltung der lyrischen Figuren, ob Rollen-Ich oder dem Autor nahestehendes Ich, zeigt sich die Entschlossenheit, diese Spannungen auszuhalten – „Noch im Arsch des Teufels / Will Dante, was er wahrnimmt, wissen", heißt es drastisch in *„Inferno XXXIV"*. Solcherart materialistische Geschichtsauffassung wirft unabweisbar die Frage auf, wie sich das Individuum zu dieser Spannung verhalten solle, um nicht von ihr zerrissen zu werden. Bloße Willensanstrengung führt – wie Mickel bei der Arbeit an Brechts „Im Dickicht der Städte" erkannte – nur zur „Tugend, die in sich selbst ruhen will, der idealisch-idealistische Widerstand"[25] oder – wie man im Fall unserer Gesellschaft sagen könnte – das idealisch-idealistische Engagement, mit denen Geschichte auf Dauer nicht vorwärts zu bewegen ist. Um diese Frage kreisen viele „Eisenzeit"-Gedichte, ohne daß sie bündige Antworten geben wollen, sondern eher lyrische Beschreibungen der sozialismusspezifischen Erscheinungsform dieses Problem: der Spannung zwischen der erforderlichen Entfaltung von Individualität und der gleichermaßen notwendig wachsenden gesellschaftlichen Organisiertheit, die Individualität immer wieder einschient. Energischer sucht Mickel Antworten bei seinen Befragungen des Erbes, von denen er punktuelle Ergebnisse 1976 im Essay-Band *„Die Gelehrtenrepublik"* veröffentlicht.

Der Band vereinigt Essays aus den Jahren 1963 bis 1975. Mickel betont eingangs „daß die Dichter vergangener Perioden Augen im Kopf gehabt haben; daß ein Mann, der heute die gleiche Kelter tritt, lernen kann, mit diesen Augen zu sehen". Mit dieser Methode produktiver Erbeaneignung befragt Mickel einige seiner Lehrer: Klopstock, Goethe, Schiller, Marx, Brecht, Maurer nach Anknüpfungs- und Abstoßungspunkten. Anknüpfungspunkte findet er in der Aufklärung, besonders bei Klopstock, und bei Goethe. Bei Goethe glaubt Mickel eine Haltung zur Geschichte und zum geschichtlichen Wollen der Menschen zu erkennen, die er mit diesem als Entsagung bezeichnet; eine Haltung, die empfiehlt, in Zeiten komplizierter geschichtlicher Bewegung „alles, woran das Herz hängen mag, abzutun; man reduziere sich auf die kleinste Größe und überlebe". Für einen dialektischen Materialisten ist diese Haltung eine Provokation, aber Mickel lädt nicht kurzschlüssig zur Identifikation mit ihr ein. Sie wird ihm nicht zur Legitimation von Resignation und Fatalismus, sondern lediglich von nüchterner Illusionslosigkeit. Mickel sucht nicht oberflächliche Parallelen zur heutigen geschichtlichen Situation, sondern bestenfalls Analogien, die ihm helfen, persönliche Lebens- und Produktionsmöglichkeiten als geschichtliches Individuum zu praktizieren. Damit reflektiert er – wie in anderen Erscheinungsformen viele andere DDR-Schriftsteller – den Widerspruch, daß mit dem Übergang zur sozialistischen Produktionsweise in hohem Maße die Ideale entgrenzter Humanität wieder denkmöglich geworden sind, gleichsam aus dem Nebel der Utopie wieder in Sichtweite geraten (was auch Illusionen erzeugt), ohne daß sie deshalb schon in unmittelbarer Griffweite wären, weil Produktivkraftentwicklung und soziale Hierarchisierung noch deutliche Grenzen setzen – was diese Ideale um so wünschbarer macht.

Im Gedicht *„Odysseus in Ithaka"* (aus „Vita nova mea"), das ebenso wie der Goethe-Essay zum „Nausikaa"-Umkreis gehört, und das den gesammelten Gedichten von 1976 programmatisch seinen Titel lieh, wird dieser Widerspruch geradezu apodiktisch zusammengepreßt: „Die Welt ein Schiff! Voraus ein Meer des Lichts / Uns hebt der Bug, so blicken wir ins Nichts". Deshalb wird für Mickel die bei Goethe gefundene Entsagung auch nicht zum Anlaß geschichtsphilosophischer Resignation, denn „derart nun birgt der Begriff ‚Entsagung' seinen Widerspruch Begierde; er ist nicht mürrisch, sondern weltfromm, nicht ergeben, sondern tätig".[26]

Eine solche Haltung als Geschichtspessimismus anzuzeigen, wie es Leistner[27] andeutet, ist Verkennung. Mickel bekennt: „Ich glaube nicht an einen zyklisch in sich selbst zurücklaufenden Geschichtsprozeß."[28] Und er weiß – „Eisenzeit" und die

Essays bezeugen es –, daß die Geschichte weder pessimistisch noch optimistisch ist, sondern ihren notwendigen Gang geht, den die Menschheit nicht vorrangig mit optimistischem oder pessimistischem Wollen ändert, sondern indem sie diesen Gang begreift und sich in ihm bewegt. Will man dieser Haltung unbedingt einen Namen geben, so erscheint Geschichtsrealismus angemessener. Freilich scheint dabei die Gefahr eines bewußtlosen Pragmatismus nicht immer abweisbar, die den Dichter in die Position des bloß interessierten Beobachters zu drängen droht. Immerhin macht diese Haltung in ihrer dialektischen Rigorosität auf einen regierenden materiellen Zusammenhang aufmerksam: „Mehr, als wir denken, sind wir", heißt es in dialektischer Mehrfachbedeutung am Schluß von *„Libation"* (aus „Eisenzeit"), womit sich das Motiv vom Ändern und Begreifen auf einer neuen Ebene etabliert.

Karl Mickels poetisches Werk wie seine weltanschauliche Positionsfindung ist durchaus noch unabgeschlossen: auch wenn er in seiner Lyrik ein entwickeltes poetologisches Konzept realisiert hat. Seine Bühnentexte tragen noch Züge des Entwurfs. Zwar scheinen sie auf ein Ziel zu weisen, aber es ist noch nicht klar prognostizierbar; von einer Mickelschen Dramaturgie zu sprechen, wäre verfrüht. In der Epik gar liegen erst zwei Versuche vor: *„Der Sohn der Scheuerfrau"* (1968) und *„Der Herzog von Meiningen"* (1976); sie tragen zwar spezifisch Mickelsche Züge, erlauben aber noch nicht die Kennzeichnung seines Prosakonzepts. So ist Mickels Ort in der Literaturlandschaft der DDR nicht leicht auszumachen, hinzu kommt, daß der Autor seit 1976, mit Ausnahme eines Wieland-Essays von 1983, keine literarischen Produktionen in die Öffentlichkeit gebracht hat. Was allerdings kein Zeichen des Verstummens aus mangelnder Produktivität ist.

Rainer Kirsch erkannte in Mickels Gedichten „einen immensen Überschuß an Zukunft"[29]. Dies ist eine signifikante Metapher für die zahlreichen sozialen, weltanschaulichen und ästhetischen Erkundungen, die Mickels Werk präsentiert. Viele geistige Probleme der Entwicklung der sozialistischen Gesellschaft hat Mickel wohl als erster in der Literatur signalisiert, noch ehe sie öffentlich im gesellschaftlichen Bewußtsein artikuliert wurden, ja noch ehe sie viele seiner Kollegen gespürt hatten. Und für viele dieser Probleme hat er ästhetische Abbildformen und Wirkungsstrategien entworfen, die zu fruchtbaren Anregungen wurden, ohne daß er selbst ihre Gültigkeit durch fortentwickelnde Wiederholung fundamentiert hätte. Gelegentlich scheint es, als hätte er nur zeigen wollen, so könne man es machen, und überließ die weitere Ausführung anderen, um schon weiter zu neuen Erkundungen zu eilen.

Mickels Werk dürfte, obgleich singulär, neben anderen Dichterleistungen als eine Konstituante einer spezifischen Strömung der DDR-Literatur angesehen werden. Mit Volker Braun, Peter Hacks, Heiner Müller und einigen anderen teilt Mickel, daß sich das literarische Interesse an Mensch und Geschichte nicht nur auf die Befindlichkeit des Individuums, sondern gleichermaßen auf die Verhältnisse, in denen es sich befindet, richtet. Das Wesen dieses Realismus ist nicht subjektive Authentizität, sondern – wie Peter Gosse es nennt – „paradigmatische Aufhellung"[30]. Dies schließt Moralisieren aus und bleibt dennoch des betroffenmachenden und aktivierenden, komisch-satirischen oder tragischen Gestus fähig.

Kurzbiographie

Karl Mickel wurde am 12. August 1935 in Dresden als Sohn eines Arbeiters geboren. 1953/58 studierte er Volkswirtschaftsplanung und Wirtschaftsgeschichte in Berlin (Dipl.). Danach Mitarbeiter des Verlages „Die Wirtschaft" und 1960 Redakteur der Zeitschrift „Junge Kunst"; 1961/65 freiberuflicher Schriftsteller, danach (bis 1970) wissenschaftlicher Mitarbeiter Hans Motteks an der Hochschule für Ökonomie und 1970/78 wissenschaftlicher Mitarbeiter der Intendantin und Mitglied der Leitung des Berliner Ensembles; seit 1978 lehrt er als Dozent für Diktion an der Hochschule für Schauspielkunst „Ernst Busch" in Berlin.
1978 Heinrich-Heine-Preis der Akademie der Künste der DDR, 1983 Nationalpreis.

Reiner Neubert

Joachim Nowotny

„Meine poetische Provinz ist ein Dorf in der Lausitz."[1] – Diese Maxime Joachim Nowotnys (geb. 1933) schließt die Realismusauffassung des Autors ein. Mehrfach betonte er: „Für mich wird erst durch die Verbindung mit einer konkreten Landschaft Realismus möglich. Unter konkret vestehe ich in diesem Zusammenhang auch die deutliche Unterscheidung einer Landschaft von der anderen [...]. Das will ich nicht nur im Hinblick auf Bodengestalt, Vegetation usw. verstanden wissen, sondern vor allem als Unterschied im Reagieren von Menschen auf bestimmte allgemeine Phänomene".[2]

Die enge Bindung an Menschen und Natur seiner Heimat ist in beinahe allen literarischen Werken Nowotnys spürbar, von den ersten bis zum jüngsten, der Anthologie „Der erfundene Traum"[3]. – Sohn eines Arbeiters, aufgewachsen bei den Großeltern (der Großvater war Schichtarbeiter in einem Glaswerk) hat er im heimatlichen Dorf Rietschen Kindheit und Jugend verbracht; die vertraute Umgebung der Oberlausitz wurde auch der Raum seiner ‚Lehr- und Wanderjahre', kam er doch während seiner Lehre als Zimmermann viel herum. Von diesem in Kindheit und Jugend gewonnenen Erfahrungsschatz zehrt Nowotny noch heute, er blieb erhalten, wurde nicht verdrängt nach und durch den Eintritt in eine andere ‚Welt' – Nowotny verließ ja das heimatliche Dorf in der Lausitz.

Während der Studienzeit in Leipzig entstanden die ersten, zunächst in Zeitungen publizierten Prosatexte.

„Hochwasser im Dorf" (1963) ist der Titel des ersten Kinderbuches. Der Ich-Erzähler Heino schildert darin, wie er mit seinen Freunden dabei hilft, die Gefahr des Hochwassers von ihrem Lausitzer Heimatdorf abzuwenden. Die Kinder, oft von den Erwachsenen nicht ernst genommen, erweisen sich als ebenbürtige Mitstreiter in dieser Bewährungssituation. In *„Jagd in Kaupitz"* (1964) ist es ebenfalls Heino, der von der Beteiligung einer Gruppe von Kindern an einer Jagd erzählt. Sie wollen den Erwachsenen helfen, richten aber durch ihren Übereifer eher Schaden an. *„Jakob läßt mich sitzen"* (1965) ist

gleichfalls in der Ich-Erzählsituation angelegt. Poesievoll schildert Heiko, wie sehr ihn der scheinbare Bruch der Freundschaft durch Jakob, einen Jugendlichen, bewegt. Jakob hatte wegen seiner tiefen Liebe zu der Fischerstochter Manja den kleinen Heiko ganz vergessen. Jedoch erweist sich die Liebe als groß und offen genug, auch die Freundschaft zu Heiko zu erhalten.

In all diesen Kinderbüchern werden Probleme des Zusammenlebens von Kindern und Erwachsenen dargestellt – und zwar vor dem Hintergrund der sozialistischen Umgestaltung auf dem Lande zu Beginn der sechziger Jahre. Da Nowotny diese Erzählungen unmittelbar hintereinander schrieb, entstanden mehrere Ähnlichkeiten. Die Handlungsorte sind Dörfer der Lausitz. Die Wirklichkeitsausschnitte sind begrenzt, und das Figurenensemble ist leicht überschaubar. Die Handlung ist jeweils um außergewöhnliche Ereignisse gruppiert, und die entstehenden Konflikte, meist zwischen Kindern und Erwachsenen, bilden den erzählerischen Rahmen. In den Kinderbüchern werden alle diese Konflikte am Ende gelöst.

Einen Durchbruch erzielte Nowotny mit der Erzählung *„Hexenfeuer"* (1965), die eine breite Diskussion auslöste. Der neunzehnjährige Jan Scholz, Ich-Erzähler, gibt darin Auskunft über einen komplizierten Entwicklungsabschnitt auch in seinem Lausitzer Heimatdorf Rutenberg. Die ersten Monate des Jahres 1962 sind nicht nur für die LPG (vom Typ III) mit dem hoffnungsvollen Namen „Grüner Zweig" ereignisreich und bedeutsam. Die LPG ist weit entfernt davon, ‚auf dem grünen Zweig' zu sein, ihre Mitglieder sind verlogen, heuchlerisch, egoistisch und verantwortungslos. Der neue Vorsitzende Domko kann dagegen zunächst nichts ausrichten. Jan schwankt zwischen Dableiben, Dazugehören – und Weggehen. Langsam findet er aber durch Domkos Einfluß zu sich selbst, zur LPG, zum Dorf, und er verteidigt den Maibaum, ein altes Fruchtbarkeits- und Hoffnungssymbol, am Tage des Hexenfeuers vor den Anschlägen jener, die die Zeit zurückdrehen wollen. Nowotny mußte sich von vielen Rezensenten Vorwürfe anhören. Er habe ein Zerrbild der Wirklichkeit vorgelegt, „Hexenfeuer" sei eine abwegige Gedankenkonstruktion, geprägt von Skeptizismus, und die Bauern würden verunglimpft, statt daß er Begeisterung für den Sozialismus ins Bild gesetzt habe. Im Umkreis der Auseinandersetzungen mit anderen literarischen Werken und Filmen Mitte der sechziger Jahre bewirkte die Literaturdebatte bei Nowotny ein Überdenken von Positionen. Mußten doch beispielsweise in *„Hexenfeuer"* durch die eingeengte Sicht des jugendlichen Ich-Erzählers zwangsläufig Realismusverluste eintreten. Auch die Ausschließlichkeit der bis dahin benutzten Erzählsituationen sowie die stark autobiographisch akzentuierten Figuren, die lediglich Selbsterlebtes zum Ausdruck brachten, erwiesen sich weitgehend als Fesseln.

Im Ergebnis dieser Diskussion entwickelte Nowotny in dieser Zeit sein poetologisches Konzept von der notwendigen Gestaltung des „kleinen großen Mannes".[4] Es handelt sich um eine Variation des Motivs der „kleinen großen Menschen" (Gorki), der „Kraft der Schwachen" (Seghers) und der „gewöhnlichen Leute" (Bräunig). Nowotny setzte sich damit zugleich auch ins Vernehmen zu der damals gerade stattfindenden Diskussion um die Gestaltung der sogenannten Königsebene, die um Wogatzkis Fernsehspiele entbrannte. In den Erzählbänden „Labyrinth ohne Schrecken" und „Sonntag unter Leuten" sowie im Kinderbuch „Der Riese im Paradies" setzte er das Konzept vom „kleinen Riesen"[5] erstmals erzählerisch um.

Die Geschichten des ersten Bandes (1967) – *„Labyrinth ohne Schrecken"*, *„Pimpusch"*, *„Das Rindenschiff"*, *„Wolke im Rükken"* – sind Variationen des einen Themas: Bewährung menschlicher Beziehungen in komplizierten Situationen. Vertrauen – wesentliche Komponente des Zusammenlebens – erwächst aus Gesprächen oder gemeinsamen Handlungen, wobei der dörflich-ländliche soziale Hintergrund bestärkend wirkt. Die Originalität der Blickrichtung Nowotnys ist darin zu sehen, daß er sich Figuren zuwendet, die um ihr Gebrauchtwerden und um Vertrauen ringen, die in Augenblicken der Unsicherheit vor plötzlichen Bewährungen stehen, die teilweise auch Anflüge von Resignation zeigen. Jedoch wird stets über die Erzählerfigur und über die eher ruhige, hinauszögernde Erzählweise Optimismus und zugleich Ruhe intendiert. Geschichten werden von Nowotny als Spannungsverhältnis zwischen Erzähler und Zuhörer beim „gemeinsamen Inbesitznehmen von Welt"[6] verstanden.

Nowotnys Kurzgeschichten sind in jenem Zeitabschnitt eine Bereicherung der sich entfaltenden Kurzprosa. Besonders in *„Sonntag unter Leuten“* (1971) gelingt eine poesievolle Gestaltung des Alltags. Im Unterschied etwa zu Bräunig, Pitschmann, Strittmatter und anderen breitet Nowotny die Exposition seiner Kurzprosa weit aus, benutzt aber auch punktuelle Rückblenden und setzt phantastische Mittel ein. Oft sind die eigentlichen Erzählanlässe scheinbar banal, entwickeln sich jedoch für die Figur und den Leser durchaus gewichtig. In allen Geschichten werden Gegenwartsstoffe bearbeitet. *„Greta Heckenrose“*, *„Der glückselige Stragula“*, *„Der kleine Riese“*, *„Grog vom Rum“*, *„Petrik auf der Pirsch“* und andere belegen erneut Joachim Nowotnys Augenmerk auf die am Rande des gesellschaftlichen Lebens Stehenden, die „ungewöhnlichen Gewöhnlichen“.

Die Erzählung *„Der Riese im Paradies“* (1969) knüpft sowohl an die ersten Kinderbücher Nowotnys als auch an die Kurzgeschichten an. Unübersehbar ist der direkte Bezug zu Erwin Strittmatters „Tinko“, besonders aber zu Alfred Wellms „Kaule“. Wie Uwe Kant, Benno Pludra, Günter Görlich und Horst Beseler erreicht Nowotny mit dieser Erzählung und den im Umfeld des Schaffensprozesses entwickelten theoretischen Positionen zur Literatur für Kinder und Jugendliche literarische Bedeutsamkeit.

In „Der Riese im Paradies“ wird ein Lebensabschnitt des dreizehnjährigen Klaus Kambor erzählt. Der Held wohnt in dem kleinen Heidedorf Kattuhn in der Lausitz, abgeschieden von der Welt. Durch den bevorstehenden Bau eines Kraftwerkes in der Nähe des Dorfes werden nicht nur „Kurbel“ Kambor, sondern auch seine Mitschüler der siebenten Klasse, seine Eltern, die Lehrer und alle Bewohner des Dorfes aufgeschreckt. Vielfältige Verwicklungen, Konflikte entstehen durch die notwendige Veränderung von Natur und gesellschaftlichen, sozialen und kommunikativen Beziehungen. Der Riese Kraftwerk wird plötzlich gegen das Paradies gesetzt, ein Naturkleinod, wohin der Junge flüchtete, wenn er etwas mit sich auszufechten hatte. Dort war er bis zu diesem Zeitpunkt ein Riese. Langsam begreifen Kurbel und seine Freunde, Eltern und Lehrer, daß sie sich dem technischen Fortschritt und seinen Forderungen stellen müssen. Schöpfertum ist bei allen gefragt. Neue Glücksvorstellungen sind auszuprägen. Die vormaligen Träume von der Zukunft erhalten durch reale Vorgänge eine neue Richtung. In den Figuren des Kurbel, seiner Freunde Daniela, Piepe, Bartel, Schuster Jubke, Lehrer Konzak, Frau Greiner, Bäcker Rodewagen und Oma Slabke werden differenziert die politischen, ethischen und sozialen Veränderungen reflektiert. Suche nach menschlichem Glück, Bewältigen schwieriger Entscheidungen, Geborgenheit in der Familie, gesellschaftliche Anerkennung auch im kleinsten Bereich erweisen sich als Herausforderung und Anspruch in dieser Situation.

Nowotny verzichtet auf eine durchgängige Handlung mit einer klar vorgegebenen Fabel. Der kollektive Erzähler, der den Leser an der Entstehung der episodischen Geschichte teilhaben läßt, spricht besonders den kindlichen Rezipienten über das vertraute und vertrauensvolle „Wir" an. Zugleich gibt Nowotny eine heitere, kritisch-ironische Distanz zum Geschehen zu erkennen. Die Erzählung läßt – trotz scheinbarer Einfachheit – eine differenzierende Sicht auf breitere, komplizierte gesellschaftliche Prozesse zu.

Beachtenswert ist die psychologisch tiefgründige Figurenzeichnung – insbesondere der Hauptfigur. Gleichsam einen Gewinn stellt die episodische Gestaltungsweise, verbunden mit einer relativen Lockerheit der Fabel dar, auch wenn das Ungewöhnliche dieses Erzählens einige Vorbehalte bei Lesern hervorrief.

Der Einsatz von Märchen- und Sagenelementen des Lausitzer Raumes, Naturschilderungen von beinahe lyrischer Bildhaftigkeit und die Verwendung umgangssprachlicher Elemente und Dialektismen kennzeichnen Nowotnys Erzählweise.

Ein weiterer Beitrag Nowotnys zur Kinder- und Jugendliteratur ist die 1976 erschienene Nacherzählung des Kudrun-Epos – eine Auftragsarbeit des Kinderbuchverlages für einen Sammelband. Die *„Gudrunsage"*, illustriert von Heidrun Hegewald, steht in einer Reihe mit anderen Adaptionen mittelalterlicher Literatur, die insbesondere für Kinder nach- oder neuerzählt worden sind. Fühmanns „Nibelungenlied", de Bruyns „Tristan und Isolde" und Heiduczeks „Parzival" seien hier als Beispiel genannt.

Sich eng an eine bereits bearbeitete Prosafassung des Kudrun-Epos haltend, richtet Nowotny seinen Blick auf die

Tugenden der Minne, der Treue, des ritterlichen Kampfes und des Maßhaltens, die in ihrem Bezugsfeld zu den gesellschaftlichen Auseinandersetzungen des Hochmittelalters vorgeführt werden. Das anonyme Heldenepos wird von Nowotny akzentuiert, wenn er Gudrun als gerechte und friedensliebende Herrscherin am Ende darstellt. Sie bewahrt Menschlichkeit in einer finsteren Zeit der Entwürdigung und Diskriminierung als Frau. Diese Menschlichkeit wird von Nowotny auch als Ergebnis ihrer langjährigen ‚niedrigen' Arbeit als Magd am Hofe Hartmuts und dessen Mutter Gerlind gezeigt und des Bemühens um Vertrauen bei den ihr untergebenen Bediensteten. Die Vereinigung der feindlichen Lager durch Frieden, der Unrecht und Not beseitigt, ist als optimistische Lösung des Epos trotz der Standesgebundenheit und vielleicht gerade wegen des visionären Charakters von uneingeschränkter Aktualität.

Als produktiv erweist sich die Verkürzung der Stoffgrundlage im Hinblick auf den kindlichen Leser. Die Orientierung auf die dramatischen Elemente im Handlungsablauf, der sinnvolle Einsatz von Dialogen an Drehpunkten der Konfliktentwicklung und die Vermischung von sachlichem und bildhaftem Sprachstil erzeugen eine wirksame künstlerische Naivität der Textgestaltung. Sie kommt der an der Märchen- und Sagenwelt interessierten Zielgruppe entgegen; die „Gudrun-Sage" ist eine gelungene kindgemäße Adaption.

Mit dem ebenfalls 1976 erschienenen Roman *„Ein gewisser Robel"* gelang eine eigenwillige poesievolle Gestaltung des sozialistischen Alltags, der Arbeit und der Arbeiterklasse. Die Handlung umfaßt einen Tag im Leben des Kraftfahrers Robel. Er ist Vater zweier Kinder, seine Frau Lehrerin. Robel ist beweglich, witzig, kontaktfreudig und naturverbunden. An jenem Tag, den er sich durch Notlügen freigemacht hat, will er die Ärztin im Nachbardorf aufsuchen. Er glaubt, impotent zu sein, und er fürchtet sich vor den Auswirkungen dieser Tatsache im intimen, familiären, kollegialen und seinem Bekanntenkreis. Nowotny läßt Robel während der für ihn beschwerlichen Radtour die verschiedensten Erlebnisse und Begegnungen haben, läßt ihn sowohl Geschichten erzählen als auch Zuhörer bei Gesprächen sein. So wird Robel in alltägliche und doch ungewöhnliche Situationen gebracht, in denen er sich bewähren muß und wo ihm sachkundige Urteile abverlangt werden. Episoden, Szenen, Dialoge, Geschichten wechseln einander ab, sogar von Rückblenden in die Zeit der Ahnen Robels durchsetzt. Am Ende des Romans kehrt Robel unverrichteterdinge zu seiner Familie zurück – auch sein Problem hat sich gewissermaßen von selbst erledigt –, aber der Leser bekam ein breit gefächertes, detailreiches Bild von diesem Arbeiter, seinen Gefühlen und Gedanken, seiner tiefen Beziehung zur Natur, zu den Menschen und zu seiner Arbeit.

Das Besondere dieser Romanfigur im Vergleich zu anderen aus jener Zeit[7] ergibt sich daraus, daß Nowotny einen Arbeiter in der ersten Generation in den Mittelpunkt stellt und damit gleichermaßen die sich verändernde Sozialstruktur auf dem Lande zeigt. Robels reiche Individualität und Beziehungsvielfalt, seine Bescheidenheit und seine menschliche Größe, zugleich aber auch der Veränderungswillen und das Bewußtsein für Probleme werden in den Episoden der Romanhandlung offenkundig. Als ehemaliger Bauer bewahrte und pflegte er diese seine Landschaft, und nun – als Arbeiter – ist er gezwungen, selbst Landschaft umzugestalten, Dörfer zu versetzen. Robels Größe erwächst daraus, daß er mit jenen hart ins Gericht geht, die bedenkenlos menschliche und natürliche Werte zerstören. Insofern sind Robel und andere Romanfiguren Ausdruck der produktiven Weiterführung des Motivs vom „kleinen Riesen".

Der Gewinn an epischer Subjektivität realisiert sich im Erzählen aus der Figurensicht. Dabei wird das auf Partnerschaft zielende Hinein-Ziehen des Lesers in den Vorgang und in die Reflexionen des Autors weitergeführt, etwas, das man bereits in früheren Erzählungen beobachten konnte. Nowotny vermittelt über den Erzähler eine Souveränität, die sich über Robels optimistische, heitere Lebenshaltung auf den Leser zu übertragen vermag. Das wird auch trotz der mitunter auffälligen Überfrachtung einzelner Episoden und des offenen, aber unentschieden scheinenden Schlusses des Romans nicht eingeschränkt.

Die Sprachgestaltung des Romans ist sehr bildhaft, die Sprache, Humor und Witz gelingen besonders durch Anlehnung an umgangssprachliche Wendungen. Das enge Verhältnis zur Sprachheimat Lausitz tritt hier deutlich hervor.

Nowotny bekennt nicht nur über die Romanfigur Robel, daß

sich ihm „die Wahrheit insgesamt und im Detail über das Geschichten-Erzählen"[8] erschließt. Er selbst kommentiert diese originelle Seite seines Prosaschaffens: „Ich bin, glaube ich, von Hause aus Erzähler von Geschichten, und ich mußte mir deshalb für den Roman eine Struktur wählen, in der ich als Geschichtenerzähler bestehen konnte. Ich konnte von vornherein keinen großen Gesellschaftsroman mit verzweigten Handlungen und vielen Figuren anlegen, sondern mußte mich auf eine zentrale Figur konzentrieren, auf eine knappe Zeit und mußte sozusagen die Geschichte auf der Basis des kleinsten möglichen Handlungsgeschehens wachsen lassen."[9]

Die nächsten Prosatexte Nowotnys lassen eine starke Konzentration auf das Geschichtenerzählen erkennen, die landschaftlich-gegenständliche Gebundenheit zur Lausitz wird beibehalten. Dabei ist die Fähigkeit augenfällig, sowohl die Erzählweisen als auch die Sujets zu variieren. Neben dem dialogischen ist häufig auch monologischer Aufbau kennzeichnend, für die Erzählungen desgleichen die häufig anekdotische Zuspitzung der Geschehnisse.

Neues ist in der Figurengestaltung feststellbar. Nowotnys Augenmerk bleibt weiterhin auf diejenigen gerichtet, die das Alltägliche tun, damit im Kleinen letztlich Großes vollbringen. Jedoch strahlen Erzähler wie auch Figuren dieser Geschichten gewachsenes Selbstvertrauen, eine einfache, selbstverständliche gesellschaftliche Integrität aus, auch Lebens- und politische Erfahrungen, ja sogar philosophische Weisheit sind ihnen eigen. Nowotny versteht es, die Souveränität individuellen Handelns durch seine Figuren auf den Leser zu übertragen.

In der Anthologie *„Ein seltener Fall von Liebe"* (1978) sind scheinbar belanglose Vorkommnisse der Erzählanlaß, jedoch verbergen sich dahinter durchaus wichtige Begebenheiten.

In *„Kleine Fische"* geht es um mehr als die zu reparierende Kaffeemühle, weswegen der alte Bruno in die Kreisstadt gekommen war. Durch den Begegnungscharakter des Reisesujets, ähnlich wie im Roman „Ein gewisser Robel", wird scheinbar Nebensächliches mit Ungewöhnlichem verbunden. Ganz nebenbei lernt Bruno Erbauer des Kraftwerkes kennen, das in der Nähe der Stadt entsteht. Er ist beeindruckt von denen, die da aus der Sowjetunion, aus Polen, Ungarn und seiner Heimat am

Kraftwerk bauen. Der Kraftfahrer Robel und Zilias helfen Bruno uneigennützig. Antek repariert ihm zuletzt die Kaffeemühle, die er vergeblich von Annahmestelle zu Handwerkern und umgekehrt geschleppt hatte. Das unternehmungslustige, witzige, nicht vordergründige und dennoch parteiliche Auftreten Brunos bleibt sinnfälliger Eindruck der Geschichte. Mit Humor – wenn nötig, auch bissigem – entlarvt Bruno Mißstände. Optimistisches Lachen mit und über Bruno kann sich auf den Leser übertragen.

In den Gegenständen des Erzählten und in der Haltung des Erzählers dazu ist den genannten Geschichten – ebenso wie *„Weiberwirtschaft"* (1979) und *„Der fröhliche Landmann"* (1981) – eine auf ihre Art neue, ganz selbstverständliche Geschichtlichkeit eigen. Die Aufnahme von Vergangenem in die Gegenwart des Erzählten und ein damit verbundenes Weiterdenken wird mittels alltäglicher Begebenheiten und nicht zuletzt durch die Struktur der Erzählungen (Episoden und Erzählrahmen) erreicht. Bei der Gestaltung von Vergangenheitsstoffen wendet sich Nowotny besonders der Zeit des Faschismus in Deutschland und der dann folgenden antifaschistisch-demokratischen Umwälzung zu. Dieser Teil der Kurzprosa reiht sich ein in eine zu beobachtende verstärkte Aufnahme des Faschismusthemas in die Arbeiten von DDR-Autoren in den siebziger Jahren.[10]

In der Erzählung *„Abschiedsdisco"* (1980)[11] schildert der fünfzehnjährige Henning Marko den Ablauf eines für ihn außergewöhnlichen Tages. Henning gehört nicht zu denen, bei denen der Geist unentwegt sprüht, er benötigt immer etwas Anlauf. Der Junge stößt sich an diesem Tag vom normalen Trott seines Schullebens ab, auch von seinen Freunden, die sich mit Mopeds und Recordern oder Gesprächen darüber die Freizeit füllen, auch von seinen Eltern, die einen Ausflug planen. Henning möchte einmal einfach irgendwas Richtiges tun. Deswegen entschließt er sich, mit dem Fahrrad nach Wussina zu fahren, einem Dorf, das der Kohle weichen muß. Bereits hier springt das Brisante des gesellschaftspolitischen und sozialökonomischen Hintergrundes der Erzählung ins Auge.

In Wussina wohnt Hennings Urgroßvater, der sich bislang noch nicht entschlossen hat wegzuziehen, wenngleich das Dorf kurz vor dem Abriß steht. Henning möchte sich um ihn kümmern – ihm helfen. Nach anstrengender Fahrt endlich in Wussina angelangt, trifft er den Urgroßvater nicht an, jedoch gibt es Anzeichen für sein Noch-da-Sein. Der Junge beginnt, in dem scheinbar gänzlich verlassenen Dorf nach ihm zu suchen, kehrt dreimal erfolglos zur Wohnung zurück. Dazwischen hat er Begegnungen und Erlebnisse, die – geschickt und für Nowotny typisch – das eigentliche Geschehen hinauszögern und gleichzeitig den Ich-Erzähler wie den Leser zum Nachdenken anregen, Haltungen provozieren, Gefühle initiieren. Henning wendet sich angewidert ab von einem Raffgierigen, der sich an den im verlassenen Dorf zurückgelassenen Werten bereichert. Dann ist er beeindruckt von einem Brigadier, der das Ortsschild von Wussina abgesägt hat, um es „symbolisch" erhalten zu können für die Zukunft. Und Henning versucht auch – während seiner Suche –, eine junge Kranführerin zu beruhigen, die in einem abgelegenen Raum ihre letzte Disco veranstaltet, vor leerem Haus, was die Unwiderruflichkeit des Abschieds von diesem Dorf nachhaltig ins Bewußtsein rückt.

Letzten Endes trifft Henning doch noch auf seinen Urgroßvater, der gerade versucht, einer anderen älteren Frau, die im Dorf bleiben und sterben will – eine Haltung, die Henning eigentlich bei seinem Urgroßvater ausgeprägt glaubte –, neue Hoffnung zu geben. Der Alte redet um ein Leben, jede Unterbrechung könnte tödlich sein, und nunmehr begreift Henning, daß es für ihn hier nichts mehr zu tun gibt.

„Abschiedsdisco" zeigt wesentliche Probleme, vor denen unsere Gesellschaft steht: Energiegewinnung unter höchstem Aufwand, was eine Veränderung der natürlichen Umwelt zur Folge hat, und die notwendige Ausprägung neuer Einstellungen und Verhaltensweisen. Nowotny rüttelt auf, indem er das Schicksal des Dorfes, seiner Menschen, der Landschaft bildhaft vorführt. Das Dorf Wussina, das den wirtschaftlichen Notwendigkeiten weichen muß, ist Heimat: für den Urgroßvater, für andere und für den Jungen. Und für Nowotny ist das Dorf zusätzlich Teil seiner „poetischen Provinz", an der er wesentliche Probleme mit sozialer Prägnanz verdeutlichen kann.

Trotz einzelner Momente, die etwa Fatalismus im Angesicht derartiger Umbrüche aufkeimen lassen könnten, ist das Sich-Kümmern um den Menschen – als moralisch-ethisches Ideal – dominierend in den Figurenbeziehungen, und es bestimmt den

Wertmaßstab des Autors: Henning möchte für seinen Urgroßvater etwas Gutes tun, die Klassenkameradin Dixie weicht Henning nicht von der Seite und provoziert auch nach mehrmaligem Abweisen gemeinsames Handeln, der Brigadier will konkrete Geschichte und tradierte Werte erhalten helfen, und der Urgroßvater verhilft einer Resignierenden zu neuem Lebensmut. Diese Haltungen im Sinne eines sozialistischen Humanismus werden dadurch nicht nur extensiv, sondern auch intensiv in den Figurenbeziehungen nacherlebbar. Historischer Optimismus wird intendiert, resümierend erweist sich die Sorge um den Menschen nebenan als dominierende inhaltliche und auch über Form entsprechend umgesetzte Komponente.

Es tut dem Realismusgehalt der Erzählung und der differenzierenden Darstellungskraft des Autors keinen Abbruch, wenn einzelne Figuren resignative Gestalt annehmen. Die zerstrittenen Eltern Hennnings, die ihn allein nach Wussina fahren lassen, das umsonst wartende Mädchen während der Abschiedsdisco und der in ein abgeschiedenes Häuschen einziehende und in der Landschaft seßhaft bleibende Urgroßvater, dem zwar geholfen wird, der aber letztlich beinahe ohne jedes soziale Beziehungsfeld bleibt: all das sind Situationen, in die Nowotny seine Figuren stellt, um Nachdenklichkeit zu erzeugen, die Sinne zu schärfen, das Differenzierungsvermögen zu erweitern, und das ist durch eine dargestellte Scheinharmonisierung nicht erreichbar. Der Autor geht nicht mehr vom „Prüffeld Alltag“[12] in seiner stofflich thematischen Konzeption aus, sondern er schafft ein Beziehungsfeld zwischen gesellschaftlicher, sozial-konkreter Wirklichkeit und seinen Wertmaßstäben. Schreiben bedeutet nun für ihn, sich der Gesellschaft zu stellen, nicht nur affirmativ, sondern auch kritisch, stets aber unter dem Aspekt des Verbessern-Wollens im Sinne sozialistischer Moral und Ethik.

Noch eindringlicher ist dieses Anliegen in der Novelle „*Letzter Auftritt der Komparsen*“ (1981) akzentuiert. Ursprünglich handelte es sich um ein Filmszenarium, und es wurde daraus – entsprechend dieser Absicht – ein streng gestalteter dramatischer Prosatext. – Der Ich-Erzähler Krambach, ein junger Dramaturg eines großstädtischen Theaters, wird ausgeschickt, um ein heiteres Gegenwartsstück zu besorgen. Krambach – auf Autorensuche – gerät im Umkreis des

Dorfes Kaupen, das bereits geräumt ist und einem Tagebau zum Opfer fallen wird, in den Widerspruch zwischen seiner falschen Vorstellung über ein heiteres Stück und bitterem Ernst des Lebens. Der junge Künstler ringt zwar um vertrauensvolles Dazugehören, bleibt aber ein Fremder.

Die Geschichte der Rahmennovelle setzt dort ein, wo der Höhepunkt kurz bevorsteht: das tragische Ende des elfjährigen Pongo, der – total vereinsamt, vor Menschen und Ereignissen fliehend – die sich ihm entgegenstreckenden Hände nicht mehr erreichen kann und vom Kirchturm stürzt. Diese Episode, die eingangs noch den Anschein einer Ahnung aufkommen läßt – gewissermaßen Vorwegnahme –, wird dann als Kulminationspunkt wieder aufgegriffen.

Die Handlung bis zu dieser schicksalhaften Wendung wird nun straff erzählt: die Ankunft Krambachs in der gespenstisch wirkenden Trostlosigkeit des verlassenen Dorfes, die Begegnung mit einigen noch im Vorwerk des Dorfes wohnenden Menschen, mit Pongo, der ihn und seine Welt flieht – bis in den tragischen Untergang. Mit dramatischer Schärfe die Auseinandersetzung der Vorwerkbewohner um Bleiben oder Weggehen gewissermaßen ins Bild setzend, wird die ganze Tiefe und Kompliziertheit der Widersprüche gezeigt, wie sie durch die Notwendigkeit, technischen Fortschritt – manchmal um jeden Preis – durchzusetzen, vor jedem einzelnen stehen. Die Verantwortung unserer humanistischen Gesellschaft für jedes Individuum als täglich neu wahrzunehmende Aufgabe und als ethischer Anspruch, das ist Anliegen der Novelle, auch wenn die meisten Figuren nur Komparsen dieser Geschichte bleiben; sie scheitern in der Bewährung um den Jungen Pongo, den sie nicht zu halten vermögen und der im Grunde in den Untergang flieht – allein gelassen.

Der Grundkonflikt der Novelle wird im individuellen Konflikt Krambachs zusammengeführt. Weder gewinnt er das Vertrauen der Menschen, noch ist er befähigt, das Erlebte ästhetisch umzusetzen. Krambach versagt als Mensch, als Künstler.

Was sich in „Abschiedsdisco" bereits andeutete, wird in dieser Novelle noch deutlicher sichtbar: nicht mehr Alltäglichkeit und heitere Gelassenheit dominieren, sondern Betroffenheit, herausgestellt an außergewöhnlichen Situationen. Nowotny orientiert nicht mehr ausschließlich auf den vertrauten Umgang mit Leuten und Begebenheiten des dörflichen Alltags der Lausitz, sondern auf den „unaufgeklärten Rest" menschlicher Eigenheiten, auf ein „Stück rätselhafter Existenz", auf eine mögliche „jähe Abkehr vom Vertrauten".[13] So wird Pongos Schicksal für den Autor interessant. Der beschönigende Gedanke, doch Menschen ins Zentrum von dramatischen Gestaltungen zu rücken, die zwar durch die Räumung des Dorfes betroffen gewesen, nun aber bereits zur Tagesordnung übergegangen seien, wird indes zurückgewiesen.

Ein strenges Kompositionsprinzip – wie in der Novelle erfolgreich realisiert – kennzeichnet auch die Erzählung *„Der fröhliche Landmann"* (1981)[14]. Jedoch geht es darin nicht um ein Gegenwartssujet, sondern um Befragung der Geschichte. Auffällig ist hierbei eine starke Verdichtung des Geschichtsprozesses. Chronikartig erzählt, reicht der Handlungszeitraum vom Ende des Ersten Weltkrieges bis in die siebziger Jahre.

Es dominieren komischer Grundgestus und Gelassenheit. Ein Klavier erzählt seine Geschichte und damit die seiner oftmals wechselnden Standorte und Besitzer. Die Szenerie der Weimarer Republik, des deutschen Faschismus, des Zweiten Weltkrieges, der Befreiung, des schweren Anfangs, der komplizierten Wegstrecke des sozialistischen Aufbaus bis ins Gegenwärtige wird als reales Geschehen mit phantastischen Mitteln ins Bild gesetzt. Indem Nowotny das Klavier personifiziert und es zu allen Besitzern und Pianisten emotional und rational in Beziehung setzt, können Zeitläufe und Klassenkämpfe auf einfache Grundstrukturen zurückgeführt, poesievoll und pointiert gestaltet werden. Die Figurensicht der Besitzer und Betätiger durch die Optik des mitfühlenden und scharfsichtigen Klaviers wirft in ihrer anekdotischen Kürze ein Schlaglicht auf gesellschaftliche Grundstrukturen der jeweiligen Zeit.

Der erste Besitzer ist beispielsweise ein neureicher, kunstfeindlicher Rechtsanwalt, der das Klavier nur zum Prunk benötigt. Das Dienstmädchen des nächsten Besitzers, eines jüdischen Textilhändlers, erweist sich als zartfühlende Pianistin. Dann läßt ein SA-Mann, Schmidt-Scheitel, das Klavier in sein Stammlokal bringen, und es wird Ohrenzeuge und Objekt gegrölter Nazi-Gesänge. Später landet es in einem Tanzsaal eines Dorfgasthauses. Es sieht Gefangene während des Krieges, die es ausdrucksvoll zu spielen vermögen und erlebt dann einen Soldaten der Roten Armee, der ein Volkslied klimpert. Schließlich wird das Klavier von der Jugend in Besitz genommen, es begleitet Tanzabende und auch religiöse Veranstaltungen. Die Fernsehzeit verdammt es zu einem Schattendasein, bis Brigadefeiern erneutes Interesse wecken. Dann folgt die Discowelle, der Saal wird zum Lager, und das Klavier verrottet. Es träumt davon, noch einmal benutzt zu werden . . .

Auffällig ist der von Nowotny erstmals gestaltete lange Zeitraum der Erzählhandlung. Mit novellistischer Geschlossenheit und Verkürzung werden historische Dimensionen sichtbar. Die Wirkungsmöglichkeit wird unterstützt durch das Fiktive, durch die ironische Selbstdarstellung des Klaviers. Aktuelle gesellschaftspolitische Probleme sind dabei nicht ausgeklammert: die dörfliche Lokalität der Lausitz ist wiederum Hintergrund, und Notwendigkeiten der Energiegewinnung durch Tagebaue werden bestimmende Erfordernisse für individuellen Freiraum und Anspruch der dort lebenden Menschen.

In allen diesen Erzählungen, die um die Wende von den siebziger zu den achtziger Jahren entstanden sind, ist eine besondere Zuspitzung des Geschehens auffällig. Die produktive Teilnahme des Lesers ist beabsichtigt. Nowotny geht es um zu bewahrende und zu aktivierende humanistische Haltungen, um Suche nach Varianten, menschlichen Fortschritt zu bewirken, ohne Probleme dabei ausschließen zu können.

Unvollständig wäre die Interpretation des Wirkens von Nowotny, ohne seine Hinwendung zu den Medien zu betrachten. Erfolgreich hat er sich als Schriftsteller, Hör- und Fernsehspielautor versucht und durch die Verschiedenartigkeit der Medien auch einen größeren Rezipientenkreis erreicht. Damit korrespondiert das literarische Schaffen Nowotnys durchaus mit dem Schaffen anderer Schriftsteller der DDR-Literatur der siebzieger Jahre – wie beispielsweise Panitz und Sakowski.

Nowotnys Fernsehspiele – „Galgenbergstory" (1974), „Erstes Haus linker Hand" (1976), „Ein altes Modell" (1976) – sowie die Hörspiele – „Vier Frauen eines Sonntags" (1971), „Kuglers Birken" (1973), „Brot und Salz" (1976), „Ein seltener Fall von Liebe" (1978) und „X-Y-Anett" (1980) – sind meist dramatisierte Umsetzungen von Geschichten Nowotnys für ein neues Medium. Diese Geschichten wurden außerdem – und mitunter parallel – in den Erzählbänden des Autors publiziert. In den Hör- und Fernsehspielen dominiert das Episodische, das die Prosa Nowotnys insgesamt kennzeichnet. Alltägliche Vorgänge, Grundsituationen des menschlichen Zusammenlebens, die meist genau, detailreich, psychologisch und sozial tiefgründig dargestellt werden, vermitteln Hörern und Zuschauern – oft in lakonisch-verschlüsselter Art – Impulse, die über sich hinausweisenden, symbolisierten Bedeutungen eigenständig zu erkennen.

Nowotny setzt sich verantwortungsbewußt als Schriftsteller, Kulturpolitiker und Mentor für junge Autoren ein. Er stellt sich den notwendigen Auseinandersetzungen der Zeit, den Anforderungen an einen sozialistischen Autor. So sind die ersten Dispute um die Erzählung „Hexenfeuer" in der damals entfachten Realismusdebatte, die sich anschließenden energischen Fürsprachen Nowotnys für eine weltoffene, die Widersprüche zeigende und zugleich überzeugungsbildende und ästhetisch anspruchsvolle Kinder- und Jugendliteratur genauso Kennzeichen für die Position dieses Schriftstellers wie die Diskussionsbeiträge über den Stellenwert einer poesievollen ‚Darstellung von Angehörigen der Arbeiterklasse' (K. Hages) und des bedeutungsvollen sozialistischen Alltags in der DDR-Literatur.

Kurzbiographie

Joachim Nowotny, Sohn eines Arbeiters, wurde am 16. Juni 1933 in Rietschen (Oberlausitz) geboren. Er wuchs bei seinen Großeltern auf. Nach Volks- und Grundschule 1948/50 Lehre als Zimmermann, Delegierung zur Arbeiter-und-Bauern-Fakultät (Abitur); 1954/58 Studium der Germanistik in Leipzig. Dann Assistent und Hilfslektor an einem technisch-wissenschaftlichen Verlag. Einjähriger Aufenthalt als Stipendiat an der LPG Dahlen, Bezirk Leipzig; ab 1963 freiberuflicher Schriftsteller in Leipzig. Besuch des Literaturinstituts „Johannes R. Becher", dort dann 1970/82 Dozent für Prosaliteratur. Auf dem VIII. Schriftstellerkongreß der DDR zum Vizepräsidenten des Verbandes gewählt.

1971 Alex-Wedding-Preis, 1977 Heinrich-Mann-Preis der Akademie der Künste der DDR, 1979 Nationalpreis.

Rüdiger
Bernhardt

Eberhard Panitz

Dieser Autor hat zahlreiche Romane und Erzählungen geschrieben, deren Beliebtheit auch daran zu messen ist, daß das Fernsehen einige davon verfilmte. Romane wie „Die sieben Affären der Doña Juanita" (1972) und „Die unheilige Sophia" (1974), Erzählungen wie „Absage an Viktoria" (1975) und „Die Moral der Nixe" (1978) brachten Eberhard Panitz (geb. 1932) eine Popularität, die bald zu einem vereinfachten Urteil über sein Gesamtwerk führte: Er erscheint als ein Schriftsteller, dessen literarische Figuren vor allem mit bedingungsloser Rigorosität ausgestattete Frauen sind, denen er ungewöhnliche Ansprüche zubilligt, als ein Autor, der damit gegen verbreitete Verhaltensweisen angeht.

Als Panitz die Veränderungen verfolgt, die sich durch den Aufbau der sozialistischen Gesellschaft für den einzelnen wie für die moralischen Beziehungen der Menschen ergaben, stieß er notwendigerweise immer auf die Frage nach der Gleichberechtigung der Frau. Wenn sie ihn anfangs als eine unter vielen bewegte, so wurde sie doch allmählich dominant für sein umfangreiches Schaffen. Schon der junge Panitz wurde Zeuge, wie während des Zweiten Weltkrieges und auch unmittelbar danach Frauen Pflichten der Männer wie selbstverständlich übernahmen. Von dieser Erfahrung ausgehend, fragte er danach, wie Frauen sich für historisch bedeutsame Aufgaben verantwortlich fühlen und diese erfüllen. So gibt es eine direkte Verbindung von Käte Niederkirchner, Hauptgestalt der Erzählung „Käte" (1955), zu Gisela Ufer, der Hauptfigur eines seiner erfolgreichsten Bücher, zu Tamara Bunke (in „Der Weg zum Rio Grande", 1973), die der Autor auf einer Kuba-Reise (1961) begleitete und die später zur Kampfgefährtin Che Guevaras in Bolivien wurde.

Die Entwicklung des literarischen Schaffens von Eberhard Panitz vermittelt den Eindruck, daß es durchaus die Kindheitserlebnisse in Dresden waren, die ihn in starkem Maße prägten. Den Themen seiner Werke ist das indes kaum anzumerken, immerhin doch zu ahnen an der allerdings ins Abenteuerliche übersteigerten Figur des Andreas Heyne im Roman *„Die Feuer sinken"* (1960). Bei der Arbeit an diesem Buch besann sich Panitz auf eigene Erlebnisse in den letzten Kriegsmonaten in Dresden; da das Selbsterlebte als stoffliche Grundlage nicht ausreichte, verband er es mit Fiktivem. Das Verhältnis von historischer Faktizität und Fiktivem war jedoch nicht stimmig.

1978 entstand, geschrieben während eines Aufenthaltes in den USA, die Erzählung *„Meines Vaters Straßenbahn"*. Hier fand Panitz zur Methode, seine Erlebnisse ins Literarische zu verdichten. Dieses Verfahren, an Stelle einer chronologisch erzählten Biographie bestimmende Episoden zu setzen, hatte er bereits früher an anderen Lebensläufen erprobt. In „Meines Vaters Straßenbahn" versucht ein Sohn sich Klarheit über seinen Vater zu verschaffen, dem er unverhofft in der Straßenbahn begegnet. Die Erinnerung wird in Episoden heraufbeschworen, so der Bombenangriff auf Dresden 1945. Den Widerspruch zwischen dem individuellen Glücksanspruch des einzelnen und den Erfordernissen der Gesellschaft, von dem Panitz oft ausgeht, ist hier im familiären Geschehen angesiedelt. Die Ursache moralischer Deformierung aller Gestalten liegt im faschistischen System. Aber nicht diese Erkenntnis steht im Mittelpunkt; der Sohn bemüht sich vielmehr, den Vater aus seiner Zeit heraus zu begreifen, willens, solchen inhumanen Erscheinungen entgegenzutreten. Diese Erzählung hat für Panitz etwa den gleichen Stellenwert wie der Roman „Kindheitsmuster" für Christa Wolf, „Der Aufenthalt" für Hermann Kant oder „Hochzeitsbilder" für Jürgen Lehmann.

Zwischen 1960 und 1979 gab es mehrere Beispiele dafür, daß Kindheitserlebnisse, vor allem die Zerstörung Dresdens, Panitz' literarische Arbeit nachdrücklich beeinflußt haben. Das kann man an den Figuren erkennen, wenn auch nicht immer so deutlich wie an Anita aus dem Roman „Die sieben Affären der Doña Juanita", die Dresdnerin ist. Die vom Krieg „grauenvoll heimgesuchte Stadt" wird als Kontrast zur Schönheit der Landschaft eingesetzt, der dazu beiträgt, eine voreilige Harmonisierung der literarischen Gestalten auszuschließen. Im Spannungsfeld zwischen Schönheit und Zerstörung spielen sich viele Geschichten von Panitz ab; seine Figuren wollen das Schöne genießen, empfinden es als bedroht. Daraus leiten sie ihre Verantwortung ab, sie wollen etwas tun, um die Gefahr abzuwenden. In seiner ‚unwirklichen Geschichte' „Eiszeit" (1983) spitzte Panitz diesen Gegensatz zu: Der Kontrast hebt sich auf, weil die Schönheit vernichtet ist. Schönheit ist nur zu genießen, wenn der Mensch sich ihrer annimmt. Die barbarische Zerstörung der schönen Stadt am Elbstrom weckte im Autor das Bedürfnis, durch Schreiben Schönheit zu bewahren, Zerstörung abzuwenden.

Auf Kindheitserlebnisse sind auch Panitz' Frauengestalten zurückzuführen. Sie sind mit Brechts Mütterlichen verwandt, Figuren jenes Autors, der Panitz beschäftigte wie kaum ein anderer. Von Brecht lernte er den Zusammenhang von individuellem Tun und sozialem Wirken, bei ihm fand er Figuren, die Frau und Mutter werden und sich ohne Rücksicht auf tradierte Formen durchsetzen. Das Urbild dieser Mütterlichen dürfte Panitz in Raffaels „Sixtinischer Madonna" gesehen haben, die ebenfalls zu seinen prägenden Kindheitserlebnissen gehört, „das wohlgeratene Neugeborene" in den Armen haltend, „mit dem ernsten Blick, der über die Anbeter und pausbäckigen Engel hinweggeht und doch jeden erreicht: freundliche Kunde aus sonnenumglänztem Himmel und gleichermaßen irdisch nahe Menschlichkeit, die Zeiten und Völker mit ihren besten Hoffnungen umfaßt"[1].

Die Kindheit in Dresden und die Zerstörung seiner Heimatstadt prägten Panitz' Sicht der Wirklichkeit wesentlich: Er will eine Welt, in der sich menschliche Tätigkeit und Schönheit ursächlich bedingen. So kann die Aussage des Ich-Erzählers aus der Geschichte *„Das Mädchen Simra"* (1961) als Panitz' Bekenntnis genommen werden: „Jede Straßenzeile (Dresdens) eine vertraute Strophe und die zernarbte Silhouette der Stadt eine Melodie aus Trauer und Hoffnung, die mich immer verfolgen wird."[2] Dieses Erlebnis mag den Schriftsteller bewogen haben, die Geschichte nachdrücklich zu befragen, nach den Ursachen von Zerstörung zu suchen. Die Umstände begünstigten es, diesen Vorsatz zu verwirklichen.

Panitz war nach dem Studium der Pädagogik und Germanistik (1949–1953) Lektor beim Berliner Verlag Neues Leben. Man wollte Biographien antifaschistischer Widerstandskämpfer herausgeben. „Die Suche nach Autoren erwies sich als sehr schwierig, wir fanden nicht genug, und so haben einige Lektoren selbst den Versuch gemacht."[3] Zu diesen Lektoren gehörte Panitz. Er las Stephan Hermlins Arbeit über Katja Niederkirchner, studierte Dokumente und saß viele Abende mit Mia Niederkirchner zusammen, die unzählige Einzelheiten aus ihrem Gedächtnis hervorholte.[4] 1955 erschien die „biographische Erzählung" *„Käte"*, in der Panitz in chronologischem Ablauf das Leben Käte (Katja) Niederkirchners beschreibt, einer jungen Frau, die einer antifaschistischen Gruppe angehörte und hingerichtet wurde. So wenig in dem schlicht erzählten Text der spätere Schriftsteller zu erkennen ist, so deutlich tritt seine politische Haltung hervor: Seine Sympathie gehört denen, die ihr Leben gaben für den Schutz der Menschlichkeit. Eine Episode zeigt Käte als Kind, erschüttert darüber, daß die schönen, bunten Seifenblasen so schnell zerplatzen. Die Schilderung dieses Erlebnisses wurde in zweierlei Weise charakteristisch: als eine Variante des immer wiederkehrenden Widerspruchs von Schönheit und Zerstörung, und als Vorform seines nie versiegenden Interesses an biographischem Material, die biographische Gestaltungsmethode wurde zum bevorzugten Verfahren.

Das gilt auch für das Buch *„Der Weg zum Rio Grande"* (1973). Es kam auf Wunsch der Mutter Tamara Bunkes zustande. Tamara, von Geburt Argentinierin, besuchte die Schule in der DDR, hielt sich in Kuba auf und fiel als Kampfgefährtin Che Guevaras. Unter Verwendung von Berichten und Dokumenten gelang Panitz „eine seiner geschlossensten, eindrucksvollsten Leistungen"[5].

Verfolgt man dessen Arbeiten insgesamt, so fällt eine Neigung zum Dokumentarischen auf. Je nachdrücklicher Panitz an einer Biographie revolutionäres Verhalten objektivieren will, desto stärker zeigt er sich als Reporter und Dokumentarist, treten erzählende Phantasie und Fabulierfreude zurück. Das betrifft vor allem solche Texte, die nichts mit der eigenen Biographie des Autors zu tun haben. Dort jedoch, wo dem literarischen Stoff eigenes Erleben zugrunde liegt, werden die Möglichkeiten des Fiktiven verwendet, das Märchen, die Legende, der Traum, die Erinnerung. „Käte" und „Der Weg zum Rio Grande" sind Beispiele für das eine, „Absage an Viktoria" und vor allem „Die Moral der Nixe" und „Meines Vaters Straßenbahn" für das andere Verfahren. Eine Mischform, in der sich die Dokumentation der nachprüfbaren Biographie mit der Fiktion, Wirklichkeit mit der Legende verbindet, finden wir in der „Unheiligen Sophia" (1974).

Panitz' Bücher spielen zwischen authentischem Geschehen und Legende, Erlebtem und Erdachtem, Reportage und Märchen, zwischen nachprüfbaren Tatsachen und erwünschten Dingen. Je mehr der Schriftsteller an eigenes Erleben anknüpft, desto stärker wird das Märchenhafte und Utopische. Überall dort, wo durch gesicherte Biographien historische Erfahrungen vermittelt werden, setzt er Mittel der Reportage ein.

Dieses vorherrschende Muster war der Grund dafür, daß die Literaturkritik der Geschichte *„Eiszeit"* (1983) eine Sonderstellung einräumt: Hier ist Authentisches völlig zurückgenommen, Utopisches bestimmt die Handlung. Historische Erfahrungen werden nicht vermittelt – nach dem Atomtod lassen sie sich nicht weitergeben –, es geht hier um eigene Vorstellungen, Phantasie. Das Märchenhafte und Utopische wird eingesetzt, um zu warnen, den Menschen die wirkliche Erfahrung zu ersparen.

Der Erfolg, welcher der Erzählung „Käte" beschieden war, wiederholte sich in den nächsten Jahren nicht. Panitz mußte erst sein Thema finden. Er schrieb über aktuelle Vorgänge (*„Verbrechen am Fluß"*, 1957; *„In drei Teufels Namen"*, 1959), doch konnten diese Arbeiten nicht recht überzeugen. Die Ursache lag darin, daß für die beschriebenen Ereignisse – „Verbrechen am Fluß" bezieht sich im Untertitel auf eine „tatsächliche Begebenheit", den Tod bundesdeutscher Soldaten in der Iller – keine geeigneten Biographien zur Verfügung standen, die seiner Erzählweise angemessen gewesen wären. Erst in der Erzählung *„Das Gesicht einer Mutter"* (1962) wandte Panitz wieder die schon erprobte Gestaltungsmethode an; es ist dies die gelungenste Arbeit dieser Jahre, sicher auch deshalb, weil er hier sowohl sein Gedächtnis befragen konnte – „er vergißt nicht die Gesichter der Mütter, denn er kennt die Gesichter der Mütter in der brennenden Heimatstadt"[6] – aber auch ein literarisches Vorbild vor Augen hatte: Scholochows „Ein Menschenschicksal". – Die Handlung wird durch einen Brief in Gang gesetzt, der für ein Dokument steht. Mit der Erinnerung an Vergangenes wird Hilda Dobbertin gezwungen, vor sich selbst und ihrem Sohn Rechenschaft abzulegen: Sie erzählt die „unglaubliche Geschichte ihres Lebens“[7]. Wiederum hatte Panitz für eine Biographie die geeignete Gestalt gefunden, eine Frau, die mit dem Kind allein ist, weil sie ihre Mütterlichkeit an der moralischen Lauterkeit mißt: So geht sie auf den Wunsch des Vaters, Frau und Sohn wiedersehen zu wollen, nicht ein, weil er sie einst verlassen hat, „ist für dich ein Fremder und für mich ein Fremder“[8]. Damit wird ein Thema späterer Arbeiten angerissen: die Frage nach dem Verhalten, den Lebensumständen von Männern, so wie der Autor im zentralen Handlungsvorgang in „Meines Vaters Straßenbahn“ das „wahre Gesicht des Vaters“ ergründen will.[9]

1961 reiste Panitz gemeinsam mit Horst Salomon und Thomas Billhardt nach Kuba. Es war die erste der großen Reisen. Spätere führten ihn in die Mongolei, nach Ägypten, mehrfach nach Vietnam und in die USA. Aus solchen Reiseeindrücken entstanden Bücher, so die kubanischen Erzählungen *„Cristobal und die Insel“* (1963) und *„Gesichter Vietnams“* (1978), sehr unterschiedliche Publikationen, doch erneut Beweise dafür, daß authentische Erlebnisse Panitz’ literarisches Schaffen wesentlich bedingen: „Im Laufe meiner Arbeit wuchs die Hochachtung vor dokumentarischem Material, mich faszinierten Biographien, genaue Quellen. Ich denke, ich komme damit der Realität geschichtlicher Vorgänge näher als auf andere Weise.“[10]

Die Geschichten *„Cristobal und die Insel“* zeigen, daß die lineare Erzählweise die Absicht, unmittelbar und lebendig zu berichten, begünstigt. In *„Käte“* erzählte Panitz noch notgedrungen in diesem Verfahren, weil er andere Möglichkeiten nicht kannte, noch nicht erprobt hatte, jetzt wählte er es bewußt und blieb dabei auch in seiner weiteren Arbeit.

Bereits der Oberschüler Panitz hatte am ‚Roten Gymnasium‘ für die Schülerzeitung „Unser Horizont“ Reportagen verfaßt. Als Reporter bewährte er sich auch als Angehöriger der Kasernierten Volkspolizei und während seiner „abenteuerlichsten und größten Reise“ nach Schwedt[11], ebenso in Kuba und Vietnam. Nicht immer ließen sich die neuen Erlebnisse und Eindrücke künstlerisch verwerten; es zeigten sich keine Ausgangspunkte für zentrale Konflikte, für Figurenkonstellationen. Da bewährte sich seine Gewohnheit, Stoffe zu sammeln, zu sichten und zu werten. Dann gab es Gelegenheiten, Bekanntschaften, die zu verschiedenen Arbeiten anregten. Bevor die Erzählung „Der Stierkopf" entstehen konnte, hatte Panitz den „zwölfjährigen Capitain Hilario"[12] kennengelernt. Hier bot sich ihm ein Geschehen, das danach drängte, novellistisch bearbeitet zu werden. Dabei bediente er sich wieder der chronologisch erzählten Fabel und verzichtete auf mehrere Handlungsebenen. Den verschiedenen Erzählern, die er einsetzte, gab er die Funktion von Dokumentaristen.

Auf diese Weise eignete sich Panitz bis zur Mitte der sechziger Jahre einen bestimmten Themenkreis an und fand dafür eine entsprechende Gestaltungsmethode. Die Themen beziehen sich vor allem auf revolutionäre Veränderungen, die Handlungen auf Biographien von Frauen.

Panitz liegt es, Geschichten zu erzählen, Geschichten voller Spannung. Das zeigte schon der Roman *„Die Feuer sinken"* (1960). Handlungstragende Vorgänge, zugespitzte Situationen waren sicher Gründe dafür, daß zahlreiche Arbeiten dramatisiert wurden. Nach epischen Vorlagen entstanden Filme – beispielsweise nach der Erzählung *„Der Stierkopf"* („Der Revolver des Corporals", 1967) –, Hörspiele und Fernsehfilme. Dennoch hatte Panitz bis in die zweite Hälfte der sechziger Jahre nicht das gefunden, was später seinen Erfolg verbürgte. Er nutzte Muster für seine Figuren. Für Hilario waren das „sowjetische Revolutionsgeschichten" und „Victor Hugos Geschichten über junge Revolutionäre"[13], als Vorbilder galten ihm Gorki, Majakowski, Simonow, auch Heine, Becher und Weinert, vor allem aber Brecht. Ästhetisch orientierte er sich auch an Kafka.

Reporter oder Schriftsteller – diese Dualität schien manchen Rezensenten oder Leser zu verwirren. So nach der Herausgabe der Reportagen *„Die kleine Reise"* (1965) über eine Reise in die BRD. Man verglich den Verfasser mit Kisch, Heller oder Goldschmidt – schwer zu erreichenden Maßstäben. Andererseits wollten ihn einige Kritiker noch nicht recht mit Literatur in Verbindung bringen, selbst wenn es hieß, in der „Kleinen Reise" „habe der Schriftsteller Panitz dem Reporter Panitz nur einen Platz im Hintergrund zugebilligt"[14]. Vermißt wurden das starke emotionale Engagement und auch die Konzentration auf Mitteilenswertes: „Belangloses, Zufälliges und Scheinbares" wurde gesehen, „das der Leser nicht einzuordnen und zu werten weiß".[15] Dabei blieb außeracht, daß Panitz bereits auf etwas aufmerksam geworden war, was Bräunig vor allem in „Gewöhnliche Leute" gestaltet hatte. Auch schrieb Panitz nicht mehr über außergewöhnliche Figuren, wie sich das in der Heldenwahl der DDR-Literatur in der ersten Hälfte der sechziger Jahre zeigte, sondern über ganz alltägliche Personen, die sich erst spröde gaben und dann bei genauem Hinsehen die ihnen innewohnenden Spannungen verrieten, ihre Erlebnisse und Schicksale. Diese literarischen Figuren, vor allem die aus seiner Heimat, sind verwandt mit denen von Anna Seghers, die ihn faszinierte und für ihn vorbildhaft wurde: „‚Die Kraft der Schwachen' heißt eines ihrer letzten Bücher, Erzählungen von unauffälligen Menschen aus der Mitte des Volkes, die unerwartet Großes vollbringen."[16] Es ist das „konkrete Erzählen", das Panitz bei Anna Seghers gefällt. Er sah sich damit in seiner Erzählweise bestätigt. Von jetzt an richtete er seinen Blick entschieden auf den nüchternen Alltag, ihm Poetisches abzuringen, Erregendes aufzuspüren. Alles, was sich bis in die Mitte der sechziger Jahre zu einem künstlerischen Programm verdichtet hatte – Thema, Methode und Vorbilder –, wurde umgesetzt in der Erzählung „Der siebente Sommer", wohl auch im Titel Huldigung an Anna Seghers.

„Der siebente Sommer" (1967) beweist, daß Panitz endgültig bei seinem Thema, in der alltäglichen Gegenwart seiner Heimat, angekommen war, das darin enthaltene Porträt, *„Gisela Ufer erzählt"*, zeigt, daß er auch zu seinen Figuren gefunden hatte. Noch aber war für ihn das Leben dieser Frau, der Weg von der Diakonissin zum Ingenieur-Ökonomen, nicht in die Erzählung integrierbar, auf jenes Ereignis zu konzentrieren, von dem aus das Leben hätte erzählt werden können. Deshalb läßt der Reporter Panitz Gisela Ufer selbst erzählen, ein Leben darstellen, in dem die Schwierigkeiten und Widersprüche der gesellschaftlichen Entwicklung ebenso erkennbar sind wie die ungeahnten Möglichkeiten für das Individuum.

Mit Panitz' Konzentration auf Frauengestalten entstand ein Gegengewicht zu jenen männlichen Ausnahmegestalten, die Anfang der sechziger Jahre in die Literatur traten und die Aufmerksamkeit auf sich zogen. Am sogenannten schwachen Geschlecht ließ sich eindrücklicher demonstrieren, daß die „Gewöhnlichen Leute" (Bräunig), die „Schwachen" (A. Seghers) ihren Anteil an der gesellschaftlichen Entwicklung hatten, ohne zur einmaligen Vorbildgestalt zu werden. Gisela Ufer sieht das so: „Ich habe mir meinen Beruf schwer erkämpfen müssen, ich möchte darin nicht stehenbleiben.“[17]

Bereits 1969 schrieb er ein zweitesmal über diesen Gegenstand, es entstand der Roman *„Unter den Bäumen regnet es zweimal“*. Die Handlung ist in Sandberg angesiedelt, einem fiktiven „märkischen Winkel“[18], der für Panitz ähnlich bedeutsam wurde wie die Heimatstadt Dresden (auch die „unheilige Sophia“ ist dort tätig). Zu den bereits bekannten Kontrasten kam nun der landschaftliche, zwischen der Stadt Dresden und dem märkischen Dorf, hinzu. Er bestimmt die Dinge mit, über die der Erzähler und Doris Dorn miteinander reden, denn beide haben ihre Beziehungen zu Dresden und Sachsen, beide denken darüber in der Abgeschiedenheit Sandbergs nach. Hier sind sie in der Lage, ihre Erlebnisse auszutauschen und ihre Biographien zusammenzuknüpfen (wofür der Erzähler eine Vorliebe hat). Die Begegnung zwischen beiden Menschen ist nun zum entscheidenden Punkt geworden, von dem aus ein Roman entwickelt wird. Ihm liegt nicht nur eine Biographie zugrunde, sondern auch das Material über die Entstehung eines Kunstwerkes. Schließlich finden sich darin zahlreiche Geschichten, die zusammen einiges über die gesellschaftliche Entwicklung nach 1945 auszusagen haben.

In einer scheinbar ausweglosen Situation kommt dem Erzähler, der Schriftsteller ist, die Begegnung mit einer Frau gelegen, die wie er auf etwas wartet, ohne daß es eintritt. Sie überbrücken das Warten, indem sie erzählen. Während die Frau spricht und der Mann darüber nachdenkt, sehen sie ihre Probleme klarer, wenn sie sie auch nicht lösen können. Wichtig sind vielmehr die möglichen Antworten auf die variierte Frage „Warum tun wir das alles?“[19] Beide suchen das Glück, finden es auch, aber es entschwindet ihnen immer wieder. Von Sehnsüchten ist die Rede, „Philadelphia“ – ein kleiner Ort in Mecklenburg – ist Ausdruck für Träumereien, die sich nur zum Teil erfüllen lassen. Aber nicht die phantastischen Träumereien bleiben in der Erinnerung, sondern vor allem das Erlebte.

Auf dieses Werk reagierte die Literaturkritik ausführlicher; aber sie vermerkte noch ein Nebeneinander von erzählter Geschichte (der Frau) und Chronisten (dem Schriftsteller)[20], von atmosphärisch dichter Vordergrundgeschichte und nur retardierend wirkender Biographie[21], einen Schwebezustand zwischen Erzählung und Reportage. Nach diesem Roman entstand der beeindruckende DEFA-Spielfilm *„Der Dritte"* (Szenarium: Günther Rücker, 1972). Mit seiner Hauptgestalt Margit Fliesser – Entsprechung zu Gisela Ufer und Doris Dorn – wurde nunmehr eine Biographie in ihrer Entwicklung und Bewegtheit vorgeführt. Indem der Zuschauer die Frau in ihren gegenwärtigen Lebensumständen kennenlernt, interessiert er sich für ihre Vergangenheit. Die didaktischen Elemente, die der Reportage und dem Roman anhafteten, wurden zurückgedrängt. Der Anspruch der Frau an das Leben erfüllt sich schließlich auch umfassender als in den literarischen Vorlagen. Deshalb mußten ihre Beziehungen – gegenüber Roman und Porträt – um einen dritten Partner erweitert werden.

Anita Nachtigall in *„Sieben Affären der Doña Juanita"* (1972) ist Gisela Ufer verwandt. Noch deutlicher als zuvor wird der Gegenentwurf gesucht. Waren es bei Gisela Ufer die männlichen literarischen Vorbildgestalten wie Balla, Ole Bienkopp und Iswall, mit denen man sie vergleichen mußte, wenn man sie richtig bewerten wollte, so griff Panitz nun nach einem tradierten männlichen Muster: Anita Nachtigall scheint ein weiblicher Don Juan zu sein.

Erneut organisiert ein Erzähler die Handlung, der Anita N. von der Dobbertiner Baustelle her kennt. In der Erinnerung der sechs Affären verdichtet sich die siebente, die auch die letzte ist, denn der Erzähler wird Anitas Partner. Der Erzähler bleibt kein aufmerksamer Beobachter, sondern wird mehr und mehr in das Geschehen verstrickt. Reportage und Roman sind ineinander übergegangen, wenn auch manches an frühere Arbeiten erinnert, so die Bindung des Erzählers an Dresden, die Spannung zwischen dieser Stadt und dem mecklenburgischen Dobbertin, die Aufbruch und Veränderung für Erzähler und Frau bedeutet. Der Erzähler ist jetzt ein Arbeiter, ein Grund mehr, daß die beiden zueinanderfinden können. Während der Erzähler zunächst nur an ihr Glück denkt, während ihm seine Wünsche klein und bedeutungslos erscheinen, stellt sich jene Gemeinsamkeit her, die den bisherigen „Affären" nicht vergönnt war. So wird die siebente Verbindung das, was Anita von Anfang an wollte: Der Beginn eines kompromißlosen Lebens voller Liebe und Verständnis.

Anitas Affären sind keine Abenteuer; sie sind Folge ihrer konsequenten Haltung, aus der sie ihr Leben zu führen sucht. Individueller Anspruch und Konsequenz machen Anita ungewöhnlich; in ihrer Tätigkeit im Alltag ist sie wie jeder andere, der seine Arbeit ernst nimmt. So entsteht eine eigenartige Spannung, die zeigt, daß persönliche Wünsche und Forderungen der Gesellschaft einander bedingen. Anita N. ist eine Verwandte der Franziska Linkerhand von Brigitte Reimann. Anitas Biographie wird verkürzt auf ihre Liebesbeziehungen; es kam nicht auf Vollständigkeit an, es ging um gleiches Recht auch in den privatesten Beziehungen.

Diese Biographie entstand „aus dem Weiterdenken aller bisherigen Biographien“[22], die der Schriftsteller kennengelernt hatte. Die Verwandlung des Don-Juan-Themas ist angemessen: Nirgends handelte es sich nur um sinnliche Liebe, sondern immer auch um Verantwortung. Der widersprüchliche und von konventionellen Ansichten her durchaus zur Polemik herausfordernde Reifeprozeß richtet sich auf Beständigkeit und Glückserfüllung; beide unterscheiden sich jedoch von den überkommenen Vorstellungen, beim Manne Geborgenheit zu finden. Es gehört zu Panitz’ heiteren Überspitzungen, daß sich Anitas Glücksanspruch am Ende in der Ehe mit einem Sicherheitsinspektor erfüllt, der sich nun auch für ihre private Sicherheit verantwortlich fühlt.

Die nach den jeweiligen „Affären“ organisierte Handlung gab den Ausgangspunkt für zwei Dramatisierungen ab, einmal für den gleichnamigen Fernsehfilm in vier Teilen (Drehbuch: Eberhard Panitz und Frank Beyer, 1973), ein andermal für Jens-Uwe Günthers Oper „Doña Juanita“ (1981). Sie veranlaßten manche Kritiker und zahlreiche Leser, sich gegen den Roman zu wenden, weil er vorgeprägte Erwartungen – zum Beispiel Anitas Eintritt in die Ehe – nicht erfüllt.[23] Hier schieden sich die Geister: „Die moralisch-ethischen Fragen sollten“, sagte Panitz in einem Interview, „deshalb als Chance genutzt werden, das Gefüge unserer Gesellschaft und die neuen Qualitäten des menschlichen Zusammenlebens genauer zu erfassen, ohne sich in kleinkarierte Sexualanalysen und Stripteasepossen zu verlieren.“[24]

Noch während der Arbeiten am Fernsehfilm über Doña Juanita sprach der Autor von „einer resoluten lebenslustigen Frau [. . .], die nach der Zerschlagung des Faschismus ihre revolutionären Ideale als Bürgermeister zu verwirklichen sucht"[25]. Was der Anita N. von einigen Kritikern zum Vorwurf gemacht worden war, die Unbedingtheit ihres Anspruchs, konnte im historischen Kontext nachdrücklicher vertreten werden.

Mit dem Roman *„Die unheilige Sophia"* (1974) erreichte er seine bisher reifste Leistung. Die Situation ähnelt der in „Unter den Bäumen regnet es zweimal": Ein Mann, der die Geschichte erzählt, hat sich in seinen Ferien nach Sandberg zurückgezogen, um sich dort während der Sommerferien zu erholen. Gerüchte, die das gemietete Haus betreffen, interessieren ihn anfangs wenig. Doch allmählich wird er in die gegenteiligen Ansichten einbezogen, sieht er sich mit einer Vergangenheit konfrontiert, über die er sonst als Geschichtslehrer eindeutig spricht. Je mehr Widersprüchliches er über die frühere Bewohnerin Sophia hört, desto stärker zieht sie ihn an. Schließlich muß er feststellen, daß er auf fast spektakuläre Weise mit ihrer Geschichte verknüpft ist: Ihre Tochter ist seine Frau. Diese Tatsache bestätigt ihm Sophias Geliebter, der nach zwanzigjähriger Zuchthausstrafe Unterschlupf bei einer Malerin gefunden hat. So endet für ihn die aufregende Geschichte nicht tragisch; ihm bleibt sein Urlaubsparadies erhalten, das anfangs in Gefahr zu geraten drohte.

Das Leben der unheiligen Sophia ist als eine unheilige Legende in verworrener Zeit dargestellt. Dadurch gelingt es Panitz, die im Detail oft kompliziert erscheinenden Geschehnisse historisch zu werten und in die ausschließlich auf das Dorf Sandberg begrenzte Wirklichkeit aufzunehmen. Der Ort heute erscheint dem Erzähler als Ergebnis der neu durchdachten Vergangenheit. Wenn er auch die Details anders einordnen muß, so braucht er doch nichts von seinem prinzipiellen Wissen zurückzunehmen. Dem im Grundsätzlichen bekannten historischen Verlauf wird die unbekannte und anders geartete Individualgeschichte entgegengestellt. Gruppiert um die außergewöhnliche Sophia wird Bekanntes ungewöhnlich, weil die Handlungen der Bürgermeisterin bis in jene Zuspitzung getrieben werden, in der sich Erfolg oder Irrtum eindeutig herausstellen. Damit hier richtig gewertet werden kann, führte Panitz den Ich-Erzähler ein, der über gesicherte Geschichtskenntnisse, vor allem über den Dreißigjährigen Krieg, verfügt. Aus dieser Vergleichsmöglichkeit heraus wirken Sophias Handlungen und Entscheidungen als erste Schritte zu einem lange währenden Frieden. Dazu gehören auch die Fehler der Frau; sie sind gerade das, was sie unter denen, die den schweren Anfang auf sich nahmen, unverwechselbar werden läßt. Panitz nimmt durch die Figur Sophias eine Brechtsche Verfremdung der Vergangenheit vor. Manfred Wekwerth, der nach dem Roman einen Fernsehfilm inszenierte, dem das Publikum und die Kritik gleichermaßen zustimmten,[26] bemerkte dazu: „Entdeckt in der Tiefe und Weite realer Vergessenheit, dadurch nicht schlechtester Teil unserer eigenen Vergangenheit [...] muß dieses Buch neben seiner neuen literarischen Qualität noch etwas Rares enthalten: eine Entdeckung."[27] Sophia wird als eine Frau vorgestellt, die nicht nur mit den Trümmern des Krieges, sondern auch mit dem Schutt in den Köpfen der Menschen umzugehen weiß. Es wird erkennbar, wie sich aus einem instinktiven Zugehörigkeitsgefühl Klassenbewußtsein zu bilden beginnt; Fehler, wie die zu frühzeitige Kollektivierung, werden erklärlich. Diese Irrtümer aber begründeten Sophias legendären Ruf ebenso wie die Siege oder ihre Ansprüche an ein erfülltes Leben und ihre Rücksichtslosigkeit gegenüber überholten Konventionen. Hierin stimmt die historisch angelegte Figur mit Anita Nachtigall und Gisela Ufer überein.

Um die Aussagekraft des Historischen zu erhöhen, nahm der Autor manches aus seinen früheren Arbeiten wieder auf: Wie Käte Niederkirchner läßt er Sophia Gwinner mit einem Fallschirm abspringen, wie Tamara Bunke als Dolmetscherin arbeiten; auch ordnete er ihr wichtige Erlebnisse und Eigenschaften seiner revolutionären Frauenfiguren zu. So kann man in ihr eine Variation des mehrfach verwendeten Grundtyps sehen. An ihrer Gestalt wird am nachdrücklichsten, aber auch am widersprüchlichsten gezeigt, in welch hohem Maße individuelle Interessen und gesellschaftliche Erfordernisse zusammenhängen. Die Figur der Erzählers erinnert stets daran, daß diese Beziehung aktuell geblieben ist. „In die spannend aufgerollte analytische Handlung" ist „reflektierendes Bedenken des Ich-Erzählers so eingefügt"[28], daß sich der Leser orientieren kann. Roman und Film wurden gleichermaßen gut aufgenommen; Ablehnungen[29] blieben die Ausnahme.

Die Wertung neuer moralischer Qualitäten aus historischer Sicht prüfte Panitz an einem Gegenentwurf: der kleinen Erzählung *„Absage an Viktoria"* (1975; 1977 als Fernsehfilm). Ihr Thema hatte ihn schon früher beschäftigt, doch blieb die Arbeit („Kreidekreis 1966") unvollendet.

Viktoria, gewohnt zu siegen, stets nur sich selbst zum Maßstab setzend, keinerlei Rücksicht auf gesellschaftliche Erfordernisse nehmend, fordert von ihrem geschiedenen Mann, sein Versprechen einzuhalten: ihr Kind zu sich nach Köln zu geben. Die Situation erinnert an Brechts „Kaukasischen Kreidekreis" oder Claus Hammels „Um neun an der Achterbahn". Hans Richter, der Vater, lehnt dieses Ansinnen ab. Waren es bisher Frauen, die sich für ihr Kind verantwortlich fühlten und keine Schwierigkeiten scheuten, so nimmt hier zum erstenmal ein Mann diese Position ein. Der Anspruch Viktorias, überlegen zu sein, wird zurückgewiesen, ihre moralischen Ansichten entsprechen nicht mehr der gesellschaftlichen Wirklichkeit. In einem letzten Abschiedsgespräch an einem abgeschiedenen Ort, „aus verschiedenen Welten waren sie auf die kleine Insel gekommen"[30], bestätigen sich die Werte des Mannes. Sie werden die Kreidekreis-Situation lösen: Hans wird sein Kind behalten.

In die Erzählung ist ein Märchen vom Zusammenleben eines Ökonomen mit einer Seejungfrau eingefügt: Die Liebe dieser gegensätzlichen Wesen kann nur Ausnahme sein und nicht von Dauer. Dieses Märchen verwandte Panitz auch für seine Erzählung *„Die Moral der Nixe"* (1978), die den Übergang vom Biographischen zum Autobiographischen markiert; er sah sich „sozusagen im Kreis der Familie angekommen"[31].

Diese Selbstaussage bezieht sich zwar auf „Meines Vaters Straßenbahn" und „Mein lieber Onkel Hans", kann aber auch für „Die Moral der Nixe" gelten. Die Funktion des Erzählers hat sich verändert: Er beschreibt nicht mehr auf Tatsachen beruhende Geschehnisse, sondern befaßt sich mit Gefühlen und persönlichen Beziehungen. Was das Biographische anbelangt, werden nunmehr auch Alternativen angeboten. Der Erzähler stellt Fragen an Biographien und erwartet vom Handlungsverlauf des Erzählten Antworten.

Ein Professor für Ethik lehrt moralische Kriterien und handelt danach. Anscheinend unmotiviert mißachtet er diese Werte während eines ungeplanten Urlaubs in einem abgeschiedenen märkischen Dorf. Ausbruch aus dem geregelten Leben und Eintritt in eine inselhafte Glückseligkeit setzen die Handlung in Gang. Eine Nixe bringt Albrecht M. ein neues Liebeserlebnis, frei von den tradierten Verhaltensnormen. Aber es ist örtlich und zeitlich eingegrenzt. Als sich beide über ihre Situation verständigen wollen, werden sie zunehmend sprachlos. Kurze Zeit behelfen sie sich mit Zitaten aus Spinozas „Ethik". Aber die Erinnerung an Spinoza läßt die Liebenden noch mehr verstummen: Für ihre Beziehung gibt es keine Worte. Diese Grenzsituation wird als heiter und gelöst beschrieben: Die von der Tradition geprägten Moralvorstellungen haben noch Bestand; sie werden aber nicht veränderten Beziehungen zwischen den Menschen gerecht. Eine Liebe, wie die zwischen Albrecht und der Nixe, ist eine Ausnahme. Der in seinen Alltag zurückgekehrte Ethik-Professor weiß seinen Studenten nichts mehr zu sagen und verstummt.

Die Erzählung „Die Moral der Nixe" verkehrt die Grundsituation des Films „Der Dritte" (nach dem Roman „Unter den Bäumen regnet es zweimal") in ihr Gegenteil. Während Margit Fliesser nach dem dritten Mann sucht, wobei ihr die Erinnerungen an die beiden ersten Männer gegenwärtig werden, sucht Albrecht eine neue Moral der Liebe. Der Film verfolgt „das schwerwiegende Alltagsproblem der alleinstehenden Frau"[32], die Erzählung – der Untertitel lautet „Eine Sommergeschichte" – stellt Liebe und Moral zur Diskussion, fragt danach, „ob ein Mann und eine Frau weiter so zusammenleben können wie bisher"[33]. Der Erzähler äußert sich zu Beginn im Konjunktiv und drückt aus, daß auch die beschriebene Liebesbeziehung eine Ausnahme ist und Probleme in sich birgt.

In der Erzählung *„Meines Vaters Straßenbahn"* (1979) ist die Hauptfigur dadurch bestimmt, daß sie sich stets gleich bleibt; alle anderen Personen befinden sich mit ihr im Kontrast. Der Straßenbahnschaffner ist pedantisch in herkömmlichen Kleinigkeiten; so fällt an den anderen besonders auf, daß sie versuchen, etwas zu verändern und ihr Leben in die eigenen Hände zu nehmen. In der Erzählung *„Mein lieber Onkel Hans. Fünf Kapitel eines königlichen Lebens"* (1982) ist solche Figurenanlage noch stärker ausgeprägt. Die Biographie des Onkel Hans erschließt sich nur aus Andeutungen. Erzählt wird von der Sehnsucht nach Schönheit, Güte und Gerechtigkeit: Wollte Hans diese Träume früher durch Eulenspiegeleien verwirklichen, so wird ihm nun bewußt, daß sie sich nur in einer genau erkannten und sozialen Umwelt erfüllen können, in einer Gesellschaft, in der der Mensch seine Anlagen durch schöpferische Arbeit entfalten kann.

Panitz, der Ende der siebziger Jahre Gefühle, Gefühlswerte erörterte, die nicht allein für das Individuum, sondern zugleich für die Entwicklung der Menschheit bedeutsam sind, siedelte dieses Thema in einer Welt sozialer Sicherheit und des Friedens an. Von hier aus mußte er sich durch die zunehmende Bedrohung des Friedens in unserer Welt herausgefordert sehen, ihn quälte der Gedanke, daß die Existenz der Menschheit durch „die wahnwitzigen Pläne von Übersee"[34] gefährdet ist. Mit *„Eiszeit"* (1983) schrieb er eine Erzählung als Mahnung und als Beitrag „zur Mobilisierung aller Kräfte für den Frieden"[35]. Diese Absicht wirkte sich auf die Organisation des Erzählten aus: Biographisches ist zurückgedrängt, Dokumente dienen allein dem Zweck, jenes Ereignis – eine Kernexplosion in Europa – glaubwürdig zu machen, das nicht eintreten darf. Das schnell entstandene Buch, damit es „unmittelbar in die Diskussion dieser Tage und dieses Jahres" hineinwirke[36] und propagandistisch wirksam werden soll, ist dennoch mit künstlerischen Mitteln geschrieben. Vor allem der – diskutierte – Ausgang der „unwirklichen" Geschichte weist in symbolischer Überhöhung jene Kräfte aus, die der Gefahr des Atomtods wirksam begegnen können; damit wird Hoffnung wachgehalten.

Nicht nur dieses Symbol, das der großen Bedrohung entgegengehalten ist, verrät die Gestaltungsabsicht. Auch andere künstlerische Bezüge bezeugen, daß der Autor diese Arbeit als literarisches Werk verstanden wissen will. Das geschieht vor allem durch Verweise auf Artus und Goethe, Campanella und die Christophorus-Legende, auf Karl Marx und Ostrowski, die an das Bewahrenswerte erinnern. Diese vielfältig verwendeten literarischen Anleihen, Verweise und Zitatmontagen erinnern an den Gang der Menschheitsgeschichte, die so etwas wie den Hintergrund abgibt für aktuelle Vorgänge: Auch Persönliches zieht Panitz heran. Er bringt seine Arbeit als Schriftsteller zur Sprache, seine menschliche Betroffenheit. Denn er hat seine Erfahrungen: „Dresden, die heillose Flucht aus dem Bombenhagel“[37]. Erinnerungen, Verweise und Zitate sorgen dafür, daß sich das geschilderte Geschehen nicht von der Wirklichkeit löst und ins Märchenhafte leitet. Die Erzählung „Eiszeit“ ordnet sich – trotz der Unterschiede zu den anderen Werken – dem zentralen Anliegen von Eberhard Panitz ein, der „sanften Gewalt der Vernunft“ zum Siege zu verhelfen und den Menschen mitzuteilen: „Es ist zu schaffen“.[38]

Kurzbiographie

Eberhard Panitz wurde am 16. April 1932 als Sohn eines Straßenbahnschaffners und einer Verkäuferin in Dresden geboren. Nach dem Abitur, 1949, studierte er bis 1953 in Leipzig Germanistik; 1953/55 Lektor. 1955 – nach Eintritt in die Kasernierte Volkspolizei – beim Verlag des Ministeriums für Nationale Verteidigung; seit 1959 als freischaffender Schriftsteller in Berlin lebend. Reisen führten ihn unter anderem nach Kuba (mit Horst Salomon und Thomas Billhardt), in die MVR, die BRD, nach Ägypten, mehrmals nach Vietnam und in die USA.

1967 Erich-Weinert-Medaille, 1971 und 1976 Heinrich-Greif-Preis, 1973 Literaturpreis des DFD, 1975 Heinrich-Mann-Preis, 1977 Nationalpreis, 1982 Goethe-Preis von Berlin.

Gudrun Klatt

Ulrich Plenzdorf

In die DDR-Literatur der siebziger Jahre hat dieser Autor eine sehr eigene Klangfarbe, ein besonderes Kolorit eingebracht. Er erzählt Geschichten aus dem Alltag, von gewöhnlichen Leuten, Menschen wie du und ich, denen Außergewöhnliches widerfährt. Mit seinen Figuren Edgar, Paula, Paul und Laura geschehen Dinge, durch die alltägliches Leben ins Existentielle rückt. Dabei nimmt Ulrich Plenzdorf (geb. 1934) Erzählweisen von Märchen und Legenden auf, nutzt aber auch Dialogtechniken aus der Literatur des 20. Jahrhunderts und bedient sich – das ist ein besonderes Merkmal seines Stils – einer Art fingierter Alltagssprache. Auf diese Weise läßt er den Zuschauer oder Leser Alltagsvorgänge in neuem Licht, schärfer konturiert, sehen, erzeugt Betroffenheit, Beunruhigung und Nachdenken.

Ulrich Plenzdorf war Ende Dreißig, als er – beinahe über Nacht – vom Szenaristen zum international renommierten Schriftsteller wurde. Er gehört zu jener Generation, die Faschismus und Krieg als Kind erlebte und im ersten Nachkriegsjahrzehnt erwachsen wurde. Schriftstellerkollegen gleichen Alters debütierten um 1960, schrieben mit ihren Erstlingen jene Bücher, die später zur „Ankunftsliteratur" gezählt wurden. Plenzdorfs Weg ins literarische Leben verlief anders. Er sprach selbst von „krummer Karriere [. . .] mit allen möglichen Abbrüchen und Nebenwegen"[1]. Aus einer kommunistischen Arbeiterfamilie stammend, begann er nach dem Abitur in Leipzig Philosophie zu studieren, brach das Studium aber nach einem Jahr ab und ging als Bühnenarbeiter zur DEFA. Nach seinem Dienst in der Nationalen Volksarmee nahm er an der Filmhochschule Potsdam-Babelsberg ein Studium der Dramaturgie auf. Danach arbeitete er als Szenarist und Dramaturg bei der DEFA. Nach Szenarien von Plenzdorf entstanden in den sechziger Jahren die DEFA-Filme „Mir nach, Canaillen!" (1964, Regie: Ralf Kirsten), „Weite Straßen – stille Liebe" (1969, Regie: Hermann Zschoche), „Kennen Sie Urban?" (1970, Regie: Ingrid Reschke).

Als die Zeitschrift „Sinn und Form" im Frühjahr 1972 den Prosatext „Die neuen Leiden des jungen W." veröffentlichte, stellte die Redaktion ihn als Debütanten vor: „[...] arbeitet als Szenarist bei der DEFA. Mit dieser Arbeit tritt er das erste Mal an die literarische Öffentlichkeit."[2] Bereits im Juni 1972 erlebte der Text – nun in der Bühnenfassung – seine Uraufführung am Landestheater Halle (Regie: Horst Schönemann). Noch im gleichen Jahr folgten zwei Berliner Inszenierungen (Volksbühne, Regie: Christoph Schroth; Deutsches Theater, Regie: Horst Schönemann). Innerhalb von zwei Spielzeiten (1972/73, 1973/74) gab es 17 Inszenierungen der „Neuen Leiden des jungen W." an Theatern der DDR. 1973 erschien die erweiterte Prosafassung im Hinstorff-Verlag Rostock. Im gleichen Jahr erhielt Plenzdorf für diese Arbeit den Heinrich-Mann-Preis der Akademie der Künste der DDR. Heute gibt es Übersetzungen in mehr als fünfzehn Sprachen, darunter ins Russische, Litauische, Französische und ins Japanische. Das Stück hatte inzwischen über achtzig deutschsprachige Inszenierungen außerhalb der DDR, wurde verfilmt und auch als Hörspiel gesendet. Von den mehr als zwanzig fremdsprachigen Inszenierungen kam die jüngste (1984) am Theater der Jungen Generation in Moskau heraus. In der sowjetischen „Geschichte der DDR-Literatur" (Moskau 1982) hieß es in bezug auf „Die neuen Leiden des jungen W." und „Legende von Paul und Paula": „Ihr aktives Streben nach Glück, nach Entfaltung der Persönlichkeit ließ diese Helden Aufmerksamkeit erregen. Sie waren charakteristisch für das höhere Niveau der DDR-Literatur in jenen Jahren und ihrer Tendenz zur genauen Erforschung der Rolle des einzelnen Menschen, der Möglichkeiten seiner schöpferischen Entfaltung, zur kritischen Auseinandersetzung mit Hindernissen bei dieser Entwicklung."[3]

Die Geschichte des Lehrlings Edgar Wibeau entstand ursprünglich als Film-Szenarium – und zwar bereits 1968/69. Der Film wurde seinerzeit nicht realisiert, so daß Plenzdorf aus dem vorhandenen Material die Prosa- und Bühnenfassung entwickelte. Die Film-Erzählung (Urfassung) unterscheidet sich beträchtlich von den später bekannt gewordenen Fassungen. An der Art und Weise, wie der Autor den Text umgearbeitet hat, läßt sich heute ein Stück DDR-Literaturgeschichte an der Wende von den sechziger zu den siebziger Jahren ablesen. Das Film-Szenarium nämlich erzählt die Geschichte des Schritt- und Spurmachers Edgar Wibeau. Sie hat thematisch einen engen Bezug zu den gesellschaftlichen Orientierungen, wie sie vom VII. Parteitag der SED (1967) ausgingen. Ihr eigentlicher Angelpunkt ergibt sich aus den Forderungen nach Durchsetzung der wissenschaftlich-technischen Revolution, der damit erforderlichen Eigeninitiative und -verantwortung und den Hemmnissen, die der Entfaltung von Pionier- und Spitzenleistungen im Arbeits- und Betriebsalltag noch entgegenstanden. Vor diesem Hintergrund erzählt Plenzdorf von Edgar Wibeau, dem gefeierten Erfinder – einem Jugendlichen, der allerdings über Umwege mit Erfolg in das Leben der sozialistischen Gesellschaft integriert wurde. Lehrling in einem nicht übermäßig modernen, mittelgroßen Industriebetrieb einer DDR-Kleinstadt, erscheint Edgar als vorbildlicher, überdurchschnittlich begabter, disziplinierter Junge, der von seinen Mitlehrlingen möglicherweise geachtet wird, der aber keineswegs beliebt ist, da er als Musterknabe und Muttersöhnchen gilt. Zwischen der Mutter, angesehene Leiterin in Edgars Ausbildungsbetrieb, und dem Sohn besteht gutes Einvernehmen, über das lediglich der Schatten einer gestörten Beziehung zum – von ihnen getrennt lebenden – Vater fällt. Nachdem diese Konstellationen dem Leser vertraut sind, kommt es in der Urfassung zu jenem Zusammenstoß zwischen Edgar und dem Lehrausbilder – eine Szene, die in allen späteren Fassungen wieder auftauchen wird, dann aber anders strukturiert ist.

Der Lehrausbilder wird vorgeführt als jemand, der den Zug der Zeit gewissermaßen verschlafen hat. Er fordert von den Lehrlingen Feilarbeiten mit einer Präzision, wie sie der in der Nebenhalle stehende Automat serienweise produziert. Die Lehrlinge wehren sich gegen die veraltete Ausbildung. Nach Edgars – später berühmt gewordenen – Satz, „Uhrmacher wollten wir aber eigentlich nicht werden“, wird ein Tonbandmitschnitt von einer Betriebsgewerkschaftsversammlung eingespielt, in dem es unter anderem heißt: „Die Lehrlinge von heute werden in den siebziger und achtziger Jahren als Facharbeiter, Ingenieure und Leiter mit modernsten Technologien und automatischen Produktionsprozessen zu tun haben. Sie werden in Betrieben arbeiten, die vom entwickelten System des Sozialismus geprägt sind“.[4]

Die nächste Sequenz leitet direkt über in die betreffende Gewerkschaftsversammlung, die Edgar und Willi mit dem Recorder aufnehmen, weil dort ihre ureigensten Angelegenheiten verhandelt werden. Ein neuerlicher Bildwechsel führt zurück in die Lehrlingswerkstatt, in die der Lautsprecher weitere Bruchstücke der Reden trägt: „Die berechtigte Forderung unserer Lehrlinge, der Zukunft unseres Betriebes, wenn ich mal so sagen darf, endlich Zugang zur modernen Technik zu erhalten, findet bei uns offene Türen.“[5] Dieser Satz wird – wie bei einer gesprungenen Schallplatte – mehrfach wiederholt. Die gesamte Szene ist so konzipiert, daß Lehrling Edgar, gleichsam von unten, objektiv gesellschaftliche Bedürfnisse gegenüber einer unzeitgemäßen Ausbildungspraxis geltend macht. Er ist es, der sich in Übereinstimmung mit dem Notwendigen befindet. Da seine berechtigte Kritik keinen Widerhall fand, versucht er nunmehr auf anderem Wege, seine Vorstellungen zu realisieren. Die folgenden Sequenzen der Film-Erzählung entsprechen im wesentlichen jenen Stationen Edgars, die aus den späteren Fassungen bekannt sind: Aufnahmeprüfung an der Kunsthochschule, Kampieren in der Laube, Bekanntschaft mit Charly, Tonbänder mit Werther-Texten an Willi, Arbeit in der Malerbrigade, Scheitern von Addis Versuch mit dem neuen Farbspritzgerät, Beginn der Arbeit an der eigenen Spritze, Bootsfahrt mit Charly – allerdings ohne das später so entscheidende Liebeserlebnis, Begegnung mit dem Bulldozer-Fahrer, der Unfall. Völlig anders jedoch ist der Schluß: Die Kollegen der Malerbrigade bringen Edgar zum Wagen der Schnellen Medizinischen Hilfe und entdecken anschließend die entscheidende technische Neuerung an Edgars Gerät. Bei einem Krankenhausbesuch erzählen sie, daß Edgar „den Stein der Weisen“ gefunden habe, vorher sei „keiner drauf gekommen“.[6] Edgar schwelgt im Stolz über das errungene Patent, ebenso seine Mutter, während die zum Krankenbesuch erschienene Charly unbeachtet wieder verschwindet. Nach der Genesung kehrt Edgar in seinen Heimatort zurück und wird dort wie ein Sieger empfangen. Am Ende bummeln Edgar und Willi durch die Kleinstadt:

„Edgar fühlt sich wohl hier, besonders, wenn sich jemand nach ihm umsieht, obwohl ansonsten alles ein bißchen lütt ist. Und Willi fühlt sich wohl in der Gesellschaft von Edgar.“[7]

In der Urfassung der „Neuen Leiden des jungen W." sind zwei verschiedene Tendenzen der Kunstentwicklung am Ende der sechziger Jahre miteinander verwoben: Der Automatisierungskomplex korrespondiert mit operativen Intentionen, wie sie in den endsechziger Jahren vor allem bei der Fernsehdramatik zu finden waren. So reproduziert die Konfliktsituation Edgar – Lehrausbilder den Zusammenstoß zwischen Routine, Althergebrachtem und neuen Erfordernissen der Zeit (etwas, das in Benito Wogatzkis Fernsehfilm „Zeit ist Glück" [1968] Rombach und Meister Falk mit weitaus größerer Dynamik aneinandergeraten ließ). Aber in die innere Logik dieser Konstellation paßt weder Edgars Ausbrechen noch die eigenbrötlerische Arbeit an dem Farbspritzgerät. Was diesen Handlungsstrang betrifft, steht die Geschichte von Edgar Wibeau eher den damaligen Entwicklungen im Prosagenre nahe. Ende der sechziger Jahre zeichnete sich in der Prosa ein Trend ab, der als „Verlassen der Gewöhnungen" charakterisiert wurde: „[. . .] das Bemühen um eine Haltung größerer Verantwortung aus dem Einverständnis heraus und der Prozeß eines ‚Ankommens' neuer Art. Ein Bewußtsein drückt sich aus – und soll erzeugt werden – , daß eine glatte Anpassung an die Üblichkeiten, Wohlverhalten und eine so erzielte Übereinstimmung (an der im Prinzip die Autoren festhalten) nicht genügt, daß eine aktive Platzbestimmung in der Gesellschaft erst wirkliche Selbstbestimmung und gesellschaftliche Produktivität sichert".[8] Die Urfassung war insofern der Versuch, die besonderen Möglichkeiten des Massenmediums Film einzusetzen, um einerseits Operativität und damit Einsicht in gewisse ökonomische Grundvorgänge der sozialistischen Gesellschaft zu erreichen und um andererseits die tiefer liegenden Veränderungen in den Erfahrungs- und Verhaltensweisen der in dieser Gesellschaft lebenden Menschen hereinzuholen.

Bei der Umarbeitung des Filmszenariums zum Bühnenstück ist der gesamte Automatisierungskomplex weggefallen. Dadurch bekam Edgars Geschichte eine ganz andere innere Logik. Das wird deutlich an der Szene Edgar – Lehrausbilder. Nach Edgars „Uhrmacher"-Satz kommt die Replik des Meisters, gerade von ihm habe er solches nicht erwartet, woraufhin Edgar die Eisenplatte auf des Meisters Zeh fallen läßt. In seinem Jenseitskommentar heißt es dazu:

„Mir war gleich klar, daß jetzt kein Schwein mehr über die Ausbildung reden würde, sondern bloß noch über den blöden Zeh."[9] Während in der Urfassung wirklich von Ausbildung die Rede war, steht nach der Bearbeitung an dieser Stelle die rüpelhafte Aktion gegen den Lehrmeister und der Kommentar über die Sinnlosigkeit des ganzen Unternehmens. Die Szene ist nun in ihrer Grundanlage viel allgemeiner geworden. Es geht jetzt nicht mehr um Ausbildungsmethoden, sondern um einen weiter gefaßten Widerspruch zwischen etablierter Erwachsenenwelt und ungezügeltem, heißspornig-jugendlichem Rigorismus. Die Lehrausbilder-Szene vollzieht exemplarisch, was bei der Neufassung des Textes überhaupt geschieht: eine Verschiebung der ursprünglich recht konkreten (auf die individuelle Lebenssituation Edgars in einer bestimmten, zeitlich genau fixierbaren Phase der Entwicklung in der DDR bezogenen) Geschichte in eine wesentlich allgemeinere Problemlage. Die damit viel weiter generalisierbar gewordene Grundkonstellation war im übrigen die entscheidende Voraussetzung für die internationale Rezipierbarkeit des Textes. Das „Verlassen der Gewöhnungen" schafft jetzt einen Aktionsraum, in dem sich Existentielles, Liebe und Tod, zuträgt, in dem Varianten eines anderen Lebens und auch dessen Verlust durchgespielt werden. Hieraus entsteht die „Auslegbarkeit"[10] des Textes, auf die Plenzdorf in einer Diskussion in der Akademie der Künste hingewiesen hat. Man kann Edgars Geschichte wie einen Sozialreport mit therapeutischem Effekt lesen, man kann sie als moderne Version des Märchens „Von einem, der auszog das Fürchten zu lernen" lesen, als Gleichnis vom Ewig-Menschlichen. Für die Phantasie des Lesers läßt der Text unendliche Spiel- und Freiräume. Die Vieldeutigkeit entsteht aus jener eigentümlichen Balance zwischen auf Anhieb wiedererkennbarer Alltagserfahrung und allgemein-menschlichen Konfliktkonstellationen, die sich – durch Zeit und Ort verschieden – mit jeweils konkreter Gegenwart aufladen können.

Plenzdorf erzählt die Geschichte eines Jugendlichen in der DDR zu Beginn der siebziger Jahre und zugleich die uralte Geschichte von Liebe und Tod. Die Edgar-Figur steht in einem weiten Traditionsfeld, in ihr brechen sich die verschiedensten literarischen Muster beziehungsweise Versatzstücke. Sie holen die Geschichte aus der von Edgar empfundenen Einmaligkeit heraus und geben ihr etwas die Zeitläufe Überlappendes. Edgar Wibeau hat keineswegs bloß gewisse ähnliche Züge mit Werther oder Holden Cauldfield aus Salingers „Der Fänger im Roggen“. Edgar steht auch in der langen Ahnenreihe jenes Burschen, der seinem Mädchen das Edelweiß vom hohen Berge holen wollte und dabei abstürzte. Er steht zudem als moderne Version in der Linie der „tumben Toren“, die dann meist doch ihr Glück machten, während Edgar – etwa im Unterschied zum Grimmschen Märchen – die Königstochter nicht zur Frau bekommt, weil er die Prüfungen nicht bestanden hat, weil er zurückschreckte, als es ihm – dem Ritual gemäß – noch nicht hätte gruseln dürfen. Plenzdorf plagiiert in dieser Figur solche in hundertfachen Varianten vorkommenden, in Volkslied, Märchen und Belletristik geformten Grundstrukturen. Der Text ist aufgebaut wie ein weitmaschiges Erfahrungsmuster, in dem zwei allgemeine Probleme, Jugend und vorgefundene Erwachsenenwelt sowie Liebe und Tod, vorgeprägt sind. Erst der Leser oder Zuschauer besetzt das Muster mit empirischer Erfahrungswirklichkeit. Das, was er an Empirischem einbringt, hängt von seiner eigenen sozialen Situation und subjektiven Befindlichkeit ab.

„Die neuen Leiden des jungen W.“ als Bühnenstück haben offenkundig beim jugendlichen Publikum große Resonanz gefunden. Das zeigt beispielsweise eine soziologische Umfrage im Bezirk Halle. Zur Frage: „Würden Sie mit Edgar befreundet sein wollen?“ sagten 77 Prozent der Theaterbesucher, aber nur 46 Prozent der Leser „Ja“.[11] Zugleich war es für die Theater gar nicht so einfach, die Bühnenfassung so zu inszenieren, daß sich Jugendliche nicht distanzlos einbezogen fühlten. Das nämlich hieß, die Edgar-Figur zu bewerten, es hieß, den Kontaktpersonen Profil zu geben. Eine Schwierigkeit ergab sich aus der Art und Weise, *wie* Plenzdorf Edgars Geschichte erzählte. Der Grundvorgang, der auf dem Theater darzustellen war, ist anders strukturiert als das, was sich zur inhaltlichen Aussage verdichten läßt; so müßte eigentlich Edgars Vater die Hauptperson des Stücks sein.

Edgar Wibeau, der siebzehnjährige Lehrling, der einige Monate illegal in einer Berliner Laube wohnte, ist an den Folgen eines Unfalls gestorben. Der Vater will sich im nachhinein ein Bild von seinem Sohn machen. Er sucht die Kontaktpersonen aus Edgars letzten Lebensmonaten auf (Lehrausbilder, Willi, Charly, Malerbrigade) und rekonstruiert die Stationen. Es entsteht ein Stück Biographie, dargeboten aus der Sicht der anderen. Gleichsam als Korrektiv ist in diese Suche nach den Spuren des lebenden Reflexion und Kommentar des toten Edgar eingebaut, der nunmehr sich selbst und seine Handlungen gelassen – als Außenstehender – zu bewerten vermag. Die Figur des Vaters bringt indessen das Ganze erst in Gang. Seine Spurensuche bedarf des Gesprächs zwischen (unwissendem) Fragesteller und (wissendem) Antwortgeber. Diese einfache Dialogform folgt der Technik eines ganz gewöhnlichen Detektivromans. Die Befragten geben von ihrem Wissen nur soviel preis, wie sie selbst wollen. Zugleich teilen sie von sich als Personen nur das mit, was zur Beantwortung, zur Aufklärung bei der Spurensuche beitragen kann. Sie sind als Individuen umriß- und schemenhaft, und so blieb eine der größten Schwierigkeiten der Theater, die Kontaktpersonen, die wie „Stichwortgeber" agierten, als Bühnenfiguren zu gestalten.

Ein Problem anderer Art entstand dadurch, daß der Edgardarsteller den Zuschauer anspricht, ihn zu seinem Verbündeten macht. Der Zuschauer ist der Partner, für den die Geschichte noch einmal erzählt wird, weil die Figur annimmt, daß er Verständnis für seine Lage aufzubringen vermag. Um dieses Verständnis aber muß diese Figur, damit der Schauspieler, ringen. Er hat den Dialog ständig neu aufzubauen und bedient sich hierzu der stereotypen Anreden wie „Leute" und „Ich weiß nicht, ob mich einer versteht". Diese Parts sind eine Einladung an das Publikum, an die anderen, mit ihm gemeinsam die ganze Angelegenheit noch einmal durchzugehen, sie in neuem Licht zu sehen und zu prüfen. Hier kommt es sehr auf den Edgar-Darsteller an, besteht doch die Gefahr, durch eine kumpelhafte Art, das Publikum gleichsam „einzukaufen", ohne die Nuancen zwischen Distanz und Nähe, zwischen souveräner Wertung und weitgehender Identifikation subtil auszuspielen. Dieter Mann, der Edgar-Darsteller in der Inszenierung des Deutschen Theaters, hat in einer Diskussion des Theaterverbands darauf hingewiesen, daß der Schauspieler den Theaterabend politisch steuern kann und muß. Der Schauspieler müsse nach den ersten Minuten spüren, „wo der Abend hin-

(läuft)" und danach sein Spiel einrichten. Dieter Mann war es auch, der Edgar als Kunstfigur begreiflich zu machen versuchte. Edgar Wibeau sei keineswegs *der* repräsentative Jugendliche. Vielmehr ginge es in seiner Gestalt um ein „Plädoyer für die Schwierigen". Die neue Gesellschaft „müßte sich Zeit nehmen für Leute, die nicht zu allem Ja und Amen sagen, die aber vielleicht die produktiveren sind, die mit Widersprüchen leben, Fragen stellen"[12].

Für die Inszenierungen hat der schon im Titel apostrophierte Bezug auf Goethes Briefroman „Die Leiden des jungen Werthers" kaum eine Rolle gespielt. In der öffentlichen Diskussion um Plenzdorfs literarischen Erstling dagegen nahm das Verhältnis zum Erbe einen recht breiten Raum ein. Das hing damit zusammen, daß seit den späten sechziger Jahren in der DDR Umbrüche in der Erberezeption zu beobachten waren. Erbetheorie und -praxis, wie sie für die Aufbaujahre und die Übergangsperiode überhaupt charakteristisch waren, wurden zugunsten eines kritischen, von der Gegenwart aus erfolgenden Blicks auf die menschheitsgeschichtlichen Utopien der frühbürgerlichen Aufstiegsphase verabschiedet. So erschien Edgars unkonventioneller, frei von „Einschüchterung durch Klassizität" (Brecht), Umgang mit Goethes Werther in diesem Kontext wie ein Beleg für neue Haltungen zum Erbe und wurde daher kräftig in die Debatten einbezogen. Mit Befremden hat Plenzdorf registriert, daß seine Erzählung „auf das Gleis der Verarbeitung von klassischem Erbe geschoben wurde"[13]. Tatsächlich haben die von Edgar Wibeau benutzten Werther-Zitate eine vorrangig dramaturgische beziehungsweise erzähltechnische Funktion. Sie dienen der Verschlüsselung von Edgars wirklicher Befindlichkeit (etwa in den Nachrichten an Freund Willi), sie bringen aber auch die Figurenbeziehungen (zu Charly, Dieter, dem Malerbrigadier) auf den Punkt. Zugleich sind sie ein Mittel, das Edgar bewußt einsetzt, um sich mit dem Zuschauer, der ja merkt, daß die anderen Figuren mit den Zitaten nichts anfangen können, in lachende Übereinkunft zu bringen. Darüber hinaus findet Edgar aber im Verlauf des Spiels nicht nur Gefallen an dem alten Buch, sondern er beginnt zugleich, sich seine eigene Situation mit Hilfe der Goetheschen Vorlage zu erklären. Er lernt, seine Umwelt – wie seine persönliche Erfahrung – mit anderen Augen sehen. Dabei bringt, wie Robert Weimann in der Diskussion der Akademie der Künste 1972 betonte, die Beschäftigung mit Werther für Edgar Wibeau „eine Steigerung des geistigen und praktischen Ausdrucks seiner selbst. Sein Tod kennzeichnet nicht den erfüllten Endpunkt eines Schweigens, sondern erfolgt (durch Unfall) auf dem Höhepunkt einer praktischen Tätigkeit, deren abgeschlossenes Resultat (die Erfindung) zugleich beides: das Auffinden seiner Fähigkeiten und das Zurückfinden in die Gesellschaft, bedeutet hätte."[14]

Die Diskussionen um Edgar Wibeau waren noch in vollem Gange, als im Frühjahr 1973 ein Film in die Kinos kam, zu dem Ulrich Plenzdorf des Drehbuch geschrieben hatte: *„Die Legende von Paul und Paula"* (Regie: Heiner Carow). Hier war nun auch im Titel jenes Zauberwort, das für Plenzdorfs Werke so charakteristisch werden sollte: „Legende". Da wurde etwas weitererzählt, das wiederum mit der uralten Geschichte von Liebe und Tod zu tun hatte, und das sich so, wie es erzählt wurde, zugetragen haben könnte. Legenden als literarisches beziehungsweise künstlerisches Genre haben – im Unterschied zm Gebrauch des Begriffs in der Alltagssprache – ein Moment des Märchenhaft-Phantastischen. Die unendlich große Liebe von Paul und Paula gehört dazu, und ohne Paulas Tod wäre diese Liebe nie so echt und ungeheuerlich gewesen. Paul und Paula gehören in jene Ahnenreihe der Liebenden, die nicht zueinander finden konnten, weil – wie es im Volkslied heißt – das Wasser viel zu tief war. Plenzdorf holt seine Geschichte erneut aus den Mustern der Volksüberlieferung, und zugleich hebt er sie auf. Paul und Paula nämlich finden doch zusammen, sie kommen durch das tiefe Wasser zueinander. Das tiefe Wasser, das in Vorzeiten die beiden Königskinder trennte, bestand diesmal aus ganz banalen Dingen. Paul ist verheiratet, hat Familie und arbeitet bei einer Dienststelle, deren Mitarbeiter sich derartige Kapriolen nicht leisten können. Doch diese Hemmnisse, die der Liebe entgegenstanden, haben beide überwunden. Das Wasser war nicht *zu* tief. Und doch ist da ein jähes Ende, Paula stirbt bei der Geburt ihres dritten Kindes – dem Kind von Paul – ein Kind der Liebe, das sie bewußt empfangen und ausgetragen hat. Weder die Warnung des fürsorglich-väterlichen Arztes, der ihr die Pille verschrieb, noch der eigene gesunde Menschenverstand konnten sie davon abhalten. Paula wußte um das Risiko ihrer dritten Schwangerschaft und ging es bewußt ein. Gerade bei dieser Entscheidung, die sie und nur sie allein zu treffen hatte, ist Paula mehr Nachfahre der Muttergestalten aus volkskundlicher und literarischer Überlieferung als moderne Frau. Genau wie Edgar Wibeau mußte sie nicht sterben, aber sie wollte dieses Kind wie Edgar seine Erfindung. Rigorismus verbindet sich in beiden Figuren mit jenem zutiefst menschlichen Bedürfnis, Spuren zu hinterlassen, als Mensch kenntlich zu bleiben bei den nachfolgenden Geschlechtern. Edgar Wibeau sah diese Chance in einer schöpferischen Tätigkeit, die ihm ein Patent hätte bringen können. Paula, die Frau, wollte der Schöpferkraft ihrer Liebe durch das Kind Gestalt verleihen. Beide Figuren kalkulierten den Verlust des eigenen Lebens dabei ein: Edgar aus einer gewissen Leichtfertigkeit, Paula, die Ältere, Reifere kam dazu, indem sie auf ihre Kreatürlichkeit, ihre Fähigkeit zur Mutterschaft setzte. Daß sie dabei mit viel zu hohem Einsatz spielte, weiß der Zuschauer des Films von Anfang an.

Wenn der Film beginnt, ist eigentlich alles längst vorbei. Paul räumt die Wohnung aus, er zieht um. Das alte Haus, in dem er mit Paula lebte, wird abgerissen. Unter dem Hausrat, den Paul wegwirft, findet er ein Bild aus ihrer glücklichen Zeit. Paul zögert, dem Zuschauer den Blick auf das Bild freizugeben. Fast feierlich schreitet Paul dann gemessenen Schrittes auf die Kamera zu: Erinnerung wird wach, die Legende nimmt ihren Lauf. Doch ehe der Zuschauer vom Schicksal Paul und Paulas erfährt, spielen die Puhdys, die damals bekannteste Rock-Gruppe der DDR, das Lied „Wenn ein Mensch lebt". Innerhalb des Films hat dieses Lied eine entscheidende, das Legendäre der Geschichte unterstreichende Funktion. Es stellt die Liebe von Paul und Paula in einen weiten Handlungsraum ewigen Werdens und Vergehens. Leben und Sterben, Liebe und Tod erscheinen als der Rhythmus alles Natürlichen und Lebendigen. „Jegliches hat seine Zeit", heißt es, und „Unsere Liebe ist stark wie der Tod". Die merkwürdige Mischung, die auch eine Spannung erzeugt, in Plenzdorfs Texten zwischen Banal-Trivialem, ja Kitschigem, und dem Vertrauen in den Weg alles Lebendigen stehend, ist in diesem Lied markant ausgeprägt. Allerdings entstehen da Fragen und Widersprüche: Menschliches Leben bekommt – zum einen – durch diesen Bezug auf natürliches Werden und Vergehen eine materialistische Fundierung, die zugleich ins Schicksalhafte der ewigen Wiederkehr umzukippen droht; zum anderen wird die Tragik individuellen Lebens durch ihre Projektion auf Allgemein-Menschliches und Natürliches mit anderer Souveränität erlebbar. Eine Fähigkeit, Leben in seinen Höhen und Tiefen durchzustehen, Schmerz und Glück bewußt anzunehmen und damit Leben intensiv, also aktiv zu bewältigen, wird auf diese Weise auch vorgeführt. Das Lied „Wenn ein Mensch lebt", das den Film eröffnet und den Zuschauer in eine sensibilisierte Stimmungslage versetzt, gibt dem Film – die Musik leistete dabei Wesentliches – trotz des fast ins Trivial-Kitschige gleitenden Zuges eine unendliche Kraft. Es wird zu einem Plädoyer für die Liebe und das Leben.

Plenzdorf hat in „Legende von Paul und Paula" die besonderen Möglichkeiten des Films zu nutzen verstanden, um das Märchenhaft-Phantastische dieser Liebe sinnlich-erlebbar zu machen. Die Traumfahrt auf dem Kahn von Paulas Vorfahren gehört zu jenen großen Sequenzen in diesem Film, in denen die Macht der Liebe als ein Generationen vereinigendes Band gezeigt wird, eine harmoniestiftende Macht, die dem glückhaften Augenblick endlose Dauer verleihen möchte. Aber neben solchen (wirklich-unwirklichen) Passagen hat der Film über weite Strecken auch Erfahrungsbilder von ganz konkreter, sozial faßbarer Alltagsrealität. Paula ist eine alleinstehende Mutter mit zwei Kindern. Sie arbeitet als Ungelernte in der Flaschenabnahme einer Kaufhalle. Sie hat unschöne Liebeserlebnisse hinter sich, ist aber doch zu jung, um eine Ehe mit dem ältlichen, aber wohlsituierten Herrn Saft einzugehen – ein Mann, der ihr soziale Sicherheit bieten könnte, bei dem aber Liebes- und Lebensglück, wie Paula es sich vorstellt, auf der Strecke bleiben würde. Zu den vielen Details aus Paulas Alltag, in denen ihre soziale Existenz greifbar wird, gehört auch folgende Szene: Paula kommt nach der Arbeit in der Kaufhalle müde und erschöpft nach Hause, und vor dem Haus liegen zehn Zentner Briketts, die in den Keller gebracht werden müssen. Den ganzen Abend trägt sie Kohlen. Paula ist, nachdem die Kohlen endlich im Keller sind, physisch völlig erledigt. Aber gerade in diesem Moment fängt sie an, ihre Situation zu reflektieren: „*Paula* Um neun schlafen! – Es muß doch auch noch was anderes geben als schlafen. Arbeiten. Schlafen und wieder arbeiten! Mit dreiundzwanzig Lenzen!“ Eine Heirat mit dem gut situierten Herrn Saft scheint in diesem Moment das kleinere Übel: „Ein Wort und ich hab ihn, und zwar mit Standesamt und Kirchenglocken, und keiner schüttet mir mehr Kohlen vor die Tür, und meine Kinder haben einen Vater [. . .]“.[15]

Ehe sie sich auf diese Alternative einläßt, will sie noch einmal das brodelnde andere Leben genießen. Sie geht in eine Bar und begegnet Paul.

In dieser und anderen Episoden aus Paulas Leben reflektiert Plenzdorf Alltagserfahrungen vieler alleinstehender Frauen. Er reproduziert – etwa mit der Kohlen-Szene – soziale Befindlichkeiten, wie sie so oder ähnlich tatsächlich vorkommen und spielt gleichsam mögliche andere Varianten durch. Die Heirat mit Saft brächte Paula sozialen Wohlstand bei Verzicht auf ihren immensen Glücks- und Liebesanspruch. Die über Widrigkeiten eroberte Gemeinsamkeit mit Paul schließt ein Glück mit jähem Ende ein. Auffällig ist, daß in der Variante Glück mit Paul die sozialen Probleme weitgehend in den Hintergrund treten, obwohl Paul seinerseits durch die Bindung an Paula seine soziale Stellung gefährdet. Die Verkettung von Alltag und Legende, so wie Plenzdorf sie versucht, hat da ihren Preis. Plenzdorf beschreibt recht subtil mit beiden Figuren soziale Situationen, die nah an wirklichen Lebenserfahrungen bleiben. Nachdem aber Paul und Paula zueinander gefunden haben, das Liebesglück vollkommen ist, schwinden dic Sozialfragen, und das Existentiell-Kreatürliche gewinnt die Oberhand. Damit sind zweifelsohne Verluste verbunden. Klaus Wischnewski schrieb dazu bereits 1974:

„In der ‚Legende von Paul und Paula‘ wird die Frau zur Hauptheldin und die Liebe zum eigentlichen Handlungsgegenstand und -ziel. Die Radikalität wird wieder mit einem Verlust erkauft: Der soziale Hintergrund und Bezug verschwimmen, die Umwelt wird stark auf Symbole (Häusersprengungen und Neubauten) und Typen reduziert; auch der Partner Paul ist mehr behauptete als wirkliche Persönlichkeit. Dem wahren Satz von dem Rest, der immer zwischen Ideal und Wirklichkeit bleibt, fehlt so die soziale Relevanz, wie auch Paulas schöner Liebe und ihrem großen Entschluß für das Kind der ebenbürtige Partner fehlt. Damit entsteht natürlich die Gefahr einer sentimental-abstrakten Weltbetrachtung ..."[16]

Nach dem großen Erfolg der „Legende von Paul und Paula" ist Plenzdorf seinem Metier als Szenarist treu geblieben. Die DEFA produzierte nach Vorlagen von ihm die Filme „Glück im Hinterhaus" (1980, Regie: Hermann Zschoche), eine Adaption von Günter de Bruyns Roman „Buridans Esel", sowie „Insel der Schwäne" (1983, Regie: Hermann Zschoche), nach Benno Pludras gleichnamigem Roman. Darüber hinaus schrieb Plenzdorf weitere Szenarien, so „Die neuen Leiden des jungen W." (1976, Regie: Eberhard Itzenplitz), „Der König und sein Narr" (1980, Regie: Frank Beyer), nach dem gleichnamigen Roman von Martin Stade.

Seit Ende der siebziger Jahre trat Plenzdorf wieder als Prosaautor an die Öffentlichkeit. Er versuchte sich in Kurzprosa, wie *„Die Gutenachtgeschichte"* (1984), und legte dann sechs Jahre nach „Legende von Paul und Paula", seine bisher umfangreichste Prosaarbeit vor, *„Legende vom Glück ohne Ende"* (1979).

Plenzdorf hat in Interviews darüber berichtet, wie er in jenen Jahren lernen mußte, mit dem Erfolg fertig zu werden. 1980 sagte er dazu: „Ich habe dann eine ziemlich große Pause gemacht – bedingt auch durch Reisen –, weil ich durch das öffentliche Interesse eine ganze Weile paralysiert war. Ich mußte mich wirklich fassen und eines Tages erst dazu zwingen, wieder zu schreiben. Natürlich war das nicht einfach. Vor allen Dingen mußte ich versuchen, gegen eine Art Etikettierung anzukämpfen, und dabei begriff ich, daß ich auf keinen Fall dasselbe oder ähnliches wie ‚Die neuen Leiden des jungen W.' noch mal machen durfte. Ich hatte eine Menge Erwartungen geweckt und war praktisch gezwungen, die Leute, die diese Erwartungen in mich setzten, zu enttäuschen."[17]

Als 1981 „Legende vom Glück ohne Ende" in französischer Übersetzung erschien, wurde Plenzdorf gefragt, wie es zur Idee für dieses Buch kam. Seine Antwort: „Der Gedanke kam mir kurze Zeit nach der Premiere des Films, als ich bemerkte, daß die Wirkungen des Films mit meinen Erwartungen nicht übereinstimmten. Der Film hatte offensichtlich bei vielen Leuten eine sehr romantische Wirkung. Die Zuschauer neigten dazu, sich mit den Figuren zu identifizieren, vor allem mit

Paula, die ohne jegliche kritische Distanz angenommen wurde. Ich habe viel darüber nachgedacht und kam zu dem Schluß, daß das mein Fehler war [. . .]. Das beste wäre gewesen, einen Fortsetzungsfilm zu machen, in welchem die Charaktere meiner Helden relativiert werden. Dazu ist es nicht gekommen; jetzt stellt der Roman das Gleichgewicht zum Film her. Allerdings sagen nun viele, Paul und Paula seien ein und dieselbe Figur; es stimmt schon, so ganz eindeutig ist meine Geschichte nicht."

Auf den Einwurf des Interviewers, Jean-Claude Lebrun, auch in „Legende vom Glück ohne Ende" gäbe es „noch viel Romantismus", antwortete Plenzdorf: „Das ist wahr, aber ich hoffe, daß es nicht dabei geblieben ist. Ich wollte kein romantisches Buch schreiben."[18] Und in einem anderen Interview hieß es: „[. . .] daß der Film, wenn man so will, nur die eine Seite der Medaille gezeigt hat. Ich meine, die beiden, Paul und Paula, kamen ja zu einem Zusammenleben im Alltag überhaupt nicht. Aber die Entscheidung über das Glück fällt meiner Meinung nach in der Fähigkeit, den Alltag zu überstehen, ihn sehr lange zu überstehen. Ich halte den Ehealltag für eine der größten Zerreißproben, die man sich überhaupt denken kann. Sie verläuft zwar sehr episch, aber deswegen hat sie nicht weniger diesen Zerreißcharakter. Der Alltag des Zusammenlebens hat schon Menschen über Menschen zermürbt, es gibt wirklich viele, die damit nicht zu Rande gekommen sind. Und Rezepte dafür gibt's auch nicht. Jedenfalls dachte ich, diese Seite darzustellen, bin ich schuldig geblieben. Das war der Anlaß für die Fortsetzung der Paul- und Paula-Legende."[19]

So waren es, nach Plenzdorfs eigener Aussage, die Aporien des Films, die zu „Legende vom Glück ohne Ende" führten. Man sollte solche Selbstzeugnisse allerdings nicht ganz wörtlich nehmen. Denn natürlich läßt „Legende vom Glück ohne Ende" ebenfalls einige Dinge offen, was auch gar nicht anders sein kann; zudem erleben auch Paul und Laura den „normalen Ehealltag" nicht. Schließlich wird das Einmalig-Besondere, Märchenhafte der Liebe zwischen Paul und Paula in der Prosageschichte – im Vergleich zum Film – eher noch verstärkt, jedoch ist Paul, der dann mit Laura lebt, in der Lage, seine Beziehung zu Paula zu reflektieren: „Er wußte jetzt, daß es keine zweite Paula für ihn gab, und er war froh, daß es eine

Paula für ihn gegeben hatte. Er war auch froh, daß es ihm und Paula erspart geblieben war, ‚unter normalen Bedingungen miteinander leben zu müssen'."[20] Aber bevor Paul mit Laura „unter normalen Bedingungen" zu leben beginnt, ist er verschwunden: „Man hat noch lange nach Paul gefahndet. Aber nirgendwo ist ein Paul mit Krücken oder auf Knien gesehen worden"[21], lauten die letzten Sätze des Buches.

Eigentlich hat Plenzdorf mit dem Prosatext über Paul und Paula ein Arbeitsprinzip nur forciert ausgebaut, das bereits für die Geschichte von Edgar Wibeau charakteristisch war. Plenzdorf ist wie kaum ein Autor – seine Erfahrung als routinierter Szenarist spielt dabei gewiß eine entscheidende Rolle – in der Lage, eine bestimmte Idee, eine literarische Konstellation, eine Figur beziehungsweise eine Figurenbeziehung in verschiedenen Genres unterschiedlich darzubieten, sie aber auch zu verschiedenen Zeiten anders, in bestimmten Varianten zu erzählen. Sein Fabuliertalent verbindet sich mit der Fähigkeit, bestimmten vorgeprägten oder von ihm erfundenen Mustern immer wieder neuen Reiz abzugewinnen, sie wie ein altes Kleidungsstück zu drehen und zu wenden, um etwas Neues daraus zu machen. Der sowjetische Autor und Theoretiker Juri Tynjanow hat bereits 1924 in seiner Studie „Das literarische Faktum" das methodologische Verfahren, nach dem auch Plenzdorfs Arbeiten gebaut sind, so bestimmt:

„[...] *denn das ganze Wesen einer neuen Konstruktion kann in einer neuen Verwendung alter Verfahren, in deren neuer konstruktiver Bedeutung bestehen*".[22] Diese besondere Begabung Plenzdorfs, die von handwerklichem Können, etwa beim Bau von Dialogen, flankiert wird, kam ihm bei den zahlreichen Bearbeitungen zugute. Die Übertragung von Prosa in Filmszenarien, damit der Wechsel der Genres, beziehungsweise Künste, versteht Plenzdorf als seinen eigentlichen „Beruf, der [...] einfach Spaß macht"[23]. So erklärt sich, daß das Schaffen dieses Autors kontinuierlich begleitet ist von Adaptionen der Bücher anderer Schriftsteller für das Medium Film beziehungsweise Fernsehen. Der Reiz an der Arbeit mit den technischen Medien liegt für Plenzdorf aber auch in dem Teamwork-Charakter solcher Produktionen, wie in der Tatsache, daß ein Film in kurzer Zeit ein Massenpublikum erreichen kann, was dem Buch nur in Glücksfällen gelingt.

Ulrich Plenzdorf gehört zu dem zu jenen DDR-Autoren, die subtil mit der Sprache umzugehen wissen. Die Sprache, in der seine Figuren reden, ist immer wieder von Zuschauern und Lesern als „echt", als authentisch empfunden worden. Plenzdorf charakterisiert seine Figuren durch ihre Handhabung und Beherrschung der Sprache; seine Dialoge erscheinen meist gerade wegen ihrer Fähigkeit, Alltagsdenken und -bewußtsein unmittelbar zu artikulieren, gelungen und überzeugend. Sprachwissenschaftliche Untersuchungen indessen haben nachgewiesen, daß Plenzdorf nicht die normale Alltagsrede benutzt. Vielmehr bedient er sich sowohl in der Wortwahl als auch in der Satzkonstruktion eines tatsächlich so gar nicht existierenden Jargons, in welchem bestimmte Stereotype wiederkehren. Die Sprache seiner Figuren „wirkt so echt, weil sie fingiert ist"[24].

Liest man *„Legende vom Glück ohne Ende"* in Hinblick auf ihre Neuerungen gegenüber dem Film, dann ergeben sich zwei wesentliche Dinge: die Erzählerfigur „meine Person" – und die stofflich-thematische Erweiterung, die von der Frage herkommt, was wird aus Paul, wie wird er weiterleben, nachdem Paula gestorben ist? „Meine Person", eben jene Erzählerfigur, ist vielleicht eine der interessantesten Gestalten in Plenzdorfs Werk. Obgleich diese Figur nie von sich, sondern nur von Paul und Paula beziehungsweise Paul und Laura berichtet, wird sie durch ihre Wertungen, ihre Sicht auf die Figuren und die tatkräftige Hilfe, die sie ihnen leistete, durchaus als Individuum greifbar. Nicht zufällig bekommt daher bei der Dramatisierung der „Legende vom Glück ohne Ende" „meine Person" den Hauptpart auf dem Theater. Anders als Edgar Wibeaus Vater, der zwar das dramatische Geschehen in Gang bringt, aber äußerst blaß und ohne Konturen bleibt, können sich Leser und Zuschauer von „meiner Person" ein recht genaues Bild machen. „Meine Person", die übrigens auf dem Theater immer als Frau dargestellt wurde, gehört zur Elterngeneration von Paul und Paula. Als geborene, zumindest lang ansässige Berlinerin ist „meine Person" mit der Stadt, ihrem Kietz und den Menschen dort auf Du und Du. Alle kennen sich, der eine nimmt am Schicksal des anderen Anteil, hilft, wo er kann. Die Singerstraße, in der „meine Person" sowie Paul und Paula wohnten, erscheint im Bericht der Erzählerfigur als jene heile Welt der kleinen Leute, die mit- und füreinander einstehen. Durch „meine Person“ kommt zugleich auch ein Stück Geschichte in die Legende.

„Dreiundvierzig, am fünften April, das wird keiner vergessen, in der Nacht auf den sechsten, als fast ganz Friedrichshain rechts von der Frankfurter zu Bruch ging, fast die ganze Koppenstraße, die halbe Frucht, der Küstriner Platz, der Ostbahnhof, früher Schlesischer Bahnhof, da ging auch fast die ganze Singer zu Bruch. Dachten wir jedenfalls, als wir im Keller saßen und auf unser letztes Stündlein warteten. Es war aber mehr stehengeblieben, als wir dachten. Das war, weil die Singer mit reinem Zement gemauert war, achtzehnhundertneunzig, da hieß sie noch grüner Weg. Die Hälfte war am Boden, auf beiden Seiten. Und die andere Hälfte haben sie letztes Jahr gesprengt. Uns Alte hatten sie schon vorher ausgesiedelt, jeden woandershin, die meisten in Altersheime. Von allen, die noch über Paul und Paula erzählen könnten, ist heute keiner mehr am Leben, außer meiner Person.“[25] Solche Erinnerungsbruchstücke der Erzählerfigur haben jedoch nicht die Funktion, das Erzählte zu historisieren. Im Gegenteil, sie unterstreichen das „Es-war-Einmal“ im Erzählgestus. Wieder ist da jene merkwürdige Ambivalenz von Plenzdorfs Geschichten. „Meine Person“ bezeichnet ganz konkrete Örtlichkeiten, gibt konkrete Zeiten an, und zugleich legt sich der Schleier des „Vielleicht-könnte-es-so-gewesen-sein“ über das Ganze. „Meine Person“ ist der (oder die) alte Rentner(in), der noch vieles weiß, was die Nachgeborenen längst nicht mehr kennen, dabei stellt er vieles richtig, von dem nur er genau weiß, wie es sich zugetragen hat, was aber ganz anders von anderen erzählt wurde. Zugleich aber setzt „meine Person“ (nehmen wir an, es ist eine Frau) jenes Geschlecht der alten weisen Frauen fort, die in der Spinnstube oder in der Küche – an langen Winterabenden – von längst Vergangenem berichteten, vom Sieg der Guten über die Bösen, von den Wünschen und Hoffnungen des Volkes, von der Sehnsucht nach Harmonie und Glück Kunde gaben. Diese Ambivalenz der Erzähler-Figur macht sie dem heutigen Leser vertraut und fremd zugleich. Auch kann er an der Wahrhaftigkeit ihrer Erzählung zweifeln. Die Idylle der Singerstraße paßt doch so gar nicht in großstädtisches Leben, wie es sich in Berlin bereits um die Jahrhundertwende etablierte. Die Fürsorge, die die Anwohner der Liebe von

Paul und Paula, beziehungsweise Paul und den Kindern, seiner (geschiedenen) Frau angedeihen lassen, trifft doch durchaus nicht mit den Moralnormen der älteren Generation, für die die Ehe heilig war, zusammen. Aber gerade diese Divergenzen zwischen dem Erzählgestus und den Dingen, von denen die Rede ist, machen jene Darbietungsweise erst möglich. Das „Es-war-Einmal" des Märchens lädt den Leser ein, sich auf ein „So-könnte-es-sein" einzulassen und aus der dabei entstehenden Spannung produktive Impulse für sein eigenes Verhalten in der konkreten Wirklichkeit des Alltags zu ziehen.

Märchen, Legende, Sage, Traditionen mündlicher und schriftlicher Überlieferung vom Alltagsleben des Volkes sind in dieser Erzählerfigur präsent. Und so gerät denn auch die Geschichte von Pauls Leben nach Paulas Tod wiederum zur Legende.

Paul erlebt die Zeit nach Paulas Tod wie einer, der außerhalb der Zeit steht. Laura, die Frau, die wie Paula aussieht, aber ihr sonst in nichts ähnelt, könnte in einer wirklichen Geschichte durchaus ein echter Partner sein. Sie kümmert sich um die Kinder, sie schläft mit Paul, sie sorgt sich um sein Wohlergehen, und schließlich liebt sie ihn auch – auf ihre Weise, in spröder, lebenspraktischer, zupackender Art. Paul kommt damit nicht zurecht. All seine Bemühungen, mit Laura „unter normalen Bedingungen" zu leben, bleiben Stückwerk, brechen sich an Erinnerungen, an Verdächtigungen, und schließlich ist da sein Unfall, eine Querschnittslähmung als dessen Folge und damit der Ausweg, wieder ins Unwirkliche zu entweichen. Die ganze „Singer" kümmert sich um Paul, und jetzt tritt auch das ein, was Plenzdorf als eine Aufgabe bei der Wiederaufnahme des Stoffes beschrieben hatte, die „Relativierung" der Helden. So bemüht sich Collie, der Freund von Paula, von dem sie den ersten Jungen (und der sie betrogen) hatte, hilfreich um Paul, wird sein Freund, verschafft ihm einen besonders konstruierten Rollstuhl. Pauls Frau, die im Film als schön und dumm charakterisiert war, Paul mehrfach betrog, hat nun einen solchen fraulichen Reiz für ihn (Paul), daß der Querschnittsgelähmte wieder sexuell lieben kann. Und letztlich geschieht das größte Wunder: Nachdem Laura ihn im Rollstuhl zum Standesamt führte, verschwindet Paul ohne Krücken, ohne Rollstuhl.

Während die Märchen gewöhnlich mit dem Satz aufhören: „und lebten zufrieden und glücklich bis an ihr Lebensende", geht Plenzdorfs Version anders aus. Am Schluß ist alles offen, so daß sich nun erst die Doppeldeutigkeit des Titels erweist: Plenzdorf erzählt nicht die „Legende vom Glück ohne Ende", sondern das, was der Leser erfährt, ist eine „Legende vom Glück" – allerdings „ohne Ende". Mit Paul, Paula und Laura, von deren Schicksal „meine Person" Auskunft gibt, fragt Plenzdorf nach den Möglichkeiten individuellen Glücks, die – je nach der Befindlichkeit der Individuen – anders aussehen. Die Liebe von „Paulundpaula" war ein einmaliges außergewöhnliches Liebesglück ohne Dauer. Der querschnittsgelähmte Paul empfindet Glück, wenn er seine Gliedmaßen wieder bewegen kann. „Meine Person" und die ganze Singer waren glücklich, als Paul und Paula zusammenkamen, als Paul nach dem Unfall gefunden wurde, als er mit seinem Rollstuhl wieder durch Berlin fahren konnte. Und wenn Paul und Laura im Krankenhaus diskutierten, hieß es: „Pauls Meinung nach ist Glück ein ‚innerer Zustand' gewesen und kein äußerer."[26]

In seiner seltsamen Mischung von Alltag und Legende ist Plenzdorfs literarisches Werk, soweit es bisher vorliegt, ein Beitrag und ein Plädoyer für die Liebe, das Leben und das Glück. Es hat im Ensemble der DDR-Literatur seinen Platz – mit seinen unverwechselbaren Leistungen wie mit seinen Schwächen und Grenzen.

Kurzbiographie

Ulrich Plenzdorf wurde am 26. Oktober 1934 in Berlin-Kreuzberg geboren. Nach Abitur 1954 zunächst Studium des Marxismus-Leninismus am Franz-Mehring-Institut in Leipzig, dann 1955/58 Bühnenarbeiter bei der DEFA und 1958/59 Soldat in der Nationalen Volksarmee; 1959/63 Studium an der Filmhochschule Potsdam-Babelsberg, danach Szenarist und Dramaturg bei der DEFA. Plenzdorf lebt als freischaffender Schriftsteller in Berlin.
1971 Heinrich-Greif-Preis und Kunstpreis des FDGB, 1973 Heinrich-Mann-Preis, 1978 Ingeborg-Bachmann-Preis.

Michael Hähnel

Brigitte Reimann

„Es muß, es muß sie geben, die kluge Synthese zwischen Heute und Morgen, zwischen tristem Blockbau und heiter lebendiger Straße, zwischen dem Notwendigen und dem Schönen, und ich bin ihr auf der Spur, hochmütig und ach, wie oft, zaghaft, und eines Tages werde ich sie finden.“[1] Diesen Satz läßt Brigitte Reimann (1933–1973) Franziska Linkerhand im letzten, fragmentarischen Kapitel des gleichnamigen Romans sagen.

Franziska Linkerhand zieht Bilanz. Sie muß eine Entscheidung treffen, die es ihr ermöglicht, in der Gesellschaft wirksam zu werden, ohne persönliche Ansprüche zu verleugnen. Sie erlebt den Alltag in einer Industriestadt, die sich im Aufbau befindet. Erfahrungen mit dem Leben dort und in ihrer Arbeit im Baustab führen Franziska zu der Frage nach den Möglichkeiten des Individuums, sich unter konkreten sozialistischen Bedingungen selbst zu verwirklichen, Eigenes zur gesellschaftlichen Entwicklung beizutragen. Brigitte Reimann läßt ihre Hauptfigur Franziska fragen, wie sozialistische Ideale verwirklicht werden können. Dabei erkennt sie ihre persönlichen Grenzen, die durch objektive Bedingungen und ökonomische Zwänge („sozialistisch bauen – heißt ökonomisch bauen“) ebenso bestimmt werden wie durch ihre Individualität. Das relativiert ihren Absolutheitsanspruch. Sie sucht – ganz konkret in ihrer Arbeit als Architektin – nach der Synthese „zwischen dem Notwendigen und dem Schönen“. Die feststellbare Diskrepanz zwischen beiden bedeutet für sie nicht, auf Ideale zu verzichten oder gar sich widerstandslos dem alltäglichen Pragmatismus anzupassen und unterzuordnen. Franziska entwickelt eine realistische Sicht auf die gesellschaftliche Wirklichkeit, begreift, daß im Sozialismus nicht alles glatt geht, die Entwicklung durchaus kompliziert und widersprüchlich ist. Ein solches Verständnis gibt ihr Kraft, bei der Bewältigung der Alltagsprobleme nicht aufzugeben, weiter für die Durchsetzung der Ideale zu kämpfen. In ihr wächst das Begreifen, daß sie auch persönliche Niederlagen hinnehmen und auf die Erfüllung mancher Sehnsüchte und Wünsche verzichten muß. Sie stellt sich dem – vor allem beruflichen – Alltag, doch unter der Voraussetzung: „keinen faulen Frieden, keine Kompromisse, die du vor dir selbst entschuldigst damit, daß du endlich erwachsen bist, dich einzuordnen, wenn nicht unterzuordnen gelernt hast, wie es sich gehört für einen Menschen um die Dreißig".[2]

Unduldsamkeit, Bereitschaft, sich voll einzusetzen, und gleichzeitiges Bemühen, Verständnis für die widersprüchliche und komplizierte gesellschaftliche und individuelle Entwicklung zu gewinnen, zeichnen die literarische Franziska aus. Und diese Haltung ist die Brigitte Reimanns. Unschwer ist hinter der Figur Franziska Linkerhand die Autorin zu erkennen. Dieser Roman ist ihr wichtigstes und zugleich wohl persönlichstes Buch. Zehn Jahre hat sie an ihm geschrieben, ohne es vollenden zu können. Das Buch erschien 1974 – ein Jahr nach ihrem Tod. Unter welchen schwierigen Umständen es entstanden ist, belegen die 1983 veröffentlichten Briefe und Tagebücher.[3] Sie bestätigen auch die Übereinstimmung von Autorenposition und Figurenhaltung.

Ebenfalls an Franziska Linkerhand wird man erinnert, erfährt man, wie Helmut Sakowski in seiner Trauerrede Brigitte Reimann charakterisiert hat: „Sie sorgte für Überraschung, auch Aufregung mit den Geschichten, die sie vorlas, oder mit den Gedanken, die sie ungeniert äußerte, sie zwang jeden zur Auseinandersetzung, sie haßte Dummheit und Halbheit, die Phrase, sie war unbedingt, in allem, was sie tat; sie wollte der Wahrheit auf den Grund, manchmal verrannte sie sich oder verirrte sich auch – sie kehrte nicht gern um. Wir sprachen oder stritten nächtelang, oft bis zum Morgen [...] – wir waren jung –, sie vertrug ein Glas, prost, du sollst leben, Brigitte! Sie tanzte damals so gern, sie lebte heftig, schrieb einer ihrer Freunde, das mag wahr sein. Sie lebte leidenschaftlich [...], auskosten die Zeit, die einem bleibt, alles ganz tun, so hatte sie wohl schon immer gelebt und mit gleicher Leidenschaft auch gearbeitet."[4] Und Brigitte Reimann schrieb: „Das Buch muß fertig werden, das enthält wenigstens eine Spur dessen, was ich zu sagen habe, ist andeutungsweise Selbstanalyse."[5]

Brigitte Reimann hatte, wie ihr Werk, Selbstaussagen und Aussagen der Freunde bestätigen, ein inniges Verhältnis zum Leben. Sie besaß die Fähigkeit, Vorgänge um sie herum genau zu registrieren, und entwickelte ein Gespür für neue Fragestellungen, die sich aus der gesellschaftlichen Entwicklung ergaben. Ihre Werke haben einen engen Bezug zu ihren persönlichen Erlebnissen und Erfahrungen. Insofern markiert jedes ihrer Bücher einen konkreten Entwicklungsstand, gibt Auskunft über Veränderungen in ihrer Sicht auf die gesellschaftliche Wirklichkeit. Überblickt man ihr gesamtes Werk, stellt man fest, daß sie sich kontinuierlich an „Franziska Linkerhand" gewissermaßen herangeschrieben hat. Mängel in der Gestaltung, die in früheren Werken erkennbar sind, kann man jedoch nicht nur auf die persönliche Unreife der Autorin zurückführen. Brigitte Reimann – und nicht nur sie – war geprägt von den Anschauungen ihrer Zeit. Persönliches und Gesellschaftliches beeinflußten naturgemäß ihre literarische Arbeit.

Da sie ein Mensch war, der „leidenschaftlich lebte", blieben ihre schwere Enttäuschungen nicht erspart. Den Briefen und Tagebüchern ist zu entnehmen, daß sie oft zwischen Euphorie und Depression schwankte. Sie wollte sich durchsetzen, wollte ihre Selbständigkeit behaupten und hatte dabei gleichzeitig ein großes Anlehnungsbedürfnis. Sie hatte Angst vor der Einsamkeit, brauchte aber das Alleinsein, um arbeiten zu können. Ihre Fähigkeit, sich selbst ehrlich einzuschätzen, bewahrte sie davor, in Selbstmitleid zu versinken. Halt fand sie immer wieder am Schreiben. „[...] glücklich würde ich nie sein, schon gar nicht mit einem Mann oder durch ihn, und das sei gut so: genau diese Sorte Einsamkeit oder Bitterkeit, die ich jetzt erfahre, würde meiner Arbeit zugute kommen. Was für ein Beruf! Aus dem ganzen Jammer macht man ein paar Seiten anständigen Textes."[6] – Die Arbeit am Roman *„Franziska Linkerhand"* der „andeutungsweise Selbstanalyse" werden sollte, wurde durch verschiedene Faktoren erschwert. Einmal waren sie persönlicher Natur. Zum anderen gab es aber auch gesellschaftliche Ursachen. Als Brigitte Reimann 1963 den Roman begann, deuteten sich Veränderungen in der Gesellschaft und damit in der Literatur an, die vom VIII. Parteitag der Sozialistischen Einheitspartei Deutschlands 1971 analysiert wurden und zu Korrekturen in der Vorstellung von der entwickelten sozialistischen Gesellschaft führten. Mit „Franziska Linkerhand" hat Brigitte Reimann wesentlich dazu beigetragen, durch genaue Erkundung der gesellschaftlichen Wirklichkeit, Veränderungen im gesellschaftlichen Selbstverständnis vorzubereiten. Für sie bedeutete das, sich mit kulturpolitischen Orientierungen auseinanderzusetzen, durch die die Differenziertheit und Widersprüchlichkeit der gesellschaftlichen Entwicklung bislang unzureichend berücksichtigt worden waren. So beklagte sie den Mangel an Verständnis für die künstlerische Subjektivität. 1963 betonte sie, wie wichtig der Kontakt zu Arbeitern für sie sei, „trotzdem, die Produktion ist nun einmal nicht mein Thema, das spüre ich immer deutlicher, und das bedeutet keineswegs Einschränkung oder Abwertung oder gar arrogante Abkehr von Leuten hier bei uns im Kombinat. Ich ärgere mich immer über Kritiker, die vom Schriftsteller verlangen, er müsse nun den nächsten Schritt tun und sich dem großen Thema X oder Y zuwenden. Aber Schriftsteller haben auch so etwas wie Herkunft, Charakter, Gefühle, Neigungen, die sie zu einem Thema verpflichten, dessen Grundmotiv bis ans Lebensende durch ihre Arbeit gehen kann".[7] Sie äußerte damit eine Auffassung, die auch von anderen Schriftstellern geteilt wurde. Ein Vergleich mit Franz Fühmanns Position im „Brief an den Minister" (1964) bietet sich an. Fühmann schrieb: „Wir sprechen oft und mit Recht davon, daß der soziale und der persönliche Auftrag zusammenfallen muß, wenn ein Kunstwerk entstehen soll. Der soziale Auftrag nun ist in den letzten Jahren sehr oft formuliert und leidenschaftlich verfochten worden: Es ist das, was wir mit einer Formel (die nicht zu lieben ich eingestehe) den Bitterfelder Weg nennen. Wie aber steht es mit dem persönlichen Auftrag? Ich glaube, daß jeder Schriftsteller sich immer wieder besinnen müßte, welche Themen, Stoffe und Genres ihm nach Maßgabe seiner Fähigkeiten, seines Talents, seiner Herkunft und seines Lebensweges am gemäßesten sind und wo er mit seinen spezifischen Ausdrucksmitteln das Beste und Qualifizierteste zu leisten vermag."[8]

Die Übereinstimmung der Gedanken von zwei völlig verschiedenen Schriftstellern, die sich persönlich kaum kannten, zu etwa dem gleichen Zeitpunkt deutet darauf hin, daß die Anerkennung der künstlerischen Subjektivität, durch die eine Weite und Vielfalt in der Literatur möglich wird, tatsächlich ein Problem war, dessen Ursachen in der gesellschaftlichen Entwicklung lagen. Brigitte Reimann bekannte sich zu dem ihr eigenen mit dem Roman „Franziska Linkerhand".

Für Brigitte Reimanns persönliche Entwicklung spielte eine entscheidende Rolle, daß sie aus dem Kleinbürgertum kam. Sie wurde 1933 in Burg bei Magdeburg geboren. Ihr Vater war Journalist. Nach dem Krieg legte sie das Abitur ab und arbeitete dann kurze Zeit als Lehrerin. 1953 schloß sie sich der im selben Jahr gegründeten Arbeitsgemeinschaft junger Autoren in Magdeburg an. Beharrlich arbeitete sie daran, als Schriftstellerin Erfolg zu haben. Mit Hilfe der Arbeitsgemeinschaft, zu der neben anderen auch Helmut Sakowski gehörte, gelang es ihr, in neue Erfahrungsbereiche einzudringen. Die oftmals heftigen Diskussionen waren wichtig für sie, für ihren Versuch, sich literarisch zu profilieren, einen eigenen Weg zu finden. Die Identifizierung mit der damals jungen DDR verband sich bei ihr mit einer rigorosen Abgrenzung von ihrer Kindheit in kleinbürgerlichen Verhältnissen. Aus dem Roman „Franziska Linkerhand" ist in diesem Zusammenhang eine Stelle aufschlußreich: „Wir hatten aber nicht nur die alten, zweifelhaft gewordenen Lebensumstände aufgegeben, sondern auch ihre Ideale, ihre Haltung, du verstehst mich [...]? Wollten wir mit unserem Eifer die anderen überzeugen? Das ist nur halbwahr. Wir waren Renegaten [...]. Weißt du, was ich heute darüber denke? Wir mußten uns selbst immer wieder bestätigen, daß wir richtig gewählt hatten, daß wir übergelaufen waren in die schönste aller Welten – sie mußte vollkommen sein, wir durften uns nicht geirrt haben."[9]

Zwei Aspekte sind hier beachtenswert: Erstens die – im Roman natürlich bewußt so dargestellte – übertriebene Vorstellung von den Möglichkeiten des Sozialismus, in relativ kurzer Zeit grundlegende Veränderungen durch die totale Ablehnung des Überlieferten möglich zu machen. In der Literatur zeigte sich das in einer teilweise undifferenzierten Figurengestaltung und in dem Bemühen, unter allen Umständen eine Lösung im Sinne der progressiven gesellschaftlichen Entwicklung herbeizuführen.

Und zweitens hat diese Haltung, und das ist als positiv hervorzuheben, tatsächlich durchaus dazu geführt, in immer neue Lebensbereiche einzudringen, sich sachkundig zu machen. Das brachte bei Brigitte Reimann und anderen eine immer größer werdende Souveränität bei der künstlerischen Erkundung der Gegenwart mit sich.

In ihren ersten schriftstellerischen Arbeiten („Der Tod der schönen Helena", 1955, „Die Frau am Pranger", 1956, „Kinder von Hellas", 1956) verarbeitete Brigitte Reimann Stoffe, die sich aus aktuellen Auseinandersetzungen mit dem Faschismus und dem internationalen Freiheitskampf ergaben. Aufmerksam auf sich machte sie vor allem mit der Erzählung *„Die Frau am Pranger"*. Diese Erzählung ist eine Liebesgeschichte. In den letzten Kriegsjahren lernt die deutsche Bäuerin Kathrin den sowjetischen Zwangsarbeiter Alexej kennen. Ihr Mann Heinrich kämpft als Angehöriger der deutschen Wehrmacht an der Ostfront. Die Ehe mit ihm war in erster Linie aus ökonomischen Gründen geschlossen worden. Die empfindsame Frau hat kaum Zärtlichkeit kennengelernt. Sie wird von ihrem Mann als Magd und im Grunde als Sexualobjekt benutzt. Die Atmosphäre im Dorf wird durch „Russenhaß" und die Rechtfertigung des Überfalls auf die Sowjetunion bestimmt. Durch ihre tiefe Beziehung zu dem Zwangsarbeiter Alexej kommt in Kathrin fast verschüttete wirkliche Menschlichkeit wieder hoch. Kathrin gelangt zu einer Ablehnung des Faschismus nicht durch Einsichten in gesellschaftliche Zusammenhänge, sondern durch diese Liebe, die von ihr Kraft verlangt und die ihr Kraft verleiht. Sie muß mit den Normen brechen. Das hieß in der damaligen Situation, das Leben als Einsatz zu geben. Kathrin wächst über sich selbst hinaus. Sie steht zu ihrer Liebe, die ihrem Leben einen Sinn gegeben hat. Alexej wird nach der Entdeckung ihrer Beziehung in ein Lager transportiert, in dem er umkommt. Kathrin wird an den Pranger gestellt, kommt dann in ein Zuchthaus, wo ihr Kind von Alexej geboren wird. Nach der Befreiung vom Faschismus geht sie in ihr Dorf zurück. Ein neuer Anfang wird möglich.

Man kann dieses Buch nicht als eine Auseinandersetzung mit dem Faschismus werten. Es ist eine Liebesgeschichte, die sich unter extremen Bedingungen abspielt. Der Faschismus ist für die Autorin notwendiger Hintergrund, um Haltungen zu zeigen. Sie selbst vergleicht sich mit Kathrin: „Auch die Kathrin ist ein Stück von mir – ich bin innerlich sehr unsicher und hilflos und suche das durch Koketterie und übersteigertes Selbstbewußtsein zu verdecken, um mich bestätigt zu finden. Ein tadelndes Wort, eine abfällige Bemerkung können mich tagelang ganz krank machen. Kathrins Wandlung ist mein eigener Wunsch, mich zu festigen, innere Reife zu erlangen, mutiger zu werden."[10]

Es geht ihr also um die Suche nach einem Vorbild. Das konnte sie Mitte der fünfziger Jahre nur unter jenen finden, die sich dem Faschismus widersetzten. Daraus ergeben sich fast zwangsläufig Schwächen in der Figurengestaltung. Der Bauer Heinrich, seine Schwester, der Ortsbauernführer und andere werden als Gegenspieler Kathrins und Alexejs undifferenziert als Vertreter des Unmenschlichen dargestellt. An dem Buch besticht jedoch, mit welchem Einfühlungsvermögen die erst dreiundzwanzigjährige Autorin von der Liebe zwischen Kathrin und Alexej erzählt. Der Kampf um persönliches Glück wird zum Plädoyer für gesellschaftliche Bedingungen, die dem Individuum eine allseitige Erfüllung erlauben.

Die nächste Etappe in der künstlerischen Entwicklung Brigitte Reimanns markiert die Erzählung *„Ankunft im Alltag"* (1961). Sie ist das Ergebnis erster Eindrücke der Autorin von der materiellen Produktion. 1960 war sie zusammen mit ihrem zweiten Mann, dem Schriftsteller Siegfried Pitschmann, nach Hoyerswerda gegangen, um Beziehungen zum Kombinat „Schwarze Pumpe" aufzunehmen. Die Entscheidung der beiden Schriftsteller wurde durch die I. Bitterfelder Konferenz 1959 beeinflußt. Künstler waren aufgefordert worden, sich an die Basis zu begeben, dort die entscheidenden gesellschaftlichen Veränderungen mitzuerleben. Brigitte Reimann arbeitete einmal in der Woche in einer Brigade. Außerdem hatte sie die Aufgabe, kulturelle Veranstaltungen durchzuführen und einen Zirkel schreibender Arbeiter zu leiten. Die Bewegung, die unter der Bezeichnung Bitterfelder Weg in die Literaturgeschichte eingegangen ist, erhielt auf der II. Bitterfelder Konferenz 1964 eine Präzisierung.

Zweifellos sind mit dem „Bitterfelder Weg" einseitige Vorstellungen von den Möglichkeiten der Literatur und von den Problemen des künstlerischen Schaffensprozesses verbunden gewesen. Unter anderem erwies sich die Forderung, Künstler sollten die Sicht der Planer und Leiter annehmen, als hemmend bei der künstlerischen Erkundung der sozialistischen Wirklichkeit. Eine notwendige Weite und Vielfalt in der sozialistischen Literatur konnte sich so kaum entwickeln. Hier setzte auch die bereits angesprochene Kritik von Brigitte Reimann und Franz

Fühmann ein, als sie forderten, der Subjektivität des Schriftstellers mehr Raum zu lassen.

Es wäre jedoch zu einfach, den „Bitterfelder Weg“ nur als Kampagne zu sehen. Dem widerspricht unter anderem auch die Begeisterung, mit der Brigitte Reimann und andere Autoren, beispielsweise Helmut Sakowski, Horst Salomon und Werner Bräunig, sich der neuen Aufgabe widmeten. Die Verbindung von Arbeiterklasse und Kunst vor Ort gab der Literatur viele Impulse, regte an, beispielsweise genauer Lebensweise und Bedürfnisse der Arbeiter zu betrachten.

Der direkte Kontakt mit der Produktion veränderte durchaus die Sichtweise vieler Autoren. An Annemarie Auer schrieb Brigitte Reimann:

„Du hast mich nur im Zauberberg kennengelernt oder, wenn Du so willst, im Hörselberg. Es war der Ferien-Feuerzauber, und wenn Du mich hier sähest in meinem verdammten geliebten Kombinat, so wärst Du [. . .] über meine Wandlungsfähigkeit erstaunt. Übrigens ist das nicht meine Basis-Maske, sondern meine natürliche Haut. Hierher gehöre ich, trotz allem und allem, hier sind meine Pflichten, ich habe mich wieder engagiert und bin glücklich auf eine Art, die nichts mit der überdrehten Lustigkeit im Heim zu tun hat. Wie soll ich Dir erklären? Ich bin wieder mittendrin in den schlichten und bewegenden Problemen eines großen Betriebes, und manches, was wir im Heim mit so viel Leidenschaft diskutierten, kommt mir hier ein bißchen komisch vor.“[11]

Die Berührung mit den „schlichten und bewegenden Problemen“ hat Brigitte Reimann wesentlich geprägt. Allerdings interessierte sie sich mehr für die Lebensbedingungen der Werktätigen als für den Produktionsprozeß. So beobachtete sie, wie sich Wohnverhältnisse und Freizeitgewohnheiten auf das Verhalten auswirkten. Mit der Erzählung „Ankunft im Alltag“ wollte Brigitte Reimann Menschen ansprechen, wie sie sie aus ihrer Arbeit im Kombinat kannte. Dort las sie auch aus dem Manuskript und registrierte genau die Reaktion der Arbeiter. Es sollte ein Buch werden, in dem die Arbeiter sich und ihre Probleme wiedererkennen. Bestätigung von Lesern brauchte sie. Oft zweifelte sie an ihrem Talent, war unzufrieden mit ihrer Arbeit. Sicher spielt in diesem Zusammenhang auch eine Rolle, daß Brigitte Reimann schnell und viel geschrieben hat.

Von 1956 bis 1963 veröffentlichte sie fünf Bücher, schrieb mit ihrem Mann zusammen zwei Hörspiele und arbeitete an Film- bzw. Fernsehszenarien. Der eigenen Unzufriedenheit stand entgegen, daß ihre Bücher gern gelesen wurden. Viele Leser teilten ihr mit, aus ihren Büchern Hilfe bei der Bewältigung von Lebensproblemen erhalten zu haben. Die umfangreiche Produktion literarischer Werke hat nicht nur subjektive Gründe, war doch Ende der fünfziger bis Anfang der sechziger Jahre die Auffassung verbreitet, Literatur müsse sofort auf aktuelle Ereignisse reagieren, um so das Verhalten der Leser beeinflussen zu können.

In „*Ankunft im Alltag*" erzählt Brigitte Reimann die Geschichte von drei Abiturienten, die vor Aufnahme eines Studiums für ein Jahr in der Produktion arbeiten. Recha, Curt und Nikolaus unterscheiden sich nicht nur durch ihre soziale Herkunft, sie haben auch unterschiedliche, teils gegensätzliche Haltungen zur produktiven Arbeit. Recha reizt es, Neues kennenzulernen. Curt wurde von seinem Vater, einem ehemaligen Widerstandskämpfer, jetzt Betriebsdirektor, gedrängt, in die Produktion zu gehen. Nikolaus empfindet es als Verpflichtung. Die Beziehungen der drei zueinander entsprechen dem Muster eines Dreieckskonflikts. Die Liebesgeschichte bildet das Zentrum der Erzählung. Recha hat sich zwischen dem selbstsicheren, erfolgsgewohnten, egoistischen Curt, dessen lockerer Lebenswandel durchaus faszinierend auf sie wirkt, und dem scheinbar langweiligen, aber sensiblen und künstlerisch begabten, zuverlässigen Nikolaus zu entscheiden. Die entgegengesetzten Haltungen der beiden Jungen stehen für unterschiedliche Wertvorstellungen. Rechas Entscheidung für Nikolaus ist eine Entscheidung für das Engagement beim sozialistischen Aufbau.

Motor und gleichzeitig ruhender Pol der Brigade, in der die drei Abiturienten arbeiten, ist Meister Hamann. Die Autorin hat ihn mit großer Sympathie gestaltet. Er besitzt alle Vorzüge eines vorbildlichen Arbeiters. Er kann auch der schwankenden Recha Halt geben. Vorbild für Meister Hamann war der Meister aus Brigitte Reimanns Brigade. In den Briefen und Tagebüchern schwärmt sie von ihm. Ihr eigenes Anlehnungsbedürfnis an eine starke Persönlichkeit kommt hier wieder zum Ausdruck. Meister Hamann entsprach der Vorstellung von einem positiven Helden, der in der Lage ist, die Probleme in seinem Bereich zu lösen, das Kollektiv mitzureißen. Die Entscheidung der literarischen Figur Recha für Nikolaus ist von der Atmosphäre in der Brigade gefördert worden.

Vereinfachungen in den Innenräumen sind nicht zu übersehen. Der Glaube an die Allmacht der kollektiven Erziehung verhindert, Konflikte in ihrer ganzen Tragweite durchzuspielen. Entscheidungen erfolgen durch äußere Einflüsse, weniger durch eine innere Auseinandersetzung der Figuren. Curt läßt am Schluß erkennen, daß er sein falsches Verhalten eingesehen hat. Motiviert ist diese Wandlung nicht. Noch unverständlicher ist die Wandlung Erwins, eines Jungen, der im Heim lebt, eine geringe Bildung hat, nichts mit seiner Freizeit anzufangen weiß, der bummelt und schlecht arbeitet. Durch das Eingreifen der Brigade, kollektive Aussprache, wird er auf den „richtigen Weg" gebracht. Erwin ist ein Objekt der Erziehung. Seine eigene Aktivität wird kaum gefordert.

Das Buch fand zu seiner Zeit eine große Resonanz. Brigitte Reimann wurde mit dem FDGB-Literaturpreis ausgezeichnet. Neu war die Behandlung der Bewährung junger Leute in der Produktion. Der Titel der Erzählung wurde deshalb zur Bezeichnung einer Richtung in der Literatur gewählt – *Ankunftsliteratur.* Ankunft hieß, sich durch Taten für den Sozialismus zu entscheiden, kleinbürgerliche Verhaltensweisen zu überwinden. Die Liebesgeschichte, die Brigitte Reimann vorlegte, ist verbunden mit einer Diskussion über Werte im Leben. Hier liegt auch die Bedeutung der Erzählung. Auch Liebe kann letztlich nicht losgelöst von gesellschaftlichen Bedingungen existieren.

Vergleicht man „Ankunft im Alltag" mit „Die Frau am Pranger", so werden die unterschiedlichen Voraussetzungen der beiden Frauen, Recha und Kathrin, deutlich. Kathrin mußte sich gegen die Gesellschaft stellen, wollte sie nicht auf Liebesglück verzichten. Eine Alternative gab es nicht. Recha kann wählen. Ihr Liebesglück allerdings ist mit gesellschaftlichen Entscheidungsmomenten verknüpft.

Interessant ist, daß in „Ankunft im Alltag" bereits Fragen aufgeworfen werden, die Brigitte Reimann in „Franziska Linkerhand" tiefgründiger wieder aufgreifen wird. Was machen die Leute nach der Arbeit? Welche Möglichkeiten zur Kommunikation gibt es? Außerdem will Recha Architektin werden, um Häuser zu bauen, in denen menschenwürdige Zustände herrschen.

Brigitte Reimann sieht, welche Leistungen in der Produktion vollbracht werden. Sie bewundert die Ergebnisse des wissenschaftlich-technischen Fortschritts. Doch welche Auswirkungen hat er auf die Lebensweise? Wie fühlen sich die Menschen? Das sind Fragen, die sich ihr auch auf einer Sibirienreise stellen. 1965 wurde das Tagebuch dieser Reise unter dem Titel *„Das grüne Licht der Steppen“* veröffentlicht.

In Nowosibirsk findet sie bemerkenswert, daß die Frage, was der Mensch in seiner Freizeit tut, im Forschungsprogramm junger Soziologen stehen soll. „Was hat man eigentlich vom Leben?, und ob man Sehnsüchte steuern kann und warum einem manchmal die Decke auf den Kopf fällt und ob Genießen erlernbar ist wie das Produzieren und warum sich nette Jungs aus der Nachbarschaft aufs Automatenknacken verlegt haben [...]. Langeweile ist nur ein Symptom, man muß den Herd aufspüren [...].“[12]

Zur Zeit der Sibirienreise arbeitete sie bereits an „Franziska Linkerhand“. Die Eindrücke von der Sowjetunionreise flossen in den Roman ein. Vorher hatte sie ein Buch vollendet, das innerhalb ihres Schaffens durch eine neue Qualität gekennzeichnet ist. Es ist die Erzählung *„Die Geschwister“*, für die sie 1965 den Heinrich-Mann-Preis der Akademie der Künste der DDR erhielt.

Aus der Perspektive der jungen Malerin Elisabeth erzählt Brigitte Reimann hier die Geschichte einer verhinderten Republikflucht. Das Thema berührte sie persönlich, ihr Bruder hatte 1960 die DDR verlassen. Ihre Reaktion darauf: „Spüre zum erstenmal schmerzlich – und nicht nur mit dem Verstand – die Tragödie unserer zwei Deutschland. Die zerrissene Familie, das Gegeneinander von Bruder und Schwester – welch ein literarisches Thema! Warum wird es von keinem gestaltet, warum schreibt niemand ein gültiges Buch? Furcht, Unvermögen?“[13]

Die Zeit war gekommen, sich literarisch mit dieser Problematik auseinanderzusetzen, die viele Bürger der DDR bewegte. Etwa gleichzeitig wie Brigitte Reimanns Erzählung erschien von Christa Wolf „Der geteilte Himmel“. Christa Wolfs Erzählung über das Problem der Republikflucht löste eine breite Diskussion, ein heftiges Für und Wider aus. Brigitte Reimann hatte sich schon früher zusammen mit Siegfried Pitschmann diesem Thema zugewandt.

Es entstand das Hörspiel *„Ein Mann steht vor der Tür"* (1960). Dieser Mann war wegen Unstimmigkeiten im Betrieb in die BRD gegangen. Zurück ließ er seine Freundin, die durch ihn erst zur Selbständigkeit gefunden hatte. Sie versteht seine Entscheidung nicht. In der BRD mußte der Mann erfahren, daß seine Republikflucht nicht einfach mit einem Wechsel des Wohnsitzes gleichzusetzen war. Er brachte in die BRD seine Vorstellungen vom Zusammenleben der Menschen mit und mußte so scheitern. Er kehrt in die DDR zurück.

Mit der Erzählung *„Die Geschwister"* wollte Brigitte Reimann eine Geschichte schreiben, „wie sie rechtens hätte laufen müssen und in Wirklichkeit eben nicht lief".[14] Elisabeths Bruder Uli, Diplom-Ingenieur, fühlt sich ungerecht behandelt – wie der Mann aus dem Hörspiel. Seine berufliche Entwicklung stagnierte. Zum Sozialismus hat er ein ausgesprochen rationales Verhältnis. Als Angehöriger der Intelligenz empfindet er auch eine gewisse Überheblichkeit gegenüber den anderen. In der BRD erhofft er sich bessere Möglichkeiten, als Fachmann anerkannt zu werden. Außerdem faszinieren ihn die technischen Leistungen in den kapitalistischen Ländern. Elisabeth ist aus zwei Gründen von Ulis Absicht betroffen. Sie liebt ihren Bruder in besonderem Maße, und sie hat andererseits eine enge emotionale Bindung zu diesem Staat. Republikflucht des ihr nahestehenden Menschen ist für sie Verrat. Hinzu kommt, daß ihr zweiter Bruder bereits in die BRD gegangen ist.

Brigitte Reimann erzählt auf mehreren Ebenen, die ineinander übergehen. Die Auseinandersetzung mit Uli wird durch Erinnerungen unterbrochen. Haltung und Gefühle Elisabeths werden auf diese Weise tiefer ausgelotet. Für Elisabeth bedeutet der Kampf um den Bruder die Überprüfung der eigenen Haltung. Viele Probleme des sozialistischen Alltags werden benannt. Ein Bild des kleinbürgerlichen Elternhauses entsteht. Die Herkunft erschwerte den Kindern die berufliche Entwicklung. Als Beispiel berichtet Elisabeth von ihren Erfahrungen im Betrieb, mit dem sie einen Vertrag hat. Sie war das Opfer der Intrige eines älteren Kollegen geworden, der sich vor allem in der Weimarer Zeit Verdienste erworben hatte. Ihre Auseinandersetzung mit ihm war prinzipieller Art. Unterschiedliche

Kunstauffassungen trafen aufeinander. Elisabeth setzte sich für neue Wege der künstlerischen Gestaltung der Arbeiterklasse ein. Der Konflikt wurde durch das Eingreifen des Parteisekretärs Bergemann gelöst.

Berechtigt ist der Hinweis des Bruders, daß er keinen Bergemann habe. Die Konfliktlösung erfolgt also bei ihr „von oben“, durch einen einsichtigen Funktionär. Der Eindruck von Vereinfachung stellt sich hier nicht ein. Elisabeth behandelt mit ihrem Beispiel die Frage nach dem gegenseitigen Vertrauen. Auf der einen Seite das Recht des einzelnen auf Vertrauen. Sein Recht, Fragen zu stellen, Zweifel über die Richtigkeit von Entscheidungen zu äußern. Auf der anderen Seite Vertrauen zu den Staats- und Parteifunktionären. Uli fordert, ohne bereit zu sein, die eigene Haltung zu überdenken. Und, wenn er von der Richtigkeit seiner Meinung überzeugt ist, kämpft er nicht. Uli hat resigniert.

Brigitte Reimann läßt Elisabeth die sozialistische Wirklichkeit in ihrer Widersprüchlichkeit betrachten. Ihre enge Beziehung zum sozialistischen Staat gerät nicht ins Wanken. Mit Hilfe ihres Freundes gelingt es ihr, Uli zum Bleiben zu bewegen.

Elisabeths Unbeirrbarkeit und Tatkraft findet man bei Franziska Linkerhand wieder. Ein weiteres Motiv greift Brigitte Reimann in ihrem Roman wieder auf, das der Bruderliebe. Der Bruder ist für sie der Beschützer. Selbstfindung ist zugleich verbunden mit einer Lösung von dieser Bruderfigur. In *„Franziska Linkerhand“* wird das Bild vom Bruder auf die Figur des Ben übertragen.

Brigitte Reimann hat in der Erzählung „Die Geschwister“ nicht nur ihre Erfahrungen mit der Republikflucht des Bruders verarbeitet. In den Tagebüchern und Briefen reflektiert sie oft über ihre Beziehung zur SED. Sie selbst war parteilos. Was aber nicht hieß, daß sie nicht oder weniger Stellung bezog. Sie machte es sich nie bequem, setzte sich offen mit Problemen und Konflikten auseinander. Sie fand Funktionäre, die ihr mit Verständnis begegneten, ihr halfen. Das waren wichtige Erfahrungen. Ihre Stellung zur Partei der Arbeiterklasse kann als produktives Spannungsverhältnis bezeichnet werden. „Mir scheint, daß mein Verhältnis zur Partei zuweilen das eines Jugendlichen zu einem strengen Vater ist, gegen den man in ständiger Auflehnung lebt, der alles besser weiß – am ärgerlichsten ist, daß er meistens recht hat, aber man möchte doch, bitte schön, seine Erfahrungen selbst machen –, man spielt ihm Streiche, um hinter seinem Rücken die Zunge rauszustrecken, und dabei wartet man die ganze Zeit darauf, daß er einem für die gelungene Arbeit einen freundlichen Klaps auf den Hinterkopf gibt und sagt: Das hast du gut gemacht [. . .]. Ich glaube auch, daß die meisten von uns eine so heftige wie schüchterne Bereitschaft mitbringen, zu lieben und zu verehren. Dem Absoluten aber, dem Vollkommenen oder scheinbar Vollkommenen gegenüber sind sie skeptisch – obgleich wir doch unseren gewählten Vorbildern und Freunden nichts mehr wünschen als Vollkommenheit."[15] Das ist eine Verteidigung ihrer Subjektivität und gleichzeitig ein Ausdruck des Vertrauens. Sie machte diese Äußerung 1969, als sie schon längst einen eigenen Weg in der Literatur gefunden hatte.

Ende der sechziger Jahre siedelte Brigitte Reimann nach Neubrandenburg über. In dem kleinen Neubrandenburger Bezirksverband fand sie Kollektivgeist, auf den sie angewiesen war. Zunehmend machten sich die Auswirkungen ihrer Krankheit bemerkbar. Sie arbeitete weiter an dem Roman „Franziska Linkerhand". Die Arbeit wurde ihr zum entscheidenden Lebensinhalt. 1972 schrieb sie: „Wissen Sie, ich bin gar nicht so tapfer, wie ich mir und aller Welt vormache, aber ich glaube, die Hauptsache, um den Kopf oben zu behalten, ist, daß man einen wirklich tiefen Grund zum Leben hat – und das ist eben, jetzt vor allem anderen, mein Buch."[16] Sie beschäftigte sich intensiv mit Fragen der Architektur, unterhielt einen Briefwechsel mit Hermann Henselmann, einem in der DDR führenden Architekten.

Brigitte Reimann hat in den zehn Jahren Arbeit die Konzeption des „Franziska"-Romans verändert, verschiedene Varianten ausprobiert. Sie hat sich für eine Form entschieden, in der Reflexion und Bericht einander abwechseln, teilweise ineinander übegehen. Dadurch wird Distanz zur Hauptfigur geschaffen, werden individuelle Erfahrungen objektiviert. Franziska Linkerhand analysiert sich, beobachtet die Umwelt, um eine Antwort auf die Frage zu finden: Wer bin ich? – Sie hatte Träume und Vorstellungen vom Leben, die sich nicht erfüllten. Zunehmend stieß sie mit ihren Ansprüchen und ihrem

Tatendrang auf Widerstände. Der scheinbar glatte, vorherbestimmte Weg erwies sich als kompliziert. Sie geht als Architektin nach Neustadt und muß erfahren, wie sich ökonomische Zwänge nachteilig auf das Leben der Einwohner auswirken. Ein unbeschönigtes Bild vom Leben in dieser Stadt ist entstanden. Menschen, die mit ihrer Freiheit nichts anzufangen wissen, die trinken, randalieren, teilweise gleichgültig geworden sind, Menschen, die doch eigentlich Ansprüche hatten. Dennoch wirkt dieses Bild nicht trostlos oder gar deprimierend. Franziska macht eine Art Bestandsaufnahme, um zu erfahren, wo Veränderungen möglich sind. Denn die grundsätzlichen Bedingungen für Veränderungen sind vorhanden.

Brigitte Reimanns Leben und Werk enthalten viele Widersprüche. Und natürlich ist ihre Bedeutung als Schriftstellerin nicht nur auf den Roman „Franziska Linkerhand“ zu beschränken. Dieser Roman ist ein Höhepunkt in ihrem persönlichen Schaffen und in der DDR-Literatur, er wäre aber undenkbar auch ohne ihre anderen Bücher.

Kurzbiographie

Brigitte Reimann wurde am 21. Juli 1933 in Burg bei Magdeburg geboren. Ihr Vater war Journalist. Nach dem Abitur 1951 zwei Jahre als Lehrerin, dann in verschiedenen Berufen tätig. 1953 Mitglied der »Arbeitsgemeinschaft Junger Autoren“ in Magdeburg, 1956 Aufnahme in den Schriftstellerverband; Anfang 1960 Übersiedlung nach Hoyerswerda (Arbeitsvertrag mit dem Kombinat „Schwarze Pumpe“), 1963 Wahl in den Vorstand des Schriftstellerverbandes, 1964 Sibirienreise; 1968 Umzug nach Neubrandenburg. Am 20. Februar 1973 verstarb Brigitte Reimann in Berlin-Buch nach langer schwerer Krankheit.
Zweimal Literaturpreis des FDGB: 1961 (zus. mit Siegfried Pitschmann) für die Hörspiele „Ein Mann steht vor der Tür“ und „Sieben Scheffel Salz“, 1962 für „Ankunft im Alltag“; 1965 Heinrich-Mann-Preis der Akademie der Künste der DDR.

Christel Berger

Helmut H. Schulz

Allmählich, langsamer und später als viele seiner Altersgefährten setzte sich Helmut H. Schulz (geb. 1931) in der literarischen Öffentlichkeit unseres Landes durch. Die scheinbare Verschiedenartigkeit seiner Bücher in bezug auf Stoffwahl und Machart wie das Eigenwillige seines Werks im Vergleich mit den jeweiligen aktuellen ‚Bestsellern' mögen Gründe dafür sein. – Hartnäckig und geduldig hat er das ihm Gemäße gesucht, probiert und qualifiziert. Seit Mitte der siebziger Jahre, spätestens seit Erscheinen der Erzählungen des Bandes „Spätsommer" (1979) und den Romanen „Das Erbe" (1981) und „Dame in Weiß" (1982) sind Stimme und Leistung dieses Erzählers unüberhörbar und dabei zugleich umstritten.

Jedes dieser Bücher wurde begrüßt als Anregung für neues und verändertes Sehen uns umgebender Wirklichkeit oder als Beweis des Machbaren von eigentlich nicht für möglich Gehaltenem, und dennoch gab es sehr unterschiedliche, teilweise gegensätzliche Urteile. Auch hierfür liegt ein Grund in der Eigenart der ästhetischen Position des Autors. Er bekennt sich ausdrücklich zum Realismus, nennt sich einen „nüchternen" oder „sachlichen" Beobachter, einen „Anhänger von Tatsachen".[1] Er bevorzugt soziale und historische Motivierungen, möglichst detailliert und genau, und er äußert Skepsis gegenüber der Überbetonung der Psychologie. Bestimmte Werte, die sich im Zusammenleben der Menschen bewährt haben, ebenso die Ideale kommunistischer Zukunftsvorstellungen liegen ihm am Herzen, interessieren ihn, und dennoch versucht er es zu vermeiden, als Autor die von ihm beschriebene Realität direkt oder eindeutig zu bewerten. Da bleibt manches in der Schwebe, unterschiedlich interpretierbar, es ist vor allem einfach neu oder andes gesehener Stoff zum Nachdenken. Helmut H. Schulz bekennt sich bewußt zu dieser Art Realismus, der „aktuelle soziale Zustände [. . .] an wirkliche Entwicklungsdimensionen" bindet und die „Schwerarbeit" auf sich nimmt, „dem Leben abgewonnene Stoffe durchzusetzen".[2] Der Weg zu dieser Position war nicht gerade oder gar kurz. Dazu brauchte es Erfahrungen, Experimente, wachsende Souveränität und wohl auch eine lange Zeit Geduld.

Helmut H. Schulz ist Sohn eines Postangestellten. Bis zu seinem 14. Lebensjahr bestimmten kleinbürgerliche, der faschistischen Ideologie aufgeschlossene Lebensnormen seine Erziehung und Bildung, so daß das Jahr 1945 eine bedeutende Zäsur in seinem Leben wurde. Nach dem Oberschulbesuch arbeitete er als Chemigraph, bis er 1962/63 Redakteur der Zeitschriften „Junge Kunst" und „Jugendmagazin" und danach bei der Studentenzeitschrift „Forum" wurde. Ab 1969 war er Dramaturg in der Feature-Dramaturgie im Rundfunk, dann wieder Redakteur beim „Forum", bis er 1974 freischaffend wurde.

Er ist seit 1983 Mitglied des Vorstandes des Berliner Schriftstellerbezirksverbandes.

Ähnliche Lebensläufe, vor allem ähnliche Anfänge und eine solche Lehrzeit in der kulturpolitischen Praxis finden wir beispielsweise bei seinen Altersgefährten Benito Wogatzki, Herbert Nachbar, Siegfried Pitschmann oder Eberhard Panitz. Nicht viel anders als bei ihnen erfolgte das literarische Debüt Helmut H. Schulz' Anfang der sechziger Jahre, doch im Unterschied zu den genannten Autoren blieb er relativ unbekannt, wurde nicht freischaffend und produzierte nicht in rascher Abfolge das zweite oder dritte Buch. Dennoch waren für ihn gerade die sechziger Jahre wichtig. In dieser Zeit – so bekannte er später – setzte er sich, unbeachtet und ungefordert von den Verlagen und unbeeinflußt von aktuellen Trends gegenüber Leserinteressen, bereits mit den Stoffen „gedanklich, konzeptionell oder sogar schon in Manuskripten" auseinander, die dann in den siebziger und achtziger Jahren publiziert wurden. Heute scheint ihm diese Zeit der Sammlung und geduldigen Reife günstiger für seine Gesamtentwicklung, denn „nach einer literarischen Frühgeburt" hätte er „unter Erfolgszwang" gestanden.[3]

Seine erste Erzählung *„Der Fremde und das Dorf"* erschien 1963 im Union-Verlag. Sie spielt in einem entlegenen sizilianischen Dorf, in das ein deutscher Tourist gerät, der von einer zugezogenen Dorfbewohnerin als ehemaliger Offizier der faschistischen Wehrmacht erkannt wird, der in ihrer Heimat auf dem Festland Erschießungen durchgeführt hatte.

Die unterschiedlichen Reaktionen der Einheimischen und der

Behörden auf diese Entdeckung sind Gegenstand der Erzählung. Dabei zeichnet Helmut H. Schulz ein sehr differenziertes Bild der Dorfbevölkerung. Die vornehmlich durch die soziale Stellung bedingte Haltung jedes einzelnen zu diesem Fall findet in Detailbeschreibungen von Atmosphäre und Handlungen eine gelungenen Entsprechung.

Man spürt, daß an dieser Erzählung intensiv gearbeitet wurde. Der damalige Ratgeber Johannes Bobrowski ist in keiner Weise imitiert und dennoch bemerkbar. Der Forderung nach literarischer Qualität und gewichtigem Thema mag das Hauptinteresse des Lehrers gegenüber dem Schüler gegolten haben. Helmut H. Schulz hat sich als würdiger Debütant erwiesen, und dennoch wird gerade beim Betrachten des Erstlings der lange Weg zum Eigenen deutlich.

Der Vorfall in dem sizilianischen Dorf mit all den beschriebenen unterschiedlichen Reaktionen war zwar dem Leben entnommen, aber nicht „abgerungen". Die Thematik der Warnung vor der Gefahr des Vergessens oder der Rehabilitierung faschistischer Untaten mußte bei uns nicht erst durchgesetzt werden. So lag die hauptsächliche Anstrengung des jungen Autors in der künstlerischen Gestaltung, im Erfinden von Figuren, Motivierungen und Handlungen, die den allgemein bekannten Fakt der Verdrängung vergangener Schuld sinnlich konkret machen. Das freilich hat Helmut H. Schulz gemeistert. Die Erzählung wirkt künstlerisch geschlossener als manche seiner späteren bekannten Arbeiten, wobei zuweilen jedoch das um Kunst Bemühte durchschimmert, zumal die Exotik sizilianischer Bergwelt und Lebensweise dies noch verstärkt.

Die geringe öffentliche Resonanz auf diese Erzählung hat wohl vor allem damit zu tun, daß sich die Leser heute wie damals mehr davon an- und aufregen lassen, was ihre Lebenspraxis direkt angeht, was als ungeklärt oder unbekannt gilt oder auf ungewohnte Art gesehen und beantwortet wird. Es sei daran erinnert, daß unmittelbar zur Zeit des Erscheinens von „Der Fremde und das Dorf" Bücher wie Erik Neutschs „Spur der Steine", Erwin Strittmatters „Ole Bienkopp" und Christa Wolfs „Der geteilte Himmel" die Gemüter vieler Leser heftig erregten. Dieser Konkurrenz hielt die gut gemachte, kleine Geschichte auf keinen Fall stand.

Die folgenden Jahre waren in verschiedener Hinsicht Lehrjahre. Als Redakteur so verdienstvoller Zeitschriften wie „Junge Kunst“ und „Forum“ erfuhr Helmut H. Schulz ständig die Besonderheiten der Kommunikation zwischen neuer Literatur und Leserinteressen. Das Wechselspiel und der komplizierte Zusammenhang zwischen gesellschaftlicher Entwicklung, Kulturpolitik und jeweils individueller künstlerischer Produktion war das ‚tägliche Brot‘ des Redakteurs, der Rundfunk – bei Hörspiel und Feature – eine gute Schule für handwerkliche Fähigkeiten. Sowohl der große Fundus an Stoffen aus der Wirklichkeit und aus der Literatur, die zu bearbeiten waren, als auch die Fertigkeit im Schreiben von Dialogen prägten hier die Arbeit und wurden von Helmut H. Schulz als notwendiges Rüstzeug ernst genommen. Es entstanden Hörspiele („Entscheidung fürs Leben“, 1969; zu Marx: „Ich suche nicht, ich finde“, 1969; über Courbet: „Nicht nur ein Maler“, 1971) und Feature („Schlüssel zur Zukunft“, 1970; „Die Webers – Chronik einer Arbeiterfamilie“ zus. mit H. Bräunlich, 1973; „Berlin – Ecke Blumenstraße“, 1973).

Erst nach neun Jahren, 1972, erschien im Verlag der Nation das zweite Buch: *„Jahre mit Camilla“*. In diesem Roman erzählt der erfolgreiche Wissenschaftler, der Nationalpreisträger Dr. Robert Kalender, die Geschichte seiner gescheiterten Ehe.

Er, der sich einzig Tatsachen verpflichtet fühlt, der an eine geordnete, in der Zukunft harmonische Welt glaubt, logische Modelle schafft, steht der zunehmenden Entfremdung seiner jungen Frau Camilla – die im Gegensatz zu ihm vor allem ihrem Gefühl, raschen Neigungen und dem Sporadischen folgt – hilf- und verständnislos gegenüber. „Ein Mann, der ganze Regimenter von Forschern, Technikern, Arbeitern dirigieren kann und mit seiner Frau nicht fertig wird.“[4]

Die Aufnahme des Buches durch die Kritik ist trotz Bestätigung des hohen aktuellen Gehalts vor allem geprägt durch eine eigenartige Hilflosigkeit gegenüber der Gesamtaussage. Die durch den Ich-Erzähler detailliert beschriebenen technischen und wissenschaftlichen Vorgänge wurden als Zeichen unserer Zeit zwar akzeptiert, auch wenn vermutlich nur wenige die Richtigkeit der vorgetragenen Meinungen zu diesen speziellen Problemen beurteilen konnten. Die in anderen Büchern jener Zeit übliche eindeutige Schuldzuweisung an einen der Protagonisten fehlte in „Jahre mit Camilla“, und vor allem war das menschliche Versagen eines auf der wissenschaftlich-technischen Höhe der Zeit Stehenden schwer verständlich. Aus heutiger Sicht ist das Buch noch immer keine Meisterleistung, weil Robert und Camilla zu starr nur gegensätzliche Prinzipien verkörpern anstelle wirklicher Menschen aus Fleisch und Blut und Widersprüchen, erschwert doch die gewählte Form der Ich-Erzählung durch Robert die eigentliche Absicht des Autors eher.

Dennoch wird hier bereits das Eigene der Konzeption Helmut H. Schulz' deutlicher erkennbar: Ein in der Wirklichkeit unserer Tage liegender, bisher kaum erkannter Stoff – die mögliche Diskrepanz zwischen wissenschaftlichem und menschlichem Vermögen, das Nebeneinander und der Konflikt zwischen gegensätzlichen, aber real existierenden Lebensstilen (zugegeben: ein spröder Stoff!), wurde für die literarische Darstellung gewonnen, jedoch mit schwer erkennbaren Wertungszeichen des Autors dem Leser zugemutet. Zehn Jahre später benennt Helmut H. Schulz die eigentliche Absicht des Buches: die Figur des Robert Kalender sei parodistisch angelegt, es sei die „Karikatur eines bemühten Technokraten".[5]

Es soll nicht das letzte Mal sein, daß dieser Autor die „Mündigkeit" von Leser und Kritiker überschätzt. Satire hatte es in der deutschen Literatur nie leicht. Auch die heutigen Leser sind im Umgang mit ihr ungeübt, zuweilen sogar mißtrauisch, und im speziellen Fall der Gestalt des Robert Kalender ist das Mißverständnis leicht zu erklären: Die Leser waren gewohnt, sich in die Probleme der literarischen Helden einzufühlen. Aufgefordert, die wissenschaftlich-technische Revolution unter allen Umständen zu meistern, lag die Suche nach Verständnis, ja Mitleid mit diesem von Erfolg und Arbeit gehetzten Helden näher als das Entstehen von spöttischer Distanz. Neben der Ungunst damals gewohnter literarischer Kommunikationsmuster tat die scheue Zurückhaltung des Autors, kräftiger und deutlicher zu karikieren, ein übriges.

Das nächste Buch, *„Abschied vom Kietz"* (1974), ist die Geschichte von vier Jugendlichen eines Altberliner Hauses kurz nach dem Krieg. Zum gleichen Stoff gibt es ein Hörspiel, und den Tenor der insgesamt anerkennenden Beurteilung des Buches hat ein Rezensent in der Überschrift „Ein Erzähler setzt sich durch" getroffen.[6]

Es ist nichts Spektakuläres, was die Jungen und Mädchen in der Blumenstraße – im alten Kietz – erleben. Helmut H. Schulz beschreibt sehr genau Lebensverhältnisse, Hoffnungen, Anschauungen und Stimmungen kleiner Leute: Die Sorgen um die Kohlen und um das Geld dafür, den Stolz und die Freude an akkurater Arbeit, gegenseitige Verbundenheit, Solidarität und Familienzwiste, das Glück im kleinen Garten, die Verführung durch Kneipe, Alkohol und den äußerlichen Glanz Westberlins. In dieser Atmosphäre wachsen Wolfgang, Helga, Vera und Vigo heran. Gebunden an die Zusammengehörigkeit in der Kindheit, sind sie anfangs noch eine stabile Gemeinschaft, bis jeder seinen eigenen Weg geht, falschen oder verläßlicheren Verheißungen folgend, das „Seine" suchend, ohne den einstmaligen Traum vom Optimalen, Endgültigen erfüllt zu bekommen. Für jeden ist dieser Weg der allmähliche oder abrupte Abschied vom Kietz, vom Haus in der Blumenstraße, das es bald nicht mehr gibt. Hier überzeugt die soziale Genauigkeit, die unbeschönigte Schilderung des Milieus, der konsequente Realismus, der keinen der vier das große rasche Glück in der neuen Gesellschaft entdecken und finden läßt. Die „Ankunft im Alltag", Thema nicht nur des einen bekannten Buches von Brigitte Reimann, sondern motivbildend für eine gesamte Strömung unserer Literatur in den sechziger Jahren[7] – hier klingt sie etwas anders, weniger euphorisch, hier geschehen realistische Korrekturen: Die vier und ihre Familienangehörigen müssen nicht erst in irgendeinem Alltag ankommen, ihre Erlebnisse, Erfahrungen und traditionelle Verwurzelung sind die des Alltags dieses Kietzes, und die jeweilige individuelle Lebensgestaltung ist die immer aufs neue anstrengende Bewältigung des Zusammenlebens, der Beschaffung des Lebensunterhalts, der Prüfung, für sich Sinn oder gar Glück mit dieser Art zu leben gefunden zu haben. – Wenn auch diese Auffassung vom Alltag banaler und weniger attraktiv wirkt, die Aufgaben für den einzelnen sind kompliziert und widersprüchlich. Helmut H. Schulz öffnete mit „Abschied vom Kietz" den Blick hierfür.

1976 erschien der Roman *„Der Springer"*. Es war Schulz' erstes Buch, das rasch einen größeren Leserkreis erreichte. Es wurde in Tageszeitungen als Fortsetzungsroman publiziert und stand mit zur Debatte in der Literaturpreisdiskussion des

FDGB. „Der Springer" ist ein Buch über Arbeiter in der Gegenwart: die Bücher der ‚klassischen' Autoren des Bitterfelder Weges über Probleme und Leben von Angehörigen der Arbeiterklasse waren zwar noch in guter Erinnerung, doch sie hatten wenig Nachfolger.

Zusammen mit Joachim Nowotnys „Ein gewisser Robel" (1976), einigen Büchern von Herbert Otto und vor allem Erzählungen und Romanen einer neuen, nachwachsenden Schriftstellergeneration (Wolfgang Eckert, Wolf Arnold, Claus Nowak, Frank Weymann, Günter Ross u. a.) stehen die Gestaltungen von Arbeiterpersönlichkeiten in diesen Büchern im Zeichen veränderter Tendenzen in unserer Literaturentwicklung. Erforscht und entdeckt wird weitaus mehr der einzelne in seinem gesamten Lebenskreis, und dieser einzelne erhebt – im Unterschied etwa zur Gestalt eines Hannes Balla in Erik Neutschs „Spur der Steine" – nicht den Anspruch, die Arbeiterklasse in ihrer gesellschaftlichen Entwicklung schlechthin zu repräsentieren oder aber im Wesentlichen erfassen zu wollen. Es geht hier um das Eindringen in sehr unterschiedliche individuelle Physiognomien von Arbeiterpersönlichkeiten. Psychologische und soziale Genauigkeit geht einher mit Detail- und Milieutreue.

In „Der Springer" geht es um Lebensprobleme eines Ingenieurs, Leiter eines Erdölbohrtrupps, der im Norden unserer Republik nach Erdöl sucht. Gnievotta und seine Leute – Gestalten mit einer einprägsamen Biographie und mit jeweils genauer individueller Mentalität – sind in ihrer unmittelbaren Arbeit und der damit verbundenen Lebensweise irgendwie verwandt den Goldsuchern und den harten Männern, die die Wildnis urbar machten, den Pionieren vergangener Zeiten. Gleichzeitig werden auch sie und ihre Arbeit bestimmt von Anforderungen des Plans, von Direktiven der Zentrale, von Problemen der gesamten Volkswirtschaft, und außerdem gibt es noch die langen freien Tage in der Familie, im ferngeheizten Hochhaus, im Falle Gnievotta auf der Berliner Fischerinsel. Dabei sind die Überraschungen, die die erwachsen werdenden Kinder bereiten, zusätzliche Prüfungen dieses Alltags.

Das Buch lebt vor allem vom kontrastreichen Nebeneinander dieser Bereiche. Das ergibt eine eigenartige Sicht und erzeugt ein spannungsvolles Gefüge, das Arbeitsheroismus, schlichtes und großes Heldentum gleichermaßen vorführt wie relativiert. Gnievotta und seine Leute sind ganz besondere, ungewöhnliche Menschen, aber es sind auch unsere Wohnungsnachbarn. Schulz setzt hier fort, was Werner Bräunig mit „Gewöhnliche Leute“ begann, aber zudem arbeitet er mit der Verfremdung des Gewöhnlichen. Der ausgewählte Arbeitsbereich ist von nicht-alltäglicher Exotik und besitzt allgemein anerkannt eine besondere Härte, die sich viele Leser vorstellen können – dies im Unterschied zu anderen Arbeiten in der Produktion, wo das notwendige Heldentum nicht derart offen liegt. – Diesen „Kunstkniff“ verwandte auch KuBa in „terra incognita“, und der frühere Geologe Günter Ross machte ebenfalls auf diese Weise seine Erfahrungen literarisch nutzbar.

„Poesie der Arbeit“ – in den Beschreibungen der Vorgänge auf dem Bohrturm ist sie sinnlich konkret. Während die gleichermaßen genauen Beschreibungen von Arbeitsvorgängen des Technologen Robert Kalender in „Jahre mit Camilla“ höchstens verwirrten und nichts erhellten, weil die Leser keine sinnlichen Vorstellungen damit verbinden konnten, stellt sich beim „Springer“ ein poetischer Bezug her. Daneben verdient die Personengestaltung Beachtung. Helmut H. Schulz vervollkommnete in diesem Roman die Fähigkeit, durch wenige, aber treffende Details – wie Gewohnheiten, Redewendungen, Erlebnisse, Haltungen oder Anschauungen – Menschen zu charakterisieren, die in sich stimmen, aber gerade weil sie widersprüchlich und keinem Schema nachgebildet sind. Es ist ein kräftiger Realismus, der alle Schablonen verwirft und dadurch nicht spektakulär wirkt. – Daß die unterschiedliche Haltung von älterer und jüngerer Generation ein Lebensproblem des Helden ist, soll hier deshalb vermerkt werden, weil diese Frage vom Autor seitdem in den verschiedensten Variationen behandelt wurde. Sind hier in der Schilderung des Verhältnisses zwischen Eltern und Kindern bereits Möglichkeiten neuer sozialer Erkundungen angedeutet, so wird in den folgenden Werken diesem Problem mit größerer Differenziertheit nachgespürt.

„Alltag im Paradies“ (1977), eine Sammlung von Erzählungen, wirkt heute wie der nicht ohne Irrtümer, Experimente

und Unvollkommenheit mögliche Übergang des Autors von einer Etappe seines Schaffens in die nächste. Im Band sind Erzählungen und Skizzen sehr verschiedener Art enthalten. Stärker als früher verwendet Schulz satirische Mittel. Mehr als sonst bekennt er sich zu bestimmten Wertungen der von ihm beschriebenen Sachverhalte oder aber fordert den Leser durch seine Darstellung zu dieser Wertung heraus. Rigoros nimmt er kleinbürgerliches, allein dem materiellen Besitz oder der Karriere verpflichtetes Verhalten zum Gegenstand seiner Erzählungen und damit seiner Kritik. Manches wird dabei genretypisch einseitig zugespitzt. Der frühere Realismus des Details und der sozialen Erkundung ist weniger wichtig als das pointierte, oft überhöhte Ausstellen kleinlichen, dümmlichen und eigennützigen Verhaltens.

In *„Villa Tagore“* läßt der Autor – ähnlich und zugleich anders als in „Jahre mit Camilla“ – zwei gegensätzliche Lebensweisen bei zeitweiliger Gemeinsamkeit zusammenprallen. Die Haltungen der gewählten Helden, eines lebensfremden Literaturwissenschaftlers und einer unsteten, das Abenteuer suchenden jungen Frau, taugen beide nicht zur Bewältigung eines gemeinsamen Lebens, das wird überaus deutlich, und mehr wollte der Autor vermutlich auch nicht mitteilen. Doch die spöttische Verurteilung beider und dabei besonders betont die des zwar einfältigen, aber immerhin noch redlichen jungen Mannes war ungewohnt. Leser und Kritiker wußten mit dem Erzählten so recht nichts anzufangen, und auch der gesamte Erzählband fand sehr unterschiedliche Urteile. – Erwähnt werden sollte, daß sich in diesem Band die Skizze *„Die Doppelgängerin“* findet, ein Text, in dem die Auswirkung von Fließbandarbeit auf das Leben einer jungen Frau dargestellt wird. Es ist eine der bisher wenigen Arbeiten in unserer Literatur, in der Probleme der modernen Technik mit großer Härte und genau in der Milieu- und Detailzeichnung gestaltet wurden.

Die letzte Erzählung, *„Meschkas Enkel“* (später durch das Fernsehen der DDR verfilmt), gefiel jedoch einhellig. In der gesamten Anlage tendiert diese Geschichte auch stark zu den Erzählungen des folgenden Bandes, *„Spätsommer“* (1979), in dem sich ein gereifter Autor vorstellte, der nun offensichtlich das ihm Eigene gefunden und auch ausdrücken gelernt hatte.

In allen Erzählungen werden sehr eigenwillige Charaktere vorgestellt, ältere Leute, die auf den ersten Blick geradezu ungeeignet für eine auch nur teilweise mögliche Identifizierung mit dem „neuen Menschen" sind: eine Kapitänswitwe, ein Kraftfahrer in einer privaten Kohlenhandlung und ein alter Geigenbauer. Im Verlauf der Handlung, bei der Bewältigung der die Handlung bestimmenden Situation (H. H. Schulz arbeitet hier mehr mit Mitteln des Novellistischen) beweisen diese scheinbaren Eigenbrötler oder gar ‚Überlebten' menschliche Substanz, die die Jüngeren, angeblich bewußter und sinnvoller Lebenden, nicht haben. So abstrus und veraltet beispielsweise die Lebensansichten der alten Johansen im einzelnen auch sind, für den Enkel ist ihre Haltung und Hilfe dienlicher als das Verhalten der eigenen Tochter, die einzig mit sich selbst beschäftigt ist. Der unheldische Witwer Felix Morak beispielsweise läßt es nicht zu, daß eine Telefonzelle sinnlos und mutwillig zerstört wird. Seine Menschlichkeit erweist sich auch im Beharren auf der selbstverständlichen Zusammengehörigkeit mit der angenommenen Tochter, einem geistig beschränkten Mädchen.

Wieder verteidigt und attackiert der Autor Werte, diesmal jedoch ergeben sich die nicht mehr einschichtigen Wertungen aus dem Erzählten selbst. Es werden keine Prinzipien verglichen oder nebeneinandergestellt, der gewählte Wirklichkeitsstoff in seiner Sprödigkeit, ungeeignet für simple Beispielhaftigkeit, birgt die für den Autor interessanten Lebensfragen in sich: „Ich stelle mir oft die Frage, welche neuen Werte gegenüber den sogenannten alten hervorgebracht werden mußten, was also der Überprüfung und möglicherweise auch der Ablehnung bedarf. Es gibt Werte, die beständig sind, die Frage ist, welche Kräfte sie am Leben erhalten haben: Freundschaft, Treue, Verläßlichkeit, Wahrheitsliebe, Solidarität usw. Offenkundig handelt es sich um allgemein anerkannte Werte, die unser Zusammenleben stabilisieren, beziehungsweise überhaupt erst ermöglichen".[8]

Der Autor ist so, seine Interessen konsequent, aber nicht ohne Qualitätssprünge verfolgend, bei den zentralen Fragen nicht nur der DDR-Literatur der siebziger und frühen achtziger Jahre angelangt. Es sind auch die Fragen, die die interessantesten Arbeiten so bekannter sowjetischer Autoren wie Aitmatow, Rasputin, Trifonow und anderer brisant und aufregend machen: Was ist es, was jeweils das Leben lebenswert macht? Woher nimmt der einzelne die Kraft und den Mut, sich zu behaupten und durchzusetzen? Wie sind heute die Bedingungen für Lebensglück und humanistische Sinnerfüllung?

Dank der mit Geduld vervollkommneten Fähigkeit, der Betrachtung und Beschreibung der Realität als einem sich aus der Vergangenheit ergebenden Lebensprozeß – nüchtern, sachlich, genau und mit Sachkenntnis – vor jedem Wunschdenken Priorität einzuräumen, gelingen Helmut H. Schulz jene der Literatur eigenen Entdeckungen. Er verbindet seine Fragen nach bestimmten Werten mit den eigentlich bekannten Alltags-Stoffen und gewinnt so Neues. Daß er damit besser als früher verstanden und mehr gelesen und diskutiert wird, liegt nicht nur an seinem gewachsenen Können. Auch die Leser sind sensibilisiert durch das geistige Klima der Zeit, durch Lebenserfahrung und – bestärkt von veränderten Auffassungen und Schreibweisen vieler Autoren – besser gerüstet und vorbereitet auf diese Sicht. Daß ein solcher Verständigungsprozeß bei wirklichen literarischen Neu-Entdeckungen jedoch nie problemlos sein wird, zeigte sich dann in der Resonanz auf die bisher wichtigsten Werke von Helmut H. Schulz, auf „Das Erbe“ und „Dame in Weiß“.

„Das Erbe“ (1981) ist ein Roman, der zwei miteinander korrespondierende Handlungsstränge als Grundstruktur benutzt: die Familiengeschichte der Pilgramers vom Großvater zum Enkel und den Bau eines Großkraftwerkes, für den der junge Georg Pilgramer als Bauleiter verantwortlich ist. Beide, Großvater und Enkel, sind Architekten. Der Alte hat es mit Geschäftssinn, Elan, Arbeitswut, aber auch Skrupellosigkeit zu einem ansehnlichen Vermögen gebracht. Während der Sohn, ein Mitläufer der Nazis, zu labil ist, um dieses Erbe übernehmen zu können, hofft der Alte auf den Enkel, der Anlagen zeigt, ein „würdiger“ Pilgramer zu werden. Doch Georg enttäuscht sowohl die Hoffnungen bezüglich seiner Leistungen als auch die speziellen Erwartungen des Großvaters: Er verschuldet als Bauleiter einen schweren Unfall und lehnt es ab, dem Alten nach Hamburg zu folgen.

Obwohl das Buch seiner Komposition und seinem Inhalt nach durchaus eckig und kantig ist, sich beispielsweise über weite Strecken des Mittelteils die Schilderung der Entwicklung des alten Pilgramer zu verselbständigen scheint, fällt doch zugleich das Arbeiten Helmut H. Schulz' mit sehr unterschiedlichen künstlerischen Formen auf: Während die Familiengeschichte ausführlich und detailliert erzählt wird, montiert der Autor die Vorstellung der Bauleute des Großkraftwerkes als Kurzbiographien ein. Auch inhaltlich sind unvermutete und unerwartete Wertungen und Wendungen realistisches Erzählprinzip: Der alte Pilgramer – ein unverblümter Ausbeuter – wird durchaus auch als ein kluger und liebenswerter alter Mann dargestellt. Seine Energie ist erstaunlich, seine Urteile werden vielen Zeitgenossen oft nicht gefallen, aber sie treffen zuweilen schwache Punkte und bestätigen den Scharfsinn eines nicht ungefährlichen Gegners. Indem der Autor den alten Pilgramer mit seinen vielen Seiten vorstellt, ihm weder Größe noch Respekt verweigert, ihm Ansichten gestattet, in denen Wahres und Böses gefährlich miteinander verwoben sind, wird dem Leser das Sich-zurecht-Finden nicht leicht gemacht. Mit der so erreichten größeren Souveränität, Vielfalt und Kompliziertheit des Lebens unkommentiert vorzustellen, ist eine neue Qualität geistiger Auseinandersetzung in der Literatur verbunden. Es werden damit auch höhere Anforderungen an die Leser gestellt.

Auch der vornehmlich in der neuen Gesellschaft aufgewachsene Enkel ist eben nicht nur der Erbe der erstrebenswerten Eigenschaften dieser Familie, nur diesmal guten Zwecken dienend. Helmut H. Schulz zeigt, daß es schwieriger ist mit Erbschaften und Traditionen, Feind- und Heldenbildern. Das ist ein großes Verdienst des Romans, denn so wird Historizität als Gegenwart und Zukunft Betreffendes begriffen. Es ist ein von Wunschdenken freies Bild von Vergangenheit und Gegenwart, obwohl es gerade im Unterschied zu Büchern anderer Autoren dieser Zeit auch Zukunftsvorstellungen diskutiert. (Wiederum ein Aspekt, der sich durch viele Werke Schulz' zieht und der ausführliche Untersuchung verdiente.)

Ohne Rückfall in vereinfachende Sichten oder Schwarz-Weiß-Malerei gelang es, ein großes Panorama interessanter Gestalten und Schicksale in einer losen, aber doch überschaubaren Komposition zu bündeln und zugleich den Leser so einzubeziehen, daß er nicht nur Lebenserfahrung und Welt-anschauung bestätigen kann, sondern zum Denken, sogar zum Widerspruch herausgefordert wird. Der Autor mit der Vorliebe für Tatsachen provozierte mit den Tatsachen. Seine Herausforderung besteht nicht in einer besonders verfeinerten Innensicht auf einen ganz besonderen Helden, auch nicht in einer extrem urteilenden Moralität, sondern er lockte aus fast verpönten, weil wenig exklusiven Realien die ihnen innewohnende Dialektik und Historizität.

Wenn auch *„Dame in Weiß“* (1982) vom Stoff her gänzlich anderes enthält, ist dennoch die Art des Herangehens, der literarische Umgang mit diesem anderen Stoff ähnlich wie beim vorangegangenen Roman. Hier wird aus bisher übersehener Alltagsrealität mit historischer und sozialer Genauigkeit das gängige Bild von Gegenwart und jüngster Vergangenheit überprüft und problematisiert. Wieder ist die Komposition des Ganzen durchaus nicht konventionell und glatt, sondern ungefügt und unproportioniert, der Leser wird konfrontiert mit ungewohnten Ansichten und vor allem mit Gestalten, die üblichen Vorstellungen widersprechen.

Die Dame in Weiß ist die Mutter des Erzählers, eine aus bürgerlichen Verhältnissen stammende Frau, die in ihrer Jugend weiße Kleider bevorzugte, ganz ihrer Herkunft entsprechend. Sie war eine kleine eifrige Mitläuferin des Faschismus, Parteigenossin, die in dieser Zeit (wie viele) ihre glücklichsten Jahre erlebte – in materiellem Wohlstand, familiär versorgt, in Eintracht mit Staat und Umwelt, in der ein solches Leben und derartige Empfindungen normal waren. Während der Zeit der Nöte und Entbehrungen der letzten Kriegsjahre gelingt es ihr mit Hilfe der standesgemäßen ländlichen Verwandtschaft, sich und ihre Kinder einigermaßen gut zu versorgen. Die größten Anstrengungen ihres Lebens stehen in den Nachkriegsjahren vor ihr. Nun nicht mehr privilegiert, muß sie alle Kräfte aufbieten, um für sich und die Kinder Essen und Unterhalt zu besorgen. Sie arbeitet wirklich hart, beweist Zähigkeit und menschliche Größe, und dennoch bleibt sie in ihrem Denken und ihren Vorstellungen eine dünkelhafte Frau, die keine Lehren aus den eigenen Erfahrungen zieht, die die Unterschiede zwischen den jeweiligen gesellschaftlichen Ordnungen nicht erkennen will. So lebt sie bei uns als eine mäkelnde, uneinsichtige alte, einsame Frau, dem Verlust der

„schönsten Jahre" ihres Lebens nachtrauernd und den Sohn bedauernd, der in unserer Welt das ihr vorschwebende Lebenskonzept nicht verwirklichen kann.

Dieser Sohn, Hans Stadel, ist für den Roman ebenso wichtig wie die Titelgestalt. Seine Kindheits- und Jugenderlebnisse, seine Erziehung in diesem Milieu nehmen breiten Raum ein. Der Dialog zwischen Mutter und nunmehr erwachsenem Sohn konstituiert den Roman: Zum einen geschieht dadurch die Information über die Vorgänge in der Familie, zum anderen dient dieses künstlerische Mittel zur Charakterisierung der beiden Hauptfiguren, denn in diesem Dialog bewerten sie auch das Geschehen und offenbaren damit Standpunkte, zeigen den jeweiligen Grad der geistigen Bewältigung des Vergangenen.

Hans Stadel ist einer von vielen sehr jungen Helden der DDR-Literatur, der im Faschismus heranwuchs, erzogen und geprägt wurde und in einer anderen Gesellschaft zum Mann wird. Im Unterschied zu den Gefährten früherer Bücher, etwa zu Werner Holt, dem etwas älteren Rudi Hagedorn (in M. W. Schulz' „Wir sind nicht Staub im Wind") und anderen ist seine Wandlung nicht Thema oder Ziel der Handlung, denn Wandlung – das bestimmende Motiv unserer Literatur und das fast unumstößliche Gebot für die Darstellung solcher Helden – wird fast in Frage gestellt und dabei nur in Andeutungen gelassen.

Die Ereignisse in Hans Stadels Leben während der Wirren des Kriegsendes werden ausführlich und in ihrer ganzen Grausamkeit geschildert. Innerhalb kurzer Zeit erlebt der Halbwüchsige Situationen – den Wahnsinn letzter Kämpfe, den Tod der nächsten Gefährten, die Abkehr der Erzieher von den geheiligten Werten, den Verlust aller Werte, was für Erwachsene schwer zu verkraften ist, jedoch bei den Jugendlichen lebenslängliche Spuren hinterläßt.

Helmut H. Schulz stellt mit der Gestalt dieses Jungen, dessen weitere Entwicklung nur grob angedeutet wird, bewußt die Frage, ob nicht viele seiner Generation ein Leben lang von diesen Erfahrungen gezeichnet sind, folglich ungeheuer skeptisch, dadurch wenig geneigt, sich das neue Lebenskonzept so zu verinnerlichen, um bei dessen Verwirklichung Schrittmacher zu sein.

Indem der Autor Hans Stadel in der Gemeinschaft mit seinen Schulkameraden zeigt und mit dem Auseinanderbrechen der Freundschaft die möglichen unterschiedlichen Wege dieser Generation andeutet, generalisiert er die Frage der halben oder gar unmöglichen Wandlung nicht für alle, aber er stellt sie und die Problematik der unzufriedenen alten Verena Stadel dem mündigen Leser als Fakten unserer Wirklichkeit vor, mit denen wir zu leben haben, die nicht verdrängt werden dürfen.

In diesem Zusammenhang sei daran erinnert, daß sich die DDR-Literatur seit ihren Anfängen verantwortungsbewußt dem großen Thema der Auseinandersetzung mit dem Faschismus gestellt hat. In Werken wie in Anna Seghers' „Das siebte Kreuz" oder „Die Toten bleiben jung", Dieter Nolls „Die Abenteuer des Werner Holt", Bruno Apitz' „Nackt unter Wölfen", Christa Wolfs „Kindheitsmuster", Hermann Kants „Der Aufenthalt", in vielen Erzählungen Franz Fühmanns und in vielen Arbeiten anderer Autoren wurden Schicksale, Erfahrungen und Lehren aus Deutschlands dunkelster Zeit geschildert, die Frage nach der Schuld des einzelnen und der vielen immer neu gestellt und damit fortwährend diese Zeit in Erinnerung gerufen, geprüft, befragt: geistige Bewältigung auf immer neue Art versucht. Es zeigte sich dabei, daß jeweils neue Akzente in der Sicht auf die Barbarei des Faschismus und auch das Einbeziehen der verschiedensten Bereiche damaligen Lebens das alte Thema aktuell und brisant machten.

Ein Beispiel für eine so bisher noch nicht behandelte Thematik ist „Dame in Weiß". So ausführlich und auch so wenig einschichtig in der Bewertung war vorher noch nicht über die kleinen Mitläufer des Faschismus geschrieben worden, und auch die Frage nach den möglichen lebenslänglichen Schäden, die der Faschismus im Innern vor allem der damals Jugendlichen hinterlassen hat, konnte erst nach jahrzehntelanger Erfahrung und bestimmter zeitlicher Distanz so rigoros gestellt werden..

Helmut H. Schulz erläutert seine Sicht in diesem Roman: „Es ist die Autobiographie einer sozialen Schicht und Generation [...]. Mich hat daran interessiert, was überhaupt aus der Geschichte übertragbar ist, an Erfahrungen, an Lehren [...]. Einfach wiederholbar oder umkehrbar sind historische Abläufe ja nicht".[9] Und an anderer Stelle bekennt er: „Ich neige zu der Auffassung, daß für das Entstehen literarischer Werke die Wechselbeziehungen zwischen Autor (als sozialer Person) und der traditionellen Kultur von enormer Bedeutung sind."[10]

Diese Bekenntnisse sind Schlüssel für die Interpretation von „Dame in Weiß" und für die Erklärung der ästhetischen Position des Autors. Offensichtlich verbinden Helmut H. Schulz mit den Erfahrungen der Familie Stadel Grunderlebnisse, und die intensive geistige Bewältigung dieser Tradition zum Nutzen unseres heutigen Lebens muß ein langer, problemreicher Prozeß sein, was auch heißt, daß die realistische literarische Gestaltung einer solchen Entwicklung eine Ankunft in unserer Literatur bedeutet, die Neues, Ungewohntes und Problematisches auf der Basis gesicherter Ausgangspunkte einbringt.

Über die Gestalt der Verena Stadel gab es heftige Auseinandersetzungen, zumal dem Leser nicht nur Abneigung, sondern auch teilweise Achtung über ihre Haltung in der Nachkriegszeit nahegelegt wird. Wieder stießen Äußerungen der Helden im Buch, die Widerspruch herausfordern, aber im Roman selbst keinen erhalten, auf Irritation und Unwillen in der Kritik – und das in einer Zeit, da für die Literaturgesellschaft dieses Landes der „mündige Leser", für den der Partner, nicht der Schulmeister Schriftsteller schreibt, eine der geläufigen Formeln und Auffassungen ist. Die Reaktionen auf Helmut H. Schulz' Bücher belegen, daß auch diese Entwicklungsprozesse heterogener verlaufen als häufig angenommen.

Trotz solcher Irritationen – und vielleicht sogar wegen der damit verbundenen Auseinandersetzung – hat Helmut H. Schulz mit seinen Werken aus den achtziger Jahren das Interesse einer breiten Öffentlichkeit gefunden. Das Echo aus dieser Lesergemeinde bestätigt die besondere Leistung des Autors, sozial gewichtige Stoffe in ihrer aktuellen Brisanz der Wirklichkeit abzuringen und kraft der Genauigkeit des Erzählten zu überzeugen. Besonders die Mischung von authentisch wirkender Schilderung des Denkens faschistisch erzogener Jugendlicher und individueller Betroffenheit über diese Verführung in Schulz' literarischer Auseinandersetzung mit dem Faschismus ist sowohl für jugendliche Leser als auch für die

Altersgefährten des Autors besonders aufregend. Die einen begreifen nun sowohl bestimmte historische Ereignisse als auch die Angehörigen der älteren Generation besser, und die anderen fanden verdrängte oder unbewußt gebliebene Lebenserfahrungen so dargestellt, daß die eigene Stellungnahme und Beschäftigung mit Vergangenheit und Gegenwart zwingend wurde.

Auch die Erzählungen aus der Zeit des Kriegsendes, *„Stunde nach Zwölf"* (1985), belegen die enge Verbundenheit des Autors mit dieser Thematik: Die Erlebnisse des zum Kriegsende Vierzehnjährigen haben das Verantwortungsbewußtsein von Helmut H. Schulz lebenslänglich geprägt und seine Sinne geschärft für jenen Problemkreis.

In der Laudatio, die Werner Liersch anläßlich der Verleihung des Heinrich-Mann-Preises für Schulz hielt, heißt es: „[. . .] Gewiß, er ist ein Schreiber mit realistischer Gesinnung. Aber es denke doch niemand, dieser Autor wäre anders als die anderen [. . .]. Auch er schafft Räume, um Raum für seine Gefühle, Einwände, Farben, Worte, Landschaften, Lieben, Vorschläge, für seine Erfindungen zu haben, höchst persönliche Sachen, Dokumente seiner Person. Mindestens doppelt ist das Risiko solcher Situation. Nicht das Engagement ist es. Es gehört zu den Selbstverständlichkeiten der Literatur. Es ist seine Bedeutung. Denn es könnte ja sein, die Individualität wäre so recht nicht von Belang, die Worte taugten wenig, die Bahnen ausgetreten, die Emotionen abgegriffen [. . .]. Das ist das Risiko. Und das andere? Das Erzählen muß sich vor den Ansichten und Entwürfen behaupten. Nicht, daß sie keinen Platz in ihm hätten. Sie haben ihn in der Natur des Erzählens, wie diese hartnäckige Neigung zu unserer Natur gehört. Aber das Erzählen darf sich nicht zu dem Hochmut verleiten lassen, es sei der Hauptort der geistigen und sozialen Debatten. Es bekommt ihm nicht und der Gesellschaft gar nicht, denn sie braucht zu ihrem Fortkommen alle ihre Glieder. Darauf sollte man schon bestehen. Ein solch maßvoller Erzähler scheint mir durchaus einen gesellschaftlichen Charakter zu haben."[11]

Diese Worte sind ein hohes Lob für Helmut H. Schulz, und sie enthalten die wesentlichen Merkmale seines literarischen Schaffens. Die eigene Erfahrung, Beobachtung und die individuelle Problematik nach aktueller sozialer Brisanz und genügend interessanter Substanz überprüfend, erzählt Schulz das, was dieser Prüfung standhielt, ohne sich zum Richter der Zeitläufe oder zum Verkünder dessen zu machen, was sein sollte. Der Autor ist parteiischer Chronist, der die Gegenwart als Ergebnis eines konkreten Entwicklungsprozesses mit bestimmten Zwängen und unterschiedlichen Möglichkeiten begreift. Seine Parteinahme beruht im tief verwurzelten und in großer Dimension begriffenen Antifaschismus und dem Humanismus eines engagierten Sozialisten. Kraft der maßvollen Zurückhaltung und dem großen Vertrauen gegenüber dem Leser machte sich Helmut H. Schulz frei von scheinbaren Stoff- und Gestaltungszwängen, frei von Tabus und verfügt über ein schier unerschöpfliches Arsenal von Gestalten, Auffassungen, Situationen und Fällen. Noch nicht publizierte und viele noch in Arbeit befindliche Manuskripte bezeugen den Reichtum dieser ‚Stoffbank'.

Die poetische Formung vervollkommnet sich nicht allein durch die Erfahrung von Buch zu Buch, wobei jegliche Glätte, wenn nicht sogar formale Geschlossenheit wohl bewußt gemieden wird – Absicht und Stoff sträuben sich dagegen. Das zeigt sich auch in der sprachlichen Gestaltung: Die genauere Betrachtung der Dialoge in den Romanen von Schulz beweist, wieviel handwerkliches Können, wieviel Kunst in den auf den ersten Blick zuweilen spröde und ungefügt scheinenden Prosastücken steckt. So erweist sich im Zusammenspiel aller Komponenten, die genannt wurden, die Produktivität eines gediegenen Realismus sowie die verläßliche Attraktivität, die das Festhalten und Weiterführen großer humanistischer Traditionen und Gedanken birgt.

Kurzbiographie

Helmut H. Schulz wurde am 26. April 1931 als Sohn eines Postangestellten in Berlin geboren. Nach Oberschulbesuch und Chemigraphenlehre Arbeit in diesem Beruf; 1962/63 Redakteur der Zeitschriften „Junge Kunst" und „Jugendmagazin", 1964/67 Redakteur beim „Forum"; 1967/69 freischaffender Schriftsteller, ab 1969 Dramaturg beim Rundfunk, 1972/74 erneut Redakteur des »Forum". Seither freischaffend, lebt in Berlin. 1983 Wahl in den Vorstand des Berliner Schriftstellerverbandes.
1983 Heinrich-Mann-Preis der Akademie der Künste der DDR.

Wolfgang Gabler

Helga Schütz

Das epische Werk der Helga Schütz (geb. 1937) bildet stofflich eine Einmaligkeit in der DDR-Literatur: Es läßt den Leser nahezu den gesamten Lebensweg der Kunstfigur Julietta Berta Mann – einer Figur, die starke autobiographische Züge trägt – von etwa 1941 bis ans Ende der siebziger Jahre in fünf Büchern beobachten.[1] Interessanterweise äußerte sich die Autorin nie darüber, daß sie mit ihrem ersten Buch „*Vorgeschichten oder Schöne Gegend Probstein*" (1971) die Eröffnung einer Tetra- oder Pentalogie bzw. eines Entwicklungsromans in mehreren Teilen im Auge hatte, so daß zum Beispiel nach „Dem Erdbeben bei Sangerhausen" (1972), ihrem zweiten Werk, vermutet werden konnte, daß es sich damit um den „Abschluß des Erstlings" und die „endgültige Überwindung ‚Probsteins'" handeln könnte.[2]

Offenbar war die wiederholte Aufnahme von Stoffen, die in Beziehung zu dieser Julietta bzw. Jette und Julia standen – dazu gehören „Festbeleuchtung" (1976), „Jette in Dresden" (1977) und „Julia oder Erziehung zum Chorgesang" (1980) – auch von Helga Schütz selbst nicht von vornherein beabsichtigt. Dafür spricht die unterschiedliche thematische Behandlung des genannten Stoffkreises, die trotz der mannigfachen temporalen, lokalen und personalen Verknüpfungen der Werke für den Leser deutlich wird. Das wiederum heißt, nicht ohne weiteres kann dadurch, daß die Mehrzahl der Geschichten während und unmittelbar nach der Zeit des deutschen Faschismus spielt, geschlossen werden, daß in den betreffenden Werken auch dieses gesellschaftliche Phänomen thematisiert worden wäre. Am ehesten trifft das auf die „Vorgeschichten" zu, nach deren Veröffentlichung Helga Schütz (Jahrgang 1937) in einem Interview äußerte: „Ich glaube, meine Generation ist bei uns nun wirklich die allerletzte, die erlebt hat, was Faschismus ist. Und da hat man eine gewisse Verantwortung, das letzte, was noch zu überliefern ist, wirklich zu überliefern – als katastrophales Erlebnis und als Lehre."[3]

Die Verantwortung, von der sie hier spricht, basiert offensichtlich auf dem Verständnis einer der Funktionen von Literatur als einem unersetzbaren Teil des gesellschaftlichen Gedächtnisses. Wenn hier auch direkt von „Lehre" gesprochen wird, so ist doch in ihrem Debüt das wirklich didaktische Element weitgehend zurückgedrängt. Eher bietet Helga Schütz dem Leser einen Geschehniszusammenhang, zu dem er relativ selbständig wertend Stellung nehmen soll, denn die Darstellung zum Beispiel der Umstände, aufgrund derer die etwa siebenjährige Jette am Anfang der vierziger Jahre in das Dorf Probstein zu ihren Großeltern kommt, erfolgt eher lakonisch und nicht breit beschreibend, kommentierend: „Zum Beispiel die größere Sicherheit vor Bombardements. Und die Sau. [...] Von dieser Sau heißt es nun, sie gehöre unter den Umständen nur zur knappen Hälfte ins Haus. Wenn sie erst einmal herangewachsen sei, gehöre eine gute und bessere Hälfte dem Deutschen Reich, und das sei gewiß nicht zuviel. Die Umstände sind: In Deutschland dieser Krieg, den, wie man sagt, die Vorsehung vorhergesehen hat und gegen den mithin nichts zu machen ist, und dieser Haushalt von zwei Personen, zu wenig für eine Sau im großen und ganzen." Also sagt der Großvater: „Die Jette muß her, dann sind wir drei und zu dreien Anrechtler auf eine Sau im ganzen."

Durch diese für die weitere Entfaltung der Figur des Großvaters wichtige Motivation, die kräftig die Erzählung einleitet, wird Jette in einen überschaubaren Raum menschlichen Zusammenlebens gestellt, der nun schrittweise auf seine Beschaffenheit analysiert wird.

Helga Schütz stellt hier sowohl die alltäglichen Beziehungen der bäuerlich-kleinbürgerlichen Bevölkerung des Dorfes dar als auch – über die spezifischen Erscheinungen dörflicher Lebensweise hinaus – das Wesen dessen, was sie selbst einmal als „den gewöhnlichen Faschismus"[4] bezeichnete. Durch die Verklammerung von Modellhaftem, Typisiertem auf der einen Seite sowie individualisierter Darstellung auf der anderen nehmen H. Schütz' „Vorgeschichten" die Rolle eines Vermittlers zwischen den Werken der fünfziger/sechziger und denen der späten siebziger Jahre ein, bei denen stofflich und thematisch die Zeit des deutschen Faschismus reflektiert wird.

Damit ist jedoch noch nicht die Eigenart dieses Werkes beschrieben, das eine Vielzahl von später zu erkennenden, sich wiederholenden Darstellungselementen – wie bestimmte Figuren, Motive, Konfliktkonstellationen – bereithält.

Das gedankliche Zentrum der Darstellung in den „Vorgeschichten" bildet das kleinbürgerliche und vom Leser als verhängnisvoll erkennbare Konzept des Versuchs, „sich innerhalb des faschistischen Systems einrichten zu wollen, ohne an seinen Verbrechen mitschuldig oder aber [. . .] selbst zu seinen Opfern zu werden."[5] Gezeigt wird von der Autorin nicht nur das Scheitern dieser Versuche, sondern die – an Brecht erinnernde (dies wird durch eine Reihe von Zitaten deutlich) – regelrechte Umkehrung von Absicht und Resultat, was der Großvater, der im Laufe der Erzählung ins Zentrum der Analyse gerät, selbst erkennt:

„Ich, Heinrich Mann, verstehe nun leider die Welt. Späte Einsichten [. . .] wo hört denn die Dämlichkeit auf, und wo beginnt das Verbrechen? [. . .] wenn einer sich von einem polnischen Jungen namens Adam seine Goldparmänen pflükken läßt hoch oben, wo der Wind weht, und genau weiß, er kann aus der hohen Baumkrone fallen und sich das Genick brechen. Wo hört das eine auf und beginnt das ANDERE. [. . .] Ich will nischt mehr mit euch zu tun haben. Ihr Schindluder. Ihr habt mir die halbe Welt zum Feinde gemacht [. . .] Ich glaube: Ihr habt mich zu meinem eigenen Feinde gemacht."

Diese Selbstkasteiung des Großvaters ist Ausdruck dafür, daß die Darstellung zum Ende hin geradezu sprunghaft zum großen weltanschaulichen Modell geraten soll, das den Großvater in extremer Symbolik, schließlich eine Brücke (!) ausbessernd, zeigt, eine Brücke für die ihnen später nachfolgende polnische Bevölkerung.

Selbst wenn diese epiloghafte Szene möglicherweise tatsächlich in der Biographie der Autorin stattgefunden haben mag, so ist sie künstlerisch doch wenig überzeugend – nicht nur wegen des ausgestellten Pathos' und der vordergründigen Metaphorik (der letzte Erzählabschnitt beginnt mit den Sätzen: „Die Sonne steigt. Die Schatten sinken"), sondern vor allem, weil damit die über die gesamte Darstellung entfaltete und psychologisch aufgebaute Figur schlagartig einschichtig und allzu durchsichtig verändert wird und damit das Modell dem Leser allzu didaktisch ins lehre-bedürftige Bewußtsein gehoben wird. Offenbar ist der Autorin dieses ästhetische Problem auch bewußt geworden, denn in der Erzählung „Festbeleuchtung“ nimmt sie die Wandlung des Großvaters völlig zurück, ja, wertet ihn sogar stärker ab als in den „Vorgeschichten“, was – so ansatzlos – nicht nur Zustimmung bei der Literaturkritik hervorrief.[6] Denn, wenngleich die Autorin wünscht, die einzelnen epischen Werke „nicht im Zusammenhang zu sehen“[7], so läßt sich das bei derart engen stofflichen Beziehungen kaum vermeiden; im Gegenteil: Es wird wohl geradezu provoziert, wenn die Figuren beispielsweise dieselben Namen tragen und sich bestimmter Episoden erinnern, die bereits in den vorangegangenen Werken eine Rolle gespielt haben.

Wenn von der Behandlung unterschiedlicher Themen im Zusammenhang mit einem organisierenden stofflichen Zentrum die Rede war, so ist die jeweilige Funktion der Jette-Figur in den Darstellungen ein Symptom dafür. Denn Jette ist in der Handlung der „Vorgeschichten“ durchaus nicht die Hauptfigur, wohl aber ein Medium des Erzählers, der mit dem Blick auf Jette erzählt, das heißt, daß die meisten Figuren in ihrem Bezug auf Jette gesehen werden, beispielsweise durch Verwandtschaftsbezeichnungen.

Helga Schütz versucht, der dem Leser durch Jettes Denken assoziativ anmutenden Erzählweise mit Episoden zu begegnen, die scheinbar den Zusammenhang durch abseitige Elemente sprengen, sich jedoch in der weiteren Darstellung sozusagen als Rezeptionsanweisungen herausstellen. Das geschieht vornehmlich durch die Anlage wichtiger Motive in diesen Episoden, die die Aufmerksamkeit des Lesers lenken sollen und durch ihre häufige Wiederholung textstrukturierenden Charakter haben. Ein überzeugendes Beispiel dafür wäre die religiöse Weltuntergangsvision des Kantors Tischer, die bis zum Schluß der Darstellung als Menetekel bei den Aktionen der Figuren im Hintergrund präsent bleibt, indem Textelemente der Vision immer wieder erscheinen.

Erstmalig in den Mittelpunkt einer Darstellung gerät die Jette-Figur in *„Jette im Schloß“*, dem längsten Text des Erzählbandes *„Das Erdbeben bei Sangerhausen und andere Geschichten“* (1972).

Die Handlung dieses Werkes besteht in der Einweisung Jettes in ein ehemaliges Schloß, das nunmehr als Heim für im

Krieg aufgefundene Kinder benutzt wird, der Befragung Jettes nach ihren Erinnerungen, damit der Suchdienst des DRK die Eltern ausfindig machen kann, und schließlich die Zusammenführung mit ihren Eltern. Unvermittelt setzt die Handlung damit ein, daß sich Jette – im Alter von sechs Jahren – nur an ihren Vornamen erinnern kann und an nichts sonst. Wenn man in dieser Hinsicht nicht an eine psychologisch völlig unglaubwürdige Gestaltung der Jette-Figur durch die Autorin glauben will[8], so bleibt für die Interpretation nur übrig anzunehmen, daß Jettes Verhalten als eine einem sehr gefährdeten Leben folgende Verweigerung zu verstehen ist, die ihr selbst gar nicht bewußt ist. Es ist ein Schutzmechanismus entstanden, der nur ganz bestimmte Abschnitte ihres vergangenen Lebens in ihr Bewußtsein dringen läßt.

Insgesamt erscheint der Text „Jette im Schloß" als eine Antwort auf einen interrogativen Nachsatz in Helga Schütz' erstem Buch: „Der Pole Adam Mickiewicz zitiert im vierten Teil seiner ‚Totenfeier' den deutschen Dichter Jean Paul: Schlage nicht das ganze zerrißne Buch der Vergangenheit auf [. . .]. Bist du noch nicht traurig genug?"

Es geht H. Schütz ganz offenbar in dieser Darstellung nicht einfach um das Erzählen irgendwelcher Geschehnisse ihrer eigenen Vergangenheit, sondern bei genauerem Hinsehen um die intellektuell anspruchsvolle Durchdringung von Zusammenhängen, die um das Thema der Notwendigkeit der Erinnerung für die Persönlichkeitsentwicklung gelagert sind. In einem die Darstellung gewissermaßen grundierenden Beziehungsgeflecht von wiederkehrenden Textelementen wird der Leser auf die Möglichkeit *und* die Gefahren des Erinnerns (vgl. Jean-Paul-Zitat) verwiesen und durch die Erzählinstanz zum Nachdenken provoziert. Dominant auftauchende Textelemente dieses Beziehungsgeflechts, die dem Leser als Impulse für die Sinnfindung dienen sollen, sind unter dem Stichwort „Erinnerung": sich erinnern wollen oder nicht wollen beziehungsweise können, vergessen und vergessen wollen; unter dem Stichwort „Suchen/Finden": sich selbst suchen, sich suchen lassen (vgl. Suchdienst), gesucht werden, sich finden (in der Vergangenheit) und sich finden lassen und das Gefunden-Werden schließlich „als Zauberformel". Wie schon angedeutet, gelingt es der Autorin mit einer alle Vereinfachungen vermeidenden

Darstellung, dem Leser diesen notwendigen und schmerzhaften Erinnerungsprozeß vorzuführen als Arbeit, ein Umstand, der vom Leser assoziiert werden soll, wenn er Jette beispielsweise in folgender Situation beobachtet:

„Zum Abendessen auf Jettes Teller eine besonders magere Brotration [...] und ihr ist auch gleich die Parole gegenwärtig: ‚Wer sich nicht erinnert, der soll auch nicht essen.'"

Wesentlich in diesem Zusammenhang erscheint weniger die äußere ‚Belohnung' für die Erinnerungsarbeit, die zunächst darin besteht, eine harmonische Beziehung zu den Angestellten des Kinderheimes aufzubauen, indem Jette ihnen durch Aussagen über ihre Vergangenheit die Suche nach den Eltern erleichtert. Vielmehr besteht der ‚Lohn' darin, über die Auseinandersetzung mit den Begebenheiten des früheren Lebens zu sich selbst als einer reichen, unwiederholbaren Persönlichkeit zu kommen. Dabei zeigt die gesamte Darstellung, daß die Erinnerungsarbeit auch Gefahren für die Persönlichkeit heraufbeschwören kann. Aus diesem Grund attackiert Helga Schütz eine verklärte Sicht auf die Naivität und Unbeschwertheit der Kinderzeit, indem sie in Jettes Erinnerungen an die unterschwellig brutalen Spiele mit den Nachbarskindern Begriffe der faschistischen Ideologie auftauchen läßt, die dem Leser die Gefährdung der Kinder durch eine mögliche spätere Vereinnahmung deutlich machen. In solchen Passagen ist „Jette im Schloß" durchaus als Vorläufer von Christa Wolfs „Kindheitsmuster" (1976) zu erkennen.

Auch Helga Schütz geht es in dieser Geschichte um das Woher, um die Vergegenwärtigung von möglicherweise prägenden bzw. heutiges Verhalten ihrer Generationsgefährten beeinflussenden Kindheitserlebnissen, die nicht verdrängt werden dürfen, sondern ins Bewußtsein gehoben und verarbeitet werden müssen. Aus diesem Grund beteiligt die Autorin den Leser durch die Erzählweise an ihrem Reflexionsprozeß (mit Hilfe des Mediums Jette). Dazu nutzt sie überzeugend die Situation, in der sich das Kind Jette befindet: schließlich entsprechen Fragen der natürlichen Form kindlicher Weltaneignung, Fragen der Erzieherinnen treiben auch die Entwicklung des Reflexionsprozesses voran, und die Fragen des erwachsenen Erzählers am Ende vieler Abschnitte sind suggestiv an den Leser gerichtet, sollen sie doch seine Rezeption steuern.

Die *Frage* strukturiert somit nicht nur die Darstellungsebenen der bisher vorliegenden epischen Werke der Autorin Helga Schütz, sie hat ebenfalls wirkungsstrategische Funktionen. Zugleich bestätigt sich – wie bei Helga Schütz – auch eine veränderte Funktionsauffassung von Literatur vieler DDR-Autoren der siebziger und achtziger Jahre. In einem Nachsatz ihres 1974 erschienenen Buches „Festbeleuchtung" schreibt H. Schütz dazu: „Ich schreibe und setze damit Zeichen. Lebenszeichen. Jedes erfundene Lebenszeichen enthält Fragen. Fragezeichen, die sich für mich plötzlich von den Fragen des Lebens unterm wirklichen Mond, unter wirklicher Sonne nicht mehr unterscheiden. Anlaß zum Schreiben: Den Fragezeichen folgen. Die Erfindung von wahrheitsgemäßen Antworten auf wirkliche Fragen nach erfundenen Sätzen, Geschichten."[9]

Die Erzählung „Festbeleuchtung" ist zunächst stofflich eine Weiterführung der Geschichte *„Festessen"* (1972) in „Das Erdbeben bei Sangerhausen". In dieser Geschichte wird eine Hochzeit und die sich daran anschließende Feier geschildert, die damit endet, daß der Bräutigam durch Robert Zenscher, den Bruder seiner Schwiegermutter, während einer Schlägerei aus eigentlich nichtigem Anlaß erstochen wird. Die Darstellung schließt mit einer Erklärung der anwesenden Gäste, die Tat des nun flüchtigen Zenscher zu sühnen.

„Festbeleuchtung" (1974) spielt zehn Jahre später, 1951, in Spitzbergen, einem Dorf im Südharz (BRD). Hierher hat es die ehemaligen Probsteiner verschlagen, und sie schicken sich an, dort seßhaft zu werden. Auch diese Erzählung schildert eine Hochzeit, und wiederum ist es die jetzige Witwe Blümel, die sich im Kreis jener Verwandten und Bekannten vermählt, die schon auf der früheren Hochzeit als Gäste waren: nur einer fehlt – Zenscher. Aber der kommt auch noch – und wird in den Kreis der ehemaligen Probsteiner wieder aufgenommen. Damit ist jedoch keineswegs die Besonderheit dieses Werkes dargestellt.

Beide Werke haben eine analoge Handlungsstruktur. Zunächst wird ein Geschehen dargeboten, das den Eindruck von größter Normalität erzeugen soll, wenn es sich auch um einen besonderen Tag im Leben der Figuren handelt; die Feier erscheint daher vor allem als Konzentrationspunkt, der für den Erzähler die Gelegenheit bietet, Informationen über die

Gäste und deren Lebensumstände zu vermitteln, die scheinbar mehr oder weniger zusammenhangslos erzählt werden. Der Zusammenhang wird dann jeweils organisiert durch eine unerhörte Begebenheit am Ende des Geschehens, die das vorher Erzählte in ein überraschendes Licht stellt und zu einer veränderten Bewertung des Verhaltens der Figuren vom Resultat der Geschehensentwicklung her auffordert. Denn die Handlungen sind jeweils so aufgebaut, daß die unerhörte Begebenheit vom Leser eindeutig als Zufall rezipiert wird und werden soll, aber dieser Zufall initiiert Haltungen der Figuren, die als notwendig (als gesetzmäßig hinsichtlich der Gesamtheit der Lebensbedingungen der Figuren) erkannt werden können. In besonderem Maße trifft das auf „Festbeleuchtung" zu.

Aus kleinbürgerlich-chauvinistischem Gemeinschaftssinn wird Zenschers Tat gedeckt, und damit werden die ehemaligen Probsteiner – gewissermaßen geschichtliche Erfahrungen in den Wind schlagend – für revanchistische Ambitionen benutzbar.[10] Für diesen Gedanken spricht auch der Titel der Erzählung: Während die zufällige Tötung im Dunkeln geschah, findet die Rehabilitierung in voller Festbeleuchtung statt, so daß sich alle Hochzeitsgäste schuldig machen, wenn auch jeder durch klägliche Sophismen versucht, gegen das eigene sittliche Gefühl die Schuld der Gemeinschaft zu verwischen; als könne diese Gemeinschaft noch ein zu bewahrender Haltepunkt für ihre Mitglieder sein. In diesem Sinne kehrt Helga Schütz das Motiv des Wartens auf den Erlöser um: Zenscher funktioniert als Katalysator in der Entwicklung der Probstein-Gemeinschaft zu einer desolaten Clique.

Stärker noch als in „Festessen" hat es der Leser in der letztgenannten Erzählung mit einem souveränen Erzähler zu tun, der sowohl Entscheidungen über das zu Erzählende trifft als auch ganz bewußt die Auswahl vorführt, indem er etwa am Beginn der Erzählung unterschiedliche Möglichkeiten des Einstiegs in die Geschichte reflektiert. Daraus ergibt sich ein weiterer Sinn des Titels. Der Erzähler beleuchtet, analysiert das sich abspielende Fest, ohne seine Parteinahme dabei zu verbergen, allerdings größtenteils auch ohne didaktische Erläuterungen, die dem Leser nur den Nachvollzug gestatten würden und ihn so entmündigten. Es ist eher so, daß der

Leser einem Stoff gegenübersteht, der eine besondere Atmosphäre gewinnt durch das Ineinandergreifen von ausgestellter Authentizität (so kann er z. B. Jettes unerlaubten Grenzübertritt auf der Karte verfolgen) *und* ausgestellter Fiktionalität – eine besondere Darstellungsweise, die die Souveränität des Erzählers begründet – deutlich erkennbar zum Beispiel am häufigen Gebrauch von Konjunktiven oder aber in Passagen wie der folgenden: „Wenn wir an dieser Stelle wissen lassen, daß der Mann [Zenscher; d. Verf.], den wir Schwiegerneffenmörder nannten, lebt und bis auf Kleinigkeiten gesund ist, wollen wir den hilflosen Mutmaßungen der Festgäste einen stabilen Rahmen machen."

Die Funktion solcher Erzählelemente ist die, dem Leser Distanzmöglichkeiten zu schaffen, ihm vor allem das Geschehene als analysierbar vorzuführen – ohne ihn zu beruhigen, unschwer ist Brechts Vers „Der Schoß ist fruchtbar noch" aus dem Epilog des „Arturo Ui" zu assoziieren.

Jette spielt in dieser Erzählung eine zwar untergeordnete, aber zugleich aufschlußreiche Rolle im Hinblick auf die bereits behandelte Problematik des sich fast zum Motiv auswachsenden Komplexes der *Frage* im epischen Schaffen Helga Schütz'.

Jette ist wohl im Figurenensemble die einzige, die der beschriebenen Entwicklung des Konflikts eine Wende zu geben in der Lage wäre, da sie – aus der DDR kommend – in einem anderen politischen Milieu aufgewachsen ist. Allerdings – und das ist ein Symptom für das Vermögen der Autorin zu differenzierter Figurengestaltung – versagt Jette, da sie nur von einer Position eines eben erwachenden, politisch simplifizierenden Bewußtseins aus die Dinge ihrer Umwelt bewerten kann und so die ehemaligen Probsteiner kaum zum Nachdenken bringt. Das fast bis zum Ende der Erzählung diese Infantilität und Nicht-Verinnerlichung politischen Gedankenguts charakterisierende Merkmal ist, daß Jette keine Fragen stellt – wie in früheren Darstellungen –, sondern daß sie nur „Antworten" parat hat. Erst zum Schluß fragt sie wieder und wird demzufolge vom Erzähler aufgewertet. Jedoch – so Helga Schütz – ist „die Geschichte, die sie [Jette; d. Verf.] mitbringt, [...] noch nicht erzählt".[11] Dies geschieht erst in „Jette in Dresden" und „Julia oder Erziehung zum Chorgesang".

Mit *„Jette in Dresden"* (1977) hat sich Helga Schütz wohl endgültig ins Bewußtsein vieler Leser – nicht nur in der DDR[12] – gebracht. Die Kritik stimmt im allgemeinen darin überein, daß dieses Werk den Höhepunkt des bisherigen epischen Schaffens der Autorin Helga Schütz bildet (das ist vor allem aus dem Tenor der Besprechungen zum darauffolgenden Roman „Julia" zu ersehen).

Tatsächlich kann die Erzählung als das ihr gelungenste epische Werk eingeschätzt werden. Dessen Erzähler macht die bereits beschriebene Souveränität gegenüber dem Stoff noch deutlicher, indem er ihn noch sensibler durchdringt, seine Widersprüchlichkeit noch intensiver beschreibt und auf jegliche Art von Didaktik verzichten kann. Zum Repräsentanten wird das Werk dadurch, daß alle für das Schaffen der Autorin bis dahin bedeutsamen Elemente wieder aufgenommen und differenzierter behandelt werden. Das heißt jedoch nicht, daß mit dieser Erzählung die anderen epischen Werke als Vorarbeiten abqualifiziert werden könnten. Eher handelt es sich um einen Akt der Aufhebung im Hegelschen Sinn, bei dem die Vorzüge des Werkes bewahrt und weiterentwickelt werden, jedoch bestimmte, veränderten gesellschaftlichen Konstellationen geschuldete Merkmale, die nun unangemessen erscheinen, ihre Negation erfahren. Das betrifft etwa die Verschiebung der Autor-Leser-Beziehung in Richtung auf eine tatsächliche Partnerschaft gegenüber einer früheren Beziehung, die gekennzeichnet war von einer über den Erzähler vermittelten mehr lehrhaften Haltung der Autorin.

Das heißt, daß dieser Akt der Aufhebung selbstverständlich an die individuelle Disposition der Autorin Helga Schütz gebunden, jedoch, wie die DDR-Literatur um die Mitte der siebziger Jahre zeigt, offensichtlich auch gesellschaftlich bedingt war.

Dem Leser wird Jette als Schulkind der Unterstufe in den ersten Nachkriegsjahren in Dresden vorgeführt. Sie lebt bei ihrer Großmutter, der Witwe Schmitt, während Jettes Eltern auf einem Bauernhof im Norden Westdeutschlands den letztlich scheiternden Versuch unternehmen, jene sogenannte Existenz aufzubauen, die später auch der Tochter zugute kommen soll. Nicht nur das Fehlen der elterlichen Erziehung und das Ungeübtsein der Großmutter bei der Lösung pädagogischer

Aufgaben, sondern vor allem die den größten Teil der deutschen Bevölkerung umfassende Suche nach neuen Normen des menschlichen Zusammenlebens bringen das Kind in eine in der gesamten Darstellung reflektierten Grundsituation: „Jette muß selber herausfinden, was statthaft ist."

Ein Sinnbild in der Darstellung für diese Entscheidung stellt die auffällige Existenz des Motivs (Scheide-)Weg dar, das nicht nur den Konflikt für Jette, sondern allgemein für das deutsche Volk markiert, das sich an einer Weggabelung befindet. Doch werden solche Kenntnisse berechtigterweise nicht breit repetiert, sie werden beim Leser vorausgesetzt, und es wird ihm so das Hinzudenken der gesellschaftlich-historischen Dimensionen durch die selbständige Sinnfindung in bezug auf das genannte Motiv anvertraut. Das Herausfinden dessen, „was statthaft ist", geschieht unter den Bedingungen der der Zeit geschuldeten pragmatischen Verhaltensweisen (wie kleine Schiebereien und Tauschgeschäfte der Großmutter mit Tabak, die Jette dilettantisch mit Chlorodont-Bildern nachzuahmen versucht und dabei scheitert), die in verschiedenem Maße moralisch integer sind und unterschiedliche Folgen für die Persönlichkeitsentwicklung zeitigen werden, so daß als Thema wiederum die Erforschung der wesentlichen, die Persönlichkeiten dieser Generation prägenden Erfahrungen gelten kann.

Diese Erfahrungen macht Jette vornehmlich in der Welt der Erwachsenen, doch bietet eben jene Welt ein – erst recht für das Kind – kaum durchschaubares System von einander widersprechenden Lebensanschauungen und Verhaltensweisen, das eine verläßliche Orientierung verhindert. Insofern spielt in der Erzählung die Reflexion des Problems, ob das Individuum Objekt und/oder Subjekt seiner Umstände sei, eine wichtige Rolle. Zunächst erfährt sich Jette als Objekt der Erwachsenen: Zum Beispiel in der Schule, in der sie von der Lehrerin „schon vorgesehen für die hinteren Ränge (war), für die Gestörten, Unmusikalischen und Unterernährten", wo Jette aber ebenfalls die Erfahrung macht, daß sie mit platter Anpassung auch keinen Erfolg hat, etwa wenn sie in einem Aufsatz – um einem Lehrer „entgegenzukommen" – behauptet: „In Moskau ist die Erde am meisten rund." – Und so entwickelt sich Jette; indem sie Versuche macht und scheitert – einmal sogar fast stirbt –, aber auch schwer errungene Anerkennung und Solidarität findet, die in ihr Aufgeschlossenheit dem Leben gegenüber und Lebenstüchtigkeit gründen.

Die tief optimistische Haltung des Erzählers in bezug auf die prinzipielle Unverletzlichkeit menschlicher Integrität letztlich wird deutlich in der paradoxen Schlußgestaltung, da Jette, ohne das Meer gesehen zu haben, mit den um ihre „Existenz betrogenen" Eltern unverzüglich nach Dresden zurückkehrt: „Da bin ich wieder! sagt Jette. Und wie ist das Meer? fragt Olaf [. . .]. Das Meer ist blau! schwindelt Jette."

Wie in ihrem Prosadebüt läßt Helga Schütz den Erzähler das Geschehen in vielen kurzen Abschnitten, die jeweils mit einer Überschrift versehen sind, darbieten. Doch während in den „Vorgeschichten" jeweils der erste Satz(-teil) als Überschrift verwendet wurde, ist es in „Jette" der jeweils letzte. Aufgrund des vom Leser nicht sofort einzuordnenden Sinns dieser Überschriften, die ganz bewußt aus ihrem Kontext herausgelöst werden, eröffnet die Autorin zunächst einen zusätzlichen Assoziationsraum, denn natürlich wird der Leser versuchen, die Kapitelüberschriften zum bereits Gelesenen in Beziehung zu setzen. Außerdem stellen diese Überschriften objektiv gewissermaßen eine Lektüreanweisung dar, nach der die Konzentration des Lesers stärker auf das Wie des Geschehensverlaufs orientiert wird, nämlich wie sich der Verlauf zu dem in der Überschrift vorgesehenen Schlußpunkt gestaltet. Mit diesem Darstellungsmittel gelingt der Autorin nicht nur eine Verstärkung des Spannungsmoments, sondern ebenso eine beim Rezipienten beabsichtigte Distanzierung von der Darstellung, die ihm eine ähnliche Souveränität ermöglicht wie dem Erzähler.

Die Unterbrechung des Text- und Darstellungskontinuums durch die Auflösung des Geschehens in viele Abschnitte stellt eine Analogie zur Schnittechnik im Film dar, was nicht verwundert, wenn man weiß, daß Helga Schütz auch zahlreiche Drehbücher und Szenarien für Film und Fernsehen schrieb.[13] Neben dem Versuch, Erfahrungen aus der Arbeit mit audiovisuellen Medien für die Gestaltung der Textebenen literarischer Werke nutzbar zu machen, äußert sich die Visualität ebenso in einer in allen bisherigen Werken zu beobachtenden auffälligen Verwendung von Farbepitheta. Ohne einzelnen

Farben vorschnell einen bestimmten Symbolcharakter zuweisen zu können und zu wollen, verweisen diese Epitheta doch zunächst nur auf die Farbensensibilität der Figuren/Erzähler, gibt es einige Farben, die eine gewisse ästhetische Wertigkeit und mithin Wertungsfunktion haben. Das trifft etwa auf Violett zu, die „einschmeichelnde Warnfarbe", dieser „sanfte Hinweis: Nicht berühren, Gift". Sie hat die Konnotation ‚negativ' oder ‚tödlich'. So wird etwa in „Festbeleuchtung" folgender Vergleich angestellt:

„In Spitzbergen gibt es vorläufig noch zwei Dialekte. Rot und blau gemischt macht violett, sagt die Farbenlehre. Kalt und warm wird lau, sagt die Wärmelehre. Was wird aus Spitzbergisch und Probsteinisch, wenn sich die Wörter zusammentun?"

Dieser Farbe kommt Signalfunktion zu, die eigentliche Semantik der Farbbezeichnung überschreitend, wie im letzten Satz des Romans *„Julia oder Erziehung zum Chorgesang"* (1980): Hier taucht sie interessanterweise im Zusammenhang mit einem (belichteten) Film auf.

Der Stoff dieses Romans führt den Leser unmittelbar an die Gegenwart der nun achtunddreißigjährigen Choristin Julia Berta Mann heran, ohne daß Erinnerungen an die Kindheit in Probstein ausgespart blieben. Und doch weisen die stofflichen und thematischen Aspekte als auch die objektive Wirkungsstrategie diesen Roman als charakteristisch für viele Werke der DDR-Literatur an der Schwelle von den siebziger zu den achtziger Jahren aus.

Schon mit den ersten Sätzen wird eine prinzipiell veränderte Erzählsituation widergespiegelt, in der von Souveränität gegenüber der fiktiven Wirklichkeit nichts mehr übrig ist:

„Später wird Julia von selber darüber reden, jetzt ist alles noch viel zu heiß. Die Ereignisse schwelen. Die Asche glimmt noch. Luftzüge könnten Brände stiften. Wir gehen aus dem Wind unters Dach und reden von den Sorgen der anderen."

Julia wird in einer Lebenssituation vorgeführt, die gekennzeichnet ist von einer Fülle scheinbar nicht zu bewältigender Konflikte, von Zweifeln, Enttäuschungen und einer allgemeinen Verunsicherung. Da ist zunächst die gescheiterte Ehe mit Ulrich, der Julia verlassen und mit einer anderen Frau leben will; da ist außerdem Gabriel Tischer (der Spielgefährte aus der Kindheit, den der Leser schon aus „Vorgeschichten“ kennt), der einen Kurzfilm über Julia drehen möchte, als einer Frau, „die singt und in der Partei ist“; und da gibt es schließlich Konflikte in ihrer beruflichen Sphäre. Diese Grundkonstellation läßt die Hauptfigur sowohl nach dem Sinn ihres bisherigen Lebens fragen als auch nach der Unverwechselbarkeit und moralischen Integrität ihrer Persönlichkeit, Fragen, die bei einem Großteil von Werken der DDR-Literatur dieser Jahre eine wichtige Rolle spielen.

In dieser existentiellen Krise sind Julia nahezu sämtliche Bewertungskriterien in bezug auf ihre Umwelt verlorengegangen, was sich besonders in der Erziehung und Beratung ihres fast erwachsenen Sohnes Robert bemerkbar macht, so daß sie am Tiefpunkt ihres Nachdenkens meint: „Es kommt wieder einmal alles zusammen. Gabriel, Robert und der Sozialismus – die Liebe, die Verantwortung und der Zweifel. Ich bin ein Narr des Glücks, sitze vor dem großen Breinapf ohne einen vernünftigen Löffel.“

In dieser Situation bleibt der Figur scheinbar nur der Versuch, aus ihrer Umwelt auszubrechen, um nach einer extremen Negativbilanz des gesamten bisherigen Lebens eher zu sich selbst zurückzufinden. Diese Negativbilanz wurde im besonderen von der Literaturkritik zum Roman zurückgewiesen, da durch die literarische Darstellung tatsächlich ein Katalog von Widersprüchen und Widerständen bezüglich der harmonischen Beziehungen in Julias gegenwärtigem Leben lediglich aufgeblättert wird, ohne daß die Probleme von der Figur in dieser Situation zu lösen sind, beziehungsweise ihre Lösung in Angriff genommen werden kann. Bedenkenswert erscheint trotzdem, daß der Roman – und das teilt er wiederum mit einer ganzen Reihe anderer Werke dieser Jahre – nicht in erster Linie als Abbild *der* Wirklichkeit rezipiert werden will, sondern vor allem im Hinblick auf seine Wirkungsstrategie zu bewerten ist. Die (bewußte) Anhäufung von Gegebenheiten in der literarischen Darstellung, die harmonische Beziehungen zwischen Individuum und Umwelt verhindern, zielt darauf, beim Leser Wirkungen zu hinterlassen, die ihn – ganz pauschal – sensibler für die Gestaltung solcher Beziehungen in seiner Umwelt machen sollen.

Zweifellos hat diese Art zum Teil moralisierender poetischer Konzeptionen jedoch ihre Tücken, denn erstens begegnet dem Leser allzuoft die ‚unpraktische' Haltung des entscheidungs- und handlungsunfähigen Hamletismus – eine Haltung, die trotz der Behauptung Julias, sie „heiße nicht Fräulein Hamlet", immer wieder durchschlägt, da sie sowohl mit der ständigen Wiederholung des Textelements *Warten* als auch (damit im Zusammenhang) mit dem Aufbau des Erlöser-Motivs (*Warten auf* ...) korrespondiert. Zweitens – ein wohl noch schwerer wiegender Einwand – sind Einbußen am dialektischen Charakter der Darstellung zu konstatieren; das zeigt sich an der Sinnveränderung des Chor-Motivs bei Helga Schütz: Im Roman wird (schon im Titel) die Einschichtigkeit der negativen Bewertung in diesem Motiv deutlich als Auslöschung beziehungsweise als Zurückdrängung von Individualität durch die Zugehörigkeit zu einer Gemeinschaft. So war die Autorin in der Durchdringung der Widersprüchlichkeit des Chor-Motivs in der Erzählung „Jette in Dresden" schon weiter, indem sie Jette an ihre Eltern schreiben läßt: „Im Chor singen wir die Vogelhochzeit. Ich bin die Eule." Genau an diesem Punkt wird erkennbar, daß die Mitgliedschaft in einem Chor zwar Einbußen – nämlich Unter- und Einordnung – mit sich bringt, daß aber die Bewahrung und Gewährleistung von Individualität nur in einer Gemeinschaft möglich und andererseits für deren Funktionieren notwendig ist.

Für die Thematisierung von Möglichkeiten der Identitätsfindung und Bewahrung von Individualität in der Gemeinschaft sprechen nicht nur die die gesamte Darstellung durchziehenden zahlreichen literarischen Zitate und Anspielungen, die für den Leser ein außerordentlich breites Assoziationsfeld anbieten, sondern in besonderem Maße die Diskussion dieser Problematik auf der philosophischen Ebene: Während verschiedene DDR-Autoren in den letzten Jahren in diesem Sinne die berühmte Stelle im „Kommunistischen Manifest", nach der „die freie Entwicklung eines jeden die Bedingung für die freie Entwicklung aller ist", nachdrücklich ins Bewußtsein der Gesellschaft hoben, greift Helga Schütz im Roman einen die Dialektik dieses Zusammenhangs genauer erfassenden Grundgedanken der „Deutschen Ideologie" von Marx und Engels auf: „Innerhalb der kommunistischen Gesellschaft, der einzigen, worin die originelle und freie Entwicklung der Individuen keine Phrase ist, ist sie bedingt eben durch den Zusammenhang der Individuen, ein Zusammenhang, der teils in den ökonomischen Voraussetzungen besteht, teils in der notwendigen Solidarität der freien Entwicklung Aller und endlich in der universellen Betätigungsweise der Individuen auf der Basis der vorhandenen Produktivkräfte [. . .]."

Diese philosophische Dimension der Behandlung solcher Probleme ist nicht neu im epischen Werk der Autorin. Zum Beispiel taucht schon im Text „Jette im Schloß" Ernst B(loch) auf, dessen „Philosophie der Hoffnung" der Kritik ausgesetzt wird, und im Julia-Roman werden vor allem Artur Schopenhauers Auffassungen über die Wahl der Einsamkeit als Möglichkeit zur individuellen Glücksfindung zur Diskussion gestellt.

Insgesamt sind solche Elemente der literarischen Darstellung bei Helga Schütz wohl als neue Befragung geistiger Leistungen der Vergangenheit zu interpretieren, die nicht zuletzt auch größere Sicherheit im Umgang mit diesem Teil des Erbes markieren.

In diesem vorerst letzten Werk Helga Schütz' zur Julietta-Figur zeigen sich Schwierigkeiten, die Dialektik des gegenwärtigen Entwicklungsstandes der sozialistischen Gesellschaft umfassend widerzuspiegeln. Wenngleich eingeräumt werden muß, daß die Autorin Wirkungsabsichten verfolgt, zu deren Realisierung ihr Einbußen bei der Abbildung der tatsächlichen Widersprüchlichkeit vertretbar beziehungsweise sogar notwendig erscheinen, ist die beschriebene souveräne Haltung in den frühen Arbeiten jetzt – gegenüber einem zeitlich sehr nahen Stoff – wohl doch viel schwerer zu gewinnen. Aus diesem Grunde erweist es sich bei der Beschreibung der Abfolge von Werken eines Autors auch nicht als sinnvoll, davon auszugehen, daß jedes neue eine „Höherentwicklung" gegenüber den früheren darstellt. Trotzdem – und andererseits deshalb – darf man mit Interesse auf die weiteren Ergebnisse des epischen Schaffens der Autorin Helga Schütz blicken.

HELGA SCHÜTZ

Kurzbiographie

Helga Schütz wurde am 2. Oktober 1937 im schlesischen Falkenhain (Sokołowiec) geboren. 1944 Umsiedlung, in Dresden Besuch der Grundschule und Gärtnerlehre; 1955/58 Studium an der Arbeiter-und-Bauern-Fakultät in Potsdam, im Anschluß daran (1958/62) an der Hochschule für Filmkunst (Diplom). Danach als Dramaturgin und freischaffende Schriftstellerin tätig.

1969 Heinrich-Greif-Preis für ihr Schaffen als Szenaristin, 1973 Heinrich-Mann-Preis der Akademie der Künste der DDR.

Marlis Sailer

Armin Stolper

Seit Anfang der sechziger Jahre schreibt Armin Stolper (geb. 1934) Stücke, Geschichten, Essays, Gedichte und Hörspiele. Prioritäten innerhalb dieses umfangreichen Werkes zu setzen fällt schwer, jedoch bleibt unumgänglich, Besonderheiten seines literarischen Werkes zu fixieren. Stolper ist vor allem als Dramatiker bekannt. Mit Erscheinen des Erzählbandes „Der Theaterprofessor und andere Käuze" macht er 1977 auch als Prosaautor auf sich aufmerksam. Viele Theaterstücke sind bis dahin entstanden, an denen sich die Entwicklung Armin Stolpers vom schreibenden Dramaturgen zum freischaffenden Schriftsteller nachweisen läßt. Bereits mitten im Prozeß des dramatischen Schaffens beginnen bei Stolper die ersten epischen Ansätze, offenkundig Eigenart einer Autorenentwicklung, die einen relevanten Teil aus der dramatischen Gattung schöpft.

Armin Stolper nennt einmal seine Mutter, Näherin im schlesischen Breslau, als jene Künstlerin, von der er, was Erzählen betrifft, viel gelernt habe, weil sie „die Welt – und sei es nur die Welt ihres Dorfes – sehr eigenwillig sieht und davon ebenso lebendig wie farbig zu erzählen weiß [...]; Zoten, Sprichwörter, Gesangbuchverse, Behauptungen, Verwünschungen, treuherziges Eingestehen eigener Schuld – das alles prägt die Erzählung meiner Mutter über Menschen und über sich selbst"[1]. Sie ist eine der Stimmen, „die ich brauche, und die ich in meinen Stücken bewahren möchte."[2] Nach der Umsiedlung nach Görlitz nach 1945 wird die Lausitz zur zweiten Heimat des Dichters und prägt in den siebziger Jahren in Theaterstücken und Geschichten nicht nur den landschaftlichen Hintergrund.

Wie beginnt nun die Laufbahn des Dramatikers Armin Stolper? Anfang der sechziger Jahre schrieb er eine Spielvorlage für die Laiendarsteller des Dorftheaters Berlin-Wartenberg, dessen Leiter Stolper war. Kulturpolitisches Auftragsbewußtsein und der Mangel an Gegenwartsstücken gaben die entscheidenden Anstöße für *„Das Geständnis"* (1963). Die wenig differenzierte und einfache Schreibweise des damaligen Dramaturgen Stolper entspricht Bedürfnissen der Laienschauspieler, die fernab jeder professionellen Erfahrung spielen.

Schon diese erste Arbeit verdeutlicht das Bemühen des Autors, nicht im Privaten beizehungsweise individuell Kleinen steckenzubleiben, sondern große Züge der gesellschaftlichen Entwicklung zu erfassen. Das Stück, entstanden nach der gleichnamigen Novelle von G. Nikolajewa, ist die Geschichte der Agronomin Nastja, die nach beendetem Studium in einer MTS eingesetzt wird. Für sie gibt es keine Trennung von privaten und gesellschaftlichen Interessen. Im Wohl aller sieht sie auch ihr Glück. Sie ist zu jedem Opfer bereit, wenn es um die Erfüllung gesellschaftlicher Aufgaben geht. Im Kampf Nastjas gegen Egoismus, Selbstherrlichkeit und Schönfärberei liegt die dramatische Substanz des Stückes. Theater ist für Stolper ein Medium, Diskussionen über unterschiedliche Haltungen und Verhaltensweisen anzuregen und zu führen. So ergibt es sich folgerichtig, daß in seinem Debüt die Zuschauer die Funktion des Mit-Spielers übernehmen sollen. Die Einheit von Bühne und Zuschauerraum wird durch die scheinbare Identität von Bühne/Theatersaal und Präsidium/Konferenzsaal (Stück) realisiert. Das Ansprechen des Zuschauers, das Bemühen, die Meinung des Zuschauers zu erfragen, gilt als Grundgedanke seiner dramaturgischen Konzeption bis in die siebziger Jahre. Im Erstling sind dem Grenzen gesetzt, weil über weite Strecken agitiert wird, ohne daß individuelle Eigenarten der Figuren überzeugend erlebbar gemacht werden. Rückblickend schreibt Stolper, er habe die handelnden Personen zu „mächtigen Rededuellen" ausholen lassen, „weil er ernsthaft meinte, man müsse den Menschen alles erklären, vor allem aber, daß seine Helden im Recht seien".[3] Mit Nastja, die sich durch persönliches Engagement und menschliche Größe auszeichnet, hat er indes einen Figurentyp geschaffen, der von ihm in den folgenden Stücken immer wieder aufgenommen wird, dabei an Ausstrahlungskraft gewinnt.

1965 adaptierte Armin Stolper den Granin-Roman „Dem Gewitter entgegen" für die Bühne. Mit diesem Stück, *„Zwei Physiker"*, setzte er seine Entwicklung als dramatischer Autor fort. Die Einrichtung des so umfangreichen epischen Werkes für das Theater war für ihn ein wichtiger Teilschritt, da hier das eigene Zutun an Bedeutung gewinnt. Gestaltet wird der Kampf eines jungen Wissenschaftlers gegen Leitungskader, die sich mit ihrer Beamtenherrschaft gegen das Vorwärtsschreiten der Wissenschaft stellen. Stolper fühlt sich selbst verantwortlich für die Beseitigung noch immer existierender Widersprüche, wie die nicht rigorose Beseitigung der Bürokraten und Parasiten, „die wir immer noch am Leben halten“[4]. In diesem Sinne sieht er auch die potentielle Wirkung seines Stückes: „[...] ich möchte gerne, daß wir Zeitgenossen uns im Leben voll als sozialistische Persönlichkeiten darstellen und verwirklichen können. Wozu uns Kunst helfe“.[5]

Ausgehend vom innigen Verhältnis zur Sowjetliteratur und vom „Herstellungszwang“ neuer Gegenwartsdramatik schreibt der damalige Dramaturg auch dieses Stück. Wenn er 1976 bekennt, daß er an Granins Roman sündigte,[6] so geschah das mit einem Augenzwinkern und mit dem Wissen um die Anfangsschwierigkeiten beim Schreiben. Der Text „Zwei Physiker“ deutet auf ein Kernstück Stolperscher Darstellungsweise, welches sich in Anfängen bereits herausschält: Das Gute im Menschen wird stets betont. Und es sind liebenswerte Menschen, die Stolper diskutieren läßt. Sogar negative Figuren tragen sympathische Züge und die Möglichkeit einer Haltungsänderung in sich. „Auch wenn unsereins nicht an Gott glaubt, sollte er nicht müde werden, den anderen für eine Erscheinung zu halten, bei der das Wunderbare und das Sonderbare eine einmalige Verbindung eingegangen sind, was uns verpflichtet, in jedem Menschen einen besonderen zu sehen“, heißt es in einem Schukschin-Essay Stolpers. Diese Intention – die Beachtung und Achtung des Eigenwilligen und Wunderbaren im menschlichen Wesen – wird vom Autor merklich akzentuiert.

Schon 1967 folgen drei Arbeiten, mit denen er auf sich aufmerksam machen kann: *„Der Sommergast“*, ein Hörspiel nach dem gleichnamigen Theaterstück von Gorki, die Komödie *„Amphitryon“* und die Bearbeitung zweier Stücke des italienischen Renaissance-Dichters Angelo Beolco unter dem Titel *„Ruzante“*.

Armin Stolpers Stück *„Zeitgenossen“* (1969) ruft zur Zeit der Aufführung – und auch später – beim Publikum, bei den Kritikern und in den Einschätzungen und Analysen des

Theaterverbandes große Resonanz hervor. Als Lennartz und Wieck Stoffe, Konflikte und theatralische Angebote der DDR-Dramatik jener Jahre untersuchten, hoben sie das Stück „Zeitgenossen“ hervor, weil dort der Vorgang, „wie individuelles Tätigsein zur gesellschaftsverändernden Tat wird“[7], exemplarisch deutlich sei. Das Stück, entstanden nach dem Filmszenarium „Dein Zeitgenosse“ von Gabrilowitsch/Raisman, war Ergebnis und Bestandteil des Hallenser Theaterexperimentes zur Entwicklung eines gegenwartsbezogenen sozialistischen Theaters und Dramas. Das Hallenser Theaterkollektiv, ein Ensemble, dessen Erfolg zu diesem Zeitpunkt in erster Linie in dem produktiven Verhältnis zur gesellschaftlichen Wirklichkeit begründet ist, das heißt in der Zusammenarbeit des Theaterkollektivs mit Werktätigen der Betriebe, den Partei- und Staatsorganen des Bezirkes und mit Wissenschaftlern außerhalb der Theateraufführungen. Interessant ist in diesem Zusammenhang die von Intendant Wolfram formulierte Arbeitsthese, die die Grundlage der damaligen Aktivitäten des Hallenser Theaterkollektivs bildete: „[...] je genauer wir erfassen, was wir den Menschen hier im Territorium bedeuten können, wie wir in ihrem Leben helfen können, desto eher wird das Theater seine Bedeutung über das Territorium hinaus festigen.“[8]

In diesem festgefügten Kollektiv nun entsteht das Stück „Zeitgenossen“. Es stellt Persönlichkeiten von Leitern vor, die sich durch Mut, Risikobereitschaft und hohes Verantwortungsbewußtsein für das gesellschaftliche Ganze auszeichnen: Gubanow und Nitotschkin ringen um optimale Lösungen, die der Großbetrieb in Beresowka durchaus auch erbringen könnte. In einem Gespräch bekräftigt Stolper seine Absicht, nicht technologische und Arbeitsprozesse auf die Bühne zu bringen, sondern „vielmehr das, was sie auslösen, also welche Haltungen die Menschen zu ihnen und vor allem untereinander einnehmen.“[9] Dies zu verwirklichen war auch schon in den früheren Stücken die Absicht des Autors. Doch gelingt es in „Zeitgenossen“ unter anderem durch das Vermeiden der „Einer-gegen-Alle-Konstellation“, das gesellschaftliche Wesen rein technologischer Fragestellungen transparent zu machen. Aus der Konstellation Einer-gegen-Alle wird das Verhältnis Einer-mit-Allen. Der Held, Gubanow, gelangt durch gemeinschaftliches Denken und Handeln, durch Gemeinsamkeiten mit anderen zu neuen Erkenntnissen im privaten und im gesellschaftlichen Bereich. Alles jedoch geschieht unter dem Aspekt des größtmöglichen Nutzens für die Ökonomie und für die Gesellschaft. Das Stück beschränkt sich keinesfalls nur auf die Ebene der Leiter und Planer. Private, scheinbar nebensächliche Konflikte fügen sich fast gleichberechtigt in die bestehende dramatische Grundproblematik ein, so daß Privates und Gesellschaftliches zu gleichen Teilen die individuelle Modellierung der Figuren bestimmt. Auf „mächtige Rededuelle“ wurde zugunsten einer differenzierteren und allseitigen Figurengestaltung weitestgehend verzichtet.

Die gemeinsame Theaterarbeit mit Wolfram und Schönemann in Halle ist für Stolpers künstlerische Produktivität von Bedeutung und bringt ihn zu den ersten größeren Erfolgen als Dramatiker.

1971 leitete Armin Stolper die neu gegründete Arbeitsgruppe „Neue Werke“ am Hallenser Theater. Noch im selben Jahr entsteht das Stück *„Himmelfahrt zur Erde“* – nach Antonows Novelle „Der zerrissene Rubel“. Spätestens hier stellt sich die Frage nach der immer wiederkehrenden Verwendung sowjetischer Vorlagen. Die Antwort gibt Stolper selbst:

„Was in diesem Lande passiert, im Guten wie im Bösen, womit sich die Menschen befassen, auseinandersetzen und herumschlagen, was ihnen das Herz leicht macht oder schwer, das steht mir so nahe, als würde es hier bei uns zu Hause geschehen [. . .]. Viele meiner Ansichten über das, was wichtig ist im Leben und wofür es sich einzusetzen lohnt, wären ohne mein Verhältnis zu ihr [der sowjetischen Literatur, d. Verf.] nicht zustandegekommen.“[10]

Daß Stolper als Quelle Materialien aus der sowjetischen Literatur bevorzugt, ist sein ganz persönliches Interesse an diesem Land, verbunden mit der Absicht, die sozialen Beziehungen der Menschen, ihre Haltungen und ihr Verhalten für die Darstellung in der DDR nutzbar zu machen.

In *„Himmelfahrt zur Erde“* fällt die reichere Figurengestaltung auf, wobei das dramatische Gegeneinander an Wertigkeit abnimmt, sich dafür Konflikte *in* den Figuren selbst herausheben. Die Änderungen im Vergleich zur epischen Vorlage sind wesentlich. Die Erzählung bot dem Autor die Möglichkeit, das Individuum mit seinen ureigensten Ansprüchen in das Zentrum des Stückes zu rücken, wobei die Zeichnung der Eigenheiten jeder Figur strukturbestimmend wird.

Antonow erzählt die Geschichte des Vitali Pastuchow, der aufs Land gegangen ist, um dort all seine Fähigkeiten für die Produktionssteigerung einzusetzen. Seine Bemühungen schlagen fehl. Vitali, enttäuscht von der dortigen Arbeitsmoral, wird schließlich (wohl resignierend) gehorsam. „Wo man ihn hinsetzt, da sitzt er, wie man ihn hinstellt, so steht er. Er ist ruhig geworden wie eine Mumie."[11] Antonows Warnung, sich davor zu hüten, einen Menschen bei der Einordnung in ein Kollektiv seiner Individualität zu berauben, ihn „in seine eigene graue Schablone zu pressen"[12], ist das Fazit der Erzählung.

Stolper, der den Hauptteil der fabeltragenden Handlung übernimmt, negiert das moralisierende Element weitestgehend, akzentuiert dafür die Vielschichtigkeit der Figuren, die Motive ihres Handelns und die Frage, auf welchem Weg und unter welchen Bedingungen der einzelne zu einer Entscheidung gelangt. Seine Darstellung zielt nicht auf die Anpassung des einzelnen, sondern auf die Art und Weise der Einwirkung des Kollektivs. Hierbei stehen die individuellen Besonderheiten gleichberechtigt neben den Forderungen des Kollektivs. Der Autor will Diskussionen auslösen, wobei ihm die Frage: Wie gehen wir miteinander um? – wesentlich erscheint. Er hat mit den Figuren dieses Stückes eindrucksvolle, eigenwillige Charaktere vorgestellt, zwischen denen das Spannungsverhältnis – trotz „gleichgesinnter Gegner" – eindeutig bestimmt ist.

In dieser Zeit wendet sich Stolper – auch in theoretischen Schriften – gegen eine Vereinfachung heutiger Lebensprozesse und -erscheinungen. Theater dient ihm zur Vorführung seines Gemeinschaftsbildes, seiner Vorstellung von neuen sozialen Beziehungen. Vom Zuschauer erwartet er, daß dieser sein Handeln überdenkt, es – wie die Helden seiner, Stolpers, bisherigen Stücke – in Übereinstimmung mit den gesellschaftlichen Erfordernissen bringt. In der Ausformung solchen Bewußtseins wird spätestens im Stück „Himmelfahrt zur Erde" ein relevanter, in den folgenden Stücken die Struktur merklich beeinflussender Schwerpunkt deutlich: Die Darstellung von Widersprüchen als „reale lebensvolle Auseinandersetzung unter Menschen verschiedenster Art."[12] Das Hauptaugenmerk richtet sich auf die Verschiedenheit der Individuen, die be- und geachtet wird. Stolper faßt diesen Neuansatz in folgende Worte:

„[...] ich setze meine ganze Kraft darein, jedem das Recht auf volle Entfaltung seiner Individualität zuzusichern, keinen im Sinne von gewolltem Verhalten zu manipulieren."[13] Er fordert dazu auf, freundlich mit den Menschen umzugehen, und vermittelt dem Zuschauer Denkanstöße zum Problem der Individualität – letztendlich zur immer neuen Frage nach dem Wesen des Menschen unter sich verändernden konkreten gesellschaftlichen Bedingungen.

Diese neuen Intentionen werden in *„Klara und der Gänserich"* (1973) für Leser und Publikum in kräftiger Art und Weise faßbar. Es ist das erste Stück, das nicht nach einer unmittelbaren Vorlage geschrieben wurde. Trotz massiver Einwände zu inhaltlichen und strukturellen Lösungen hält der Autor das Stück für das wichtigste, was er geschrieben hat, konnte er sich doch hier nicht auf vorgeformte Materialien verlassen, sondern mußte mit Hilfe eigener Erfahrungen und Kenntnisse von Menschen und deren Beziehungen die eigenen Absichten – wie das Erkennen der Poesie im Alltag – zur Wirkung bringen. In einem Interview bezeichnete der Autor das Stück als einen „Grenzfall", der den Übergang von einem bisher bearbeiteten Feld auf ein neues kennzeichnet, den Übergang vom schreibenden Dramaturgen zum selbständigen Autor markiert und auf das engste verknüpft ist mit der Suche nach Figuren und Situationen, die das Theater mit neuen Farben und Tönen beleben sollen. Stolper nennt das Stück in einem Brief an das Hallenser Schauspielerkollektiv eine „szenische Auseinandersetzung über die Frage: wie soll man leben?"

Die Vorgänge lassen sich kurz wiedergeben. Klara kehrt in das Dorf, das sie vor acht Jahre verließ, als selbstbewußte, die Leute verstehende Bürgermeisterin zurück. Ihr Gegenspieler ist der LPG-Vorsitzende Heinrich Basdorf, der selbstherrlich und alleinherrschend das Dorf zwar voranbringt, die Menschen dabei aber vergißt. Zwei unterschiedliche Auffassungen von Lebensweise bzw. Lebensqualität werden dem Zuschauer vorgestellt. Der übermäßige Einsatz poetischer Phantastereien des Gänserich lassen das eigentlich Dramatische in den Hintergrund treten. Der wirkliche Anspruch des Stückes – die Bedeutung der individuellen Eigenheiten im Zusammenleben der Menschen und das Vorstellen der gegensätzlichen Lebenshaltungen von Klara und Basdorf – kann nicht durchgehend aufgenommen werden. Auch die den anderen Figuren beigegebenen Poesien können nur teilweise zum Gesamtgeschehen in Beziehung gesetzt werden. Doch sind diese Details in ihrer Eigenständigkeit bedeutsam, da der Autor hier Bräuche und Traditionen seiner Lausitzer Heimat szenisch vorstellt. Zudem war es für ihn ein bedeutender Entwicklungsschritt zu ergründen, welchen Stellenwert die Poesie und die Phantasie im alltäglichen Leben der Menschen hat – und welche Wirkungsmöglichkeiten sich auftun, wenn man sich als Schriftsteller auf das eigene Lebensbild besinnt. „Klara und der Gänserich" dokumentiert die Suche des Autors nach einer neuen Methode des Stückeschreibens, deren Basis die Erschließung der Poesie im Menschen selbst ist.

Charakteristisch für die Arbeit des Dramatikers Armin Stolper ist, daß er es nicht beim ersten Versuch bewenden läßt. Unmittelbar nach der Uraufführung in Halle (1973; Regie: Ekkehard Kiesewetter) überarbeitet er das Stück, eine weitere überarbeitete Fassung liegt 1977 vor. Neben einer strafferen Dialogführung in jenen Textpassagen, die den Leitungsstil des Vorsitzenden Basdorf betreffen, der neuen Konzeption der Gänserich-Figur, die nicht auf eine sprüchemachende Phantasiegestalt reduzierbar ist, bleibt der Selbstmord von Rudi Seilkopf (ein dreißigjähriger Ingenieur, der Vorstandsmitglied der Genossenschaft ist) die wichtigste Änderung in der Neufassung. Stolper warnt vor selbstzufriedenem Verhalten, vor Mißachtung der uns umgebenden Menschen und vor Gleichgültigkeit in den zwischenmenschlichen Beziehungen.

Das Wissen um die Notwendigkeit einer neuen Verarbeitung von Wirklichkeitsverhältnissen, auch um die notwendig gewordene Weitergabe eigener Weltsicht bestimmt die neue Phase des Schaffens von Armin Stolper: „Ich weiß, daß ein Stück, wie ich es heute meine, meine Sicht aufs Leben, meine Kenntnisse von ihm, meine Art zu fühlen und zu denken aussprechen muß, und zwar in meiner Sprache".[14]

Die Aneignungs- und Umsetzungsweise gesellschaftlicher Wirklichkeit geschieht mit Beginn der siebziger Jahre bei Stolper nicht mehr vordringlich als Adaption sowjetischer Vorlagen. Die eigenen Sehweisen sozialer Beziehungen innerhalb gesellschaftlicher Entwicklungsprozesse werden in der Figurendarstellung sichtbar, die poetische Ausweitung bestimmt den Handlungsgang. Gar erscheinen Volksfeste, Lieder und Sprüche der Lausitz der Konfliktgestaltung übergeordnet.

Armin Stolper hat einen Prozeß der Selbstverständigung in Gang gebracht, in dem die Stücke „Der Schuster und der Hahn“ und „Aufzeichnungen eines Toten“ als notwendige und die eigenständige Entwicklung des Autors bezeugende Bestandteile seines dramatischen Schaffens stehen. Und es ist kein Zufall, daß in diesen beiden Stücken Künstlerproblematik reflektiert wird. Die Forderung nach Beachtung und Anerkennung der Spezifik künstlerischer Produktion läßt sich aus den Handlungen und Haltungen des Hahns und Maksudows – dem literarischen Debütanten aus dem Stück „Aufzeichnungen eines Toten“ – ableiten.

In dem Spiel *„Der Schuster und der Hahn“* (1974) wählte Stolper einen Gegenwartsstoff, in dem sich Wirkliches und Phantastisches, Aktuelles und Märchenhaftes zusammenfügen. (Diese ästhetischen Neuheiten und Intentionen des Autors wurden durchaus nicht immer akzeptiert, z. B. vom Brandenburger Theater. Das Inszenierungsangebot wurde mit folgender Antwort ausgeschlagen: „Der ‚Zeitgenossen‘-Stolper ist uns lieber, mit dem hier können wir nichts anfangen.“[15]

Anstelle von Aktionsreichtum und Figurenhäufigkeit setzt Stolper in diesem Stück wenige Figuren in ein einfaches Handlungsgefüge. Kleine Geschichten fordern den Zuschauer auf, seine Umgebung – auch die alltäglichsten Dinge – näher zu betrachten und gleichzeitig die poetische Ausweitung des Lebens gemeinsam mit dem Autor zu entdecken. „Der Schuster und der Hahn“ bietet den Versuch, ein poetisches Fabulierfeld für unterschiedliche Weltsichten zu schaffen, mit denen sich der Zuschauer in Beziehung setzen kann. Hier wird eine in sich geschlossene Geschichte „erzählt“: Der Schuster streitet in all seinen Begegnungen mit der Nachbarin, der Gemeindebotin Lucie, mit einem jungen Burschen und dem Hahn. Dieser Hahn nutzt jede Gelegenheit, den Schuster und seine Kumpane – den Briefträger und die Katze – bloßzustellen. Die jedoch beschließen, den Hahn zu töten. Der Hahn wird von

Lucie und dem jungen Burschen vor dem Zugriff des Schusters bewahrt. Der Schuster und der Briefträger erschlagen statt des Hahns im Finstern zwanzig Hennen. Als der Schuster am nächsten Morgen seiner Tat gewahr wird, fährt er „in die Tiefe" hinab.

Stolper hat seine Figuren mit viel Liebe gezeichnet und lieferte sich ganz, wie er selbst schreibt, dem „Abenteuer des Stückes" aus: „[Ich] schlüpfte bald in die Rolle des Schusters, bald in die des Hahns, tanzte im preußischen Ballett, nahm den letzten Schluck aus der Flasche, knüpfte mir den Strick, verliebte mich in Lucie, zog den berauschenden Duft der Linden in mich ein, stampfte mich gleich Rumpelstilzchen in die Erde und verkündete sonnengleich meine menschliche Moral – mit einem Wort: es war märchenhaft."[16]

Das dem Stück vorangesetzte Tieck-Zitat aus dessen Schauspiel „Die verkehrte Welt" unterstützt die Annahme, daß Stolper seinen Poesie-Begriff mit Hilfe der Romantik formulieren wollte. In dieser Art Hinwendung zur Romantik werden sowohl neue Erfahrungen als auch ein notwendig gewordenes differenzierteres Herangehen an literarische und künstlerische Traditionen sichtbar. Stolpers Verdienst besteht in der produktiven Sicht auf die Romantik, die sich auf die Rolle der Phantasie bei der geistigen Aneignung der Wirklichkeit gründet. Er ist von der Notwendigkeit poetischer Welterfahrung bei der Entwicklung der geistigen Welt des Menschen auch im Zeitalter der wissenschaftlich-technischen Revolution überzeugt. Die produktive Rolle der Phantasie gilt für Armin Stolper als notwendige Erweiterung des bisherigen Funktionsverständnisses von Kunst. Sein Romantik-Bezug erwächst aus dem Bemühen, Nüchternheit zu verdrängen und an deren Stelle die Phantasie anregende Elemente zu setzen. Er sieht die Schöpferkraft jedes Menschen gefährdet, wenn der Phantasie, dem Fabulieren und dem märchenhaft Überhöhten wenig Raum bleibt oder geschaffen wird. Diese neue ästhetische Konzeption bringt naturgemäß Schwierigkeiten hinsichtlich ihrer Realisierung auf der Bühne. Stolper selbst war lange Zeit ein Beispiel für die „glückliche Ehe zwischen Theater und Autor".[17]

In dieser neuen Phase seines Schaffens, in der er das Theater als Vorführfeld moralischer Wertungen nutzt, als Experimentierfeld für neue Formen des Figurenspiels, in der er sich mehr die Treue hält, „als dem Theater lieb war“[18], sieht er sich einer deutlich minderen Unterstützung seitens der Bühnen gegenüber.

Das gibt denn den Anstoß für die Fertigstellung des Stückes *„Aufzeichnungen eines Toten“*, dessen Grundthema Stolper einmal auf die Formel „Wunderwelt Theater – Wunde Welt Autor“[19] brachte. Angelehnt an Bulgakows „Theaterroman“ entwickelt Stolper folgenden Handlungsablauf: Der Angestellte Maksudow schreibt seinen ersten Roman, der jedoch nicht veröffentlicht wird. Angeregt durch einen Regisseur, beginnt Maksudow widerwillig mit der Umarbeitung seines Romans zu einem Theaterstück. Das anfänglich große Entgegenkommen und Verständnis mehrerer Theaterleute für Maksudows Arbeit wandelt sich im Laufe der konkreten Zusammenarbeit. Das Stück soll ohne grundsätzliche Änderungen nicht gespielt werden. Die vorgeschlagenen Änderungen seitens der Theaterleitung sind im Grunde völlig spontan und stimmungsabhängig, künstlerisch kaum motiviert. Da diese Veränderungen die Aussage des Stückes umgestalten, wichtige Passagen ungewollt komisch, ja lächerlich machen würden, weigert sich Maksudow, sie auszuführen. Damit erlischt das Interesse an Maksudows Stück, bis schließlich das „Unabhängige Theater“ öffentlich kritisiert wird, sich zuwenig um Gegenwartsdramatik zu bemühen. Die Folge ist, daß sofort mit den Proben zu Maksudows Stück begonnen wird. Für Maksudow scheint das ein Sieg zu sein. Die Theaterpraxis zeigt ihm jedoch, daß die Schwierigkeiten bei der Inszenierung eines Stückes nicht geringer sind als die bei dessen Entstehung. Das Stück endet mit dem Satz Maksudows: „So begannen die Proben zu meinem Stück. Noch stand mir alles bevor. Können Sie verstehen, warum ich eines Tages auf der Kettenbrücke stand, stehen mußte?“[20]

In der Fragestellung liegt schon die Antwort: In derart erstarrten Theaterverhältnissen wird die Kreativität von Autoren notwendigerweise abgebaut. Dieses Stück nun scheint Stolper geeignet, auf Schwierigkeiten und Erkenntnisse der eigenen Entwicklung als Autor hinzuweisen, beispielsweise bei den Erfahrungen mit dem Typ des poetischen Stücks. Eine genaue Betrachtung der „Aufzeichnungen eines Toten“, wie auch die Berücksichtigung der weiteren literarischen Arbeit Stolpers rechtfertigen die Annahme, daß er beileibe nicht zur Resignation auffordert. Ihm geht es um das Aufzeigen ungünstiger Faktoren für die Ausprägung von Individualität und Schöpfertum des Künstlers.

Maksudow geht nicht an den gesellschaftlichen Verhältnissen zugrunde, sondern an dem Widerspruch zwischen gutwilligem, naivem Künstler und den erstarrten, bürokratischen Verhältnissen im Theater. Stolper versucht, diesen Widerspruch als lösbar darzustellen.

Seine Intentionen, menschliche Besonderheiten vorzustellen, die Atmosphäre des lausitzischen Dorfes einzufangen und vor allem die Konflikte, die menschlichen Auseinandersetzungen in ihrer Vielfalt vorzubringen, bestimmen seine gesamte literarische Arbeit in der zweiten Hälfte der siebziger Jahre.

1977 erschien dann der erste Prosaband, *„Der Theaterprofessor und andere Käuze"*, in dem in dreizehn Geschichten die unterschiedlichsten Menschen mit all ihren Eigenheiten dem Leser vorgestellt werden. Biographisches wird in allen Geschichten sichtbar. In der Erzählung *„Mein erstes Fuder"* ist es der jugendliche Ich-Erzähler, der über ein ihm wichtiges Ereignis – das Einbringen des ersten Getreidefuders – berichtet. *„Der Landdoktor"* entstand, weil Stolper diesen Charakter, der sich durch Vitalität und Menschenkenntnis auszeichnet, für überaus mitteilenswert hält. Eine Episode aus dieser Erzählung – der ungewöhnliche, auch witzige Umgang des Arztes mit seinen Patienten – sollte ursprünglich in „Klara und der Gänserich" aufgenommen werden, weil sie aber das Stück gesprengt hätte, mußte Stolper diese Absicht aufgeben.[21]

So erschließt sich dem Leser nach und nach die dörfliche Welt des Erzählers, werden seine Freunde und Kollegen porträtiert, wird permanent Anlaß gegeben, die „kleinen Dinge" des Lebens immer wieder neu in Erfahrung zu bringen.

Seit 1977 arbeitet Armin Stolper als freischaffender Schriftsteller. Die Loslösung von der Institution Theater (1972 bis 1976 war er Chefdramaturg am Deutschen Theater Berlin) und die sich ihm nun stärker eröffnende Möglichkeit, auch in der epischen Gattung sein „poetisches Programm" wirksam werden zu lassen, läßt bedeutende Prosawerke entstehen, so bereits zwei Jahre später *„Die Karriere des Seiltänzers"* (1979).

Dieser Band vereint neun Erzählungen und ein Stück. Das sind Texte, die sich auf künstlerisch-vielfältige Weise einem Thema verpflichtet fühlen: Die Relevanz der Poesie im Leben der Menschen. Ob in Märchen, Parabeln oder Träumen, ob durch Narren oder Märchengestalten – die uns umgebende Wirklichkeit ist das Ziel der literarischen Auseinandersetzung. Und wer nicht an die Wahrheit der Märchen und an Notwendigkeit von Poesie und Phantasie im Leben der Menschen glaubt, muß lebensbedrohende Erfahrungen machen, wie jener Herr Professor aus der Erzählung *„Der Wolf, nicht totzukriegen"*.

„Komm, sagte die Zeit zum Menschen, wir wollen sehen, was wir an dir ein wenig verbessern können [...] du läufst wie ein lebendiger Anachronismus herum und leidest mir manchmal etwas zuviel unter dem Fortschritt, den du selber angerichtet hast. Höchste Zeit, daß wir dich ein bißchen herrichten, damit du besser in die heutige Welt paßt."[22] Diese ironisch gemeinten Sätze aus der Erzählung *„Die Verbesserung des Menschen"* stehen indes keinesfalls als Beweis einer moralisierenden Autorenhaltung, doch lenken sie auf wichtige Aspekte von Stolpers Wirkungsabsicht. Der Autor will betroffen machen, indem er die Frage: Wie wandelt sich der Mensch unter sich ständig verändernden konkreten gesellschaftlichen Bedingungen?, in seinen Werken große Aufmerksamkeit widmet. Weiterhin folgt bei Stolper solcher Gegenüberstellung von Mensch und Welt sogleich die Darstellung von Menschenbeziehungen in kraft- und lebensvoller Buntheit, daß von dem in die Passivität gedrängten Menschen nur noch die ironische Brechung bleibt – und sich so die Möglichkeit einer Orientierung auf die produktiven und widersprüchlichen Beziehungen von Individuum und Gesellschaft ergibt.

Das gilt in gleichem Maße auch für das 1979/80 entstandene Stück *„Die Vogelscheuche oder Die Heimkehr des verlorenen Sohnes"*, in dem die Verbesserung des Menschen zur Diskussion steht. In einer Regieanweisung stellt Stolper seine Haltung zu den Personen klar, nämlich daß er sie „nicht bessern oder geradebiegen", sondern vielmehr von ihnen erzählen will, von Leuten dieses Landes, die in der „Widersprüchlichkeit ihres Tuns das Widersprüchliche unserer Entwicklung bezeugen mögen; nicht mehr und nicht weniger".[23]

Der Autor konfrontiert den Leser – oder Zuschauer – mit folgender Situation: Christian, die Hauptgestalt des Stückes, kehrt nach vielen Jahren in sein Dorf zurück, das er verlassen hatte, weil an ihm „irgendwie" der Verdacht eines Mordes hängengeblieben war. Bei seiner Geliebten, Marie, ist jedoch der Schriftsteller Paul zeitweilig zu Hause. Christian Kowalski, Ende Dreißig und Gelegenheitsarbeiter, hat kein leichtes Leben gehabt. Das erzeugt in ihm Unbehagen – auch gegen sich selbst –, Trotz und die Neigung zu provokantem Verhalten anderen gegenüber. Das Stück zeichnet den Lebensweg Christians nur bruchstückhaft. Die Ursachen dieser nicht geradlinig verlaufenden Biographie werden aber indirekt, z. B. in Gesprächen, aufgedeckt.

Christian stellt sich am Beginn des Stückes selbst vor: „Denn schickte man mich nach unten, / ging ich prompt nach oben, / Sollte ich meine Gusche halten, / fing ich stets an zu toben! / Und sollte ich Wasser holen, / brachte ich sicher Wein".[24] Diese Art Einstimmung auf die Widersprüchlichkeit der Christian-Figur ruft eine konkrete Fragestellung hervor – die nach der Ursache gegensätzlichen Tuns. Wollte Christian alles ‚recht' machen, oder wird bewußt eine oppositionelle Haltung bezogen? Die anderen Figuren stehen nicht als geballte Masse dem Besserungsfall Kowalski gegenüber. Auch sie werden mit Stärken *und* Schwächen gezeichnet. Obwohl sie im Widerspruch zu Christian stehen, sind sie doch auf seiner Seite, fühlen sich verantwortlich. Das ist eine Konstellation, die erkennen läßt, ob der Autor durch seine Figuren auf gesellschaftliche Bedingungen hinarbeitet, die Individualität ermöglichen – und das ist bei Stolper unbedingt der Fall – oder ob die konsequente Trennung von der – dem Haupthelden fremd erscheinenden – Wirklichkeit beabsichtigt ist.

Stolpers Figuren haben alle eine eigene Geschichte, sind voller Lebenshunger und auf der Suche nach der Verwirklichung ihrer Träume. Hier wird der wertorientierte Aspekt augenscheinlich: In welche Richtung gehen unsere Träume und Vorstellungen vom Leben und Arbeiten, vom Miteinander? Wie kommt es, daß das materielle Sein auch Erscheinungen des nur materiell Ausgerichtetseins erzeugt? Der Dramatiker beschreibt alltägliches Leben in einer Gemeinschaft, in der es gilt, Traditionen zu bewahren, das heißt, Neues zu gewinnen, ohne zwangsläufig schon Gehabtes zu verlieren, und – wie es sinngemäß in der Erzählung „Verbesserung des Menschen" heißt – in der es gleichzeitig gilt fortzuschreiten, ohne vom Menschen fort zu schreiten. Die Welt empfinden und gestalten, ohne daß andere Menschen um des Weiterkommens willen mißbraucht werden, ein menschliches Miteinander ist es, das in den Figuren der Stücke und der Erzählungen auflebt. Und Stolper zeigt nachdrücklich am Beispiel der Christian-Figur, daß der Gemeinschaft – in die die praktische Einordnung des Menschen nicht problemlos vor sich geht – eine außerordentliche Bedeutung zukommt. Was man so gern als Einordnung des Menschen bezeichnet, fordert Verständnis, Kraft und Achtung der Persönlichkeit, und Stolper geht auf die Schwierigkeiten ein, die das Einordnen einzelner erschweren. Hier werden gesellschaftliche Verantwortung und individuelles Bemühen als widersprüchliche Einheit behandelt.

Christians Lieder und Sprüche haben den Menschen im Dorf gefallen, aber: „[...] mit einem Mal war das aus und vorbei! Irgendwann sind dem Vogel die Flügel gestutzt worden. Irgendwann ist seine Kehle vertrocknet."[25] Das Miteinander ist und bleibt Stolpers Grundthema – eine engagierte Haltung, die in der Frage Maries betont formuliert wird: „Wenn die Starken den Schwächeren nicht beistehn, wozu sind sie stark?"[26]

Empfindung, Beachtung des anderen, Besinnung auf sich selbst und die Verantwortung für die weitere Ausbildung akzeptabler sozialer Beziehungen sind folglich wichtige Charakteristiken Stolperscher Figuren. Sie lassen sie zu wachsamen, lebensvollen Menschen werden, die verantwortungsvoll handeln oder sich daran orientieren.

Dieses ethische Konzept wird in dem Stück *„Die Vogelscheuche oder Die Heimkehr des verlorenen Sohnes"* durchgehalten, und typisch dafür ist, daß das Versagen des Individuums nicht ihm selbst zur Last gelegt wird, sondern daß die Gesellschaft als Verantwortungsträger befragt wird. Das Stück endet mit der Regieanweisung: „Während weiter getanzt wird, geht Christian zu dem leeren Standgerüst. Er entledigt sich all seiner Sachen und zieht sie wieder dem Gerüst an [...]. Im Scheinwerferkegel geht die nackte Gestalt des Mannes nach hinten und verschwindet schließlich in der Tiefe der Bühne."[27]

Ein solcher Schluß läßt aufhorchen und legt nahe, die Menschen nicht in wichtige und unwichtige zu unterteilen, auch kann niemand sich herausreden, die Unbequemen seien „Außenseiter". Denn: Die Lebensqualität in unserer Gesellschaft muß auch dadurch bewertet werden, ob und wie sie sich mit der Existenz von „Außenseitern" abfindet. Armin Stolper nimmt sich das Recht, derartige Fragen zu stellen, wobei keine Antwort gegeben, jedoch der bedingungslose Einsatz von Phantasie und Poesie gefordert wird.

Der dritte Prosaband, *„Geschichten aus dem Giebelzimmer"* (1983), ergänzt die Bemühungen des Dramatikers Stolper. Nicht ohne Grund hat er die Stücke „Klara und der Gänserich", „Der Schuster und der Hahn" und „Die Vogelscheuche..." zur *„Lausitzer Trilogie"* zusammengefaßt. Nun entsteht die Lausitz mit ihren Menschen, ihrer Vergangenheit und Gegenwart, mit ihren Bräuchen und ihrer landschaftlichen Schönheit in kleinen und großen Geschichten vor den Augen des Lesers.

„Ich steck noch mitten drin in dieser Welt und sie in mir, und nur, wenn ich mich auf die engste Nähe mit ihr einlasse, was zugleich die größten Gefahren impliziert, habe ich eine Chance, daß aus dieser Verbindung etwas entsteht, was sich von anderem Eigenartigen unterscheidet und das die Menschen vielleicht brauchen."[28]

In dieser Bemerkung aus *„Überflüssiger Disput eines Bühnendichters mit den Geschöpfen seiner Phantasie"* ist das aktive Moment des Erlebens der Wirklichkeit deutlich hervorgehoben und die Hoffnung ausgesprochen, daß die eigene Weltsicht anderen nützen könnte. Daß dem so sein dürfte, hat der Dramatiker und Prosaautor Armin Stolper gerade in den letzten Jahren bewiesen.

Kurzbiographie

Armin Stolper wurde am 23. März 1934 in Breslau (Wrocław) geboren; sein Vater war Lokomotivführer, die Mutter Näherin. 1945 Übersiedlung nach Görlitz, Besuch der Oberschule, 1952 Beginn eines Studiums (Philosophie und Germanistik) in Jena; 1953/59 Dramaturg am Senftenberger Theater; Beginn der engen Zusammenarbeit mit

Horst Schönemann, dem er als Dramaturg an das Maxim-Gorki-Theater nach Berlin folgte; 1961/63 Arbeit am Deutschen Theater und 1963/66 an der Volksbühne, wiederum als Dramaturg. Daneben (im Auftrag des Gorki-Theaters) 1960/64 Leiter des Dorftheaters Wartenberg. Danach am Landestheater Halle, wo er 1971/72 die Arbeitsgruppe „Neue Werke" leitete; 1972/76 Chefdramaturg am Deutschen Theater in Berlin, dann freischaffend tätig.
1970 Lessing-Preis, 1972 Kunstpreis des FDGB.

Jochanaan Christoph Trilse

Rudi Strahl

Die Wendeltreppe in den blauen Himmel
oder
„Sag einfach, was für ein Kerl er war . . .“
R. S.

Als Prosaautor (Kinderbücher, Erzählungen), Film- und Fernsehszenarist sowie als Lyriker bereits seit langem bekannt, entdeckte Rudi Strahl (geb. 1931) Anfang der siebziger Jahre das Theater für sich. Es wurde für ihn ein wichtiges Genre, zeitweise das wichtigste, doch nie ausschließlich. Die Breite des Schaffens ist mehr als gewöhnlich. Strahl ist gewissermaßen eine Großmacht – in der Hauptsache von der Wirkung her. „In Sachen Adam und Eva“ (U: 1969) wurde ein Bühnenerfolg ohnegleichen, der den Schriftsteller ins Bewußtsein des Publikums brachte, ihn zum Erfolgsautor, mehr noch, zum Volksautor gemacht hat.

Strahl begann als Lyriker. Was macht indessen seine Lyrik aus? Was bringt Gefallen? Ein freirhythmischer, doch gereimter Siebenzeiler mit dem provokanten Titel *„Einer jungen und hübschen Lyrikerin ins Poesie-Album“* gibt schon eine erste Antwort:

Wenn ich
lauschend deinem Wortgebimmel nachts mit dir
auf einer Parkbank hocke,
wird mir selbst
der schönste Sternenhimmel
zur fatalsten Seelenkäseglocke.

Das ist zweifellos eine Absage an eine (oft manirierte) Art von Modernismus, doch auch mehr. Strahls Gedichte haben eine andere Richtung: Bezüge zu Traditionen sind oft augenfällig – etwa bei *„Im D-Zug“* (zu Kästners „Eisenbahngleichnis“), *„Im Hotel nebenan“* oder gar *„Zufälliges Wiedersehen“*, wo Kästners Wartesaal-Bild wiederkehrt. *„Strandsolo für eine Männerstimme“* könnte auch bei Eugen Roth gestanden haben, die *„Angst der Ochsen“* wieder bei Heine (auch „Ursache und Wirkung“, bis in die Wortspiele hinein). Das Gedicht

„Episode", die Erinnerung des lyrischen Ich an eine Begegnung mit einem Mädchen, verweist auf Brechts „Erinnerung an die Marie A." wie auch auf Hacks „Unterm Weißdorn" oder Rainer Kirschs „Morgenlied" (aus „Reglindis"). Es ist die sinnliche Linie, der Strahl zugehört.

Da sind Traditionslinien, Bezüge, doch keines seiner Gedichte ist Abklatsch, fast jedes hat einen eigenen Zug, eine eigene Wendung, mitunter gar eine Gegenposition oder Widerlegung. Gerade die auf Kästner bezogenen Gedichte bringen auch ein Wider ins Spiel, Perspektive, Optimismus (bei gleichzeitigem Austragen von Resignativem oder Widersprüchlichem). Überhaupt Heiterkeit: Sie ist geradezu eine zentrale Befindlichkeit im Schaffen dieses Autors.

Strahl hat mehrere Gedichtbände veröffentlicht. Der beste ist wohl *„Eine Wendeltreppe in den blauen Himmel"* (1980), eine Art Auslese, vereinigt mit einer Reihe neuer Gedichte. Es sind meist gereimte vier- oder achtzeilige Strophen-Gedichte, oft im Liedcharakter, einige in dem des Spruches oder Aphorismus, gelegentlich im Romanzen- oder Balladen-Ton. In seinen aphoristischen Texten kann er kurz und knapp sein und präzis. *„Für und wider"* heißt solches Spruchgedicht:

> Gepriesen sei
> der Ruf zum Meinungsstreit,
> doch nötigt uns
> die schöne Zeiterscheinung
> nun endlich auch zu gänzlich eigner Meinung –
> denn daran, Freunde,
> haperts noch zur Zeit.

Von Liebe und Tod – also dem Zentralen im Leben – handeln umfangreiche Gedichte, so das siebenstrophige *„Ich liebe dich"*. Die größten der Denker und Dichter haben die Liebe als höchsten menschlichen Wert erkannt und besungen; warum sollte es dieser nicht so sehen, so leben und dichten. Und er tut's direkt, wiederum polemisch:

> Und bring ichs nie als Dichter zur Vollendung:
> Ich liebe dich! Ich glaube aber auch,
> die literarisch streng verpönte Wendung
> bleibt doch von Mund zu Mund im Sprachgebrauch.

Ja, so wird es – zum Glück – wohl bleiben, und der Dichter bleibt da voll im Realen. In *„Ruhe sanft"* stellt sich das lyrische Ich die Situation vor, wie man an seinem Grabe reden wird: falsch bis verlogen, irgendwelche Tugendhaftigkeiten preisend und nicht das eigentliche Leben, sein Leben. Strahl greift hier – wie so oft und ziemlich genau – ein wichtiges Thema auf, löst es auf seine Weise, realistisch-normal:

> Und der Redner niest beleidigt,
> schneuzt sich gar ins offene Grab,
> schweigt und schmeißt den Rest der Rede
> schwarz auf weiß zu mir herab.
> „Fahr zur Hölle", knurrt er nur noch –
> endlich wird auch er normal,
> und dann schließt sich sacht die Grube.
> Jetzt ist Feierabend, Strahl!

Sicher ist der sogenannte gesunde Menschenverstand, der oft genug zur Legitimation von Unsinn oder Unrecht herangezogen wird, kein ästhetisches Kriterium. Hier vielleicht doch (Todestag, Trauerrede)! Strahl bringt so manche Fragen zur Sprache, die viele Menschen berühren, gibt oft einfache, doch wiederum verblüffende und vielfach richtige Antworten. Lebenshilfen auch! Nicht zu Unrecht trägt der zitierte Sammelband den Untertitel *„Neue und gebrauchte Gedichte"*. Letztes Attribut ist durchaus doppelbödig: gebraucht, weil schon vorher da und gelesen, gebraucht aber doch, weil nötig.

Gebraucht-Werden – das wollen im Grunde alle Dichter und Schriftsteller, zumindest die Realisten und Humanisten. Strahl nimmt es wörtlich, er arbeitet in erster Linie für hier und heute. Gebrauchslyrik, Gebrauchsstücke – das klingt oft pejorativ, ist auch so gemeint, irgendwie herablassend, geringschätzig. Das stimmt nur dann, wenn die literarische Güte nicht oder zuwenig vorhanden ist. Natürlich hat auch Strahl Texte geschrieben, die zu leichthin, zu sehr mit heißer Nadel genäht sind. Doch generell träfe das auf ihn nicht zu. Er will wirklich gebraucht werden, helfen, soweit Literatur das überhaupt kann. Auf jeden Fall will er sie lachen machen, und das ist Hilfe, oft jedenfalls.

Daher reagiert er häufig sehr schnell auf bestimmte soziale oder moralische Sachverhalte, greift Ereignisse auf, läßt sich von seinen – meist guten – Einfällen tragen und schreibt auf, schreibt, schreibt, bedient die Medien Fernsehen, Film und Funk, vor allem das Theater, wie im letzten Jahrzehnt, macht

Gedichte, schreibt Romane, Feuilletons ... Da kann es geschehen, daß es seinen Grundkategorien Optimismus und Heiterkeit an Tiefe gebricht. Vielleicht hat just diese Leichtigkeit (und Leichtigkeit ist keine Untugend, sondern etwas, das schwer zu machen ist) ihm zu seinem Erfolg verholfen? Andererseits: Birgt sie nicht die Gefahr, die angesprochenen Probleme, Konflikte, Widersprüche gar zu sehr zu verwischen, zu harmonisieren?

Vorerst ist jedoch die quantitative Bilanz dieses Autors, der sich im eigenen Nekrolog („Ruhe sanft") als faul bezeichnet, beeindruckend. Die etwa 2500 Seiten Text (verschiedener Größe vom weitgedruckten Kinderbuch bis zum Bühnenmanuskript) machen sowohl Gedichtbände als auch Romane (die Grenzen zur Erzählung sind fließend), Kinderbücher, Erzählungen, Feuilletons, Lyrik, Kurzszenen[1], Stücke, die am ehesten mit dem Genre-Begriff „Lustspiel" zu kennzeichnen sind, und Einakter sowie weitere Stücke im Bühnenmanuskript[2] aus. Hinzu kommen mehrere Filme, entweder nach Original-Szenarien („Der Reserveheld", 1965; „Seine Hoheit, Genosse Prinz", 1969) oder nach Prosatexten („Meine Freundin Sybille", 1967; „Du und ich und Klein-Paris", 1971; „Ein irrer Duft von frischem Heu", 1975) sowie Fernsehspiele („Das Doppelzimmer", 1965; „Ein gewisser Herr Katulla", 1973, u. a.).

Das ist nun keine Biographie, eher eine Art Porträt, sein Schaffen quantitativ kennzeichnend. Sein Leben ist vom Äußeren her nicht so interessant. Kindheit und Schulzeit erlebte er im faschistischen Deutschland, Spuren davon sind im Werk kaum zu finden. Seine Jugend stand im Zeichen des Aufbaus einer neuen Gesellschaft. Er wurde Soldat und Offizier in der Nationalen Volksarmee; was ihm mehr als nur Beruf war. Davon zeugen Spuren im Schaffen, auch wenn seine Biographie selten im Vordergrund seiner Arbeit steht (worin er seinem Dramatiker-Kollegen Peter Hacks gleicht. Diese Freundschaft führte bekanntlich zu einer Art Koproduktion, als Hacks „Er ist wieder da" umarbeitete und „Barby" entstehen ließ).

Strahls Hauptwirken fällt zweifellos in die Zeit des entwickelten Sozialismus, also in eine Reife-Phase der Gesellschaft – auch mit eigenen Widersprüchen, deren er sich auf eigene Weise bemächtigte, eben, wie es Hacks einmal im Gespräch formulierte, in „kritischer Zufriedenheit mit seiner Klasse". Seine Stoffe entstammen meist dem inneren Lebensbereich eben der arbeitenden Menschen, oft jüngerer und junger. Selten hingegen greift Strahl auf den historisch-mythischen Bereich zurück, der dann jedoch stets unmittelbar ins Gegenwärtige verpflanzt oder mit der Gegenwart konfrontiert wird: „Wie die ersten Menschen", „Arno Prinz von Wolkenstein", „Das Blaue vom Himmel", im weitesten Sinne auch die Adam- und Eva-Stücke, denen das biblische Menschenpaar zugrunde liegt. Greift Hacks meist weit in die Vergangenheit zurück – und über deutschsprachige Grenzen hinaus –, um das Gegenwärtige in großer historischer Dimension und weltpolitischer Weite zu fassen, so bleibt hingegen Strahl meist im sozialen Konkretum DDR (nicht ohne indessen auf Widersprüche zu stoßen, die außerhalb der Landesgrenzen und der eigenen Generation wirksam sind).

In gewisser Hinsicht Schlüssel für den Schriftsteller Strahl, seine Art, sich der – sozialistischen – Realität zu stellen, sie ästhetisch zu bewältigen, mag wohl der Prosaabend *„Einer schwieg nicht"* (1957) sein; er umfaßt mehrere Geschichten (Novellen), die Titelgeschichte ist schon fast dem Roman angenähert. Beschrieben wird ein Fall von Zivilcourage, als eine unrechte Sache aufgedeckt wird. Die Haltung ist so mutig wie versöhnlich, die Mittel humoristisch. Programmatisch für den Poeten Strahl, der sein eigener Held ist (nicht im autobiographischen Sinne).

Strahls Ästhetik läßt sich zunächst von ethisch-gesellschaftlichen Maximen herleiten: die genannte „kritische Zufriedenheit mit seiner Klasse", also kritisches Benennen, um zu verändern; in allem das Gegenbild zum (beinahe) „Kult" des Negativen mancher anderer Kollegen; das Auflösen der Konflikte im Sinne der guten Lösung, was manchmal nur Happyend ist; das Heranführen seiner Leser und Zuschauer an seine Figuren, meist Leute wie du und ich, über das Kleine, ja Banale (was die Gefahr des Banalen in sich hat), wie in den Romanen, aber auch in Stücken („Vor aller Augen"), Heranführen indes auch über das Mittel der Identifikation, das beileibe nicht zum starren Prinzip wird.

Die Erzähltechniken der Prosa sind einfach, meist linear, er nutzt Schelmenroman („Krösus"), so wie Bildungsroman

(„Happy End"), über die Komposition der Lyrik wurde bereits gesprochen; die dramatischen Techniken sind am differenziertesten, weil sie unter anderem auch technische Medien (Film, Funk, Fernsehen) bedienen. Ansonsten behauptet Strahl das Primat der Literatur, der Dramatik im Theater. Die Experimente des puren oder absoluten Theaters, dessen Hauptkraft im Gestisch-Mimischen liegt und dem Literatur (oft) nur Regievorlage ist, sind für Strahl, für das eigene Arbeiten, von geringem Interesse. Er insistiert noch immer auf das ‚Stück'. Die Stücktechniken (bzw. Dramaturgien) holt er sich, wo er sie findet und wofür er sie braucht: vom Volksstück und Märchenspiel, vom Schwank wie der Nestroyschen Posse bis zum Boulevardstück. Die meistgenannte Genre-Bezeichnung seiner Komödien ist „Lustspiel". Die klassische Dramaturgie eines Gustav Freytag, die nicht so schlecht ist, wie Brecht und die Brechtianer sie gemacht haben, scheint er gut zu kennen – auch Striese. Manche Leute rümpfen bei dem Begriff Boulevard-Stück die Nase. Nun ist Boulevard nichts von vornherein Schlechtes. Vorzüglich gebaut und glänzend gespielt muß es sein, denn es braucht den Erfolg. Freilich transportiert das Boulevardtheater bisher meist bürgerliche Inhalte und Gedanken, apologisierte und sank weitgehend zur Schmiere herab. Doch kann das Boulevardstück das bürgerliche Leben so darstellen, daß es mitten ins Herz trifft. Bei Scribe konnte man das schon finden, bei Kalisch und in der Gegenwart auch bei Neil Simon. Wenn Strahl nun diese Strukturen und Techniken nutzt, um sozialistische Inhalte und Gedanken zu transportieren – wer wollte einen Stein auf ihn werfen?!

Herzstück ist ihm der Einfall. Was nur für herrliche hat er! In der Prosa ist es beispielsweise der Lotto-Gewinn („Krösus") – was so etwas für Folgen haben kann! Oder auch der Einfall, daß Leute, bevor sie gleich wieder – oder nach schrecklichen Jahren – zum Scheidungsrichter laufen, sich einem Eherichter zu stellen haben – wie schön! Als die Affen von den Bäumen kamen und die ersten Menschen wurden – dies zum Thema der Menschwerdung, des Sich-Humanisierens in der Gegenwart: darauf muß man ebenso kommen wie auf die Begegnung normaler DDR-Bürger im Urlaub mit einem Prinzen oder Burgherren in Wolkenstein, und so wären noch viele gelungene Einfälle zu nennen, die zur Idee von Stücken wurden.

Darüber hinaus: Strahl schafft schöne Rollen, aus Liebe zum Schauspieler. Er baut für sie gute Dialoge. Es gibt Sprachwitz, Sprachspiele. Allerdings wird er durch sein Identifikationsverfahren oft dazu verführt, zu sehr in die Haut seiner Figuren zu schlüpfen und ihre Sprache zu sprechen.

In der *„Flüsterparty"* geht das bis zur Sprachschluderei, zumal nahezu alle Figuren denselben Ton, die gleiche wortarme Sprachgebärde haben.

Es geht viel Witz verloren, so wird auch der „Krösus" nachgerade langweilig am Ende, und das – so komisch auch immer gedachte – Erzieherische bleibt auf der Strecke.

Sicher, Strahl liebt seine Figuren, seine Leute, die kleinen Leute. Doch muß das nicht dazu führen, daß man sich ihnen gar zu eng beigesellt. Der Autor muß eine Art „lieber Gott" bleiben, wie er selbst es einst äußerte. An anderer Stelle, beispielsweise *„In Sachen Adam und Eva"*, da tut er das geradezu diktatorisch, obwohl er dem Publikum die scheinbare Freiheit der Abstimmung läßt, doch eben nur scheinbar: Die Ehe jener fragwürdigen Figuren, die sich im Stück selbst disqualifizieren, wird dann doch geschlossen. Der herrliche Einfall mit seiner Idee der Prüfung ist dann faktisch ins Happy-End umgebogen. Ist das nun eine Reverenz an das Boulevardtheater oder Konsequenz der Humanität des Autors, seiner „Freundlichkeit" gegenüber Mensch und Welt? Sicher gilt beides. Diese Freundlichkeit zeichnet wirklich den Menschen wie das Werk aus. Er kann nicht weh tun. Da, wo er es tut (*„Wie die ersten Menschen"*, *„Er ist wieder da/Barby"* oder *„Flüsterparty"*), sind die Stücke auch stärker und dichter und dafür an bestimmten Stellen kantig und schartig.

Habe ich den Mut zum Lustspiel, zum Komödischen, sollte ich im Konflikt die bestmögliche Wendung wählen, oft die humanste. Das heißt auch Mut zur Utopie, zum gedachten Bestmöglichen. Doch liegt da die Gefahr zum Verschwimmen, zum Zudecken, zu einer alles kittenden Harmonie, im schlimmsten Falle zur Unwahrheit. Dieser Gefahr ist der Autor im *„Stein des Anstoßes"* dann auch nicht entgangen: mit diesen Figuren, besonders dem Arztehepaar, einer Art von Leichenfledderern, ist kein gutes Ende zu machen.

Wie anders gelang dies in *„Das Blaue vom Himmel"*, jener bitteren Komödie um die letzten Chancen im Friedenskampf und vor der Weltvernichtung. Im blauen Himmel des Mythos mit Petrus, den Erzengeln, Tod und Teufel geht das mit dem „neuen Menschen": „[...] solang noch der Hauch einer Chance ist [...]. Man muß es den Menschen nur ganz genau sagen." Hier obsiegte die Freundlichkeit des Autors als Grundgestus und überzeugt.

Lustspiel um jeden Preis gelingt sicher nicht bei jedem Stoff – eine alte Frage, diese Dialektik Stoff – Form, nicht immer leicht zu machen, auch nicht von Strahl. Im Grunde ähnlich ist das Problem in der Erzählprosa. Am ehesten – und dort fast nahtlos – ist es im Märchen machbar, im Kinderbuch. Natürlich können hier nicht alle behandelt werden. Es mögen zwei genügen, die jedenfalls mir am besten gefallen haben: *„Robinson im Müggelwald"* (1969) und *„Sandmann sucht die neue Stadt"* (1968), beide illustriert von Eberhard Binder. In einem Gedicht lobt der Erzähler für Kinder die Phantasie, denn was wäre Kunst ohne sie? Und Kinderbücher sind ohne sie gar nicht möglich, sie haben davon am meisten.

Die Sandmann-Geschichte ist für Kleinere, die gespannt gemacht werden aufs Neue, aufs Suchen überhaupt. In gereimten Fünfzeilern, rhythmisch gar nicht einfach, und doch eingängig – der kindliche Leser ist mittendrin im Land der Poesie. Mir scheint nur die Hochhaus-Welt zu idyllisch, wohl zu sehr dem Geist der endsechziger Jahre geschuldet. Bereits für ältere Jungen – an der Schwelle zum Jugendlichen – ist der „Robinson im Müggelwald". So ein richtiges Jungen-Abenteuer wird da erzählt, so eins mit Hunden und Polizisten, den Bewohnern eines ganzen Viertels, die alle einen Jungen suchen, der während eines fürchterlichen Gewitters im Wald geblieben ist. Es gibt Verwicklungen – bis zum schließlich guten Ende. Hier stimmen auch die Idylle und die Gemeinschaft so vieler Menschen. Freundlichkeit als Gestus – hier ist und wirkt sie ganz und gar.

Der erste größere Roman *„Aufs Happy-End ist kein Verlaß"* (1966) ist meines Erachtens der wohl beste, weil in sich geschlossen und mit genau gezeichneten Figuren. Stahlbaumonteur Ronny, die Filmschauspielerin Anna-Susanna und ein Automobil-Oldtimer, ein Chevrolet Baujahr 1916, spielen gewissermaßen die Hauptrolle in einem Städtchen irgendwo im Süden des Landes. Außenaufnahmen der DEFA finden dort gerade statt. Eine – nebenher – nicht ganz so freundliche Satire auf den Filmbetrieb – man merkt, hier kennt einer das Metier. Die Geschichte ist heiter und hat dennoch einen ernsten Grundzug: eine gefeierte Filmdiva liebt diesen sauberen und geraden Arbeiter (Ronny). Es gibt ein Happy-End. Gibt es wirklich ein glückliches Ende, oder besser gesagt: ein Weiter? Strahl läßt es doch ein wenig in der Schwebe, für die Geschichte reicht es. „Dies Leben ist eins der schönsten [...]? – Nein – *das* Schönste überhaupt!" so endet die Geschichte vom Ronny und seiner Anna-Susanna.

Weitaus weniger geglückt ist *„Der Krösus von Wölkenau"* (1967). Sicher: Man kann annehmen, daß junge Leute Blödsinn machen; wenn dann ein junger Autoschlosser gar einen riesigen Lotteriegewinn hat und halbwegs größenwahnsinnig wird, entsteht noch mehr Blödsinn. So jagt eine Unsinnigkeit die andere; das Genre des Schelmenromans gibt das zunächst her. Aber in der Häufung würgt sich die Komik selbst ab. Die Geschichte kippt um, wird trist, doch nicht nur die Lage dieser Jungmänner-Meute um jenen Krösus, um den sich noch allerlei anderes Gelichter geschart hat, sondern eben die Darstellung selbst. Und so trist wird dann auch die moralische Umkehr dieses Krösus, als er erkennt, daß Geld allein nicht glücklich macht. Strahls Vorliebe, ja Mut, Banales im Leben literarisch darstellungswürdig zu machen, eines der schwierigsten Unterfangen, gerät in die Gefahr, an sich wieder banal zu werden, zeitigt es doch derartige Resultate. Hier tritt eine nicht seltene Schwäche im Figurenaufbau Strahls besonders deutlich zutage: er setzt seine Figuren oft zu weit unten an, wertet sie ab (so in: *„Nochmals ein Ding drehen"*, *„Vor aller Augen"*, *„Stein des Anstoßes"*), macht sie derart mies (wie Zeitgenossen dieser Art nun oft sind), daß die Umwertung, der Drehpunkt, die positive Wendung, eben die Freundlichkeit nicht gelingt.

Ein ganz gelungenes, sozusagen positives Beispiel in der Prosa ist *„Du und ich und Klein-Paris"* (1968) – eine reizende kleine Liebesgeschichte, die in Leipzig spielt. Strukturiert durch die Wechsel-Monologe der Figuren Angelika und Thomas, die die Fabel erzählen, ist die Geschichte gut komponiert und hat Atmosphäre. Es kommt einiges an Welt durch Ausländer herein, der Gefahr des Provinzialismus somit entgegenwirkend. Ein wenig Philosophie und auch Literatur (bis Schillers „Ode an die Freude"), lustige Situationen und eine feine Erotik machen das Geschichtchen sinnenhaft, wirken materialisierend, dabei durchaus mit etwas Romantik – und auch für Erwachsene lesbar.

Wie schaut es nun mit der späteren Prosa aus, den kleinen Texten der siebziger Jahre, die in Sammelbänden vereinigt sind? *„Es war die Lerche oder Vom Elend heutiger Liebender"*, diese ins Optimistische geführte Romeo- und Julia-Variante, stimmt da nicht sehr hoffnungsvoll. Kann man diese Umkehrungen im Bereich der kleinen Leute, der Welt also, die Strahl poetisieren möchte, weil er sie liebt, und weil das eine Aufgabe der Zeit ist, so einfach machen? So sicher nicht: das Herangehen, die Geschichte selbst – bringt wieder jenes Umkippen ins Banale.

Wie nahe jedoch das Banale neben Tiefem liegen kann, zeigt indessen der Band *„Menschen – Masken – Mimen"* (1984) mit Proben aller Gattungen. Bei den Gedichten vom Wesen her nichts Neues, dafür in den Prosa- und Szenenversuchen (am Rande vermerkt – die Gattungen sind sich oft sehr nahe). Strahls Prosastücke (*„Das kleine Tirili"*, *„Die akustische Panne"*, *„Wir sind doch alle, alle Menschen"*, *„Der Brief"*) kann man sich gut und gerne gespielt vorstellen, sie stehen in der geistigen wie dramaturgischen Nähe zu *„Zimmer mit Frühstück – für Musiker"*, *„Und plötzlich: ein Clown"* (1982) oder auch *„Die Lust zum Gesang"*. Hier liegen Linien zur Weltliteratur offen (zu Tschechow oder Różewicz): Die Kuriosität im Verhalten vom Leben gebeutelter Menschen, die ihre Würde wahren, die ihnen andererseits der Autor wahrt, trotz aller Nähe zur Groteske, die man sonst bei diesem Autor selten findet (am ehesten in einigen späteren Stücken).

Die beiden Clownsspiele (*„Und plötzlich: ein Clown"* sowie *„Die Grimasse"*) stellen Absurdes dar: Der Direktor, der sich in einen Narren verwandelt, die Schauspieler, die sich um das Primat von Clown und Held streiten, ihre Rollen tauschen – eine Parallele zu den Clownspielen des Samuel Beckett, die nur trauriger sind. Doch sind sie indessen nicht so negativ, wie das die bürgerliche Legende immer behauptet, sie sind nicht absurd, sondern eher die Bewältigung des Absurden. Strahl seinerseits mußte sie nicht mal umkehren oder parodieren; wenn parodieren, dann im hohen Sinne der Travestie, er machte sie nur freundlicher. Doch grad hier ist diese Freundlichkeit ungleich tiefer, ehrlicher, wahrhaftiger als anderswo. Das Glanzstück dieses Bändchen (wie anders auch im großen Dramenband des Henschelverlages abgedruckt) ist die „Kleine Komödie" (so der Untertitel) *„Schöne Ferien"* (U: im Fernsehen 1981). Wieder eine einfache Grundsituation: Drei alleinstehende Leute (zwei Frauen, die Arbeiterin Meta und Leonore, Dame aus „besserem Hause", ein Mann namens Löwe) treffen in einem miesen Gewerkschaftsheim zusammen, ihr Urlaub ist verregnet. Was da an Haltungen, Verkehrtheiten und andererseits menschlichem Reichtum vorgeführt wird, wie sich die Menschen zeigen, gar entwickeln, Vorurteile abbauen, zu einer Dreiergruppe zusammenfinden, Freunde werden – das ist abendfüllend. Die Rollen waren für Käthe Reichel, Inge Keller und Wolf Kaiser geschrieben, als der Stoff zunächst für das Fernsehen gedacht war; Strahl hat es dann später für die Bühne bearbeitet (U: 1982).

Zunehmend Theater, Theater, Theater bei Rudi Strahl: Das belegt nicht nur die Zahl der Stücke seit den frühen siebziger Jahren, wobei etliche der kleinen Stücke selbst im Theater- beziehungsweise Künstler-Milieu spielen. Schließlich äußert er sich zuweilen über Theater und schreibt über Schauspieler: Liebevolle Kurzporträts gibt es im genannten Band, so über Gründgens, Rühmann und Winterstein, die Dietrich, die Weigel und Trösch; ebenso über Baurrault, Guiness und Olivier, Fernandel, die Masina und die Magnani, über den Pantomimen Marceau wie den Puppenspieler Obraszow und den Clown Popow, über Caterina Valente und Harry Belafonte.

Dennoch: bei aller Liebe zum Theater wie zu andern darstellenden Künsten und Künstlern behauptet Strahl den Vorrang der Literatur. Wohl kaum, daß er zurück ins 19. Jahrhundert will, als dem Theater eher der Rang einer reproduktiven Kunst zugestanden wurde, die nichts als die Aufgabe hatte, Dramatik in Szene zu setzen. Nach all den vielen Mißbräuchlichkeiten und Willkürakten des Regietheaters (das sicherlich viele große Leistungen aufzuweisen hat) könnte eine Besinnung auf den Text, auf Literatur durchaus nottun. Strahl ist mit Recht skeptisch gegenüber einem Theater, das sich selbst auf einen Kommunikationsakt (was es auch ist) reduziert und das Publikum auf geradezu abergläubische Weise zum Mythos stilisiert, zum Hauptakteur; das – in der extremen Richtung – meint, Texte nach Belieben montieren zu können oder zur Gänze auf sie zu verzichten.

Wie Strahl Regisseure einschätzt (sicher nicht generell), ist ablesbar aus der Prosaskizze *„Die akustische Panne"*. Da gibt er einen Provinzhandwerker schlechter Güte dem Gelächter preis. Das hat vielleicht damit zu tun, daß sich bislang kaum ein bedeutender Regisseur – was bei einigen Stücken zu bedauern ist – mit Strahls Lustspielen befaßt hat!

Indessen ist dieser Dramatiker neben Peter Hacks einer der meistgespielten Theaterautoren der DDR. Doch Hacks ist es „nur" international, weil seine Dramen auf den Bühnen vieler Länder Europas und darüber hinaus gespielt werden. Innerhalb der DDR dürfte Strahl der erste Rang gebühren.

Wie kam es zu diesem Erfolg? Zunächst: nicht alle Stücke kamen gleichermaßen an, einige („Nochmal ein Ding drehen" etwa – oder das zweite Adam-Eva-Stück) hatten nicht so traumhaft sicher einen Nerv der Zeit getroffen oder waren gar nur Aufgüsse, andere („Flüsterparty" oder „Das Blaue vom Himmel") kamen nicht auf die Bühne. Den durchschlagenden und langdauernden Erfolg brachten von den etwa zwanzig Stücken (ohne Einakter und Miniaturen) etwa ein halbes Dutzend: „In Sachen Adam und Eva", „Ein irrer Duft von frischem Heu", eine wahrhaft satanische Komödie, „Arno Prinz von Wolkenstein", „Keine Leute, keine Leute", „Er ist wieder da" („Barby") und „Vor aller Augen".

Der ‚absolute' Erfolg, mit dem sich Rudi Strahl förmlich mit einem Schlage durchsetzte und zum Theaterautor wurde, gelang mit *„In Sachen Adam und Eva"*, dem dramatischen Erstling. Im Uraufführungstheater, dem Maxim Gorki Theater Berlin, spielt man das Stück im zweiten Jahrzehnt (die Zahl der Vorstellungen liegt über 500). Das junge Paar wird inzwischen wohl in der dritten Schauspieler-Generation gespielt. Darüber hinaus wurde das Stück auf den meisten Bühnen der DDR und auch im Ausland aufgeführt.

Wie erklärt sich diese breite Wirkung – über den goldigen Einfall und die Einbeziehung des Publikums hinaus? Etwa das Thema Ehe – etwa weil es so viele angeht? Oder die Sehnsucht der meisten Menschen nach dem guten Ende, nach Harmonie? Es wird berichtet, daß in den vielen Vorstellungen im Maxim Gorki Theater bei den Abstimmungen mit dem Publikum fast immer der „positive" Schluß gespielt wurde. Nur *einmal* die andere Variante, diese Ehe nicht zuzulassen. Doch sei, so sagt man, das auf einen Akt Berliner Schauspieler-Kollegen zurückgegangen, die mit einem Scherz ihre Kollegen hereinlegen wollten (ob sie den Text noch könnten!).

Daß der Autor Strahl nach diesem Stoff gegriffen hat, ist aus der Unruhe über die steigenden Scheidungsraten zu erklären. Das Rezept: Vorbeugen ist besser als amputieren. Die Zustimmungshaltung so breiter Kreise, die den Erfolg erklärt, entspricht zwar konventionellen Bedürfnissen, sie geht indes am Wesen der Sache vorbei. Wurde so eine Chance öffentlicher Debatte über neue Formen menschlichen Zusammenlebens vertan? Daß Strahl letztlich auf halber Strecke stehengeblieben ist, die entscheidenden Fragen nicht mehr zur Sprache kamen, zeigt das zweite Adam-Eva-Stück. Der Erfolg des ersten war unwiederholbar.

Fast scheint es, als gäbe Rudi Strahl sich selbst eine Antwort und damit einem größeren Publikum – in einem der nächsten Stücke, nämlich in *„Wie die ersten Menschen"*. Da heißt ein Satz: „Die menschliche Entwicklung tendiert sowieso zur Großfamilie." Hier geht es um die Entwicklung des Menschen und seines Kollektivs, um das Lernen von Ordnung und Arbeit und des aufrechten Ganges des Homo sapiens, gegen falsche Haltungen der Art: „Wenn erst alle marschieren, kommt's auf die Richtung kaum noch an." Wohin so etwas führen kann, ist hinlänglich bekannt.

Ein Stück ganz anderer Art: *„Keine Leute, keine Leute"* (U: 1973), eine Art Shakespearsche Verwechslungskomödie. Das Thema ist einfach: der Personalmangel, hier in der Gastronomie; die Story gleichfalls: Hotelier Huschke entläßt seine beste Kraft, den Barkeeper Charly, aus Altersgründen, die neue Bardame Leila erweist sich nach vielen Verwechslungen und Verkleidungen als seine neuernannte Stellvertreterin, und Charly, der fast der Gigolo einer Valuta-Lady geworden wäre, tritt wieder an die Bar, nicht ohne Frau Mona für sich zu gewinnen, die – neben andern – ebenfalls ins

Hotelwesen einsteigt: Nun hat Huschke genügend Leute. Es geht turbulent zu, alle spielen sich ein wenig Theater vor, und es gibt einen richtigen Theaterschluß, mit Publikumsansprache und Schlußchorus. Das Schöne an diesem Stück ist seine feine Menschlichkeit, die sich vor allem in der Zeichnung des älteren Paares zeigt.

Als Strahls wohl bestes Stück sehe ich das heiter-schöne Lustspiel *„Ein irrer Duft von frischem Heu"* (U: 1975). Wieder ein köstlicher Einfall: die Konfrontation eines vatikanischen Monsignore, der auf der Suche nach Wundern durch die Welt reist, mit einem sozialistischen Dorf in Mecklenburg, in dem es ohnehin genug Konfrontationen gibt – wie die zwischen Parteisekretär Mattes, einem echten Bauernsohn, der Bezirksinstrukteurin Angelika, einer moderaten Dogmatikerin, und dem evangelischen Pastor Himmelsknecht. Um Wunder geht es, die keine sind, doch von denen man redet: die Bezirksleitung will sie atheistisch aufklären, der Vatikan braucht sie zur Bestätigung. Wer das Stück weder gesehen noch gelesen hat, doch diese Konstellation erfährt, kann sich bereits denken, welchen Jux Rudi Strahl daraus macht. Was tut's, wenn er hier ein wenig dicht an Guareschis „Don Camillo und Peppone" ist – seine Lösung ist eine uns gemäße. Das Wunder, die Heilung des lahmen Paul, ist keins, da Paul nicht lahm ist, sich nur drücken wollte. Dennoch kommen alle auf ihre Kosten: Angelika begreift mehr vom Leben als auf ihren Hochschulen, Himmelsknecht bleibt treu bei der Blockpolitik und bedauert die Heiden rings um ihn, Mattes hat seine Angelika, und Aventuro, der Papstbote, will „den Klerus revolutionieren". Der ist indes zu dick aufgetragen, nur noch Posse, wie will man das spielen? Am Ende ist alles richtig.

Viel Spaß auch gibt *„Arno Prinz von Wolkenstein"* (U: 1977). Doch so turbulent geht es nicht zu in jenem von heutigen Leuten bewohnten Schloß, lustig immerhin. Da werden sonderbare Mißverhältnisse unserer eigenen Welt durch diese Schloßwelt und den spukenden ehemaligen Prinzen, ein Phantasie-Geschöpf, verfremdet und dadurch komisch. Bürokratie, Karriere, Ideologie, was auf „strahlsch" philosophiert so klingt: „So einfach ist's im Ideologischen nicht. Bevor ein Braver da den Apfel pflückt, wartet er lieber auf Fallobst. Und wundert sich, wenn ein Wurm drin ist." Ein treffliches

wohl bester Gedichtband – und zugleich ein Zyklus darin. *„Das Blaue vom Himmel“* ist der Titel eines seiner schönsten Spiele für das Theater. Überhaupt scheint blau die Lieblingsfarbe Strahls zu sein, bei Brecht war es grau, warum soll es bei ihm nicht blau sein. Farben haben im Volksempfinden nach altem Brauch Bedeutungen: Blau ist die Farbe der Sehnsucht und Hoffnung, mindestens seit der deutschen Romantik, wo auch der Ansatz für deren spiritualistische Seite – für Weltentrückung – liegt. Strahl ist auf andere und in seiner Art ein wenig Romantiker (was seinem Realismus keineswegs widerspricht), und darin ist er freilich auch deren Widerpart. Diese Hoffnung ist die auf den Menschen, und sie durchzieht sein Werk. Die zitierte Weltfreundlichkeit wird von ihr getragen.

So ist auch das „Blaue vom Himmel“ in der gleichnamigen Komödie nicht das, was da so gelogen wird, sondern es ist die Hoffnung, „Bewahrend das Menschliche: von Ewigkeit zu Ewigkeit“, wie es Petrus „beschwörend“ zum Erzengel Michael sagt. Nie war, scheint es, Strahl so philosophisch und im Tragischen so human wie in diesem Spiel, doch auch noch nie so allgemein. Was allerdings mythische Stoffe meist mit sich bringen. Ein unerwartet anderer Strahl. Nicht in allem, gewiß nicht – der alte „Possenreißer“ meldete sich auch hierin zu Wort. Doch vieles war sehr neu, dramaturgische Struktur und Dialog genau gearbeitet.

Und gerade das Unerwartete macht mit den schöpferischen Künstler aus. Rudi Strahl versuchte durchaus schon viele Techniken und Genres, und wie um 1970 sein Einstieg in die Dramatik unerwartet kam, so eben auch dieses „blaue Stück“. Ist doch dieser blaue Himmel der Poesie durchaus realistisch und ein Himmel des Volkes, das es ihm dankt. Dieser Dichter ist hier zu Hause, eben in „kritischer Zufriedenheit“ und mit – nicht immer – zufriedener Kritik. Strahl ist Teil und Macher eines realistischen Volkstheaters (wo er auch seine Ahnen hat, weiter und näher entfernt). Zur Literatur, deren Anspruch er allen Medien gegenüber geltend macht, verhält er sich wie ein Solist zum Ensemble. Ganz gewiß ist er ein „Possenreißer“, wie er sich selbst sieht („Keine Leute, keine Leute“), aber er ist mehr. Das Denken über den ‚Sinn des Lebens‘ hebt ihn zugleich auf die andere Ebene. So ist es sicher nicht vermessen (nach eigenen Verweisen auf das antike Vorbild), ihn auch aristophanisch zu nennen, einen „Aristophanes der kleinen Leute".

Kurzbiographie

Rudi Strahl wurde am 14. September 1931 in Stettin (Szczecin) als Sohn eines Schlossers geboren. 1948 Umsiedlung in die (spätere) DDR. Nach dem Abitur wurde er Offiziersschüler in der NVA, der er acht Jahre angehörte, zuletzt als Hauptmann. Es folgte der Besuch des Literaturinstituts „Johannes R. Becher" in Leipzig. Strahl war dann Redakteur beim „Eulenspiegel"; seit 1961 ist er freischaffender Schriftsteller in Berlin. Er ist Mitglied des Präsidiums des Schriftsteller-Verbandes der DDR.
1974 Lessing-Preis der DDR.

Wolfgang Theml

Harry Thürk

„Ich schreibe Geschichten, die meinen Lesern zeitgeschichtliche Wirklichkeit bewußt und durchschaubar machen sollen."[1] – Dieses Programm ist von Harry Thürk (geb. 1927) in einer außergewöhnlichen Fülle von Angeboten anschaulich, wenn auch in sehr unterschiedlicher Weise und Qualität eingelöst worden. Dreizehn Romane, sieben Dokumentarberichte, je zwei Erzählungs- und Reportagebände, ein Kinderbuch und mehr als zehn Drehbücher für Film und Fernsehen[2] sind die Bilanz fünfunddreißigjährigen Schaffens. Die Auflagenhöhen einiger seiner Romane – einschließlich der Übersetzungen ins Tschechische, Slowakische, Ungarische u. a. – haben die Millionengrenze überschritten; in den Bibliotheken gehören Thürks Bücher zu den meistausgeliehenen.

1927 in Oberschlesien geboren, kam Harry Thürk nach der Befreiung vom Hitlerfaschismus, dem er als Siebzehnjähriger noch mit zum „Endsieg" verhelfen sollte, recht zufällig ins Thüringische. In Weimar begann er, die Erlebnisse seiner betrogenen Jugend zu überwinden, mußte in den schwierigen Nachkriegsjahren einen politischen Standpunkt finden. Nach zweijähriger hauptamtlicher Tätigkeit in der FDJ fing der junge Genosse an, sich als Journalist zu qualifizieren. Damit war der Ausgangspunkt gegeben für die – ab 1958 freiberufliche – schriftstellerische Arbeit im allgemeinen, aber auch für eine die Wirklichkeit sehr unmittelbar erfassende und wiedergebende Seh- und Schreibweise im besonderen.

Die ersten Erzählungen erschienen 1950. *„Anfang und Ende"*, *„Nacht und Morgen"* sind die programmatischen Titel von Geschichten, in denen das Schicksal junger Soldaten in den letzten Kriegstagen Sinnbild ist für Verblendung und Ausweglosigkeit wie für Wandlungsmöglichkeit und Geschichtsoptimismus. Die karg erzählten individuellen Vorgänge sollen dem zeitgenössischen Leser helfen, einen produktiven Platz beim Aufbau der neuen gesellschaftlichen Ordnung in der eben gegründeten DDR zu finden. Ein anderes Motiv, das sich später in Thürks Werk in vielen Varianten entfaltet, klingt hier bereits an: Der Kampf gegen Menschenfeindlichkeit und Zerstörung, das Ringen um Gerechtigkeit und Frieden fordern und fördern internationalistisches Denken und Handeln. Ganz unmittelbaren Ausdruck findet diese Grundposition in den 1953 folgenden Reportagen über die III. Weltfestspiele 1951 in Berlin und eine Ungarn-Reise des Autors („*In allen Sprachen*“; „*Träume von morgen, Julcsa ...!*“).

Gegenwartsstoffen gilt auch die erste größere erzählerische Arbeit, „*Treffpunkt Große Freiheit*“ (1954). In den sechs Erzählungen dieses Bandes werden die Remilitarisierung in Westdeutschland ebenso entlarvt wie die Ursachen und Begleiterscheinungen des „Wirtschaftswunders“ und zugleich die politischen Kämpfe standhafter Kommunisten dargestellt, die die Unterstützung der internationalen Arbeiterklasse haben. Die Schwäche dieser meist novellistisch gebauten Geschichten, in denen außergewöhnliche Ereignisse den einzelnen zu eindeutiger politischer Tat herausfordern, liegen in der schablonenhaften, idealischen Charakterzeichnung der zentralen Figuren – Sprachröhren von Ideen. – Das trifft auch auf den ebenfalls in der BRD spielenden zweiten Roman Thürks zu: „*Der Narr und das schwarzhaarige Mädchen*“ (1958). Im Zentrum der Handlung steht ein junger Intellektueller. Edgar Urban kommt im Jahre 1953 in seine süddeutsche Heimatstadt, um den Leiter der politischen Abteilung der Polizei, den Schuldigen am Tod seines Bruders, zu töten. Durch die Liebe zu einer Frau, die schließlich ebenfalls Opfer dieses Otto Eisner wird, und durch die Bekanntschaft mit anderen jungen Kommunisten gibt Edgar die individualistische Racheaktion auf.

„Er war einer von vielen, die gelernt hatten, daß es etwas Höheres gab als diese Rache [...]. Ich werde Eisner nicht töten [...]. Eisner, unser Gesetz wird dich töten [...]. Er fühlte eine unbezwingbare Lust, aufzubrechen und das neue Gesetz zu schmieden.“[3] Diese Einsicht von historischer Bedeutsamkeit wird jedoch im Roman ebenso vordergründig-agitatorisch hergeleitet, wie sie hier sprachlich gefaßt ist.

Der erste Roman Harry Thürks und sein einziger mit einem Stoff aus der DDR-Wirklichkeit, „*Die Herren des Salzes*“, war zwei Jahre zuvor erschienen – entstanden im Ergebnis eines längeren Arbeitsaufenhalts im Kalibergbau. Ein „Produktionsroman" also, in dem Anfänge der Aktivistenbewegung gezeigt werden und das auf das neue Eigentümerbewußtsein gegründete Ringen des „neuen Menschen" um die Stärkung der jungen Republik in der Auseinandersetzung mit dem historisch Überlebten. Das idealisierte Bezogensein der meisten Figuren allein auf die berufliche Sphäre ist Ausdruck eines Menschenbildes, das vom Wunschbild einer harmonischen Menschengemeinschaft ausgeht, weniger von realen gesellschaftlichen Vorgängen in der DDR. Der Mangel an historischer Sicht ist mit der Formulierung „Gegenwart ohne Vergangenheit"[4] treffend bewertet.

Nach all diesen ebenso engagierten wie vordergründigen Versuchen, Gegenwartsfragen erzählerisch zu bewältigen, war es vielleicht weniger der Rückgriff auf Vergangenes, auf autobiographisches Erfahrungsmaterial – aus der Zeit als Fallschirmjäger in der faschistischen deutschen Armee –, was überraschte, als vielmehr die direkte, ja geradezu naturalistische Art der Schreibweise des Romans *„Die Stunde der toten Augen"* (1957) – dazu kommt (ebenso ungewohnt) die Tatsache, daß hier negative Gestalten im Mittelpunkt der Handlung stehen. Der Roman wurde ein Bestseller, und er beschäftigte die Literaturkritik wie kein zweites Buch dieses Autors.[5] (Ermöglicht die Erzählhaltung in diesem Roman doch, dem Autor eine ‚fragwürdige' ideologische Grundposition zu unterstellen.)

Schonungslos stellt Harry Thürk die Grausamkeit der faschistischen deutschen Wehrmacht am Beispiel einer im letzten Kriegswinter im Hinterland der Roten Armee operierenden Fallschirmjägereinheit dar. Da ist der Prototyp des Landsers, Unteroffizier Timm, der, frei von allen Skrupeln, seinen Leitspruch bis zum eigenen Ende realisiert: „Wo ich bin, da wird gestorben."[6] Da sind die Soldaten Bindig und Zadorowski, nicht ohne Gewissensbisse, aber dennoch – wie die anderen Angehörigen der Truppe – bedingungslose Mitstreiter beim Morden. Gezeigt werden hervorragende „Verbrechenshandwerker" als furchtbarste Deformierung des Menschen, wie sie der Faschismus massenhaft hervorgebracht hat.[7]

An eingestreuten Biographien der Hauptfiguren macht Thürk deutlich, wie diese Deformierungen entstehen konnten; er vermeidet es, das Unmenschliche und Böse als etwas Vorgegebenes, Absolutes darzustellen.

An Thomas Bindig wird die Problematik vieler junger Deutscher sichtbar, die der Faschismus für sich gewinnen konnte: Jugendlich ahnungslos in den ideologischen Bann der faschistischen Herrscher gekommen, streng gedrillt, voller anerzogenem Mißtrauen und durch Gewohnheit abgestumpft, haben sie keine Möglichkeiten der Wandlung, erfüllen sie ihre „Kampfaufträge" gnadenlos, wenn auch mit Widerwillen. Daß keine der Figuren aus dem Teufelskreis auszubrechen vermag, sondern jede im Tod endet, kann wenigstens aus heutiger Sicht und der reiferen Kenntnis des Lesers über Hintergründe von Kriegs- und Söldnertum als konsequente Haltung des Erzählers akzeptiert werden. Der Leser vermag durchaus – und das nicht nur mittels der zweifellos agitatorisch aufgepfropften Figur des sowjetischen Offiziers Warasin – die hohe Selbstverantwortung und tiefe Mitschuld der Hauptfiguren zu sehen. Ebenso sind der Titel des Romans, „Die Stunde der toten Augen", wie unmittelbar sich auf ihn beziehende Textstellen ein deutliches, wenn auch nur rhetorisches Signal des Autors an den Leser mitzuhelfen, den das Individuum so total zerstörenden Verhältnissen keinerlei Lebenschance mehr zu geben.

Bindig: „Ich habe schon Angst vor zu Hause [...]. Dann kommen sie alle wieder, und man sieht ihre Augen. Es ist immer das gleiche. Man wird sie nicht los. Ich glaube, wir werden sie das ganze Leben nicht mehr loswerden." (S. 27) Zadorowski: „Das sind wir. Eine Generation, der sie das Rückgrat gebrochen haben [...]. Wir können uns nicht allein aufrichten". (S. 410)

Das eigenartige Spannungsfeld der zwei aufeinanderfolgenden Romane, „Herren des Salzes" und „Stunde der toten Augen", deutet die Probleme an, die Thürk in der geistigen Bewältigung der faschistischen Vergangenheit wie in der dialektischen Sicht auf die sich nicht widerspruchsfrei entwikkelnde neue Gesellschaft hatte. Im Kontrast der Bücher wird jedoch die Größe der gesellschaftlichen Aufgabenstellung sichtbar: Der Aufbau der sozialistischen Gesellschaft in der DDR vollzieht sich auch mit Menschen, deren überkommene geistige und moralische Werte den Prinzipien der neuen Gesellschaft (noch) entgegenstehen. Ihre notwendige Veränderung ist realer Bestandteil der gesellschaftlichen Erneuerung.[8]

Thürks weitere Entwicklung zeigt, wie ernsthaft er sich mit den kritischen Vorwürfen vor allem zu „Die Stunde der toten Augen“ auseinandergesetzt hat. *„Das Tal der sieben Monde“* (1960) schließt die Verarbeitung der National- wie der Individualgeschichte ab. Im letzten Kriegsjahr handelnd, wird darin die Geschichte des zwangsverpflichteten „Reichsdeutschen“ Rudek erzählt, der beim Bau einer Eisenbahnlinie in den polnischen Beskiden, einem für den Abtransport des rüstungswichtigen Bleierzes bedeutsamen Unternehmen, in Kontakt mit polnischen Partisanen kommt. Aus der Liebe zu dem polnischen Mädchen Martyna entspringt die individuelle Racheaktion gegen den faschistischen Leiter der Baustelle; ihre Realisierung ist Teil einer Wandlung, deren vorläufiges Ergebnis der gemeinsam mit Martyna vollzogene Übertritt zu den Partisanen ist.

Auch hier werden – wie in „Die Stunde der toten Augen“ – in Sonderkapiteln die Lebenswege wichtiger Figuren vermittelt. Rudek dient dem faschistischen Regime, obwohl er es ablehnt. Eine eindeutige Entscheidung vermag er erst zu treffen, als die bedingungslose Unmenschlichkeit des Systems ihn unmittelbar und persönlich zu treffen droht. Dabei muß er aber begreifen, daß der individuelle Racheakt in der gegebenen politischen Situation nicht ausreicht. Aufgezwungene, aber auch bewußt gesuchte gefährliche Situationen werden zunehmend ergänzt durch Kämpfe, die der einzelne zur Bestimmung eines klaren politischen Standorts in seinem Innern ausfechten muß.

Das Motiv des gefährlichen Lebens, das von nun an die Romane Thürks im wesentlichen konstituiert, verbindet sich auch hier mit dem Motiv der Orientierung im politischen Kampf, der Bestimmung des eigenen geschichtlichen Standorts der Hauptfigur. Das Abenteuer, das in „Die Stunde der toten Augen“ in der menschenunwürdigsten Variante erscheint, wird für die Erlebniswelt von Thürks Helden zunehmend im positiven Sinne bedeutsam: Die wichtigen persönlichen Entscheidungen, zu denen sie – zumeist erst einmal auf sich allein gestellt – herausgefordert werden, stellen jeweils extrem zugespitzte Formen der praktischen Auseinandersetzung mit der

Welt dar, fordern den ganzen Menschen, oft sogar unter Einsatz seines Lebens. Das zu Entscheidung und Kampf geforderte Individuum „lernt“ im Verlauf der Handlung, sich als Teil und Repräsentant der gesellschaftlichen Bewegung zu begreifen: Sein Kampf um Gerechtigkeit und Menschenwürde, seine Selbstbefreiung kann nur wirklich erfolgreich sein in der Einbindung in den Befreiungskampf der Klasse, ja der Nation.

Dieser Aspekt wird zum bestimmenden Sujet in den im asiatischen Raum angesiedelten Büchern Thürks. Über die Sachinformation wie über das individuelle Schicksal literarischer Figuren werden vergangene historische Vorgänge vermittelt, zum Beispiel der Kampf der malayischen Befreiungsbewegung gegen die japanischen Interventen sowie gegen die britische Kolonialmacht in den vierziger und fünfziger Jahren („Lotos auf brennenden Teichen“, 1962; „Der Wind stirbt vor dem Dschungel“, 1961). Aber auch jüngere Befreiungskämpfe von bedeutender internationaler Ausstrahlung – wie der Kampf des vietnamesischen Volkes gegen die USA-Aggression („Der Tod und der Regen“, 1967) oder der des laotischen Volkes („Der Tiger von Shangri-La“, 1970) – werden als stoffliche Grundlage genutzt. Der enge Zusammenhang von dokumentarisch Belegbarem (mitunter auch Belegtem) und Erfundenem ist ein wesentliches Kennzeichen dieser Werke. Persönliche Erfahrungen Thürks – gewonnen in China und während seiner Reisen nach Kampuchea und Vietnam, umfangreiche Quellen- und Sachstudien sowie die Zusammenarbeit mit Wissenschaftlern[9] – schufen die Voraussetzungen für die Stimmigkeit der vermittelten politischen Hintergründe und Zusammenhänge, für die anschaulichen und überzeugenden Analysen der komplizierten gesellschaftlichen Bedingungen, Kräfte und Vorgänge. Darin vor allem ist – neben dem Reiz des Fremden, ja: Exotischen – die Wirkung der Bücher über den Befreiungskampf der Völker in Südostasien zu sehen. – Beginnend mit „Der Wind stirbt vor dem Dschungel“ von 1961 bis „Nachts weint die Sampaguita“ (1980) sind es insgesamt acht Romane und ebenso viele Dokumentarerzählungen und -berichte, dazu noch der Dokumentarbericht über das Ende des Vietnam-Krieges, „Saigon“ (1985).

Struktur und Erzählweise setzen die Wirkungsabsicht weitgehend adäquat um: Im Mittelpunkt einer meist geradlinig gebauten Fabel steht die Aktion, sie bestimmt Handlungs- wie Figurenaufbau. Äußere Vorgänge haben Vorrang gegenüber den Charakteren, die sich in ihnen bewähren, entwickeln. Erzählt werden immer wieder ‚Abenteuer' – zum Beispiel die des staatenlosen Piloten Kolberg („Die weißen Feuer von Hongkong", 1964), des westdeutschen Fotoreporters Steinwald („Der Tod und der Regen"), des laotischen Bauernsohns Lao-Yon („Der Tiger von Shangri-La") oder des indonesischen Skippers Hussar („Amok", 1974).

Der aktionsreiche Ablauf wird von einem verborgenen, ‚objektiven' Erzähler dargeboten. Eingestreut sind Rückblenden, die die Geschichte des Landes und der Figuren erhellen, sowie beiläufige, mitunter durch ihren Umfang den Gang der Handlung auch störende Informationen über Land und Leute, Sitten und Gebräuche, klimatische und Naturbesonderheiten. Im eindeutigen Engagement für den gesellschaftlichen Fortschritt, in der offenen Mitteilung der Absichten aller an der Handlung Beteiligten wird die Autorenposition unmittelbar sichtbar.

Zwei Grundvarianten des Fabelaufbaus und der Figurengestaltung sind – bei aller Unterschiedlichkeit in den verschiedenen Büchern – festzustellen, aus ihnen erwachsen auch Größe und Grenzen der jeweiligen spezifischen Leistung.

In der ersten Variante gerät eine Figur meist freiwillig, auf Grund einer aus persönlichen, vorerst nicht direkt politischen Motiven erwachsenden Entscheidung im Kampf um Wahrheit und Gerechtigkeit in vielfältige gefahrvolle Situationen. So Lao-Yon, Hauptfigur in „Der Tiger von Shangri-La": „Ein Mann, der auszieht, um eine notwendige Tat zu vollbringen, denkt nicht über die Gefährdung seines Lebens nach."[10] In hartem Kampf, der den Verlust des eigenen Lebens möglich erscheinen läßt, besteht dieser „naive Held", in zunehmendem Maße unterstützt durch organisierte Kräfte. Dabei wird seine Haltung politisch motiviert und profiliert, die persönliche Aktion ordnet sich ein in die planmäßige Bewegung gegen Unmenschlichkeit.

In der anderen Grundvariante verbindet bewußtes politisches Denken und Handeln den oder die Helden von Anfang an mit den Repräsentanten des organisierten nationalen Befreiungskampfes, beziehungsweise macht sie selbst zu den Trägern organisierter politischer Aktionen. In den gefahrvollen Situationen offenbaren sich die Härte und Konsequenz revolutionärer Kämpfe ebenso wie die aus der Weltanschauung erwachsende Siegesgewißheit. Dabei rückt die Vielschichtigkeit innerer Vorgänge stärker ins Zentrum, motiviert manche gefahrvolle Aktion besser, wird mit einer die reiche Dialektik des Lebens und der gesellschaftlichen Entwicklung offenbarenden Sicht gepaart, in der auch der politische Gegner mehr an Profil gewinnt.

In beiden Fällen ergibt sich für den Leser ein hoher Grad an Identifikationsmöglichkeit mit den Helden, beziehungsweise können diese, ohne Supermen zu sein, für ihn zu Vorbildgestalten werden. Das ethische Urteilsvermögen des Lesers wird direkt herausgefordert.[11] Er begreift den Kampf um soziale Gerechtigkeit und nationale Unabhängigkeit als berechtigt und notwendig, er empfindet Haß auf die menschenfeindlichen, vom Profitinteresse bestimmten Machenschaften imperialistischer Kräfte und ihrer reaktionären Helfershelfer in den unterdrückten Ländern. Proletarischer Internationalismus wird als selbstverständliche Haltung des Lesers in der sozialistischen Gesellschaft befördert.

Die so gefaßte Wirkung der Bücher ist um so tiefer, je mehr die äußere Aktion mit den inneren Kämpfen der Figuren korrespondiert. Diese Differenzierung der Figuren, ihre vertiefte Charakterzeichnung führt zu einem erhöhten Überzeugungswert der geschichtlichen Fakten, ist aber auch Ausdruck der gewachsenen Anerkennung des subjektiven Faktors (der handelnden Figuren wie des Lesers). Allerdings lassen die spannungsvollen Geschichten auch eine auf die ‚Action'-Momente reduzierte Rezeption zu, sie können (insbesondere von jugendlichen Lesern) auch lediglich als vordergründiger „Lohn der Angst" angenommen werden.[12]

Mit *„Der Tod und der Regen"* hat Thürk als erster Schriftsteller unseres Landes 1967 den barbarischen Krieg der USA gegen Vietnam dargestellt und so durchaus direkt mit dazu beigetragen, die aus tiefem Abscheu vor der gnadenlosen Demonstration von Macht durch die USA erwachsende aktive Solidarität mit dem heldenmütig kämpfenden vietnamesischen Volk zu entwickeln. Im inneren Monolog der Hauptfigur Steinwald, eines BRD-Fotoreporters, der mit der Befreiungsfront zusammenarbeitet und dabei höchste Gefahren in Kauf nimmt, wird die Autorenposition direkt formuliert:

„Lon hat unlängst gesagt, daß die Bilder in den sozialistischen Ländern große Wirkung haben. Sie unterstützen die Hilfsbestrebungen der Menschen dort [...]. Wenn man als Reporter dazu beiträgt, hat man schon etwas geleistet."[13]

Die Abenteuer Steinwalds und die Lese-Spannung ergeben sich vor allem aus der Notwendigkeit, daß der Reporter bei seinem politischen Kampf an der Seite der Volksbefreiungsfront von Geldgebern und Kollegen nicht erkannt wird. Dieses gefährliche „doppelte Spiel" bietet die günstige Möglichkeit, den Leser über *eine* Figur und ihre Erlebnisse mit den wichtigsten politischen Kräftegruppierungen und unterschiedlichen individuellen Haltungen vertraut zu machen.

Doch auch dieses Buch ist nicht frei von Klischees: Steinwald ist politisch und moralisch allzu gefestigt; die Repräsentanten der Befreiungsfront wirken als Agitatoren ihrer guten und gerechten Sache in ihren Handlungen überzeugender als in den oft zu vordergründigen Worten. Ungeachtet dieser und anderer Grenzen gelingt es Thürk jedoch, an vielen Episoden mit hohem Spannungsgehalt politische Hintergründe und Zusammenhänge vorzuführen, aber auch Haltungen von Menschen unter außergewöhnlichen Bedingungen zu motivieren, in Frage zu stellen, zu verändern.

„Amok" (1974) ist das bisher wohl am besten gelungene Buch im Schaffen Harry Thürks – ein politischer Spannungsroman mit der Tendenz zum Gesellschaftsroman. Stoffliche Grundlage dieses bis dahin umfangreichsten Werkes ist der Militärputsch in Indonesien im Herbst 1965. Der Leser erfährt Hintergründe der bestialischen Grausamkeiten, denen etwa eine Million Indonesier, vor allem Kommunisten, zum Opfer fielen. Das komplizierte Geflecht der politischen Kräftegruppierungen reicht auch im Roman von Präsident Sukarno über die den Putsch vorbereitenden und im wesentlichen tragenden Militärs bis zu US-amerikanischen ‚Beratern', von fanatischen moslemischen Glaubensführern bis zur Kulttänzerin, von der sektiererischen Zentrale bis zum standhaften Mitglied der Kommunistischen Partei Indonesiens. Daraus ergibt sich eine vielschichtige Handlung, in die Vertreter aller

gesellschaftlichen Kräfte einbezogen sind. Zwar kommt diese Handlung etwas schwer in Gang, aber ihre Fäden sind dann klar und überschaubar verknüpft.

Zentralfigur ist Hussar, Kapitän eines Küstenmotorschiffes. Der erfahrene Kommunist erfährt durch Zufall von dem geplanten Umsturz durch hohe Militärs und von der beabsichtigten Verleumdungs- und Verfolgungskampagne gegenüber seinen Genossen. Es gelingt Hussar aber nicht, die Parteiführung von seinen Befürchtungen und von der Notwendigkeit entschiedener Gegenmaßnahmen zu überzeugen. So muß er ohnmächtig zusehen, wie in kurzer Zeit Tausende in einem antikommunistischen Amoklauf bestialisch ermordet werden, wie der Mord in allen Teilen des Landes zur Alltagserscheinung wird. Der Haß gegen die Initiatoren und ihre Werkzeuge treibt ihn jedoch nicht zu vorschnellen, unüberlegten Racheakten. In Übereinstimmung mit seiner ihm vertrauenden fünfköpfigen Mannschaft handelt er nach dem Grundsatz: „Wir kämpfen, um zu siegen, nicht um zu sterben."[14] Und so beginnt die Mannschaft, als Kurier zwischen den indonesischen Inseln tätig zu werden und in verschiedenen Orten die Reste der Kommunistischen Partei aufzuspüren, den Kampfbund in der Illegalität zu erhalten und wieder aufbauen zu helfen.

Zu einer solchen klaren Haltung gelangen auch andere Romanfiguren. Der Elektriker Riwu, Sohn eines bei einem Massaker Ermordeten, wird durch Hussars Beharrlichkeit zum überlegt politisch Denkenden und Handelnden, der auch persönliches Leid, das durch die Ermordung seiner Freundin entsteht, zu überwinden vermag. Ein wichtiger Handlungsstrang des Romans hängt mit General Yamin, einem Mitglied der Verschwörergruppe der Militärs, zusammen. Antikommunismus und kapitalistischer Geschäftsgeist kennzeichnen sein politisches Spiel, in dem auch seine Geliebte, die ehemalige Tempeltänzerin Idaju, mit Bedacht und skrupellos als Werkzeug eingesetzt wird. Daß sie schließlich Yamin ermordet, ist nicht nur Ausdruck individueller Rache; in dieser Tat wird gleichermaßen historisch Gesetzmäßiges sichtbar gemacht.[15]

Zwar enthält auch „Amok" aktionsreiche Passagen, die sich verselbständigen – Spannung um der Spannung willen bieten –, oder aber überzogen sind (z. B. die Rettung von Hussars Freundin Thira durch Riwu oder seine wohlüberlegte

„Reparatur" eines Motorbootes, die den Besitzern den verdienten Tod bringt) – die Mehrzahl der dargestellten spannungsreichen Aktionen fügt sich zu einer motivierten Notwendigkeit. Das Buch macht über die Geschichte von Individuen die Geschichte eines Volkes transparent; für den Leser bei uns verstehbar, wenn nicht überhaupt erstmalig vermittelt.

Es ist keine Frage, daß Thürk in diesem Sinne Wesentliches leistet. Das Interesse breiter Leserschichten für zeitgeschichtliche Vorgänge wird von ihm jedoch nicht nur durch fiktionale Gestaltung befriedigt. Der Text-Bild-Band *„... stärker als die reißenden Flüsse"* (1970) leistet in der Breite der Darstellung, in der Tiefe und in der Anschaulichkeit der Information natürlich mehr als der denselben Vorgängen gewidmete Roman. Dessen *Wirkung* ist jedoch stärker, da die genaue Information mit Spannung, da Bildung mit Unterhaltung verbunden ist. Auf die dabei auftretenden Gestaltungsschwächen (Schwarz-Weiß-Malerei, Trivialisierung durch Heroisieren – beispielsweise in den Partnerbeziehungen) ist an anderer Stelle schon hingewiesen worden.

Bei den stark das Dokument wirksam machenden Beispielen hat Thürk eine interessante Mischform entwickelt: Er ergänzt das umfangreich Dokumentarische durch eine erfundene Individualgeschichte, an der die gesellschaftlichen Vorgänge im kleinen veranschaulicht werden. Über die Gründe für eine solche Dokumentarerzählung befragt, antwortete der Autor:

„Die Leserresonanz hat ziemlich früh darauf verwiesen, daß rein dokumentarisch beschaffene Arbeiten nicht immer in dem gewünschten Maße Publikum erreichen. Ich habe daher eine Mischform zu entwickeln versucht: Fakten sind als Fakten erkennbar, verbindende Episoden tragen fiktiven Charakter. Ich hatte bemerkt, daß Leser leichter in ein solches Buch hineinfinden [...]. Wenn ein dokumentarisches Buch [...] eine Art verbindender Handlung aufweist, wird es leichter lesbar."[16]

Mit Thürks jüngstem und bisher umfangreichstem Roman, dem 1978 erschienenen Buch *„Der Gaukler"*, wurden die bisherigen Rezeptionserfahrungen weit übertroffen, obwohl er in mancherlei Hinsicht von den unmittelbar vorausgegangenen Angeboten abweicht. Der Roman wurde in weniger als einem

Jahr mit drei Auflagen in insgesamt 310 000 Exemplaren auf den Markt gebracht und verkauft; er erfuhr auch – wie kein anderes Buch Thürks vorher – umfangreichste Propagierung und öffentliche Wertung, und er fand Interesse bei Lesern, die Thürks bisherige Angebote („Stunde der toten Augen" ausgenommen) unbeachtet gelassen hatten.

Als langjähriger Vorsitzender des Schriftstellerverbandes Thüringen bzw. der Bezirksorganisation Erfurt hatte Thürk auf dem VII. Schriftstellerkongreß im November 1973 über die Bedingungen und Forderungen gesprochen, denen sich ein DDR-Schriftsteller in der internationalen Klassenauseinandersetzung stellen muß. Er hatte auf die zunehmenden Aktivitäten des politischen Gegners auf dem Gebiet der ideologischen Diversion verwiesen und darauf, daß Schriftsteller ihre politische Verantwortung nicht nur in den Produkten ihrer Arbeit, sondern auch und nicht unwesentlich im Umgang mit den Meinungsmachern der westlichen Medien beweisen müssen.

Das Sujet des Romans, die Enthüllung der Praktiken des politischen Gegners im ideologischen Kampf, die stichhaltige Analyse von Antisowjetismus und Antikommunismus, die Entlarvung von Methoden bei der Entwicklung der sogenannten Dissidenten-Bewegung besonders unter Schriftstellern sozialistischer Staaten, dieses Sujet hatte natürlicher- und auch notwendigerweise in den aktuellen ideologischen Kämpfen des Frühjahrs 1979 einen hervorragenden Stellenwert. Dieser zufällige Umstand verlieh dem Erscheinen des Romans eine besondere kulturpolitische Brisanz.

Im Unterschied zu den vorhergegangenen, im südostasiatischen Raum angesiedelten Büchern besitzt „Der Gaukler" mit seinen europäischen und US-amerikanischen Schauplätzen nicht den Reiz exotischer Kulisse. Der außerordentlich lange Handlungszeitraum von zehn Jahren sprengt die gewohnte Geschlossenheit der Fabel, die zentralen Figuren sind negativ beziehungsweise distanzfordernd angelegt. Vor allem aber – und das hat der Autor selbst als möglicherweise wirkungseinschränkend gesehen – „mangelt es der Geschichte an vordergründigen Spannungselementen, (denn) fast alles spielt sich auf geistiger Ebene ab."[17] Der hohe Anteil an Reflexion erwächst aus dem zeitgeschichtlichen Umstand, daß sich die Auseinandersetzungen zwischen den Systemen in den sechziger und siebziger Jahren zunehmend auf geistig-ideologisches Gebiet verlagert haben.

Vorgeführt wird die ‚Entwicklung' des sowjetischen Schriftstellers Wetrow, die – nach erfolgter Prüfung der Tauglichkeit und Brauchbarkeit als Dissident im politisch-ideologischen Kampf gegen die Sowjetunion – zunehmend unterstützt und gestützt, dirigiert und ausgewertet wird durch den US-amerikanischen Geheimdienst CIA. Mit höchstem materiellem und nicht geringem personellem Aufwand wird eine „Figur von literarischer Weltgeltung"[18] als Instrument des kalten Krieges aufgebaut, und das trotz des Wissens sowohl um die Fragwürdigkeit, ja Verlogenheit der Wertschätzung Wetrows wie auch um die relative Erfolglosigkeit des inszenierten „Theaterstücks" (S. 289). Dabei erhalten die Romanhandlung und ihre Träger „geschichtliche Tiefendimension", werden Figurenbiographien und Vorgänge „zu einem guten Teil aus weitläufigen Zusammenhängen der Epochengeschichte heraus"[19] entwickelt.

Der Titel verweist auf Wetrow als Zentralgestalt. Nachweislich und zu Recht wird aber die weibliche Hauptfigur Cathérine Laborde in ihrer Widersprüchlichkeit und Begrenztheit zu der für den Leser wichtigsten und bewegenden Figur. Als US-Amerikanerin französischer Herkunft, als hoffnungsvolle promovierte Slawistin erhält sie den Auftrag, Wetrow „behutsam, liebevoll" (S. 108) anzuleiten. Cathérine Laborde ist ein anschauliches Beispiel jener Intellektuellen, die den politischen Kämpfen mit äußerster Naivität gegenüberstehen. Sie gerät – zunehmend wider besseres Wissen – in einen Teufelskreis, aus dem sie nur noch durch Selbstmord ‚ausbrechen' kann. Diese interessante literarische Figur ist gewissermaßen vor die Titelfigur gestellt und läßt so deren Grenzen an realer Wirkungsmöglichkeit im Gang der Handlung wie im Figurenensemble noch deutlicher hervortreten.

Wetrow ist von Anfang an so eindeutig und starr antikommunistisch, er ist in seinen Verhaltensweisen so negativ geprägt durch Selbstzufriedenheit und Eitelkeit, durch an Größenwahn grenzendes Selbstbewußtsein, daß er als nahezu pathologischer Fall zu schnell an Interesse beim Leser verliert. Als wesentliche Ursachen für das So-Sein Wetrows werden – neben der Herkunft und Kindheitserinnerungen – die Lagererlebnisse der Jahre 1944 bis 1956 genannt. Dabei wird aber nicht ausreichend deutlich, *weshalb* ihre Verarbeitung in die vorhandene radikal-negative Richtung geht, im Gegensatz zu der anschaulich-überzeugenden Reaktion des Schulfreunds Gorbatschewski oder des Kinderbuchautors Shagin, durch die die Probleme der Stalin-Zeit durchaus nicht verschleiert werden. In Wetrows Verhalten offenbart sich letztlich eine logisch-konsequente Entwicklung, wenn in der angegebenen Biographie die Oktoberrevolution als eine persönliche Tragödie dargestellt wird (S. 451 ff.).

Thürk geht es augenscheinlich von vornherein darum, einen ideologisch und weltanschaulich-politisch „fertigen" Menschen vorzustellen, der mit seiner Konzeption gleichsam historisch erledigt ist. Wetrows durchaus vorhandene, zeitlich jedoch begrenzte Wirkung in der Sowjetunion stützt sich auf Faktoren, die im Titel des Romans apostrophiert werden: Elastisch in seinen Methoden, taktiert er nicht ohne Klugheit und Raffinement; wirkungsvoll kokettiert er mit erlebtem Leid und vermag die bewußt antisowjetische Zielstellung seines Tuns zeitweilig zu verschleiern. Diese Faktoren sind jedoch nur für einige Figuren, die sich als Mitläufer und Werkzeuge mißbrauchen lassen, wirkungsvoll. Der Leser ist sich über die wirklichen Motive Wetrows von Anfang an im klaren, das Spannungsfeld von Schein und Sein macht die Figur für ihn nicht interessanter. Der Umstand der zu starren, sich nicht verändernden Qualität der Titelfigur hängt zweifelsohne mit einem weitreichenden Problem des Romans zusammen, nämlich der direkten Anlehnung an authentische Vorgänge und Personen. Dadurch sind Figurenbeziehungen und Motivationen zu stark vorbestimmt. Es hätte nicht der herausfordernden Vorbemerkung zum Buch bedurft. Selbst bei oberflächlicher Lektüre wird man sofort an einen bekannten Fall erinnert, und tiefere Prüfung bestätigt die Vermutung: „Der Gaukler" ist ein Solshenizyn-Roman.

„Der Fakt ist meist unglaublicher als jede Fiktion", hat Thürk in einem Interview zum Roman bemerkt.[20] Der hohe Wirklichkeits- und Wahrheitsgehalt des Romans, das Authentische vor allem des Handlungskerns könnten umfangreich belegt werden. Der enthüllende Charakter wird jedoch durch die starre Negativität der Wetrow-Figur eher eingeschränkt. Sie verkleinert die Gefährlichkeit der Drahtzieher der ideologischen Diversion, wie sie sich auch – und nicht ohne Erfolg – gegenüber weniger eindeutig geprägten Menschen findet, die „nicht sofort und bis ins letzte begreifen, was sie anrichten, und die sich auch nicht sofort und bis ins letzte darüber im klaren sind, wem sie dienen.“[21]

Eine wichtige Seite des Romans wird über die Kontrastfiguren Gorbatschewski und Shagin vermittelt. Überzeugend wird gezeigt, wie sich wirkliche Kommunisten in Grenzsituationen bewähren, die die negativen Auswirkungen des Personenkults unter Stalin für sie darstellten.

Bedeutsam sind auch – als Bekenntnis des Schriftstellers Thürk, das im Buch und mit dem Buch geliefert wird – die Auseinandersetzungen um die Verantwortung des Schriftstellers in den Kämpfen seiner Zeit und gegenüber der Geschichte seines Volkes, ja gegenüber der Menschheit; bedeutsam die Auseinandersetzungen um die Fragen der künstlerischen Wahrheit, wie sie im Gespräch des (seinerzeit wirklich in dieser Funktion tätigen) Chefredakteurs der Zeitschrift des sowjetischen Schriftstellerverbandes „Nový mir“, Alexander Twardowski, mit Wetrow geführt wurden. An dieser Stelle wird auch das geduldige, vertrauenspendende, wenn auch prinzipielle und prinzipienfeste Ringen um wirkliche, sozialismusfördernde Kritik als (Teil-)Auftrag schriftstellerischen Wirkens im Sozialismus verdeutlicht.

Vor diesem Hintergrund ist „Der Gaukler“ zweifellos *mehr* als ein Solshenizyn-Roman. Denn nicht nur an dessen Beispiel ist deutlich geworden, weshalb Schriftsteller, die im Gesamtgefüge einer Nationalliteratur durchaus ihren angemessenen Platz haben oder haben könnten, zu den angeblich einzigen, wahren und begnadeten Repräsentanten dieser Nationalliteratur hochstilisiert werden.

So enthüllt Harry Thürk trotz der angedeuteten gestalterischen Grenzen jene sozialismusfeindliche Praxis, ihre Hintermänner und deren wirkliche Ziele und belegt auch mit seinem bisher letzten Roman seine Schreibintention:

„Als Sozialist schreibe ich so, daß möglichst viele Leser mich freiwillig lesen, sich dabei unterhalten und Erkenntnisse gewinnen, die sie einer sozialistischen Weltsicht näherbringen oder die eine bereits vorhandene festigen.“[22]

HARRY THÜRK

Kurzbiographie

Harry Thürk wurde am 8. 3. 1927 als Sohn eines Angestellten im oberschlesischen Zülz (Biała) geboren. Besuch der Handelsschule, anschließend Arbeit bei der Bahn, 1944/45 Soldat der faschistischen Wehrmacht. Nach Kriegsende in Weimar, tätig in verschiedenen Berufen, so als hauptamtlicher FDJ-Funktionär, zuletzt als Bildreporter und Journalist. 1956/58 Redakteur im Verlag für Fremdsprachige Literatur in der Volksrepublik China, danach freischaffender Schriftsteller in Weimar. Ab 1964 wiederholt Reisen nach Vietnam, später auch in andere asiatische Länder. 1971–83 Vorsitzender des Schriftstellerverbandes Thüringen bzw. der Bezirksorganisation Erfurt.
1962 Literatur- und Kunstpreis der Stadt Weimar, 1963 Erich-Weinert-Medaille, 1964 und 1977 Nationalpreis, 1971 Theodor-Körner-Preis, 1979 Kunstpreis des FDGB und der Gesellschaft für Deutsch-Sowjetische Freundschaft, 1980 Theodor-Körner-Preis.

Mathilde
Dau

Wilhelm Tkaczyk

Als 1972 unter dem Titel *„Der Tag ist groß"* die erste repräsentative Sammlung der Gedichte Wilhelm Tkaczyks (1907 bis 1982) erschien, löste sie einige Verblüffung aus. Das nahezu ein halbes Jahrhundert umfassende lyrische Werk dieses Dichters, dessen Name zumeist mehr mit dem proletarisch-revolutionären Erbe als mit der Gegenwartsliteratur verknüpft wurde, erwies sich nämlich zum weitaus größten Teil als eigenständiger Beitrag zur Lyrik der DDR. Im Prolog-Gedicht des Bandes (*„An Stelle einer Vorrede"*) sprach der damals Fünfundsechzigjährige in der ihm eigenen ironisch-sarkastischen Art von sich als einem Mann mit „verschollenem Namen", der – nachdem er der Hölle entronnen und in Kämpfen erstarkt ist – seine Strophen „auf den Markt" wirft.[1] Tatsächlich hatte er mit seinen nach 1945 publizierten Lyrik-Bänden wenig Beachtung gefunden, obwohl in ihnen manches Neue zu entdecken gewesen wäre. Für die Öffentlichkeit blieb er gewissermaßen der talentvolle schreibende Arbeiter, dessen Durchbruch und poetischer Höhepunkt in den fast schon zur Legende gewordenen proletarisch-revolutionären Kampfjahren vor 1933 lokalisiert wurde.

So kontinuierlich sich, wie wir heute wissen, das poetische Talent des Autors seitdem weiter ausgeprägt hatte, so diskontinuierlich gestaltete sich die Wirkungsgeschichte seiner Texte. Da waren zunächst die Jahre faschistischer Herrschaft, die für ihn, den im Lande Gebliebenen, einen totalen, besonders schmerzhaften Öffentlichkeitsverlust bedeuteten. Mehrmals waren zudem seine Manuskripte verlorengegangen; nur manches konnte später wieder rekonstruiert werden. Nach der Befreiung widmete sich Wilhelm Tkaczyk der Bibliothek des Kulturbundes und führte, immer mehr von schwerer Krankheit gezeichnet, ein eher zurückgezogenes Leben, das ihn kaum ins Licht einer größeren Öffentlichkeit rücken ließ. In all den Jahren ist seine Produktivität als Lyriker nie versiegt, im Gegenteil. Selbst unter schwierigsten Bedingungen eroberte er sich weitere poetische Provinzen.

Ein kraftvolles, überraschend vielgestaltiges Lebenswerk war entstanden, das mit der umfassenden Sammlung von 1972 erstmals einem breiteren Publikum zugänglich wurde. Der Bogen spannte sich von frühen Versuchen über den Zyklus *„In Gruben und Fabriken"* aus den zwanziger Jahren und Texte aus *„Jahre der Schatten"* bis zu Gedichten aus der jüngsten Zeit.

Sichtbar wurde auch die Leistung des Nachdichters, der sich vor allem der tschechischen, slowakischen und russisch-sowjetischen Poesie angenommen hatte: Peter Bezruč, Laco Novomesky, Jiří Wolker, Dudin, Dolmatowski, Bedny, Chlebnikow, Wosnessenski und viele andere fanden in deutscher Sprache eine neue Gestalt. Die nach 1945 entstandenen Gedichtzyklen wurden in erweiterter Fassung vorgestellt. Mit der Gesamtbilanz erschlossen sich zugleich Einblicke in die Quellen der fortdauernden poetischen Originalität, in das „Geheimnis" seiner aktuellen Wirkung, die im Verlauf der siebziger Jahre zu einer Neuentdeckung des Lyrikers Tkaczyk führte, zu seinem zweiten bedeutungsvollen Durchbruch.

Was sich hier vollzog, war die Begegnung der poetischen Eigenart des Dichters mit veränderten gesellschaftlichen Rezeptionsbedingungen. Das in der Literatur jener Jahre spürbare Interesse an der Erkundung des sozialistischen Alltags, am Einbringen der authentischen Erfahrungen und der Sehweise einfacher Menschen berührte sich auf eigentümliche Weise mit der poetischen Welt und den Erfahrungen Wilhelm Tkaczyks, mit Wesenszügen seiner Lyrik, deren Wurzeln bis in das Frühwerk zurückreichen und schon den proletarisch-revolutionären Gedichten des Autors ein besonderes Gepräge gaben.[2]

Tkaczyks erste Versuche verraten durchaus noch den Einfluß der längst verbürgerlichten sogenannten Arbeiterdichtung aus dem Umkreis der reformistischen Sozialdemokratie. Bestimmendes Thema ist die Klage über die schwere Arbeit, schnell verdrängt durch den liebevollen Trost der Mutter. Das Streben, die eigene Situation auszudrücken, bewegt sich noch epigonal im Fahrwasser larmoyanter Mitleidspoesie und sentimentaler Naturschau. Authentizität deutet sich jedoch bereits darin an, daß man erfährt, auf welche Weise sich ein Proletarierjunge autodidaktisch um literarische Bildung bemüht. Bald jedoch befreit sich Tkaczyk vom Ballast des Angelesenen.

Die Hinwendung zur eigenen sozialen Erfahrung als dem Boden einer neuen Poesie und der Anschluß an die revolutionäre Arbeiterbewegung (1926 Eintritt in die KPD) bringen einen grundlegenden Wandel. In dem Gedicht *„Firma Deichsel“*[3] spürt man die veränderte Tonart:

> Ich war ein kleiner Vierzehnjähriger.
> Die Schule spie mich aus und schon
> verschluckten mich:
> Adolf Deichsels Drahtwerke und Seilfabriken.
> Ich habe geträumt und
> Jahre versäumt.
> Bedreckt von Teer und Öl,
> in Lärm und Gestank, zerrissen,
> ein kleiner, blasser Junge,
> träumte ich:
> mit Kommerzienratstöchtern Tennis zu spielen,
> mit Gymnasiasten Gedichte zu lesen.
> Der blondbärtige
> Doktor klopfte mir auf die Schulter,
> die holdselige,
> samtgekleidete Tochter lächelte mir zu.
> Heute rauche ich
> eine Zigarette mir an
> und denke über den Betrug nach.

Die Arbeit wird genau und ohne Selbstmitleid geschildert, aber es sind auch nicht die Sehnsüchte verschwiegen, die in Tkaczyks früher Jugend noch am Maßstab der „Etablierten“ orientiert waren, bevor er sich der eigenen Kraft als Vertreter einer revolutionären Klasse bewußt wurde. Illusionen oder fehlgeleitete Träume werden ad absurdum geführt, Motive naturalistischer Mitleidspoesie kritisch umgekehrt, so daß wieder progressive Impulse von ihnen ausgehen konnten.

In diesem Sinne werden Autobiographie und Chronik miteinander verknüpft. Individuelles Erlebnis vermag sich als Massenerfahrung zu artikulieren. Die Behauptung des persönlichen Lebensanspruchs als elementare Grundlage freien schöpferischen Lebens ohne Verzicht auf Liebe und Schönheit wird zum bestimmenden Grundmotiv seines Schaffens. Darin unterscheidet sich dieser Dichter von manchem anderen Vertreter der proletarisch-revolutionären Literatur jener Jahre. Hier ist auch der Antrieb zu finden für Gedichte, in denen die individuelle Empörung in die Entscheidung zum revolutionären Handeln umschlägt, wie zum Beispiel in dem bekannten *„Prometheus in der Fabrik“*[4].

Das Prometheus-Motiv war schon in der frühen sozialdemokratischen Lyrik vielfach variiert worden. Aber erst jetzt wird die mythologische Symbolgestalt des berühmten bürgerlichen Emanzipationsgedichts durch die reale Figur eines Proletariers ersetzt, der bereits seine Ketten abzuschütteln beginnt. So gelingt die plebejische Umkehrung, eine realistische Korrektur der großen bürgerlich-humanistischen Utopie und zugleich eine Weiterführung des Anspruchs auf menschliche Emanzipation unter den Bedingungen veränderter Klassenverhältnisse und einer anderen Epoche.

Tkaczyks Verse gewinnen den Zugang zur modernen imperialistischen Gesellschaft, die in ihre allgemeine Krise eingetreten war, auch über ein entsprechend neues poetisches Vokabular. Es wird ganz der konkreten individuellen und öffentlichen Sphäre realer Arbeit und zeitgenössischer Klassenkonfrontation entnommen. Tkaczyk hat das ihm Gemäße dazu beigetragen, die noch für die sozialdemokratische Lyrik charakteristische Trennung des Individuellen vom Politischen sowie eine bei proletarisch-revolutionären Lyrikern, die aus dem Bürgertum kamen, anzutreffende Antithetik von Individuum und Masse zurückzudrängen. Bei ihm gibt es keine Auflösung des Persönlichen in ein anonymes Massenschicksal. Diese Art moderner proletarischer Selbstgestaltung hatte Johannes R. Becher vor Augen, als er, Tkaczyks Leistung sehr früh erkennend, formulierte:

„Seine Dichtung ist reichhaltig und kühn, das tiefe und gewaltige Thema des Klassenkampfes wird in ihr nicht schematisch heruntergeleiert, es versackt nicht in Deklamation und allgemeinem Geschwätz, die Schwierigkeiten und Widersprüche der revolutionären Bewegung werden mit dichterischen Mitteln gestaltet, Prozesse werden gezeigt und nicht nur Resultate ‚hurraproletarisch‘ hingehauen.“[5]

Die sinnlich greifbare (proletarische) Individualisierung und die authentische Sicht „von unten“ – das war es, was Tkaczyk schon damals in die sozialistische Lyrik eingebracht hatte. Das führte ihn aber auch an bestimmte Grenzen. Übergreifende politische Zusammenhänge in komplexen Systemanalysen oder Konturen der Epoche in ihren internationalen Dimensionen darzustellen war seine Sache nicht. Dafür konnte er den Vorzug geltend machen, den proletarischen Alltag, auch den des Klassenkampfes, aus eigener Erfahrung genau zu kennen.

Gerade wegen der thematischen und poetologischen Besonderheiten seiner Lyrik bedeuteten für Tkaczyk, der nicht ins Exil ging, die Jahre der faschistischen Herrschaft nicht nur eine tiefe Krise, sondern zugleich ein totales Abbrechen der künstlerischen Kommunikation mit der Außenwelt. Losgerissen von allem, was ihn bisher mit der gesellschaftlichen Wirklichkeit verbunden hatte, tauchte er in einer kleinen Bibliothek unter. Die Beschäftigung mit Literatur wurde ihm zum lebenserhaltenden Prinzip. Das galt auch für die Gedichte, die er weiterhin schrieb. Erweiterte Lektüreerfahrung führte ihnen neue Bildungselemente und das sprachliche Rüstzeug für eine oft symbolisch verallgemeinernde Bildwelt zu. In ihr brachte er, poetisch mehr oder weniger verschlüsselt, sein Gefühl der Isoliertheit von den Genossen, von den exilierten Schriftstellerkollegen zum Ausdruck.

So überstand Tkaczyk die schwere Zeit und erschloß sich zugleich neue Mittel lyrischen Sprechens, die er nach Kriegsende weiterentwickeln konnte.[6] Auf seine Weise und von einem anderen Erlebnishintergrund her – in der Grundhaltung aber durchaus dem Vorgehen Bechers in diesen Jahren nahe – setzt er sich mit der Nachkriegswirklichkeit auseinander. Existentielle Not, Tod und Verwüstung schlagen sich in lakonisch knappen Versen und eindringlichen Bildern nieder. *„Goyas Welt"* wird assoziiert:

> Überlebende verkriechen
> sich in Winkeln, weinen leise.
> Trümmer. Die Verwesten riechen,
> und der Mond macht seine Reise.[7]

Daneben stehen kabarettistisch anmutende Texte wie *„Die Uhren gehen weiter"* oder *„Die ‚Nazisse'"*[8], die – sicher ungewollt – Ähnlichkeiten zu satirischen Gedichten Brechts erkennen lassen. Anders als Becher oder Brecht hatte Tkaczyk jedoch keine Erlebniskluft zu überbrücken, wenn er diese neue Alltagserfahrung, ihr politisches Umfeld und die unmittelbare Vorgeschichte in das Gedicht holt. Seine direkt auf die Zeitverhältnisse reagierenden Gedichte sind sozial konkret. Sie gewinnen ihre Operativität nicht aus der Rolle eines Tribuns, der sich zum öffentlichen Sprecher der Massen macht. Abstraktes Pathos und aufgesetzte Rhetorik werden so vermieden. Dennoch sind von ihm in dieser Zeit nur wenige Gedichte publiziert worden. Das Abreißen der (auch persönlichen) Beziehungen zur sozialistischen und antifaschistischen Literaturbewegung, die sich im Exil weiterentwickelt hatte, machte sich wohl noch längere Zeit bemerkbar. Erst 1958 erschien wieder eine größere Gedichtsammlung: „Wir baun uns eigne Himmelswiesen". Ihr folgten „Auf dieser Erde" (1963) und „Der Regenbogenbaldachin" (1969).[9]

Dennoch bleibt festzuhalten, daß der poetische Neubeginn, den Tkaczyk nach 1945 gefunden hatte, behutsam Ansätze aus der Zeit vor 1933 aufgreifend und Erfahrungen aus den Jahren danach nutzend, für sein Spätwerk von entscheidender Bedeutung war. Wie von einem Alpdruck befreit, beginnt er, seine insgesamt heiter-souveräne Bilanz zu ziehen, ohne das Gefährliche, Bedrohliche herunterzuspielen, aber auch ohne es zu dämonischer Unausweichlichkeit aufzublähen. Der Dichter bleibt bei seiner Betonung des Alltags und der individuellen, persönlich gehaltenen Reflexion. Angeregt durch die Kabarett-Dichtung von Ringelnatz, Morgenstern, bis hin zu Kästner und Tucholsky, sucht er einen Weg zu direkter Wirksamkeit auf das Alltagsverhalten der Menschen beim Aufbau einer neuen Gesellschaft.

Dabei findet er seine ganz eigene Tonart, wird doch die am eigenen Leib erfahrene Ausbeutung nie vergessen. Motive aus den zwanziger Jahren werden unterschwellig wieder aufgegriffen. In der unmittelbaren Sphäre der Produktion, die er nun persönlich nicht mehr erleben kann, wird eine neue poetische Dimension der Arbeit entdeckt, ein neues Verhältnis zur „Bestie Maschine", die zum treuen, gepflegten Haustier, zum Freund wird („*Tor der Fabrik*").[10]

In den folgenden Jahren rückt die Gestaltung des Themas Arbeit dann mehr und mehr in die Dimension der Gattungseigenschaft des Menschen überhaupt, erscheint sie als Motor seiner geschichtlichen Entwicklung. Das bedeutet keine Flucht aus dem Alltag, sondern selbsterworbene Lebensweisheit sucht sich einen größeren Spielraum, siedelt sich in einer größeren Welt an. Das ist mit Veränderungen – genauer: mit Verschiebungen – im Traditionsbezug verbunden. Es bleibt der

Anschluß an humoristische, sensualistische und volkspoetische Traditionen, zum Teil vertieft er sich noch. Wichtiger wird der Bezug auf Goethe, aber nicht mehr auf den „Stürmer und Dränger", sondern auf den der weisen Altersdichtung, des „Stirb und Werde". Doch selbst schwierige philosophische Fragestellungen und kosmisch-universelle oder gattungsgeschichtliche Gegenstände werden auf derb-volkstümliche Weise angepackt, in eine humoristische oder grotesk-komische Perspektive gerückt und damit dem Leser nahegebracht.

Im Gedicht *„Mikrokosmos – Makrokosmos"*[11] stellt sich das lyrische Ich dem ganzen Beziehungsfeld zwischen Alltag und Universum. Im Bekenntnis selbst zur kleinsten Zelle organischen Lebens gelingt eine materialistische Deutung menschlicher Gattungsentwicklung, und so kann keine Furcht vor der Größe des Alls aufkommen.

In deutlicher Auseinandersetzung mit Benns Rückzugssehnsucht zum „Urschleim" formuliert Tkaczyk:

> O Quallen-, o Mikroben-Stundendasein!
> (Das Zeitmaß ist von mir.) Ich will ihr nah sein,
> der Allerkleinstwelt – hält sie auch in Haft.

Und er setzt der nihilistischen These Benns „Das Nichts ist groß" sein Motto entgegen, das einem ganzen Sammelband den Titel gab: *„Der Tag ist groß"*. Tkaczyk hat den Namen Benn bisher in keiner seiner öffentlichen Äußerungen erwähnt, aber die poetische Beschäftigung mit ihm ist bis in das Vokabular hinein unverkennbar; sie wäre einer eigenständigen Untersuchung wert.

Mit Gedichten dieser Art beginnt eine weitere neue, für die sechziger und siebziger Jahre wichtige Richtung in Tkaczyks Lyrik: die Geschichte der Menschheit in ihrer Wechselbeziehung zur Natur. Auch hier kommt wieder ein lyrisches Verfahren zur Geltung, das Tkaczyks Besonderheit im Ensemble sozialistischer Lyrikentwicklung weiterhin ausmacht. Die hohen, vom Dichter durchaus in ihrer ganzen Bedeutsamkeit gesehenen Ideen vom Fortschreiten der Gattung Mensch werden bewußt profanisiert. Die kleine Welt elementarer Lebensinteressen und Bedürfnisse bleibt immer im Blickfeld des Autors, ihr gilt seine Aufmerksamkeit und seine Sympathie. Im Vergleich zu den etwa gleichzeitig entstehenden Weltanschaungszyklen von Maurer oder Arendt führt die Verknüpfung von sensualistischen und grotesken Lyriktraditionen – in einer Art Zeitraffertechnik – zu verblüffenden Effekten:

> [. . .]
> Noch immer gähnt der eine, und
> der andre tut verwundert.
> Es scheint der Mond, es heult der Hund –
> so formt sich ein Jahrhundert.
>
> Das Ungeziefer leidet Durst,
> du wehrst ihm, dich entlausend,
> und hangelst selber nach der Wurst –
> so formt sich ein Jahrtausend.[12]
>
> (aus: „Der Tag ist groß")

Trotz Kampf auf Leben und Tod zwischen natürlichen und sozialen Kräften erscheint Geschichte nicht – wie bei Benn und anderen – als sinnlose Anhäufung von Blut und Leid, sondern ist in letzter Konsequenz befreiender Akt der Menschwerdung, die – in einer kühnen Überschau und von materialistischen Positionen her – auch heiter gesehen werden kann. Voreilige Verkündung des Paradieses wird jedoch vermieden, indem immer wieder die Härte des unaufhörlichen Existenzkampfes ins Bild kommt. Wenn dies vorrangig in der Bildwelt der außermenschlichen Natur geschieht, dann ist das ein Hinweis darauf, in welchem Maße hier noch (im Marxschen Sinne) „naturwüchsige" Tendenzen in der Gesellschaft herrschen. Das betont unsentimentale Naturverhältnis hindert den Dichter allerdings nicht daran, die Natur vor Umweltschädigungen durch die industrielle Entwicklung in Schutz zu nehmen (*„Bruder Baum"*).[13] In anderen Naturgedichten wird die Begegnung des Menschen mit der Natur zur Selbstbegegnung des lyrischen Ich:

> Und wieder die Trennung
> der Blätter vom Baum,
> wieder der lautlose
> Abschied und der unabwendbare
> Fall in die Tiefe.[14]
>
> (aus: „Der Tag ist groß")

Die Motive des „Abschieds" und der „Ankunft" leiten bereits eine Entwicklung ein, die für die letzte Phase bestimmend wird. Hier ist der Rückblick auf ein ganzes Leben und die Naturnotwendigkeit seines Endes noch von einer großen inneren Ruhe getragen. 1977 erschien ein Band mit Gedichten und Kurzprosa unter dem Titel *„Lastkahn mit bunter Fracht"*[15]. Die Prosa ist meist autobiographisch akzentuiert. Hier wird auf einer neuen Ebene die heiter-besinnliche Poesie des *„Regenbogenbaldachins"* fortgesetzt. Dort hieß es in einem Gedicht: „meine Muse tingeltangelt". Aber es handelt sich mehr um eine Art scherzender Philosophie, die immer mehr Tiefgang gewinnt, weil der eigene Lebensstoff in poetisch geronnene Lebenserfahrung umgesetzt werden kann. Augenzwinkernd verpaßt uns der Dichter seine kleinen und großen Weisheiten – ohne jede belehrende Geste. Am wichtigsten jedoch ist in diesem Band eine Reihe von Gedichten, die uns Naturerscheinungen, meist Tiere, in ihrer Daseinsweise vorstellen, um gattungsgeschichtliche bedeutsame Einsichten für den Menschen zu vermitteln (*„Auf den Galapagos"*[16], *„Arachne – Kannibalin"*, *„Eintagsfliegen"*, *„Armes Kaninchen"*, *„Sardinen werden Fischmehl"*, *„Elster, was soll das"* u. a.).

Im Verlauf der siebziger Jahre rückt dann die Todesproblematik aus dem Blickpunkt auf die universelle Natur zunehmend in den Bereich persönlich-körperlichen Betroffenseins.

Im ganzen gesehen, bleibt auch im folgenden Band, *„Meine Wolken sind irdisch"* (1981),[17] die umfassende Sicht auf Geschichte, Natur und Alltag als Hintergrund erhalten, sie ist nun aber enger an die konkrete Befindlichkeit des lyrischen Ich gebunden. So versetzt sich das Ich – der reale Standort ist die Wohnung im Hochhaus, zwischen Himmel und Erde – in vermittelnde Beziehung gleichermaßen zur Weltgeschichte wie zur Welt der Mikroben (*„Geschäftiges Gewürm"*). Es zeigt sich gerade auch in der notwendig gewordenen Beschränkung als ein den Lebensgenüssen zugewandtes Subjekt (*„Weintrauben"*, *„Spätes Glück"*) und setzt sich in kräftiger Satire mit Zeiterscheinungen wie mit Zeitgenossen verschiedener Generationen auseinander (*„Holzhammersendung"*)[18]. Immer wieder aber wird der Mensch in seine stofflich-materiellen Zusammenhänge mit der Natur hineingestellt. Die beherrschenden Motive dieses Bandes sind das Leiden und der Tod, aber immer mit der Proklamation diesseitigen Lebens.

Der Gewinn einer solchen Haltung vollzieht sich keineswegs spannungslos. Irdisches und Wolken sind durchaus antithetisch gesetzt, als Spanne zwischen Erdenwirklichkeit und Traummöglichkeit, zwischen Real- und Phantasiewelt: Polaritäten, die in spätbürgerlicher Poesie als unaufgelöster Widerspruch zwischen Individuum und Gesellschaft erscheinen, an denen das lyrische Ich oft zerbrach. Mit faustischen Anklängen, aber ganz in dem für Tkaczyk typischen ironisch-sarkastischen Ton erhebt sich am Anfang des Bandes die Frage nach der Herkunft des Leidens:

„Gott und Teufel, hört, ihr / Schönen, Beiden! / wer von Euch hat in die Welt gesetzt / das Leiden?“[19]

Beiden Mächten wird es zugeordnet, und das zieht sich leitmotivisch durch den ganzen Band: Genuß und Leid, ein ebenso widerspruchsvolles wie eng verknüpftes Paar, das Leben regierend. Darauf wird noch zurückzukommen sein. Vorerst ein Blick auf das Epilog-Gedicht des gleichen Bandes, das in seiner geballten Spannung die strenge Sonettform fast sprengt:

Ein neues Blatt, der alte Text

Zum Kämpfen und zum Leiden da –
und wie ich leide, mit Genuß!
Die Wunden – Blutes Überfluß.
Im Sterben schreie ich: „Hurra!“

Der Tod, der unaufhaltsam naht;
ein Hinterhalt, ein Schlag, ein Schuß.
Zuweilen etwas Licht, ein Kuß
und dann der übliche Verrat.

Die Blume mit dem Gift im Kelch,
die Lerche mit der Lästerzunge,
Triumph der Lüge, Schatten wächst.

Im Walde steht ein alter Elch,
das Raubtier richtet sich zum Sprunge.
Ich bin verzaubert, bin verhext.[20]

In überraschenden Wendungen – das aus den Wunden fließende Blut erscheint doppeldeutig als „Überfluß“, der Todesschrei wird zum „Hurra“ – ist die Auseinandersetzung mit dem Tod als ein ungeheurer Kraftakt vorweggenommen. Selbst dem Leiden wird noch der Genuß abgerungen, jedoch nicht im dekadent-nihilistischen Lebensüberdruß, sondern als

Ausdruck standhafter Lebensbewältigung. Das ist glaubhaft, weil der Todeskampf selbst zum dynamisch bewegten Vorgang wird. In der zweiten Strophe entwickelt er sich in einer ganzen Skala widersprüchlicher Empfindungen, in der Erinnerung an gegensätzliche Erlebnisse, die sich mit der erahnten Todeserfahrung verknüpfen. In atemlosem Tempo folgen einander Hinterhalt, Schuß, Licht, Kuß und Verrat – Momente eines üblichen, aber voll gelebten Lebens. Die beiden Terzette beziehen Naturerscheinungen ein, die in ihrer schillernden Bedrohlichkeit das Ich nicht zu erschrecken vermögen, sondern eher Faszination ausstrahlen. Vom zwiespältig-schönen Bild des zum Sprung ansetzenden Raubtieres wird das Opfer, der alte Elch, der schon etwas müde im Wald steht, verzaubert und verhext. Das Ich sieht sich einbezogen in das unausweichliche Schicksal allen Lebens in der Natur, das für jeden einzelnen jedoch immer wieder neu ist. So erscheint der „alte Text" auf einem „neuen Blatt".

Auf den übrigen „neuen Blättern" des Bandes finden wir noch manchen anderen „alten Text". Der Dichter scheut sich nicht, von der „Seele" zu sprechen, dem „Gefängnis" des Körpers hörig, ihn aber auch regierend: „Sklavin und auch Königin". Die „Sehnsucht braucht den Traum" – Symbol für die Kräfte des Denkens und des Willens, der Vorstellung und der Phantasie. Immer aber ist das Reich der „Wolken" ein irdisches Reich.

Die wohl auffälligste Erscheinung des neuen Bandes stellt eine ganze Reihe von Gedichten dar, die – in ganz alltäglicher, körperlich greifbarer Umwelt – den Kampf mit dem physischen Schmerz vorführen: mit dem Altern, dem Müdesein und der Todesangst; das Krankenlager zu Hause, die langen Abende vor dem Schlafengehen; Atemnot ist hörbar, der Schmerz wird spürbar. Dabei ist nichts naturalistisch geschildert, es gibt keine platte Zustandsbeschreibung, sondern poetisch bewegte Szenen, die oft – und zwar ohne vordergründig-didaktische Reflexion – durch eine Sentenz oder eine Pointe gedanklich zusammengehalten werden. Der Gestus einer skurrilen Selbstironie, verschiedene Tonlagen von leiser Melancholie über hintergründigen Humor, derben Sarkasmus bis zur Groteske variierend und kombinierend, trägt eine schwebende geistige Leichtigkeit in die Verse. Bildebenen des Realbereichs verschmelzen mit Phantastisch-Fiktivem. Da werden in einer sterilen und „technisierten" Krankenhausatmosphäre die Schwestern zu guten oder bösen Feen, Paradiese oder Höllen öffnen sich, dämonische Abgesandte bringen Schmerzen und Ängste. Eines der bedrängendsten Gedichte dieser Art ist *„Besuchszeit im Krankenhaus"*:

Die pflichtgemäßen,
sich bewährenden Besuche,
das Winken mit dem
obligaten Tuche,
das Treffen bei der
Linde oder Buche,
das scheue Lächeln zwischen
Nymphe und Eunuche.
Das steigt schon in das
Herz und in die Augen,
das fängt schon an zu
würgen und zu saugen.
Das will als Fluch und
als Gebet nichts taugen,
das löst und schafft doch
Spur'n wie scharfe Laugen.
Im Nu vergeht die
Zeit, die lange, knappe.
Der eine schweigt, dem
andern schäumt die Klappe.
Hier glüht das Gold, dort
glitzert die Attrappe.
So vegetierst du
von Etappe zu Etappe.[21]

Extreme Pole im Zustand stärkster Schmerzen spiegeln sich in Gedichten wie *„Euthanasie"*, in dem der Tod als „Killer" herbeigewünscht wird, und *„Not"*, in dem die Freunde und Kampfgenossen angerufen werden, einen Kreis um das Ich zu bilden, der dem Tod den Zugang verwehrt.

Es gibt in der DDR-Lyrik nichts Vergleichbares, weder in der Unmittelbarkeit, mit der wirklich erfahrener Schmerz, Klage ohne Kläglichkeit authentischen Ausdruck gewinnen, noch in der poetisch-bildhaften Ausdruckskraft und in der Souveränität, die nur ein Humor zu verleihen vermag, dessen Optimismus aus den unkaschierten Darstellungen widersprüchlicher Lebenserfahrung aufsteigt. Eine wache, viele Wissensgebiete berührende Intellektualität verbindet sich mit einer handfesten Sinnlichkeit, die ihre proletarische Herkunft nicht leugnet. So entfaltet sich eine Alterslyrik, deren Weisheit frisch und lebendig aus unerschöpflichen Quellen zu sprudeln scheint.

In einem Interview äußerte sich Tkaczyk hierzu auf bezeichnende Weise:

„Im sogenannten unsterblichen Leben, das sich manche wünschen, sehe ich nur eine Unsterblichkeit der Form, das ist aber Stillstand, während im flüchtigen Geschehen das Leben ist. Was in mir vorgeht, ist nur die gegenwärtige Form. Ich sehe dagegen eine andere Ewigkeit, die des Stofflichen, und erblicke eine Art Trost darin, eine Art von Geborgenheit: auch wenn ich mich – durch den Tod – verliere, kann ich nicht aus der Wiege, aus der Welt fallen."[22]

Hier – wie beim späten Tkaczyk überhaupt – gibt es auffällige Berührungspunkte beim Nachdenken über den Tod mit einem Dichter wie Louis Fürnberg. Zu erinnern wäre an „Alt möcht ich werden", vor allem jedoch an „Epilog". Auch Fürnberg spricht von der Rückkehr zu den Ursprüngen, vom Aufgehen in der Natur nach dem Tode. Doch bei ihm bleibt eine Spanne zwischen „Heimkehr" und „Fremdsein": „Wenn ich einmal heimgeh, / dorthin, woher ich kam, / werde ich ein Fremder sein / an meinem Ursprung."

Im Vergleich mit anderen sozialistischen Lyrikern läßt Tkaczyk stärker dem Kreatürlichen am Menschen sein Recht, wenn am Ende konsequent alles ins Stoffliche einmündet, wo er die Dialektik vom Verschwinden der (flüchtigen) individuellen Form und der ewigen Bewegung der Materie wirken sieht. Das Elegische wird bei Tkaczyk ironisch oder auch tragikomisch gebrochen. Tkaczyk geht es darum, die geistige Überlegenheit des Menschen eben darin zu sehen, daß er sich seiner eigenen Materialität bewußt ist, besonders in der Stunde des Todes. Auch wenn keine Spiegelungen zwischen Ich und Welt mehr stattfinden, wenn das Ich als wahrnehmendes, reflektierendes und genießendes, das heißt fühlendes Subjekt nicht mehr existiert, öffnet sich der Weg zum uneingeschränkten gegenwärtigen Genuß auch dessen, was bleiben wird. Das könnte, obgleich Tkaczyk dies nicht ausspricht, auch für das nachgelassene eigene Werk gelten. Die „Ewigkeit" der geistigen Produktion, und sei es der eigenen, an dieser Stelle ins Spiel zu bringen hätte aber seiner betont „profanen" Blickrichtung im Wege gestanden.

Tkaczyk gehört zu den sozialistischen Autoren, die ihr Augenmerk auf das reale, gesellschaftlich vermittelte Wechselverhältnis von menschlicher und außermenschlicher Natur richteten, wie es im Gedanken an den Tod, an die Endlichkeit des Individuums – krisenhaft zugespitzt – besonders eindringlich Geltung erlangt. Was ihnen in dieser Frage gemeinsam ist, hat Lothar Kühne einmal – unter Bezugnahme auf eine Äußerung Bechers – so formuliert:

„Wenn die Individuen freie Menschlichkeit entfalten und bewahren wollen, müssen sie auch fähig und bedürftig sein, deren Widersprüche – weltanschaulich und damit auch ästhetisch die Welt anschauend – zu bejahen. Zu diesen Widersprüchen gehört der Gegensatz von Endlichem und Unendlichkeit, und hierin ist der Tod einbeschlossen, als negative Kristallisation des Lebens. Diese Eigenschaft des Todes ist nicht an sich gegeben, sondern eine Aufgabe: für die Gesellschaft, indem sie das Leben der Individuen sichert und die Möglichkeit ihrer Entfaltung in gesellschaftlicher Aktivität stetig erweitert, und für die Individuen, indem sie durch ihr solidarisches Dasein für andere die zeitliche Grenze ihres Lebens überschreiten. So wird der Tod von einer Verleitung zur Unterwerfung zu einer Herausforderung des Lebens selbst.“[23]

1983, kurz nach seinem Tod, erschien ein Auswahlband unter dem Titel *„Rundflüge im Abendrot“*, von Tkaczyk selbst zusammengestellt. Hier wurde streng gestrichen und ausgemerzt, was nicht mehr standhalten wollte, manches Banale, Vordergründige zugunsten eines repräsentativen Überblicks über das Gesamtwerk. Nur wenige Verse sind hinzugekommen, so das Gedicht *„Kleine Kontrolle“*:

Ich habe fürs Gewässer meinen Nachen
und für das Schweben in den Wolken meinen Drachen.
Ich kann, wenn's kalt wird, kleine Feuer machen
und, wenn es regnet, unter'm Schutzdach lachen.
Ich kann mich, relativ, vor Unbill sichern,
du siehst mich grinsen, und du hörst mich kichern.
Doch, spür ich einen Dorn in meinen Zehen,
dann kannst du meinen Zorn und auch mein Flehen sehen.
An Uhren und Kalendern mess' ich Zeit und Strecke –
und oft kommt's vor, daß ich schon leicht erschrecke.
Ich frage mich nach Gut und Böse, nach des Lebens Zwecke
und – was ich mehr gewesen: Honigbiene oder graue Zecke?[24]

Vielleicht sind das die letzten Verse dieses Dichters. Sie zeigen ihn noch einmal in der ganzen heiter-besinnlichen Souveränität seines Verhältnisses zu den großen und den kleinen Dingen des Lebens, die sich dem Leser unaufdringlich mitteilt.

Tkaczyk hat im Ensemble deutschsprachiger sozialistischer Poesie unseres Jahrhunderts eine unverwechselbare Stimme, er hat Eigenes eingebracht, das von keinem andern so geleistet werden konnte. Dies festzustellen ist um so wichtiger, als ihm eigentlich nie einer der vorderen, exponierten Plätze in der öffentlichen Aufmerksamkeit zugekommen war. Er selbst bestimmte seinen *„Platz im Leben“*[25] so:

Bei vielen steh ich im Programm,
zwar nicht an erster Stelle,
jedoch gehöre ich zum Stamm –
im Fluß als muntre Welle.

Was die Poesie Tkaczyks für die DDR-Lyrik tatsächlich bedeutet, trat erst im Verlauf der siebziger Jahre mehr und mehr ins Bewußtsein: Ein urwüchsiges Lyriktalent vom alten Stamm revolutionärer Kämpfer war nicht nur bis ins hohe Alter poetisch produktiv geblieben, es trat vielmehr mit neuen Angeboten, mit einer solchen Frische und Eigenwilligkeit in unsere Literaturlandschaft, daß Lyriker der mittleren und der jüngeren Generation an der Schwelle zur Gestaltung der entwickelten sozialistischen Gesellschaft bei ihm in die Lehre zu gehen begannen.

Vieles für eine solche Rezeption brachte der Dichter von früher her mit: seine Vorliebe für sozial pointierte Konkretheit und Individualität; hinzu kamen die Verschmelzung der plebejischen Sicht mit der Aufnahme grotesk-komischer Züge, die Hinwendung zu den elementaren Lebensfragen des Alltags und dessen Transformation über eine phantastisch-fiktive Bildebene in die poetische Welt. Diese Elemente hatte Tkaczyk in den Jahrzehnten nach 1945 konsequent ausgebaut und sie um weitere bereichert, vor allem um eine universalistische und gattungsgeschichtliche Sicht, die dennoch stets im Authentischen der Alltagswelt und der persönlichen Erfahrung verankert blieb. Das alles machte ihn zu einem interessanten, anregenden Bezugspunkt für die jüngere Lyriker-Generation, zum Beispiel für Karl Mickel, Uwe Greßmann oder Christiane Grosz, die jeweils unterschiedliche Elemente seiner Poesie und Poetik zu nutzen wußten.

Um unsere eingangs gestellte Frage wieder aufzunehmen: die Faszination, die Tkaczyks für Lyriker und Leser hat, liegt wohl in der durch nichts zu brechenden Kraft eines Menschen, der sich durch die Widersprüche immer wieder geradezu herausgefordert fühlte zu ihrer immer erneuten Bewältigung – im Leben wie in der Poesie.

Kurzbiographie

Wilhelm Tkaczyk wurde am 27. Februar 1907 in Zabrze (Oberschlesien) geboren. Arbeiterkind, wuchs, von der Mutter allein aufgezogen, ebd. auf; Fabrikarbeiter (zumeist arbeitslos), Besuch der Volkshochschule, Wanderung durch Deutschland; 1926 Mitglied der KPD und dann des „Bundes Proletarisch-Revolutionärer Schriftsteller", Leiter einer Ortsgruppe in Oberschlesien; zumeist Hilfsarbeiter (Garderobier, Gärtner, Landarbeiter, Bürobote, Angestellter u. a.), nach 1933 vorübergehend inhaftiert, Haussuchung (Verlust aller Manuskripte) und Überwachung; danach Arbeit in einer kleinen Berliner Bibliothek, zu Kriegsbeginn Einberufung, Soldat, sowjetische Kriegsgefangenschaft, dort „Antifa-Schule". 1945 erneut Verlust aller Manuskripte. 1946 Rückkehr nach Berlin; baute dort die Bibliothek des Kulturbundes auf, die er bis 1972 leitete. Wilhelm Tkaczyk starb nach einer langwährenden Krankheit am 2. Dezember 1982.
1973 Johannes-R.-Becher-Preis, 1979 Nationalpreis.

Sigurd Schmidt

Inge von Wangenheim

Zweifelsohne gehört Inge von Wangenheim (geb. 1912) zu den produktivsten Autoren unseres Landes. Ihr Gesamtwerk umfaßt bislang etwa zwanzig Bücher: Romane und Essays, Reisebilder und Erinnerungen, Anekdoten und Geschichten. Mehrfache Wiederauflagen verschiedener Titel deuten auf anhaltende Resonanz bei den Lesern. Die Kritik hebt übereinstimmend den bedeutenden Beitrag der Autorin zur Literatur der DDR hervor und anerkennt ihre aus einer entschiedenen sozialistischen Parteilichkeit heraus entwickelten eingreifenden Wirkungsabsichten. Zugleich werden gegen die künstlerische Gestaltung in vielen Fällen Einwände erhoben.

Im Vergleich zu anderen Schriftstellern hat sich die Literaturwissenschaft mit ihrem Schaffen, die essayistischen Arbeiten ausgenommen, nur wenig befaßt. Offensichtlich mangelt es an methodischen Voraussetzungen, die den Widerspruch zwischen Publikumserfolg und Gestaltungsschwächen, der zumindest bei einigen Werken nicht zu übersehen ist, klären könnten.

Schriftstellerin wurde Inge von Wangenheim relativ spät. Ihr erstes Buch, *„Mein Haus Vaterland, Erinnerungen einer jungen Frau“*, legte sie 1950 vor. In weiteren Büchern greift sie diese Erinnerungen wieder auf, präzisiert, führt fort. Allein schon der wiederholte Rückgriff auf Memoiren weist auf das Bedürfnis eines politischen Menschen, geschichtliche Erfahrungen aufzuarbeiten und zu vermitteln. Das ließe sich auch durch eine Vielzahl von Selbstzeugnissen belegen. Die neuesten finden sich in ihrem Band *„Schauplätze. Bilder eines Lebens“* (1983), der nicht nur Proben ihrer erst im sechsten Lebensjahrzehnt entdeckten Leidenschaft zum Malen enthält, sondern auch die fortgesetzte Suche nach Erweiterung ihrer künstlerischen Ausdrucksmöglichkeiten verdeutlicht, um den „rechten Begriff“ von der Welt zu vermitteln.

Zu dieser aufklärerischen Funktion ihrer Arbeit hat sie sich immer bekannt. Ihren Erinnerungen ist zu entnehmen, daß eine der wesentlichen Ursachen dafür in einem als schmerzlich erlebten Unberatensein in Kindheit und Jugend begründet liegt. Im Berlin-Kapitel der „Schauplätze" – wie schon im ersten Teil des Buches „Mein Haus Vaterland" – berichtet sie über Kindheitserlebnisse in der Zeit des Ersten Weltkrieges, der Novemberrevolution und der nachrevolutionären Auseinandersetzungen der zwanziger Jahre. Geschichte spielt sich für sie buchstäblich auf der Straße ab: der Vorbeimarsch des letzten Aufgebots junger Soldaten, das Erscheinen bewaffneter Matrosen, wechselnde Demonstrationszüge, in denen die Menschen einmal die schwarzrotgoldene, ein andermal die rote Fahne schwenken. Die sich daraus ergebenden Fragen aber werden weder von den Erwachsenen zu Hause noch in der Schule beantwortet.

Bevor sie überhaupt erfährt, daß es eine Wissenschaft von der Gesellschaft gibt, macht sie Erfahrungen, die ihr ganzes Leben prägen sollen. Unterdrückung ist für sie kein Begriff aus dem Lehrbuch, sondern gleich dreifaches Erleben: als Mädchen, als uneheliches Kind und als Tochter einer Arbeiterin. Dem Fleiß und dem Geschick der Mutter verdankt das Arbeiterkind Inge Franke den Besuch des Lyzeums, die Chance einer Ausbildung jedoch bietet sich in den „goldenen" zwanziger Jahren nicht.

Einen Ausweg sieht sie im Theater, wo sie schnell in den großen Sog der revolutionären Theaterbewegung gerät. Sie kommt zur „Gruppe Junger Schauspieler", zu Erwin Piscator, Fritz Erpenbeck, Hans Rodenberg, Friedrich Wolf, Alfred Kurella, Gustav von Wangenheim – und zum Marxismus. Achtzehnjährig, wird sie 1930 Mitglied der KPD: „Ich wollte FÜR etwas sein, JA sagen können".[1]

Seit 1931 gehört Inge von Wangenheim zur „Truppe 1931", jener antifaschistischen Vereinigung erwerbsloser Schauspieler, die Gustav von Wangenheim (inzwischen ihr Ehemann) gegründet hatte und für die er Stücke wie „Die Mausefalle" und „Da liegt der Hund begraben" schreibt und inszeniert. Der politische und künstlerische Erfolg dieser Arbeit, der auch den neuen Machthabern nicht entgangen war, macht 1933 die Flucht ins Ausland unumgänglich. Über Frankreich emigrieren die Wangenheims in die Sowjetunion.

In ihrem zweiten Buch, *„Auf weitem Feld"* (1954), zieht die Autorin Bilanz über das zwölf Jahre währende Exil bis hin zu ihrer Heimkehr Ende 1945. Auch danach kommt sie immer wieder darauf zu sprechen, was diese Erfahrung für ihre spätere Teilnahme am Aufbau des Sozialismus bedeutete: „Ich wußte schon, als die meisten meiner Landsleute noch fragten, meine Antwort kam nicht mehr nur aus der Theorie, sondern aus der historischen Praxis.“[2]

Während der Zeit des Faschismus ist ihr die Sowjetunion Schutz und Heimat; deshalb gilt den Menschen dort ihr uneingeschränkter Dank. Über manches Fehlurteil, das ihr Erinnerungsbuch „Auf weitem Feld“ enthält, haben Geschichte und persönliche Entwicklung sie inzwischen hinausgeführt.

Als sie mit einundzwanzig Jahren in die Sowjetunion kommt, muß sie feststellen, daß die Wirklichkeit den hochgespannten Erwartungen nicht entspricht. Aus diesem Widerspruch entwickelt sie jedoch keine Ablehnung, sondern Engagement. Verwunderlich ist nicht, daß sie sich als junger Mensch und in der ersten Begegnung mit dem damals einzigen sozialistischen Staat der Welt „nicht nur objektiv zwangsläufig“, wie sie sagt, „sondern auch subjektiv begeistert als eine Schülerin Stalins“ begreift. Erst später wird ihr klar, in welchem Ausmaß sie damit auch „Schmach und Gram“ des Sowjetvolkes geteilt hat, obwohl sie doch aufgrund ihrer „speziellen Vorgeschichte“ darauf angelegt gewesen sei, „etwas besser vor der Zeitgeschichte zu bestehen“.[3] Nicht zuletzt aus dieser Erfahrung heraus entwickelt Inge v. Wangenheim das Grundthema ihres Schaffens, „Die Beziehung des Menschen zum Staat“.[4] Auf diese Weise will sie dazu beitragen, die sozialistische Demokratie zu vervollkommnen. Diese Wirkungsabsicht liegt ihrer unterhaltsamen Gestaltungsweise, die sich an eine große Leserschaft wendet, zugrunde.

Wie die meiste Zeit in der Sowjetunion, so arbeitet Inge von Wangenheim auch nach ihrer Rückkehr aus dem Exil – im November 1945 – zunächst wieder als Schauspielerin und Journalistin, später als Regisseurin für das Theater und Fernsehen. Ihre bisher vorliegenden Erinnerungsbücher berühren diese Jahre nur punktuell. „Die tickende Bratpfanne“ und „Schauplätze“ geben Einblick in einzelne Episoden dieser Lebensstationen. Aber auch ohne spezielle Biographie kann man Auskunft erhalten – tragen doch nicht nur ihre essayistischen und publizistischen Werke bekenntnishaften Charakter.

In dem 1982 von Martin Reso herausgegebenen Band *„Mit Leib und Seele“* werden eine Reihe der früheren publizistischen Arbeiten Inge von Wangenheims wieder zugänglich gemacht. *„Der Arbeiter und das Theater“* ist der erste Artikel aus dem Jahre 1946 überschrieben. Darin stellt die Autorin die Frage, wie beide zusammenzubringen sind, damit die Kluft zwischen „Kunst und Leben“, zwischen Kunst und „Gedankenwelt des werktätigen Volkes“[5] überwunden werden kann. Ihre programmatische Antwort lautet: Bei Lessing, Goethe, Schiller, Kleist, Büchner, Heine und anderen findet sich „jene humanistische Vernunft“, die auch dem Arbeiter hilft, „den ungeheuren geistigen und materiellen Zusammenbruch unserer Nation zu überwinden“.[6]

Zunächst erklärt ihre enge Beziehung zum Theater, weshalb sie dieser Institution eine besondere Bedeutung bei der Brechung des Bildungsmonopols und der Erziehung des Volkes zumißt. Andererseits trifft ihr aus persönlicher Erfahrung gewonnenes Funktionsverständnis vom Theater – als „moralischer Anstalt“ (Schiller), die „die schöpferischen Kräfte des gesamten Volkes“ erobern hilft[7] – zusammen mit dem für die Bedingungen der antifaschistisch-demokratischen Umwälzung von der Partei der Arbeiterklasse erarbeiteten und praktizierten Konzept: Die besonderen Wirkungsmöglichkeiten des Theaters werden in dessen sozialisierender Funktion gesehen, denn der Zuschauer findet „sein gesellschaftliches Sein“ nicht nur in der Abbildung wieder, sondern vor allem auch im kollektiven Rezeptionsprozeß. Dadurch wird Theater zum „Lehrmeister“, der „die Gedanken“ und „die Gefühle ordnet“[8].

Diese Überlegungen enthalten Ansätze eines auf gesellschaftliche Veränderungen zielenden künstlerischen Wirkungskonzepts, das Inge von Wangenheim nicht nur in ihren späteren theoretischen Äußerungen aufgreift, sondern von dem sie sich auch immer wieder in ihrer eigenen künstlerischen Arbeit leiten läßt. Deshalb steht im Mittelpunkt ihrer Bemühungen die Frage, wie das Publikum zu erreichen ist. Unter diesem Gesichtspunkt schreibt sie beispielsweise im Februar 1947 in Vorbereitung der Neuorganisation der Volksbühnenbewegung den Artikel *„An die Arbeit – Publikum! Das Volk und seine Bühne“*. Aufgabe der Theater sei es, etwas Neues, „ganz anderes", vor allem in der Arbeit mit dem Publikum zu entwickeln. Die Demokratisierung des Kulturlebens könne aber nicht allein Sache des Theaters sein, auch das Publikum – insbesondere die Arbeiterjugend – müsse sich eine aktive Beziehung zum Theater erobern. Im Aufeinanderzugehen von Theater und werktätigen Massen sieht sie eine reale Möglichkeit, an die Stelle des Theaters für eine Elite ein Theater für die gesamte Nation zu setzen: „Je zahlreicher also die Volksbühnengemeinden in ganz Deutschland werden, desto besser für das gesamte deutsche Theater."[9]

Nach der Gründung des „Bundes Deutscher Volksbühnen" im Mai 1947, an der sie maßgeblich beteiligt war, übernahm sie die Herausgabe der Monatsschrift des Bundes, „Die Volksbühne". Dieses Engagement wie auch ihre Aktivitäten als Mitbegründerin der Gewerkschaft Kunst veranschaulichen ihren Versuch, Theorie und Praxis miteinander zu verbinden.

So ist erklärlich, daß sie auch in ihrer Arbeit als Schriftstellerin von einem direkt eingreifenden Funktionsverständnis ausging und sich bis auf den heutigen Tag davon leiten läßt. Gleichzeitig erlebt sie diese politisch-aufklärerischen Absichten, die sie mit ihrem Schaffen verbindet, und ihre „natürlichen Gaben", die eigentlich mehr dafür gesprochen hätten, daß sie als „lustige Person" aufgetreten wäre, „die an der Rampe ein flottes Liedchen singt, ein bißchen tanzt", als nach wie vor vorhandenen Zwiespalt ihrer künstlerischen Existenz: „Meine Pflicht: ich muß den Menschen die Wahrheit sagen [...]. Meine Lust: ich will ihnen gute Laune machen. Aus diesem konfliktreichen Widerspruch ergibt sich die Spannung, der Impuls, mitunter auch die Aggressivität, zeitweise das Bedürfnis zur Besänftigung, eine Mischung, die der Entstehung von Literatur günstig ist."[10]

Geschrieben hat Inge von Wangenheim schon früh. Dem Tagebuch der Jugendlichen folgen die literarischen Versuche der jungen Schauspielerin (die Freunde ihr wieder ausreden) und später publizistische Arbeiten. In *„Wie ich Schriftstellerin wurde"* erinnert sie sich: „Mein erster Beitrag für die Presse stand im ‚Weg der Frau'. Da war ich neunzehn. Seitdem bin ich Journalist. Aus Leidenschaft."[11] Schriftstellerin wird sie, als ein Zufall zu Hilfe kommt: Michail Tschesno-Hell fordert sie auf, ein Buch zu schreiben. Eine neue Literatur wurde gebraucht, also schrieb sie. Am 7. November 1949 setzte sie sich hin, fünf Monate später war „Mein Haus Vaterland" fertig, einige Jahre später die Autobiographie „Auf weitem Feld" (1954).

Inge v. Wangenheim gehört zu den Wegbereitern der Memoirenliteratur der DDR. „Mein Haus Vaterland", „Auf weitem Feld" und Otto Buchwitz' „Erinnerungen" sind die ersten Autobiographien in der DDR-Literatur überhaupt. Angesichts der seit den siebziger Jahren sprunghaft angestiegenen Quantität und Qualität dieses Genres und des überaus großen Interesses an dieser Literatur liegt es nahe, sich solcher Anfänge zu erinnern. Es geht dabei um mehr als um eine literaturgeschichtliche Traditionspflege, denn diese Bücher können heutigen Lesern lebendige Eindrücke von unserer Geschichte vermitteln.

Die nächsten Werke der Schriftstellerin sind Romane mit zeitgeschichtlichem Hintergrund, die den großen Epochenumbruch thematisieren. *„Am Morgen ist der Tag ein Kind. Roman eines Tages"* (1957) ist ebenfalls noch stark aus dem unmittelbaren politischen und beruflichen Erfahrungsbereich der Autorin geschöpft. Erzählt wird, wie das Ensemble eines Berliner Theaters am Vortag des 17. Juni 1953 einen Dampferausflug ins Grüne unternimmt. Wegen einer Panne sind die Ausflügler gezwungen, in dem von ihnen angesteuerten Lokal zu übernachten. So geraten sie unversehens in einen – von einem ehemaligen SS-Mann – organisierten konterrevolutionären Krawall jugendlicher Rowdys. Theaterarbeiter und Künstler verbünden sich mit den Bauern des Dorfes, und so stellen sie unter Führung der Genossen schnell wieder Ordnung her. Den Abschluß des Abends bildet eine von den Arbeitern improvisierte Theateraufführung. Durch die Komik ihres Spiels werden die unterschwellig noch vorhandenen Spannungen auch im Ensemble selbst beseitigt. Am 17. Juni nach Berlin zurückgekehrt, bilden die Theaterleute einen gegen die Ausschreitungen gerichteten Demonstrationszug und schlagen sich zu ihrem Theater durch. Ohne Umschweife resümiert der Erzähler dann: „In einer einzigen Nacht hatten ein paar Menschen, von denen niemand sprach, Vorpiel und Nachspiel des 17. Juni durchlebt und überwunden. Nun waren diese paar Menschen ein untrennbares Ganzes".[12]

Struktur und Erzählweise des Romans entsprechen der aufklärerischen Absicht der Autorin: Der Leser wird sowohl über das dargestellte Geschehen als auch durch das Urteil des Erzählers in seinem Erkenntnisprozeß gelenkt. Und da eine direkte Analogie zwischen der literarischen Handlung und dem geschichtlichen Vorgang hergestellt wird, sind die erfaßten gesellschaftlichen Widersprüche nur harmonisiert dargestellt.

„Einer Mutter Sohn“ (1958) zählt zu den meistgelesenen Büchern der Schriftstellerin. Die Geschichte vom verlorenen Sohn wird auf die Epochenwende als historischem Hintergrund bezogen. Frühjahr 1944: Wie schon oft muß die „Krieger“-Witwe Else Troth mehrere Tage hintereinander Dienst als Zugbegleiterin tun. Ihr zwölfjähriger Sohn Hans, zumeist sich selbst überlassen und allein mit seinen Fragen, verliert bei einem Bombenangriff nicht nur die Sprache, sondern auch allen Lebensmut. Als er in einem Heim untergebracht wird, unternimmt er nichts, seine Mutter wiederzufinden. Der erlösende Liebesbeweis muß von ihr kommen. Die Mutter aber glaubt, er sei tot, fühlt sich schuldig. In der Nachkriegszeit ändert sie ihr Leben von Grund auf; schließlich wird sie Jugendrichterin.

Hans ist unterdessen unter dem Namen Olaf Hecht der Anführer einer kriminellen Bande verwahrloster Jugendlicher geworden. Nach Jahren erst treffen Mutter und Sohn aufeinander, im Gerichtssaal, sie als Richterin, er als Angeklagter.

Nun beginnt die Mutter um den Sohn zu kämpfen, zunächst jedoch vergeblich. Hans flieht nach Westberlin, gerät in die Hände skrupelloser Erpresser, die seinen Fall im Zuge des kalten Krieges ideologisch ausschlachten wollen. Der Selbstmordversuch des Jungen mißlingt, mehr tot als lebendig gelangt Hans in den Ostteil der Stadt. Er kann gerettet werden, zunächst nur physisch, dann auch seelisch. Mit Hilfe von Freunden und Genossen gelingt es der Mutter, Lebenswillen in ihm zu wecken, auch den Wunsch nach einem sinnvollen Leben: Er wird arbeiten, lernen, die ABF besuchen, studieren.

Die Figuren- und Konfliktgestaltung dieses Romans ist charakteristisch für den Entwicklungsroman der DDR-Literatur in den fünfziger und sechziger Jahren. Der Stand, den die

Mutter, die ehemalige Arbeiterin, erreicht hat, setzt den Maßstab für den Werdegang des Jungen. Sein Entschluß, diesen Bildungsweg einzuschlagen, wird als entscheidender Wendepunkt in der Figurenentwicklung bewertet. Wie in der „Wandlungsdramatik" von Lessing bis Friedrich Wolf wird die Figur bis zur ‚richtigen' Entscheidung geführt, dem Leser, der sich identifizieren soll, damit ein Beispiel gebend. Damit diese kathartische Wirkungsstrategie aufgeht, muß die Autorin für die Konfliktlösung den Zufall bemühen. Nachdem sie erzählerisch zwingend motiviert hat, daß Hans nur noch im Tod einen Ausweg sehen kann, trifft der in Selbstmordabsicht abgegebene Schuß nicht tödlich.

Das Ausweichen vor der tragischen Lösung hat unverkennbar auch mit dem Bestreben der Autorin zu tun, den Leser über die Nutzung jener Muster zu erreichen, denen die Unterhaltungsliteratur ihre Wirksamkeit verdankt. Dazu gehört unter anderem auch, daß sie an Traditionen des Entwicklungsromans anknüpft. Dieser Romantyp zeichnet sich sowohl durch eine eingehende Handlung aus als auch durch ein deutlich ausgeprägtes, in Haupt- und Nebenfiguren gegliedertes Figurenensemble, wodurch die Lesbarkeit erleichtert wird. Dazu gehört nicht zuletzt die Verwendung einer unkomplizierten Erzählstruktur, gekennzeichnet durch einen aus der Überschau erzählenden auktorialen Erzähler, der die epische Welt souverän beherrscht und aus dieser Sicht auch mit dem Leser spricht.

Daß Inge von Wangenheim Ende der fünfziger Jahre ihren Wohnsitz nach Thüringen verlegt, hat nur zu einem Teil mit ihrer Trennung von Gustav von Wangenheim[13] zu tun. Entscheidend dafür war auch die kulturpolitische Orientierung auf die Verbindung des Schriftstellers/Künstlers zur Praxis. Die rasche Entwicklung der Wissenschaft bewog die Autorin, sich der Universität Jena zuzuwenden.

Literarischer Ertrag der Studien in diesem Wirklichkeitsbereich war der Roman *„Professor Hudebraach"* (1961), in dem sie die Wandlung eines durch Tradition und Familie an das Bürgertum gebundenen Gelehrten darstellt, der sich – aufgrund der veränderten gesellschaftlichen Verhältnisse in der DDR – für eine dem Volke dienende Arbeit entscheidet. In einem zweiten Handlungsstrang versucht die Autorin, die auf der Ebene der Wissenschaft auszutragenden fachlichen, politischen und moralischen Entscheidungen in ihrer Verflechtung mit den Prozessen an der Basis, auf der Ebene eines Produktionsbetriebs vorzuführen, in dem Porzellan hergestellt wird. Beide Handlungsstränge zusammenzuführen, gelingt der Autorin nur äußerlich.

Diesen Mangel hat sie offenbar selbst sehr deutlich empfunden. So wird aus der Begegnung mit der Alma mater jenensis, „dem ursprünglichen Anstoß", gewissermaßen der „Bitterfelder Weg" Inge von Wangenheims. Er führt sie in das Chemiefaserwerk Schwarza: „[...] ich wollte und mußte das Thema, das ich mit dem ‚Hudebraach' angerührt hatte, fortführen, hinaus aus dem akademischen Milieu und hinein in die Sphäre der materiellen Basis".[14]

Der folgende Roman, *„Das Zimmer mit den offenen Augen"* (1965), hat wieder den Abschied kleinbürgerlicher Menschen von ihrer Vergangenheit und ihr Hineinwachsen in die sozialistische Gesellschaft zum Thema. Auch hier steht der Typ des Intellektuellen, der sich von seinen bürgerlichen Bindungen zu befreien hat, im Mittelpunkt. Aber Wandlung und Entwicklung des Chemikers Dr. Robert Steffen vollziehen sich nicht (wie bei Hudebraach) auf der Grundlage lediglich intellektuell gewonnener Einsichten, sondern auf der Basis sozialer Erfahrungen, die aus der Zusammenarbeit mit Arbeitern herrühren.

Die andere Hauptfigur, Gudrun Retha, Gastwirtstochter, einstmals Maidenführerin aus Überzeugung im BdM, wandelt und entwickelt sich ebenfalls durch aktive Mitgestaltung der neuen sozialen, politischen und menschlichen Verhältnisse im volkseigenen Betrieb. Ein erster Höhepunkt in ihrer Entwicklung ist erreicht, als sie sich während des konterrevolutionären Umsturzversuches am 17. Juni 1953 auf die Seite der Verteidiger der neuen Macht stellt.

Während in der Gestaltung Dr. Steffens und Gudrun Rethas das Entscheidungsmotiv noch dominiert, wird auf der Ebene des Betriebsgeschehens insgesamt bereits die Bewährung im Alltag gestaltet. Das im Buch dargestellte Bündnis zwischen Arbeiterklasse und Intelligenz erschließt dabei den schwierigen, widerspruchsvollen Aufbau neuer menschlicher Beziehungen unter der Führung der Partei.

Trotz der berechtigten Kritik am Übergewicht des Didaktisch-Absichtsvollen dieser Bücher – das Maß an Wirklichkeitsnähe darf nicht übersehen werden, das die Autorin allein schon durch das bewußte Eingehen auf das allgemein interessierende und aktuelle Thema der Rolle der Wissenschaft in der sozialistischen Gesellschaft erreicht hat. Dieselbe Tendenz hatte etwa der Fernsehfilm „Dr. Schlüter" (K.-G. Egel), der Mitte der sechziger Jahre nicht zufällig einen so großen Erfolg erzielte.

Stofflicher Hintergrund der Geschichten und Anekdoten des Bändchens *„Die hypnotisierte Kellnerin"* (1968) ist Rudolstadt, wo die Autorin vierzehn Jahre lebte. Der Stammtisch liefert häufig das Milieu und das Auditorium, „das kulturelle Organ, in dem diese Geschichten sich allmählich verdichten zur ausgereiften Erzählung"[15]. Eine dieser ‚Stammtischgeschichten' gab dem Band den Titel. Darüber hinaus enthält er „Raupen" und „Schnärzchen" (Witze und Anekdoten) – Kernstück (so die Verfasserin) der thüringischen Volksdichtung, die sich noch heute der größten Beliebtheit erfreut. Sie sind durch eine originelle und lebensnahe Erzählweise gekennzeichnet, aus der ein natürlicher, kraftvoller Humor spricht, „mit dem das Volk immer auch seiner lebendigen produktiven Tätigkeit zugewandt ist".[16]

Um diesen Charakter der Volksdichtung zu bewahren, tritt die Autorin als Chronistin auf, bleibt so dem Original weitestgehend treu. Es werden lediglich ganz vorsichtig hochsprachliche Annäherungen vorgenommen, um die Geschichten einem größeren Leserkreis zugänglich zu machen. Neben dem kulturgeschichtlichen Verdienst solcher Fortführung einer in der Aufklärung wurzelnden Tradition ist mit dieser kleinen Form eine Ausweitung der künstlerischen Ausdrucksmöglichkeiten verbunden, die seit Mitte der sechziger Jahre in dieser Richtung bei einer ganzen Reihe älterer, aber auch jüngerer Autoren zu beobachten ist.

Der sich in dieser Zeit abzeichnende Funktionswandel der Literatur ist im Schaffen der Wangenheim noch deutlicher ablesbar an dem kaleidoskopartigen Erinnerungsbuch *„Die tickende Bratpfanne"* (1974), einer Sammlung von Anekdoten, Geschichten und Geschichtchen, Glossen, Porträts, Kurzszenen und Gedichten, in denen eine für die Autorin charakteristische

Kontinuität festzustellen ist: zum einen die auf die Erweiterung des geschichtlichen Wissens gerichtete Wirkungsabsicht, an der sie auch in diesem Buch festhält, und zum anderen die Wahl einer kommunikationsfreundlichen, breiten Leserbedürfnissen entsprechenden Form.

Den „kleinen" Formen folgen erneut zwei Romane, in denen Inge von Wangenheim Epochenfragen aus dem Antagonismus der zwei deutschen Staaten abzuleiten versucht, denn gerade der „deutsche Schauplatz" sei besonders gut geeignet, „gewisse Widersprüche mit Langzeitwirkung, gewisse Grundfragen eines jeweils menschheitlichen Gesamtbewußtseins eben hier, im Mittelpunkt Europas, markant und gleichnishaft hervorzuheben"[17].

Aus diesem Grunde konstruiert sie jeweils eine Fabel, die diesen Widerspruch über nachwirkende Familienbeziehungen zwischen Deutschen aus der DDR und der BRD einbringt. Im Roman *„Die Probe"* (1973) nutzt sie dafür das Bruderthema. Die in *„Spaal"* (1979) gewählte kolportagehafte Kriminalhandlung hinterläßt die Frage, ob die aus Situationskomik gewonnene heitere Vermittlung der Geschichte den politischen Impuls (Kampf um das deutsche Erbe) nicht überdeckt.

Dieser Mangel resultiert sicher zum großen Teil daraus, daß die Autorin ihrer „Sehnsucht" nach „einer nichts als Freude verbreitenden Primadonna der Opera buffa", von der sie gerade im Zusammenhang mit ihrem Verhältnis zur Klassik spricht, glaubt uneingeschränkt nachgeben zu können, was sie damit begründet, daß „die bedrohliche Natur der Gesellschaft" überwunden ist.[18] Die Härte des Klassenkampfes habe ihrer Kunst den kämpferischen Gestus aufgeprägt: „Ich wollte davon weg – und bin mit aller Macht da hineingeraten. Ich wollte glätten und zufrieden machen um mich herum. Immer! Und wurde gegen meine Anlage durch die unerbittliche Konsequenz der Geschichte dazu veranlaßt, mich auf die Seite der Schwierigkeitenmacher, der Weltverbesserer, der Ankläger, der Philosophen und Erklärer allen Übels zu stellen."[19] In der Gegenwart dagegen erlebt sie – trotz des Bewußtseins von der zunehmenden Gefährdung der Menschheit („Niemand, der sich mit der Abbildung von Wirklichkeit beschäftigt, kann das übersehen."[20]) – ihre Existenz als glücklichen

Einklang zwischen Natur und Gesellschaft: „Hier ist man Mensch und darf es sein.“[21]

Von dieser Harmonie geht für die Autorin eine „kreative Faszination“ aus, die sie mit einer „stillen Andacht“ vergleicht, bei der sich der Text gewissermaßen „einstellt“.[22] Ihren Selbstäußerungen ist zu entnehmen, daß sie durch die Vermittlung dieses Lebensgefühls Einfluß darauf nehmen möchte, daß die „Humanisierung unseres Daseins“ ein fortdauernder Prozeß sein möge.[23]

Eine solche auf Ausgleich zielende Wirkungsabsicht liegt der Erzählung *„Die Entgleisung“* (1980) zugrunde. Ein in Groß-Naschhausen, einer kleinen Stadt im Saaletal, entgleister Güterzugwaggon fördert heikel erscheinende Druckerzeugnisse ans Licht, die aus der volkseigenen Druckerei des benachbarten Ortes Roßeck stammen. Der Erzähler läßt den Leser bis fast zum Schluß in der irrigen Annahme, die Druckerei hätte ein Devisengeschäft mit pornographischer Literatur gemacht. Aber der zu erwartende Konflikt, der den Widerspruch zwischen ökonomischen Erfordernissen und moralisch-politischem Anspruch der Gesellschaft abbilden könnte, löst sich schließlich in einem harmlosen Irrtum auf. Die „Künstlerischen Variationen für den Tag und für die Nacht“ erweisen sich als „Völkerkunst und Folklore“, als „klassische Kunst“ und „internationale Neukunst“[24], wie aus berufenem Wissenschaftlermunde zu erfahren ist. Damit sind die Wogen geglättet, und das Happy-End kann in seiner ausgleichenden Funktion wirksam werden.

Von der Kritik wurde der Beitrag dieser Erzählung zur Herausbildung „einer unserer Entwicklung adäquaten spezifisch unterhaltenden Literatur“[25] hervorgehoben. Auf die souveräne Überlegenheit der Autorin über ihre fiktive Welt wird verwiesen, auf die „echte Heiterkeit“ und das „gezielt erreichte Einverständnis mit dem Leser“: „da wird – den Traditionen der spezifisch unterhaltenden Literatur mit ihrem Arsenal an Typen und Typisierungen folgend – Lesevergnügen bereitet, und dies um einer durchaus relevanten und aktuellen Angelegenheit willen“.[26]

Bezogen auf das Gesamtwerk Inge von Wangenheims, ließe sich verallgemeinern, daß Unterhaltungsliteratur und Widerspiegelung gesellschaftlich bedeutsamer Probleme nicht unbedingt einen Gegensatz bilden müssen. Allerdings fällt auf, daß die Autorin sich zur Hereinholung des ‚Lebensernstes' häufig wissenschaftlich-essayistischer Formen bedient. Das geschieht in unterschiedlichem Maße, aber generell ist ihre Arbeitsweise dadurch gekennzeichnet, daß poetische und wissenschaftlich-essayistische Formen der Weltaneignung und -vermittlung einander abwechseln und durchdringen. Wenn sie als Dichterin davon spricht, daß die „verpaßte Geschichtslehrerin"[27] häufig in ihr lebendig wird, so erwartet sie nicht etwa Widerspruch, sondern benennt ganz sachlich den zweiten Pol ihres Ausdrucksbedürfnisses. In den meisten Fällen befruchten sich diese beiden Formen gegenseitig; unübersehbar ist jedoch auch, daß sie sich gelegentlich im Wege stehen.

Das zeigt sich vielleicht am stärksten in der Erzählung *„Weiterbildung"* (1983). Eine ähnlich konturierte Liebesgeschichte wie in „Spaal" wird auch hier als Folie benutzt, um Probleme des Umganges mit dem Erbe in der Schule zur Sprache zu bringen. Es erfolgt eine „Weiterbildung" des Lesers durch Wiedergabe der Referate, die sich die Deutschlehrerin Dr. Hanna Rieweg und die übrigen Lehrgangsteilnehmer auf dem thüringischen Schloß Liebenau anhören. Einige der hier geäußerten Gedanken finden sich auch im Essay *„Genosse Jemand und die Klassik"* (1981), sind dort jedoch zwingender, weil direkt vorgetragen, nicht über indirekte Figurenrede beziehungsweise -reflexion.

Der freundlichen Aufnahme dieser Erzählung durch die Kritik ist andererseits zu entnehmen, daß die Verquickung essayhafter Passagen mit dem fiktiven Geschehen auch als Gewinn angesehen werden und fesseln kann durch „die Konsequenz der Fragestellungen, das geistige Durchdringen eines Stückes Wirklichkeit und die dafür gefundene Geschichte".[28] Hinzu kommt, daß auf diese Weise ein Leserkreis angesprochen wird, der über den weit hinausgehen dürfte, der normalerweise zum Essay greift. Allerdings hat Inge v. Wangenheim als Autorin dieses Genres ebenfalls einen Namen, denn sie hat wichtige Kapitel unserer Essayistik mitgeschrieben.

In ihrem Bemühen um ein neues Selbstverständnis der DDR-Literatur äußern sich seit Mitte der sechziger Jahre nicht nur Georg Maurer, Max Walter Schulz, Franz Fühmann,

Christa Wolf, sondern fast alle bedeutenden Autoren dieser Generation in theoretisch-essayistischen Beiträgen.

Inge von Wangenheims Essay „*Die Geschichte und unsere Geschichten. Gedanken eines Schriftstellers auf der Suche nach den Fabeln seiner Zeit*" (1966) fungierte in mancher Hinsicht als Auslöser, wurde doch in dieser Form erstmals der Versuch unternommen, die Funktion der Literatur unter den neuen geschichtlichen Bedingungen zu bestimmen. Sie vertrat damals die These, daß „die Dichtung" aufrückt „in den Rang eines nicht weniger zuverlässigen Erkenntnismittels, als es die Wissenschaft von Natur und Gesellschaft darstellt".[29]

Hier muß nicht begründet werden, inwiefern die Favorisierung der Erkenntnisfunktion der Literatur eine Verteidigung der Poesie war, gleichzeitig aber auch eine vereinseitigende Sicht bedeutete und deshalb überwunden werden mußte. Es wäre eine gesonderte Darstellung erforderlich, das essayistische Werk Inge v. Wangenheims im Kontext ihrer Dichtung zu betrachten.

Dieser ersten selbständig publizierten Arbeit ging eine Reihe von Versuchen voraus (in dem Band „Mit Leib und Seele" sind die wichtigsten nachzulesen), fortgesetzt wurde der Prozeß künstlerischer Selbstverständigung mit „‚*Die Verschwörung der Musen*'. *Gedanken eines Schriftstellers auf der Suche nach der Methode seiner Zeit*" (1971) und „*Genosse Jemand und die Klassik. Gedanken eines Schriftstellers auf der Suche nach dem Erbe seiner Zeit*" (1981). Doch hat sich die Autorin nicht auf den Literatur-Essay beschränkt, denkt man an ihre Reportagen „*Reise ins Gestern*" (1967) und „*Kalkutta liegt nicht am Ganges*" (1970), die wohl besser als Reise-Essay bezeichnet werden sollten, um deutlicher ihren subjektiv-reflektierenden Charakter kenntlich zu machen.

In den mit großer Kontinuität vorgetragenen „Gedanken eines zeitgenössischen Schriftstellers"[30] spiegelt sich nicht nur eine überaus engagierte, den Dingen des Schreibens und Lesens auf den Grund gehende Schriftstellerpersönlichkeit, sondern sie sind zugleich in hohem Maße Bekenntnisse zur politischen Funktion von Literatur, aber auch zur politischen Verantwortung des Schriftstellers in seiner Zeit.

Der Prozeß künstlerischer Selbstverständigung ist für Inge von Wangenheim kein Selbstgespräch, sondern eine Form gesellschaftlicher Kommunikation, in die sie ihre Gedanken oftmals zugespitzt als Provokation einbringt: „Ich provoziere, um zur Entdeckerproduktivität anzustacheln.“[31] Das, so scheint es, ist ihr besonders gut mit dem Essay zur Erbeproblematik gelungen, denkt man an den Widerspruch, den beispielsweise ihre Ansichten zur Klassik in der Schule hervorgerufen haben oder den ihre dort geäußerte Befürchtung gefunden hat, „daß wir nach dem Jahre 2000 *keine* sozialistische deutsche Nationalliteratur mehr haben werden“.[32]

Trotz der berechtigten Einwände gegen manche ihrer Auffassungen ist jedenfalls beeindruckend, daß diese Schriftstellerin ihre Positionen zum Umgang mit dem Erbe aus einer tiefen persönlichen Beziehung schöpft. Belege finden sich in allen ihren Büchern. Hervorzuheben wären der Ekhof-Essay[33] aus dem Jahre 1953 und das Lessing-Buch *„Hamburgische Elegie. Eine lebenslängliche Beziehung“* (1977). Da klingt etwas durch von dem Gebundensein und der Faszination, dem Nicht-mehrloskommen-Können, seit sie als Zwölfjährige von einer Schüleraufführung der „Minna von Barnhelm“ (im November 1924 in der Aula des Chamisso-Lyceums in Berlin) gepackt wurde. Davon erzählt sie genauso wie von der legendären Nachkriegsinszenierung des „Nathan“ am Deutschen Theater und dem „Akt der Humanisierung“, der von diesen Hunderten von Aufführungen ausging. Kapitel, in denen von Lessings Leben, von seinen Werken und seinen Positionen erzählt wird, von seinen Haltungen, seiner charakterfesten Persönlichkeit, wechseln ab mit Abschnitten, in denen Inge v. Wangenheim über Selbsterfahrenes berichtet: über den Umgang mit Literatur in ihrer Schulzeit, über Theater im Berlin der zwanziger Jahre bis 1933, vom Neubeginn der Kulturarbeit nach dem Zweiten Weltkrieg in unserem Teil Berlins. Eingeschoben sind essayistische Passagen über Kunst und Literatur, über Theater und Massenkultur, über die Rolle der Persönlichkeit in der Geschichte und über Geschichtsbewußtsein.

So fließen in diesem Buch Inge von Wangenheims Bekenntnis und Polemik, Autobiographie und Fiktion, Essay und Erzählung zusammen, ergeben gleichsam die Summe ihres Schaffens und eine der herausragenden Leistungen in unserer Literatur des letzten Jahrzehnts.

Kurzbiographie

Inge von Wangenheim (geb. Franke) wurde am 1. Juli 1912 in Berlin geboren. Sie ist Tochter einer Konfektionsarbeiterin. Nach Besuch des „Chamisso-Lyceum" ab 1928 Schauspielerin bei Piscator und der „Truppe 31"; 1930 Eintritt in die KPD; 1933 Emigration über Frankreich in die UdSSR, dort Arbeit als Schauspielerin, Journalistin und Redakteurin für die Bewegung „Freies Deutschland"; 1945 Rückkehr, in Berlin Schauspielerin und Regisseurin, Mitbegründerin der Gewerkschaft Kunst und des „Bundes Deutscher Volksbühnen", 1947/48 Herausgeberin der Zeitschrift „Die Volksbühne", danach freischaffende Schriftstellerin; 1960 Übersiedlung nach Rudolstadt, 1974 nach Weimar.
1966 Literaturpreis des FDGB, 1968 Heinrich-Heine-Preis.

Klaus
Hammer

Albert Wendt

„Habt ihr's schon versucht, den Scherz als Ernst zu treiben, [. . .] Ernst als Spaß nur zu behandeln?"[1] hatte Ludwig Tieck (im „Gestiefelten Kater") gefragt. Dieser Satz könnte für die Komödien Albert Wendts gelten, sie sind – genau betrachtet – tief traurig, und seine tragischen Geschichten schreibt er wie Komödien; auf dieser Anwendung eines dem Stoff scheinbar unangemessenen, ja ihm strikt entgegengesetzten Stils beruhen sein Ernst und seine Heiterkeit.

Die Stücke Albert Wendts werden angeregt durch Beobachtungen von fragwürdiger oder versickernder Lebensfähigkeit, die den Stückeschreiber zwingen, Ursachen und Perspektiven seiner Wahrnehmungen spielerisch auf die Spur zu kommen. Kinder – die vornehmlichen Adressaten seiner Hörspiele – und Theaterbesucher erleben im Spiel eine Möglichkeitsform des Daseins als Wirklichkeit. Wendt macht durch seine Spiele die Wirklichkeit des Daseins zu einer unter vielen Möglichkeitsformen. Er hat nicht den Ehrgeiz des Naturalisten, den Alltag des Menschen auf der Bühne fortzusetzen, noch den des Moralisten, eine Spiel-Welt zu erfinden, die den Menschen zornig macht über seinesgleichen und über die Welt und ihn nach Veränderung schreien läßt. Er glaubt nicht daran, daß er eifernd die Welt oder die Menschen mit einem Schlag bessern kann; so zeigt er wehmütig gelassen, was an der Welt und an den Menschen unverbesserlich ist. Komik und Grauen liegen bei Wendt mitunter so dicht nebeneinander, daß sich der Zuschauer mit seinem eigenen Gelächter verwundet. Groteske Elemente und realistische Folgen, Lehre und Leben, Parabel und Poesie sind zur unauflösbaren Einheit eines Bühnenspiels geworden, das zwar hinter der Rampe lebt, doch mit einem Gewissensschock über die Bühne vorstoßen will.

Albert Wendt bevorzugt in Prosa, Lyrik und Dramatik die kleine Form; er schreibt neben Stücken und Hörspielen auch Aphorismen, Märchen, Kalendergeschichten, Erzählungen für Kinder, Liedtexte. Ende der sechziger Jahre begann er (u. a. in „Eulenspiegel" und „NDL") zu veröffentlichen.

Für den Einakter *„Das Hochhaus“* (1972), unter dem Titel *„Das Geburtstagsgeschenk“* vom Arbeitertheater des Leichtmetallwerks Rackwitz aufgeführt, erhielt er im Dramatiker-Wettbewerb (1974) einen Förderungspreis. 1976 wurde an den Leipziger Bühnen ein Albert-Wendt-Abend aufgeführt, der neben Songs und Aphorismen den Einakter „Nachtfrost“ und die Szenen „Die Weihnachtsmänner“ und „Die Grille“ umfaßte (auch das Fernsehen der DDR verfilmte diese drei Teile, die eigentlich gar nichts miteinander zu tun haben). 1978 erhielt Wendt den ersten Preis im Hörspiel-Wettbewerb und 1980 den Hörspielpreis (Kritikerpreis) für „Der Fahrer und die Köchin“ (ursprünglich: „Wilde Wege“), das als Zweipersonenstück 1979 auch in Brandenburg und 1980 im Deutschen Theater Berlin herauskam. „Die Dachdecker“, das erste abendfüllende Stück, nach den „Nachtstücken“ vom Autor als „Himmelstück“ bezeichnet (1979 in Leipzig aufgeführt), hatten ihm das Entreebillett für die Bühne verschafft. 1980 wurden das Schauspiel „Schritte“ vom Theater „Das Ei“ in Berlin und der Einakter „Die Teefrau“ vom Poetischen Theater „Louis Fürnberg“ in Leipzig gespielt.

Wendt wird vielerorts aufgeführt, bringt er doch etwas Neues in unsere Dramatik ein: das reale Verhalten wird in seinen Texten immer zu geträumtem in Bezug gesetzt. Der Gefahr, lediglich naturalistische Wirklichkeitsabbilder zu geben, sind dabei viele Inszenierungen nicht entgangen. Mit dem Spannungsfeld zwischen realem und surrealem Material muß sich das Theater schon bei diesem Autor einlassen.

1981 wurden im Kellertheater Leipzig „Die Kellerfalle“ und in Dresden „Fremde Fuhre“ aufgeführt. Seit Anfang der achtziger Jahre unterhält Albert Wendt auch enge Arbeitskontakte zu dem Berliner Arbeitertheater „Maxim Gorki“, hier kamen seine teils zuvor als Hörspiele vorliegenden Stücke „Der Stolperhahn“ (1981), „Der Sauwetterwind“ (1982, gleichzeitig im Theater der Jungen Welt Leipzig) und „Bronek und der Angeschlagene“ (1984) auf die Bühne. Das „Theater im 3. Stock“ in der Berliner „Volksbühne“ führte im Herbst 1984 seine Stücke „Mein dicker Mantel“ und „Prinzessin Zartfuß und die sieben Elefanten“ an einem Abend auf.

Die Überhöhung und Poetisierung von Wirklichkeit durch Rückgriff auf märchenhafte Modelle, die Verkürzungen zulassen, ist Albert Wendts Methode. Nicht das Abbild von realen Räumen, sondern die enge Verknüpfung von Realität und Phantasie wird favorisiert. Ein Stück, sagt Wendt, ist nur „gedachte Welt, man kann viel zusammendenken."[2] Sein poetisches Theater ist so phantastisch im Ganzen wie real im Detail. Wie realistisch sein Theater auch sein mag, er besteht darauf, daß auch das Imaginäre zur Realität des Menschen gehört, und zwar so selbstverständlich wie alltägliche Gebrauchsgegenstände. So treibt er ein oft verwirrendes Spiel mit Erfindung und Wirklichkeit, mit Wahrheit und Wahn, Schein und Sein. Das Theater auf dem Theater, das Spiel im Spiel sind seine Mittel geworden, um das Sein in einer Fülle von Möglichkeitsformen aufzulösen.

Wendts Dramaturgie soll jedem die in ihm liegenden Möglichkeiten bewußt machen, getreu seiner Überzeugung, daß jeder Mensch mehrere Leben lebt, die parallel nebeneinander herlaufen. So meint Wendt: „Ich halte nichts von Sprüchen wie: Den Menschen in seiner Totalität auf die Bühne bringen. Unter Totalität ist dann das Zusammengemansche von ein paar zufälligen psychologischen und gesellschaftlichen Äußerlichkeiten gemeint. Auf die Bühne gehören Kunstfiguren, und die sind nach den Gesetzen der Kunst gemacht und nicht nach denen der Biologie und Psychologie."[3] Und er beruft sich auf Kunstfiguren wie Don Quichote, Pinocchio, Gulliver, Lanzelot und das Motiv des Drachenkampfes, die schöne Wassilissa und die Baba Jaga, Hänsel und Gretel, Aschenputtel und die Bremer Stadtmusikanten, Einen, der auszog, das Fürchten zu lernen, und viele andere Märchenfiguren. „Wenn das gelungen ist, daß, was Wesentliches hinüber in die Kunstwelt gehoben wurde, dann hat der Betrachter das Gefühl, er träfe alte Bekannte wieder."[4]

Seine Kunstfiguren mit ihren Brechungen, Verfremdungen und Verkürzungen sind nicht mehr und nicht minder „wunderbar" als die, die man jeden Tag auf der Straße treffen kann. Sie werden aufgelöst zu einem Strom geträumter Ängste, vorgelebter Hoffnungen und unaufhebbarer Erinnerungen. Wendt bringt sie nicht als geschlossene Figuren auf die Bühne, sondern läßt heutige, alltägliche Menschen verschiedene Aspekte dieser Figuren als Rollen übernehmen und sie diese Aspektrollen mit ihren eigenen Alltagsproblemen durchdringen. So fächert er in einem imaginären Spiel die Möglichkeiten des Menschen auch als die auf, die in seinen gegenwärtigen Zuschauern liegen.

„Ich glaube, in jedem Stück von mir ist auch eine Märchenkomponente",[5] bekennt Wendt. Die Welt des Märchens aber, so wissen wir, ist heil im Sinne einer naiven Moral. Sie ist so beschaffen, wie wir sie uns wünschen. Was in ihr an Bösem vorhanden ist, wird besiegt, zerstört oder verwandelt sich. Es siegt und überlebt das Gute oder doch das auf eine einfache Art menschlich Tüchtige. Zum Siege verhelfen Tapferkeit, Treue, Geduld, List, Solidarität, vor allem aber das Wunder, das ganz Unerhörte und Unmögliche, das seinerseits wiederum das Selbstverständliche ist. Von dieser Welt totaler Entscheidungen, gelöster Probleme und Perspektiven bewegen sich Wendts Märchen entschieden fort. Seine Märchenfiguren korrespondieren mit der Wirklichkeit, ihren Konflikten und Widersprüchen. Ausgelöst durch plötzlich erfahrene Symptome des Lebens und Miteinanderleben, wird ihnen ein Riß in ihrer bislang scheinbar heilen Welt schmerzlich fühlbar. Ratio, Logik, Lehre weiß Wendt mit Traum, Phantasie und dem Spiel mit dem Wunderbaren, mit den unendlichen Möglichkeiten zu verbinden.

Aber auch er konnte beobachten, wie sich in unserer Zeit die Konturen der Märchenform zusehends auflösen. Nur noch in der äußersten Anstrengung der ironischen Rede, in der Reflexion der eigenen Unmöglichkeit kann das Märchen heute sich als solches geben, kann es das Wunderbare und die Phantasie mit den Erscheinungen der äußeren Realität vereinbaren. Denn zu den Voraussetzungen der Märchenform gehört ein Bewußtsein, dem der Harmoniegedanke nicht mit den Erscheinungen des Lebens unvereinbar ist. Fällt nämlich die Einheit von Welt und Ich im Märchen aus, so muß sich auch das Märchen als Darstellungsform des Wunderbaren aufgeben, wenn es nicht durch vorgetäuschte Harmonie und Loslösung von den Vorgängen des Lebens zum bloßen Surrogat verkommen will.

Die Wiederherstellung des Zusammenhanges von Phantasie und Realität wird deshalb bei Albert Wendt mit der Einsicht verbunden, daß Harmonie nicht durch Absonderung vom Leben erkauft werden kann. Das Einsetzen von Märchenfiguren und -motiven in der realen Welt, die Verwendung der Mittel der Märchenform ist für ihn kein ästhetisch-technisches Problem, sondern ein zutiefst ethisches, es hat mit der Verantwortung des Autors gegenüber dem Leben zu tun.

Wendt plädiert für menschliche Individualität, für Empfindungsreichtum, für Freundschaft und Liebe, Selbstbewußtsein und Toleranz, Solidität und Solidarität im menschlichen Umgang. Die soziale Funktion der Rede und ihre Beziehung zur vergehenden Zeit, Dauer, Werden und Vergehen, Einsamkeit und Gemeinsamkeit sind auch die immer wiederkehrenden Themen in seinen Stücken. Der Autor vermag künstlerisch sich über Raum und Zeit hinwegzusetzen, ohne daß er den Zuschauer von der Realität fortführt.

Das Märchen bedeutet für Wendt auch den Blick aufs Detail, die Wiederbesinnung auf die genaue Arbeit mit Wörtern. Märchen heute, das sind auch sorgfältige Spracheinkleidungen von Alltäglichkeiten; die Aufmerksamkeit, die eigentlich einer jeden Lebensregung gebührt, wird selbst den kleinsten Dingen auch sprachlich zuteil. Die Formen der Unterhaltung sind in seinen Texten durchaus alltäglich, normal, fast banal. Überdies sind die Störungen und Paradoxien der Kommunikation leicht unter das Phänomen der Nonkommunikation zu fassen. „Er deckt scheinbar zu, dabei läßt er ahnungsvolle Tiefen," urteilt einer der Regisseure der Leipziger Studentenbühne, die „Die Teefrau" aufgeführt hat; „es gibt in Wendts Texten Stellen, die scheinen unfertig, nicht zu Ende geschrieben, oder [. . .] Wendt will sie uns weiterschreiben lassen".[6]

Die Diskurse der Wendtschen Alltagsfiguren sind gekennzeichnet durch Sinnentleerung der logischen Verbindungspartikel: durch syntaktische Minimalformen als Folge der Unfähigkeit dieser Figuren, ausführlich über eine Sache zu sprechen; durch kontextlosen Gebrauch von Wörtern, der des öfteren zu Mißverständnissen führt. Auffallend ist ferner die Eunumeration von Platitüden. Andererseits konstituiert sich wiederum die Poetizität der Wendtschen Bühnensprache durch die Evokation mentaler Vorgänge, Stimmungen und Zustände, durch die Verflechtung der Bilder nach der Logik der Metapher, das Zusammenfügen der einzelnen Aussagen zu einer Bedeutungsfläche, das Durchbrechen des Erwartungsgefüges der Alltagssprache mittels unüblicher Wortverbindungen,

Wortspiele oder Paradoxa sowie durch das Kombinieren unterschiedlicher semantischer Paradigmen.

In diesem Zusammenhang haben Wendts Aphorismen – scheinbar bloßes Beiwerk oder äußere Zutat – durchaus kommentierende, verweisende, ja sinntragende Bedeutung für die Hör- und Schauspiele. Ihr jeweiliger Abdruck in den Programmheften zu den einzelnen Aufführungen oder ihre bedachte Zuordnung zu den Stücken und Texten des Wendt-Bandes in der Dialog-Reihe unterstreichen diese Tatsache nachdrücklich. „Der vornehme Herr Aphorismus" wird seiner aristokratischen Vornehmheit entkleidet, er „fährt in öffentlichen Verkehrsmitteln", er dient der demokratischen Selbstverständigung über Fragen der Moral und Ethik, der Politik, der Erziehung und Lebensweise. Er soll einschließen: Vergleich, Wortspiel, Paradoxon, Verkehrung ins Gegenteil, Phantasie, Weite des Denkraumes, auch die Verspottung des eigenen Ich. Auf sprachlich kürzestem Wege hat die Pointe eine Wahrheit auszusprechen, die erheitert und zur Einsicht führen soll. „Wenn ich erst laufen kann, werd ich mich gehen lassen." Oder: „Ich bin auch fürs Phrasen dreschen. Die haben's verdient." Schließlich: „Übrigens sind unter den freien Studienplätzen auch Bauplätze."[7]

Lustiger Unsinn scheint in der Sprache Wendts sein Wesen zu treiben. Der fast identische Wortlaut der beiden Wörter oder Sätze mag uns zunächst in die Täuschung versetzen, es handle sich um eine bloß scherzhafte Nachäffung von Gemeinplätzen und Phrasen. Die Unsinnslogik triumphiert scheinbar über das gewohnte Denken des Verstandes. Aber in der Pointe des Witzigen springt ein scheinlogischer, meist aber treffender Sinn heraus. Dabei ist wichtig, daß dieser Sinn für den Zuhörer leicht faßlich und verständlich ist, da er sonst die Pointe verpaßt. Deshalb schickt Witziges, dem die augenblickliche Selbstverständlichkeit fehlt, die zum Verständnis unerläßlichen Bedingungen voraus. Erst der Sinn im Unsinn zwingt unseren Verstand, uns beide in einem vorzustellen, erst in ihrer gleichzeitigen Realisierung geht uns das Lächerliche des bisher Gewohnten auf.

Sigmund Freud hatte das Lachen als eine plötzliche Ersparnis an geistigem Aufwand erklärt.[8] Diese innere Ersparnis im Lachenden findet eine erstaunliche Entsprechung in der äußeren Sprachform des Witzigen. Wendt spart sich die Bildung neuer Worte und Sätze, indem er – mit Ausnahme der Schlußpointe – vertraute stereotype Formulierungen übernimmt. Unser Verstand gelangt spielerisch, auf den Wellen des Gleichklangs, mit Hilfe des scheinbar unsinnigen Wortspiels vom scheinbaren Unsinn zu dem überraschenden neuen Sinn.

„Kürze", sagt Jean Paul, „ist der Körper und die Seele des Witzes, ja er selber, sie allein isoliert genügsam zu Kontrasten."[9] Die logischen Zwischenglieder, die, streng genommen, nötig gewesen wären, sind ausgefallen. Kürze des Ausdrucks und doppelte, umgekehrte Verwendung desselben Wortmaterials „ersparen" gleichsam sprachlichen und geistigen Aufwand. Obwohl man es ihrer Form nach nicht vermuten würde, sind Albert Wendts Aphorismen mehr als bloß witzig-unsinniges Wortspiel: Ihr Inhalt trifft den Nagel auf den Kopf.

Die Möglichkeit des Wendtschen Aphorismus liegt in der Offenheit seiner Prosa, im Fragmentarischen. Im Anfang kann schon das Ende vorweggenommen sein, und der Schluß erst bedeutet Anfang und Mitte. Die Mittel des Aphorismus, Paradox und Wortspiel, verwendet Wendt auch in seinen Stükken. Das Verfahren, gängige Redensarten, verschlissene Phrasen, banale Alltagssprache gewissermaßen in Aphorismen zu zerlegen, soll dem Wort wieder dazu verhelfen, spielend zu sich selbst, zu seinem Ernst zu kommen. Dabei gelingt Wendt nicht immer das Spannungsverhältnis von wahrem Wort (als Aphorismus) und Wahrheit. Bei Karl Kraus ist zu lesen: „Ein Aphorismus braucht nicht wahr zu sein, aber er soll die Wahrheit überflügeln. Er muß mit einem Satz über sie hinauskommen."[10]

Sprachdenken als Spracharbeit und Sprachgestaltung liegt durchaus noch als Aufgabe vor dem Autor.

Vor seinem „Himmelstück" *„Die Dachdecker"*, seinem ersten abendfüllenden Stück, hatte Wendt nur „Nachtstücke" verfaßt, Stücke, die durch strenge Begrenzung Ruhe für den Blick auf einen kleinen Ausschnitt zuließen.

Im Einakter *„Nachtfrost"* versperrt ein umgestürztes Drachendenkmal, Symbol für verschüttete menschliche Beziehungen, einen Kabelschacht. Ein Meister und sein philosophierender Gehilfe bemühen sich, mit zufällig daherkommenden

Passanten das Ungetüm beiseite zu räumen, um die defekten Kabel zu reparieren. Die Feuerwehr zu rufen, würde die Störung des wohlverdienten Schlafes vieler Menschen bedeuten. Voraussetzung für Kollektivität ist die Überwindung von Egoismus, Gleichgültigkeit, Rücksichtslosigkeit und Trägheit. Die Dinge und Begriffe werden wörtlich genommen: „Ein Meister muß vor allem Meister der Situation sein." Und: „Ein Meister muß wissen, daß man die defekten Kabel unter der Erde und die defekten Kabel zwischen den Menschen gleichzeitig flicken muß."[11] Im Stück werden ein realer Vorfall, die Kabelreparatur, und ein literarisches Motiv, der Drachenkampf, überzeugend zusammengeführt.

In dem Einakter „*Die Grille*" hat es einer eilig, nach Hause zu kommen, doch das Zirpen einer Grille läßt ihn verweilen, ja bringt ihn in eine verfängliche Situation: ein Polizist will, daß er sich ausweist, weil ihm der vor der Ladentür kniende Mann verdächtig ist. Ein Kollege, der zufällig mit zwei Frauen des Weges kommt, kann ihn dem Polizisten gegenüber identifizieren, und die Dankbarkeit verlangt, daß er mit den dreien mitgeht. Aber es kommt keine Fröhlichkeit auf, die andern wollten einmal alles vergessen, die Arbeit, ihre menschliche Würde, ihre Identität, und der „Störenfried" Jaslowski erinnert sie durch seine bloße Anwesenheit immer wieder daran: „Weil er so komisch ist, weil er spinnt, weil er edel ist, der Affe!"[12] Er muß erst genauso „normal" werden wie die anderen, bevor man ihn in Ruhe läßt.

Wendts Figuren sind Sonderlinge, Eigenbrötler, sie heben sich ab von der Normalität, sind versponnen und versonnen, sie plädieren für Freundlichkeit, Vertrauen und Solidarität unter den Menschen. Die Grille ist das Symbol für das Ungewöhnliche, Stille, Unauffällige, das gegen das Laute, Anmaßende, Würdelose gesetzt wird.

Wendts Stücke rekreieren Wirklichkeit eigentlich immer als Phänomen des Erinnerten. Vergangene zwischenmenschliche Beziehungen werden immer wieder in der Erinnerung durchlebt, bis sie als Folge der unaufhörlichen Wiederholung mehr und mehr an Substanz verlieren. Nicht so sehr die psychologischen Hintergründe seiner Figuren interessieren den Autor. Vergegenwärtigen wir uns die sinnfällige Seite der Gestalten, ihre marionettenhafte Festschreibung, ihre stereotypen Redensarten, endlosen Phrasen und nicht auszutreibenden Repetierformeln, so scheint es, als sei hier eine mechanische Kraft am Werke. Und „Mechanisches als Kruste über Lebendigem“[13] sah Henri Bergson als eines der ergiebigsten Erscheinungsfelder des Komischen an. Der Rahmen, aus welchem Mechanisches herausfällt, ist der Rhythmus des lebendigen Wesens, der Rhythmus natürlicher Bewegtheit und fortwährenden Wechsels, wie er eigentlich allem Menschlichen eigen ist.

Albert Wendt benutzt die Wirklichkeit zugleich als Spiel-Material zu ihrer Ergründung. Dabei vertraut er zweifellos einer gewissen Überzeugungskraft „absurder“ Elemente. Unangemessenes Verhalten wird nach dem Vorbild der Sprichwörter beim Wort genommen und ins Bild gesetzt. Die ikonische Demonstration des Verhaltens oder seiner Folgen überführt er seiner Unangemessenheit, ohne eines Kommentars zu bedürfen. Wenn Wendt auch die „bestechende Klarheit“ bei Beckett hervorgehoben hat: „da ist nichts mehr zufällig, da macht alles mit jedem was, ganz bewußt – keine Soße mehr dazwischen,“[14] so sollte dennoch der Begriff „absurd“ nicht auf ihn verwandt werden, denn absurd heißt widersinnig und sinnlos. Das Lebensgefühl des Absurden, des Sinnlosen steckt jedoch ebensowenig in den Geschichten Wendts wie die Komik des Scheiterns.

In dem Stück *„Die Dachdecker“* vermittelt das Dach „Zusammenschau, Überschau, Vielfalt der Bezüge“.[15] Wendts Dachdecker haben ein von ungeschriebenen Gesetzen des Handwerks geregeltes Verhältnis zur Umwelt, zum Beispiel soll der Vorteil unerwarteter Einsicht nicht blindlings zum Eingreifen ausgenutzt werden. Aber die Gesetze und Geschichten der Dachdecker dürfen nicht als Privilegien gehandhabt werden, sie sind nicht dazu da, die Gleichgültigkeit der Dachdecker zu rechtfertigen. Die schöne Wassilissa spricht es aus: „Wer viel sieht, hat auch viel Verantwortung.“[16] Die Dachdecker haben den Boden unter den Füßen verloren, das genaue Hinsehen verlernt. „Dach überm Kopf ist gut, aber besser ist es umgekehrt“,[17] heißt ein Aphorismus Wendts. Durch die Dachluke zwängt man sich nach oben, dabei bleiben die unerwünschten Dachgäste auf der Strecke. Der Dachingenieur kommt, am Schreibtisch sitzend, sogar mit dem Hubschrauber angeflogen – Sinnbild völliger Bürokratisierung

(„Dachbürokratie") und Kommunikationslosigkeit (ein fast absurder Dialog des Aneinandervorbeiredens wird geführt). Für den ersten Dachdecker Luczak sind Termine wichtiger als die Sorge um den Menschen; das Motiv der ungenutzten und vertanen Zeit wird angeschlagen. Er, der penetrante Alleswisser, Immerrechthaber, Überweitschauer wird durch den Tod des „verbotenen" (eigentlich des vom Dach verwiesenen, weil betrunkenen) Dachdeckers Korle in die Krise gebracht. Nun sucht er nach Müller, dem eifersüchtigen Dachdecker, um ihn vor dem Schicksal Korles zu bewahren. Luczak hat den zweiten Schritt vor den ersten gesetzt, das Ganze, nicht das einzelne, die Einheit der Widersprüche anstelle der Widersprüche selbst, das ästhetisch Schöne dort gesehen, wo sich tiefe ethische und soziale Konflikte artikulieren. Vor lauter Pflichtgefühl bei der Arbeit hat er seine Pflichten den Menschen gegenüber verletzt.

Dagegen besitzt Wassilissa eine Art Katalysatorenfunktion für die Fabel; sie fühlt Verantwortung auch für das Entfernteste. Das einzig Wunderbare an dieser märchenhaften Figur sind die drei Wünsche, die sie erfüllt wissen will, bevor sie dem Begehren des verliebten Dachdeckers Ossip Gehör schenkt. Sie verlangt ein Megaphon, um die Frau des Dachdeckers Müller, die ihn betrügt, zu warnen.

„Lieber kaputt als so halb",[18] meint sie angesichts der zerstörten Ehe der beiden. Ihr zweiter Wunsch gilt der Abwehr eines besonderen Typus von Kleinbürgern und ihrer „verschwitzten Mittelmäßigkeit". Schließlich will sie Korle, der sich „die Balance zersoffen" hat, noch einmal eine Chance geben; aber das Geld, das sie ihm zusteckt, vertrinkt er und stürzt vom Dach ab. Ihr spontanes Eingreifen in die Angelegenheiten anderer schließt den Irrtum mit ein. Doch unter ihrem Einfluß entwickelt sich Ossip von einer Assistenzfigur Luczaks zu einer Widerspruchsfigur.

Das Prinzip der kontrastierenden Anordnung der Elemente soll dem Zuschauer die Vielperspektivität des Stückes durch die Gleichzeitigkeit gegensätzlicher Elemente vor Augen führen. Die Alternativkräfte, die im Einklang mit den Entwicklungstendenzen des Lebens stehen, sind poetisch überhöht dargestellt. Aber die Integration realer und phantastischer Elemente in die Handlung befördert die Tendenz zur Episode, zur relativ selbständigen Szene, ja zum „Handlungsfetzen". Die dramatische Grundsituation bringt Situationen hervor, die nur selten kausal verknüpft sind, die als Variationen und kontrastierende Steigerungen ihren unmittelbaren Bezugspunkt in der poetischen Idee vermissen lassen.

Wie Wendt die Fabel bauen will, wird nunmehr deutlich: Die Fabel ist bei ihm weder allein über die Figuren noch als linear verknüpfte Abfolge von Vorgängen erfaßbar. Im Zentrum steht vielmehr immer ein äußeres Ereignis, das – parabolisch überhöht – unmittelbare Beziehung zur poetischen Idee haben soll. Auf dieses Ereignis soll sich ein vielfältiges Geflecht von Vorgängen, Entscheidungssituationen, Konfliktkonstellationen beziehen. Von hier aus läßt sich die Fabel erzählen; sie soll gleichsam als Resultante aus den zahlreichen widerspruchsvollen, häufig sich gegenseitig aufhebenden, sich überschneidenden Aktivitäten von Figuren in den einzelnen Episoden erscheinen.

Wendt wählt immer wieder mögliche Sonderfälle mit derem Abweichen vom gewohnten, also scheinbar normalen menschlichen Verhalten. Solche „Abweichungen" können sich als Über- oder Untertreibung der Norm darstellen. Als sein Vorbild für die Demonstration derartiger Abweichungen und ihrer Auswirkungen hatte er „Bücherschrankmotive, also alte literarische Themen"[19] benannt.

Er lenkt das klassische Verhaltensmodell seiner Kunstfiguren als Teil tragischen Handlungsverlaufs in die veränderte Wirklichkeit seiner (unter Umständen auch tragischen) Stücke um und entwickelt damit eine neue Wirkungsstrategie. Indem er den Zuschauer mögliche Lösungen vermuten läßt, ohne eine von ihnen durch den Verlauf des Geschehens festzulegen, gewinnt der Autor freien Spielraum für das Verhältnis von Freiheit und Zufall. Mit dem geschickten Offenhalten des „Sowohl-Als-auch" kommt der Zuschauer in die Lage, dem Zufall ein Gewicht zuzugestehen, das – unvorhersehbar – auch über Leben und Tod entscheiden kann. Deshalb muß mit dem Zufall im Leben gerechnet, ja gegen ihn alle menschliche Aktivität und Potenz mobilisiert werden. Zur dramatischen Vergegenwärtigung des Widerspruchs von gewohntem Verlauf und unerwartetem Zufall, von Komischem und Tragischem, von menschlichem Schicksal und alltäglicher Begebenheit nutzt Wendt die Groteske als Mittel der Zusammenfügung des an sich Unvereinbaren.

Durch die groteske Konstellation des Gegen- und Ineinanderspiels von für in Ordnung gehaltenem, unbezweifeltem Weltzustand und dem Einbruch des Unvorhersehbaren wird der tatsächliche Zustand unserer Welt und der in ihr herrschenden menschlichen Beziehungen erkennbar. Der Einbruch des Unerwarteten hat zur Folge, daß die bis dahin herrschenden Vorstellungen und Beziehungen sich als überprüfenswert und veränderungsbedürftig erweisen. Wendt hat immer Veränderungsmodelle vor Augen.

Es gibt eine besondere Wechselbeziehung zwischen Hörspiel und Kurzdrama bei Albert Wendt; seine Kurzdramen wurden als Hörspiele gesendet, und seine Hörspiele kamen als Kurzdramen auf die Bühne. So erschien beispielsweise *„Der Fahrer und die Köchin“* 1978 als Hörspiel und 1979 unter dem Titel *„Wilde Wege“* als Bühnenstück. Um „wilde Wege“ geht es, gedankenlose Abkürzungen über angelegte Saaten, mit denen das Ziel eher erreicht werden soll. Aber es geht auch um den Wildwuchs eigentümlicher, uneigennütziger Gedanken. Ein LKW-Fahrer tritt zu Hause in den Hungerstreik, weil sein von ihm wegen jener wilden Wege gescholtener Kollege ihm die „geklauten Koteletts“ der ehelichen Köchin vorgehalten hat, die diese gewohnheitsgemäß statt in der Großküche auf dem häuslichen Herd verarbeitet. Sie indessen verweigert ihm ihr Bett, bis der Fahrer wieder ißt; sie will nicht eher abschwören. In einem Frage-und-Antwort-Spiel, in das zugleich das gemeinsame Arbeitskollektiv, das ganze Dorf einbezogen wird, suchen die Köchin und der Fahrer sich gegenseitig zu überzeugen, welche Art und Weise zu leben sie realisieren wollen.

In der parabelhaften Rede-Situation findet die dialektische Einheit von Persönlichem und Gesellschaftlichem sinnfälligen Ausdruck. Wendts Figurenpaar ist nicht nur reich an eigentümlichen Zügen, sondern auch an Widersprüchen. Sie verführerisch, gewinnend – für das Böse; er tückisch, feige – für das Gute. Das Ästhetische und das Ethische werden in ihrem Widerspruch zueinander gezeigt und produktiv gemacht.

Wendts künstlerische Mittel als Hörspielautor sind bescheiden, ja konventionell; er gehört nicht zu den Experimentellen.

Es gibt bei ihm keine Integrationen von Literatur, Musik, Feature, Dokumentation, Report, Essay, Analyse im Hörspiel, kein Streben nach synthetischen Großformen. Das Hörspiel besitzt nicht die Öffentlichkeit des Bühnendramas, es ist eine intime Kunst. Anstelle äußerster dramatischer Zuspitzung und Überhöhung deckt es die Konflikte in ihrer scheinbar nur privaten Dimension auf, gestaltet Innenräume und spricht damit besonders den einzelnen Hörer an. So bevorzugt auch Wendt im Hörspiel den Raum der geistigen Auseinandersetzung, das Aufeinanderprallen der Meinungen im Gespräch und verschiebt die gedankliche Erörterung ins erlebte Spiel, ins Spiel im Spiel. Das Fragen und Antworten, die Dramaturgie des sprachlichen Vorgangs unter Einsatz hörfunkspezifischer Mittel (Geräusche und Atmosphäre) dominiert.

Wendts Hörspiele führen keine dramatischen Handlungen vor, erzählen oder beschreiben nichts, sie konstituieren sich allein aus sprachlichen Vorgängen. Die Gleichheit der Dialogstruktur – ständig wiederkehrende, einem bestimmten Ablauf folgende Sätze, Redewendungen, Motive, Geräusche, Klänge – bildet Einheiten, an die sich der Hörer gewöhnt und die er in ihrem Wechsel identifiziert.

Die Sprache sucht die Verständigung zwischen den Subjekten und wird dabei zum Instrument des Mißverstehens; sie wäre ein Mittel, etwas in Erfahrung zu bringen, was man nicht weiß, aber sie bewirkt nur Verunsicherung. Die Sprache ist aber hier letztendlich ein Instrument der Erkenntnis in dem Maße, wie sie über Verstörung und Schrecken zur Klärung und Verständigung auf einer neuen kollektiven Grundlage fortschreitet. Der Vorgang der sprachlichen Abstraktion ist jederzeit auf die täglich erfahrbare Wirklichkeit rückführbar.

Auch in den Kinderhörspielen Wendts ist das Märchenwunder Bestandteil der Realität; reale Situationen werden in poetischen Bildern verständlich und haftbar vermittelt. Die teils freundlichen, teils widerborstigen Figuren aus der Abenteuer-, Geister- und Märchenwelt, Bücherlieblinge der Kinder (Chingachgook, Pinocchio, das Hexlein, der Hase und der Wolf) oder Neuerfindungen des Autors (der Sauwetterwind, der freundliche Tod, die Frühlingsbrise) ermöglichen sinnfällige Vereinfachungen, die Hervorhebung bestimmter Charaktereigenschaften, die sich beziehungsreich in der Menschenwelt widerspiegeln. Erwachsene wie Kinder sollen zu Erkenntnissen und Einsichten im Miteinander ihrer Beziehungen gelangen. Albert Wendt will die gefühls- und phantasiereiche Welt kindlichen Erlebens anregen und zugleich Haltungen und Aktivitäten im Kind mobilisieren, die sich in konflikt- und widerspruchsvollen Situationen zu bewähren haben.

Da vermag sich der Junge Herrmann mit seinem widerspenstigen Freund Herrn von Knacke, einem alten, melancholischen Herrenfahrrad, gegen einen fürchterlichen *„Sauwetterwind“* (Hörspieltitel, 1982) den Weg zur Schule zu erkämpfen. Aber anstatt für die mutige Tat gelobt zu werden, rügt die Lehrerin das Zuspätkommen, läßt ihn (mit mütterlicher Fürsorge) die durchnäßte Hose ausziehen und setzt ihn damit dem Gelächter der Klasse aus. So in seinem Selbstwertgefühl getroffen, will der Junge sterben, aber der Tod deckt den Mantel des Schweigens über ihn. Um das Geheimnis des schweigenden Schülers zu lüften, verständigt sich das Lehrerkollegium mit Hilfe eines Rollenspiels über seine pädagogische Verantwortung – mit dem Ergebnis, daß nun auch der Schuldirektor, der die Rolle des Jungen spielt, in Schweigen verfällt. In diesem zweiten Teil des Stückes gerät der Junge allerdings ganz aus dem dramaturgischen Blickfeld, so daß sein durch die Frühlingsbrise wieder neu entfachter Lebensmut nicht recht zu überzeugen vermag.[20]

In einem anderen Hörspiel Wendts richtet der kleine Kunze im *„Hexenhaus“* (Hörspieltitel, 1981) eine Dorfbibliothek ein, aber niemand interessiert sich für seine Bücher. Das Hexlein will dem Jungen helfen und verwandelt die Büchergeister in die Dorfleute, die nun zu ihm kommen und Bücher ausleihen. Aber ein „verräterischer Teil“ bleibt an ihnen: So kann der Bürgermeister nicht verbergen, daß er in Wirklichkeit Pinocchio ist, Hase und Wolf sind der Schweinemeister und die Köchin, Chingachgook erscheint als Gastwirt Theo, und das Hexlein selbst spielt die Rolle des Postmädchens Tilli. Als der Junge am nächsten Tag auf die Eigenschaften der Spielfiguren Bezug nimmt, sind die Dorfleute, so auf ihre Schwächen und Eigenheiten angesprochen, verärgert. Tilli entdeckt in ihrer Posttasche Andersens Märchen „Das häßliche Entlein“. Auf seinem Nachttisch findet Theo Jack Londons „König Alkohol“ und ein Glas klares Wasser. Die Köchin freut sich über ein

Kaninchenbuch, aber die Rinderknochen hat ihr der Wolf gestohlen. Und dem Schweinemeister wiederum hat der Hase die Kaninchen herausgelassen, und er entdeckt mit seinem ökonomischen Sachverstand ständig Korrigierenswertes in seinem Herakles-Buch. Aber immerhin hat der kleine Kunze seine Leser gefunden.

Ein epischer Erzähler führt hier kommentierend von Figur zu Figur, von Begebenheit zu Begebenheit, beschreibt äußere Handlungsabläufe wie innere Reaktionen. Das Spiel im Spiel fungiert als Verwandlungsspiel von der Menschen- in die Tier- und Märchengestalt – und zurück. Der Wechsel zwischen den beiden Ebenen vollzieht sich ohne jeden Bruch, ohne Schnitt und Blende. Da der Handlungsraum der Gespräche allein durch den Dialog geleistet wird, schließt und öffnet er sich mit den Wendungen des Gesprächs.

Der qualitative Unterschied zwischen Funk und Bühne erweist sich nun dort am sichtbarsten, wo Werke des einen Mediums auf das andere übertragen werden. Funkgerechte Fabeln sind nicht immer identisch mit theatergerechten. Wendt aber scheut die tiefgreifende Bearbeitung seiner Hörspiele, wenn er sie auf die Bühne bringen will. Wie die dem Hörspiel immanenten Mittel für die Bühne umfunktioniert werden, das überläßt er ganz und gar dem Theater selbst. So wird entweder die Funk- oder die Bühnenaufführung Erwartungen offenlassen. An der Inszenierung von *„Prinzessin Zartfuß und die sieben Elefanten“* ist kritisch vermerkt worden, daß die Imagination des Hörspieltextes „bei der Veranschaulichung auf der Bühne durch die sinnliche Verkörperung und Vergegenständlichung behindert, verdrängt, belastet, in dem Sinne ‚einsichtig‘ gemacht wird, daß eben nur die vorgestellte, dargestellte Sicht möglich ist.“[21]

Die begrenzte Aufführungsdauer seiner Einakter, die durchschnittlich etwa einem Viertel bis einem Drittel der Länge eines abendfüllenden Stückes entspricht, zwingt Wendt immer wieder zu äußerster Konzentration auf wesentliche Elemente. Sie zeigen dem Aufbau nach meist eine klassische, mehr oder minder strenge Einheit von Zeit, Ort und „Handlung“, ja verwirklichen teilweise eine fast vollkommene Identität von Spielzeit und gespielter Zeit. Wendts Schauplätze sind: eine nächtliche Straße (*„Nachtfrost“*, *„Die Grille“*), ein Hausflur

(*„Die Weihnachtsmänner“*), eine Teehütte im Braunkohlentagebau (*„Die Teefrau“*), ein Schalterraum (*„Schritte“*), das Dach eines Wohnhauses („Die Dachdecker“), die Wohnküche eines Bauernehepaares („Der Fahrer und die Köchin“) und der Heizungskeller eines Mädcheninternats („Die Kellerfalle“). „Vor und hinter der Tür“ lautet die Ortsangabe in *„Mein dicker Mantel“*. Und die Zeit ist immer die Gegenwart. Durch das weitgehende Fehlen von Zeiteinschnitten und Ortswechseln erübrigen sich die Zwischenexpositionen, die im mehraktigen Drama dem Zuschauer eine Orientierung ermöglichen. Wenn der Zeit- und Raumsprung unternommen wird, besitzt er für den Hörer/Zuschauer volle Realität. So entrückt in „Mein dicker Mantel“ das König-und-Prinzessin-Spiel den Vater aus Zeit und Raum und läßt ihn erst nach einem Jahr wieder zu seiner zweiten Familie zurückkehren. Aber auch eine Anfangsexposition ist vermieden oder reduziert.

Dem Hörspielcharakter der meisten Kurzstücke Wendts entspricht, daß der Schauplatz des Geschehens stärker in die Imagination des Zuschauers verlagert ist. Optische Verständigungshilfen, zum Beispiel ein detailreiches Bühnenbild, fehlen. Für die Figuren gilt ebenfalls das Prinzip der Konzentration und des Verzichts auf Lebensfülle. Sie werden sofort in eine Krise, eine Entscheidung, einen Wendepunkt ihres Lebens gestellt; das Interesse konzentriert sich ausschließlich auf ihr Verhalten in diesem einen Augenblick. Hinter der einen dargestellten Situation verbirgt sich mitunter eine – oft nur assoziativ zu erfassende – ganze Lebensgeschichte.

Nach eigener Aussage geht es Wendt immer darum, zwei Geschichten zu schreiben: „eine sichtbare und eine darunterliegende. Die obere Geschichte muß die untere zutage bringen und dabei schön sein.“[22] Um die Ausprägung von Haltungen im Mit- und Gegeneinander von Interessen geht es – ganz anders als in dem vergleichbaren Stück „Match“ von Jürgen Groß – in Wendts *„Die Kellerfalle“*. Bereits Harold Pinters „Der stumme Diener“ (1960) mit einer ähnlichen Modellsituation tendierte von seiner Konzeption her zur Isolierung einer Einzelsituation und damit zur Kurzform. Das Motiv des Wartens, verbunden mit dem Motiv der Bedrohung, führte bei Pinter in dieser extremen Zuspitzung zu dem beängstigenden Bild einer menschlichen Grundsituation, deren Wirkung sich niemand entziehen kann. Bei Wendt dagegen liest sich die „sichtbare“ Geschichte so:

Zwei junge Pärchen sitzen im Heizungskeller des Lehrlingswohnheimes fest. Sie richten sich ein, kommen miteinander ins Gespräch, erörtern Fragen der Selbstbehauptung, geben ihre Sehnsüchte preis, aber die Schwierigkeit, aus dem Keller wieder herauszufinden, meistern sie nicht. Mit dem erneut hinzukommenden Pärchen Angela und Max, dem Angebeteten, Wortgewandten, naht die unerwartete Lösung. Auf dem Rücken der anderen verläßt Max flott und ohne Hilfeleistung für die Zurückbleibenden über eine Luke die Falle: „Ich nehme mich euch weg, damit ihr gezwungen seid, mir ähnlicher zu werden!“[23] Die fünf jungen Leute sind dazu nicht imstande, auch wenn Angela schließlich gesteht, um Maxens Prüfung willen die Kellerfalle organisiert zu haben.

Was nun die „darunterliegende“ Geschichte angeht, so hat sie Wendt in seinen Aphorismen zur „Kellerfalle“ am verständlichsten erläutert. Seine Jugendlichen, die als Träger des Zukünftigen verstanden werden wollen, leben so behütet, daß sie einer echten Gefährdung womöglich ratlos gegenüberstehen. „Wer sich darüber beklagt, daß meine Jugendlichen belanglos seien, beklagt sich zu Recht. Wenn er erst begreift, daß sie tödlich belanglos sind, hat er das Stück verstanden.“[24]

Es geht also um die dringliche Aufforderung Wendts, den Jugendlichen auch in schwierigen Situationen die Möglichkeiten zu geben, belangvoll zu sein und dadurch jede Art von Kellerfalle zu überwinden. Das Stück gibt keine fertigen Antworten, sondern stellt unbequeme Fragen. Wenn Rose gegen Ende etwas unvermittelt erklärt: „Wenn aber die Sache, die zu machen ist, von den Alten zugedeckt wird, damit wir nicht erschrecken, dann brauchen wir einen Max,“[25] dann ist damit die Grenze vom Komischen zum Schauerlichen schon überschritten.

Wendts Stücke stellen der Gattung nach durchaus antiklassische Zwitterformen dar, Mischungen zwischen Tragödie und Komödie, die das Doppeldeutige und besonders das Groteske am dargebotenen Vorgang herauskehren. Ihr Autor kann die Konstellation und den Gang der Dinge genau so arrangieren wie der Verfasser trivialer Liebes- oder Kriminalgeschichten. Bei ihm wird Leben bewußt wie ein „Als ob“

gespielt, als vorstellbare Möglichkeit von Schicksal, Freiheit, Zufall, Konsequenzen und Folgerungen. Alltagswelten als Projektionen von Einfällen, die zu Ende gedacht und zu Ende gespielt werden können und zwar nicht von den „Helden" solcher gespielten Weltmöglichkeiten, denn die verfügen über kein klares und konsequent verfolgtes Rezept für ihr Handeln. Was Albert Wendts „poetisches Theater" dem Zuschauer vorstellt, ist nicht getreues Abbild der Wirklichkeit, auch nicht so sehr Deutung der Welt und ihres Sinnes, sondern es gibt durch Spiel erlebbar vermittelte Möglichkeiten von Welt, Gesellschaft und Mensch untereinander und miteinander.

Kurzbiographie

Albert Wendt wurde am 27. Februar 1948 in Borsdorf bei Leipzig als Sohn eines Landarbeiterehepaars (Umsiedler) geboren. 1966 Abitur und Facharbeiterabschluß (Agrotechnik), danach: Heizer und Leistungssportler (Ringen) beim ASK Rostock, Fernstudent (Kulturwissenschaften), Fachmethodiker für schreibende Arbeiter im Stadtkabinett für Kulturarbeit in Leipzig, Bühnenhandwerker am Leipziger Schauspielhaus und Besuch des Literaturinstituts „Johannes R. Becher"; seit 1978 freischaffend tätig, 1980 auch als literarischer Mitarbeiter der Leipziger Bühnen; lebt in Senzig bei Berlin.
1974 Förderungspreis im Dramatiker-Wettbewerb, 1978 Preis im Hörspielwettbewerb, 1980 Hörspielpreis der Kritiker.

Heinz Linke

Walter Werner

„[. . .] Ich habe mir nun einmal in den Kopf gesetzt, dieses in der bürgerlichen Gesellschaft auch schon kulturreiche, aber milieugeschädigte Thüringen, dieses Grenzland, wo schon in vergangenen Zeiten die Kulturen aufeinanderstießen, zu einer Natur-, Kultur- und Geschichtslandschaft zu machen. Wann – wenn nicht im Sozialismus [. . .]! Ich sehe tagtäglich, wie groß diesbezüglich noch der Nachholebedarf der Menschen ist. Die Gegenwart braucht die ganze Persönlichkeit, und die ist ohne historisch gewachsenem Bewußtsein nicht denkbar".

In diesem Bekenntnis Walter Werners (geb. 1922) aus einem Brief von 1971 sind sowohl das Ziel seines Bemühens, die geschichtliche Berechtigung, als auch die wesentlichen Gegenstandsbereiche in ihrem allgemeinen Bezug formuliert – mit jener Hartnäckigkeit und Überzeugung, wie das für Haltung und Schaffen dieses Autors typisch ist.

Walter Werner entstammt dem Landproletariat und wuchs in einem der rückständigsten Gebiete des damaligen Deutschland, in Südwestthüringen und der Ostrhön, auf. Unter den vorgefundenen Verhältnissen prägte sich bei ihm schon als Kind eine besonders intensive Beziehung zu Landschaft und Natur aus.

Nach der Zerschlagung des Faschismus, dem er während des Zweiten Weltkrieges als Wehrmachtsangehöriger gedient hatte, erlebte Werner seine Emanzipation. Mit Hilfe von Genossen der KPD zog er erste Konsequenzen aus seinen bitteren Erfahrungen. In der Landesparteischule in Bad Berka (1946), deren Besuch für ihn das weltanschauliche Fundament schuf, machte Werner auch erstmals Bekanntschaft mit Gedichten von Hölderlin, Rilke und Weinert.

Anläßlich einer Veranstaltung junger Autoren wurde dann Louis Fürnberg auf ihn aufmerksam. Fürnbergs Persönlichkeitsausstrahlung und sein Einfühlungsvermögen haben sich spürbar auf Werners Entwicklung ausgewirkt. Sein Einfluß gab Walter Werner den entscheidenden Anstoß, gezielt Verse zu schreiben. Der ‚junge' Autor versucht nun beharrlich, sich progressive Literatur verschiedenster Art und auch ästhetische Theorie anzueignen – besonders während seiner Tätigkeit als Kreissekretär des Kulturbundes 1955/56. Somit geht bei ihm neben seinem Beruf ein vielseitiger Bildungsprozeß einher, der zwar für unsere Gesamtentwicklung nach 1945 nicht überraschend, doch in dieser Kontinuität nicht unbedingt gewöhnlich ist. Ebenso ungewöhnlich erscheint es, daß Walter Werner von den ersten Versen an hierfür die nachhaltigsten Impulse aus seiner Landschaft empfängt.

Diese scheinbare Beschränkung auf eine genau bestimmbare Region erweist sich bei ihm als Vorzug, weil Werner vom Anfang seines Schaffens an ein festes Erfahrungshinterland gefunden hat, von dem aus er in zunehmendem Maße Weltbezüge mit seiner Dichtung herstellt. Bei der anfänglichen Identitätssuche und -findung wird für ihn die schriftstellerische Betätigung, die er als „individuellen Beitrag für die humanistische Forderung einer neuen, menschlichen Gesellschaftsordnung"[1] auffaßt, wichtigstes Element, verbunden mit der ihn herausfordernden Frage nach der eigenen Herkunft. Das Erlebnis des Menschlich-Individuellen und des Gesellschaftlichen wird bei ihm somit in einer originären, aus einer konkreten kulturellen Landschaft herauswachsenden Weise ästhetisch umgesetzt.

Besonders seine – von ihm selbst bewußt vorangetriebene politisch-künstlerische Ausbildung, die wesentlich durch das dreijährige Direktstudium am Institut „Johannes R. Becher" in Leipzig (von 1956 bis 1959) gefördert wird, hilft ihm, zunehmend Epochenverständnis auszubilden. Bei der Suche nach seiner Identität und der Herausbildung eines eigenen poetischen Profils findet Werner wichtige Orientierungshilfen sowohl in den Werken Fürnbergs als auch in der Dichtung Johannes R. Bechers. Hervorzuheben ist in diesem Zusammenhang auch der Einfluß von Georg Maurers Dichtung, durch die Werner, wie er bekennt, historisches Verständnis in seiner Lyrik gewann.

Im Frühwerk sind darüber hinaus Anklänge an die Dichtersprache Walt Whitmans, Nezvals, Trakls und García Lorcas vernehmbar.

Deutlich weist das Schaffen Walter Werners bestimmte Phasen auf, die jeweils Etappen in seinem Lebens- und Schaffensprozeß charakterisieren. Die erste Schaffensphase ist im wesentlichen durch die Bände *„Licht in der Nacht"* (1957)[2] und *„Dem Echo nach"* (1958)[3] gekennzeichnet, hier erschienen vor allem Lyrik, die in den Jahren 1952 bis 1956 entstanden war. Bemerkenswert sind die Gedichte der Auseinandersetzung mit dem faschistischen Krieg, in denen oft direkt von Situationen und Handlungen der deutschen Soldaten während der Aggression gegen die östlichen Nachbarvölker ausgegangen wird. Als exemplarisch dafür kann das Gedicht *„Vor Orel"* gelten:

Krähenwinter.
Die schwarze Feder,
die ich fand,
lag noch flügelwarm
im Dezemberschnee.
Der sie verlor,
schabte seine kranke Schwinge
blutig am Birkenkreuz
und wetzte seinen Hungerschnabel
an dem zerfransten Blechnapf,
den umgestülpt
gestern noch einer
neben mir
auf dem Kopf trug.
[...]

Da spürte ich:
Die Feder fror in meiner kalten Hand [...]

Was wollte er –
was will ich
in diesem fremden Land?[4]

Der Charakter der lyrischen Subjektivität wird bestimmt von konfliktgeladener Selbst- und Fremdanklage, gerichtet gegen die „Kumpane" – und – auch von der daraus sprechenden Verurteilung des Krieges. Deshalb ist den meisten dieser Gedichte ein elegischer Unterton eigen. Im Teil *„Martiale"* des Bandes „Dem Echo nach" erweitert sich die Anklage, solidarisiert sich der Autor mit den Überfallenen. Daher wirkt in den Gedichten dieses Bandes eine lyrische Subjektivität, die vor allem in Auswahl, Wertung und Gestus der Texte eine poetisch vermittelte Verallgemeinerung im Sinne eines geschichtlichen Credos anstrebt.

Das gilt auch für jene Verse, in denen Werner seine Herkunft, seine Kindheits- und Jugenderinnerungen dichterisch zu bewältigen sucht. Doch fehlt diesen Stücken die Ausstrahlung, ist das lyrische Subjekt meist nur von beschreibend-beschaulicher Position aus wirksam, selbst bei sozialkritischer Wertung. Ähnliche Gestaltungsprobleme treffen auf Gedichte zu, in denen Werner, fasziniert von den fortschrittlichen Gesellschaftsverhältnissen bei uns, enthusiastisch das Neue in Lebensgefühl wie -haltung begrüßt und die Frage nach dem Sein in der gewandelten Zeit und Welt zu beantworten sucht.

Eine übergreifende, zugleich dominierende Rolle spielt der für Werners Künstlerprofil bestimmende, seine Subjektivität unverwechselbar prägende Landschaftsbezug. Bezeichnend ist, daß für die künstlerisch-ideelle Aussage wichtige landschaftsbezogene Phänomene und Motive – zum Beispiel der Baum in unterschiedlicher Symbolik, das Holz, besonders aber der Wind – zum Teil schon Leitfunktion erhalten. Als Beispiel sei hier ein Gedicht der ersten Phase, *„Ellenbogen"*, angeführt:

Noch nie führten meine Schritte
in deine windgenährten Bereiche,
Berg,
wo der steingewordene Schnitzerschatten
in den harten Scheitel kerbte,
und der Hungerjahre
frostige Monde
tönend auf den Steinhang rollten.
[. . .]
Nun stehe ich
unter dem wolkenzerfahrenen Geäst
harziger Tannen.
Sicht atmet der Berg.
[. . .]
Seh, wie die Sonne
aus den basaltnen Brüsten
das silbergeäderte Rhönerz schmilzt
und schmecke,
wo die eisige Hülle des Nebels zerfiel,
der Gräserbuchten Himbeerrot,
das unter dem satten Julimond
wie ein Feuerauge reift.[5]

Besonders die letzte Strophe verdeutlicht, wie Geographisches mit Heimatlichem sowie Historisch-Sozialem und Biographischem in neuer lyrischer Wertung sinnbildhaft miteinander verwoben worden ist.

Die Gedichtsammlung *„Bewegte Landschaft"* (1959)[6] und die Verse des Poems *„Sichtbar wird der Mensch"* (1960; Christa und Gerhard Wolf gewidmet)[7] leisten gegenüber den beiden Erstlingen insofern einen Zuwachs an ästhetischer Qualität, als eine zunehmende Vertiefung des thematischen Beziehungsfeldes zu konstatieren ist. So erfolgt die Auseinandersetzung mit den Prozessen der antifaschistisch-demokratischen, später der sozialistischen Revolution in einem weitaus größeren Umfang und intensiver als bislang.

Werner gelingt es Ende der fünfziger Jahre in stärkerem Maße als vordem, die natürliche Umwelt und seinen Landstrich als Wirkungsfeld des Menschen sowie seiner neuerrungenen gesellschaftlichen Möglichkeiten sinnfällig zu machen. Vom zunehmenden Kompositionsbewußtsein des Autors zeugt, daß bestimmte, programmatische Gedichte eine – auch optisch fixierte Schlüsselstellung erhalten. Als Beispiel soll das Bekenntnisgedicht *„Dem Freunde"* (1956) dienen, das in mehreren Bänden an exponierter Stelle plaziert ist.

Dem Freunde

In den Liedern bin ich geboren,
die der Häusler sang, tief
im Regenschatten der Mittelgebirge.
Unter den rauschenden Vogelzügen
gaukelte meine Sehnsucht
wie ein Schmetterling.
Hungerfurche teilte den Sommer,
und Nebelmauern standen lange,
stille Wächter der Armut,
kalt und grau im Tal.
Da war er noch immer,
der Schmetterling – ein Kristall
in der klirrenden Flugbahn des Winters,
die funkelnde Blüte des Schnees,
oder ein Stern, aufblitzend
im weißen Atem eines Menschenmunds,
wohlbehütet und erwärmt vom Herzblut
eines Holzfällers, der verbotene Worte
auf die nackten Baumstämme schrieb,
die die Fuhrleute mit roten Fähnchen
schmückten.
In seinen Liedern wurde ich geboren.[8]

Die Ausgangssituation des Textes erwächst ganz aus der Landschaft Werners, wobei in dynamisch gestalteten Bildern die menschenfeindliche Gesamtatmosphäre veranschaulicht wird. Im strukturellen Zentrum des Gedichtes steht das lyrische Bild des Schmetterlings, als „Kristall“ symbolisiert: Trotz des Elends bleibt der unerschütterliche Glaube des lyrischen Ichs an den Menschen erhalten, gewinnt es seiner heimatlichen Natur Schönes ab. Bewahrer und Fortsetzer des Humanistischen und ihr Repräsentant ist der Holzfäller. Hierin liegt nicht nur ein Bekenntnis des Dichters, sondern auch das Bemühen, eine historische Entwicklung auf neue Art zu verstehen und dichterisch begreiflich zu machen. Im übrigen ist die Ausnahmestellung von „Dem Freunde“ innerhalb des Frühwerkes Werners auch daraus zu erkennen, daß die 1963 erscheinende, unter anderem als erste dichterische Bilanzierung zu bezeichnende Sammlung den Titel *„In den Liedern geboren“* erhält. Insgesamt ist in dieser zweiten Phase eine zu einer Kernlandschaft tendierende Profilierung auffällig, Werners Landstrich kennzeichnend. Auch drückt sich in seinen Versen eine stärkere Geschichtsträchtigkeit aus, so daß eine Zunahme von Weltbezug und Epochenrepräsentanz in seiner Lyrik festzustellen ist.

In dieser Sammlung manifestiert sich eine Übergangsphase in der Entwicklung Werners, was um so bedeutsamer ist, da sie auf einen entscheidenden Lebensabschnitt in seiner persönlichen und schriftstellerischen Entwicklung wie Entfaltung verweist: den vom schreibenden Produktionsarbeiter zum Schriftsteller. Die Richtung seines Schaffens wird immer stärker bestimmt durch die Vertiefung vornehmlich jenes Gedichttypus', in dem eine konkrete Landschaft weiter an Profil gewinnt. Der Dichter rückt – bis in einzelne Elemente seiner lyrischen Sprache – den Quellen seiner Herkunft näher. Zugleich erschließt er sich und uns gründlicher die Historie seiner Landschaft.

Das Gedicht *„Abend im Grenzwald“* berechtigt zu der Annahme, daß der Autor dem Umstand, der sich aus der nach 1945 geschichtlich entstandenen Lage ergibt, nämlich an der Grenze zur imperialistischen BRD zu leben, gerecht zu werden sucht:

Ich möchte eine Wolke sein
oder ein Vogel,
der in sie hineinfliegt,

mit Flügeln, die aus dem Gras der Erde kommen;
auch dem Tautropfen gut
und was darüber sich beugt.

Immer bedenk ich's,
wenn abbrennt die Sonne
den verschatteten Kranz der Wälder [...][9]

Die historisch entstandene Situation prägt wesentlich den Lebensrhythmus des lyrischen Subjekts. Das lyrische Ich, in dem sich die Sehnsucht nach Ausstrahlung von Menschlichkeit jeglicher Kreatur gegenüber mit tiefer Lebensverbundenheit, echter Diesseitsfreude und dem Wissen um menschliches Gefährdetsein paaren, nimmt teilweise Züge eines „Sich-selbst-Übersteigen des Menschen" („Pascal", J. R. Becher) in sich auf.

Ein von Walter Werner geschriebenes schlichtes, liedhaftes Gedicht, in dem die mitunter im Alltag zur bloßen Formel degradierte Idee vom Sinn des Lebens in ganz eigenständiger, landschaftsbezogener Weise ästhetisch vorgetragen wird, trägt den Titel *„Kleines Lied von der Linde"*[10]:

Auf den Wurzeln steh ich,
in den Wipfel heb mich,
mit den Blättern fall ich,
welk, im kalten Wind.

Muß noch Bäume pflanzen,
denn es will mein Kind
um die Linde tanzen,
wenn wir nicht mehr sind.

Eine Steigerung erfährt diese hier zutage tretende kompositorische Leitlinie mit dem 1962 verfaßten Gedicht *„Der Holzfäller"*:

Zwischen den Wurzeln hielt mich die Zeit.
Kahlschlag war und sperrig Gehölz.
Ich hackte dem Gras die Späne ins Blatt
und das Sägemehl, meiner Hände Schnee,
fiel zurück in den erdigen Grund.
Studiert hab ich sechzig Semester
Wetter und Luft.
In der Schule des Windbruchs gab's
kein Examen.
Die Vögel warfen ihre Lieder herab,
bis die Träume der Menschen
zu mir kamen.

Zwischen den Wurzeln halt ich die Zeit,
die stillen Tannen
und des Laubwipfels klopfenden Zweig.
So wink ich mit dem Wald mir
die Welt
noch einmal heran.[11]

Beeindruckend sind die abschließenden sechs Verse, an deren Beginn das lyrische Ich selbstbewußt verkündet: „Zwischen den Wurzeln halt ich die Zeit" – eine Wiederaufnahme der ersten Zeile, aber mit dem entscheidenden Unterschied, daß die lyrische Gestalt von einer entgegengesetzten gesellschaftlichen Position aus urteilt. Sie ist jetzt selbst Subjekt. Das lyrische Ich ist entschlossen, in große Bereiche des geschichtlichen Werdens aktiv einzudringen und für eine angemessene Menschenordnung zu wirken.

Daß Werner konsequent darangeht, sein Lebensziel, „Thüringen [...] zu einer Natur-, Kultur- und Geschichtslandschaft zu machen", dichterisch schrittweise umzusetzen und die sich bereits in seinem letzten Gedichtband abzeichnende Gestaltung wichtiger Lebens- und Weltprobleme fortzusetzen, zeigt der 1965 erschienene Band *„Die Strohhalmflöte"*.[12]

Die Sammlung, ursprünglich als „literarisches Tagebuch" gedacht, enthält kurze epische Stücke und eine Reihe von Gedichten (27). Die Voraussetzungen scheinen dafür – aus Werners Sicht – sowohl von den gesellschaftlichen Gegebenheiten in der DDR als auch von seiner persönlichen Entwicklung Anfang, Mitte der sechziger Jahre günstig gewesen zu sein. Trotz der großen Resonanz sieht Werner aber zugleich, daß er allein mit lyrischer Gestaltung seiner Aufgabe nicht gerecht zu werden vermag: Erfahrungen aus journalistischen tagespolitischen Arbeiten und Reportagen machten ihm den Schritt zur Kurzprosa (und deren Möglichkeiten künstlerisch-politischer Aussage) leichter.

Unübersehbar ist, wie der Autor seine ästhetische Konzeption fundiert, das heißt, tiefer und kontinuierlich seine Landschaft dichterisch-philosophisch in Richtung auf eine Kernlandschaft erschließt, um geradezu Landschaftskompetenz zu erreichen. Stets geht es Walter Werner darum, den unschätzbaren, in unserer Gesellschaft neu zu gewinnenden Wert einer heimatlichen Landschaft als einer entscheidenden Lebensqualität eindringlich bewußt zu machen und selbst im täglichen Handeln dafür einzutreten. Das bedeutet für ihn, neben der Alltagskultur, dem Charakteristischen der Region, vor allem den historischen Prozeß dieser Landschaft sinnfällig zu machen. Erst dadurch erscheint es ihm möglich, das Unverwechselbare seiner engeren Heimat, nämlich Landschaftsrepräsentanz, zu entdecken und bewußt zu machen:

„‚Pflanzweiber' und ‚Flurschütze' waren die namenlosen Ordner des Waldes [...]. Jenen Frauen verdanke ich meine Liebe zu Strauch und Baum. Ich ging mit ihnen in den umzäunten Pflanzgarten und beobachtete die zierlichen Tännchen, Lärchen und Espen, die sich reckten, ihre Zweige der Sonne entgegenstreckten, atmeten und dufteten. Die Waldeskinder, so erzählten mir die Frauen, hätten viel Durst, und ihre Wurzelfüßchen strampelten und zappelten, wenn der Boden, schön aufgelockert, den Regen aufnahm. Wenn die Fröste nahten, krochen sie unter das dichte Nadelwams abgeschlagener Äste [...]".[13]

Werner reichert die aus der eigenen landschaftlichen Substanz gewonnenen literarisch-ästhetischen Gehalte in stärkerem Maße als bisher nun auch mit Welthaltigem an, das bedeutet ein Einbringen dichterisch verarbeiteter, verallgemeinerter Erfahrungen von nicht-einheimischer Erlebniswelt.

Das Gedicht *„Waldherbst"*[14] erinnert am Beginn an die idyllische Beschreibung eines Waldspaziergangs im Herbst:

„Ein papierenes Kuppelschirmchen, der mumienhafte Bovist, lasch und schmutziggelb, als wären staubige Sommer über ihn hinweggegangen. Zupf ich an ihm, knistert es wie Watte, das Schirmchen beginnt zu rauchen [...]". Im folgenden wird jedoch mit leicht didaktischem Unterton der mögliche Eindruck von idyllisch wirkenden Naturdetails, von der Schönheit eines Landstrichs an sich und von einer trügerische Ruhe verbreitenden Atmosphäre zerstört.

„Der Untermaßfelder Wald ist menschenfreundlich und prähistorisch, voller Geheimnisse und Weltempfängnis. In ihm ist das Alte nicht vergangen, dem Neuen noch vieles unbekannt geblieben [...]. Mehr will der Wald von mir. Er fordert meine Leidenschaftlichkeit und wird politisch. Flugblätter hebe ich auf. Rote Ballonfetzen hängen in den Bäumen [...]. Eine rote Schwimmflosse hängt herab, ein bizarres

Spielzeug für den Wind [. . .]. Schmutz und Scham ist über den Grenzwald gekommen."

Konturen von Werners künstlerisch-ästhetischem Programm werden sichtbar: Sein Landstrich ist eine Grenzlandschaft, die angesichts ihres Charakters als Linie zwischen den beiden Gesellschaftsformationen für ihn wie für uns zu einem Politikum geworden ist, das ständig höchste Wachsamkeit und Verantwortung erfordert, besonders bei der scheinbaren Romantik einer derartigen Region – und deshalb die Brechung.

Dem Band „Strohhalmflöte" (1965) stellte Walter Werner Worte Konstantin Paustowskis voran: „Die Natur wird nur dann mit ihrer ganzen Kraft auf uns einwirken, wenn wir sie mit dem Einsatz unseres ganzen menschlichen Wesens empfinden [. . .], so daß es nicht mehr möglich ist, die Morgenfrische vom Licht geliebter Augen und das gleichmäßige Rauschen des Waldes vom Nachdenken über den zurückgelegten Lebensweg zu trennen.

Die Landschaft ist keine Zugabe zur Prosa und keine Verzierung. Man muß sich in sie vergraben, wie wenn man sein Gesicht in dichtes, regennasses Laub vergräbt und dabei die prächtige Kühle, den Duft und den Atem der Blätter spürt."

Walter Werner scheint in diesen Gedanken Paustowskis eine ihm verwandte Lebenshaltung und besondere Art der Sensibilität entdeckt zu haben, die sich hauptsächlich in einer hohen Verantwortung gegenüber den Kräften der den Menschen umgebenden Natur sowie in einer Naturkenntnis offenbart, die die Dialektik von Nutzen und Bewahren der natürlichen Umwelt als lebensnotwendig anerkennt. Offensichtlich berühren sich auch beider poetische Handschriften, in denen das Lyrische als Kunstform bevorzugt wird.

Dem Motto der „Strohhalmflöte" folgend, hat Walter Werner in der *Spezifik des Holzes* einen für die weitere Profilierung seiner Dichtung äußerst bedeutsamen poetischen Gegenstand gefunden. In der „Strohhalmflöte" gibt er ein in dieser Beziehung klassisch zu nennendes Beispiel. „[. . .] mit mir wurden schon regelrechte Logik-Kampagnen veranstaltet, und das alles wegen meiner umständlichen lyrischen Zärtlichkeit [. . .] also wurde Landschaftswechsel empfohlen, für eine Substanzerneuerung im großen Stile! Laß ab von deinem Holz, greif zum Metall, nimm den Schwefel an dein Herz!"[15]

Der Schluß der Sammlung bekräftigt in beeindruckender Weise die in dem einleitenden Zitat Paustowskis zum Ausdruck kommenden Intentionen und deutet hin auf die weltanschaulich-poetische Grundposition des Zueinanderfindens von Menschen, heimatlicher Natur und natürlicher Landschaft unter ausbeutungsfreien Bedingungen, uns eine humanistische Perspektive eröffnend: „[...] Die Walderde möchte ich sieben [...]. Die sirrenden Insekten mit Honigstäubchen auf den winzigen Flügeln in die Bienenstöcke meines Dorfes schikken [...]. Aus den Hölzchen und Steinchen tragende und dauernde Brücken bauen zu Menschen, die mich rufen und die ich brauche. Und den Samen einer Handvoll Walderde will ich in den Stacheldraht und auf das kahle Niemandsland werfen, damit uns bald ein Wald wächst, dem die Drohung fremd und die Gefahr nur noch stumme Klage ist."[16]

Mitte der sechziger Jahre beginnt Werner, über seine schriftstellerische Arbeit nicht mehr nur versifiziert oder mittelbar über literaturkritische Beiträge zu reflektieren, sondern schreibt Aufsätze in der Art von Essays – zum Teil mit feuilletonistischem Unterton.

Die Ende der siebziger Jahre überarbeitete, in zwei Komplexe gegliederte, endgültige Fassung von *„Mein Gedicht und ich"* kann als Fundament von Walter Werners Poetik gelten: „Was wäre ein Gedicht, hätte es nicht das Naturell seiner Umgebung, das unverwechselbare Klima einer poetisch zu entdeckenden Wirklichkeit in sich aufgesogen?"

Bei Barlach findet Werner den Hinweis, daß es für den Künstler notwendig ist, „selbst zu wissen, was er in sich bergen und zum Teil seines Ich machen möchte [...]." Für den Lyriker ist das, „was – um mit Barlach zu sprechen – zum Teil meines Ich gemacht wird, [...] in meinen dichterischen Versuchen das Thüringer-Wald-Kolorit [...]. Als geistiges Abbild der Natur wird das Gedicht nur gegenwartsbezogen sein können, wenn es einbezogen wird in das System der gesellschaftlichen Kommunikation, wenn der Dichter den Funktionswandel der Kunst nicht nur kennt, sondern ihn auch mit vollzieht [...] Naturlyrik heute ist ohne schöpferische Weltsicht ebensowenig denkbar wie eine Heimatlyrik ohne nationalen Gehalt [...]."[17]

Die bis dahin größte Resonanz findet Werners 1970 erscheinender Lyrikband *„Das unstete Holz“*[18] (der 56 Gedichte umfaßt, die von 1960 bis 1967 geschrieben worden sind). Charakteristisch für diesen Band ist, daß sich beim gründlichen Lesen Gedichtgruppierungen herauskristallisieren, bei denen bestimmte ideelle beziehungsweise thematisch-sujetartige oder motivsprachliche Aspekte dominieren, sich ergänzen und wiederholt in einer aufeinander abgestimmten Abfolge stehen. Übergreifendes Moment innerhalb wie außerhalb solcher Gedichtgruppierungen ist der sich profilierende Landschaftsbezug. So ist das „Unstete Holz“ als dichterisches Credo Werners anzusehen und kündigt den Beginn einer neuen Schaffensphase an, die auch für die jüngsten Werke des Autors kennzeichnend ist.

Werfen wir zunächst einen Blick auf den die Gedichtfolge eröffnenden, programmatischen Text *„Talfahrt“*:[19]

Wie nun der Puls schwingt
und seine Unruh probieren,
gehn und stürzen läßt
am fallenden Berg,
diese gleitende und reißende
Fahrt, die durch die Haut fährt
und aus dem Ärmel springt,
das Bächlein anschiebt
und ein Dörfchen mitnimmt,
und wieder im Waldduft davon
mit dem lodigen Wind.
Und stets
um einen Fels
durch mein steinernes Tor
Heimat.

Immer
und lange noch
aus alter Schönheit
reden die Wälder ihr nach.

Hier werden wir vom Dichter aufgefordert, mit ihm auf eine poetische Entdeckungsfahrt zu gehen, die, wie aus dem Text zu vermuten ist, sowohl unser aller gesellschaftliches als auch individuelles, unaufhörliches „Unterwegssein“, das Bewegen und Bewegtwerden in einer konkret-gegenständlichen Umwelt symbolisiert. Das Gedicht kündet von dem Verwachsensein des lyrischen Subjekts mit seiner heimatlichen Landschaft, die als ein großer Anreger für Phantasie, Gemüt und Verstand des Lesers gedacht ist. Bemerkenswert ist in solchem Zusammenhang die strophische Einheit, mit der der Text schließt.

Vornehmlich in den auf „Talfahrt" folgenden Gedichten holt Walter Werner Erinnerungen und Erlebnisse herauf, die aus der Historie seiner Landschaft stammen, ihr Gedächtnis gaben (und noch geben) und den Leser unaufdringlich mahnen, nicht zu vergessen, daß es auch „die Erinnerung ist, die uns leben läßt" (wie der Autor des öfteren in Gesprächen betont). Werner gibt uns zu verstehen, daß wir *Subjekte* der Geschichte geworden und daher in der Lage sind, ihr souverän gegenüberzutreten: „Hier lebe ich auch noch. / Langohrig im Gebälk / wächst die Stille [. . .]."[20]

Die Erinnerungen an Vergangenes sind ein Stück menschlichen Lebens, dem das lyrische Ich nicht entfliehen will, selbst wenn es weiß, daß es dazu Abstand gewonnen hat und „der runde, ruhende Schädel / der Zeit" nie wieder auftaucht (mit der Metapher „Schädel" an Zeugnisse vergangener Zeit erinnernd).

Das Gedicht *„Auf verwunschenem Berg"*[21] beginnt – gleichnishaft – mit Versen, die ermutigen, sich an den elementaren Kräften der natürlichen Umwelt zu erproben und sich ihnen anzuvertrauen:

> Strecke den Arm aus,
> die Spanne Anfang,
> mit der du immer und alles beginnst,
> und leg ihm deinen Arm um,
> so wirst du es selber sein,
> der Berg.

Bei Werner erfolgt hier wie bei einer Reihe anderer Texte der Gedichtfolge eine beinahe völlige Ausdeutung des lyrischen Ichs am Naturgegenstand. Die Suche nach der „Einheit" mit dem Berg assoziiert Erinnerungen an eine Märchenwelt, die in enger Beziehung dazu stehen:

> Dort lebst du sie wieder: Rotkäppchens
> Angst vor dem dünnen Wolf
> [. . .]
> Rübezahl, der aus der Schlucht
> den Atem des guten Gewissens trägt
> und für den Abend weißes Feuer
> aus den Wurzeln bläst.

Die Gestalt Rübezahls ist – wiederum einer Parabel ähnlich – als gutes Prinzip aufzufassen, das auf die humanistischen Bestrebungen, wie sie in den Überlieferungen des Volkes weiterleben, aufmerksam macht. Dennoch mußten sie in den vergangenen Zeiten Sehnsüchte bleiben. Der Mensch unserer Tage bewertet die in der Darstellung der für uns wertvollen Märchenmotive ausgedrückten Erinnerungen an die Vergangenheit anders. Walter Werner versucht darauf eine Antwort höchst eigenwilliger Art zu geben, indem er Form und Widersprüchlichkeit dieser Motive verdeutlicht und auch das Hinführen in ihre lyrischen Dimensionen, zugleich jedoch die Zurücknahme bildhaft fixiert, weil, wie er meint, sie sich heutzutage nur noch als „legalisierte Natur" begreifen lassen:
„Mein Gesicht ist Geduld. / Unsere Rede ist Stein", lautet daher die Schlußzeile.

„*Holzhacken*"[22], das übrigens zu den Lieblingsgedichten des Autors zählt, zeugt von vitaler, nicht zu brechender Lebenskraft und führt in dynamischen, beziehungsreichen, schönen Bildern zu den Ursprüngen der Menschheit zurück, ausgehend von einer alltäglichen, scheinbar unbedeutenden Tätigkeit, die mit fortschreitendem Ablauf philosophischen Gehalt aufnimmt:

Mein Beil wächst
mit jedem Hieb.
Am schwingenden Arm hinauf
widersetzt sich der Stiel,
und im Bogen herein
überholt sich der Schlag,
wiederholt seine Richtung
der Schwung. Das Beil
treib' ich an.
Mein Beil kreist mich ein.
[...]
Mein Beil hält eine Rede,
findig und zäh, ortsderb
wie gedrechselter Handwerkersinn;
den Wald gräbt sie aus,
und die Welt räumt sie ein.
Eine Rede, alt
wie die Faser im Holz,
zwischen der Rinde des Baums
und der Rinde des Brots.

Was im Frühwerk im wesentlichen nur Impressionen zur Veranschaulichung eines Objektes waren, wird nunmehr in starker bildhafter Verdichtung zu einem Spannungsfeld zwischen Vergangenheit, Gegenwart und Zukunft ausgeweitet. Mit seinem Text ordnet sich Werner in eine große, progressive, weltliterarische Tradition ein. Zu denken ist dabei an die Dichtung Pablo Nerudas, Walt Whitmans, Rassul Gamsatows, Henry Longfellows, Attila Józsefs und Władysław Broniewskis.

Neben der Gestaltung der für den Autor so wichtigen Erinnerungs- und Bewältigungsproblematik, die in den meisten Gedichten immer wieder angesprochen wird, teilt uns Werner seine Gedanken und Empfindungen von gestärktem Selbstbewußtsein mit, läßt er uns in lyrisch reizvoller, gekonnter Sprache Einblick nehmen in das Erhebende, aber auch Mühevolle und an Substanz Einbüßende literarischen Schöpfertums („*Unterbrochenes Selbstporträt*").[23]

Eine wesentliche Rolle im Schaffen Walter Werners spielen Gedichte, die die Grenzproblematik aufgreifen. Als ein Beispiel soll hier „*Im Sperrgebiet*"[24] genannt werden.

Rot sind die Spitzkehren
meiner fränkischen Leuchten,
[...]
Dorfschänken stunden ihr Bier
und sammeln Gespräche.
[...]
Ein Mund aus Moos,
Dörfer schweigt er herauf.

Wegweiser warten und Schranken,
[...]
Schilder und Zeichen,
mit denen wir leben
und auf die wir schreiben:
Wenn wir lügen,
wird die Erde teuer!

Den Abschluß der Sammlung bildet das (Titel-)Gedicht „*Das unstete Holz*", das im Ensemble aller 56 Gedichte einen besonderen Stellenwert besitzt:

Wie eine lange Geschichte, Zeile
um Zeile ablesbar in Gestalt
und Gebärde; so Baum
für Baum zähl' ich ihm die Jahre.
In Wind und Wetter, hör' ich,
trennen sich Wurzel und Alter.

Ich kann leben. Ich kann wachsen
und warten. Meine Sprache verlieren
und wieder in ihr wohnen.
Nachzeichnen den hellen Gang
der Sonne über die Furniere
und an den schwarzen Kufen
der Särge die langsame
dunkle Drehung der Erde.

Zu stürzen bin ich bereit
und befreit, mit jedem zu reden
und mit allen zu schweigen.[25]

Werner bleibt im Bild des Holzes beziehungsweise seiner Verarbeitung, wenn er davon spricht, daß wir „Nachzeichnen den hellen Gang" und „[...] an den schwarzen Kufen / der Särge die langsame / dunkle Drehung der Erde".

Bildhaft werden die auf der Welt noch bestehenden Antagonismen sichtbar gemacht. Doch es gibt auch in der historisch überlebten gesellschaftlichen Ordnung ständig, wenn auch nur langsam, Bewegung. Offensichtlich gibt der Autor zu verstehen, daß der gesellschaftliche Fortschritt nirgends auf der Erde auf die Dauer aufzuhalten ist. Auf die Spezifik der Wernerschen Herkunft und Welterfahrung sowie sein poetisches Prinzip verweisen vor allem die letzten drei Verse:

Der Vorgang des Baumstürzens (bzw. Gefälltwerdens) ist zunächst vordergründig; der menschliche Bezug, der hergestellt wird, deutet auf ein philosophisches Phänomen. Wie für den Baum der Sturz geradezu eine Befreiung ist, insofern, als für ihn zwar das organische Leben zu Ende ist, aber seine Substanz, das Holz, also sein Wesentliches, bleibt (das Unstete im Holz ist lyrisch sichtbar gemacht), so vermag der Mensch vergleichsweise nach seiner Befreiung von jedweder feindlichen Entfremdung aktiv unter seinesgleichen („mit jedem zu reden") leben. Die Möglichkeit einer tatsächlichen Selbstverwirklichung des Menschen in der Einheit von Individuellem und Gesellschaftlichem ist gegeben.

Der Qualitätszuwachs dieser Gedichtfolge zeigt sich besonders daran, wie Walter Werners poetische Diktion, inbegriffen der eigenwillige, auf exakte und zum Teil verfremdende Gestaltung ausgehende Gebrauch der Sprache, gereift ist. Der in vielen Texten zu beobachtende äußerst verdichtete Sprachduktus, die oftmals gedrängte Syntax, die Eigenart der freirhythmischen Gebilde, die nicht mit den Normen der Grammatik zu messen sind, die mitunter bis an die Grenze semantischer Ausdeutbarkeit reichenden Bilder seiner Lyrik sowie die durchaus ungewöhnliche innere Bindung in Vers und Strophe durch den Stabreim machen diese Entwicklung aus. Bei Werner werden gewisse, insbesondere seiner Landschaft adäquate Elemente und Naturobjekte zu Naturchiffren, an denen historische und soziale, politische und moralische, ästhetische und psychologische Verhaltensweisen gegenständlich bewertet werden. Die Absicht des Dichters, dadurch den Leser zu aktivieren, ihm möglicherweise mehr zuzumuten, als das, wozu er im Augenblick in der Lage ist, korrespondiert mit dem erhöhten Anspruch an seine Dichtung.

Seine Poesie will in einen Prozeß eingreifen, der epochale Bedeutung besitzt und in dem der hohen Verantwortung des Menschen gegenüber den Naturkräften, damit auch für die weitere Existenz der Menschheit, ein entscheidender Wert beigemessen wird.

1972 veröffentlicht der Autor – gewissermaßen in Ergänzung zu seiner Lyrik – seinen ersten eigenständigen Prosaband mit dem für Werners Landschaftsbezogenheit typischen Titel: *„Grenzlandschaft – Wegstunden durchs Grabfeld“*[26].

Da er kein Romancier ist, wählt er sich eine ihm eigene Art und Weise der epischen Umsetzung, gewissermaßen ein Genre in den Farben Werners. „Grenzlandschaft“ ist zuallererst ein insgesamt gelungener Versuch des Autors, die historische Veränderung der ihn umgebenden Landschaft, das in zunehmendem Maße Bewegtwerden seines Landstriches durch die überall Spuren hinterlassenden Wandlungen der im „Grabfeld“ (also auf historisch gewachsenem Boden) lebenden Bewohner auf vielfältige unterhaltende, informierende, bisweilen mit Komik gewürzte Weise seinen Lesern nahezubringen. Das vorangestellte Motto gibt eine Orientierung:

„Wer dies Grabfeld sucht / und trotzdem nicht findet, / dem begegne es tröstlich: / Die Schuld trägt der Autor, W. W.“

Der Ich-Erzähler, hinter dem sich ein ehemaliger Holzfäller verbirgt, der sich zum Fachmethodiker qualifiziert hat und Mitglied eines Zirkels schreibender Werktätiger geworden ist, sieht sich ständig mit den Ansichten des Zirkelleiters, eines meist schulmeisternden „Vorsteher(s) mit sensiblen Neigungen und hohem Anspruch an handwerkliche Perfektion" konfrontiert. Werner bedient sich der Komik, um die Haltung dieses Zirkelleiters zu charakterisieren: Er „hob [...] ein Teelöffelchen gegen sein geleertes Glas. Er wartete, bis sein klimperndes Aufbegehrungszeichen bei mir angekommen war."[27] Der Autor vermag auf diese ihm eigene Weise, den Leser an Fragen des literarischen Schaffens heranzuführen.

Nachdem der Ich-Erzähler zunächst mit einem Manuskriptauszug debütiert, wird ihm und den Mitgliedern vom Leiter als Thematik „Milchpipeline überm Grab der Kelten" empfohlen. Darin erkannte der Zirkelleiter „eine Emanzipation des neuen Gegenstandes, eine technische Vervollkommnung, die einherging mit einem befreienden, neuen poetischen Rhythmus".[28]

In den folgenden Kapiteln werden Geschichtliches, Politisches, Kulturhistorisches und Literarisches eines Landstrichs erkundet. Werner will uns keine geschlossene Fabel mit einer konfliktgeladenen Handlung anbieten, sondern wählt bei seinen *„Wegstunden durchs Grabfeld"* aus dessen Geschichte erwachsende Schicksale von Menschen aus und führt den Leser auf die Ursprünge interessanter, die Region charakterisierende Objekte zurück, deren Werdegang und Dasein er bis in unsere Zeit verfolgt. Durch eine derartig differenziert gehandhabte Verschränkung von Kurzgeschichten mit Vergangenheits- und Gegenwartsgeschichtlichem, der lyrische Tenor seiner Darstellungsweise ist stets herauszuhören, gelingt es Werner, dem Besonderen dieses Landstrichs Allgemeingültiges abzugewinnen.

Ein Prinzip seiner poetischen Diktion, das er für seine Gedichte in Anspruch nimmt, „daß der Umgang mit Kunst und Leben nicht schlechthin etwas ist, womit man Kultur und Kunst bildet und begreift, sondern (womit man) zu Erkenntnissen vordringt und im erweiterten Sinne Politik macht"[29], ist gleichermaßen auf seine Kurzprosa anwendbar. „[...] Weinbergwind und Raschelgras schoben sich auf dem alten Schlachtfeld von Oberstreu, wo einst Kaiser Heinrich IV. mit seinem Gegenkönig Rudolf von Schwaben gefochten hatte, unter die Räder des Zuges, halmig gestieltes aus Pappelalleen von Flußufer und Teichen. Maulfaule Karpfen mit herausgesteckten Rundrücken und freßlustigen Stielaugen stießen Beulen und qualmten Ringe in die Gewässer ... Siedlung Sidonie. Waldschänke. Daneben das Winterquartier eines Kleinzirkus. Zuletzt nur noch Zeltgestänge. Überreste aus Blech und Eisen."[30]

Eine Entfaltung der schon im Band „Das unstete Holz" entwickelten poetischen Diktion weisen die lyrischen Stücke der Sammlung *„Worte für Holunder"* (1974)[31] auf. Mit dem in dieser Sammlung enthaltenen Gedicht *„In der Tropfsteinhöhle"*[32] stellt der Dichter Fragen nach der Befindlichkeit der individuellen Subjektivität des Menschen in der sozialistischen Gesellschaft zur Diskussion, was notwendigerweise für Werner eine kritische Betrachtung einschließt.

Die Begängnis dauert an.
Die Fahndung hinter dem Tag her.
Das Eintreten in langen Mänteln,
ein Flüstern und Staunen
und Herumstehn in feuchten Schuhn ...

Hier läßt man sich nicht treiben
und wird nicht getrieben.
Hier ist man bedingungslos zufrieden.
Auch Schrittmacher schweigen,
triefen, stellen hoch den Kragen,
denn hier läßt sich nicht streiten,
kann man nicht überholen.

Auch Reden und Rauchen sind verboten,
gehorchen den Tropfen
und sind seiner Schönheit verfallen
in zerklüfteten Schluchten,
ihr Echo hat rollende Ohren ...

Erkennen läßt dieser Text – wie auch andere – zwei Grundfragen, die der Autor bereits in seinen ersten Bänden aufzuwerfen und auf seine Art zu beantworten suchte: Wer bin ich (jetzt wird auch gefragt: Wer bist du, Leser, Zuhörer)? Wo komme ich (wo kommst du) her?

Im Unterschied zu früheren Gedichten wird die Persönlichkeit nicht mehr rhetorisch befragt, sondern jetzt werden das lyrische Subjekt wie auch die lyrischen Gestalten von einer wesentlich höheren weltanschaulich-ästhetischen Ebene aus beurteilt. In diese Reihe gehört auch *„Kahlschlag"*[33], dort heißt es:

Wir gehen über Bäume,
tauchen in Harz unsere Blicke

und Schritte und lösen wieder
vom Holz unsere Hände.
Wir sprechen nicht.

[...]
Nach dem beidarmigen Reißen
der Holzfäller von gestern
windige Plätze und Fluren
[...]
Das Rollen der Stämme unterm Rauschen
der Bäume und die verführerischen Gedanken
der Schmetterlinge: Die Liebe im Vergessen.

Besonders die Schlußverse berühren eine tiefe menschliche Problematik: die von Entsagung und bewußtem Verzicht auf uns Wertvolles. Bei den Gedichten des Bandes „Worte für Holunder" geht solches Entsagenmüssen, verbunden mit einer insgeheim vorhandenen Sehnsucht, in die Substanz und Ideenwelt der Texte ein. Der Aktionsradius, in den diese Probleme einbezogen sind, ist groß, beginnend mit der Existenz in einer (politischen) Grenzlandschaft und hinreichend bis zu intimen Partnerbeziehungen, wie sie in *„Heißer Tag"* gestaltet werden: „Noch einmal nackt / den sommerheißen Körper / durch den Blätterfilter schieben, / die schläfrigen Glieder / und zerronnenen Bilder / im unruhigen Dunkel erloschener Lenden [...]". Abschließend lesen wir: „Zwischen Mund und Zunge / hat Eros geblutet."

Auffällig sind in diesem Gedichtband außerdem die Porträtgedichte, mit denen Werner lyrische Mitteilungen verbindet, die bei ihm in dieser Qualität bisher nicht zu finden waren. Er nennt im Titel nie nur den Namen des „Porträtierten", sondern versieht ihn mit einem entsprechenden Charakteristikum, wie *„Holzschneider Masereel"*, *„Hemingway fährt zur Jagd"*, *„Hölderlin auf dem Gleichberg"* oder *„Barlach öffnet das Holz"*, in dem es heißt:

Schnitte gräbt er zur Erde.
Täler in den Rücken der Stürme.
Spuren, die aus Bäumen sinken. [...] Mythe, die deutlichen Dinge von gestern,
ein Turm von Fleisch und Knochen.
Im Holz erholt sich das All.[34]

Walter Werner fühlt eine innere Verpflichtung, ihm – aus seiner Sicht – verwandte Dichter auf ihre besondere künstlerische Substanz in knapper lyrischer Bildfolge zu durchleuchten, hier aufgefundenes Humanistisches für sich und seine Mitmenschen spürbar werden zu lassen. „Gedichte", so Werner, „sind Schöpfungsgeschichten, im kleinsten Detail. Für mich gehören die im Band ‚Worte für Holunder' vereinigten dazu."

In dem dann folgenden Lyrikband *„Der Baum wächst durchs Gebirge"* (1982)[35] ist eine Erweiterung der thematischen Bereiche unverkennbar: Grundfragen menschlicher Existenz, Leben und Tod, Geburt und Vergehen, werden stärker als bisher aufgeworfen und von den Erfahrungswerten einer höher anzusetzenden Überschaubarkeit der elementaren Dinge der Gattung Mensch her bewertet. Das schließt für den Dichter die wichtigste Lebensfrage ein: die des Friedens! In diesem großen Bemühen versichert er sich der weltanschaulich-ästhetischen Unterstützung eines solchen politisch engagierten Dichters von internationalem Rang, wie es Pablo Neruda darstellt. Schon in früheren Gedichten und literarischen Versuchen entdeckt er in Nerudas Lebenshaltung und Dichtung für sich Wesentliches. In einem der Aufsätze des Bandes *„Das Gras hält meinen Schatten"*[36] wird dazu ausgeführt:

„Diese meine Landschaft der Dichtung wurde nicht aus geographischer Rechtfertigung, nicht aus politischem Pragmatismus oder aus sozialem Selbstzweck geschaffen. In ihr erfüllt sich nur das Schicksal eines Landstrichs und seines naturnahen Bewohners [...]." Dieses dichterische Credo, das stets im Zusammenhang mit Werners bereits erwähntem poetischen wie kulturpolitischen Programm zu sehen ist, klingt in den Versen des Einleitungsgedichtes, *„Entdeckung"*[37], an:

> Der Baum wächst durchs Gebirge,
> Steine schüttelt er aus dem Haupt.
> Vögel sind in ihm untergegangen und Sterne,
> Gedichte und Gerüche, Gesänge und Gehenkte.
> Sein Blatt das letzte Wort
> auf abgeschnürter Lippe.
> Im Schneelicht gitterscharf
> geschnitten sein Himmel und
> im Windfall unwiderstehlich
> die friedliche Welt.

In diesem Sinne bekenntnishaft ist denn auch das Gedicht *„Grabspruch"*[38]:

„Den zerrissenen Statuten meinen Glauben, / den zerbrochenen Statuen meinen Segen, / dem Frieden ein Geleit / durch Paradies und Hölle."

Hier übt sich der Autor weder in Schicksalsergebenheit noch in nostalgischer Versenkung, sondern er setzt im Vertrauen auch auf seine Dichtung alle Kraft ein, um mitgestaltend an unserer Welt zu wirken, indem er den Menschen preist, kritisiert und mahnt.

Sein ebenfalls 1982 erscheinender Prosaband *„Der Traum zu wandern"*[39] nimmt zu Problemen der menschlichen Existenz, die als Gattung und als Subjektivität des Menschen sichtbar gemacht wird, Stellung. Verschiedene Erlebnisebenen aus Vergangenheit und Gegenwart, Situationen und Reflexionen sind hier miteinander verbunden. Die unterschiedlichsten Charaktere, vornehmlich Künstler, begegnen dem Leser. Walter Werner entwirft ein breit gefächertes Bild der Selbstverwirklichung des Menschen, die sich vor dem historischen und gesellschaftlichen Hintergrund seiner konkreten Landschaft herauszubilden beginnt. „Der Traum zu wandern" beginnt folgerichtig mit der *„Standortbestimmung Sommerhaus"*[40]:

„Endlich besaß ich ein Arbeitszimmer [. . .]. Ein kleines, aus einem Hügel hervorspringendes Quartier [. . .]. Ein kombiniertes Wohn-, Arbeits- und Schlafzimmer, das in seinem Charakter ein wenig von dem Raumgefühl und der Sprachlosigkeit der Rhönlandschaft vor meinem westlichen Fenster zu bewahren suchte: klein, eng, winklig, verschlossen."

Am Ende seiner Wanderungen und Träume ist der Erzähler wieder in sein Sommerhaus zurückgekehrt, von dem er nun Abschied nimmt:„ Jetzt, da ich die körperliche Arbeit hinter mir gelassen hatte, sollte mir erst bewußt werden, wie ich einst gearbeitet hatte, und weshalb mich die Himmelsrichtungen, die mich mit Vögeln und Flugzeugen, Autos und Eisenbahnen, Augen und Füßen scheinbar mühelos in die Welt hinaus gelangen ließen, so vielseitig und anschaulich beschäftigten: Ohne mein Sommerhaus waren sie ohne Eingebung und Reflexe [. . .]. Ich hatte [. . .] nur diesen Platz, der auf mein Wiederkommen wartete wie auf die Heimkehr des verlorenen Sohnes: Reißt den Menschen aus seinen Verhältnissen, und was er dann ist, nur das ist er . . ."[41]

Folgende Episode scheint besonders geeignet, Persönlichkeit *und* Dichtung Walter Werners zu beleuchten: Nach einer seiner Lesungen kam nach verebbtem Applaus eine Dame zu ihm, überreichte einen Blumenstrauß und sagte: „Herzlichen Dank, Herr Holz!“[42]

Kurzbiographie

Walter Werner wurde am 22. Januar 1922 in Vachdorf (Südthüringen) geboren, er entstammt ärmsten Schichten des Landproletariats. Volksschule und Malerlehre, 1942/45 Soldat, amerikanische Kriegsgefangenenschaft. Nach Rückkehr Mitglied der KPD, 1946 Übernahme einer Funktion in der SED und Besuch der Landesparteischule „Rosa Luxemburg“ in Bad Berka; 1948 Übersiedlung nach Untermaßfeld (b. Meiningen), wo er heute noch lebt und arbeitet; 1953/54 Pressereferent der Zeitschrift „Freier Bauer“, Gründungsmitglied der „Arbeitsgemeinschaft Junger Autoren“ des Bezirkes Suhl; 1955/56 Kreissekretär des Kulturbundes in Meiningen; 1956/59 Studium am Literaturinstitut „Johannes R. Becher“ in Leipzig; seit 1961 Vorsitzender des Bezirksverbandes Suhl und Mitglied des Vorstandes des Schriftstellerverbandes. Zahlreiche Auslandsreisen, in die ČSSR, die Sowjetunion, nach Bulgarien, Rumänien und Jugoslawien.
1965 Heinrich-Heine-Preis, 1975 Louis-Fürnberg-Preis, 1982 Nationalpreis.

Gunnar Müller-Waldeck

Friedrich Wolf

„Und dann standen wir plötzlich in Berlin, in der großen Theaterstadt unseres Landes, in der ein Otto Brahm, Max Reinhardt, Erwin Piscator, Karl Heinz Martin, Leopold Jeßner, Berthold Viertel, Erich Engel, Jürgen Fehling mit ihren Inszenierungen wesentliches Neuland entdeckt hatten. So fuhr ich an einem sonnigen Septembertag 1945 durch das gespenstische Trümmerfeld der Riesenstadt. Ich wollte ‚meine' alten Theater wiedersehen: Das Lessingtheater hinter dem Reichstag, wo man ‚*Cyankali*' gespielt hatte – ein Trümmerhaufen! Die Volksbühne, wo ich einst ‚*Der arme Konrad*' und die ‚*Matrosen von Cattaro*' erlebte – ein ausgebranntes Skelett! Das alte Wallner-Theater, in dem Piscator 1931 als seine letzte Arbeit mein Chinastück ‚*Tai Yang erwacht*' inszenierte – ein Fleck braunroten Ziegelstaubes! Mir blieb der Atem weg. Wie soll in dieser Totenlandschaft jemals wieder Theater gespielt werden? [...] Wird dies Wunder geschehen? – Es geschah!"[1]

Diese Worte kennzeichnen die schwere gesellschaftliche und persönliche Situation des Neubeginns, in die sich der Dramatiker Friedrich Wolf (1888–1953) nach seiner Rückkehr aus dem sowjetischen Exil 1945 versetzt sieht. Die Bilanz der vorgefundenen Totenlandschaft muß in seinem Fall besonders erschütternd gewesen sein, ist er doch einer der wenigen deutschen Dramatiker, die bereits seit dem Ende der zwanziger Jahre mit ihren Stücken konsequent auf eine gesellschaftliche Alternative aufmerksam gemacht hatten und damit auf einen revolutionären Weg, der dem deutschen Volk das Inferno dieses Krieges hätte ersparen können. Zu jenem Zeitpunkt, als die von Wolf in Erinnerung gebrachten Premieren der erwähnten Warn- und Mahnstücke in Berlin stattfanden – so läßt sich in Abwandlung eines Brecht-Wortes formulieren –, stand diese Stadt noch.

Auch der neuen Situation stellt sich der auf unbedingte Operativität seiner Kunst bedachte Friedrich Wolf sofort mit außergewöhnlichem Elan. Eine neue Phase seines Schaffens beginnt, für die ihm noch acht Lebensjahre verbleiben, mithin ein Fünftel seiner Gesamtschaffenszeit.

Debütiert hat Friedrich Wolf um 1905 mit Gedichten von immerhin solcher Qualität, daß wir den Dichter wenige Jahre später als festen Mitarbeiter renommierter Zeitschriften wie „Jugend“ und „Simplicissimus“ finden. Seine Biographie verläuft zunächst ‚gutbürgerlich‘, sieht man von einem ersten jugendlichen Ausbruchsversuch als Schiffsjunge ab: Abitur, Militärdienst, Studium der Kunstgeschichte, später der Medizin und Philosophie. Ein solider bürgerlicher Beruf steht – wohl unter Einfluß des Vaters – zunächst außer Frage: 1913 promoviert Wolf zum Dr. med. und arbeitet zunächst als Assistenzarzt in Dresden, später in Bonn. Der Beruf kommt den Intentionen Wolfs entgegen, steht er doch der Wandervogelbewegung mit ihrem Kult um „Gesundheit, Freiheit und Freude“ nahe, eine Bewegung, die sich mit ihren verklärten romantischen Idealen als „notwendiges Heilmittel der Zeit“ begriff. Sicherlich wird diese realitätsferne Haltung im Falle Wolfs durch seine Affinitäten zur Sozialdemokratie relativiert, aber zu einem scharfsichtigen Blick auf das Wesen des Krieges, der seine Pläne als Schiffsarzt durchkreuzt, reicht es kaum: Er bejubelt den Ersten Weltkrieg zwar nicht, aber hält ihn letztlich für ein „reinigendes Gewitter“. Eine Wende dieser Sicht bis zur eindeutigen Kriegsgegnerschaft bringen für den jungen Frontarzt die Jahre 1916/17 mit dem ihn erschütternden Verlust eines Freundes und der zunehmend kritischen Reflexion des Kriegsgrauens.

Neben der ersten pazifistischen Prosaarbeit *„Der Sprung durch den Tod“* entsteht 1917 sein Stück *„Mohamed“*, in Diktion wie Grundhaltung ein echt expressionistisches Reinigungs- und Erlösungsdrama. Für den innerlich wachsenden und reifenden Volks- und Menschheitsführer Mohamed spielt die Verwicklung in äußere, soziale Kollisionen keine Rolle. „Der neue Mensch“ expressionistischer Spielart ist auch Gegenstand des Stückes *„Das bist du“* (1919), in dem erstmals die für den späteren Wolf charakteristische Formel der revolutionären Umkehrung der Weltverhältnisse auftaucht – sichtlich unter dem Einfluß des Revolutionsgeschehens. Aber auch in diesem Stück bleibt die Abstraktheit des Ansatzes unübersehbar. „Spürt es, o spürts, ein neues Leben glüht verheißungsvoll über unsern Häuptern! Hinein, hindurch durch den Flammensturm der Verwandlung" (Das bist du) –, mit diesen Worten klingt das Stück aus, während eine Feuererscheinung die Szene in erlösendes Licht taucht. Menschenliebe und Verbrüderung führen zur „Neugeburt" der Hauptgestalten; erstmals taucht im Schaffen des Dichters (Premiere: 9. 10. 1919) das Motiv des Weltumsturzes „von oben nach unten, von unten nach oben, daß sie neu werden kann", auf, obwohl die Triebkräfte auch hier durch die expressionistische Erlöserversion erklärt werden.

Obgleich Wolf bereits revolutionäre Erfahrungen einbringen kann – er erlebt als Mitglied des Arbeiter- und Soldatenrates die Revolution in Dresden – werden die Triebkräfte der Gesellschaftserneuerung ganz in expressionistischer Tradition über die Erlöser-Vision erfaßt und keineswegs über den sozialen Aufbruch der Massen.

Diese Frage spielt in seinem Stück *„Der Unbedingte"* (1919) eine Rolle, in dem sich bezeichnenderweise ein Intellektueller zum Führer des Volkes aufwirft. Sein Angebot – übrigens eine bei damaligen Linksbürgerlichen nicht unbeliebte Variante: Zivilisations-Flucht, neuromantische Utopie vom „einfachen Leben". Immerhin: Der Klassenkampf auf der Bühne wird erstmals in Wolfs Dramatik sichtbar, u n d die entworfene Utopie setzt sich durch, erliegt also nicht – wie in der nachrevolutionären Phase häufig – der resignierenden Revision.

Ganz im Sinne dieses ideellen Vorwurfes finden wir den Autor zwei Jahre später selbst beim Versuch eines praktischen Sozialexperiments, das auf die Dauer an seiner utopisch-idealistischen Konzeption scheitern muß. Er gehört zur Siedlergemeinschaft Worpswede (Barkenhoff), wo ein alternatives antikapitalistisches Gemeinwesen verwirklicht werden soll. Zuvor aber lebt Wolf als Arzt in Remscheid. Seit seiner Dresdner Zeit Mitglied der USPD und Autor politischer und kulturpolitischer Artikel für die linke Presse, ist er hier an der Niederschlagung des Kapp-Putsches im Ruhrgebiet beteiligt. „Der Rote General von Remscheid" sammelt in diesen Kämpfen Sozialerfahrungen, die wesentlich beitragen zu einer allmählichen Lösung von expressionistischen Visionen und Kunststrategien. Diese Lösung ist ein äußerst langwieriger Vorgang bei Wolf. Tolstoianertum, Biologismus, Romantizismus, voluntaristische Haltungen zur Welt – all das mündet in einen abstrakten Humanismus, der jedoch durch den engagierten Einsatz des praktizierenden Mediziners und politisch engagierten Autors immer wieder auf den Boden der Tatsachen zurückgeführt wird. Insofern ist der Eklektizismus in der damaligen Weltsicht Friedrich Wolfs eben durch die Praxisbezogenheit und Flexibilität seiner Bestandteile von besonderer Zählebigkeit.

Wolfs Komödie *„Die schwarze Sonne“* (1921) und das Drama *„Tamar“* (U. 1922) öffnen sich als letzter Nachhall des Expressionismus im Schaffen des Dichters bereits breit dem sozialen Bezug: Die Komödie bietet einen satirischen Blick auf die nachrevolutionäre Situation in Deutschland, „Tamar“ greift über die alttestamentarische Thematik den Kampf um das Persönlichkeitsrecht der Frau auf.

Der von Kennern als talentiert eingeschätzte junge Dramatiker Wolf wird nach der Stuttgarter Premiere seines Bauernkriegsdramas *„Der Arme Konrad“* (1924) zum bekannten deutschen Dramatiker. Neben den Theatern nehmen sich insbesondere auch die massenwirksamen Freilichtbühnen des Stückes an und sorgen für einen langanhaltenden Erfolg. Es ist das erste deutsche Bühnenstück, in dem der Kampf der Volksmassen um die politische Macht thematisiert ist. Schon die Annäherung an den Gegenstand signalisiert eine immense Geschichts- und Gesellschaftsbezogenheit. Wolf ist nach der Worpsweder Episode frei praktizierender Arzt im schwäbischen Dorf Hechingen, einer Gegend, in der die Überlieferung der Bauernkriegsereignisse lebendig nachwirkte. Durch einen bäuerlichen Patienten wird er mit einem schriftlich überlieferten alten Volksschauspiel, dem „Narrengericht“, bekannt gemacht, dessen Aufführung 1514 zum Fanal für den Aufstand des „Armen Konrad“ wurde. Wolf entschließt sich zur dramatischen Gestaltung und verzichtet auf den bis dahin bevorzugten dramaturgischen Ansatz des abstrakten „Ideendramas“. Historische Studien in Bibliotheken und Archiven führen zu tiefem Eindringen in ein erregendes Kapitel des Klassenkampfes in Deutschland, für den Autor gilt es, die revolutionäre Rolle der Volksmassen zur wesentlichen Komponente eines dramatischen Vorwurfs zu machen. Dabei kehrt er insgesamt eher zu klassischen Formen bürgerlicher Dramaturgie zurück und bändigt die Fülle des Handlungsgeschehens durch die Zentralstellung eines Held-Gegenspieler-Paares: Dem Bauernführer Konz steht der württembergische Herzog Ulrich gegenüber, beides vitale, imposante Gestalten. Der geschundene Bauernführer stirbt als moralischer Sieger, selbst sein Gegner versagt ihm nicht tiefe menschliche Reverenz.

„Alles Kunstwerk ist höchste Disziplin, höchste Ordnung“[2], notiert der Autor seinerzeit und schreibt damit ein Bekenntnis zu „ewigen Wirkungselementen“ des Dramas fest, auf die er immer wieder zurückkommen wird. Dieses mehrfach erneuerte Bekenntnis zur Held-Gegenspieler-Konstellation, zur karthatischen Kunststrategie, bringt Größe und Grenzen der Wolfschen Konzeption zum Ausdruck und erklärt bis zu einem gewissen Grade auch eine relative Diskrepanz zwischen zeitgenössischer Wirkungskraft vieler Werke des Autors und ihrer zurückhaltenden Aufnahme in heutiger Zeit. Wolf zielt kaum auf einen dramentheoretischen Neuansatz seiner Kunst, sondern strebte als „sehr ursprünglicher Dramatiker“[3] eine betont unmuseale und erfrischend direkte Überführung tradierter dramatischer Techniken auf die neuen gesellschaftsbewegenden Gegenstände seiner Zeit an.

„Der Arme Konrad“ mit seinem revolutionären Impetus löst im Schaffen Wolfs Impulse aus, die ihn selbst „überholen“, das heißt, die auf die Konsequenz einer revolutionären Haltung verweisen, der Wolf erst einige Jahre später mit seiner Wendung zum Marxismus zu entsprechen vermag. Noch hält der Ablösungsprozeß mit seinem Widerstreit irrationalistischer, anthroposophischer, anarchischer und syndikalistischer Momente in der Vorstellung des Autors an. Der kleine Roman *„Kreatur“* (1925) signalisiert solchen ideellen Standort. Als warnendes Exempel erscheint der Untergang eines armen Bauernehepaars, das ein ursprüngliches, „naturhaftes“ Dasein ausschlägt und sich im Tanz um das Goldene Kalb bürgerlicher Wertvorstellungen zugrunde richtet.

In diesen Jahren ist es nicht zuletzt der Arzt-Beruf, der dem Autor Realitätsbezogenheit und soziales Engagement abverlangt. Während in dörflicher Zurückgezogenheit sein volkstümliches Arzt-Buch *„Die Natur als Arzt und Helfer“* entsteht, vollzieht sich eine nicht unwichtige Entwicklung auch des *Dramatikers:* Politische Kunst- und Tagesfragen werden deutlich reflektiert, die ersten Entwicklungsresultate des jungen Sowjetstaates dringen in sein Bewußtsein: im nahen Überlingen nimmt er den beeindruckenden Eisenstein-Film „Panzerkreuzer Potemkin" zur Kenntnis, auf einer Berlin-Reise erlebt er die sowjetische „Mutter"-Verfilmung, und er hält auf der Volksbühnenjugendtagung 1926 das Hauptreferat zum Thema „Der Dichter und das Zeitgewissen".

Friedrich Wolf legt sich fest: gegen „Burgfriedenschalmeien", für Klassenkampf! Das sind für ihn keine spontan aufgegriffenen Schlagworte, sondern Resultate seiner gleichzeitigen theoretischen Beschäftigung mit dem Marxismus.

1926 entsteht sein Schauspiel *„Kolonne Hund"*, in dem das Barkenhoff-Experiment aus dem Abstand bilanziert wird. Jost Hund, Leiter einer genossenschaftlich organisierten Kommune im Moorland, scheitert in seiner Auseinandersetzung mit der kapitalistischen Umwelt, ein Gegenstand, der auf ein außerordentliches Publikumsinteresse trifft. Wenn auch der „Privatkonflikt" zeitweise zu überwuchern droht, bleibt insgesamt die soziale Brisanz des Werkes beträchtlich; wieder ist der Autor – ohne bereits voll auf marxistischer Position zu stehen – der Symptom-Erkundung der bürgerlichen Gesellschaft näher gekommen.

Ein weiterer wichtiger Schritt in diese Richtung manifestiert sich in dem kleinen Roman *„Kampf im Kohlenpott"* (1927), der die Erfahrungen der Remscheider Zeit Wolfs ins Bild setzt. Die Individualfabel des Buches rückt die konträr verlaufenden Entwicklungswege zweier aus dem bürgerlichen Lager stammenden Freunde in den Mittelpunkt. Während der eine zum Fabrikdirektor aufsteigt, sinkt der andere ins Proletariat ab und wird dessen konsequenter Parteigänger. Auch hier findet sich eine emotional dichte, auf kathartische Wirkungen abzielende Gestaltung.

1928 tritt Friedrich Wolf in die KPD ein und begreift von da an sein Schaffen konsequent als literarische Parteiarbeit. Auch im Bund proletarisch-revolutionärer Schriftsteller wird er nach dessen Gründung 1928 sofort Mitglied.

Im selben Jahr erfolgt in einem Komplex von Äußerungen die Ausarbeitung seines berühmt gewordenen Bekenntnisses *„Kunst ist Waffe"*. Die in einer Broschüre vorbereitete theoretische Position wird 1929 auf der bekannten Rede vor dem Arbeitertheaterbund weiter ausgebaut. Trotz bestimmter idealistischer Relikte der Argumentation, wie sie sich insbesondere in einer Überschätzung der Ideologie und einer Stilisierung des Dichters zum „Mahner“ und „Propheten“ zeigen, entsteht mit diesen theoretischen Äußerungen ein praktikables Instrument der kulturpolitischen Parteiarbeit. Der leidenschaftliche Appell, der sich auf die revolutionären Traditionen deutscher Geschichte und deutscher Kunst beruft, mahnt die Dichter, sich als „Zeitgewissen“ zu betrachten und den Klassenkampf – auch den praktisch politischen – zum Gegenstand ihrer Kunst und ihres persönlichen Engagements zu machen.

Im Gedicht *„Kunst ist Waffe!“* (1928) heißt es: „Aufgewacht! Wir reichen Euch keine Schlafpülverchen, / Wir stellen Euer Leben in Scheinwerferschein / Daß Ihr's endlich seht und Euer Antlitz sich straffe: / Kunst ist nicht Dunst noch Bildungsgegaffe [. . .] Kunst ist Waffe!“

Selbst wenn die damals bei vielen linken Intellektuellen beliebte Zurückweisung der Klassik auch in Wolfs Rede zu finden ist („Wir kämpfen heut nicht mehr mit Bogen und Pfeil / Die Gretchen und Klärchen sind nicht unser Heil [. . .]“), stellt sie doch einen äußerst bedeutsamen und nachhaltig wirkenden Beitrag zur sozialistischen Kunststrategie dar: Wolf selbst hat später übrigens davor gewarnt, die Losung „Kunst ist Waffe“ unhistorisch und unterschiedslos anzuwenden; besonders unter neuen gesellschaftlichen Bedingungen schien ihm die Betonung der reicheren und vielschichtigen Funktion von Kunst wichtig.

1929 erscheint mit *„Cyankali“* ein Werk auf der Bühne, das international bekannt wird und gemäß Wolfs eigener Forderung „in die Politik“ eingreift. Es ist ein Werk, das sich gegen den berüchtigten Abtreibungsparagraphen 218 wendet. Die realistische Milieuzeichnung um ein Arbeiterpaar im Berlin der zwanziger Jahre ist frei von expressionistischer Überhitzung, aber auch von einfach naturalistischer Nachzeichnung. Wolf erreicht mit diesem Werk auch ästhetisch eine neue Qualität seines Schaffens. Das Werk unterscheidet sich von einer Reihe zeitgenössischer operativer dramatischer Stellungnahmen gegen den Paragraphen 218 insbesondere durch die

Tiefgründigkeit, mit der über das Verlangen nach Gesetzesreformen hinaus die kapitalistische Ordnung insgesamt kritisiert wird. Die weibliche Zentralfigur Hete gehört mit ihrer differenzierten Gestaltung im übrigen zu den schönsten proletarischen Frauengestalten der sozialistischen Dramatik. Das Stück erlebt ein eminentes Echo und zieht gerade jene Bevölkerungsschichten ins Theater, die mit dem bürgerlichen Kunstbetrieb wenig beginnen konnten.

Behörden, Zensurorgane wie auch Provokationen reaktionärer Gruppierungen aller Spielarten suchen vergebens, dem Siegeszug des 1930 verfilmten Stückes entgegenzuwirken.

Während in „Cyankali" das Proletariat vorwiegend noch in seinen Qualen und Leiden gestaltet wurde, so weist Wolfs nächste große dramatische Arbeit, *„Die Matrosen von Cattaro"* (1930), bereits auf die kämpfende Klasse, die sich dem unerträglichen Druck widersetzt. Das Schauspiel, das als erstes klassisches Werk des sozialistischen Realismus in Deutschland gilt, greift den Aufstand in der Marine der Donaumonarchie von 1918 auf und behandelt Fragen der revolutionären Machthandhabung. Im Stück verschenken die Matrosen der österreichischen Kriegsmarine einen revolutionären Teilsieg, weil sie mit unfruchtbaren Debatten um die nächsten Schritte die Gunst der Stunde verpassen. Der Aufstand bricht zusammen, die revolutionären Führer werden hingerichtet.

Das revolutionäre Feuer des Werkes wird nicht zuletzt durch große und traditionelle dramatische Duell- und Kampfsituationen, durch die Konfrontation des Helden Rasch mit Offizieren der österreichischen Kreuzer bestimmt.

Mit dem Thema greift der Autor das damals heftig diskutierte Feld revolutionärer Strategie und Taktik auf, dem beispielsweise Brecht im selben Jahr sein Lehrstück „Die Maßnahme" widmet. Die Weltwirtschaftskrise und die damit zusammenhängende Politisierung der Massen bereitet einerseits den Boden für eine triumphale Aufnahme des Werkes, ruft aber andererseits die Reaktion auf den Plan, für die der Kommunist Wolf immer weniger tragbar wird. Ein Prozeß mit erhoffter Rufmord-Wirkung soll den Dramatiker diskreditieren und zum Verstummen bringen. Der noch immer praktizierende Mediziner Wolf wird unter fadenscheinigem Vorwand wegen angeblichen Verstoßes gegen den Abtreibungsparagraphen auf Betreiben der Stuttgarter Behörden in Haft genommen. Der „Fall Friedrich Wolf" aber entwickelt sich in eine von seinen Urhebern nicht vorhergesehene Richtung. Die schwelende Unruhe, die Unzufriedenheit über die Klassenlage in Deutschland, insbesondere über die doppelte Ausbeutung der Proletarierfrauen, entlädt sich in einer Flut von Protesten, Demonstrationen und einer entsprechenden Pressekampagne progressiver Blätter. Der politische Erfolg des Kommunisten Wolf ist überwältigend. Der Mediziner und Dichter wird zur Symbolfigur des Kampfes, die Aufführungen seiner Werke zum politischen Ereignis.

1931 und 1932 folgen zwei Reisen in die Sowjetunion, die ihn begeistern und die erträumte gesellschaftliche Alternative als faßbare, lebendige Realität vor Augen führen. Neben Reisen in wichtige Industriegebiete des jungen Sowjetstaates beeindrucken ihn besonders auch die Begegnungen mit Kunstschaffenden (u. a. mit Tretjakow, Illes, Meyerhold, Tairow, Olenin und vor allem mit Wsewolod Wischnewski, der später sein langjähriger Vertrauter und Freund werden soll). Als Wolf das Land 1932 wieder verläßt, ahnt er nicht, daß er unter anderen politischen Bedingungen – als Emigrant – schon bald und für lange dorthin zurückkehren wird.

In Deutschland widmet Friedrich Wolf sich nach seiner Rückkehr im Parteiauftrag der Agit-Prop-Arbeit und baut den „Spieltrupp Südwest" auf. Eine der wichtigsten Voraussetzungen für diese politisch operative Arbeit ist für Wolf die in den letzten Jahren gesammelte Erfahrung bei der Gestaltung des Gegenwartsstoffes für die Bühne. Neben dem Hörspiel *„Krassin rettet Italia"* (U. 1929), der ersten dichterischen Gestaltung der Nobile-Expedition, sind in diesem Zusammenhang besonders das Stückfragment *„Der Marsch auf Mossul"* (1928/29), das Stück „Tai Yang erwacht" (1931) und die Satire „Die Jungen von Mons" (1931) zu nennen.

Die berühmte Brecht-Formel: „Das Petroleum wehrt sich gegen die fünf Akte" bezeichnet letztlich auch die Ursachen des Scheiterns am „Mossul"-Stück: Hier sollte der imperialistische Kampf um die orientalischen Erdölfelder gestaltet werden, ein Stoff, dem mit dem festgeschriebenen dramaturgischen Instrumentarium der Wolfschen Konzeption offensichtlich nicht beizukommen ist.

„Tai Yang erwacht" dagegen, in dem das Thema der chinesischen Revolution gestaltet wird, beschränkt den großen Stoff von vornherein auf jene Aspekte, die durch „Wandlungs-Dramaturgie" erfaßbar sind: Eine junge Fabrikarbeiterin, als Geliebte des Fabrikanten zwischen die Klassen geratend, findet letztlich zu ihresgleichen zurück und wird überhöht zum Bild der erwachenden Frau und Klassenkämpferin. Der Persönlichkeitszentrismus der Fabel und das karthatische Prinzip, das zu bestimmten Gewaltsamkeiten des Umschwungs führt, schränkt die gesellschaftsanalytische Tiefe des Werkes ein.

Am stärksten in Richtung Agit-Prop- beziehungsweise Kabarett-Praxis zielt bereits die als Komödie angelegte Faschismus-Darstellung *„Die Jungen von Mons"*. Wieder steht der Wandel einer Frauengestalt im Mittelpunkt, die Wandlung einer jungen Witwe, die in die Maske ihres verstorbenen Mannes schlüpft, so zum prominenten „Führer" einer rechtsradikalen Rotte Deklassierter aufsteigt, sich endlich selbst entlarvt und lossagt vom Ungeist ihrer faschistischen Gruppierung.

Die Agit-Prop-Praxis wird für Wolfs weiteres Schaffen wichtig. 1932, das Jahr des Höhepunkts der Weltwirtschaftskrise, provoziert die künstlerische Stellungnahme und Massenbeeinflussung durch die Agit-Prop-Kleinkunst in besonderem Maße. Wolf führt seinen „Spieltrupp Südwest" zu wesentlichen Erfolgen. In nur einem Jahr entstehen mit *„Wie stehen die Fronten?"*, *„Von New York nach Schanghai"* und *„Bauer Baetz"* drei Beiträge, mit denen er den im Agit-Prop bereits bemerkbaren Schematismus und die politische Simplifizierung bekämpft, die über die Verarmung der ästhetischen Mittel (veräußerlichte Typisierung u. a.) immer stärker um sich greift. Einerseits sucht er – im Gegensatz etwa zum demonstrativen Exempel in den Lehrstücken Brechts – die Elemente des „geschlossenen" Dramas in das Agit-Prop-Stück zu überführen, was zur reicheren Figurenzeichnung führt, andererseits fordert ihm der Stil dieser „kleinen, wendigen Kampfform" einen Verzicht auf Psychologisierung und nuancierte Zeichnung von Individualitäten ab. Dadurch weichen die moralisch-charakterlichen Motivierungen, die nicht selten die Überzeugungskraft seiner „Wandlungsdramaturgie" gefährdet hatten, einer stärker im Gesellschaftlichen wurzelnden Betrachtungsweise des einzelnen. Der Revue-Charakter des Agit-Prop oder die

Kommentierung durch politische Songs bereichern merklich seine dramatische Methode. Die bis zu einem gewissen Grade natürlich beibehaltene offene Form des Agit-Prop-Stücks wird in seinem Spätwerk – insbesondere im Müntzer-Stück – wichtig.

Der Machtantritt Hitlers trifft Wolf hart. Zunächst arbeitet er weiter, protestiert noch am 1. März 1933 persönlich bei der Polizei gegen das Aufführungsverbot von „Bauer Baetz" und entgeht dabei nur knapp der Verhaftung. Und trotzdem – als er drei Wochen später nach Österreich flüchten muß – ist er nur mit Mühe von Rückkehrplänen abzubringen. Österreich, die Schweiz, Frankreich – das sind die ersten Stationen des Dichters im Exil, bevor er im November 1933 in die Sowjetunion geht.

Imposant ist der ungebrochene Elan und die Schaffenskraft, mit der der seines Publikums beraubte Autor sich auf die neue Situation einstellt. Bereits am 1. Juli 1933 liegt das Manuskript seines Stückes „Professor Mamlock" vor. In der gleichen Zeit entstehen propagandistische und dramentheoretische Arbeiten, die von erheblicher politischer Klarsicht und bedeutendem analytischem Vermögen künden.

„Professor Mamlock" ist einer der Gipfelpunkte des Wolfschen Werkes. Die Geschichte des jüdischen Mediziners Mamlock, der in tragischem Verkennen der realen politischen Kräfte auf seiner humanistischen bürgerlich-geistigen Haltung beharrt und schließlich durch Freitod aus dem Leben geht, begründete den Weltruhm des Dramatikers Wolf. Die gewählte dramatische Struktur – Wolfs karthatischem Prinzip verpflichtet – trifft sich in diesem Werk auf überzeugende Weise mit dem Thema, der Judenverfolgung in Nazideutschland. Der Autor organisiert einen dramatischen Zentralpunkt, von dem aus ohne Gewaltsamkeit die politisch-moralische Offenlegung des faschistischen Ungeistes erfolgt und gleichzeitig die Notwendigkeit einer antifaschistisch-demokratischen Einheitsfront plausibel gemacht werden kann.

Die vielschichtige Hauptgestalt, die äußerst widerspruchsvoll auf die Realität reagiert, wird durch die für Wolf kennzeichnende „Wandlung" nicht überfordert: Die Möglichkeit eines anderen, des kämpferischen Weges, wird zur Schlußerkenntnis, die der bürgerliche Professor nicht mehr praktisch vollziehen kann. Mamlock ist eine Gestalt von überragender menschlicher

Größe. Mit Sorgfalt ist er sprachlich gezeichnet als „idealistischer tragischer jüdischer Don Quichote", als „letzter jüdischer Ritter"[4].

Überhaupt gehören die sensiblen und sozial stimmigen Sprachporträts des Stückes – von der Nazi-Figur des Dr. Hellpach bis zum kämpfenden Arbeiter Ernst – zu den besten Schöpfungen Wolfs. Dabei erscheint Figurenpsychologie nie – wie in früheren Werken zuweilen – autonom wirkend, sondern stets als Indiz auch für gesellschaftliche Wirklichkeit. Wolfs „Professor Mamlock" geht deutlich auf ein Publikum zu, das in einer ähnlichen Bewußtseinslage wie der Held des Stückes befangen ist, ein kleinbürgerliches Publikum, das mit Leidenschaft an Werten wie „Demokratie", „Freiheit" und „Humanismus" festhält, ohne diese bürgerlich-abstrakten Begriffe je an praktischen politischen Bedingungen überprüft zu haben. Besonders wird damit auch die Intelligenz angesprochen, die vor allem in den ersten Jahren der Nazizeit vielfach ein indifferentes Verhältnis zur Macht hat, eher beobachtend, und sich Illusionen über die Chancen des „Geistes" hingibt. Damit leistet das Werk bereits in frühester Exilzeit einen wichtigen Beitrag zu einer Bündnispolitik im Sinne des Volksfrontgedankens.

Als der Emigrant Friedrich Wolf in die Sowjetunion kommt, ist er bereits der gefeierte und herzlich begrüßte Kampfgefährte, dessen „Matrosen von Cattaro" und „Cyankali" dem sowjetischen Publikum bereits bekannt sind. Wolf lebt sich schnell ein, nicht zuletzt durch seinen intensiven Kontakt zu der deutschen Minderheit im Wolgagebiet. Hier, am deutschsprachigen Theater der Stadt Engels, erhielt er bald Gelegenheit, seine theaterpraktischen Erfahrungen zu erweitern: eine Adaption von Lope de Vegas „Fuente Ovejuna" unter dem Titel *„Laurencia oder Die Schafsquelle"* schreibt er eigens für dieses Ensemble.

Lebhaft nimmt er Anteil an wichtigen Fragen der Entwicklung seines Gastlandes. Auch auf dem 1. Schriftstellerkongreß der Sowjetunion tritt er auf und referiert über faschistische und antifaschistische deutsche Dramatik. Ganz im Sinne dieser Ausführungen, in denen er sich zur dramatischen Gestaltung aktuellster revolutionärer Entwicklung bekennt, entsteht sein Schauspiel *„Floridsdorf"* (1934), das erhebliches internationales Echo findet und selbst unter Kampfgefährten ein lebhaftes Für und Wider provoziert.

Unter den mit unmittelbaren authentischen Gegenwartsprozessen befaßten Stücken Wolfs ragt dieses Werk heraus. Wolf, der hier tatsächliche Ereignisse des antifaschistischen Kampfes nur vier Monate nach den wirklichen Vorkommnissen aufgreift, entwickelt damit einen Typus des politisch-publizistischen Stückes, wie er erst später wieder in der deutschsprachigen Dramatik – etwa bei Hochhuth und im „Dokumentar"-Theater – mit vergleichbarer Brisanz auftaucht.

In diesem Stück erheben sich Arbeiter des Wiener Vorortes Floridsdorf gegen die antidemokratischen Praktiken der Dollfuß-Regierung. Wieder stehen Fragen nach Bedingungen, Strategie und Taktik des bewaffneten Kampfes im Mittelpunkt des Werkes. Der sozialdemokratische Parteiführer Bruno Bauer fällt dabei den Kämpfern des sozialdemokratischen „Schutzbundes" in den Rücken, indem er sie mit reformistischen Phrasen hinhält und gleichzeitig seine „Neutralität" angesichts des Angriffs der Regierungstruppen gegen die Arbeiter erklärt. Unentschlossenheit, Unorganisiertheit und Verrat führen zur Niederlage, ein Teil der kämpfenden Arbeiterschaft kann sich zur tschechischen Grenze durchschlagen, ihr strategischer Führer aber fällt in die Hände der Gegner und endet vor einem Standgericht.

Friedrich Wolf, der die geflohenen Schutzbündler ausführlich nach den Vorgängen befragt hat, konzipiert in „Floridsdorf" keine Zentralgestalt mehr, sondern entscheidet sich für den kollektiven Helden, jene Arbeiterkämpfer mit ihren Familien. Diese Gestalten sind mit großer Differenziertheit gezeichnet, ihre Lebensumstände werden realistisch und lebendig vorgeführt. Die heftigen Angriffe gegen den Führer der österreichischen Sozialdemokratie müssen selbstverständlich in jenen Jahren, in denen es auf das Bündnisangebot gegenüber den Sozialdemokraten ankommt, Kritik heraufbeschwören, zumal gerade in der Anlage dieser Figur die Motivierungen durch Wolf allzu persönlichkeitsbezogen gewertet werden.

Wolf stellt sich mit seiner dramatischen Produktion ganz bewußt auf die Forderungen des Tages ein. In jener Zeit notiert Tretjakow: „Wolf schreibt tatsächlich mit ungewöhnlich leichter Hand und impulsiv. Er hat das Gespür eines echten

Zeitungsmannes. Von fern schon errät er, welches Thema in der Luft liegt und auf die Tagesordnung drängt. Zur Feder gegriffen und an die Arbeit! Schon ist sie fertig. Man kann darüber streiten, wie tiefgründig sie ist und wie eigenartig, unbestritten bleibt jedoch stets, daß sie zur rechten Zeit kommt, daß sie zeitgemäß, temperamentvoll und talentiert gemacht ist."[5]

Wolf nutzt die Möglichkeiten des Exillandes als Verpflichtung zum allseitigen antifaschistischen Engagement. 1934 unternimmt er als Gast des I. Amerikanischen Schriftstellerkongesses eine Vortragsreise durch die USA, 1936 nach Skandinavien. Hier spricht er über Kunst und Kulturpolitik der UdSSR, über Hitlerdeutschland und zu aktuellen politischen Themen. Zahlreiche Artikel aus der Feder Wolfs entstehen für die sowjetische Presse, in denen er seine Reiseeindrücke mitteilt, wie überhaupt das publizistische Schaffen – besonders um Fragen der künstlerischen Produktion in Verbindung mit praktischer Parteiarbeit – in der Emigration einen breiten Raum einnimmt.

Im dichterischen Schaffen bleibt er nach wie vor bemüht, ohne Verzug den neuesten politischen Entwicklungen und den Orientierungen der Partei Rechnung zu tragen. So entsteht schon bald nach dem VII. Weltkongreß der Kommunistischen Internationale und der ihn für die Bedingungen in Deutschland auswertenden Brüsseler Parteikonferenz der KPD 1936 das Schauspiel *„Das trojanische Pferd"*.

Hier wird am Einzelfall das neue Konfliktfeld des illegalen Kampfes innerhalb der faschistischen Organisationen geschildert. Überzeugender jedoch wird der Figur des „schweigenden Kämpfers" in dem Roman *„Zwei an der Grenze"* (1938) Gestalt verliehen: Im deutsch-tschechischen Grenzgebiet als Kurier eingesetzt, durchlebt der Held alle Konflikte der Isolation von seinen Mitkämpfern, die von seiner Geheimmission nichts wissen, und hat sich gleichzeitig gegen die Vereinnahmung durch die Faschisten zur Wehr zu setzen. Die Hauptarbeit an diesem Buch leistet Wolf in Frankreich. Hierher ist er mit dem Vorsatz einer Teilnahme am spanischen Bürgerkrieg gekommen, als auf Beschluß des Londoner „Ausschusses für Nichteinmischung" die Internationalen Brigaden Spanien verlassen müssen.

Paßschwierigkeiten, die erst mit der 1941 erfolgenden Einbürgerung in die UdSSR geklärt werden, hindern Wolf an der Rückkehr. So wird er in seinem südfranzösischen Exilort Sanary Mittlergestalt zwischen so unterschiedlichen Mit-Emigranten wie Franz Werfel, Ludwig Marcuse, Robert Neumann, Lion Feuchtwanger und Arnold Zweig. Der alte Elan und Kampfgeist ist nicht ermüdet, im Gegenteil, er verführt ihn sogar noch kurz vor Kriegsausbruch zu der irrealen Annahme, möglicherweise bald wieder in Deutschland wirken zu können. Dem folgt die Ernüchterung: Unmittelbar nach Kriegsausbruch wird er im Lager Le Vernet interniert. In diesem französischen KZ erlebt er trotz großer Repressalien das beglückende Gefühl breiter internationaler Solidarität und sorgt auch selbst als Lehrer, Arzt und Dichter dafür, daß der Zwangsaufenthalt am Fuße der Pyrenäen für die Gefangenen zur „Schule des Antifaschismus“ wird.

Unter schwierigsten Bedingungen entsteht hier eine seiner reifsten Bühnenschöpfungen, das Schauspiel *„Beaumarchais oder die Geburt des Figaro“* (1941). Ein knappes Jahr, nachdem Brecht in seinem „Galilei“ das Thema des Intellektuellen aufgriff, der unter dem Druck der Macht nicht zu seinen eigenen wissenschaftlichen Erkenntnissen steht, erscheint eine vergleichbare Fragestellung um die Intellektuellenproblematik bei Wolf am Beispiel der schillernden und widerspruchsvollen Persönlichkeit des Dichters, Politikers und Spekulanten Beaumarchais. Der Held – geistiger Vater des revolutionären „Figaro“ – wandelt sich von einem furchtlosen Vorkämpfer für die Sache der Freiheit zu einem kleinmütigen Geschäftemacher, der am Tage des Bastille-Sturms aus Paris flüchtet, dem Volk mißtrauend und von ihm verachtet.

Wolf kann hier resignative Haltungen, die er unter bürgerlich-liberalen Mitinhaftierten in Le Vernet erlebt, konfrontieren mit dem großen Hintergrund der französischen Revolution, die – ohne Vordergründigkeit – als wichtiger Traditionsbezug des Kampfes gegen die deutschen Okkupanten beschworen wird. Eine überzeugende Charakterzeichnung und eine subtile, sozial abgeleitete Psychologie der Gestalten machen dieses Werk zu einer der bedeutendsten literarischen Leistungen um den historischen Stoff im Exil.

Im Gegensatz dazu vermag der Dramatiker nicht mit gleichem Maß an Gültigkeit den aktuellen Widerstandskampf dramatisch zu fassen. Zwar sind seine Stücke *„Das Schiff auf der Donau“* (1938), *„Patrioten“* (1942) und *„Doktor Lilli Wanner“* (1944) erfüllt von leidenschaftlichem Kampfwillen; aber die Möglichkeit der antifaschistischen Aktion im direkten Kampf gegen den Machtapparat der Nazis werden zu euphorisch gewertet. Gründe dafür liegen neben dem Wunschdenken des Exilierten sicher in einem gewissen „Systemzwang“ der Wolfschen Dramaturgie, in der die Perspektivgestaltung nicht selten mit dem allseitigen Sieg über den Gegenspieler einhergeht.

Ein immenses Arbeitspensum bewältigt Wolf nach seiner Rückkehr in die Sowjetunion im Frühjahr 1941. Neben der Aufarbeitung seines Frankreicherlebnisses (*„Kiki“*, *„Jules“*, *„Die unsichtbare Brigade“*, *„Lucie und der Angler von Paris“*) entstehen Porträts (*„Sieben Kämpfer vor Moskau“*) und eine Fülle von Arbeiten für die Lautsprecherpropaganda an der Front. Wolf ist in den vordersten sowjetischen Linien tätig, spricht mit gefangenen deutschen Soldaten, liest die Briefe Gefallener und erhält so einen ihn erschütternden Einblick in die tiefe Verblendung breiter Schichten des deutschen Volkes.

Unter diesem Eindruck entstehen die Erzählungen *„Der Russenpelz“* (1942) und *„Heimkehr der Söhne“* (1944). In beiden wird der Front-Urlaub in der Heimat zur Stunde der Wahrheit und Erkenntnis über die Verbrechen der deutschen Soldaten in den okkupierten Ländern, eine Erkenntnis, die einen Wandlungsprozeß einleitet, beziehungsweise einen tiefen Riß in den Familien bewirkt.

Besonders wichtig in den letzten Kriegsjahren ist für den Dichter und Kommunisten Friedrich Wolf die Arbeit in den Kriegsgefangenenlagern. In beharrlichen Gesprächen vermag er als Vertreter des „Nationalkomitees Freies Deutschland“ viele deutsche Soldaten auf eine demokratische Alternative für ein künftiges Deutschland zu orientieren.

Der politische Aktivist Wolf gehört folgerichtig zu den ersten, die in ihre befreite und zerstörte Heimat zurückkehren. Ohne sich auf die Notwendigkeit eines historischen Abstandes zu berufen, gestaltet er sofort unmittelbares Gegenwartsgeschehen in seinem gemeinsam mit Slatan Dudow erarbeiteten Filmmanuskript *„Kolonne Strupp“*, das erste Aufbauleistungen noch in den letzten Tagen des Krieges schildert. Das Skript wird nicht realisiert.

Es gehört zu den merkwürdigen Widersprüchen der letzten Schaffensphase Wolfs, daß er mit seiner Durchsetzung in der Theaterpraxis Schwierigkeiten hat. Kurzsichtigkeit, kleinbürgerliche Bestrebungen, politische Indifferenz bei manchem Theaterleiter in den ersten Nachkriegsjahren sind Ausdruck der „geistigen Trümmer", die geblieben waren.

Trotzdem setzen sich Wolfs reifste Arbeiten in den Jahren 1946/47 auf der Bühne durch: In Berlin stehen in dieser Zeit immerhin neben „Mamlock" und „Cyankali" auch „Beaumarchais" und „Matrosen von Cattaro" auf den Spielplänen.

Die Gestaltung der neuen Situation bringt auch für den in der Zeitstück-Gestaltung so erfahrenen Autor eine Vielzahl von Schwierigkeiten. So dominiert zunächst das Bestreben, Erfahrungen der letzten Kriegsjahre für die Bühne zu erschließen: *„Die letzte Probe"* wird 1946 beendet, eine verhaltene tragische Liebesgeschichte um Künstlerschicksale in der Emigration. *„Wie Tiere des Waldes"* entsteht, ebenfalls eine Liebesgeschichte, in der ein junges Paar – ein desertierter junger Soldat und die Tochter eines fanatischen Nazis – in die Wälder flieht. Nach dem Selbstmord des Mädchens findet der Junge nicht die Kraft, die Waffe gegen sich zu richten. Mutter und Großmutter des Mädchens verbergen den vermeintlichen Mörder – er wird die neue Zeit erleben, zutiefst erschüttert, aber mit der Chance eines Neubeginns. Dieser Schluß des in sich wenig geschlossenen Werkes besitzt tiefe Symbolkraft für den Weg der deutschen Jugend.

Die Aktivitäten Friedrich Wolfs in den letzten Lebensjahren sind beträchtlich: Er gehört zu den Mitbegründern der DEFA, leitet nach 1948 die Volksbühnenorganisation, ist der Verfasser streitbarer Artikel gegen den existentialistischen Trend im Nachkriegstheater, tritt auf dem 1. Schriftstellerkongreß als prinzipienfester sozialistischer Kulturpolitiker in Erscheinung, findet sich unter den Mitarbeitern der neugegründeten satirischen Zeitschrift „Ulenspiegel".

Er beteiligt sich an der Gedenkrevue anläßlich des 100. Jahrestages der Revolution von 1848, tritt mit seinem (von Paul Dessau vertonten) Poem *„Lilo Hermann"* an die Öffentlichkeit und ist nicht zuletzt Verfasser bezaubernder *„Märchen* *für große und kleine Kinder"* – und außerdem Fabel-Dichter. Darüber hinaus wirkt Friedrich Wolf als international wichtiger Repräsentant der neuen Ordnung unermüdlich: 1948 als Delegierter auf dem Friedenskongreß in Wrocław; 1949 leitet er die erste deutsche Schriftstellerdelegation in die ČSR, und von 1950 bis 1951 vertritt er die DDR als Botschafter in Polen.

Unter den literarischen Arbeiten dieses letzten Lebensabschnittes ragen besonders drei Werke heraus: Das Filmszenarium „Der Rat der Götter" (1950), die Komödie „Bürgermeister Anna" (1950) und das Schauspiel „Thomas Müntzer. Der Mann mit der Regenbogenfahne" (1953).

Im *„Rat der Götter"* (Mitautor: Philipp Gecht, Regisseur: Kurt Maetzig) wird in einer Reihe von Episoden die unselige Zusammenarbeit deutscher Wissenschaftler mit dem IG-Farben-Konzern vorgeführt. Dabei wird einerseits die Verwaltungsebene des Konzerns – jener „Rat der Götter" – und andererseits das Schicksal einer Familie vorgeführt, die auf unterschiedlichste Weise mit dem Konzern verflochten ist. Diese Familie Scholz repräsentiert einen sozialen Querschnitt, der vom klassenbewußten Arbeiter über den fanatischen Jung-Nazi bis zum Wissenschaftler Dr. Scholz reicht, der als „unpolitischer Fachmann" das finstere Geschäft seiner Brotherren betreibt. Dieser Mann findet endlich nach 1945, als der Konzern insgeheim wieder die Sprengstoffproduktion aufnimmt, die Kraft, an die Öffentlichkeit zu treten und die Machenschaften der Konzernherren zu entlarven.

Kurze Zeit nach „Rat der Götter" wird der Film *„Bürgermeister Anna"* nach einem Exposé Wolfs produziert, zu einer Zeit, als das Bühnenstück noch nicht vollendet ist. Das Stück ist ein Versuch Wolfs, die neue Thematik um Aufbau und schweren Anfang auf dem Lande zu gestalten. Die junge Anna Drews wird Bürgermeisterin eines mecklenburgischen Dorfes und setzt sich mit ihrem Projekt eines Schulneubaus gegen eine Fülle von Schwierigkeiten durch. Besonders die reaktionären Kräfte des Ortes um den ehemaligen Großbauern suchen die Angelegenheit zu hintertreiben, sehen sie doch ihren Machtanspruch gefährdet. Eine an der klassischen Komödie orientierte Intrige – in einem Sabotageakt gipfelnd – bleibt vergeblich, Anna zieht den jungen Kriegsheimkehrer Jupp auf ihre

Seite. Die Reaktion wird besiegt, der Amtsschimmel – eine zweite Gefahrenquelle für den Bau – bleibt auf der Strecke, und die Dorfgemeinschaft wächst an dem Vorhaben.

Dieses Werk stellt trotz ästhetischer Schwächen einen wichtigen Vorstoß in Neuland dar. Die Denkungsart der Dorfbewohner, Widersprüche und Konflikte – auch solche unter Bündnispartnern – werden hier erstmals aus den neuen Bedingungen abgeleitet und ins Bild gesetzt. Auch wenn die Tiefe der Gesellschaftsanalyse, wie sie das wenig später entstehende „Katzgraben"-Stück von Strittmatter bietet, hier nicht vorliegt, bleibt Wolf das Verdienst, eine erhebliche stoffliche Entdeckung für die Bühne geleistet zu haben.

Zum Schlußpunkt seines Schaffens – der Dichter stirbt am 5. Oktober 1953 – wird das *„Thomas Müntzer"*-Schauspiel (Schauspiel-Text und Film-Drehbuch 1952/53). In diesem Werk, das Wolfs lange Erfahrung mit dem Bauernkriegsstoff verarbeitet, geht er einen bedeutsamen Schritt über das von ihm postulierte und relativ statische dramaturgische Regelwerk hinaus. Das Stück ist eine dramatische Chronik, die die Entwicklung Müntzers vom religiösen Neuerer und sozialen Schwärmer zum revolutionären und kompromißlosen Führer der Bauernsache nachzeichnet. Wolf öffnet die ihm gewohnte dramatische Struktur und läßt den Geschichtsprozeß mit seinen Widersprüchen als eigentlich fabelbildenden Umstand fungieren, eine Technik, die punktuell an Brechts Vorliebe für die Chronikform erinnert. Trotzdem dürfen die generellen Unterschiede der Verfahren nicht übersehen werden: Nach wie vor ist die Müntzer-Gestalt ein Angebot für den kathartischen Nachvollzug, eine Vorbildgestalt mit durchaus kritikwürdigen Zügen. Müntzer, der nimmermüde Führer und Agitator der Bauern, wird in seinem Wirken in den verschiedenen deutschen Landesteilen gezeigt. So kann Wolf, ohne das aufsetzen zu müssen, mit der sozialen Frage die damals auf der Tagesordnung stehende nationale Frage um die Einheit Deutschlands sinnfällig als aktuellen Hintergrund einbeziehen.

Thomas Müntzer, von Wolf seit je geliebt und als Held eines nicht ausgeführten Romans vorgesehen, ist die reichste und vielschichtigste dramatische Gestalt des Werkes. Die Erfahrungen eines ganzen Künstlerlebens sind hier eingeflossen. Ohne jede Idealisierung – unter Verwendung zahlreicher Dokumente – wird in diesem Werk der schwere Erkenntnisweg eines Volksführers literarisch erfaßt. Dieser Mann wächst in dem Maße an seiner Aufgabe, in dem er es versteht, die Weisheit des „kleinen Mannes" in sein Handeln einzubeziehen. Das sprachliche Gewand des Stückes orientiert sich an Stilelementen des Frühneuhochdeutschen, ohne indessen überladen zu geraten. Wolf nutzt hier mit Gewinn den Bildreichtum der Streitschriften Müntzers.

Die Premiere am 23. Dezember 1953 am Deutschen Theater, die ein überwältigender Erfolg wird, erlebt Friedrich Wolf nicht mehr.

Neben Brecht gehört der Dichter zu den Klassikern einer sozialistischen Dramatik. Ohne Zweifel hat er – insgesamt gesehen – für das sozialistische Theater nicht die Nachwirkung eines Brecht. Trotzdem kommt seinen Bemühungen um einen, den neuen gesellschaftlichen Bedingungen gemäßen Katharsis-Begriff große Bedeutung zu. Eine Dramatik mit großer Emotionalität findet mit Friedrich Wolfs Werken wichtige Anregungen vor, an denen sie kaum vorbeigehen kann.

Kurzbiographie

Friedrich Wolf wurde am 23. Dezember 1888 in Neuwied (Rhein) als Sohn eines wohlhabenden jüdischen Kaufmanns geboren. Nach Abitur (1907) und Militärdienst in Heidelberg kurze Zeit Studium an der Münchner Kunstakademie, danach in Tübingen, Bonn und Berlin Medizin (Dr. med. 1913); 1914 Schiffsarzt, dann Bataillonsarzt, entwickelte sich zum entschiedenen Kriegsgegner, 1918 Mitglied des Arbeiter- und Soldatenrates in Dresden, der USPD und der „Sozialistischen Gruppe der Geistesarbeiter", 1920 Stadtarzt in Remscheid, 1922/33 Arzt in Hechingen, Höllsteig und Stuttgart (1927). 1928 Mitglied der KPD und des „Bundes Proletarisch-Revolutionärer Schriftsteller", führend tätig im Volksfilm-Verband und „Arbeitertheaterbund", 1931 Reise in die Sowjetunion; 1933 Emigration über Österreich, Schweiz nach Frankreich, dann UdSSR; 1935 und 1936 Reisen in die USA und nach Skandinavien; 1939 in Frankreich verhaftet und interniert; 1941 Rückkehr nach Moskau, vorwiegend als Propagandist tätig; 1943 Mitbegründer des „Nationalkomitees ‚Freies Deutschland'"; 1945 Rückkehr, Arbeit als Schriftsteller und Kulturpolitiker; 1950/51 Botschafter der DDR in der VR Polen; Mitglied der Akademie der Künste; ab 1951 lebte Friedrich Wolf in Lehnitz bei Berlin, wo er am 5. September 1953 starb.
1949 und 1950 erhielt er den Nationalpreis.

Simone Barck

Hedda Zinner

Mit meiner Arbeit zu helfen,
die Vergangenheit zu bewältigen,
die Gegenwart zu begreifen
und die Zukunft zu gewinnen.
Denn das hängt untrennbar
zusammen.

H. Zinner

Sie gehört zu jener Schriftstellergeneration, für die die Namen Becher und Brecht, Weinert und Wolf, Bredel und Seghers stehen, deren Werke den „goldenen Fond" unserer sozialistischen Nationalliteratur bilden, ein lebendiges Erbe, das sich immer neue Generationen aneignen.

Die Ergebnisse von 50 Jahren schriftstellerischer Tätigkeit Hedda Zinners (geb. 1905) sind Teil dieses literarischen Erbes, wie sie auch zur Entwicklung der DDR-Literatur nach 1949 gehören und zum aktuellen Literaturprozeß in den achtziger Jahren. Die beachtliche künstlerische Produktivität gründet sich vor allem auf die Fähigkeit der Autorin, neue gesellschaftliche Fragestellungen und Entwicklungsprobleme, Wandlungen des Menschen im Sozialismus zum Thema und Gegenstand ihrer Arbeit zu machen. Ihre Prosaarbeiten der siebziger und achtziger Jahre erreichten hohe Auflagen, sie haben einen festen und breiten Leserkreis. Fragt man nach den Ursachen dieser bemerkenswerten Wirksamkeit und Beliebtheit, sind an erster Stelle Wirklichkeitsnähe (auch in der Wahl der Figuren: häufig Frauen und Mädchen), lebensnahe realistische Gestaltungskraft, zu nennen. Zinners Schreibprogramm geht aus von der gesellschaftsverändernden Rolle der Kunst und deren besonderen Wirkungsmöglichkeiten. In ihre Auffassung von einer „materialistischen, vorwärtsweisenden sozialistischen Kunst der 80er Jahre"[1] sind jahrzehntelange Erfahrungen im politischen Kampf und in der ideologischen Auseinandersetzung, historische Erkenntnisse und künstlerische Verfahren, literarische Methoden der letzten fünf Jahrzehnte eingegangen.

Hedda Zinners literarische Anfänge um 1930 fallen mit der

Herausbildung der deutschen sozialistischen Literatur als literarischer Bewegung zusammen. Von Beruf Schauspielerin, aus einer Wiener Beamtenfamilie stammend, kommt sie 1928 nach Berlin. Durch die Bekanntschaft mit Ludwig Renn wird ihr Blick für soziale Probleme geschärft. Auf sein Anraten übernimmt sie die Patenschaft über einen politischen Gefangenen, wird durch dessen Fragen gezwungen, sich mit dem Marxismus-Leninismus zu beschäftigen. Ludwig Renn ist der erste Kommunist, den sie näher kennenlernt, er wird gewissermaßen ihr Lehrmeister.

Hedda Zinner schlägt eine bürgerliche Theater- und Film-Karriere aus, wird 1929 Mitglied der KPD. Ihre darstellerischen Fähigkeiten setzt sie im politischen Tageskampf ein, tritt in zahlreichen Veranstaltungen der KPD, der Internationalen Roten Hilfe (IRH) und der Gewerkschaften auf, rezitiert und beginnt, operative Texte zu schreiben: Mit der Tätigkeit als Arbeiterkorrespondentin – ihre ersten Reportagen und Gedichte erscheinen 1930 in der „Roten Fahne“ und der „AIZ“ (Arbeiter Illustrierte Zeitung) sowie anderen Presseorganen der revolutionären Arbeiterbewegung – fängt für Hedda Zinner ihre schriftstellerische Laufbahn an.

Die Texte – in der Form vielfältig: Szene, Sketch, Interview, Reportage, Gedicht, Bericht – behandeln zentrale Themen des Klassenkampfes, die Verelendung breitester Kreise in der großen Krise, die zunehmende Faschisierung, die Notwendigkeit der proletarischen Einheitsfront und die Hemmnisse bei ihrer Verwirklichung. Ihre besondere Aufmerksamkeit gilt der in dieser Zeit entwickelten journalistischen Form des Bild-Foto-Gedichts. Ihre zahlreichen in der „AIZ“ veröffentlichten Foto-Gedichte sind populär, sie nehmen – oft satirisch – politische Vorgänge oder Persönlichkeiten aufs Korn, entlarven die die Wahrheit verschleiernden Theorien der Ausbeuter und die Demagogie der Nazi-Partei, eindringlich stellen sie den proletarischen Alltag dar. Ihre Gedichte sind agitatorisch; der Sprechdichter Weinert, dessen Verse sie oft vorträgt, wird zum großen Vorbild.

Am Tage des Reichstagsbrandes tritt Hedda Zinner zum letzten Mal in einer großen Arbeiterversammlung auf; wie viele andere kommunistische Schriftsteller und fortschrittliche Künstler muß sie, verfolgt und bedroht, ins Exil gehen. Nach kurzem Aufenthalt in Wien baut sie in Prag – zusammen mit anderen Emigranten und Freunden aus der ČSR – das antifaschistische Kabarett „Studio 1934" auf. Drei antifaschistische Programme, größtenteils von Hedda Zinner selbst geschrieben, erzielen bis zum Verbot durch die Zensurbehörden große Wirkung.

Im April 1935 geht sie zusammen mit ihrem Mann Fritz Erpenbeck, der als Korrespondent der „AIZ" arbeitet, in die Sowjetunion, wo sie vielfältige Arbeitsmöglichkeiten findet. Das Erleben des sozialistischen Aufbaus, das Kennenlernen des Landes und seiner Menschen werden prägend für das weitere Leben und Schaffen. Bis 1941 kann sie ihre künstlerische Tätigkeit auf verschiedenen Ebenen profilieren: zwei Gedichtbände erscheinen, *„Unter den Dächern"* (1936) und *„Geschehen"* (1939), wie andere deutsche Schriftsteller widmet sie sich der Übersetzung und Nachdichtung, der Hörspiel- und Rundfunkarbeit. Es entstehen die Novelle „Gut Pirkenau" (1984 veröffentlicht), ihr erstes Drama „Caféhaus Payer" und der Entwurf eines Romans: „Die Töchter Berta Hammersteins".

Die Vielseitigkeit ihres künstlerischen Talents wird gerade sichtbar, da unterbricht der faschistische Überfall auf die Sowjetunion diesen Entwicklungsprozeß. In den vier Kriegsjahren muß wieder die operative Arbeit im Vordergrund stehen. In Ufa, dem Evakuierungsort, wird im April 1942 der Sohn John geboren, in den Stillpausen schreibt sie Texte für verschiedene Radioprogramme des „Deutschen Volkssenders", für den „Sudetendeutschen" – und den „Christlichen Sender".

Das weitverzweigte System der Radio-Sendungen, von der Kommunistischen Internationale mit Hilfe und Unterstützung der sowjetischen Partei- und Staatsorgane organisiert, wurde nach 1941 entscheidend ausgebaut und auf das Hauptziel, die Beendigung des Krieges durch die Zerschlagung des Hitler-Regimes, ausgerichtet. Die einzelnen „illegalen" Sender (Frauen-Sender, Soldaten-Sender u. a.) wandten sich gezielt an bestimmte Bevölkerungsgruppen und -schichten, versuchten propagandistisch überzeugend, die Nazi-Ideologie zu widerlegen, den Widerspruch zwischen faschistischer Realität und nationalsozialistischem Programm zu verdeutlichen und den Lügen über die Sowjetunion und die sowjetische Kriegsführung den Boden zu entziehen. Beabsichtigt war, Zweifel am Faschismus zu verstärken, Widerstandshaltungen entwickeln zu helfen. Aber auch die reine Information über den Kriegsverlauf war Inhalt dieser Texte.

Angesichts der Tatsache, daß diese Arbeit deutscher Emigranten noch nicht komplex erforscht worden ist, stellt es einen besonderen Glücksfall dar, daß Hedda Zinner einen Teil ihrer Texte erhalten konnte, die einen Einblick in die Art und Weise ihres spezifischen Herangehens an diese politische Aufgabe erlauben. Aus Papiermangel wurden sie weitgehend auf den Rückseiten der Mitteilungen des Sowjetischen Inform-Büros oder den verschiedensprachigen Informations-Bulletins der Presseabteilung der Kommunistischen Internationale zum Kriegsverlauf geschrieben.

Für den „Deutschen Volkssender" entstanden bis zum April 1942 zwanzig gereimte Wochenübersichten, die jeweils die Ereignisse einer Woche kommentieren, eine Form, die später von Erich Weinert fortgesetzt wird. Die etwa 40 Zeilen langen Prosa-Texte erzählen Geschichten kleiner Leute und bringen die Auswirkungen des Krieges auf die familiären Beziehungen der Menschen zur Sprache. Dabei läßt die Autorin die Betroffenen oft selbst zu Wort kommen, was natürlich die Authentizität erhöht. Wiedergegeben werden Gespräche und Diskussionen, Schicksale werden vorgeführt. Immer enden die Texte mit der Aufforderung an die Deutschen, sich dem Krieg zu verweigern. Die Grundlage dieser umfangreichen publizistischen Arbeit war die differenzierte Auswertung von sowjetischen Beutedokumenten, Feldpostbriefen, persönlichen Aufzeichnungen deutscher Soldaten, die dafür von der Roten Armee zur Verfügung gestellt wurden. Beim Studium dieser Dokumente zeigte sich immer klarer der hohe Grad der Massenwirksamkeit der Nazi-Ideologie vor allem bei jungen Soldaten, die ihre ‚Erziehung' in der Zeit des Faschismus erhalten hatten.

Zinners Rundfunktexte sind eine besondere Art historischer Chronik, sie machen das Engagement und die Ausdauer deutscher Kommunisten im Ringen um ihre Landsleute einsehbar. Die hier dokumentierten Erkenntnisse und Erfahrungen über die Bewußtseinslage der deutschen Bevölkerung bildeten später mit eine Grundlage für die antifaschistisch-demokratische

Umerziehung des deutschen Volkes nach 1945. Hedda Zinner wird dann mit ihrem Mann – wie andere deutsche Schriftsteller auch – ab Mitte 1944 in die Ausarbeitung des „Programms der kämpferischen Demokratie" durch die Führung der KPD einbezogen, in dessen Folge konkrete Maßnahmepläne für den kulturellen Neuaufbau in einem künftigen Deutschland entstehen. Als Hedda Zinner im Juni 1945, Fritz Erpenbeck war bereits Ende April zurückgekehrt, in das zerstörte Berlin kommt, kann zwar an einiges angeknüpft werden, stellen sich aber viele Probleme neu dar.

Die Linien ihres künstlerischen Schaffens, bereits vor 1941 angelegt, können sich jetzt entfalten. Einiges, wie zum Beispiel die Lyrik, bricht bis auf wenige Ausnahmen – Anfang der fünfziger Jahre ab.

Hedda Zinner hat sich selbst in erster Linie als Dramatikerin empfunden, und ihr Erstling *„Caféhaus Payer"* (1939/41) – im Juni 1945 als erstes antifaschistisches Emigrationsstück überhaupt in Deutschland uraufgeführt – zeigt in Thema, Struktur, und Ausführung bereits Wesentliches der späteren dramatischen Gesamtproduktion. Es ist ein Zeitstück, das die Auswirkungen des Faschismus auf eine österreichische Familie darstellt, im Bau orientiert an den Prinzipien der klassischen Dramaturgie, kämpferisch im Grundgestus. Georg Lukács hatte 1939 in einem Gutachten die Fähigkeit der Autorin hervorgehoben, das politische Thema in die Sphäre menschlichen Erlebens übertragen zu haben, und darauf verwiesen, daß es ihr gelungen sei, menschliche Schicksale durch allgemeinverständliche Konflikte darzustellen.[2]

Diese Linie des Zeitstückes, zum Teil als historisches, setzt Zinner mit *„Der Teufelskreis"* (1953), „General Landt" (1957), „Lützower" (1955) sowie „Ravensbrücker Ballade" (1961) fort. Mit dem auch verfilmten Schauspiel über den Reichstagsbrandprozeß erzielt sie ihren größten nationalen Theatererfolg und kann zugleich dem jungen DDR-Theater internationale Anerkennung verschaffen (zahlreiche Inszenierungen in verschiedenen europäischen Ländern, Übersetzungen ins Japanische und Chinesische, Gastspiele von DDR-Theatern im Ausland, letzte Inszenierung im DDR-Fernsehen 1982).

Auf der Grundlage sorgfältiger historischer Materialstudien

zum Reichstagsbrandprozeß wird der Verlauf des Prozesses selbst zum Gegenstand der dramatischen Handlung. Der Weg des sozialdemokratischen Abgeordneten Lühring, der in den Prozeß verwickelt wird und für den das Auftreten Dimitroffs im Prozeß zum Erkenntnis- und Entscheidungsmoment wird, bildet die Fabel. Zugleich gestaltet Zinner in der fiktiven Figur Lührings das historische Versagen der deutschen Sozialdemokratie vor dem Faschismus und liefert damit einen wichtigen Beitrag zur Klärung der Frage, wie es zum Faschismus kommen konnte. Lühring, dessen Sohn Kommunist geworden ist, wird durch physischen Terror der Nazis zum Verräter an seiner Klasse, bis Dimitroffs überlegenes Auftreten ihn seine erzwungene Aussage zurücknehmen läßt. Diesem individuellen Konflikt ist der zwischen den gesellschaftlich-antagonistischen Gruppierungen übergeordnet: den faschistischen Kräften und den antifaschistischen Gegenkräften. Sie bilden ein umfangreiches Figurenensemble.[3]

Das ermöglicht dann auch eine differenzierte Darstellung der historischen Klassenauseinandersetzung im Frühjahr 1933 und macht die Hintergründe des Prozesses einsehbar. Zugleich liegt hier jedoch eine Ursache für die mangelnde ästhetische Geschlossenheit des Stückes: der dramatische Hauptheld Lühring wird zunehmend vom historischen Haupthelden Dimitroff verdrängt. Die relative Selbständigkeit der Prozeßhandlung setzt sich als strukturbestimmend durch. Von der dokumentarischen Anlage – Dimitroffs Reden werden, „wenn auch stark gekürzt und nach dramaturgischen Gesichtspunkten umgestellt"[4], in den Text übernommen – geht eine besondere Wirkung aus. Mit der Verknüpfung von fiktiven und dokumentarischen Elementen beschreitet Hedda Zinner auch theaterästhetisch neue Wege, lange bevor sich später – in den sechziger Jahren – die starke Richtung des Dokumentar-Theaters entwickelt.

Hedda Zinner fühlt sich in ihrem kathartischen Kunstkonzept bestätigt, nämlich einem Theater, das Denken und Fühlen gleichermaßen anspricht, und führt damit schauspiel-ästhetisch eine Tradition fort, die vor allem in Friedrich Wolf ihren herausragenden Vertreter gefunden hat, dessen Stücke (vor allem „Professor Mamlock") einen zentralen Platz in der Theaterszene nach 1945 einnehmen. Wie er reagiert auch

Hedda Zinner schnell und parteilich auf politische Ereignisse und aktuelle Fragen der gesellschaftlichen Entwicklung. Steht doch dahinter das Bemühen, durch die Gestaltung menschlicher Schicksale und die Entwicklung von Charakteren in Entscheidungssituationen aufklärerische Wirkungen und wertende Haltungen beim Zuschauer zu erzielen. Das Schaffen von Identifikations-Figuren im Sinne des historischen Fortschritts, in Richtung auf den Sozialismus, wird zu dieser Zeit ein wichtiger Faktor im kunstpraktischen Programm der demokratisch-antifaschistischen Umerziehung und später des sozialistischen Aufbaus.

Mit *„General Landt"* (Hörspiel 1950/51, als Stück 1957 uraufgeführt), einer Art Gegenstück zu Carl Zuckmayers „Des Teufels General", zeigt sie die folgerichtige Verstrickung eines prominenten Flieger-Generals in die Mordgeschäfte der faschistischen Machthaber. Mit dessen späterem nahtlosem Übergang zur Bundeswehr werden Restauration und Militarismus in der BRD attackiert. In der Gestalt der Lina Karsten, seiner Geliebten, die sich dann von ihm abwendet und zum antifaschistischen Widerstand findet, führt sie eine alternative Haltung vor, die Identifikationsmöglichkeiten bietet.

In der Bewältigung des antifaschistischen Themas als Epochenfrage stellt die *„Ravensbrücker Ballade"* (U. 1961) eine bedeutende Anstrengung und ohne Zweifel einen künstlerischen Höhepunkt dar. Seit Hedda Zinner nach 1945 von den Greuel, dem physischen und psychischen Terror im KZ Ravensbrück Kenntnis erhalten hatte, ließ sie dieses Thema nicht mehr los (*Ravensbrücker Sonette*, 1946). Sie wird mit ehemaligen KZ-Häftlingen, darunter der Kommunistin Erika Buchmann, bekannt, die 8 Jahre in Ravensbrück verbrachte, und erfährt so viel Authentisches über das Lagerleben, die Leiden und Kämpfe, die Atmosphäre. Nach dem Studium zahlreicher Erlebnisberichte, dem Auswerten von Dokumenten an Ort und Stelle, so im Museum des Lagers und der Kenntnis von einem authentischen Fall (nämlich dem Verbergen einer sowjetischen Kommunistin im Lager), geht sie daran, den 92 000 ermordeten Frauen und Kindern von Ravensbrück in einem Stück ein Denkmal zu errichten. Die Vorgänge um das Verbergen der sowjetischen Genossin Wera durch die illegale Widerstandsgruppe im Lager bilden die Fabel. In der Haltung dazu, wird die Bewährung verschiedener Häftlinge vorgeführt, es fallen Entscheidungen zu Verrat oder Solidarität. Die differenzierte Zeichnung der einzelnen Häftlinge – politische, kriminelle, religiöse – verschiedener Nationalität vermittelt einen realistischen Einblick in die ideologischen Befindlichkeiten und zugleich in die (un-)menschlichen Zustände in einem faschistischen Konzentrationslager. Mit „fast dokumentarischer Treue der Detail- und Milieuschilderung" wird ein „hoher Grad szenischer Unmittelbarkeit erreicht, von der eine starke und direkte Publikumswirkung ausgeht"[5].

Die Wandlung der Kriminellen Emmi, ausgelöst durch die Menschlichkeit der kommunistischen Blockältesten Maria, ihr Beitrag zur Rettung der Wera, macht die Größenordnung der politischen Arbeit unter den Gefangenen besonders eindrucksvoll deutlich. Trotz der Leiden, des Terrors, des Elends und der Grausamkeiten erweist sich durch die Darstellung des antifaschistischen Kampfes die „Ballade" als optimistische Tragödie. In den Epilog wird die Befreiung des Lagers einbezogen. Die geschlossene Form des 5-Akt-Schauspiels wird durch Prolog und Epilog aufgebrochen, hier sind dokumentarisches Material (Bild und Ton in mehreren Sprachen), Songs und Chöre dramaturgisch eingearbeitet. Auf diese Weise entsteht eine Art Rahmen, der den eigentlichen Spielvorgang objektiviert, verallgemeinerbar macht.

Neben dieser Linie des Zeitstücks gibt es bei Hedda Zinner die des „komödiantischen Theaters" mit starken Emotionen und psychologischer Vertiefung.[6] Sie beginnt etwa in der Mitte der dreißiger Jahre mit der für den Moskauer Rundfunk verfaßten Hörspielreihe über Herrn Giesecke, populäre Figur aus dem „Weißen Rössl". „Die Idee dazu reicht aber weiter zurück als bis zum ‚Weißen Rössl', sie steht [. . .] in einer Traditionslinie, die bis zum ‚Yankee an König Artus' Hof' oder noch weiter zurück reicht. Es handelt sich um Hörspiele, in denen Giesecke, als Tourist aus dem faschistischen Deutschland in die Sowjetunion kommend, mit den Realitäten dort konfrontiert wird. Sein aus den faschistischen Medien vermitteltes Sowjetunion-Bild trifft auf die wahren sozialistischen Verhältnisse. Von hierher bezog die Sendung ihre Wirkung."[7]

In den drei erhalten gebliebenen Folgen (Giesecke in Moskau, im Kolchos, auf der Krim) wird der kleine Fabrikant zu einer Reihe erstaunlicher Einsichten und für ihn unangenehmer Korrekturen genötigt. Die Form des Schwanks, hier auch mit Liedern, Songs, Gedichten und mit sprachlichen Stereotypen angereichert, wurde in der Gegenüberstellung von Nazi-Parolen und sowjetischer Wirklichkeit in erster Linie zur Entlarvung benutzt. Sie zielte auf komische Bloßstellung der von Giesecke verkörperten dumm-dreisten Denkungsart, seinen nationalistischen Dünkel. Auf Umwegen nach Moskau gelangende Briefe von illegalen Radio-Moskau-Hörern bewiesen der Autorin, daß ihr das auch gelungen war.

Die Grundidee greift Hedda Zinner 1963 in ihrem letzten dramatischen Text noch einmal auf: *„Ein Amerikaner in Berlin. Posse mit Gesang und Tanz“* (Musik: André Asriel). Hier reist ein amerikanischer Versandhausvertreter in die „nichtexistente“ DDR. Leider gelangt die Posse nicht zur Aufführung.

Hedda Zinner bekennt sich zur unterhaltenden Funktion des Theaters, wandte sich oft gegen „didaktisches Theater“ und hat sich auch des öfteren im komischen Genre versucht. In der Komödie *„Was wäre wenn ...“* (1959) geht es um die Vorgänge in einer dörflichen Gemeinde, die durch Grenzbegradigung Gebiet der BRD werden soll. Das Stück erlangte hohe Aufführungszahlen und spielte bei der sozialistischen Umgestaltung der Landwirtschaft eine progressive Rolle.

Thematisches Neuland beschreitet die Autorin in zwei Stükken für das neu aufzubauende Kinder- und Jugend-Theater. In *„Spiel ins Leben“* (1951), von Hans Rodenberg am Theater der Freundschaft inszeniert (als erstes Gegenwartsstück für die Zehn- bis Vierzehnjährigen überhaupt), wird am Beispiel einer Berliner Familie die Epochenfrage äußerst zugespitzt als persönliche Entscheidungssituation zwischen Sozialismus und Imperialismus behandelt: die Tochter Inge entscheidet sich in der Arbeit der Pionierorganisation für den Sozialismus, während ihr Bruder sich in Westberlin zur Fremdenlegion anwerben läßt.

In dem 1960 entstandenen Stück *„Leistungskontrolle“* geht es um die Konflikte in einer Oberschulklasse, um Fragen des ehrlichen Lernens. Gezeigt wird die politische und moralische Kraft des Klassenkollektivs und die positive Beeinflussung eines Klassen-Rowdys.

In den ersten Jahren nach 1945 arbeitet Hedda Zinner als freie Mitarbeiterin im Rundfunk: sie führt Regie, spricht selbst, schreibt literarisch-musikalische Sendungen über die Sowjetunion. Eine Reihe von erfolgreichen Hörspielen stammt aus ihrer Feder, so Adaptionen von Paustowskis „Die Kolchis", Weisenborns „Die Illegalen", Bechers „Die Winterschlacht" und Anna Seghers' „Das Siebte Kreuz". 1947 erhielt sie in einem Hörspiel-Preisausschreiben für *„Erde"* den 1. Preis.

Hedda Zinners Experimentierfreudigkeit und ihr Interesse für moderne Medien sind Ursachen dafür, daß sie bis jetzt 17 Fernsehspiele geschrieben hat, einige auf zumeist eigenen Stücken basierend, andere als Adaptionen von Erzählungen. Die Tatsache, daß sie seit 1963 keine Theaterstücke mehr schrieb, spielt hierbei natürlich auch eine Rolle, sie hatte hier eine Art ‚Ersatz' gefunden.

In den vor allem in den siebziger Jahren entstandenen Fernsehspielen geht es vorrangig um Emanzipationsprobleme der Frau im Sozialismus, um Konflikte zwischen Eltern und Kindern, um Partnerbeziehungen. Anliegen dieser Arbeiten ist, „Bewußtseinsänderungen im täglichen Leben, im Alltag aufzuspüren"[8].

Die Autorin legt Wert auf die Figuren-Psychologie, auf den Zusammenhang von sozialen und psychologischen Faktoren im Denken und Fühlen der Menschen. Die Resonanz auf diese Fernsehspiele – mehrfache Sendungen und zahlreiche Zuschauerbriefe – (*„Die Schwiegermutter"*, 1967; *„Die Richterin"*, 1974; *„Der Fall Silvia Karsinke"*, 1980; *„Zwei Ärztinnen"*, 1983 u. a.) bestätigt die gelungene künstlerische Darstellung von Problemen, wie sie auch in der sozialistischen Gesellschaft existieren. Das gilt auch für die Prosaarbeiten der letzten Jahre.

Die Anfänge des Prosa-Schreibens liegen bei Hedda Zinner bereits in der Zeit vor dem Zweiten Weltkrieg. In der zweiten Hälfte der dreißiger Jahre entsteht die autobiographisch gefärbte Novelle *„Gut Pirkenau"* (1984 erstmals veröffentlicht) und das Text-Fragment *„Die Töchter Berta Hammersteins"* (1939), das, so ein Bericht an die Deutsche Sektion des Sowjetischen Schriftstellerverbandes, den „rebellischen Kampf der jungen Generation gegen das Alte" behandeln sollte. Damit haben wir den Ursprung der späteren Trilogie „Ahnen und Erben“ vor uns: *„Regina“* (1968), *„Die Schwester“* (1970), *„Fini“* (1973).

Bereits 1954 veröffentlicht Hedda Zinner ihren ersten Roman, *„Nur eine Frau“* (1958 verfilmt), der mit der künstlerischen Biographie der Louise Otto-Peters (Leben und Kampf dieser Frau im Vormärz, in den revolutionären Ereignissen von 1848) ein historisches Kapitel der bürgerlichen Frauenemanzipationsbewegung behandelt. Bis 1985 erschienen rund 250 000 Exemplare dieses Buches, das in gewisser Weise eine Art historische Vorgeschichte zu „Regina“ bildet.

In der Trilogie *„Ahnen und Erben“* wird auf 1 700 Seiten am Schicksal dreier Generationen von Frauen und ihren Familien die Emanzipationsproblematik in der bürgerlichen Gesellschaft vom Ende des vorigen Jahrhunderts bis zur Mitte der dreißiger Jahre dargestellt. Es handelt sich weder um einen Frauen-, noch einen Familien-, sondern um einen Gesellschaftsroman, der durch seine Hauptfiguren, ihrem Suchen und Finden eines sinnerfüllten Daseins (bzw. ihrem Scheitern) Epochenfragen ins Zentrum rückt.

Sonja Hammerstein – Vertreterin der ersten Generation – ist kleinbürgerlicher Herkunft und heiratet einen jüdischen Kaufmann, sie bleibt ganz den Normen und Regeln ihrer Klasse verhaftet. Allerdings ist sie nach dem Verschwinden ihres Mannes bereits erfolgreich berufstätig. Ihre Tochter Regina wird Schauspielerin, kann aber, nach dem sie geheiratet hat und Mutter zweier Kinder wurde, ihren Beruf nicht mehr ausüben. Am Entwicklungsweg ihrer beiden Töchter werden die Schwierigkeiten einer echten sozialen und geschichtlichen Befreiung unter kapitalistischen Verhältnissen gestaltet. Die frühreife, künstlerisch hochbegabte Katja gerät in die Kreise der Boheme vor und nach dem Ersten Weltkrieg. Nach enttäuschter Liebe und aus Lebensüberdruß begeht sie schließlich Selbstmord. Fini, der jüngeren Schwester, gelingt es indessen durch Energie und Charakter, sich von den bürgerlichen Fesseln frei zu machen, sie wird Schauspielerin und findet zur revolutionären Arbeiterbewegung.

Die Handlung der Trilogie ist konzentriert auf den Weg der Hauptfiguren. Durch die Wahl der Schauplätze – Galizien, Wien, Berlin – gelangen die politischen und sozialen

Vorgänge, die Probleme vor und nach dem Ersten Weltkrieg, der Zusammenbruch der k. u. k. Monarchie sowie die Klassenkämpfe in der Weimarer Republik in ihrer Zuspitzung bis zur Errichtung der faschistischen Diktatur als historischer Kontext in die Darstellung.

Die Romane sind durchgängig auktorial erzählt und enthalten autobiographische Elemente. Die spannende Schilderung der Entwicklung der Frauen aus dem Hause Hammerstein kommt wesentlich durch die genaue Milieukenntnis und den historischen und gesellschaftlichen Erfahrungshorizont der Autorin zustande: vor allem die in allen drei Büchern dominierende Theater- und Schauspiel-Problematik lebt vom Autobiographischen. Mittels differenzierter Figuren-Psychologie werden in der Handlungsführung durch Wege und Irrwege, Alternativen und Schein-Alternativen, Krisen und Widersprüche die komplizierten Entwicklungsprobleme der gegen ihre bürgerliche Klasse opponierenden Frauen überzeugend dargestellt. Das ist dann auch die Wirkungsabsicht Hedda Zinners: „Worauf kam es mir an? Frauen zu gestalten, normenabhängig oder im Kampf gegen Normen, durch drei Generationen, die die sehr unterschiedliche Entwicklung von Frauen bis zum Beginn einer kämpferischen Befreiung anschaulich machen.“[9]

Mit der Figur der Fini Komarski gelingt es, glaubwürdig und überzeugend den Entwicklungsprozeß eines jungen Menschen zu zeigen, der sich von seiner Herkunft aus der bürgerlichen Klasse abwendet und eine Alternative im revolutionären Kampf der Arbeiterklasse erkennt und wahrnimmt. Die Entscheidung für diesen Weg, es war auch die Lebensentscheidung der Schriftstellerin, wird menschlich-psychologisch und intellektuell nachvollziehbar. Die Schilderung Berlins bis 1933 vermittelt Zeit- und Lokalkolorit, gibt ein Bild der politischen Kämpfe und ideologischen Auseinandersetzungen dieser Zeit. Fini wird als Lernende gezeigt, die vom gefühlsmäßigen Bekenntnis immer mehr zum bewußten politischen Handeln kommt. Erlebnisse der harten Realität des Klassenkampfes und die Liebe zu dem kommunistischen Arbeiterfunktionär Stephan bringen sie an die Seite der kommunistischen Partei, an deren Kampf gegen den zur Macht drängenden Faschismus sie aktiv teilnimmt. Die harten Auseinandersetzungen dieser letzten Jahre der ersten deutschen Republik werden eindrucksvoll ins Bild gesetzt. In der Nacht des Reichstagsbrandes muß Fini in die Illegalität gehen, reiht sich ein in die Front der antifaschistischen Widerstandskämpfer und leistet Kurierdienste zwischen Berlin und Prag.

In dem 1980 erschienenen Roman *„Katja"* nimmt Hedda Zinner den Faden der Handlung von „Fini" an diesem Punkt wieder auf. Wir erfahren, daß Fini bei ihrer Kurierarbeit in Deutschland verhaftet wird und für acht Jahre in das KZ Ravensbrück kommt. Mit Stephan, der 1947 aus sowjetischem Exil zurückkehrt, wieder vereint, widmen sich beide dem antifaschistisch-demokratischen Aufbau, er als Redakteur, sie beim Rundfunk und später im Komitee der Widerstandskämpfer. 1948 wird die Tochter, Katja, geboren.

Der Roman erzählt in Ich-Form – aus der Sicht der Mutter (Fini) – die tragische Geschichte ihrer Tochter Katja, die, zweiundzwanzig Jahre alt, durch Selbstmord endet. Es ist ein Buch rigoroser Selbstkritik einer Genossin und Widerstandskämpferin, die letztlich in der Beziehung zu ihrer Tochter versagt hat.

Mit der Behandlung der Probleme, die beim Heranwachsen junger Menschen in einer sozialistischen Gesellschaftsordnung auftreten können, stellt sich die Autorin in jene Richtung der DDR-Literatur-Entwicklung, die sich in starkem Maße den Fragen ethisch-moralischer Werte und menschlicher Haltungen in unserer Gesellschaft zuwendet. Indem sie die Probleme Katjas bei der Suche nach dem Sinn des Lebens mit dem Komplex des heutigen Umgangs mit den antifaschistischen Traditionen, der kämpferischen heroischen Vergangenheit in ihrem Stellenwert für uns heute verknüpft, macht sie in besonderer Weise auf die Notwendigkeit und zugleich die Kompliziertheit der Ausbildung eines marxistischen Geschichtsbewußtseins aufmerksam. Die Gestalt der Katja wird überzeugend geschildert: sie versucht die fehlende Zuwendung der Eltern, verursacht durch die hohe berufliche und gesellschaftliche Beanspruchung und dem chronischen Zeitmangel, durch eine Liebesbeziehung zu ersetzen. Als diese Beziehung dann scheitert, sieht sie – trotz erfolgversprechender beruflicher Perspektive als Krankenschwester – ihr Leben als sinnlos an. Sensibilität, eigene Wertvorstellungen und Normen, die sich für sie nicht nur aus der heroischen Vergangenheit der Eltern herleiten, deren Ideale und Leistungen sie achtet, zeichnen Katja aus. Ihr tragisches Ende erscheint nicht als Gesetzmäßigkeit, sondern als singulärer, bedenkenswerter Fall. Es ist gerade die Zuspitzung der Vorgänge, die wirkt und zum Nachdenken herausfordert. Wie heute und morgen neuen Generationen Antifaschismus und Widerstandskampf verständlich und nacherlebbar gemacht werden kann, das problematisiert und an einem konkreten Fall als Negativfund vorgeführt zu haben, ist eine wichtige Funktion dieses Buches, das von den Lesern kontrovers – von Zustimmung bis zur totalen Ablehnung – aufgenommen worden ist.

In *„Die Lösung“* (1981) greift Hedda Zinner das Thema des Älterwerdens einer Frau auf. Eine erfolgreiche Lektorin – Ende Vierzig – mit dem beziehungsreichen Namen Gerlind Grenzer verändert von heute auf morgen ihr Leben. In einer Kurzschlußreaktion – ein kleiner Junge auf der Straße hatte sie Oma gerufen – will sie sich der Tatsache ihres Alters verweigern. Sie wird im familiären und sozialen Bereich zum „Aussteiger“ und schreibt am Ende den Roman ihrer Lebensveränderung. Das Schreiben an diesem Buch ist Teil der Handlung und zugleich Reflexion der Heldin, ein typisches Verfahren moderner Prosa. Alte Bindungen hat sie verloren, neue eigentlich nicht gewonnen. Der ihren Roman betreuende Lektor und Kollege Cantor bietet ihr seine Liebe an, die sie nicht erwidern kann. Trotzdem zieht sie am Ende zu ihm.

Diese Lösung ist indes keine, sie überzeugt nicht bei einer Frau dieses Anspruchs und dieser Rigorosität! Probleme des Alterns, psychische Befindlichkeiten, konventionelle Vorurteile und althergebrachte Wertvorstellungen in diesem Zusammenhang behandelt zu haben, macht das Buch zu einem provokativen Diskussionsangebot.

Mit der Gestaltung der komplizierten Probleme des menschlichen Zusammenlebens, der Schwierigkeiten, dem Sozialismus eigene und adäquate Verhaltensweisen und Werte auszubilden, greift Hedda Zinner auf künstlerischem Gebiet ein in die sich entwickelnden, sich zum Teil widerspruchsvoll gestaltenden gesellschaftlichen Umwandlungsprozesse, leistet sie einen Beitrag zur Einsicht in das dialektische Verhältnis von individuellen und gesellschaftlichen Faktoren. Dabei geht es ihr weniger um Lösungen oder gar Muster und Modelle, sondern um das Aufwerfen von Fragen und das Verdeutlichen von Problemen. Damit steht Zinner – wie viele andere Schriftsteller auch – in dem Prozeß der sich seit den siebziger Jahren objektiv vollziehenden Herausbildung einer neuen Literaturfunktion in der sozialistischen Gesellschaft der DDR. Es geht um die Funktion kollektiver Selbstverständigung, um den „Entwurf eines demokratischen Wirkungskreises sozialistischer Literatur"[10], um ein Verhältnis zunehmend gleichberechtigter Partner, von verantwortungsbewußten Autoren und zuständigen Lesern.

Sich dieses Verhältnisses von „gleichermaßen aktiven Subjekten" dieses wechselseitigen Prozesses immer wieder zu vergewissern, ist das Anliegen der zahlreichen Lesungen Hedda Zinners, die sie seit Erscheinen der Trilogie kontinuierlich und engagiert durchführt. Hunderte von Leserbriefen zeugen von einem lebhaften Echo auf diese Wirkungsstrategie. „Anstelle des ‚Was-lehrt-uns-das' breitet der Autor ein Entscheidungsfeld für den Leser aus und hält damit die Literatur für dessen Wertungen offen."[11]

Eine wichtige literarische Erscheinung stellte in den siebziger Jahren die Fülle von autobiographischen Büchern dar: von Parteifunktionären, Widerstandskämpfern an den verschiedenen Fronten, Künstlern und Schriftstellern der älteren Generation. Auch Hedda Zinner hat den Anlaß ihres 70. Geburtstages dazu genutzt: *„Auf dem Roten Teppich. Erfahrungen, Gedanken, Impressionen"* (1978) ist der Titel ihrer Autobiographie. Sie steht zusammen mit Erinnerungsbüchern von Trude Richter, Otto Gotsche, Karl Grünberg, Wieland Herzfelde, Ludwig Renn (u. a.) für die Kontinuität der sozialistischen Literaturentwicklung. Wie schon der Untertitel ausweist, geht es Hedda Zinner dabei weniger um eine streng chronologische Darstellung der eigenen Entwicklung im Zusammenhang mit der „komplexen Geschichte", sondern um das Einfangen des „Hauchs der Atmosphäre"[12], die sie erlebte und empfand. Durch diesen betont subjektiven Zugriff wird Geschichte lebendig – die der Weimarer Republik, des Bundes Proletarisch-Revolutionärer Schriftsteller, des Exils und die nach 1945. Zur Objektivierung ihrer Standpunkte und Einschätzungen sind in Montage-Technik zahlreiche dokumentarische Materialien (Briefe, Rezensionen, Protokolle, Beschlüsse, Reden) eingefügt. Der Leser erhält Auskunft nicht nur über Höhepunkte in ihrem Leben, Erfolge, sondern auch über Nicht-Gelungenes, über Krisen und Diskontinuität in ihrem Schaffen.

Einer der schwersten Entschlüsse ihres Lebens war ohne Zweifel, keine Dramen mehr zu schreiben. Die hier zugrunde liegenden Auseinandersetzungen um das epische, didaktische und komödiantische Theater, in einzelnen Fällen auch persönliche Intrigen, machen diesen Entschluß individuell verständlich. Zugleich bleibt zu bedauern, daß damit die einzige Dramatikerin der DDR ihre Arbeit für das Theater aufgab.

Die Autobiographie macht heutigen Lesern anschaulich, weshalb es eigentlich der Kampf gegen den Faschismus war, der Hedda Zinner bis 1945 und danach immer wieder zur künstlerischen Gestaltung drängt und in verschiedenen Phasen ihres Lebens auch wieder aufgegriffen wird.

Hier setzt der vorläufig letzte Roman *„Arrangement mit dem Tod"* (1984) neue, interessante Akzente. Im Jahr der 50. Wiederkehr der Errichtung der faschistischen Diktatur in Deutschland geschrieben, zeigt das Buch die Auswirkungen des Faschismus auf die in Deutschland lebenden Menschen an einem durchaus spektakulären Fall, und ist damit besonders geeignet, die Fragen der heutigen jungen Generation nach dem alltäglichen Faschismus, seinen Ursachen und seiner Praxis beantworten zu helfen.

In den letzten Jahren sind in Büchern von Peter Edel, Jan Koplowitz (u. a.) Schicksale jüdischer Menschen im „Dritten Reich", Probleme des Judentums überhaupt und des Antisemitismus als Bestandteil der nationalsozialistischen Ideologie und Praxis verstärkt in unser Blickfeld geraten, sie bereichern das Spektrum antifaschistischer Thematik und Darstellung des Faschismus in neuer und notwendiger Weise. In der antifaschistischen Literatur sozialistischer Prägung erfolgte die Auseinandersetzung mit dem Antisemitismus immer im Zusammenhang mit den übergreifenden Wesensmerkmalen des Faschismus, dem Verhältnis von Klasseninhalt und Massenbasis in der faschistischen Diktatur, der Funktion der Nazi-Ideologie im Alltäglichen. Die marxistische Geschichtswissenschaft konnte in den letzten Jahren neue Forschungsergebnisse und wesentliche Aufschlüsse über den Antisemitismus in Theorie und Praxis der Faschisten vorlegen. Marxistische Untersuchungen zur Geschichte und Tätigkeit der jüdischen Organisationen in Deutschland stehen jedoch noch weitgehend aus.

Hedda Zinners Roman kann durchaus als künstlerischer Beitrag dazu gewertet werden: stellt sie doch in den Mittelpunkt die Geschichte und Arbeit des Jüdischen Theaters in Deutschland von 1933 bis 1941, einen Gegenstand also, der geeignet ist, ein Sonderkapitel faschistischer Außen- und Kulturpolitik zu beleuchten. Demagogie und Terror der Nazis einerseits und die Haltungen, Kämpfe, Leiden jüdischer Menschen andererseits werden in großer Eindringlichkeit, in ihrer objektiv-historischen und subjektiv-individuellen Tragik dargestellt. Hedda Zinner legt dem Buch eine novellistische Struktur zugrunde, behandelt wird die „ungeheure Begebenheit", daß sich eine sogenannte Arierin aus Liebe zu ihrem Partner zum Judentum bekennt.

Die hoffnungsvolle und begabte junge Schauspielerin Maria Rheine, die nach der kurzen Illusion eines möglichen Zweckbündnisses mit der faschistischen Macht im Interesse ihres jüdischen Geliebten zu diesem außerordentlichen Entschluß kommt, ist eine liebenswerte, beeindruckende und in ihrem Denken und Fühlen überzeugend geschilderte literarische Gestalt. Zwei ausgeprägte Fähigkeiten der Autorin kommen auch in diesem Buch zum Tragen: die eindrucksvolle Gestaltung von Frauen-Figuren und die spannende, kenntnisreiche Darstellung des Theater-Milieus sowie der Schauspieler-Mentalität.

Der historische Stoff, nämlich das tatsächlich existierende Jüdische Theater, wird zur Grundlage einer durchgängig fiktiven Handlung, es entsteht eine Art Tatsachenroman, in dem eine Reihe von Nebenfiguren Personen der realen Geschichte sind, wie bestimmte hohe Nazi-Funktionäre, und in den historische Ereignisse, wie zum Beispiel die Ermordung Erich Mühsams, einbezogen sind. Das Figuren-Ensemble bringt wichtige soziale Gruppen in ihrer Haltung zum Faschismus ins Bild: Arbeiterklasse, Intelligenz, Generalität, Kirche, Kleinbürgertum. Das Historisch-Authentische – oft durch dokumentarische Materialien gestützt – ist gelungen in die Handlung integriert. Die Tarnung der Maria fliegt auf – sie kommt ins KZ – und überlebt das Lager. Nach 1945 macht sie es sich zur Aufgabe, jüdische Waisenkinder zu pflegen. Ihr Geliebter wird von den Nazis umgebracht. Mit der hier angestrebten „Synthese von Dokument und Fiktion“[13] nahm Hedda Zinner ein Verfahren wieder auf, das sie im „Teufelskreis“, auf dramatischem Feld, bereits erfolgreich erprobt hatte.

Überschaut man die Werke des letzten Jahrzehnts, so fällt der dialektische Zusammenhang in der Behandlung der Gegenwarts- und Vergangenheitsstoffe auf. Dabei geht es der Schriftstellerin heute weniger um bloße „Lehren aus der Geschichte“, als um „neue Haltungen zu neuen Wertungen aus der Geschichte“[14]. Sie geht dabei aus von der „unverzichtbaren und unersetzbaren Funktion der Kunst“, „antifaschistische, sozialistische Wertungen, Haltungen, Emotionen“[15] zu vermitteln.

Kurzbiographie

Hedda Zinner wurde am 20. Mai 1905 in Wien geboren, ihr Vater war Staatsbeamter. 1923/24 Schauspielunterricht, danach – bis Ende der zwanziger Jahre – Engagements an verschiedenen Theatern, entschied sich dann für journalistisch-publizistische Tätigkeit, veröffentlichte in der KPD-Presse („Rote Fahne“, „AIZ“); 1929 Mitglied der KPD. 1933 Emigration über Wien nach Prag (dort Gründung des Kabaretts „Studio 1934“) und im Frühjahr 1935 in die Sowjetunion (zus. mit Fritz Erpenbeck). Im Exil vor allem Rundfunkarbeit; 1945 Rückkehr nach Berlin, lebt dort als freischaffende Schriftstellerin.
1954 erhielt sie den Nationalpreis, 1960 den Goethe-Preis, 1961 den Lessing-Preis, 1975 den Lion-Feuchtwanger-Preis.

HINWEISE FÜR DEN BENUTZER

Die „Bibliographischen Angaben" haben Auswahlcharakter; weiterführende und umfassende Literaturhinweise finden sich in den dort jeweils angeführten „Bibliographien". Dennoch wurde eine möglichst repräsentative Auswahl angestrebt. Die Angaben zur Primärliteratur verzeichnen alle selbständigen Buchausgaben (mit dem eingedruckten Erscheinungsjahr) und möglichst vollständig alle Filme, Fernsehspiele und -filme, Hörspiele, sofern sie von dem Schriftsteller selbst stammen oder er an ihnen mitgearbeitet hat. Aufsätze, Artikel, Vorträge und andere Publizistik werden nur als Sammlungen des Autors in Buchform angeführt. Haben sie jedoch autobiographischen, poetologischen und sonst auf das eigene literarische Schaffen bezogenen Charakter, wurden sie als „Dokumente/Selbstzeugnisse" angeführt, oft sind die Grenzen jedoch fließend. Unter Sekundärliteratur sind alle wesentlichen literaturwissenschaftlichen und -kritischen Arbeiten zum Gesamtwerk, daneben zu besonderen Aspekten des künstlerischen Schaffens, zur Persönlichkeit (einschließlich Erinnerungen) sowie substantiell ergiebige Rezensionen zu den einzelnen Werken des Schriftstellers, möglichst von mehreren Kritikern, aufgenommen worden. Dabei wurde Wert darauf gelegt, die Entwicklung eines Autors (von Anbeginn) im Spiegel der Kritik bibliographisch zu dokumentieren; im Mittelpunkt steht jedoch sein Beitrag zur Literatur der DDR. Aufmerksamkeit wurde auch der internationalen Resonanz seines Werkes, besonders in den sozialistischen Ländern, geschenkt. Um die Nutzung der Literatur zu erleichtern, wurden neben der Erstveröffentlichung der Aufsätze und Artikel auch heute leicht zugängliche Dokumentationen und Sammelbände mit literaturkritischen Arbeiten, in denen sie wieder veröffentlicht worden sind, genannt. Nicht gesondert aufgeführt wurden in den Bibliographien auch Literaturgeschichten wie „Geschichte der Literatur der DDR" (Bd. 11 der „Geschichte der deutschen Literatur"), „Kurze Geschichte der deutschen Literatur", „Deutsche Literaturgeschichte in Bildern" (Bd. II), „Deutschsprachige Literatur im Überblick" oder Lexika und andere Nachschlagewerke wie „Schriftsteller der DDR", „Lexikon deutschsprachiger Schriftsteller" (2 Bde.), „Lexikon sozialistischer deutscher Literatur von den Anfängen bis 1945", „Romanführer" (Bd. II/1: A–K, Bd. II/2: L–Z) und „Schauspielführer" (2 Bde.), in denen über fast alle in diesem Band der „Einzeldarstellungen" vorgestellten Autoren spezielle Ausführungen zu finden sind. Redaktionsschluß für die Bibliographischen Angaben war der 30. August 1985, nur in wenigen Ausnahmen konnten noch Ergänzungen bis Ende 1985 nachgetragen werden.

ANHANG

Heinz Czechowski

ANMERKUNGEN UND ZITATNACHWEIS

[1] Christel und Walfried Hartinger: Gespräch mit Heinz Czechowski. In: H. C. Ich, beispielsweise. Leipzig 1982, S. 121.
[2] Ebd.
[3] Ebd., S. 117.
[4] Heinz Czechowski: Was mich betrifft. Halle/Leipzig 1982, S. 14.
[5] Ebd.
[6] Ebd.
[7] Ebd.
[8] Ebd., S. 14 f.
[9] Ebd.
[10] Georg Maurer: Welt in der Lyrik. In: Georg Maurer Essay 1. Halle 1968, S. 36.
[11] Heinz Czechowski: Wasserfahrt. Halle 1967, S. 18.
[12] Ebd., S. 23.
[13] Christel und Walfried Hartinger: (s. Nachweis 1), S. 126 f.
[14] Heinz Czechowski: Von Paris nach Montmartre, Halle/Leipzig 1981.
[15] Heinz Czechowski: Herr Neithardt geht durch die Stadt. Halle/Leipzig 1983, S. 138.
[16] Heinz Czechowski: Spruch und Widerspruch. Halle 1974.
[17] Heinz Czechowski, (s. Nachweis 15), S. 96 ff.
[18] Heinz Czechowski, (s. Nachweis 16), S. 65.
[19] Ebd., S. 20.
[20] Günter Hartung: Czechowskis Prosa. In: DDR-Literatur im Gespräch. Berlin/Weimar 1984, S. 119.
[21] Annemarie Auer: Die kritischen Wälder. Halle 1974, S. 148.
[22] Christel und Walfried Hartinger, (s. Nachweis 1), S. 117 f.
[23] Heinz Czechowski: Nachmittag eines Liebespaares. Halle 1963, S. 71.
[24] Heinz Czechowski, (s. Nachweis 11), S. 97 ff.
[25] Heinz Czechowski, (s. Nachweis 23), S. 40.
[26] Ebd., S. 8.
[27] Sarah Kirsch: Landaufenthalt. Berlin 1967.
[28] Rainer Kirsch: Marktgang 1964. In: Sarah und Rainer Kirsch: Gespräch mit dem Saurier. Berlin 1965, S. 71 ff.
[29] Volker Braun: Landgang. In: V. B.: Wir und nicht sie. Halle 1970, S. 45.
[30] Karl Mickel: Vita nova mea, Mein neues Leben. Berlin/Weimar 1966.
[31] Heinz Czechowski: Sagora. In: H. C. (s. Nachweis 11), S. 24 f.
[32] Heinz Czechowski: Regen im Hotel. In: H. C. (s. Nachweis 11), S. 21.
[33] Heinz Czechowski: Brief. In: H. C. (s. Nachweis 11), S. 97 ff.

34 Heinz Czechowski: Ebene vor meinem Fenster. In: H. C. (s. Nachweis 11), S. 47.
35 Heinz Czechowski: Auf eine im Feuer versunkene Stadt. In: H. C. (s. Nachweis 11), S. 34 ff.
36 Heinz Czechowski: Sonntagnachmittag im März. In: H. C. (s. Nachweis 11), S. 26 ff.
37 Heinz Czechowski: Die Freunde. In: H. C. (s. Nachweis 11), S. 76 ff.
38 Heinz Czechowski: Alt-Kaditz. In: H. C. Schafe und Sterne. Halle 1974, S. 33 f.
39 Heinz Czechowski: In den schmalen Seitentälern der Saale. In: H. C. (s. Nachweis 4), S. 38 f.
40 Heinz Czechowski: Allerseelen. In: H. C. (s. Nachweis 4), S. 60 f.
41 Heinz Czechowski: Coppiplatz. In: H. C. (s. Nachweis 4), S. 74.
42 Heinz Czechowski: Realismo (für Hans Bachmann). In: H. C. (s. Nachweis 4), S. 68 ff.
43 Christel und Walfried Hartinger: (s. Nachweis 1), S. 130.
44 Heinz Czechowski: Testament. In: H. C. (s. Nachweis 4), S. 55 ff.
45 Heinz Czechowski, (s. Nachweis 23), S. 8.
46 Heinz Czechowski: Weltbefragung. In: H. C. (s. Nachweis 38), S. 64.
47 Heinz Czechowski: Dölau. Zechenhäuser. In: H. C. (s. Nachweis 4), S. 8 f.
48 Ebd.
49 Heinz Czechowski: Die Scheune. In: H. C. (s. Nachweis 4), S. 78 f.

BIBLIOGRAPHISCHE ANGABEN

Lyrik: Nachmittag eines Liebespaares (1962, G.); Wasserfahrt (1967, G.); Schafe und Sterne (1974, G.); Was mich betrifft (1981, G.); Ich, beispielsweise (1982, G., Hg. v. Christel und Walfried Hartinger. Als Nachw. ein Gespräch der Hg. mit H. C.); An Freund und Feind (1983, G.).

Reportagen/Porträts: Dresden – Landschaft der Kindheit (1969, Rep., in: Städte und Stationen); Von Paris nach Montmartre. Erlebnis einer Stadt (1981, Rep.); Herr Neithardt geht durch die Stadt. Landschaften und Porträts (1983, Portr.).

Aufsätze/Besprechungen: Spruch und Widerspruch. Aufs. u. Besprechungen (1974).

Herausgeber: Sieben Rosen hat der Strauch (1964, Anth., Hg.); Zwischen Wäldern und Flüssen (1965, Anth., Hg.); Unser der Tag, unser das Wort. Lyrik u. Prosa für Gedenk- und Feiertage (1967, Hg.); Brücken des Lebens (1968, Anth., Hg.); G. (v. Friedrich Hölderlin, 1969, Hg.); Morgendämmerzeichen (1970, Hölderlin-Ausw., Hg.); Nachtgedanken über ein neues Jahrhundert (v. Janis Rainis, 1974, Hg.); Was vermag Lyrik? Ess., Reden, Briefe (v. Georg Maurer, 1982, Hg.).

Nachdichtung: Der Mensch (v. E. Mieželaitis, 1967, G.-Zyklus, Nach-D.); König Drosselbart (v. d. Gebr. Grimm, U. 1969, Märchenspiel, Nach-D.); Das Märchen vom Kaiser und vom Hirten (v. B. Trifunowitsch, U. 1969, Märchenspiel, Nach-D.); Rumpelstilzchen (v. d. Gebr. Grimm, U. 1972, Märchenspiel, Nach-D.).

Übersetzung: Maskerade (v. Lermontow, 1968, Übers. u. Bearb.); Auf der Erde geht ein Vogel (v. Justinas Marcinkevicius, 1969); Vom Schwarzbrot und von der Treue der Frau (v. Eduard Bagritzki, 1970); Portrait einer Generation (v. Semjon Gudsenko, 1970).

Selbstzeugnisse/Dokumente: Wann zerbrichst du das Fenster? Zwei Lyriker im Streitgespräch. In: Sonntag, Nr. 45 v. 6. 11. (1966); Arbeitsstenogramme. In: Sonntag, Nr. 35 v. 30. 8. (1970); Jendryschik, Manfred: Begegnung mit H. C. In: Sonntag, Nr. 35 v. 29. 8. (1971).

Sekundärliteratur

Bernhardt, Rüdiger: Ein Dichter in Paris [zu: „Von Paris nach Montmartre"]. In: Ich schreibe, H. 3 (1982).

Engler, Jürgen: Welt im Fluß. Betrachtungen zu Gedichten von Karl Mickel, H. C. und Volker Braun. In: Neue Deutsche Literatur, H. 8 (1977).

Ders.: Gedächtnisprotokolle [zu: „Was mich betrifft"]. In: Neue Deutsche Literatur, H. 5 (1983).

Funke, Christoph: Erziehung durch den Spielmann [zu: „König Drosselbart"]. In: Der Morgen, Nr. 235 v. 7. 10. (1969).

Grambow, Jürgen: ... nicht des Wohlstands elende Requisiten [zu: „Von Paris nach Montmartre"]. In: Neue Deutsche Literatur, H. 5 (1982).

Heimberger, Bernd: Auf Reisen nach Paris. Von den Erlebnissen eines Lyrikers mit einer fremden Stadt [zu: „Von Paris nach Montmartre"]. In: Tribüne, Nr. 144 v. 23. 7. (1982).

Heukenkamp, Ursula: [Zu: „Was mich betrifft"]. In: Weimarer Beiträge, H. 6 (1983).

Hinze, Michael: Unterwegs zu Menschen und zu Landschaften [zu: „Herr Neithardt geht durch die Stadt"]. In: Tribüne, Nr. 217 v. 4. 11. (1983),

Jendryschik, Manfred: Zu Lande, zu Wasser [zu: „Wasserfahrt"]. In: Sinn und Form, H. 5 (1968).

Liebrenz, Viktor: Wirklichkeit und Sprache in der Lyrik H. C.s. In: Wissenschaftliche Zeitschrift der Pädagogischen Hochschule Erfurt-Mühlhausen. Gesellschafts- und sprachwissenschaftliche Reihe, H. 2 (1977).

Riese, Uta: Gedenkbilder rückwärtsgewandter Hoffnung [zu: „Herr Neithardt geht durch die Stadt"]. In: Neue Deutsche Literatur, H. 12 (1983).

Rittig, Roland: Mit unverstellter Stimme [zu: „Schafe und Sterne"]. In: Ich schreibe, H. 4 (1976).

Scholz, Joachim: Poetisches Spiel [zu: „König Drosselbart"]. In: Berliner Zeitung, Nr. 278 v. 8. 10. (1969).

Ziemann, Rüdiger: Versuch poetischer Weltsicht [zu: „Wasserfahrt"]. In: Neues Deutschland, Nr. 336 v. 6. 12. (1967).

Bibliographie
Heinz Czechowski. In: Internationale Bibliographie zur Geschichte der deutschen Literatur von den Anfängen bis zur Gegenwart. Erarbeitet ... unter Leitung und Gesamtredaktion v. Günter Albrecht/Günther Dahlke, Bd. II, 2 (Berlin 1972), S. 201; anschließend: Zehnjahres-Ergänzungsband [1965/74] zur Internationalen Bibliographie ... T. 2 (Berlin 1984), S. 429.

Fritz Rudolf Fries

ANMERKUNGEN UND ZITATNACHWEIS

1 In: Freibeuter 20. [W.-]Berlin 1984, S. 73.
2 In: Der Bienenstock Nr. 129. Blätter des Aufbau-Verlages. Berlin/Weimar 1984.
3 Kurt Batt: Realität und Phantasie, Tendenzen in der Erzählliteratur der DDR. In: Neue Deutsche Literatur, H. 2 (1976), S. 363.
4 Werner Liersch, in: „Stimme der DDR", Sendung v. 29. 3. 1975.
5 Peter Gugisch, in: „Berliner Rundfunk", Sendung v. 18. 1. 1975.
6 Wilfriede Eichler, in: Nationalzeitung, (Berlin) v. 24./25. 11. 1973.
7 Friedrich Albrecht: Zur Schaffensentwicklung von Fritz Rudolf Fries. In: Weimarer Beiträge, H. 9 (1979).
8 Sabine Brandt: Entführung nach Alémmo. In: Frankfurter Allgemeine Zeitung, (Frankfurt/Main) v. 11. 10. 1983.
9 Fritz Rudolf Fries: Der Weg nach Oobliadooh, (Suhrkamp Taschenbuch 265). Frankfurt/Main 1975, S. 20.
10 Uwe Schultz, in: Deutsche Zeitung (München) 16. 11. 1973; vgl. auch Jürgen P. Wallmann: Das Bild der heiligen DDR-Welt. In: Rheinische Post (Köln) v. 20. 10. 1973.
11 Rainer Simon: Die Träume des Luftschiffers Stannebein. Im Gespräch mit Rainer Simon. In: Berliner Zeitung (Berlin) v. 12./13. 2. 1983.
12 Vgl. auch: Der fliegende Mann. In: F. R. F: Hörspiele. Rostock 1984, S. 42: „Diese jungen Herren, die eine Welt in die Luft jagen möchten, meinen ja in erster Linie den träg und dumm machenden Überfluß ihrer Väter."
13 Fritz Rudolf Fries: Das Luft-Schiff. Rostock 1974, S. 17.
14 Als der Umfang des Bandes bereits feststand, wechselte der Autor das Hörspiel „Das Klavier gehört mir" gegen das vom „Condor" aus.
15 Fritz Rudolf Fries: Der Mann aus Granada. In: F. R. F. (s. Nachweis 12), S. 138.
16 Fritz Rudolf Fries: Amadis von Gallien. In: F. R. F. (s. Nachweis 12), S. 63.
17 Fritz Rudolf Fries. Der Mann aus Granada. In: F. R. F. (s. Nachweis 12), S. 151 und 163.
18 Franz Kafka: Elf Söhne. In: Franz Kafka: Gesammelte Werke, Bd. 4: Erzählungen (Fischer Taschenbuch). Frankfurt/Main 1976, S. 134.

[19] Fritz Rudolf Fries: Der Mann aus Granada. In: F. R. F. (s. Nachweis 12), S. 162; vgl. auch: F. R. F.: Verlegung eines mittleren Reiches. Berlin/Weimar 1984, S. 143.
[20] Fritz Rudolf Fries, (s. Nachweis 9), S. 197.
[21] Fritz Rudolf Fries, (s. Nachweis 12), S. 40.
[22] Fritz Rudolf Fries: Alexanders neue Welten. Berlin/Weimar 1982, S. 319.
[23] Alle aus: Fritz Rudolf Fries: Das Filmbuch zum Luft-Schiff. Rostock 1983.
[24] Karl Mickel: Laudatio zur Heinrich-Mann-Preis-Verleihung an Fritz Rudolf Fries, abgedruckt in: NDL, H. 6 (1979).
[25] Fritz Rudolf Fries, (s. Nachweis 23), S. 76.
[26] Fritz Rudolf Fries, (s. Nachweis 9), S. 52 f.
[27] Fritz Rudolf Fries, (s. Nachweis 12), S. 174.
[28] Fritz Rudolf Fries, Laudatio zur Heinrich-Mann-Preis-Verleihung an Volker Braun und Paul Gratzik, abgedruckt in: Sinn und Form, H. 3 (1980).
[29] Helmut Böttiger: Fritz Rudolf Fries und der Rausch im Niemandsland. Freiburg i. B. 1984, S. 123 (Hektographiertes Typoskript).
[30] Fritz Rudolf Fries, (s. Nachweis 9), S. 197.
[31] Fritz Rudolf Fries: Verlegung eines mittleren Reiches (s. Nachweis 19), S. 35.
[32] Ebd., S. 95.
[33] Fritz Rudolf Fries: Seestücke. Rostock 1980, S. 122.
[34] Reinhard Baumgart: Durch eine Idylle reisen. In: Süddeutsche Zeitung (München) v. 15. 11. 1973.
[35] Fritz Rudolf Fries, (s. Nachweis 23), S. 31.
[36] Helmut Heißenbüttel: Neue Bücher. In: „Norddeutscher Rundfunk", Sendung v. 17. 11. 1973.

BIBLIOGRAPHISCHE ANGABEN

Romane: Der Weg nach Oobliadooh (1966); Das Papierschiff (1974); Alexanders neue Welten (1984); Verlegung eines mittleren Reiches (1984).

Erzählungen: Der Fernsehkrieg (1969, ²erw. 1975); Das Luft-Schiff (1974, biogr. En., Verfilmung U. 1983, zus. mit Rainer Simon); Der Seeweg nach Indien (1978, En.).

Film: Das Filmbuch zum Luft-Schiff. Treatment, Drehbuch (U. 1983, zus. mit Rainer Simon).

Hörspiele: Die Familie Stanislaw (U. 1960, zus. mit Fritz Selbmann); Der Traum des Thomas Feder (U. 1977, Khsp.); Der Mann aus Granada (U. 1978, Khsp.); Der fliegende Mann (U. 1980, Khsp.); Ein Pferd aus Eisen, ein Ritter aus Erz, ein Koffer voll Sand (U. 1983, Khsp. nach seinem Kb. „Verbannung und Sieg des Ritters Cid aus Bivar", 1979, Ill. v. Peter Becker).

Reportagen: See-Stücke (1973, ³veränd. 1980, ⁴veränd. 1983); Erlebte Landschaft. Bilder aus Mecklenburg (1979); Mein spanisches Brevier.

1976, 1977 (1979); Alle meine Hotel-Leben. Reisen 1957–1979 (1980).

Skizzen: Leipzig am Herzen. In: Sinn und Form, H. 5 (1969); Lope de Vega (1977).

Mitverfasser: Nachrichten aus Deutschland (1967); Prosa aus der DDR (1969 u. 1972).

Übersetzungen: Grandeur et servitude militaires u. d. T.: Laurette oder das rote Siegel (v. Alfred de Vigny, 1961); Misericordia (v. B. Pérez Galdós, 1962); Die Zwischenspiele (v. Cervantes, 1967); Sein Leben und seine Taten (v. E. Gonzáles, 1967); Schaler Whisky (v. L. Otero, 1967); Metamorphose der Nelke (1968); Don Gil von den grünen Hosen (v. T. de Molina, 1968); Dame Kobold (v. Calderón, 1970); General Francos Leidenswege (v. A. Gatti, 1970), in: Stücke; Die fromme Marta (v. T. de Molina, 1971); Funken wie Weizenkörner (v. C. Vallejo, 1971, Hg. u. Übers.); Madame Garcia hinter ihrem Fenster (v. J. Izcaray, 1972); Der andere Himmel (v. J. Cortázar, 1973); Amadís von Gallien (v. G. O. de Montalvo, 1973, Hg. u. Übers.).

Selbstzeugnisse/Dokumente: Albrecht, Friedrich: Interview mit F. R. F. In: Weimarer Beiträge, H. 3 (1979); Schreiben gegen die Trägheit: F. R. F. In: Sonntag, Nr. 5 (1983).

Sekundärliteratur

Agde, Günter: Erfinder im Abseits [zu: „Das Luft-Schiff", Verfilmung]. In: Filmspiegel, Nr. 8 (1983).
Albrecht, Friedrich: Zur Schaffensentwicklung von F. R. F. In: Weimarer Beiträge, H. 3 (1979).
Bellin, Klaus: Denkwürdige Begebenheiten [zu: „Der Fernsehkrieg"]. In: Berliner Zeitung, Nr. 231 v. 22. 8. (1969).
Cwojdrak, Günther: Abenteuerliches aus dem alten Spanien [zu: „Verbannung und Sieg des Ritters Cid aus Bivar"]. In: Neues Deutschland, Nr. 211 v. 6./7. 9. (1980).
Ders.: Ein akademischer Kolportageroman? [zu: „Alexanders neue Welten"]. In: Die Weltbühne, Nr. 32 (1983).
Ebert, Günter: [Zu: „Alexanders neue Welten"]. In: Sonntag, Nr. 34 (1983).
Feix, Ingrid: Eigene Ansichten. Fünfzehn Reiseminiaturen aus zweiundzwanzig Jahren [zu: „Alle meine Hotel-Leben"]. In: Junge Welt, Nr. 40 v. 17. 1. (1981).
Gehler, Fred: [Zu: „Das Luft-Schiff", Verfilmung]. In: Sonntag, Nr. 15 v. 10. 4. (1983).
Grambow, Jürgen: Durch und über die Reisebrille [zu: „Mein spanisches Brevier" u. „Alle meine Hotel-Leben"]. In: Sinn und Form, H. 6 (1981).
Ders.: Ein Buch des Vertrauens [zu: „Alexanders neue Welten"]. In: Sinn und Form, H. 1 (1984).
Heimberger, Bernd: Spiegel einer Epoche in 900 Komödien [zu: „Lope de Vega"]. In: Neue Zeit, Nr. 215 v. 11. 9. (1978).

Ders.: Gang durch die Geschichte [zu: „Der Seeweg nach Indien"]. In: Neue Zeit, Nr. 201 v. 27. 8. (1979).
Hillich, Reinhard: Sinnliche Aufklärung [zu: „Alexanders neue Welten"]. In: Neue Deutsche Literatur, H. 11 (1983).
Hirsch, Helmut: [Zu: „Das Luft-Schiff"]. In: Sonntag, Nr. 29 v. 20. 7. (1975).
Kähler, Hermann: Erfundene Geschichte eines Erfinders [zu: „Das Luft-Schiff"]. In: Sinn und Form, H. 3 (1975).
Knietzsch, Horst: Von der Ohnmacht eines skurrilen Einzelgängers [zu: „Das Luft-Schiff", Verfilmung]. In: Neues Deutschland, Nr. 66 v. 19./20. 3. (1983).
Liersch, Werner: Spaziergänge in das Reich der Luft [zu: „Das Luft-Schiff"]. In: Neue Deutsche Literatur, H. 7 (1975).
Löffler, Anneliese: Erkundung und Erkenntnisse [zu: „Mein spanisches Brevier"]. In: Berliner Zeitung, Nr. 90 v. 16. 4. (1980).
Melchert, Rulo: Komödien für das Volk [zu: „Lope de Vega"]. In: Junge Welt (B), Nr. 288 v. 6. 12. (1977).
Neißner, Guido: Und Strindberg staunt im Ballon [zu: „Hörspiele"]. In: Junge Welt, Nr. 191 v. 14. 8. (1984).
Pangus, Fred: Heiliger Boden der Literatur und Wirklichkeit [zu: „Mein spanisches Brevier"]. In: Junge Welt (B), Nr. 298 v. 18. 12. (1979).
Plavius, Heinz: Phantasiereiche Fabulierkunst [zu: „Das Luft-Schiff"]. In: Berliner Zeitung, Nr. 14 v. 16. 1. (1975).
Predel, Wolfgang: Reisen als geistige Lebensform [zu: „Alle meine Hotel-Leben"]. In: Neue Deutsche Literatur, H. 6 (1981).
Rothbauer, Gerhard: Hinfahren und nachsehen [zu: „See-Stücke"]. In: Neue Deutsche Literatur, H. 1 (1974).
Rother, Hans-Jörg: Die Blumen der Phantasie [zu: „Das Luft-Schiff", Verfilmung]. In: Film u. Fernsehen, H. 5 (1983).
Scheibner, Eberhard: [Zu: „Alle meine Hotel-Leben"]. In: Sonntag, Nr. 14 v. 5. 4. (1981).
Simon, Horst: In der Wahrheit der Phantasie erzählt [zu: „Das Luft-Schiff"]. In: Neues Deutschland, Nr. 20 v. 23. 1. (1975).
Sobe, Günter: Der fliegende Windmüller? oder „Das Luft-Schiff" als neuer DEFA-Film. In: Berliner Zeitung, Nr. 68 v. 22. 3. (1983).
Thades, Thomas: Etüden und Berichte aus der Wirklichkeit [zu: „Der Fernsehkrieg"]. In: National-Zeitung, Nr. 240 v. 12. 10. (1969).
Trampe, Wolfgang: Reiches Spektrum [zu: „Der Fernsehkrieg"]. In: Sonntag, Nr. 38 (1969).
Ullrich, Helmut: Verschwenderisches Feuerwerk der Ideen [zu: „Alexanders neue Welten"]. In: Neue Zeit, Nr. 173 v. 25. 7. (1983).
Will, Peter: Literarisches Feuerwerk [zu: „Alexanders neue Welten"]. In: Der Morgen, Nr. 172 v. 23./24. 7. (1983).

Bibliographie

Fritz Rudolf Fries. In: Internationale Bibliographie zur Geschichte der deutschen Literatur von den Anfängen bis zur Gegenwart. Erarbeitet ... unter Leitung und Gesamtredaktion v. Günter Albrecht, Zehnjahres-Ergänzungsband [1965/74] zur Internationalen Bibliographie ... T. 2 (Berlin 1984), S. 459.

Peter Gosse

ANMERKUNGEN UND ZITATNACHWEIS

[1] Jürgen Engler: Gespräch mit Peter Gosse. In: Weimarer Beiträge, H. 3 (1983), S. 483.
[2] Peter Gosse: Zur Sache. In: Literatur 71. Almanach. Halle 1971, S. 179.
[3] Peter Gosse: An den Rat der Stadt Leipzig. In: P. G.: Antiherbstzeitlose. Halle 1968, S. 36 (Seitenangaben im Text).
[4] Jürgen Engler, (s. Nachweis 1), S. 475.
[5] Peter Gosse: Situationsbericht. In: P. G.: Ortungen. Halle 1975, S. 123 f.
[6] Peter Gosse: Befragt nach dem sozialistischen Gedicht, fühle ich mich zu zwei Antworten veranlaßt. In: Ebd., S. 121.
[7] Ebd., S. 118.
[8] Zeitgenossenschaft und lyrische Subjektivität. Lyrikdiskussion in Leipzig. In: Weimarer Beiträge, H. 10 (1977), S. 87.
[9] Peter Gosse: An P. In: Luchterhand Jahrbuch der Lyrik 1985, hg. von Christoph Buchwald und Ursula Krechel. Sammlung Luchterhand 685. Darmstadt und Neuwied 1985, S. 29.
[10] Dieter Schlenstedt: Lob des Durstes. Lesen in Peter Gosses „Ausfahrt aus Byzanz". In: Neue Deutsche Literatur, H. 1 (1984), S. 116.
[11] Michail Bachtin: Probleme der Poetik Dostoevskijs. München 1981, S. 180.
[12] Gespräch mit Peter Gosse. In: Theater der Zeit, H. 12 (1982), S. 62.
[13] Ebd.
[14] Ebd., S. 63.

BIBLIOGRAPHISCHE ANGABEN

Werke: Antennendiagramme. Junge Leute vor dem 50. (1967, Rep.); Antiherbstzeitlose (1968, G.); Anregung 1 (1969, Mitverf.); Städte machen Leute (1969, Rep., zus. mit H. J. Steinmann u. a.); Kleine Gärten – große Leute (U. 1971, Sch.); Ortungen (1975, G.); Der unheilige Mohammed (v. Husseinow, 1979, Übers.); Gesicht im buckligen Spiegel (v. Sabolozki, 1979, Mitübers.); Akte Endler (v. A. Endler, 1981, Hg.); Die Zertrümmerung (U. 1981, Hsp.); Ausfahrt aus Byzanz (1982, G.); Palmyra (1982, Stück); G. (v. Petrarca, 1982, Hg.); Jorinde, Joringel (1983, Hsp.); Mundwerk (1983, Es.).

Selbstzeugnisse/Dokumente: Würtz, Hannes: Kein Mangel an Erlebnis. In: Junge Welt (B), Nr. 63 v. 14. 3. (1969); Pfeiffer, Hans: Begegnung mit P. G. In: Sonntag, Nr. 26 v. 27. 6. (1971); Engler, Jürgen: Gespräch mit P. G. In: Weimarer Beiträge, H. 3 (1983).

Sekundärliteratur
Engler, Jürgen: Byzantinisches und Karnevalistisches. Zur Lyrik von P. G. In: Weimarer Beiträge, H. 3 (1983).

Günther, Eberhard: Ein gelungenes Experiment [zu: „Antennendiagramme“]. In: Neues Deutschland, Nr. 10, Beil. Literatur v. 11. 10. (1967).
Löser, Christian: Der Lötkolben im Transistorbeet [zu: „Antiherbstzeitlose“]. In: Neues Deutschland, Nr. 188 v. 9. 7. (1969).
Riedel, Harry: Ein poetisches Modell von erfahrener Welt [zu: „Ausfahrt aus Byzanz“]. In: Neues Deutschland, Nr. 124 v. 28./29. 5. (1983).
Rothbauer, Gerhard: Modell und Konfession [zu: „Ortungen“]. In: Neue Deutsche Literatur, H. 8 (1977).
Schlenstedt, Dieter: Lob des Durstes [zu: „Ausfahrt aus Byzanz“]. In: Neue Deutsche Literatur, H. 1 (1984).
Will, Peter: [Zu: „Ausfahrt aus Byzanz“]. In: Der Morgen, Nr. 50 v. 1. 3. (1983).

Bibliographie
Peter Gosse. In: Internationale Bibliographie zur Geschichte der deutschen Literatur von den Anfängen bis zur Gegenwart. Erarbeitet ... unter Leitung und Gesamtredaktion v. Günter Albrecht, Zehnjahres-Ergänzungsband [1965/74] zur Internationalen Bibliographie ... T. 2 (Berlin 1984), S. 474.

Uwe Greßmann

ANMERKUNGEN UND ZITATNACHWEIS

1 Uwe Greßmann: Brief vom 28. 5. 1967 an Holger J. Schubert. Das darin erwähnte Gedicht „Moderne Kunst“ vgl. U. G.: Der Vogel Frühling. Gedichte. Halle 1966, S. 118.
2 Uwe Greßmann, Manuskript aus dem Nachlaß.
3 „Zaunkönig“ wurde von Uwe Greßmann für den Druck überarbeitet.
4 Uwe Greßmann: Ständchen. In: U. G.: Das Sonnenauto. Gedichte. Mit einem Essay von Uwe Greßmann. Hg. und Nachw.: Holger J. Schubert. Halle 1972, S. 94. Vgl. Veranstaltung. In: U. G.: Der Vogel Frühling. (s. Nachweis 1), S. 113.
5 Vgl. Uwe Greßmann: Der Eimer, Die Seife, Die Waschkommode. In: U. G.: Der Vogel Frühling. (s. Nachweis 1), S. 128 ff. Vgl. Zwei Generationen, Am Waldweg, Das Handtuch. In: U. G.: Das Sonnenauto. (s. Nachweis 4), S. 15, 81, 95. Vgl. Leere und Fülle, Die Zahnbürste, Das Klo. In: U. G.: Sagenhafte Geschöpfe. Gedichte. Aus dem Nachlaß hg. v. Holger J. Schubert. Mit einem Nachwort des Herausgebers. Halle/Leipzig 1978, S. 36, 61 f.
6 Uwe Greßmann: Fülle. In: U. G.: Der Vogel Frühling. (s. Nachweis 1), S. 18.
7 Uwe Greßmann: An die Zeit. (s. Nachweis 6), S. 57.
8 Uwe Greßmann: Volksmunds Name. In: Ebd., S. 77.
9 Uwe Greßmann: Die Sage vom Vogel Frühling. In: Ebd., S. 66.
10 Uwe Greßmann: Zeit und Raum. In: Ebd., S. 60.
11 Richard Pietraß: Nachbemerkung. In: Uwe Greßmann: Lebenskünst-

ler. Gedichte. Faust – Lebenszeugnisse. Erinnerungen an Greßmann. Hg. v. Richard Pietraß. Leipzig 1982, S. 243.
[12] Uwe Greßmann: Geschäftsleitung. (s. Nachweis 5), S. 64.
[13] Uwe Greßmann: Luftzug erzählt. In: Ebd., S. 90.
[14] Uwe Greßmann: Windgott erzählt (3). (s. Nachweis 4), S. 68.
[15] Uwe Greßmann: Erde sprach zu Mond gewandt (1). (s. Nachweis 4), S. 40.
[16] Uwe Greßmann: Rote Nelke. In: Ebd., S. 80.
[17] Uwe Greßmann: Lebenskünstler. In: Ebd., S. 13.
[18] Uwe Greßmann: Rote Nelke. In: Ebd.
[19] Uwe Greßmann: Sagenhafte Geschöpfe. (s. Nachweis 5), S. 9.
[20] G. Ratgaus: Zeit der Hoffnung. In: Voprosy literatury. H. 11 (1966). Zitiert aus dem Manuskript der Übersetzung.
[21] Uwe Greßmann: An den Abend. (s. Nachweis 1), S. 27.
[22] Uwe Greßmann: Windgott erzählt (4). (s. Nachweis 4), S. 69. Vgl. Windgott erzählt (1). Ebd., S. 66.
[23] Uwe Greßmann: Vorbericht. (s. Nachweis 1), S. 9.
[24] Axel Schulz: Aus Liebe zum Menschen. In: Neue Deutsche Literatur, H. 8 (1979), S. 138.
[25] Uwe Greßmann: Auf den Strecken des Himmels (III). (s. Nachweis 5), S. 24.
[26] Uwe Greßmann: Sagenhafte Eltern. (s. Nachweis 1), S. 137 f.
[27] Uwe Greßmann: Totengedenktag. (s. Nachweis 5), S. 51. Zur Todesproblematik, vgl. Versöhnungsstraße (Gedichtzyklus). Ebd., S. 39 ff. Der Tod und das Leben, Reich des Todes. (s. Nachweis 1), S. 48, 52.
[28] Paul Günter Krohn: Arm in Arm mit unserer liebsten Freundin. In: P. G. K.: Alle meine Namen. Gedichte aus 20 und mehr Jahren. Halle 1976, S. 264.

BIBLIOGRAPHISCHE ANGABEN

Werke: Sonnenpferd und Astronauten (1964, Anth.); In diesem besseren Land (1966, Anth.); Der Vogel Frühling (1966, G.); Das Sonnenauto (1972, G., Hg. v. H. J. Schubert); Sagenhafte Geschöpfe (1978, G.).

Selbstzeugnisse/Dokumente: Das Interview. Eduard Zak sprach mit dem Lyriker U. G. In: Sonntag, Nr. 8 v. 19. 2. (1967); Endler, Adolf: Begegnung mit U. G. In: Sonntag, Nr. 10 v. 9. 3. (1969).

Sekundärliteratur
Engler, Jürgen: Idyllen [zu: „Das Sonnenauto“]. In: Ich schreibe, H. 2 (1974).
Erb, Elke: Diese und jene Naivität. In: Sinn und Form, H. 2 (1968).
Fensch, Helmut: Morgens gongt die Sonne [zu: „Sagenhafte Geschöpfe“]. In: National-Zeitung (B), Nr. 141 v. 18. 6. (1979).
Heimberger, Bernd: Zwischen „Weltstadt“ und „Himmelstor“ [zu: „Gedichte“]. In: Neue Zeit (B), Nr. 118 v. 21. 5. (1979).
Krumbholz, Eckart: Sehnsucht ins Große und Weite. Fünf Sätze über U. G. In: Sinn und Form, H. 3 (1979).

Melchert, Rulo: „Weil sie die Feier im Alltag nicht sehen..." [zu: „Das Sonnenauto"]. In: Junge Welt (B), Nr. 159 v. 6. 7. (1973).
Riedel, Harry: Unsere Welt im Bild spielerischer Lust [zu: „Das Sonnenauto"]. In: Neues Deutschland, Nr. 7, Beil. Literatur v. 12. 7. (1972).
Scherner, Erhard: In memoriam U. G. In: Berliner Zeitung, Nr. 336 v. 5. 12. (1969).
Schubert, Holger J.: Einfallsreiche Bildschöpfungen mit unkonventioneller Farbgebung. In: Börsenblatt für den Deutschen Buchhandel, Nr. 17 v. 25. 4. (1967).
Schulze, Axel: Aus Liebe zum Menschen [zu: „Sagenhafte Geschöpfe"]. In: Neue Deutsche Literatur, H. 8 (1979).
Wallburg, Barbara: „Sagenhaftes" aus einem poetischen Nachlaß [zu: „Sagenhafte Geschöpfe"]. In: Neues Deutschland, Nr. 123 v. 26./27. 5. (1979).
Wolter, Manfred: [Zu: „Das Sonnenauto"]. In: Sonntag, Nr. 35 v. 27. 8. (1972).

Bibliographien
Uwe Greßmann (1978) [Poesiealbum, Nr. 126].
Uwe Greßmann. In: Internationale Bibliographie zur Geschichte der deutschen Literatur von den Anfängen bis zur Gegenwart. Erarbeitet ... unter Leitung und Gesamtredaktion v. Günter Albrecht, Zehnjahres-Ergänzungsband [1965/74] zur Internationalen Bibliographie ... T. 2 (Berlin 1984), S. 481.

Werner Heiduczek

ANMERKUNGEN UND ZITATNACHWEIS

1 Brief vom 25. 10. 1970 an Marianne Marx. In: Werner Heiduczek: Im Querschnitt. Prosa, Stücke, Notate. Halle 1976, S. 387.
2 Brief vom 16. 8. 1971 an die Schülerin Angelica. In: Ebd.
3 Literatur und Öffentlichkeit. Gespräch mit Werner Heiduczek. In: Neue Deutsche Literatur, H. 8 (1971), S. 19 f.
4 Brief an Gerhard Holtz-Baumert v. 18. 6. 1975. In: (s. Nachweis 1), S. 399.
5 Zur Entstehungsgeschichte des Romans vgl. Harald Korall: Nachwort zu: Werner Heiduczek: (s. Nachweis 1), S. 412 f.
6 Werner Heiduczek – Heinz Plavius. Ein Meinungsaustausch. In: NDL, H. 8 (1968), S. 121 f.

BIBLIOGRAPHISCHE ANGABEN

Werke: Jule findet Freunde (U. 1960, Kinderstück); Leben, aber wie? (U. 1961, Sch.); Matthes und der Bürgermeister (1961, Kb., Ill. v. Hans Mau); Matthes (1962, Kb., Ill. v. Werner Schinko); Abschied von den Engeln (1968, R., als Sch. u. d. T.: „Die Marulas" U. 1969); Die Brüder (1968, N., Ill. v. Gerhard Rappus); Jana und der kleine

Stern (1968, Kb., Ill. v. Karl-Heinz Appelmann); Laterne vor der Bambushütte (1969, Kb., Ill. v. Karl-Heinz Appelmann), [abc. Ich kann lesen]; Mark Aurel oder ein Semester Zärtlichkeit (1971, E., Ill. v. Wolfgang Würfel, als Bühnenstück U. 1978); Der kleine häßliche Vogel (1973, Kb., Ill. v. Wolfgang Würfel); Maxi oder wie man Karriere macht (1974, Kom.); Die seltsamen Abenteuer des Parzival (nach Wolfram v. Eschenbach neu erzählt, 1974, Kb., Ill. v. Wolfgang Würfel); Vom Hahn, der auszog, Hofmarschall zu werden (1975, Kb., Ill. v. Wolfgang Würfel); Im Querschnitt. Prosa, Stücke, Notate (1976); Das andere Gesicht (U. 1977, Sch.); Tod am Meer (1977, R.); Das verschenkte Weinen (1977, Kb., Ill. v. Wolfgang Würfel); Die schönsten Sagen aus Firdausis Königsbuch (nach Görres, Rückert und Schack neu erzählt unter Mitarb. v. Dorothea H., fachliche Beratung u. Nachw. v. Burchard Brentjes, 1982, Kb.); Der Schatten des Sijawusch. Eine Legende, (1986).

Selbstzeugnisse/Dokumente: Gerisch, Margot: Begegnung mit W. H. In: Sonntag, Nr. 12 v. 23. 3. (1969); Literatur zwischen Anspruch und Bewältigung. In: Neues Deutschland, Nr. 148 v. 30./31. 5. (1971); Plavius, Heinz: Literatur und Öffentlichkeit. Gespräch mit W. H. In: Neue Deutsche Literatur, H. 8 (1971); Geisthardt, Hans-Jürgen: Wege, die helfen, zu erfassen. Gespräch mit W. H. In: Neues Deutschland, Nr. 228 v. 19. 8. (1973); Reichel, Peter: Gespräch mit W. H. In: Theater der Zeit, H. 2 (1977).

Sekundärliteratur

Bernhard, Joachim: Der Erzähler W. H. In: Wissenschaftliche Zeitschrift der Wilhelm-Pieck-Universität Rostock, H. 3/4 (1980).
Cwojdrak, Günther: Abschied und Ankunft [zu: „Abschied von den Engeln“]. In: Die Weltbühne, Nr. 5 v. 4. 2. (1969).
Ders.: Berliner Theater [zu: „Die Marulas“]. In: Die Weltbühne, Nr. 48 v. 2. 12. (1969).
Drenkow, Renate: [Zu: „Tod am Meer“]. In: Sonntag, Nr. 16 v. 16. 4. (1978).
Drews, Manfred: Nach dem Theaterbesuch [zu: „Jule findet Freunde“, Aufführungen in Berlin, Halle und Leipzig]. In: Deutsche Lehrerzeitung, Nr. 2 v. 8. 1. (1960).
Ebert, Gerhard: Vorstoß zu alten Fragen? [zu: „Das andere Gesicht“, Uraufführung in Leipzig]. In: Theater der Zeit, H. 2 (1977).
Eichler, Wilfriede: Die bittere Liebe der Studentin Yana [zu: „Mark Aurel oder ein Semester Zärtlichkeit“]. In: National-Zeitung, Nr. 233 v. 3. 10. (1971).
Geerdts, Hans Jürgen: [Zu: „Tod am Meer“]. In: Weimarer Beiträge, H. 5 (1978).
Geisthardt, Hans-Jürgen: Glückserwartung – Glückserfüllung [zu: „Abschied von den Engeln“]. In: Sonntag, Nr. 11 v. 16. 3. (1969).
Gleiß, Jochen: Brüder – Freunde – Genossen [zu: „Die Marulas“, Uraufführung in Berlin]. In: Theater der Zeit, H. 2 (1970).
Göhler, Peter: [Zu: „Die seltsamen Abenteuer des Parzival“]. In: Weimarer Beiträge, H. 1 (1975).

Hartmann, Alice/*Hartmann*, Horst: [Zu: „Der kleine häßliche Vogel“]. In: Beiträge zur Kinder- und Jugendliteratur, H. 31 (1974).
Hiebel, Irmfried: [Zu: „Im Querschnitt“]. In: Weimarer Beiträge, H. 3 (1978).
John, Hans-Rainer: Vom Buch zur Bühne [zu: „Mark Aurel oder ein Semester Zärtlichkeit“, Aufführung in Neustrelitz]. In: Theater der Zeit, H. 12 (1978).
Kleinteich, Sylvia: Von kühnen Recken [zu: „Die schönsten Sagen aus Firdausis Königsbuch“]. In: Neue Zeit, Nr. 85 v. 9. 4. (1984).
Kratochwil, Ernst-Frieder: [Zu: „Jana und der kleine Stern“, Aufführung in Berlin]. In: Theater der Zeit, H. 12 (1983).
Kuhnert, Heinz: Maßstäbe für das Bilderbuch. Zu einigen Titeln v. W. H. In: Der Bibliothekar, H. 2 (1974).
Lange, Marianne: [Zu: „Jana und der kleine Stern“ und „Laterne vor der Bambushütte“]. In: Der Bibliothekar, H. 12 (1968).
Müller, Volker: [Zu: „Das verschenkte Weinen“]. In: Sonntag, Nr. 49 v. 2. 12. (1978).
Scholz, Joachim: Erwachende Jugend [zu: „Matthes und der Bürgermeister“]. In: Neues Deutschland, Nr. 15, Beil. v. 15. 4. (1961).
Seyfarth, Ingrid: [Zu: „Mark Aurel oder ein Semester Zärtlichkeit“, Uraufführung in Neustrelitz]. In: Sonntag, Nr. 52 v. 24. 12. (1978).
Spriewald, Ingeborg: [Zu „Die Brüder“]. In: Beiträge zur Kinder- und Jugendliteratur, H. 12 (1969).
Stephan, Erika: In Halle: „Leben, aber wie?“ In: Theater der Zeit, H. 5 (1961).
Walther, Klaus: Von der Zauberkraft der Kunst [zu: „Das verschenkte Weinen“]. In: Neue Deutsche Literatur, H. 1 (1979).

Bibliographien

Werner Heiduczek. In: Internationale Bibliographie zur Geschichte der deutschen Literatur von den Anfängen bis zur Gegenwart. Erarbeitet ... unter Leitung und Gesamtredaktion v. Günter Albrecht/Günther Dahlke, Bd. II, 2 (Berlin 1972), S. 295; anschließend: Zehnjahres-Ergänzungsband [1965/74] zur Internationalen Bibliographie ... T. 2 (Berlin 1984), S. 494–495.
Werner Heiduczek. In: Bibliographische Kalenderblätter. Bearb. v. der Berliner Stadtbibliothek. Folge 11 (1976).

Christoph Hein

ANMERKUNGEN UND ZITATNACHWEIS

1 Christoph Hein: Cromwell. In: Theater der Zeit, H. 7 (1978), S. 52 f.
2 Peter Hacks: Laudatio zum Heinrich-Mann-Preis 1982 für Christoph Hein. (Ms.), S. 9.
3 Günther Drommer: Typische Bemerkungen zu untypischen Texten.

Nachwort zu: Christoph Hein: Einladung zum Lever Bourgeois. Berlin 1980, S. 185.
[4] Ebd., S. 185 f.
[5] Ebd., S. 187.
[6] Vgl. Christoph Hein: Waldbruder Lenz. In: C. H.: Die wahre Geschichte des AhQ, Stücke und Essays. Darmstadt und Neuwied 1984, S. 136–160.
[7] Interview mit Christoph Hein. In: (s. Nachweis 1), S. 51.
[8] Christoph Hein: Cromwell. (s. Nachweis 1), S. 63.
[9] Christoph Hein, in: Programmheft zur Cottbuser Inszenierung.
[10] Walter Benjamin: Geschichtsphilosophische Thesen, 14. In: W. B.: Schriften, Bd. 1. Frankfurt/M. 1955, S. 494.
[11] Christoph Hein, (s. Nachweis 9).
[12] Christoph Hein, (s. Nachweis 6), S. 76.
[13] Christoph Hein: Interview mit Gregor Edelmann. In: Theater der Zeit, H. 10 (1983), S. 54.
[14] Ebd.
[15] Christoph Hein: Die wahre Geschichte des AhQ. (s. Nachweis 6), S. 58.
[16] Ebd., S. 59.
[17] Vgl. Bertolt Brecht: Briefe 1913–1956. Bd. 1. Berlin/Weimar 1983, S. 221.
[18] Christoph Hein, (s. Nachweis 1), S. 51.
[19] Peter Hacks, (s. Nachweis 2), S. 4.
[20] Ebd., S. 3.
[21] Christoph Hein [Interview]. In: Deutsche Volkszeitung, (Köln), v. 9. März 1984, S. 9.
[22] Christoph Hein: Der fremde Freund. Berlin/Weimar 1982, S. 209.
[23] Ebd., S. 212.
[24] Ebd., S. 7.
[25] Christoph Hein: Horns Ende. Berlin/Weimar 1985, S. 5.

BIBLIOGRAPHISCHE ANGABEN

Werke: Schlötel oder Was solls (U. 1974, Stück); Vom hungrigen Hennecke (1974, Khsp.); Britannicus (v. Jean Racine, 1975, Übers.); Cromwell (U. 1977, Sch.); John D. erobert die Welt (U. 1979, Sch.); Einladung zum Lever Bourgeois (1980, Stück); Jakob Borgs Geschichten: Die Schatzsucher (U. 1981, Khsp.); Jakob Borgs Geschichten: Das Wildpferd (U. 1981, Khsp.); Lassalle fragt Herrn Herbert nach Sonja U. 1981, Sch.); Der neue Menoza oder Geschichte des kumbanischen Prinzen Tandi (v. Jakob Michael Reinhold Lenz, 1981, Kom., Bearb.); Der fremde Freund (1982, N.); Nachtfahrt und früher Morgen (1982, En.); Die wahre Geschichte des AhQ (nach Lu Xun, U. 1983, Sch.); Horns Ende (1985, R.).

Selbstzeugnisse/Dokumente: Interview mit C. H. zu Fragen der Dramatik der Gegenwart und Kurzbiographie von C. H. In: Theater der Zeit, H. 7 (1978); „Ansonsten würde man ja aufhören zu schreiben ...". Mit C. H. sprach Gregor Edelmann. In: Theater der Zeit, H. 10 (1983).

Sekundärliteratur

[Zu: „Die wahre Geschichte des Ah Q"]. In: Theater der Zeit, H. 10 (1983).

Albrecht, Wolfgang: C. H.: Dramatiker und Erzähler. In: Zeitschrift für Germanistik, Sonderh. (1984).

Bernhardt, Rüdiger u. a.: [Zu: „Der fremde Freund"]. In: Weimarer Beiträge, H. 9 (1983).

Böttcher, Brigitte: Diagnose eines unheilbaren Zustands [zu: „Der fremde Freund"]. In: Neue Deutsche Literatur, H. 6 (1983).

Eberlein, Sybille: Claudia und kein Anfang [zu: „Der fremde Freund"]. In: Tribüne, Nr. 60 v. 25. 3. (1983).

Feix, Ingrid: Eine Art, nicht wirklich zu leben: ein aufregendes und anregendes Gegenwartsbuch [zu: „Der fremde Freund"]. In: Junge Welt, Nr. 126 v. 31. 5. (1983).

Funke, Christoph: Irrlichtender Revolutionär [zu: „Cromwell", Aufführung in Cottbus]. In: Der Morgen (B), Nr. 98 v. 25. 4. (1980).

Ders.: Spiel mit Geschichte [zu: „Einladung zum Lever Bourgeois", „Cromwell" und andere Stücke]. In: Neue Deutsche Literatur, H. 10 (1981).

Ders.: Monolog einer Ärztin [zu: „Der fremde Freund"]. In: Der Morgen, Nr. 36 v. 12./13. 2. (1983).

Ders.: Welt aus Spiel und Phantasie. Uraufführung im Deutschen Theater, Berlin [zu: „Die wahre Geschichte des Ah Q"]. In: Der Morgen, Nr. 304 v. 27. 12. (1983).

Hammer, Klaus: [Zu: „Der fremde Freund"]. In: Sonntag, Nr. 15 v. 10. 4. (1983).

Heukenkamp, Ursula: Die fremde Form. C. H.: „Einladung zum Lever Bourgeois". „Prosa". „Cromwell" und andere Stücke. „Dramen". „Der fremde Freund". In: Sinn und Form, H. 3 (1983).

Hörnigk, Frank: Geschichte ist das Interesse an uns [zu: „Cromwell"]. In: Weimarer Beiträge, H. 1 (1983).

Kaske, Jochen: Der Trend des „Aktualisierens" [zu: „Cromwell" und andere Stücke]. In: National-Zeitung, Nr. 13 v. 17. 1. (1983).

Linzer, Martin: Sommertheater [zu: „Der neue Menoza oder Geschichte des kumbanischen Prinzen Tandi", Aufführung in Schwerin]. In: Theater der Zeit, H. 9 (1982).

Ders.: [Zu: „Die wahre Geschichte des Ah Q"]. In: Theater der Zeit, H. 5 (1984).

Müller, Karl-Heinz: Revue um Rockefeller [zu: „John D. erobert die Welt". Uraufführung in Neustrelitz]. In: Theater der Zeit, H. 6 (1979).

Ders.: Wem nützen Ideale? [zu: „Cromwell", Aufführung in Cottbus]. In: Theater der Zeit, H. 8 (1980).

Schuenke, Christa: Tyrann und Don Quixote [zu: „Cromwell"]. In: Theater der Zeit, H. 7 (1978).

Schulz, Helmut H.: Jedes gelungene Kunstwerk nutzt [zu: „Der fremde Freund"]. In: Berliner Zeitung, Nr. 93 v. 21. 4. (1983).

Schumacher, Ernst: Mit sehr viel Lärm zugedeckt [zu: „Die wahre Geschichte des Ah Q"]. In: Berliner Zeitung, Nr. 8 v. 10. 1. (1984).
Stephan, Erika: [Zu: „Cromwell", Aufführung in Cottbus]. In: Sonntag, Nr. 30 v. 27. 7. (1980).
Dies.: [Zu: „Cromwell", Aufführungen in Gera u. Jena]. In: Theater der Zeit, H. 12 (1983).

Stefan Heym

ANMERKUNGEN UND ZITATNACHWEIS

1 Stefan Heym: Wie „Der Fall Glasenapp" entstand. In: Eröffnungen. Schriftsteller über ihr Erstlingswerk. Hg. G. Schneider. Berlin/Weimar 1974, S. 82, 83.
2 Ebd., S. 86.
3 Ebd., S. 87.
4 Enthalten in: Stefan Heym: Im Kopf – sauber. Schriften zum Tage. Berlin 1954.
5 Willi Bredel: Diskussionsrede auf dem IV. Schriftstellerkongreß in Berlin 1956. In: W. B.: Publizistik zur Literatur und Geschichte. Berlin/Weimar 1976, S. 320–337.
6 Vgl. Günter Ebert: Zauber und Verfall. Zum biographischen Roman „Lassalle" von Stefan Heym. In: Freie Erde (Neubrandenburg), v. 13. 4. 1974.

BIBLIOGRAPHISCHE ANGABEN

Romane: Hostages [Geiseln] (1942), in Hollywood verfilmt; dt. u. d. T.: Der Fall Glasenapp (1958); Of Smiling Peace [Vom lächelnden Frieden] (1944); The Crusaders (1948) in engl. Spr.; dt. Kreuzfahrer von heute (1950), v. Autor neubearb. Ausg., 2 Bde. (1978), auch u. d. T.: Bitterer Lorbeer (1966); The Eyes of Reason (1951), dt. u. d. T.: Die Augen der Vernunft (1955); Goldsborough (1953), dt. u. d. T.: Goldsborough oder Die Liebe der Miss Kennedy (1954); Die Papiere des Andreas Lenz (1963), 2 Bde., auch u. d. T.: Lenz oder die Freiheit (1965), Originaltitel: The Lenz Papers; Lassalle (1969, biogr. R.), Originaltitel: Uncertain Friend (1968); Der König David Bericht (1972), Originaltitel: The King David Report (1973).

Novellen/Erzählungen: Die Kannibalen u. a. En. (1953), auch u. d. T.: The Cannibals and other stories (1958); Schatten und Licht (1960, En.); Die Schmähschrift oder Königin gegen Defoe (hist. N.), Originaltitel: The Queen against Defoe (beide 1970); Die richtige Einstellung u. a. En. (1976); En. (1976).

Dramen: Die Hinrichtung (1935); Gestern. Heute. Morgen. Dt.-amerikan. Schr. (1937, in: Das Wort).

Berichte/Reportagen/Aufsätze: Forschungsreise ins Herz der deutschen Arbeiterklasse (1953, Rep.); Reise ins Land der unbegrenzten Möglichkeiten (1954, Ber.); Keine Angst vor Rußlands Bären (1955, Aufs.); Das kosmische Zeitalter (1959, Rep.); Ferien im Bürgerkrieg (1964, Rep. in: Die Wochenpost).

Schriften: Nazis in USA (1938); Offene Worte. So liegen die Dinge (1953); Im Kopf – sauber. Schr. zum Tage (1954, Sammelbd.); Offen gesagt. Neue Schr. zum Tage (1957, Sammelbd.); Wege und Umwege. Streitbare Schr. aus 5 Jahrzehnten. Hg. Peter Mallwitz (1980).

Märchen/Kinderstücke: Tom Sawyers großes Abenteuer (U. 1934, 1952, zus. mit Hanuš Burger, Kstück); Casimir und Cymbelinchen (1966, M.); Cymbelinchen oder der Ernst des Lebens. 4 M. für kluge Kinder. Ill. v. Gabriel Lisowski (1975); Der kleine König; der ein Kind kriegen mußte, u. a. neue M. Ill. v. Horst Hussel (1981).

Herausgeber: Auskunft. Neueste Prosa aus der Deutschen Demokratischen Republik. 1 ff. (1974 ff.); Auskunft. Neue Prosa aus der Deutschen Demokratischen Republik. 1 ff. (1979 ff.).

Selbstzeugnisse/Dokumente: Nowak, Bernhard: S. H. wählt Deutschland. In: Berliner Zeitung v. 30. 4. (1953); Weise-Standfest, Hilde: S. H. In: Die Buchbesprechung, H. 7 (1956); Kerndl, Rainer: Köpfe von heute: S. H. In: Sonntag, Nr. 48 (1959); Ilberg, Werner: Der Wahrheit auf der Spur. In: Wochenpost, Nr. 2 (1960); Zimmermann, Werner: S. H.: „Ein sehr guter zweiter Mann". In: Z., Deutsche Prosadichtungen unseres Jahrhunderts, Bd. 2 (Düsseldorf 1969); S. H. Beitr. zu einer Biogr. Eine Freundesgabe für S. H. zum 60. Geburtstag am 10. Apr. 1973 (München 1973); Simon, Horst: Chronist und Romancier. Zum 60. Geburtstag des Schriftstellers S. H. In: Neues Deutschland, Nr. 100 (1973).

Sekundärliteratur

Die Wege dreier Brüder [zu: Die Augen der Vernunft]. In: Berliner Zeitung v. 28. 1. (1956).

Abramov, A.: Gitlerovskaja agentura v SŠA [zu: Nazis in USA]. In: Internacional'naja literatura [Moskva], No. 3–4 (1939).

Abusch, Alexander: Die transatlantischen Erben. Literatur und Realität [zu: Kreuzfahrer von heute]. In: Aufbau, H. 7 (1951).

Andriessen, Carl: Die Bendas [zu: Die Augen der Vernunft]. In: Die Weltbühne, H. 9 (1956).

Baum, Hans-Werner: „Der Fall Glasenapp". In: Der Bibliothekar, H. 2 (1959).

Bernhardt, Karl-Heinz: David und Salomo in Forschung und Literatur [zu: Der König David Bericht]. In: Die Zeichen der Zeit, H. 12 (1975).

Christoph, Theodor: Zu zwei neuen Büchern. Geschichten gegen die Kannibalen [zu: Die Kannibalen u. a. En.]. In: Die Weltbühne, Nr. 27 (1953).

Cwojdrak, H. G.: „Kreuzfahrer von heute". Zu einem R. von S. H. In: Die Weltbühne, Nr. 44 (1950).
Ders.: Heutiger Bericht über König David [zu: Der König David Bericht]. In: Die Weltbühne, H. 10 (1974).
Dietzel, Ulrich: „Goldsborough". In: Heute und Morgen, H. 9 (1954).
Döderlin, Karl Reinhold: Mit Kopf und Herz geschrieben [zu: Im Kopf – sauber]. In: Neue Zeit v. 2. 9. (1955).
Ders.: R. vom Verfall einer Familie [zu: Die Augen der Vernunft]. In: Neue Zeit v. 7. 7. (1956).
Ebert, Günter: Wissenschaft und Poesie [zu: Das kosmische Zeitalter]. In: Neue Deutsche Literatur, H. 1 (1960).
Ders.: „Schatten und Licht". In: Sonntag, Nr. 33 (1961).
Ernst, Otto: S. Hs. Auseinandersetzung mit Faschismus, Militarismus und Kapitalismus. Dargestellt an den Gestalten seiner Romane (Diss. Jena 1965).
Hauser, Harald: „Tom Sawyers großes Abenteuer". In: Theater der Zeit, H. 4 (1954).
Heimberger, Bernd: Ein Denkmal für Daniel Defoe [zu: Die Schmähschrift oder Königin gegen Defoe]. In: Tribüne, Nr. 130 (1974).
Hillesheim, Gerd: Die „Kämpfer im Nebel" und ihre Henker [zu: Der Fall Glasenapp]. In: Neue Deutsche Literatur, H. 1 (1959).
Hilscher, Eberhard: Ein plastisches Zeitbild [zu: Die Papiere des Andreas Lenz]. In: Neues Deutschland v. 27. 6. (1964).
Joho, Wolfgang: Tragikomische Ouvertüre [zu: Die Papiere des Andreas Lenz]. In: Neue Deutsche Literatur, H. 5 (1964).
Keisch, Henryk: Das Urteil der jungen Zuschauer: Prima! [zu: Tom Sawyers großes Abenteuer. Neueinstudierung im Theater der Freundschaft, Berlin]. In: Neues Deutschland v. 26. 4. (1962).
Kraushaar, Alfred: „Reise ins Land der unbegrenzten Möglichkeiten". In: Die Arbeit, H. 11 (1954).
Kühl, Hans-Heinrich: „Der König David Bericht". In: Sonntag, Nr. 17 (1974).
Merz, Manfred: Schachpartie mit einem Rechenautomaten. Abenteuer der Wirklichkeit [zu: Das kosmische Zeitalter]. In: Neue Zeit (B) v. 21. 2. (1960).
Ders.: Der Sinn für das Wesentliche [zu: Lassalle]. In: Neue Deutsche Literatur, H. 8 (1974).
Rokotov, T.: Roman „Založniki" [zu: Hostages]. In: Ogonëk [Moskva] No. 39 (1943).
Toper, Pawel: Amerikaner daheim und in fremden Ländern [zu: Die Kannibalen u. a. En.]. In: Sowjetliteratur [Moskau] Nr. 1 (1954).

Bibliographien

Stefan Heym. In: Bibliographische Kalenderblätter. Bearb. v. der Berliner Stadtbibliothek. Folge 4 (1963).
Stefan Heym. In: Internationale Bibliographie zur Geschichte der deutschen Literatur. Erarbeitet ... unter Leitung und Gesamtredaktion v. Günter Albrecht/Günther Dahlke, Bd. II,2 (Berlin) 1972, S. 317–318; anschließend: Zehnjahres-Ergänzungsband [1965/74], T. 2 zur Internationalen Bibliographie ... (Berlin 1984), S. 505–506.

Uwe Kant

ANMERKUNGEN UND ZITATNACHWEIS

1 Anneliese Löffler: Schreiben für Kinder – Interview mit Uwe Kant. (Das Interview, vorgesehen für die „Weimarer Beiträge", stellte Frau Professor Löffler dem Verfasser dankenswerterweise als Manuskript zur Verfügung).

2 Ebd., S. 7.

3 Brief Uwe Kants aus dem Jahre 1985 an den Verfasser.

4 Inge Borde: Das doppelte Ottchen. In: Neue Deutsche Literatur, H. 7 (1970), S. 153 ff.

5 Günter Ebert: Das Kind in der Literatur. In: Ansichten – Aufsätze zur Literatur der DDR. Halle 1976, S. 318.

6 Wilfried Bütow: Interview mit dem Schriftsteller Uwe Kant. In: Deutschunterricht, H. 9 (1979), S. 470.

7 Vgl. Heinz Kuhnert: Attraktivität und Wirkung – Das Kinderbuch im Urteil der Leser (Resultate 8). Berlin 1983, S. 30 ff.

8 Uwe Kant: Die liebe lange Woche. Berlin 1971, S. 96.

9 Uwe Kant, [Rezension über „Gewöhnliche Leute" von Werner Bräunig]. In: NDL, H. 12 (1969), S. 144 ff.

10 Wilfried Bütow, (s. Nachweis 6), S. 472.

11 Uwe Kant: Warum schreibe ich für Kinder? In: Neues Deutschland, v. 15/16. März 1980, S. 9.

12 Vgl. Gotthard Lerchner: Zaubern als Sprachkunst. In: Beiträge zur Kinder- und Jugendliteratur, H. 58. Berlin 1981, S. 5 ff.

13 Uwe Kant: Der kleine Zauberer und die große Fünf. Berlin 1974, S. 76.

14 Uwe Kant: Roter Platz und ringsherum. Berlin 1977, S. 6.

15 Günter Ebert: Die soziale Erbschaft – Zu Uwe Kants „Die Reise von Neukuckow nach Nowosibirsk". In: NDL, H. 8 (1980), S. 159 ff. Vgl. dazu auch: Marianne Oy: Aufregende Entdeckungen im Alltäglichen – Zu Uwe Kants jüngstem Kinderbuch. In: Volkswacht (Gera), v. 28. 8. 1981, S. 3.

16 Uwe Kant: Die Reise von Neukuckow nach Nowosibirsk. Berlin 1980, S. 174.

17 Ebd., S. 174.

18 Ebd., S. 48.

19 Alfred Wellm: Pause für Wanzka oder die Reise nach Descansar. Roman. Berlin/Weimar 1968.

20 Uwe Kant, (s. Nachweis 16), S. 164.

21 Anneliese Löffler: Rezension zu Kants „Die Reise von Neukuckow nach Nowosibirsk". In: Beiträge zur Kinder- und Jugendliteratur, H. 57 (1980), S. 50.

22 Uwe Kant, (s. Nachweis 16), S. 149.

23 Ebd., S. 114.

24 Anneliese Löffler: (s. Nachweis 21), S. 50.

25 Wilfried Bütow, (s. Nachweis 6), S. 474.

26 Ebd., S. 473.

[27] Marianne Oy: Über „Vor dem Frieden" von Uwe Kant. In: NDL, H. 4 (1981), S. 144.
[28] Uwe Kant: Die Wörter im Kriege. In: Ich leb so gern. Berlin 1982, S. 227–230.
[29] Uwe Kant: Das Gespenst. In: Eine Welt gewinnen. Berlin 1981, S. 5–7.
[30] Ebd., S. 6.
[31] Ebd., S. 7.
[32] Vgl. Interview mit Uwe Kant (s. Nachweis 1).
[33] Hermann Kant: Schreiber, Leser und Verbände. In: H. K.: Zu den Unterlagen. Berlin 1981, S. 249–263.
[34] Uwe Kant: Mit Dank zurück. In: NDL, H. 2 (1982), S. 71 ff.
[35] Uwe Kant/Egbert Herfurth: Wie Janek eine Geschichte holen ging. Berlin 1980 (unpaginiert).

BIBLIOGRAPHISCHE ANGABEN

Werke: Das Klassenfest (1969, Kb., Ill. v. Volker Pfüller, Grundlage für das v. Inge Wüsten unter Mitarb. v. Rainer Simon verfaßte Szenarium des Films „Männer ohne Bart" (U. 1973); Die liebe lange Woche (1971, Kb., Ill. v. Heinz Handschick); Die Nacht mit Mehlhose (U. 1972, Hsp.); Der kleine Zauberer und die große Fünf (1974, Kb., Ill. v. Manfred Bofinger, 1975 u. d. T.: „Der kleine Oliver und die große 5", Ill. v. Brigitte Smith, verfilmt, U. 1977); Roter Platz und ringsherum (1977, Kb., Ill. v. Manfred Bofinger); Vor dem Frieden (1979, Kb., zus. mit Steffi Bluhm); Anmut sparet nicht, noch Mühe (U. 1980, Film); Die Reise von Neukuckow nach Nowosibirsk (1980, Kb., Ill. v. Volker Pfüller); Wie Janek eine Geschichte holen ging (1980, Kb., Ill. v. Egbert Herfurth).

Selbstzeugnisse/Dokumente: Arbeitsstenogramm. In: Sonntag, Nr. 51 v. 21. 12. (1969); Walther, Joachim: Autoren-Werkstatt: U. K. In: Die Weltbühne, Nr. 29 v. 18. 7. (1972); Benzien, Rudi: Herr Kant, was haben Sie unter der Feder? Interview. In: Neues Leben, H. 3 (1975); Schmidt, Renate: ... kneifen sie den Nachbarn und packen Autos an. Über Erfahrungen beim Schreiben und Vorlesen. BZA besuchte den Kinderbuchautor U. K. In: BZ am Abend, Nr. 8 v. 10. 1. (1975); Weil ich gern schreibe. Schriftsteller U. K. zu Fragen unserer Leserkinder. In: Der Morgen (B), Nr. 139 v. 12./13. 6. (1976); Müller, Richard: Lesespaß nicht nur für Kinder. Zehn Fragen an U. K. In: Deutsche Lehrerzeitung, Nr. 6 (1977); Wermer, Ute: Woran arbeiten Sie? Wir fragten den Schriftsteller U. K. In: Berliner Zeitung, Nr. 137 v. 11./12. 6. (1977); Bütow, Wilfried: Von Deinen Geschichten wünschen wir uns noch viele. Interview mit dem Schriftsteller U. K. In: Deutschunterricht, H. 9 (1979); Roßner, E.: Große dürfen mitlesen. Kinderbuchautor U. K. im lebendigen Gespräch mit ... In: Tribüne, Nr. 237 v. 3. 12. (1979); Vom Spaß, in diesem Lande zu leben und Bücher zu schreiben. Werkstattgespräch mit U. K. Das Gespräch führte Ursula Scholz. In: Neues Deutschland, Nr. 2 v. 3./4. 1. (1981); Handfeste Geschichten, die uns etwas Neues vergnügt entdecken. Tribüne sprach mit dem Schriftsteller U. K. Das Gespräch führte Sybille Walter. In: Tribüne, Nr. 25 v. 3. 2. (1984).

Sekundärliteratur

Es geht um junge Leute. Wir sprachen mit dem DEFA-Regisseur über seinen neuen Film „Männer ohne Bart" [zu: „Das Klassenfest", Verfilmung]. In: Berliner Zeitung, Nr. 73 v. 14. 3. (1971). Männer ohne Bart [zu: „Das Klassenfest", Verfilmung]. In: Filmspiegel, Nr. 9 v. 28. 4. (1971).

Träumereien auf der Schulbank. „Morgen"-Gespräch mit Rainer Simon zum DEFA-Film „Männer ohne Bart" [zu: „Das Klassenfest", Verfilmung]. In: Der Morgen (B), Nr. 108 v. 9. 5. (1971).

[Zu: „Die Reise von Neukuckow nach Nowosibirsk"]. In: DDR-Revue, Nr. 2 (1983).

Anders, Karla: Zauber, Poesie und Kriegsgetümmel [zu: „Der kleine Zauberer und die große Fünf", Verfilmung]. In: Filmspiegel, Nr. 12 (1977).

Berger, Christel: Mit Leichtigkeit und Optimismus. Der Schriftsteller U. K. und seine Geschichten. In: Berliner Zeitung, Nr. 15 v. 18. 1. (1978).

Beyer, Peter: Bedenken angemeldet. Zu den Beziehungen Kinder – Erwachsene in der Literatur (am Beispiel U. K.). In: Berliner Zeitung, Nr. 343 v. 12. 12. (1969).

Borde, Inge: Das doppelte Ottchen [zu: „Das Klassenfest"]. In: Neue Deutsche Literatur, H. 7 (1970).

Cwojdrak, Günther: Mit Phantasie und Pfiff erzählt [zu: „Das Klassenfest"]. In: Die Weltbühne, Nr. 36 v. 9. 9. (1969).

Ders.: Eine Entdeckungsreise auf mancherlei Umwegen [zu: „Die Reise von Neukuckow nach Nowosibirsk"]. In: Neues Deutschland, Nr. 94 v. 20. 4. (1981).

Drust, Heide: Das Zusammenspiel von Form und Inhalt für die Aussage und Wirkung des Buches „Das Klassenfest". T. 1.2. (Phil. Diss. Berlin 1979).

Ebert, Günter: Die soziale Erbschaft [zu: „Die Reise von Neukuckow nach Nowosibirsk"]. In: Neue Deutsche Literatur, H. 8 (1980).

Engelke, Vera: Über das Ungewöhnliche einer ganz gewöhnlichen Woche [zu: „Die liebe lange Woche"]. In: Pionierleiter, Nr. 13/14 (1972).

Gundlach, Christine: Literarische Gleichwertigkeit der Partner [zu: „Das Klassenfest"]. In: Sonntag, Nr. 2 v. 11. 1. (1970).

Karradt, Sabine: Erkundungen unterwegs [zu: „Die Reise von Neukuckow nach Nowosibirsk"]. In: Der Morgen, Nr. 8 v. 10./11. 1. (1981).

Krotsch, Bernd: Geschichten auf Umwegen [zu: „Die Reise von Neukuckow nach Nowosibirsk"]. In: Junge Welt, Nr. 105 v. 5. 5. (1981).

Krüger, Martina: Ein Stück lebendigen Geschichtsunterrichts [zu: „Vor dem Frieden"]. In: Neues Deutschland, Nr. 145 v. 22. 6. (1980).

Kuhnert, Heinz: [Zu: „Das Klassenfest"]. In: Der Bibliothekar, H. 9 (1969).

Liersch, Annegret: [Zu: „Vor dem Frieden"], literarisch-musikalische

Veranstaltung für Schüler der 2. bis 4. Klassen. In: Der Bibliothekar, H. 1 (1983).
Löffler, Anneliese: Der eigene Weg und die ersten Beulen. Zu einem Buch von U. K.: „Die Reise von Neukuckow nach Nowosibirsk". In: Berliner Zeitung, Nr. 167 v. 17. 7. (1980).
Meyer, Klaus: Männer ohne Bart. DEFA-Film nach dem Roman von U. K. „Das Klassenfest". In: Sonntag, Nr. 23 v. 6. 6. (1971).
Müller, Richard: [Zu: „Das Klassenfest"]. In: Neues Deutschland, Nr. 271 v. 1. 10. (1969).
Ders.: „Ich hab kein Nilpferd gefangen" [zu: „Die liebe lange Woche"]. In: Neues Deutschland, Nr. 283 v. 13. 10. (1971).
Oy, Marianne: Die schlimmen alten Zeiten [zu: „Vor dem Frieden"]. In: Neue Deutsche Literatur, H. 4 (1981).
Richter, Karin: [Zu: „Die Reise von Neukuckow nach Nowosibirsk"]. In: Weimarer Beiträge, H. 2 (1983).
Rother, Hans-Jörg: Zwischen Traumreich und Realität [zu: „Männer ohne Bart", Verfilmung des Titels „Das Klassenfest"]. In: Forum, Nr. 13 (1971).
Salow, Friedrich: ‚Helden'-Träume in der Schule [zu: „Männer ohne Bart", Verfilmung des Titels „Das Klassenfest"]. In: Filmspiegel, Nr. 12 v. 9. 6. (1971).
Steineckert, Gisela: Neukuckow, Nowosibirsk? [zu: „Die Reise von Neukuckow nach Nowosibirsk"]. In: Sonntag, Nr. 10 (1981).
Wermer, Ute: Geschichten aus Umwegen [zu: „Die Reise von Neukuckow nach Nowosibirsk"]. In: Berliner Zeitung, Nr. 68 v. 21./22. 3. (1981).
Wetzel, Maria: Leseabend voll Erbauung und geistigem Gewinn [zu: „Die Reise von Neukuckow nach Nowosibirsk"]. In: Neues Deutschland, Nr. 69 v. 23. 3. (1981).

Bibliographie
Uwe Kant. In: Internationale Bibliographie zur Geschichte der deutschen Literatur von den Anfängen bis zur Gegenwart. Erarbeitet ... unter Leitung und Gesamtredaktion v. Günter Albrecht, Zehnjahres-Ergänzungsband [1965/74] zur Internationalen Bibliographie ... T. 2 (Berlin 1984), S. 535.

Rainer Kirsch

ANMERKUNGEN UND ZITATNACHWEIS

1 Adolf Endler: Einige Randbemerkungen, einige Binsenweisheiten! In: Welt im sozialistischen Gedicht. Poeten, Methoden und internationale Tendenzen im Gespräch. Berlin/Weimar 1974, S. 320.
2 Rainer Kirsch: Amt des Dichters. Rostock 1979, S. 154.
3 Georg Maurer: Essay 1. Halle 1968, S. 24.
4 Rainer Kirsch: Selbstporträt für Fernsehen. In: R. K.: Auszog das Fürchten zu lernen. Reinbek b. Hamburg 1978, S. 263.

[5] Fürnberg. Ein Lesebuch für unsere Zeit, Berlin/Weimar 1977, S. 420.
[6] Jürgen Engler: Gespräch mit Peter Gosse. In: Weimarer Beiträge, H. 3 (1983), S. 477.
[7] Ebd., S. 477 f.
[8] Ebd., S. 479.
[9] Peter Gosse: Mundwerk. Essays. Halle/Leipzig 1983, S. 55.
[10] Heinz Czechowski: Brief (1. Fassg.). In: In diesem besseren Land. Halle 1966, S. 283. Beim Wiederabdruck in dem Band „Wasserfahrt" (1967) und in der Reclam-Auswahl „Ich beispielsweise" (1982) jeweils stark veränderte Fassungen.
[11] „Widerspruch seh ich. / Zweifel spür ich. / Nur das, was hält und Bestand hat, der / Zusammenschluß der Gleichgesinnten, ist die Kraft, / Die hält und erhält: / Daß (sie) weiß ich, daß die Welt wirklich ist, [...] / Daß ich mich einordnen kann unter den Sternheeren / In die Heere der Menschen, daß ich ein mich Ändernder bin, / Ein Veränderer." In: In diesem besseren Land. In: Adolf Endler/Karl Mickel (Hg.): Halle 1966, S. 286. In beiden späteren Fassungen fehlt diese Stelle bis auf die letzte Zeile.
[12] So Christel u. Walfried Hartinger über Volker Braun. In: Literatur der DDR. Einzeldarstellungen, Bd. 1. Berlin 1974, S. 444.
[13] Rainer Kirsch, (s. Nachweis 2), S. 32.
[14] Vgl. Alfred Klein: In diesem besseren Land [...]. In: Sinn und Form, H. 5 (1984), S. 987–1002.
[15] Manfred Jendryschik: Lokaltermine. Notate zur zeitgenössischen Lyrik. Halle 1974, S. 167 f.
[16] Siehe Nachweis 14.
[17] Siehe Nachweis 5.
[18] Rainer Kirsch/Sarah Kirsch: Gespräch mit dem Saurier. Berlin 1965, S. 100 f.
[19] Volker Braun: Provokation für mich. Halle 1965, S. 4.
[20] Erhard Scherner: Vom Glück. In: Forum, H. 4 (1963), S. 24. Walter Gorrish: Die alten Genossen. In: Neue Deutsche Literatur, H. 8 (1963), S. 81.
[21] Karl Mickel: Kirschs Gedichte. In: NDL, H. 6 (1975), S. 120.
[22] Johannes R. Becher: Schritt der Jahrhundertmitte. Neue Dichtungen. Berlin 1958, S. 172.
[23] Ebd., S. 88.
[24] Im Nachwort zu einer Sammlung „Bekanntschaft mit uns selbst" (Halle 1961, S. 148) hatte Gerhard Wolf die Aufnahme Bechers, Brechts und Fürnbergs hervorgehoben.
[25] Volker Braun, (s. Nachweis 19), S. 10.
[26] Rainer Kirsch: Ausflug machen. Rostock 1980, S. 64.
[27] Georg Maurer, (s. Nachweis 3), S. 23.
[28] Klopstocks Werke in einem Band (BDK), Berlin/Weimar 1974, S. 157.
[29] Rainer Kirsch, (s. Nachweis 2), S. 96.
[30] Ebd., S. 147.
[31] Ebd., S. 156.
[32] Ebd., S. 34.
[33] Rainer Kirsch/Sarah Kirsch, (s. Nachweis 18), S. 84.

[34] Ebd., S. 80.
[35] Rainer Kirsch, (s. Nachweis 2), S. 38.
[36] In der gemeinsam mit Sarah Kirsch verfaßten Reportage „Kastanien und Koteletts" über den ersten Betriebstierarzt der DDR wird dieser apostrophiert als einer, der „dem Weltgeist die Kastanien aus dem Feuer" holt. In: Forum, Nr. 2 (1964), S. 6.
[37] Rainer Kirsch, (s. Nachweis 26), S. 21.
[38] Ebd., S. 22.
[39] Ebd., S. 37.
[40] Karl Mickel, (s. Nachweis 21), S. 120.
[41] Rainer Kirsch, (s. Nachweis 26), S. 41.
[42] Rainer Kirsch, (s. Nachweis 2), S. 164.
[43] Rainer Kirsch, (s. Nachweis 26), S. 60.
[44] Rüdiger Bernhardt: Das Amt des Dichters – das Wort der Dichtung. In: Weimarer Beiträge, H. 11 (1983), S. 1973.
[45] Siehe Nachweis 1, S. 270–272, 319–323, 344 f. Zu dem Gedicht und der Diskussion – vgl. auch Karl Mickel: Kirschs Gedichte (s. Nachweis 21) und Ursula Heukenkamp: Die Sprache der schönen Natur. Berlin/Weimar 1982, S. 217–222.
[46] Yaak Karsunke: Schweigen, mehrfach gebrochen. In: Frankfurter Rundschau, (Frankfurt/M.), v. 17. 10. 1978, S. 9.
[47] Vgl. Rainer Kirsch, (s. Nachweis 2), S. 160.
[48] Die These Rüdiger Bernhardts, Kirsch ziehe sich in seinem späteren Werk mehr und mehr aus der gesellschaftlichen Kommunikation zurück, läßt m. E. eine Analyse veränderter Bedingungen für die „Anwendbarkeit" von Kunst in den siebziger Jahren z. B. gegenüber der Zeit der „Lyrikwelle" vermissen [vgl. R. B.: (s. Nachweis 44), S. 1975].
[49] Rainer Kirsch, (s. Nachweis 2), S. 30 f.
[50] Rainer Kirsch: In: Neue Texte. Almanach für deutschsprachige Literatur. Herbst 1968. Berlin/Weimar 1968, S. 386.
[51] Rainer Kirsch: Der Soldat und das Feuerzeug. Berlin 1978, S. 83 f.
[52] Ebd., S. 101.
[53] Rainer Kirsch, (s. Nachweis 2), S. 16. – Hervorhebung vom Verf.
[54] Rainer Kirsch: Heinrich Schlaghands Höllenfahrt. In: Theater der Zeit, H. 4 (1973), S. 51.
[55] Ebd., S. 56.
[56] Vgl. Reinhardt Stumm: Plädoyer für die Vernunft. In: Die Zeit, (Hamburg), H. 44 (1978), S. 58.
[57] Rainer Kirsch, (s. Nachweis 2), S. 97.
[58] Ebd., S. 100.

BIBLIOGRAPHISCHE ANGABEN

Lyrik: Marktgang (1964, G.); Gespräch mit dem Saurier (1965, G., zus. mit Sarah Kirsch); Olympische Spiele (1972, G., hg. zus. mit Manfred Wolter); Das letzte Mahl mit der Geliebten (1975, G., hg. zus. mit Manfred Wolter); Reglindis (1979, Lieder); Ausflug machen (1980, G.).

Film: Karli Kippe (U. 1963, Trickfilm).

Hörspiele: Variante B (U. 1962); Berufung (U. 1964); Der Stärkste (U. 1965, Khsp., zus. mit Sarah Kirsch).

Kinderbücher: Wenn ich mein rotes Mützchen hab (1974, Ill. v. Wolfgang Würfel, Melodie v. Gerhard Wohlgemuth); Es war ein Hahn (1975, zus. mit Elizabeth Shaw); Die Perlen der grünen Nixe (1975, Ill. v. Ruth Knorr); Vom Räuberchen, dem Rock und dem Ziegenbock (1978, Ill. v. Hans Ticha); Heute ist verkehrte Welt (1983, zus. mit Hans Ticha).

Märchenstücke bzw. -komödien/Puppenspiel: Teddy Honigmaul und der Zauberer (U. 1961, Puppensp.); Der Soldat und das Feuerzeug (U. 1967, Märchenkom. für Erwachsene); Heinrich Schlaghands Höllenfahrt (U. 1973, Kom.); Das Feuerzeug (nach Grimm u. Andersen, U. 1975, Märchenkom.); Die Rettung des Saragossameeres (1976); Frau Holle (nach den Gebr. Grimm, U. 1982, Märchenstück wie Titel davor).

Oper/Ballett: Das Land Bum-bum (U. 1976, Oper für Kinder u. Erwachsene); Münchhausen (U. 1979, Ballettlibretto, Musik v. Rainer Kunad).

Sammlung: Auszog das Fürchten zu lernen, Sammelbd. Prosa, Kom., G., Ess. (1978).

Reportagen: Berlin – Sonnenseite (1964, Bildrep. über das Deutschlandtreffen der Jugend, zus. mit Sarah Kirsch u. Thomas Billhardt); Kopien nach Originalen (1974, ^{2}veränd. 1978).

Kantate: Wir freuen uns auf den Wind von morgen (U. 1963, Musik v. R. Lukowski).

Nachdichtungen/Übersetzungen: Bruno der Unsichtbare (v. Vadim Nikolajewitsch Korostylew, 1962, Übers.); Pathetische Sonate (v. N. Kulisch, U. 1967, Sch., Übers.); Cyrano de Bergerac (v. E. Rostand, U. 1968, K., Übers.); Georgische Poesie aus acht Jahrhunderten (1971, Übers., zus. mit Adolf Endler); Die Schule der Frauen (v. Molière, 1971, K., Übers.); Schwitzbad (v. W. Majakowski, U. 1972, Dr., Übers.); Der Stein des Glücks (v. Carlos José Reyes, 1973, Übers.); Die Geschichte einer verlassenen Puppe (v. Alfonso Sastre, 1973, Übers.); G. (v. Sergej Aleksandrowitsch Esenin, 1975, russ. u. dt. Nachdichtung, zus. mit Paul Celan).

Aufsätze/Rezensionen: Das Wort und seine Strahlung. Über Poesie und ihre Übers. (1976); Amt des Dichters. Aufsätze, Rezensionen, Notizen, 1964–1978 (1981).

Herausgeber: Vietnam in dieser Stunde (1966, Anth., zus. mit Werner Bräunig, Peter Gosse u. Sarah Kirsch). Olympische Spiele (1971, zus. mit Manfred Wolter).

Selbstzeugnisse/Dokumente: Arbeitsstenogramm. In: Sonntag, Nr. 19 v. 10. 5. (1970).

Sekundärliteratur

[Zu: „Der Soldat und das Feuerzeug", Uraufführung in Erfurt]. In: Sonntag, Nr. 47 v. 19. 11. (1967).
Bernhardt, Rüdiger: Das Amt des Dichters – das Wort der Dichtung. Zum Werk R. K.s. In: Weimarer Beiträge, H. 11 (1983).
Brandstädter, Ulf: Entzaubertes Traumland? [zu: „Frau Holle", DDR-Erstaufführung in Dresden]. In: Theater der Zeit, H. 10 (1983).
Dieckmann, Friedrich: Sinn und Form beim Lyrikübersetzen. In: Sinn und Form, H. 1 (1978).
Eckelmann, Alfred: Denkanstöße in Versen [zu: „Ausflug machen"]. In: Neue Zeit, Nr. 104 v. 4. 5. (1981).
Gerlach, Jens: Reklame für Kirschgeist. In: Berliner Zeitung, Nr. 193 v. 16. 7. (1965).
Hein, Christoph: [Zu: „Gespräch mit dem Saurier"]. In: Junge Welt, Nr. 184 v. 7./8. 8. (1965).
Höpcke, Klaus: „Marktgang 1964". Streitbare Gespräche zur Lesung von Sarah u. R. K. in Westberlin. In: Neues Deutschland v. 10. 12. (1964).
Leistner, Bernd: Dienst am Realismus [zu: „Amt des Dichters"]. In: Neue Deutsche Literatur, H. 1 (1981).
Mickel, Karl: K.s. Gedichte. In: Neue Deutsche Literatur, H. 6 (1975).
Reichel, Peter: Märchen oder Komödie? [zu: „Das Feuerzeug", DDR-Erstaufführung in Altenberg]. In: Theater der Zeit, H. 2 (1982).
Scherner, Erhard: [Zu: „Gespräch mit dem Saurier"]. In: Der Bibliothekar, H. 7 (1965).
Schlenstedt, Sylvia/*Schlenstedt*, Dieter: Wenn zwei über zwei Lyriker sprechen [zu: „Gespräch mit dem Saurier"]. In: Neues Deutschland, Nr. 130 v. 12. 5. (1965).
Seyfarth, Ingrid: Märchenkomödie? [zu: „Der Soldat und das Feuerzeug", Uraufführung in Erfurt]. In: Theater der Zeit, H. 21 (1967).
Walther, Klaus: Marktgang [zu: „Gespräch mit dem Saurier"]. In: Wochenpost, Nr. 38 v. 18. 9. (1965).

Bibliographie

Rainer Kirsch. In: Internationale Bibliographie zur Geschichte der deutschen Literatur von den Anfängen bis zur Gegenwart. Erarbeitet ... unter Leitung und Gesamtredaktion v. Günter Albrecht/Günther Dahlke, Bd. II, 2 (Berlin 1972), S. 368–369; anschließend: Zehnjahres-Ergänzungsband [1965/74] zur Internationalen Bibliographie ... T. 2 (Berlin 1984), S. 368–369.

Erich Köhler

ANMERKUNGEN UND ZITATNACHWEIS

[1] Erkenntnisse und Bekenntnisse. Halle 1964.
[2] Erich Köhler: Reiten auf dem Leben. In: Erkenntnisse und Bekenntnisse. Halle 1964, S. 160 ff.
[3] Ebd., S. 192 ff.
[4] Ebd., S. 164 ff.
[5] Ebd., S. 190 f.
[6] Ebd., S. 192.
[7] Ebd., S. 182.
[8] Erich Köhler: Dichter und Gral. In: Sinn und Form, H. 3 (1983), S. 569.
[9] Ebd., S. 573.
[10] Ebd., S. 574.
[11] Ebd., S. 575.
[12] Sinn und Form, H. 3 (1983), S. 575.
[13] Eva Kaufmann: Gespräch mit Erich Köhler. In: Sinn und Form, H. 4 (1978), S. 750.
[14] Karin Hirdina: Zukunft heißt Kommunismus. In: Sinn und Form, H. 2 (1978), S. 452.
[15] Eva Kaufmann: Alt-Zauche liegt nicht hinter den Bergen. Zu Erich Köhlers Werk und Weg. In: Weimarer Beiträge, H. 10 (1978), S. 90 ff.
[16] Karin Hirdina, (s. Nachweis 14), S. 452.
[17] Geschichte der deutschen Literatur von den Anfängen bis zur Gegenwart. Literatur der Deutschen Demokratischen Republik. Bd. 11, Berlin 1976, S. 259.
[18] Erik Neutsch: Vorbemerkung zu: Der Hirt. Halle 1978.
[19] Karin Hirdina, (s. Nachweis 14), S. 452.
[20] Eva Kaufmann, (s. Nachweis 13), S. 755.
[21] Erich Köhler: Reise um die Erde in acht Tagen. Berlin 1979, S. 101.
[22] Ebd., S. 115.
[23] Ebd., S. 145.
[24] Erich Köhler: Glücksinsel. In: Kiplag-Geschichten. Berlin 1980, S. 34.
[25] Ebd., S. 123.
[26] Erich Köhler: Über die Scholochow-Resonanz in meiner Erzählung „Schatzsucher". In: Michael Scholochow. Werk und Wirkung. Leipzig 1966, S. 271.
[27] Ebd., S. 273.
[28] Ebd., S. 274.
[29] Erich Köhler: Nichts gegen Homer! In: Sinn und Form, H. 5 (1982), S. 1087.
[30] Botho Wiele: Einige notwendige Bemerkungen zu dem Artikel von Erich Köhler „Nichts gegen Homer". In: Sinn und Form, H. 4 (1983), S. 878 ff.
[31] Erich Köhler: Schatzsucher. Rostock 1964. S. 335.

[32] Erich Köhler, (s. Nachweis 2), S. 178.
[33] Ebd., S. 183.
[34] Ebd., S. 193.
[35] Erich Köhler: Aus dem Marnitzer Tagebuch. In: Neue Deutsche Literatur, H. 4 (1960), S. 33 ff.
[36] Erich Köhler, (s. Nachweis 2), S. 184.
[37] Eva Kaufmann, (s. Nachweis 13), S. 756.
[38] Ebd., S. 748.
[39] Ebd., S. 764.
[40] Ebd., S. 747.
[41] Erich Köhler: Nils Harland. Rostock 1968, S. 9.
[42] Eva Kaufmann, (s. Nachweis 15), S. 90.
[43] Erich Köhler: Der Krott oder das Ding unterm Hut. Rostock 1976, S. 29.
[44] Ebd., S. 31.
[45] Ebd., S. 34.
[46] Ebd., S. 13.
[47] Ebd., S. 46.
[48] Ebd., S. 128.
[49] Ebd., S. 132.
[50] Ebd., S. 27.
[51] Ebd., S. 79 f.
[52] Eva Kaufmann, (s. Nachweis 13), S. 759.
[53] Erich Köhler: Hinter den Bergen. Rostock 1976, S. 21.
[54] Ebd., S. 260.
[55] Eva Kaufmann, (s. Nachweis 13), S. 755.

BIBLIOGRAPHISCHE ANGABEN

Werke: Das Pferd und sein Herr (1956, E.); Die Teufelsmühle (1958, E.); Marnitzer Tagebuch (1960); Schatzsucher (1964, R.); Goldnase (1965, Kb.); Nils Harland (1968, En.); Die Lampe (U. 1970, Einakter); Der Geist von Cranitz (U. 1972, Stück); Platekatel-Banzkosumirade oder Die Suche nach der verlorenen Stecknadel (1973, Kb., Ill. v. Peter Nagengast); Der Schlangenkönig (1975, Kb.); Vietnamesische Legende (1975); Der Krott oder Das Ding unterm Hut (1976); Hinter den Bergen (1976, R.); Das kleine Gespenst (U. 1977, Stück); Reise um die Erde in acht Tagen (1979, E.); Die Denkmaschine (1979, Kb., Ill. v. Harri Parschau); Kiplag-Geschichten (1980, En.); Hartmut und Joana oder Geschenk für Kinder (1980, Film-E.); Der verwunschene Berg (U. 1983, Stück).

Selbstzeugnisse/Dokumente: Die Entdeckung des Schatzes. Über die Bedeutung meines Scholochow-Erlebnisses für den Roman „Schatzsucher". In: Neues Deutschland, Nr. 33, Beil. Literatur v. 14. 8. (1965); [Zu: „Der Geist von Cranitz"]. Das Gespräch über das neue Theaterstück führte Irene Böhme. In: Sonntag, Nr. 24 v. 11. 6. (1972); Kaufmann, Eva: Gespräch mit E. K. In: Sinn und Form, H. 4 (1978).

Sekundärliteratur

Turbulenz in einem vergessenen Dorf [zu: „Hinter den Bergen"]. In: Junge Welt (B), Nr. 9 v. 11. 1. (1977).

Bosse, Hannes: Finden zu sich selbst [zu: „Platekatel-Banzkosumirade oder Die Suche nach der verlorenen Stecknadel"]. In: Neue Deutsche Literatur, H. 7 (1977).

Ebert, Günter: Wie eine Wäschemangel zur Denkmaschine wird [zu: „Die Denkmaschine"]. In: Neues Deutschland, Nr. 10 v. 12./13. 1. (1980).

Eichler, Wilfriede: Alma Tutschke und ihre Kinder [zu: „Hinter den Bergen"]. In: National-Zeitung, Nr. 32 v. 7. 2. (1977).

Einhorn, Hinnerk: Die Welt im Spiegel einer erfundenen Reise [zu: „Reise um die Erde in acht Tagen"]. In: Neues Deutschland, Nr. 194 v. 19. 8. (1979).

Fischer, Hannelore: Mehr Antworten als Fragen [zu: „Das kleine Gespenst", Uraufführung in Berlin]. In: Theater der Zeit, H. 10 (1977).

Grambow, Jürgen: Requiem für die Abenteuerstory [zu: „Kiplag-Geschichten"]. In: Neue Deutsche Literatur, H. 7 (1981).

Gugisch, Peter: Gründlich hinter und auf die Dinge geschaut [zu: „Der Krott oder das Ding unterm Hut"]. In: Neues Deutschland, Nr. 197 v. 19. 8. (1976).

Ders.: Eine Utopie als großes Sinn- und Gegendbild [zu: „Hinter den Bergen"]. In: Neues Deutschland, Nr. 298 v. 17./18. 12. (1977).

Heimberger, Bernd: Wandlung der Welt hinter den Bergen – interessante Geschichte eines Dorfes [zu: „Hinter den Bergen"]. In: Tribüne, Nr. 55 v. 18. 3. (1977).

Heitzenröther, Horst: Das kleine Gespenst und das große Biest [zu: „Das kleine Gespenst", Uraufführung in Berlin]. In: National-Zeitung (B), Nr. 140 v. 15. 6. (1977).

Hirdina, Karin: Zukunft heißt Kommunismus [zu: „Der Krott oder Das Ding unterm Hut" u. „Hinter den Bergen"]. In: Sinn und Form, H. 2 (1978).

Ilberg, Werner: 65 vortreffliche Seiten [zu: „Das Pferd und sein Herr"]. In: Sonntag, Nr. 7 v. 16. 2. (1958).

Jennsen, Renate: Drei Fremde auf Schatzsuche [zu: „Kiplag-Geschichten"]. In: Junge Welt, Nr. 16 v. 20. 1. (1981).

Kaufmann, Eva: Alt-Zauche liegt nicht hinter den Bergen. Zu E. K.s Werk und Weg. In: Weimarer Beiträge, H. 10 (1978).

Kerndl, Rainer: Nur Selbstdarstellung des Theaters? [zu: „Der Geist von Cranitz", Uraufführung in Berlin]. In: Neues Deutschland, Nr. 170 v. 21. 6. (1972).

Köhler, Martin: Roswitha entdeckt ihr Wunderland [zu: „Platekatel-Banzkosumirade oder Die Suche nach der verlorenen Stecknadel"]. In: Neues Deutschland, Nr. 11, Beil. Literatur v. 14. 11. (1973).

Kratochwil, Ernst-Frieder: Krise eines Vierzigjährigen [zu: „Der Krott oder Das Ding unterm Hut"]. In: Neue Zeit (B), Nr. 32 v. 7. 2. (1977).

Krenzlin, Leonore: [Zu: „Der Krott oder Das Ding unterm Hut"]. In: Sonntag, Nr. 13 (1977).

Löffler, Anneliese: Nachrichten aus dem Lande Emerici [zu: „Die Reise um die Erde in acht Tagen"]. In: Berliner Zeitung, Nr. 115 v. 17. 5. (1979).
Dies.: Mit der Fantasie auf du und du [zu: „Hinter den Bergen"]. In: Berliner Zeitung, Nr. 214 v. 10. 9. (1981).
Melchert, Rulo: Ein Kraftwerk, kein Vergnügungspark [zu: „Der Krott oder Das Ding unterm Hut"]. In: Junge Welt, Nr. 213 v. 7. 9. (1976).
Meyer, Lotte: Wiederbegegnung mit einem Autor [zu: „Nils Harland"]. In: Neues Deutschland, Nr. 12, Beil. Literatur v. 4. 12. (1968).
Piens, Gerhard: Mitteltraining oder Kunstproduktion? [zu: „Der Geist von Cranitz", Uraufführung in Berlin]. In: Theater der Zeit, H. 9 (1972).
Plavius, Heinz: Gesellschaftsbewegung als Inhalt und Struktur [zu: „Hinter den Bergen"]. In: Neue Deutsche Literatur, H. 6 (1977).
Schäfer, Paul: Luchhexen und Moorteufel [zu: „Nils Harland"]. In: Neue Deutsche Literatur, H. 3 (1969).
Schreck, Irmtraud: Ein neuer Name [zu: „Das Pferd und sein Herr"]. In: Neue Deutsche Literatur, H. 5 (1958).
Schumacher, Ernst: Holpriger Weg nach Langenhanshagen [zu: „Die Lampe", Aufführung in Berlin]. In: Berliner Zeitung, Nr. 10 v. 10. 1. (1970).
Ders.: Das Zauberpferdchen [zu: „Vietnamesische Legende"]. In: Berliner Zeitung, Nr. 256 v. 28. 10. (1975).
Standfuß, Werner: Nachdenken und Träumen des Paul Jordan [zu: „Der Krott oder Das Ding unterm Hut"]. In: Neue Deutsche Literatur, H. 12 (1976).
Stolper, Armin: Sisyphosarbeit [zu: „Der verwunschene Berg"]. In: Theater der Zeit, H. 8 (1983).
Wendlandt, K. J.: Poetisches Gleichnis für einen Volkskampf [zu: „Vietnamesische Legende"]. In: Neues Deutschland, Nr. 239 v. 8. 10. (1975).
Ders.: Ein originelles Stück für das Kindertheater [zu: „Das kleine Gespenst", Uraufführung in Berlin]. In: Neues Deutschland, Nr. 139 v. 14. 6. (1977).

Bibliographie
Erich Köhler. In: Internationale Bibliographie zur Geschichte der deutschen Literatur von den Anfängen bis zur Gegenwart. Erarbeitet ... unter Leitung und Gesamtredaktion v. Günter Albrecht/Günther Dahlke, Bd. II, 2 (Berlin 1972), S. 378; anschließend: Zehnjahres-Ergänzungsband [1965/74] zur Internationalen Bibliographie ... T. 2 (Berlin 1984), S. 551.

Wolfgang Kohlhaase

ANMERKUNGEN UND ZITATNACHWEIS

1 START. Illustriertes Blatt der jungen Generation. (Berlin) H. 31, v. 1. 8. 1947.
2 Ebd., S. 12.
3 Hermann Kant: Eine deutliche Fährte. In: Das schönste Buch der Welt. Wie ich lesen lernte. Berlin 1973, S. 129.
4 Hans Richter: Gespräch mit Wolfgang Kohlhaase. In: Sinn und Form, H. 5 (1979), S. 978.
5 Ebd., S. 979.
6 Ebd., S. 978.
7 Ebd., S. 979.
8 Luise Koepp: Gespräch mit Wolfgang Kohlhaase. In: Aus Theorie und Praxis des Films. H. 1/2 (1981), S. 22.
9 Ebd.
10 Ebd., S. 18.
11 Ebd.
12 Hans Richter, (s. Nachweis 4), S. 981.
13 Wolfgang Kohlhaase: Gerhard Klein zum Gedenken. In: Neues Deutschland, v. 1. 6. 1970.
14 Horst Knietzsch: Gespräch mit Wolfgang Kohlhaase. In: Kino- und Fernseh-Almanach. Berlin 1978, S. 140 f.
15 Luise Koepp, (s. Nachweis 8), S. 25.
16 Hans Richter, (s. Nachweis 4), S. 981.
17 Ebd., S. 983.
18 Ebd., S. 984.
19 Ebd.
20 In: Der Film „Ich war neunzehn". Arbeitshefte der Akademie der Künste der Deutschen Demokratischen Republik. H. 1 (1968), S. 111.
21 Hans Richter, (s. Nachweis 4), S. 981.
22 Gespräch mit Wolfgang Kohlhaase und Konrad Wolf am 26. 9. 1973, geführt von Regine Sylvester, Manfred Fritzsche, Hans Lohmann. In: (s. Nachweis 8), S. 40 f.
23 Ebd., S. 41.
24 Ebd., S. 45.
25 Hans Richter, (s. Nachweis 4), S. 983.
26 Ebd.
27 Wolfgang Kohlhaase: Die Grünstein-Variante. Berlin 1980, S. 48.
28 Luise Koepp, (s. Nachweis 8), S. 18 f.
29 Wolfgang Kohlhaase: Inge, April und Mai. In: W. K.: Silvester mit Balzac und andere Erzählungen. Berlin 1977, S. 5.
30 Hans Richter, (s. Nachweis 4), S. 986.
31 Ebd.
32 Diskussion über zwei Prosaarbeiten Wolfgang Kohlhaases in der von Prof. Dr. R. Weimann geleiteten Arbeitsgruppe Literatur und Kritik

der Akademie. In: Mitteilungen der Akademie der Künste der DDR, H. 5 (1972). Zit. nach: (s. Nachweis 8), S. 78.
33 Wolfgang Kohlhaase, (s. Nachweis 29), S. 23.
34 Ebd.
35 Siehe Nachweis 32, S. 79.
36 Wolfgang Kohlhaase, (s. Nachweis 29), S. 207.
37 Hans Richter, (s. Nachweis 4), S. 986.
38 Friedrich Dieckmann: Geschichten von leichter Hand. In: Sinn und Form, H. 4 (1979), S. 926.
39 Wolfgang Kohlhaase, (s. Nachweis 29), S. 147.
40 Ebd., S. 73 f.
41 Siehe Nachweis 32, S. 77.
42 Wolfgang Kohlhaase, (s. Nachweis 29), S. 59.
43 Ebd.
44 Friedrich Dieckmann, (s. Nachweis 38), S. 920.
45 Ebd., S. 928.
46 Diskussion mit Studenten am 8. 12. 1976 über die Prosaarbeiten „Vergnügen stiller Art" und „Lasset die Kindlein . . .". In: Mitteilungen der Akademie der Künste der DDR, H. 4 (1977). Zit. nach: (s. Nachweis 8), S. 88.
47 Gespräch zwischen Wolfgang Kohlhaase, Konrad Wolf und Klaus Wischnewski. In: Film und Fernsehen, H. 1 (1980). Zit. nach: (s. Nachweis 8), S. 65.
48 Ebd., S. 70.
49 Siehe Nachweis 8, S. 73.
50 Wolfgang Kohlhaase: Für Koni. In: Film und Fernsehen, H. 10 (1982), S. 6.
51 Protokoll des VII. Schriftstellerkongresses der DDR (Arbeitsgruppen). Zit. nach: (s. Nachweis 8), S. 161.
52 Ebd.
53 Hans Richter, (s. Nachweis 4), S. 981.
54 Protokoll des II. Kongresses des Verbandes der Film- und Fernsehschaffenden der DDR, 1972. Zit. nach: Arbeitshefte der Akademie der Künste der DDR. H. 33 (Berlin 1979), S. 23.
55 Ebd., S. 24.
56 Siehe Nachweis 51, S. 162.
57 Diskussionsbeitrag auf dem VIII. Schriftstellerkongreß der DDR. In: Neue Deutsche Literatur, H. 8 (1978), S. 73.

BIBLIOGRAPHISCHE ANGABEN

Werke: Die Störenfriede (U. 1953, Film, auch Film-E., zus. mit H. W. Kubsch); Alarm im Zirkus (U. 1954, Film, auch Film-E., zus. mit Hans Kubisch); Eine Berliner Romanze (U. 1956, Film, auch Film-E., zus. mit Gerhard Klein); Berlin – Ecke Schönhauser (U. 1957, Film); Der schweigende Stern (U. 1960, Film, zus. mit Kurt Maetzig); Der Fall Gleiwitz (U. 1961, Film, zus. mit G. Rücker); Josef und alle seine Brüder (U. 1962, Fsp., zus. mit Karl-Georg Egel); Ich war neunzehn (U. 1968, Film, zus. mit Konrad Wolf); Fisch zu viert (U. 1969, Hsp., als Fsp. U. 1970); Fragen an ein Foto (U. 1969,

Hsp.); Erfindung einer Sprache (1970, E.); Ein Trompeter kommt (U. 1970, Hsp., gedr. in: Hörspiele, Bd. 11 (1972); Der nackte Mann auf dem Sportplatz (U. 1974, Film, zus. mit Konrad Wolf); Die Grünstein-Variante (U. 1976, Hsp., verfilmt 1984); Lasset die Kindlein ... (U. 1976, Fernsehfilm); Nagel zum Sarg (1976, En.); Mama, ich lebe (U. 1977, Film); Silvester mit Balzac und andere En. (1977, En.); Solo Sunny (U. 1980, Film); Der Aufenthalt (U. 1983, Verfilmung nach Motiven des Romans v. Hermann Kant).

Selbstzeugnisse/Dokumente: Körner, Dorothea: Drehbücher und Erzählungen. W. K. las aus seinem Buch „Silvester mit Balzac". Interview über das Schreiben von Prosa. In: Der Morgen (B), Nr. 71 v. 25./26. 3. (1978); Nicht so relativierend verhalten. Mit W. K., Schriftsteller, Drehbuchautor, sprachen Oksana Bulgakowa und Dieter Hochmuth. In: Filmspiegel, Nr. 25 (1978); „Schreiben ist eine Form von Handeln". Gespräch mit dem Schriftsteller W. K. In: Bauern-Echo, Nr. 86 v. 12. 4. (1978); Gespräch mit Konrad Wolf und W. K. In: Sinn und Form, H. 5 (1982).

Sekundärliteratur

Resonanz [zu: „Solo Sunny"]. In: Sonntag, Nr. 16 v. 20. 4. (1980).
Wir produzieren Filme mit dem Geld der Werktätigen. „Wahrheit" – Interview mit Konrad Wolf während der 30. Filmfestspiele [zu: „Solo Sunny"]. In: Die Wahrheit, Nr. 51 v. 1./2. 3. (1980).
Agde, Günter: Ein Loblied über eine von uns und eine Frage an uns [zu: „Solo Sunny"]. In: Filmspiegel, Nr. 4 (1980).
Bernhardt, Rüdiger: [Zu: „Silvester mit Balzac"]. In: Weimarer Beiträge, H. 3 (1979).
Cwojdrak, Günther: K.s Capriccios? [zu: „Silvester mit Balzac"]. In: Die Weltbühne, Nr. 14 v. 4. 4. (1978).
Dieckmann, Friedrich: Geschichten von leichter Hand [zu: „Silvester mit Balzac"]. In: Sinn und Form, H. 4 (1979).
Ders.: [Zu: „Solo Sunny"]. In: Sinn und Form, H. 3 (1980).
Gehler, Fred: [Zu: „Solo Sunny"]. In: Sonntag, Nr. 6 v. 10. 2. (1980).
Harkenthal, Gisela: „Schicksal zwischen den Lichtern". Versuch einer ersten Bekanntmachung mit dem neuen Wolf/K.-Film „Solo Sunny" nach vielmaligem Lesen des Drehbuchs und zweimaliger Anwesenheit beim Drehen. In: Filmspiegel, Nr. 5 (1979).
Heimberger, Bernd: Erzähler mit dramatischer Attitüde [zu: „Silvester mit Balzac"]. In: Neue Zeit (B), Nr. 113 v. 16. 5. (1978).
Honigmann, Georg: Begegnung mit W. K. In: Sonntag, Nr. 48 v. 30. 11. (1969).
Jähnichen, Waltraud: [Zu: „Ein Trompeter kommt"]. In: Sonntag, Nr. 51 v. 20. 12. (1970).
Knietzsch, Horst: DEFA 1980: Filme mit Pfiff und hohem künstlerischem Anspruch. Arbeitsgespräch zwischen Kritikern und Künstlern in Dresden. Konrad Wolf und W. K. zu ihrem neuen Werk „Solo Sunny". In: Neues Deutschland, Nr. 10 v. 12./13. 1. (1980).
Molle, Cornelia: W. K. In: Deutsch als Fremdsprache, Sonderh. (1981).

Plavius, Heinz: Der Einbruch: Es ist so passiert [zu: „Silvester mit Balzac"]. In: Berliner Zeitung, Nr. 22 v. 26. 1. (1978).
Püschel, Ursula: Wunder an Wochentagen [zu: „Silvester mit Balzac"]. In: Forum, H. 8 (1978).
Rücker, Günther: Ein neuer Erzähler ist da. Ein Erstling von keinem Neuling [zu: „Silvester mit Balzac"]. In: Wochenpost, Nr. 11 v. 10. 3. (1978).
Schachtsiek-Freitag, Norbert: [Zu: „Silvester mit Balzac"]. In: Neue Deutsche Literatur, H. 1 (1980).
Schönewerk, Klaus Dieter: Entdeckungen meisterlicher Erzählkunst [zu: „Silvester mit Balzac"]. In: Neues Deutschland, Nr. 60 v. 11./12. 3. (1978).
Schütt, Hans-Dieter: Poetischer Blick auf Dinge, so wie sie wirklich sind [zu: „Solo Sunny"]. In: Junge Welt (B), Nr. 15 v. 18. 1. (1980).
Schumacher, Ernst: Makabres zur Spielzeiteröffnung [zu: „Fisch zu viert", Aufführung in Berlin]. In: Berliner Zeitung, Nr. 266 v. 26. 9. (1970).
Skulski, Gudrun: Die Frage nach dem Familienglück [zu: „Lasset die Kindlein . . ."]. In: Neue Zeit (B), Nr. 257 v. 28. 10. (1976).
Thurm, Brigitte: Rückhaltlos und verletzbar [zu: „Solo Sunny"]. In: Film und Fernsehen, Nr. 2 (1980).
Wischnewski, Klaus: Ein merkwürdiger Film [zu: „Solo Sunny"]. In: Film und Fernsehen, Nr. 2 (1980).
Wolf, Dieter: Streitbare Sunny – viel umstritten. Ein Film im Spiegel der Zuschauerdiskussion [zu: „Solo Sunny"]. In: Film und Fernsehen, Nr. 6 (1980).
Zelt, Manfred: [Zu: „Ein Trompeter kommt", Aufführung in Rostock]. In: Theater der Zeit, H. 6 (1972).

Hans Lorbeer

ANMERKUNGEN UND ZITATNACHWEIS

1 „Wacht auf!", eine Sammlung von Kurzgeschichten und Erzählungen, wurde 1928 im Internationalen Arbeiterverlag, Berlin, verlegt.
2 Der Roman unter dem Titel „Ein Mensch wird geprügelt" wurde 1930 in der Sowjetunion in russischer Sprache veröffentlicht und erschien erst 1959 in Deutsch u. d. T.: „Der Spinner" im Mitteldeutschen Verlag, Halle.
3 Vgl.: Dieter Heinemann: Interview mit Hans Lorbeer. In: Weimarer Beiträge, H. 12 (1972), S. 72 f.
4 Eine repräsentative Auswahl aus Lorbeers lyrischem Schaffen bietet der Band „Chronik in Versen. Gedichte aus fünf Jahrzehnten", der 1971 im Mitteldeutschen Verlag als Bestandteil von Lorbeers „Gesammelten Werken in Einzelausgaben" erschienen ist.
5 In: Internationale Pressekorrespondenz, Nr. 8, 25. 1. 1929.
6 Eine Auswahl der wichtigsten dieser Texte enthält der Band „Ein Leben lang. Geschichten aus fünf Jahrzehnten", der 1974 im Mittel-

deutschen Verlag in Lorbeers „Gesammelten Werken in Einzelausgaben" herausgegeben wurde.
7 Kurt Kläber: Vorwort zu: „Wacht auf!" In: (s. Nachweis 1).
8 Siehe Nachweis 2.

BIBLIOGRAPHISCHE ANGABEN

Romane: Ein Mensch wird geprügelt (Moskau 1930, russ.; 1959 dt. u. d. T.: Der Spinner); Die 7 ist eine gute Zahl (1953); Die Rebellen von Wittenberg. R.-Trilogie. 1: Das Fegefeuer (1956), 2: Der Widerruf (1959), 3: Die Obrigkeit (1963).

Erzählungen: Wacht auf (1928); Die Legende vom Soldaten Daniel (1948); Vorfrühling und andere Liebesgeschichten (1953); Der Birkenhügel (1960); Zur freundlichen Erinnerung (1960); Ein Leben lang (1974).

Lyrik: Gedichte eines jungen Arbeiters (1925, G.); Die Gitterharfe (1948, G.); Des Tages Lied (1948, G.); Es singt ein Mensch auf allen Straßen (1950, G.); Als du siebenunddreißig warst. G. zum 70. Geburtstag von Johannes R. Becher. In: Sonntag, Nr. 21 v. 21. 5. (1961); Die Straßen gehn (1961, G.); Chronik in Versen (1971, G.); G. (1972).

Dramatik: Die Trinker (U. 1925, Tragi-Kom.); Liebknecht–Luxemburg–Lenin (1927, Sprechchor); Panzerkreuzer Potemkin (1929, Chorwerk, Ms.-Druck); Phosphor (Leningrad 1931, russ., Dr.).

Reportage/Szenenfolge: Erinnerungen an Kiew (1929, Rep., in: Welt am Abend); Märzkämpfe in Mitteldeutschland (1929, Szenenfolge, in: Das rote Sprachrohr).

Ausgaben: W. (1970 ff.).

Selbstzeugnisse/Dokumente: Hunger-März. In: Hammer und Feder. Deutsche Schriftsteller aus ihrem Leben und Schaffen (1955); Heinemann, Dieter: Interview mit H. L. In: Weimarer Beiträge, H. 12 (1971); Dieses und jenes über mich selbst. In: Die Weltbühne, Nr. 38 v. 18. 9. (1973).

Sekundärliteratur

H. L. Reporter des Elends. In: Sinn und Form, H. 2 (1983).
Abusch, Alexander: Trauer um H. L. In: Sinn und Form, H. 6 (1973).
Arnold, Gertraut: [Zu: „Die 7 ist eine gute Zahl"]. In: Die Buchbesprechung, Nr. 7 (1953).
Arnold, Johannes: [Zu: „Die Rebellen von Wittenberg"]. In: Neue Deutsche Literatur, H. 11 (1983).
Deicke, Günther: Verse aus fünfzig Jahren [zu: „Chronik in Versen"]. In: Neues Deutschland, Nr. 220, Beil. Literatur, Nr. 8 v. 11. 8. (1971).

Ebert, Günter: H. L. In: Sonntag, Nr. 22 (1959).
Eichler, Wilfriede: Blutgericht in Wittenberg [zu: „Die Obrigkeit“]. In: National-Zeitung, Nr. 105, Beil. Literaturspiegel v. 6. 5. (1964).
Entner, Irma: Lehrjahre eines jungen Kommunisten [zu: „Der Spinner“]. In: Sonntag, Nr. 9 (1960).
Erler, Gotthard: Hammerschläge in Wittenberg [zu: „Das Fegefeuer“]. In: Neues Deutschland, Beil. Kunst u. Literatur v. 19. 8. (1956).
Geerdts, Hans Jürgen: Die Reformationszeit im Roman [zu: „Das Fegefeuer“]. In: Neue Deutsche Literatur, H. 9 (1956).
Giesecke, Hans: Bildnis der Rebellen von Wittenberg [zu: „Die Rebellen von Wittenberg“]. In: Neue Zeit, Nr. 46 v. 23. 2. (1964).
Hammer, Franz: Vom Rebellen zum Fürstendiener [zu: „Der Widerruf“]. In: Neues Deutschland, Beil. Kunst u. Literatur v. 28. 11. (1959).
Ders.: Als schreibender Chemieprolet begann er ... [zu: „Der Spinner“]. In: Neue Deutsche Literatur, H. 2 (1961).
Ders.: Aus vier Jahrzehnten [zu: „Die Straßen gehn“]. In: Berliner Zeitung, Nr. 271 v. 1. 10. (1961).
Ders.: Er war von Anfang an dabei. Zur Verleihung des Nationalpreises an H. L. In: Der Bibliothekar, H. 12 (1961).
Ders.: H. L. – 60 Jahre. In: Berliner Zeitung, Nr. 224 v. 15. 8. (1961).
Ders.: Ein wichtiges Stück deutscher Geschichte [zu: „Die Rebellen von Wittenberg“]. In: Neues Deutschland, Nr. 39, Beil. Literatur v. 26. 9. (1964).
Ders.: Erzählung als Biographie [zu: „Ein Leben lang“]. In: Neue Deutsche Literatur, H. 3 (1975).
Hartmann, Egon: Die bindende Kraft der Liebenden [zu: „Vorfrühling“]. In: Heute und morgen, H. 5 (1954).
Heinemann, Dieter: Luther und der „gemeine“ Mann [zu: „Die Rebellen von Wittenberg“]. In: Wissenschaftliche Zeitschrift der Martin-Luther-Universität Halle–Wittenberg. Gesellschafts- und sprachwissenschaftliche Reihe, H. 5 (1983).
Hillesheim, Gert: Luther und der gemeine Mann [zu: „Der Widerruf“]. In: Neue Deutsche Literatur, H. 6 (1959).
Huppert, Hugo: Bücher verlangen Taten. Zu H. L.s Luther-Romanen. In: Die Weltbühne, Nr. 49 (1960).
Ilberg, Werner: Luther und die Folgen [zu: „Die Rebellen von Wittenberg“]. In: Neue Deutsche Literatur, H. 4 (1965).
Lorbeer, Marianne: Erinnerung an meinen Vater. In: Die Weltbühne, Nr. 32 v. 10. 8. (1976).
Dies.: Wie ein Roman entstand. In: Die Weltbühne, Nr. 32 v. 11. 8. (1981).
Preißler, Helmut: Jedes Wort ist ein Gesinnungszoll [zu: „Chronik in Versen“]. In: Neue Deutsche Literatur, H. 7 (1972).
Rusch, Heinz: Etwas fehlt noch: der Mensch [zu: „Die 7 ist eine gute Zahl“]. In: Neue Deutsche Literatur, H. 7 (1954).
Schellenberger, Johannes: Die Reformationszeit im Roman [zu: „Das Fegefeuer“]. In: Die Buchbesprechung, Nr. 6 (1956).
Ders.: [Zu: „Der Widerruf“]. In: Der Bibliothekar, H. 10 (1959).

Ders.: [Zu: „Die Obrigkeit"]. In: Der Bibliothekar, H. 1 (1964).
Schwachhofer, René: [Zu: „Die Straßen gehn"]. In: Sonntag, Nr. 17 (1962).
Sladczyk, Leo: „Denn was er schreibt, ist lebendiges Leben..." [zu: „Chronik in Versen"]. In: Berliner Zeitung, Nr. 222 v. 13. 8. (1971).
Weimer, Annelore: ... den Lebenden die Zuversicht [zu: „Die Rebellen von Wittenberg"]. In: Berliner Zeitung, Nr. 128 v. 10. 5. (1964).
Weimer, Victor: Das vielfältige Leben gestalten [zu: „Die 7 ist eine gute Zahl"]. In: Neues Deutschland v. 28. 2. (1954).
Winzer, Klaus D.: Er entdeckte ein bißchen Lyrik auch dort, wo die Wirklichkeit grau war. K. D. W. auf den Spuren des proletarischen Schriftstellers H. L. In: Tribüne, Nr. 31 v. 6./7. 2. (1982).

Bibliographien

Hans Lorbeer. In: Internationale Bibliographie zur Geschichte der deutschen Literatur von den Anfängen bis zur Gegenwart. Erarbeitet... unter Leitung und Gesamtredaktion v. Günter Albrecht/Günther Dahlke, Bd. II, 2 (Berlin 1972), S. 413–414; anschließend: Zehnjahres-Ergänzungsband [1965/74] zur Internationalen Bibliographie ... T. 2 (Berlin 1984), S. 582.
Hans Lorbeer. In: Bibliographische Kalenderblätter. Bearb. v. der Berliner Stadtbibliothek. Folge 8 (1961), Nachtrag in: Bibliographische Kalenderblätter. Folge 8 (1971).

Kito Lorenc

ANMERKUNGEN UND ZITATNACHWEIS

1 Serbska čitanka – Sorbisches Lesebuch. Hg. Kito Lorenc. Leipzig 1981, S. 406.
2 Ebd., S. 118. Lorenc machte die deutschen Leser vor allem mit den Fabeln Zejlers bekannt (Der betreßte Esel, 1969).
3 Ebd., S. 467.
4 Ebd., S. 339.
5 Ebd., S. 339.
6 Kito Lorenc: Struga – eine Konfession, Beitrag zum III. Internationalen Oktobertreffen der Schriftsteller in Belgrad 1966. Zit. nach: K. L.: Flurbereinigung. Gedichte. Berlin 1973, S. 97.
7 Ebd., S. 100.
8 Ebd., S. 101.
9 Gottfried Fischborn: Die Rettung des Krosno. Jurij Kochs Schauspiel „Landvermesser". In: Neue Deutsche Literatur, H. 2 (1984), S. 60 f.
10 Ebd.
11 Ebd.
12 Ebd.

[13] Rainer Maria Rilke: Werke. Auswahl in drei Bänden. Bd. 1. Leipzig 1963, S. 198.
[14] S. Nachweis 1, S. 8 f.

BIBLIOGRAPHISCHE ANGABEN

Werke: Zapiski z brigadowanja [Brigadenotizen] (1959, G., in einer sorb. Zeitung); Nowe časy – nowe kwasy [Neue Zeiten – neue Hochzeiten] (1961, G.); Šěrik, měrik, bałdrjan (v. Jan Lajnert, 1962, G.Ausw., Hg.); Swětlo, prawda, swobodnosć [Licht, Gerechtigkeit und Freiheit] (1963, Anth. demokratischer sorb. Dichtung, Hg.); Po drogach casnikarki [Auf den Wegen einer Journalistin] (v. Mina Witkojc, 1964, Anth. publizistischer Arbeiten, Hg.); Unvergessen bleibt das Lied (v. Handrij Zejler, 1964, Übers. u. Hg.); Struga. Bilder einer Landschaft (1967, G.-Zyklus, sorb. u. dt., U. 1972, Film nach Motiven des gleichnamigen G.-Zyklus, zus. mit T. Bruk u. K. Herrmann); Moje serbske wuznaće [Mein Bekenntnis] (v. Jakub Bart-Ćišinski, 1968, Übers.); Der betreßte Esel (Sorb. Fabeln v. Handrij Zejler, 1969, Übers. u. Hg.); Poezija małej komorki [Poesie der kleinen Kammer] (v. Jurij Chěžka, 1971, sorb. u. dt., Übers., Hg.); Kluče a puče [Schlüssel und Wege] (1971, ges. G. u. Lieder 1962/70); Nový letopis [tschech. Ausw.; Neue Jahresschrift] (Prag 1972); Flurbereinigung (1973, G.); Der Krieg des Wolfes und des Fuchses (1981, sorb. Märchen, Bearb., Ill. v. Renate Totzke-Israel); Serbska čitanka = Sorb. Lesebuch (1981, Übers., Hg.); Die Freundschaft zwischen Fuchs und Wolf (1982, sorb. Märchen, Bearb.); Die Himmelsziege (1982, sorb. Volksreime u. Tiermärchen, Bearb., Ill. v. Lothar Otto).

Selbstzeugnisse/Dokumente: Endler, Adolf: Begegnung mit K. L. In: Sonntag, Nr. 44 v. 1. 11. (1970); Brodack, K.: Am Ende der sarmatischen Ebene. Dialog mit dem Lyriker K. L. In: Neue Zeit (B), Nr. 127 v. 31. 5. (1980).

Sekundärliteratur

Kirsch, Rainer: K. L. In: Liebes- und andere Erklärungen (1972).
Ders.: Über K. L. In: R. K.: Amt des Dichters (1981).
Löser, Christian: Der Weg eines Dichters [zu: „Flurbereinigung"]. In: Neue Deutsche Literatur, H. 11 (1974).
Rothbauer, Gerhard: Freude am Spiel mit Überliefertem [zu: „Flurbereinigung"]. In: Neues Deutschland, Nr. 11, Beil. Literatur v. 14. 11. (1973).

Biobibliographien

Kito Lorenc (Berlin 1979, sorb. u. dt., ²erw. 1982, sorb., Innengrafik Dietrich Schade), [Poesiealbum, Nr. 143].
Kito Lorenc. In: Internationale Bibliographie zur Geschichte der deutschen Literatur von den Anfängen bis zur Gegenwart. Erarbeitet ... unter Leitung und Gesamtredaktion v. Günter Albrecht, Zehnjahres-Ergänzungsband [1965/74] zur Internationalen Bibliographie ... T. 2 (Berlin 1984), S. 582–583.

Hans Marchwitza

ANMERKUNGEN UND ZITATNACHWEIS

1 Hans Marchwitza. In: Beiträge zur Gegenwartsliteratur (IV. Deutscher Schriftstellerkongreß, Januar 1956), H. 2, (1956), S. 127.
2 Alfred Kurella: Vom Knecht zum Herrn. In: Kamst zu uns aus dem Schacht. Berlin 1980, S. 76.
3 Günter Caspar: Dichter der behutsamen Überzeugung. In: Ebd., S. 53.
4 Hans Marchwitza: An den Quellen. In: Hammer und Feder. Berlin 1955, S. 370 f.
5 Hans Marchwitza: Von der ersten Arbeiterkorrespondenz zur ersten Kurzgeschichte. In: Alfred Klein: Im Auftrag ihrer Klasse. Berlin/Weimar 1972, S. 775.
6 Hans Marchwitza, (s. Nachweis 4), S. 371.
7 Hans Marchwitza: Wir schreiben nur unsere Erfahrungen. In: Zur Tradition der deutschen sozialistischen Literatur. Bd. 1. Berlin/Weimar 1979, S. 860.
8 Hans Marchwitza: Gorki, Spartakus, unsere Republik. In: Neue Deutsche Literatur, H. 3 (1968), S. 6.
9 Hans Marchwitza, (s. Nachweis 4), S. 372.
10 Hans Marchwitza: Ich schreibe. In: H. M.: Gedichte. Berlin/Weimar 1965, S. 28.
11 Alfred Klein: Im Auftrag ihrer Klasse (s. Nachweis 5), S. 343.
12 Resolution zu den politischen und schöpferischen Fragen der internationalen proletarischen und revolutionären Literatur (Beiträge zur II. Internationalen Konferenz proletarischer und revolutionärer Schriftsteller). In: (s. Nachweis 7), S. 318.
13 Johannes R. Becher: Unsere Wendung. In: J. R. B., Gesammelte Werke, Bd. 13, S. 419.
14 Hans Marchwitza: Schlacht vor Kohle. Berlin 1931, S. 2.
15 Alfred Klein: Im Auftrag ihrer Klasse (s. Nachweis 5), S. 558.
16 Beate Messerschmidt: Neue Wege, von Arbeitern zu erzählen. In: Erfahrung Exil. Berlin/Weimar 1979, S. 83.
17 Hans Marchwitza: Die Kumiaks. Berlin 1947, S. 11.
18 Ebd., S. 318.
19 Sigrid Bock: Roman im Exil. In: Erfahrung Exil (s. Nachweis 16), S. 49.
20 Hans Marchwitza: In Frankreich. In Amerika. Berlin/Weimar 1971, S. 390.
21 Horst Haase: Vom Dichter des kämpfenden Proletariats zum Gestalter der neuen Arbeitswelt. In: Neue Deutsche Literatur, H. 2 (1960), S. 133.
22 Hans Marchwitza: Die Kumiaks (s. Nachweis 17), S. 5.
23 Horst Haase: Hans Marchwitzas Kumiak-Trilogie. In: Gesellschaft zur Verbreitung wissenschaftlicher Kenntnisse. Berlin 1961, S. 25.
24 Hans Marchwitza: An der Schwelle neuer Gestaltung. In: Tägliche Rundschau, Nr. 113 (1949), S. 8.

[25] Gudrun Klatt: Proletarisch-revolutionäres Erbe als Angebot. In: Literarisches Leben in der DDR 1945 bis 1960. Berlin 1979, S. 267.

[26] Heinz H. Schmidt: Sprödes „Roheisen". In: Neue Deutsche Literatur, H. 1 (1956), S. 139.

[27] Johannes R. Becher hatte sich auf dem IV. Schriftstellerkongreß (1956), ohne „Roheisen" direkt zu nennen, zu den inhaltlich-gestalterischen Problemen der Literatur geäußert, als er sagte, „daß das Inhaltliche häufig als Rohstoff, künstlerisch unverarbeitet noch, in den Werken unserer Schriftsteller hervortritt. Aber dieser Inhalt [. . .] ist goldhaltig". – Vgl. Johannes R. Becher: Von der Größe unserer Literatur. In: IV. Deutscher Schriftstellerkongreß. Protokoll. 1. Teil. Berlin 1956, S. 30.

[28] Johannes R. Becher: Das Poetische Prinzip. In: J. R. B.: Über Literatur und Kunst. Berlin 1962, S. 685 f.

[29] Vgl. Hans Marchwitza: In: Geschichte der Deutschen Literatur. Literatur der DDR. Bd. 11: Autorenkollektiv unter Leitung v. H. Haase. Berlin 1976, S. 254 f.

[30] Wilhelm Pieck: Ansprache zur Eröffnung der Deutschen Akademie der Künste und Berufung ihrer ersten Mitglieder am 24. März 1950 in der Deutschen Staatsoper Berlin: In: Die Gründung der Deutschen Akademie der Künste (Fotokopie).

BIBLIOGRAPHISCHE ANGABEN

Romane: Sturm auf Essen (1930, 1931 verboten, erw. 1952); Schlacht vor Kohle (1931); Walzwerk (1932, neue Fassg. u. d. T.: „Treue"); Die Kumiaks (Zürich 1934); Meine Jugend (1947); Die Heimkehr der Kumiaks (1952); Roheisen (1955); Die Kumiaks und ihre Kinder (1959); Ein Besuch. Aus dem 4., unvollendeten Band der „Kumiaks". In: Neues Deutschland, Nr. 173, Beil. v. 26. 6. (1965); Die Tochter der Weberin. Aus einem unvollendeten Roman von H. M. In: Neues Deutschland, Nr. 23, Beil. v. 23. 1. (1965).

Erzählungen: Kumpel Woitek (1932). In: Sonntag, Nr. 4 (1965); Vor Verdun verlor ich Gott (1932); Janek und andere En. (Charkow/Kiew 1934); Zwei En. (Araganda, Die Uniform. Moskau 1939); Mein Anfang (1950); Unter uns. En. aus älterer und jüngerer Zeit (1950, erw. 1954); Der Steinträger (gek.). In: Für euch ist das Wort. Hg. Paul Günter Krohn/Heinz Neugebauer (1962); gek. auch in: Proletarisch-revolutionäre Literatur 1918 bis 1933 (1962) [Schriftsteller der Gegenwart. Bd. 9]; Hanna Gerbes Kinder. In: Neue Deutsche Literatur, H. 10 (1963).

Lyrik: G. (New York 1942); Wetterleuchten (New York 1942, G.); G. (1975), [Poesiealbum, Nr. 93].

Kinderbuch: Hanku. Ausw., Nachw. Erika Schröder, Ill. Volker Pfüller (1974).

Reportagen: In Frankreich (1949); In Amerika (1961).

Dokumente/Selbstzeugnisse: Frühling der Begabungen. Gedanken und Grüße zur Kulturkonferenz vom 27.–29. 4. 1960. In: Sonntag, Nr. 17 (1960); Draußen donnert der Werktag, die Arbeit ... Was der Schriftsteller H. M. seinen jungen Kollegen zu sagen hat. In: Neues Deutschland, Nr. 139 v. 22./23. 5. (1963); Aktionen, Bekenntnisse. Perspektiven, Berichte u. Dokumente vom Kampf um die Freiheit des literarischen Schaffens in der Weimarer Republik (1966), S. 261 ff., S. 485 ff.: Briefe u. Berichte von H. M.

Ausgaben: W. in Einzelausg. (1957/62, 9 Bde.); G., hg. v. d. Akademie der Künste (1965); Hans Marchwitza 1890–1965, zugest. v. Jürgen Bonk (1965); Hans Marchwitza. Ausw. v. Bernd Jentzsch (1975), [Poesiealbum, Nr. 93].

Sekundärliteratur

Zeit der Saat – Zeit der Ernte [zu: „Die Kumiaks und ihre Kinder"]. In: Der Morgen, Nr. 32 v. 7. 2. (1960).
Ein frühes Werk H. M.s [zu: „Treue"]. In: Tribüne, Nr. 42 v. 18. 2. (1961).
Zur Darstellung der Arbeit bei H. M. In: Volkskunst, H. 2 (1965).
Aktionen, Bekenntnisse. Perspektiven, Berichte u. Dokumente vom Kampf um die Freiheit des literarischen Schaffens in der Weimarer Republik (1966), S. 196–199.
Abusch, Alexander: Literatur im Zeitalter des Sozialismus. Beitr. zur Literaturgeschichte 1921 bis 1966 (1967), S. 449–456 über H. M.
Albrecht, Friedrich: Vater der Kumiaks. In: Urania-Universum, Bd. 7 (1961).
Becher, Johannes R.: (Notizen über „Roheisen"). In: J. R. B.: Über Literatur und Kunst (1962); auch in: J. R. B.: Das poetische Prinzip (1957).
Bergner, Tilly: Zu Besuch bei H. M. In: Deutsche Lehrerzeitung, Nr. 26 (1960).
Bonk, Jürgen: Ein Berg aus Kraft und Feuer. Die Liebe zur Arbeit bestimmt Leben und Werk H. M.s. In: Junge Welt, Nr. 18 v. 21. 1. (1965).
Ders.: H. M. – Bergmann der Literatur. In: Deutschunterricht, H. 6 (1965).
Ders.: Nachwort [zu: „Treue"]. In: H. M.: Treue (1961).
Bredel, Willi: Bergmann der Literatur – Dichter des Proletariats. H. M. zum 85. Geburtstag. In: Neues Deutschland, Nr. 149 v. 25. 6. (1975).
Gotsche, Otto: Nachwort (über H. M.). In: H. M.: Schlacht vor Kohle (1960).
Gugisch, Peter: Eine poetische Dokumentation [zu: „Treue"]. In: Neue Deutsche Literatur, H. 12 (1961).
Haase, Horst: Vom Dichter des kämpfenden Proletariats zum Gestalter der neuen Arbeitswelt [zu: „Die Kumiaks und ihre Kinder"]. In: Neue Deutsche Literatur, H. 2 (1960).
Hammer, Franz: [Zu: „In Frankreich"/„In Amerika"]. In: Neue Deutsche Literatur, H. 5 (1972).

Ders.: Um den Bergmann und Schriftsteller zu ehren [zu: Matke, Fritz (Hg.): Kamst zu uns aus dem Schacht. Erinnerungen an H. M. (1980)]. In: Neues Deutschland, Nr. 80 v. 4./5. 4. (1981).
Herzfelde, Wieland: Für H. M. zum 55. Geburtstag (1945). In: W. H.: Im Gehen geschrieben (1956), auch in: Die Weltbühne, Nr. 5 (1965).
Hillesheim, Gert: [Zu: „Die Kumiaks und ihre Kinder"]. In: Der Bibliothekar, H. 2 (1960).
Klein, Alfred: Die Arbeiterklasse im Frühwerk H. M.s [zu: „Die Kumiaks"]. In: Weimarer Beiträge, H. 1 (1972).
Lange, J. M.: Die Kumiaks blieben Sieger [zu: „Die Kumiaks und ihre Kinder"]. In: Kulturelles Leben, H. 4 (1960).
Leschnitzer, Franz: Ein Kämpfer in Wort und Kunst. Gedenkabend für den Lyriker H. M. In: Neue Zeit, Nr. 171 v. 24. 7. (1965).
Liebscher, Dietrich: Kumiaks – nun bis in unsere Zeit. H. M.s Romantrilogie ist beendet [zu: „Die Kumiaks und ihre Kinder"]. In: National-Zeitung, Nr. 31 v. 6. 2. (1960).
Marchwitza, Hilde: Wie wirkt H. M.s Vermächtnis in unserer Zeit? In: Tribüne, Nr. 123 v. 26. 6. (1970).
Nell, Peter: Anekdote über H. M. In: P. N.: Die Sonne den anderen (1959).
Pollatschek, Walther: Bücher des sozialistischen Anfangs [zu: „Schlacht vor Kohle"]. In: Berliner Zeitung, Nr. 120 v. 6. 5. (1960).
Röhner, Eberhard: Arbeiter in der Gegenwartsliteratur (1967), S. 139 bis 140, S. 168–171, S. 173–177 über Gestalten H. M.s.
Rudloff, Gerhard: Lehrreicher Erzählungsband [zu: „Unter uns"]. In: Ich schreibe, H. 6 (1962).
Schirrmeister, Hermann: Weit soll seine Stimme klingen ... Erinnerungen an den Schriftsteller H. M. In: Rundschau des FDGB, H. 1 (1966).
Seghers, Anna, H. M., Willi Bredel (1953 [Schriftsteller der Gegenwart]).
Straub, Manfred: H. M.s „Roheisen". In: Weimarer Beiträge, H. 6 (1985), S. 983.
Werzlau, Joachim: Sinfonisches Porträt H. M.'s. In: Musik und Gesellschaft, H. 1 (1971).
Würtz, Hannes: Im Literaturkeller: Kumiaks Kampf. H. M.s Roman „Die Kumiaks und ihre Kinder" schildert sehr eindringlich unsere erste Aufbauperiode. In: Junge Welt, Nr. 81 v. 7. 4. (1967).

Biobibliographien

Hans Marchwitza. In: Bibliographische Kalenderblätter. Bearb. v. der Berliner Stadtbibliothek. Folge 6 (1960), Nachträge in Folge 6 (1965), Folge 6 (1970), Folge 1 (1980).
Bonk, Jürgen: Hans Marchwitza 1890–1960 (Berlin 1960).
Hans Marchwitza, Otto Gotsche. Hg. v. Kollektiv für Literaturgeschichte (Berlin durchges. Neudr. 1962), [Schriftsteller der Gegenwart, Bd. 7].
Hans Marchwitza. In: Proletarisch-revolutionäre Literatur 1918 bis 1933 (Berlin 1962), [Schriftsteller der Gegenwart, Bd. 9].
Veröffentlichungen deutscher sozialistischer Schriftsteller in der revo-

lutionären und demokratischen Presse 1918–1945. Bibliographie (Berlin 1966), S. 361–369 Bibliographie der Veröffentlichungen von H. M.
Unser Hans Marchwitza. Anläßlich des 80. Geburtstages von H. M., hg. v. Kulturhaus „Hans Marchwitza" Potsdam u. dem Bezirkskabinett für Kulturarbeit Potsdam (Potsdam 1970).
Hans Marchwitza. In: Internationale Bibliographie zur Geschichte der deutschen Literatur von den Anfängen bis zur Gegenwart. Erarbeitet ... unter Leitung und Gesamtredaktion v. Günter Albrecht/Günther Dahlke, Bd. II, 2 (Berlin 1972), S. 460–462; anschließend: Zehnjahres-Ergänzungsband [1965/74] zur Internationalen Bibliographie ... T. 2 (Berlin 1984), S. 603.
Klein, Alfred: Im Auftrag ihrer Klasse. Weg und Leistung der deutschen Arbeiterschriftsteller 1918–1933 (Berlin 1972), [Beiträge zur Geschichte der deutschen sozialistischen Literatur im 20. Jahrhundert, Bd. 3].
Hans Marchwitza. In: Internationale Literatur des sozialistischen Realismus 1917–1945. Aufsätze. Hg. v. Georgi Dimow u. a. (Berlin 1978).

Karl Mickel

ANMERKUNGEN UND ZITATNACHWEIS

1 Volker Braun: An Mickel. – In: V. B.: Gedichte. Leipzig 1979, S. 115.
2 Bernd Leistner: Unruhe um einen Klassiker: zum Goethe-Bezug in der neueren DDR-Literatur. Halle/Leipzig 1978, S. 68.
3 Hans Georg Werner: Der Schriftsteller Karl Mickel erörtert Fachprobleme: Kommentar zu einem Statement. In: Siegfried Röhnisch (Hg.): DDR-Literatur '83 im Gespräch. Berlin/Weimar 1984, S. 52.
4 Rainer Kirsch: Über Karl Mickel. In: Akzente. (München), H. 6 (1976), S. 508.
5 Annemarie Auer: Souveränität und Heiterkeit des Geistes. – In: Neue Deutsche Literatur,' H. 6 (1978), S. 161.
6 Zit. nach Annemarie Auer: In: Ebd., S. 164.
7 Hans Koch: Hilfloses lyrisches Ich [Rezension zu: „Vita nova mea"]. In: Neues Deutschland, Literaturbeilage, v. 19. 10. 1966, S. 16.
8 Rudolf Heukenkamp: Aufklären heißt umstülpen. Karl Mickel im Gespräch. In: NDL, H. 1 (1980), S. 52.
9 Karl Mickel: Was die Hymne leistet. In: K. M.: Gelehrtenrepublik: Aufsätze und Studien. Halle 1976, S. 7.
10 Hans Koch: Haltungen, Richtungen, Formen. In: Forum. Nr. 15/16 (1966), S. 7.
11 Günter Deicke: Auftritt einer neuen Generation. In: A. Voigtländer (Hg.): Liebes- und andere Erklärungen: Schriftsteller über Schriftsteller. Berlin/Weimar 1972, S. 36.
12 René Schwachhofer [Rezension zu: „Vita nova mea"]. In: Neue Zeit, v. 16. 3. 1967, S. 6.

[13] Armin Zeißler: Lyrik der Veränderung. In: NDL, H. 1 (1968), S. 171.
[14] Hans Koch, (s. Nachweis 7), S. 16.
[15] Rainer Kirsch, (s. Nachweis 4), S. 511.
[16] Vgl. Dieter Schlenstedt: Karl Mickel: Der See. In: Forum, Nr. 12 (1966), S. 18 f.
[17] Ebd.
[18] Karl Mickel: Antwort. In: Forum, Nr. 8 (1966), S. 20.
[19] Karl Mickel, (s. Nachweis 9), S. 60.
[20] S. Nachweis 8, S. 53.
[21] Ebd., S. 56.
[22] Ebd., S. 55.
[23] Karl Mickel, (s. Nachweis 9), S. 21.
[24] Karl Mickel: Eisenzeit: Gedichte. Halle 1975. Klappentext.
[25] Karl Mickel: Brechts Dickicht. In: K. M. (s. Nachweis 9), S. 95.
[26] Karl Mickel: Die Entsagung. Vier Studien über Goethe. In: K. M. (s. Nachweis 9), S. 22.
[27] Bernd Leistner, (s. Nachweis 2), S. 67 f.
[28] Karl Mickel, (s. Nachweis 8), S. 57.
[29] Rainer Kirsch, (s. Nachweis 4), S. 510.
[30] Peter Gosse: Dickicht Mickel. In: P. G.: Mundwerk. Essays. Halle/Leipzig 1983, S. 126.

BIBLIOGRAPHISCHE ANGABEN

Werke: Die Einverstandenen (U. 1958, Revue, Musik v. Günter Kochan, BA. 1960); Lobverse u. Beschimpfungen (1963, G.); Requiem für Patrice Lumumba (U. 1964, Kantate, Musik v. Paul Dessau); In diesem besseren Land. G. der Deutschen Demokratischen Republik seit 1945 (1966, Hg., zus. mit Adolf Endler); Vita nova mea [Mein neues Leben] (1966, G.); Nausikaa (U. 1968, Stück); Der Sohn der Scheuerfrau (1968, N.), in: Sinn und Form, H. 5 (1968); Das Windrad (1970); Einstein (U. 1974, Oper, Musik v. Paul Dessau); Celestina (v. de Rojas, U. 1975, Bearb.); Eisenzeit (1975, G.); Odysseus in Ithaka, Gs. (1976).

Selbstzeugnisse/Dokumente: Vergnügen an einem ernsten Gegenstand. ND-Gespräch vor der Uraufführung der Einstein-Oper von Dessau/Mickel im Hause Unter den Linden. Gesprächsteilnehmer: Ruth Berghaus, K. M., Theo Adam, Hans-Joachim Kynaß. In: Neues Deutschland, Nr. 14 v .14. 1. (1974).

Sekundärliteratur
„Einstein". Oper von Paul Dessau. Text v. K. M. In: Oper im Bild, H. 1 (1974).
Auer, Annemarie: Souveränität und Heiterkeit des Geistes. Laudatio (zur Verleihung des Heinrich-Mann-Preises 1978). In: Neue Deutsche Literatur, H. 6 (1978).
Cwojdrak, Günther: Celestina – vergnügt oder verarmt? [zu: „Ce-

lestina", Aufführung in Berlin]. In: Die Weltbühne, Nr. 2 v. 14. 1. (1975).

Engler, Jürgen: Welt im Fluß. Betrachtungen zu Gedichten von K. M., Heinz Czechowski u. Volker Braun. In: Neue Deutsche Literatur, H. 8 (1977).

Funke, Christoph: Die Kupplerin, das Liebespaar. „Celestina" in der Bearbeitung von K. M. im Berliner Ensemble. In: Der Morgen (B), Nr. 4 v. 6. 1. (1975).

Gosse, Peter: Notizen zum Erbe. K. M. In: Sinn und Form, H. 1 (1980).

Hähnel, Hilde: Damit jedes Wort verstanden wird. Am 16. 2. hat die „Einstein"-Oper von Paul Dessau und K. M. in der Staatsoper Premiere. In: Berliner Zeitung, Nr. 18 v. 18. 1. (1974).

Heukenkamp, Rudolf: Aufklären heißt umstülpen. K. M. im Gespräch. In: Neue Deutsche Literatur, H. 1 (1980).

Heukenkamp, Ursula: [Zu: „Eisenzeit"]. In: Sonntag, Nr. 23 v. 6. 6. (1976).

Kerndl, Rainer: Szenische Rekonstruktion von Haltungen im Krieg. [zu: „Wolokolamsker Chaussee"]. In: Neues Deutschland, Nr. 91 v. 1./2. 4. (1972).

Ders.: Vom zwangsläufigen Ende der Kupplerin. Tragikomödie „Celestina" im Berliner Ensemble. In: Neues Deutschland, Nr. 4 v. 4./5. 1. (1975).

Koch, Hans: Hilfloses lyrisches Ich [zu: „Vita nova mea"]. In: Neues Deutschland, Nr. 10, Beil. Literatur v. 19. 10. (1966).

Krause, Ernst: „Einstein". Uraufgeführt an der Staatsoper Berlin. In: Sonntag, Nr. 9 v. 3. 3. (1974).

Kühnert, Roswitha: Der Mut zum Kritisieren [zu: „Das Windrad"]. In: Sonntag, Nr. 3 v. 18. 1. (1970).

Lange, Wolfgang: Ich lebe gern. Zur Uraufführung „Einstein" von Paul Dessau/K. M. In: Theater der Zeit, H. 4 (1974).

Lennartz, Knut: Alte Stücke in neuer Sicht. M.s „Celestina" nach de Rojas am B. E. In: Theater der Zeit, H. 4 (1975).

Nitsche, Christa: Weil wir den Wagen bauten, werden wir ihn lenken [zu: „Lobverse und Beschimpfungen"]. In: Kulturelles Leben, H. 6 (1964).

Reiche, Erwin: Gelächter auf Kosten der Antike. Zur Uraufführung von K. M.s „Nausikaa" in Potsdam. In: Neue Zeit (B), Nr. 221 v. 18. 9. (1968).

Riese, Utz: Offene Kernsätze [zu: „Gelehrtenrepublik"]. In: Neue Deutsche Literatur, H. 11 (1977).

Schäfer, Hansjürgen: Parabel von der Verantwortung der Wissenschaft. Paul Dessaus Oper „Einstein" uraufgeführt. In: Neues Deutschland, Nr. 50 v. 19. 2. (1974).

Schumacher, Ernst: Erfolg heiligte die Mittel: „Celestina" – Uraufführung von K. M. im Berliner Ensemble. In: Berliner Zeitung, Nr. 6 v. 7. 1. (1975).

Stephan, Erika: „Celestina" nach dem Spanischen des de Rojas von K. M., aufgeführt am Berliner Ensemble. In: Sonntag, Nr. 3 v. 19. 1. (1975).

Biobibliographien

Heukenkamp, Rudolf und Ursula: Karl Mickel. Berlin 1985. [Schriftsteller der Gegenwart, Bd. 29].

Karl Mickel. In: Internationale Bibliographie zur Geschichte der deutschen Literatur von den Anfängen bis zur Gegenwart. Erarbeitet ... unter Leitung und Gesamtredaktion v. Günter Albrecht/Günther Dahlke, Bd. II, 2 (Berlin 1972), S. 467; anschließend: Zehnjahres-Ergänzungsband [1965/74] zur Internationalen Bibliographie ... T. 2 (Berlin 1984), S. 607–608.

Karl Mickel (Berlin 1981, Innengrafik: Dieter Goltzsche), [Poesiealbum, Nr. 161].

Joachim Nowotny

ANMERKUNGEN UND ZITATNACHWEIS

1 Klaus Walther: Meine poetische Provinz ist ein Dorf in der Lausitz. Gespräch mit Joachim Nowotny. In: Freie Presse, v. 20. 6. 1980, Beilage S. 3.

2 Christel Berger: Interview mit Joachim Nowotny. In: Weimarer Beiträge, H. 7 (1973), S. 111.

3 Joachim Nowotny: Der erfundene Traum. Berlin 1984.

4 Joachim Nowotny: Der kleine große Mann. In: Neues Deutschland, v. 11. 10. 1966, S. 4.

5 „Der kleine Riese“ ist der Titel einer Erzählung des Bandes „Sonntag unter Leuten“ (1971). Diese Erzählung ist beinahe unverändert eine Episode des Kinderbuches „Der Riese im Paradies“.

6 Joachim Nowotny: Über Prosa reden. In: Neue Deutsche Literatur, H. 6 (1970), S. 98.

7 Vgl. Herbert Otto „Die Sache mit Maria“, Erik Neutsch „Auf der Suche nach Gatt“, Paul Gratzik „Transportpaule“ u. a.

8 Joachim Nowotny: Ein gewisser Robel. Halle 1976, S. 70.

9 Almut Giesecke: Joachim Nowotny – Ein gewisser Robel. Gespräch mit dem Autor über seinen neuen Roman. In: Sonntag, Nr. 33 (1976), S. 3.

10 Gemeint sind hier Werke wie: H. Kant „Der Aufenthalt“, Ch. Wolf „Kindheitsmuster“, A. Wellm „Pugowitza oder Die silberne Schlüsseluhr“, G. Görlich „Heimkehr in ein fremdes Land“, R. Werner „Sonjas Rapport“, B. Wogatzki „Romanze mit Amelie“, S. Hermlin „Abendlicht“, M. W. Schulz „Der Soldat und die Frau“ u. v. a.

11 Joachim Nowotny: Abschiedsdisco. Berlin 1981 (Vorabdruck in: NDL, H. 10 (1980), S. 23 ff.

12 Vgl. Christel Berger: Interview mit Joachim Nowotny (s. Nachweis 2), S. 99.

13 Joachim Nowotny: Letzter Auftritt der Komparsen. Halle/Leipzig 1981, S. 161.

14 Abgedruckt in: NDL, H. 8 (1981), S. 5 ff.

JOACHIM NOWOTNY

BIBLIOGRAPHISCHE ANGABEN

Roman: Ein gewisser Robel (1976).

Erzählungen/Novellen: Hexenfeuer (1965, E.); Achtung, Minen! Lebensgefahr! – Erstes Haus linker Hand (1967, En.), in: Mein Freund der General, hg. v. Marianne Feix u. Dieter Wilkendorf; Labyrinth ohne Schrecken (1967, En.); Sonntag unter Leuten (1972, En.); Ein seltener Fall von Liebe (1978, En., U. 1978 als Hsp.); Letzter Auftritt der Komparsen (1981, N.); Die Äpfel der Jugend (1983, En.); Weiberwirtschaft (1983, E., verfilmt U. 1983); Der erfundene Traum (1984, E.).

Fernseh- und Hörspiele: Abstecher mit Rührung (U. 1968, Hsp.); Vier Frauen eines Sonntags (U. 1970, Hsp.); Kuglers Birken (U. 1972, Hsp.); xy Anett (U. 1981, Hsp.).

Kinderbücher: Felix verliert eine Wette (1963, Kindere., in: Die Zaubertruhe, Bd. 9); Hochwasser im Dorf (1963); Jagd in Kaupitz. Ill. v. Heinz Rodewald (1964); Podelziger Intermezzo (1964, Kindere., in: Die Zaubertruhe, Bd. 10); Jakob läßt mich sitzen. Ill. v. Werner Schinko (1965); Lene und die Henne Selma (1965, in: Zwischen 13 und 14); Die Stunde nach der Prüfung (1965, Kindere., in: Die Zaubertruhe, Bd. 11); Prosit, Moskau! (1967, Kindere., in: Die Zaubertruhe, Bd. 13); Greta Heckenrose (1968, Kindere., in: Die Zaubertruhe, Bd. 14); Der Riese im Paradies. Ill. v. Kurt Zimmermann (1969); Weiter war nichts (1969, Kindere., in: Die Zaubertruhe, Bd. 15); Der zentnerschwere Frosch (1969, Kindere., in: Der Baum); Die Kastanien von Zodel ... (1970, Kindere., auch in: Die Zaubertruhe, Bd. 16); Abenteuer ziemlich weit oben (1971, Kindererz., in: Die Zaubertruhe, Bd. 17); Halt auf freier Strecke (1972, Kindere., in: Die Zaubertruhe, Bd. 18); Die Neuigkeit (1973, Kindere., in: Die Zaubertruhe, Bd. 19); Abschiedsdisco. (1981, Ill. v. Werner Ruhner); Die Riesenrolle (1982, Kindere., in: Der gestohlene Regen).

Filme: Verdammt ich bin erwachsen (U. 1974); Ein altes Modell (U. 1976, Fernsehfilm, zus. mit U. Thein).

Bearbeitung: Die Gudrunsage. Ill. v. Heidrun Hegewald (1977).

Selbstzeugnisse/Dokumente: Der Internationalismus in der Kinder- und Jugendliteratur. In: Beiträge zur Kinder- und Jugendliteratur, H. 21 (1971); Hintergrund der Jahre. Annegret Herzberg im Gespräch mit J. N. In: Sonntag, Nr. 45 v. 11. 11. (1973); Forderungen an uns. In: Neue Deutsche Literatur, H. 4 (1979).

Sekundärliteratur
Erster Auftritt. Junge Kritiker im Wettbewerb [zu: „Letzter Auftritt der Komparsen"]. In: Neue Deutsche Literatur, H. 5 (1983). Probieren und Erfahrungen sammeln. Gespräch mit dem Regisseur Peter

Kahane. Sein Debüt: „Weiberwirtschaft“, Fernsehfilm nach J. N. In: Neues Deutschland, Nr. 193 v. 17. 8. (1983).
Buder, Horst: Wiederbegegnung mit einer Träumerin [zu: „Abstecher mit Rührung“]. In: Bauern-Echo, Nr. 292 v. 10. 12. (1968).
Hähnel, Siegfried: Genaue Beobachtungen vom Menschen und Milieu. Zum Hörspielschaffen von J. N. In: Neues Deutschland, Nr. 26 v. 31. 1. (1978).
Hannemann, Joachim: Disko mit leisen Tönen [zu: „Abschiedsdisco“]. In: Neue Deutsche Literatur, H. 2 (1982).
Jähnichen, Waltraud: Begegnung mit der Natur [zu: „Der Riese im Paradies“]. In: Sonntag, Nr. 18 v. 3. 5. (1970).
Dies.: „Kuglers Birken“ zu J. N.s Hsp. In: Sonntag, Nr. 41 v. 8. 10. (1972).
Jarmatz, Klaus: Literarisches Bild eines Arbeiters unserer Tage [zu: „Ein gewisser Robel“]. In: Neues Deutschland, Nr. 269 v. 11. 11. (1976).
Ders.: Unverwechselbares Erzählen [zu: „Ein seltener Fall von Liebe“]. In: Neue Deutsche Literatur, H. 3 (1978).
Ders.: Menschen und ihrem Alltag auf der Spur [zu: „Abschiedsdisco“]. In: Neues Deutschland, Nr. 124 v. 28. 5. (1982).
Karradt, Sabine: Bilder der Landschaft [zu: „Der erfundene Traum“]. In: Der Morgen, Nr. 273 v. 17./18. 11. (1984).
Küchler, Manfred: [Zu: „Jakob läßt mich sitzen“]. In: Beiträge zur Kinder- und Jugendliteratur, H. 11 (1968).
Kühn, Ursula: [Zu: „Hochwasser im Dorf“]. In: Beiträge zur Kinder- und Jugendliteratur, H. 4/5 (1963).
Löffler, Anneliese [Zu: „Ein seltener Fall von Liebe“]. In: Berliner Zeitung, Nr. 179 v. 1. 8. (1978).
Neubert, Reiner: Welthaltigkeit unseres Alltags bei J. N. In: Weimarer Beiträge, H. 7 (1980).
Ders.: Entwicklung und Grundzüge der poetischen Konzeption J. N.s. Ein Beitrag zur Funktionsdebatte in der sozialistischen Nationalliteratur der DDR (Phil. Diss. Zwickau 1981).
Ders.: Junge Helden, die ihren Platz im Leben finden [zu: „Äpfel der Jugend“]. In: Neues Deutschland, Nr. 199 v. 24. 8. (1983).
Ders.: [Zu: „Äpfel der Jugend“]. In: Deutschunterricht, H. 2/3 (1984).
Neubert, Werner: Der freie Flügelschlag des Spaßes [zu: „Hexenfeuer“]. In: Sonntag, Nr. 8 (1966).
Plavius, Heinz: Gestalt und Gestaltung [zu: „Labyrinth ohne Schrekken“]. In: Neue Deutsche Literatur, H. 3 (1968).
Röhner, Eberhard: J. N.: „Ein gewisser Robel“. In: Weimarer Beiträge, H. 10 (1977).
Rothbauer, Gerhard: Wie sich die „verborgene Sache“ beim Erzählen offenbart [zu: „Sonntag unter Leuten“]. In: Neue Deutsche Literatur, H. 8 (1971).
Schellenberger, Johannes: Auf der Suche nach dem Vorbild. Zu J. N.s Erzählung „Jagd in Kaupitz“. In: Der Bibliothekar, H. 10 (1965).
Schmidt, Egon: Erwartung und Anspruch [zu: „Der Riese im Paradies“]. In: Neue Deutsche Literatur, H. 6 (1969).
Schönewerk, Eva: Bekanntes Heldenepos in einem neuen Gewand

[zu: „Die Gudrunsage"]. In: Neues Deutschland, Nr. 1 v. 1. 1. (1977).
Walther, Klaus: [Zu: „Letzter Auftritt der Komparsen"]. In: Sonntag, Nr. 27 v. 4. 7. (1982).

Biobibliographien

Joachim Nowotny. In: Internationale Bibliographie zur Geschichte der deutschen Literatur von den Anfängen bis zur Gegenwart. Erarbeitet ... unter Leitung und Gesamtredaktion v. Günter Albrecht/Günther Dahlke, Bd. II, 2 (Berlin 1972), S. 483–484; anschließend: Zehnjahres-Ergänzungsband [1965/74] zur Internationalen Bibliographie ... T. 2 (Berlin 1984), S. 617–618.
Joachim Nowotny. In: Bibliographische Kalenderblätter. Bearb. v. der Berliner Stadtbibliothek. Folge 6 (1983).

Eberhard Panitz

ANMERKUNGEN UND ZITATNACHWEIS

1 Eberhard Panitz: Die Heimkehr der Madonna. In: Neues Deutschland, v. 30./31. Mai 1981, S. 11.
2 Eberhard Panitz: Das Mädchen Simra. In: Die verlorene Tochter. Erzählungen und Auskünfte. Halle/Leipzig 1979, S. 47.
3 Gespräch mit Eberhard Panitz. In: Auskünfte. 2 Werkstattgespräche mit DDR-Autoren. Berlin/Weimar 1984, S. 194. – Vgl. auch: Harald Korall: Notizen zu einer Entwicklung: Eberhard Panitz. In: Neue Deutsche Literatur, H. 9 (1979), S. 83 f.
4 Ebd.
5 Harald Korall: Notizen zu einer Entwicklung (s. Nachweis 3), S. 92.
6 Georgi Wesirow: An der Seite der Jugend. In: Die Weltbühne, Nr. 15 (Berlin) 1982, S. 469.
7 Eberhard Panitz: Das Gesicht einer Mutter (s. Nachweis 2), S. 8.
8 Ebd., S. 39.
9 Ebd., S. 46.
10 Gespräch mit Eberhard Panitz, (s. Nachweis 3), S. 196.
11 Eberhard Panitz: Auskünfte (s. Nachweis 2), S. 476.
12 Ebd., S. 481.
13 Gespräch mit Eberhard Panitz, (s. Nachweis 3), S. 200.
14 Eduard H. Schreiber: Schwierigkeiten beim Schreiben über eine Reise. In: NDL, H. 5 (1967), S. 166.
15 Ebd.
16 Eberhard Panitz: Auskünfte (s. Nachweis 2), S. 490 f.
17 Eberhard Panitz: Gisela Ufer erzählt. In: DDR-Reportagen. Eine Anthologie. Hg. H. Hauptmann. Leipzig 1969, S. 383.
18 Eberhard Panitz: Unter den Bäumen regnet es zweimal. Halle 1969, S. 5.
19 Ebd., S. 80. Vgl. auch: Rüdiger Bernhardt: Ein planvolles Leben. In: ich schreibe, H. 8 (1971), S. 46 f.

[20] Cäcilia Friedrich: Unter den Bäumen regnet es zweimal – oder auf der Suche nach dem Glück. In: Freiheit (Halle), v. 24. Oktober 1969, Beilage „blick", S. 11.
[21] Helmut Richter: Trotz verschenkter Möglichkeiten. In: Sonntag, Nr. 49 (1969).
[22] Eberhard Panitz, (s. Nachweis 2), S. 483.
[23] Vgl. Bernd Heimberger: Die sieben Affären der Doña Juanita. In: Sonntag, Nr. 13 (1973). Vgl. auch Interview mit Eberhard Panitz. In: Neues Deutschland, v. 25. April 1973.
[24] Ebd.
[25] Drei Fragen an Eberhard Panitz. In: Freiheit (Halle), v. 30. Mai 1973.
[26] Vgl. Leserzuschriften: Heldin des schweren Anfangs. In: FF-Dabei, Nr. 19 (1975); Horst Simon [Rezension] in: Neues Deutschland, v. 2. April 1975; Rüdiger Bernhardt [Rezension] in: Freiheit (Halle), v. 1. April 1975.
[27] Manfred Wekwerth: Sympathie für den Erzähler. In: Sinn und Form, H. 4 (1975), S. 839.
[28] Horst Siomon: Aus Legenden spricht oft die Wahrheit. In: Neues Deutschland, v. 20. September 1974.
[29] Vgl. Diskussion im „Eulenspiegel" zwischen Tümpling, Panitz und Lesern. In: Eulenspiegel, Nr. 45, 47, 50 (1974).
[30] Eberhard Panitz: Absage an Viktoria. Halle 1975, S. 99.
[31] Eberhard Panitz im Gespräch. In: NDL, H. 7 (1983), S. 35.
[32] Erkundung der Gegenwart. Künste in unserer Zeit. Berlin 1976, S. 102.
[33] Eberhard Panitz: Die Moral der Nixe. Eine Sommergeschichte. Halle/Leipzig 1978, S. 6.
[34] Eberhard Panitz im Gespräch, (s. Nachweis 31), S. 36.
[35] Ebd., S. 38.
[36] Ebd.
[37] Eberhard Panitz: Eiszeit. Eine unwirkliche Geschichte. Halle/Leipzig 1983, S. 32.
[38] Eberhard Panitz im Gespräch, (s. Nachweis 31), S .41.

BIBLIOGRAPHISCHE ANGABEN

Romane: In drei Teufels Namen (1958); Die Feuer sinken (1960); Unter den Bäumen regnet es zweimal (1969, 1972 verfilmt u. d. T.: „Der Dritte"); Die sieben Affären der Doña Juanita (1972, als Fsp. U. 1973, 4 Tle., zus. mit Frank Beyer); Die unheilige Sophia (1974, als Fsfilm U. 1975); Mein lieber Onkel Hans (1982).

Erzählungen/Novellen: Grenzstreife (frei nach einer N. v. L. Linkow, 1955, N., Ill. v. Herbert Schulz), [Für Volk und Vaterland]; Käte (1955, biogr. E.); Die Flucht (1956, N.); Verbrechen am Fluß (1957, E.), [Erzählerreihe, Bd. 10]; Die Verhaftung (1960, E.); Das Gesicht einer Mutter (1962, E.); Der Stierkopf (1962, E.), [Das neue Abenteuer, Bd. 203]; auch in: Junge Kunst, H. 3 (1962); Cristobal und die Insel (1963, Nn.); Kunst auf Posten. In: Seid euch bewußt der Macht. Hg. Elli Schmidt (1974); Absage an Viktoria (1975, E.); Unerlaubte Entfernung (1976, E.); Die Moral der Nixe (1978, E.); Die verlorene Tochter, hg. u. mit einem Nachw. versehen v. Harald Korall (1979, En.); Meines Vaters Straßenbahn (1979, E., als Fernsehfilm U. 1980); Eiszeit (1984, E.).

Kinderbücher: Das Mädchen Simra (1961, Ill. v. Hanns Georgi); Der Sprung vom Heiligen Fisch (1965, Ill. v. Harri Förster, enth. außerdem: Die Wette der alten Blanca).

Reportagen: Die kleine Reise (1965); Der siebente Sommer (1966, Fotos v. Thomas Billhardt).

Hör- und Fernsehspiele: Señor Sates (U. 1963, Hsp.); Der Stein der Weisen (U. 1965, Hsp.); Karl-Heinz Martini (U. 1970, Fernsehporträt).

Monolog/Bericht/Bildband: Absage an Albert Lachmuth (1970, dram. Bericht), auch in: Eine Rose für Katharina. Begegnungen mit Frauen. Hg. v. Edith Bergner (1971); Der Weg zum Rio Grande (1973, biogr. Bericht über Tamara Bunke); Gesichter Vietnams (1978, Fotos v. Thomas Billhardt).

Filme: Der Revolver des Corporals (U. 1967); Netzwerk (U. 1970, zus. mit Ralf Kirsten); Die Heimkehr der Madonna (U. 1981, Fernsehfilm).

Herausgeber: Deutsche Meistererzählungen des 19. Jahrhunderts (1954, zus. mit Karl Heinz Berger).

Selbstzeugnisse/Dokumente: Konflikt, Gedanke und Gefühl. Sonntags-Gespräch mit E. P. zum Problem Persönlichkeit und Kollektiv – literarische Schaffensfrage der Gegenwart. In: Sonntag, Nr. 3 (1967); Fragen an die Literatur und die Literaten. In: Berliner Zeitung, Nr. 334 v. 2. 12. (1972); Frauensprache, Frauenliteratur. In: Neue Deutsche Literatur, H. 2 (1978); Geschichtliche Erfahrungen und das Erbe der Väter und Mütter. Mit dem Schriftsteller E. P. sprach I. Gutschke. In: Neues Deutschland, Nr. 300 v. 20./21. 12. (1980); Weg und Thema. E. P. im Gespräch mit Jutta Schlott. In: Neue Deutsche Literatur, H. 1 (1980).

Sekundärliteratur

[Zu: „Käte“]. In: Die Buchbesprechung, H. 7 (1955).
Arndt, Arthur: Wollen und Wirkung [zu: „Eiszeit“]. In: Neue Deutsche Literatur, H. 5 (1984).
Berger, Christel: [Zu: „Die sieben Affären der Doña Juanita“]. In: Weimarer Beiträge, H. 8 (1973).
Dies.: [Zu: „Die unheilige Sophia“]. In: Weimarer Beiträge, H. 3 (1975).
Böhme, Irene: [Zu: „Die sieben Affären der Doña Juanita“, Fernsehspiel]. In: Sonntag, Nr. 20 (1973).

Ebert, Günter: Die Moral von der Revolution [zu: „Cristobal und die Insel"]. In: Neue Deutsche Literatur, H. 8 (1964).
Geerdts, Hans Jürgen: Kindheit im Zwielicht [zu: „Meines Vaters Straßenbahn"]. In: Neue Deutsche Literatur, H. 9 (1979).
Ders.: Lobpreis moralischer Unmoral [zu: „Die Moral der Nixe"]. In: Neue Deutsche Literatur, H. 5 (1979).
Gerisch, Margot: [Zu: „Die unheilige Sophia"]. In: Sonntag, Nr. 7 (1975).
Hübner, Hans: [Zu: „Der Weg zum Rio Grande"]. In: Der Bibliothekar, H. 9 (1975).
Joho, Wolfgang: Blickpunkt Westen [zu: „In drei Teufels Namen"]. In: Neue Deutsche Literatur, H. 5 (1959).
Kirsten, Ralf: Menschen auf dem Weg zueinander [zu: „Netzwerk"]. In: Neues Deutschland, Nr. 237 v. 28. 8. (1970).
Knietzsch, Horst: Die Kunst zu lieben und zu leben. „Der Dritte", ein DEFA-Film. In: Neues Deutschland, Nr. 78 v. 18. 3. (1972).
Lange, Wolfgang: Anita in Dobbertin. Zur Uraufführung der Oper „Doña Juanita" von Jens-Uwe Günther in Stralsund. In: Theater der Zeit, H. 6 (1981).
Links, Roland: [Zu: „Die Feuer sinken"]. In: Der Bibliothekar, H. 11 (1960).
Neuland, Christine: [Zu: „Die unheilige Sophia", Fernsehfilm]. In: Sonntag, Nr. 15 v. 13. 4. (1975).
Neubert, Werner: Das wirkliche Leben und Lieben [zu: „Absage an Viktoria"]. In: Berliner Zeitung, Nr. 281 v. 26. 11. (1975).
Ders.: Fest stehen, wenn's schwierig kommt [zu: „Unerlaubte Entfernung"]. In: Berliner Zeitung, Nr. 42 v. 18. 2. (1977).
Pielenz, Arno: [Zu: „Die verlorene Tochter"]. In: Deutschunterricht, H. 2/3 (1980).
Scheibner, Eberhard: Konturen eines Charakters in einem Mosaik von Geschichten [zu: „Mein lieber Onkel Hans"]. In: Neue Deutsche Literatur, H. 5 (1983).
Schreiber, Eduard H.: Schwierigkeiten beim Schreiben über eine Reise [zu: „Die kleine Reise"]. In: Neue Deutsche Literatur, H. 5 (1967).
Ders.: Evolution eines Genres [zu: „Der siebente Sommer"]. In: Neue Deutsche Literatur, H. 4 (1968).
Wehr, Marianne: Die Frage von Philadelphia [zu: „Unter den Bäumen regnet es zweimal"]. In: Neue Deutsche Literatur, H. 12 (1969).
Ziemann, Rüdiger: [Zu: „Das Gesicht einer Mutter"]. In: Ich schreibe, H. 10 (1962).

Biobibliographien

Eberhard Panitz. In: Internationale Bibliographie zur Geschichte der deutschen Literatur von den Anfängen bis zur Gegenwart. Erarbeitet ... unter Leitung und Gesamtredaktion v. Günter Albrecht/Günther Dahlke, Bd. II, 2 (Berlin 1972), S. 488–489; anschließend: Zehnjahres-Ergänzungsband [1965/74] zur Internationalen Bibliographie ... T. 2 (Berlin 1984), S. 619–620.
Eberhard Panitz. In: Bibliographische Kalenderblätter. Bearb. v. der Berliner Stadtbibliothek. Folge 4 (1982).

Ulrich Plenzdorf

ANMERKUNGEN UND ZITATNACHWEIS

[1] Gespräch mit Ulrich Plenzdorf. In: Connaissance de la R.D.A., H. 11 (1980), S. 56.
[2] Anmerkungen zu Ulrich Plenzdorf. In: Sinn und Form, H. 2 (1972), S. 461.
[3] Istorija literatury GDR. Moskva 1982, S. 506.
[4] Ulrich Plenzdorf: Die neuen Leiden des jungen W., Urfassung. In: Plenzdorfs Neue Leiden des jungen W. Hg. P. Brenner. Frankfurt/M. 1982, S. 79–80.
[5] Ebd., S. 81.
[6] Ebd., S. 136.
[7] Ebd., S. 138.
[8] Dieter Schlenstedt: Wirkungsästhetische Analysen. Berlin 1979, S. 201.
[9] Ulrich Plenzdorf: Die neuen Leiden des jungen W. Berlin 1974, S. 94.
[10] Diskussion um Plenzdorf. In: Sinn und Form, H. 1 (1973), S. 243.
[11] Dieter Wiedemann: Würden Sie mit Edgar befreundet sein wollen? In: Forum, Nr. 8 (1973), S. 15.
[12] Kolloquium des Verbandes der Theaterschaffenden v. 24. 2. 1973. Tonbandprotokoll. Zitiert mit Genehmigung des Verbandes der Theaterschaffenden, Abt. Dokumentation.
[13] Gespräch mit Ulrich Plenzdorf (s. Nachweis 1), S. 57.
[14] Diskussion um Plenzdorf (s. Nachweis 10), S. 232.
[15] Ulrich Plenzdorf: Die Legende von Paul und Paula. Berlin 1974, S. 30.
[16] Ebd., S. 162–163.
[17] Gespräch mit Ulrich Plenzdorf (s. Nachweis 1), S. 56.
[18] Une ‚littérature critique'. Entrétien Ulrich Plenzdorf/Jean-Claude Lebrun. In: Révolution (Paris), v. 24. 7. 1981.
[19] Gespräch mit Ulrich Plenzdorf (s. Nachweis 1), S. 59.
[20] Ulrich Plenzdorf: Legende vom Glück ohne Ende. Rostock 1981, S. 300.
[21] Ebd., S. 319.
[22] Juri Tynjanow: Poetik. Leipzig/Weimar 1982, S. 13.
[23] Gespräch mit Ulrich Plenzdorf (s. Nachweis 1), S. 58.
[24] Ewald Lang: Die Sprache Edgar Wibeaus. Gestus, Stil, fingierter Jargon, (s. Nachweis 1), S. 92.
[25] Ulrich Plenzdorf, (s. Nachweis 20), S. 9.
[26] Ebd., S. 270.

BIBLIOGRAPHISCHE ANGABEN

Werke: Mir nach, Kanaillen (U. 1964, Filmszenarium); Weite Straßen – stille Liebe (U. 1969, Filmszenarium); Kennen Sie Urban? (U. 1971, Filmszenarium); Die Legende von Paul und Paula (U. 1973, Filmszenarium, BA. 1974); Die neuen Leiden des jungen W. (U. 1972,

Stück, BA. 1973; als E. 1972 in: Sinn und Form); Liebe mit 16 (U. 1974, Filmszenarium); Buridans Esel. 46 Szenen nach Günter de Bruyns R. gleichen Namens (1975); kein runter, kein fern (1978, in: Klagenfurter Texte); Legende vom Glück ohne Ende (1981, R., U. 1983 als Spiel nach dem gleichnamigen R.); Glück im Hinterhaus (U. 1980, Filmszenarium nach dem R. „Buridans Esel" v. Günter de Bruyn); Insel der Schwäne (U. 1983, Filmszenarium).

Ausgabe: Karla. Der alte Mann, das Pferd, die Straße. Texte zu Filmen (1978, mit einem Nachw. v. Klaus Wischnewski).

Sekundärliteratur

Antosch, Georg: Individualität in morscher Laube [zu: „Die neuen Leiden des jungen W.", U. Halle]. In: Neue Zeit (B), Nr. 125 v. 28. 5. (1972).

Ders.: Provoziertes Nachdenken [zu: „Buridans Esel" von Günter de Bruyn in Leipzig in der Dramatisierung von U. P.]. In: Neue Zeit (B), Nr. 286 v. 3. 12. (1975).

Biele, Peter: Nochmals – „Die neuen Leiden des jungen W." In: Sinn und Form, H. 6 (1973).

Cwojdrak, Günther: Werther heute? [zu: „Die neuen Leiden des jungen W.", Uraufführung in Halle]. In: Die Weltbühne, Nr. 23 v. 6. 6. (1972).

Feix, Ingrid: Neues Leiden mit einem Blick auf Goethe [zu: „Die neuen Leiden des jungen W."]. In: Junge Welt, Nr. 92 v. 20. 4. (1982).

Funke, Christoph: Nachdenken über den Alltag [zu: „Die neuen Leiden des jungen W.", Aufführung in Berlin (Kammerspiele)]. In: Der Morgen, Nr. 302 v. 21. 12. (1972).

Ders.: Karl Erp bricht aus [zu: „Buridans Esel" von Günter de Bruyn in Leipzig in der Dramatisierung v. U. P.]. In: Der Morgen (B), Nr. 275 v. 20. 11. (1975).

Ders.: Paula – dann Laura [zu: „Legende vom Glück ohne Ende"]. In: Der Morgen (B), Nr. 22 v. 26./27. 1. (1980).

Ders.: Die Auferstehung der Paula [zu: „Legende vom Glück ohne Ende", Aufführung in Schwedt]. In: Der Morgen, Nr. 275 v. 22. 11. (1983).

Haase, Horst: Die Legende von Paul, Paula und Laura [zu: „Legende vom Glück ohne Ende"]. In: Neue Deutsche Literatur, H. 8 (1980).

John, Hans-Rainer: Paul, Paula und Laura an der Oder [zu: „Legende vom Glück ohne Ende", Aufführung in Schwedt]. In: Theater der Zeit, H. 1 (1984).

Kerndl, Rainer: Junger Werther in Blue Jeans [zu: „Die neuen Leiden des jungen W.", Uraufführung in Halle]. In: Neues Deutschland, Nr. 157 v. 8. 6. (1972).

Köpp, Luise: [Zu: „Legende vom Glück ohne Ende"]. In: Sonntag, Nr. 20 v. 18. 5. (1980).

Melchert, Rulo: Die Belagerung einer Tür [zu: „Legende vom Glück ohne Ende"]. In: Junge Welt (B), Nr. 280 v. 27. 11. (1979).

Neubert, Werner: Niete in Hosen – oder ...? [zu: „Die neuen Leiden des jungen W."]. In: Neue Deutsche Literatur, H. 3 (1973).
Pezold, Antonia: Zwei Werke der frühen siebziger Jahre im Vergleich. U. P.s „Die neuen Leiden des jungen W." und Akos Kertész' „Das verschenkte Leben des Ferenc Makra". In: Weimarer Beiträge, H. 8 (1980).
Reifferscheidt, H. M.: Wibeau in München [zu: „Die neuen Leiden des jungen W.", Aufführung in München]. In: Die Weltbühne, Nr. 48 v. 27. 11. (1973).
Stephan, Erika: [Zu: „Die neuen Leiden des jungen W.", U.: Halle]. In: Sonntag, Nr. 30 v. 23. 7. (1972).
Trauth, Volker: [Zu: „Buridans Esel" von Günter de Bruyn in Dessau in der Dramatisierung v. U. P.]. In: Theater der Zeit, H. 11 (1981).
Zimmermann, Gloria: Liebesgeschichte zwischen Traum und Wirklichkeit [zu: „Legende vom Glück ohne Ende"]. In: Neues Deutschland, Nr. 76 v. 29./30. 3. (1980).
Zschocke, Gerda: Glück und Glas [zu: „Legende vom Glück ohne Ende"]. In: Kulturelles Leben, H. 2 (1980).

Bibliographie
Ulrich Plenzdorf. In: Internationale Bibliographie zur Geschichte der deutschen Literatur von den Anfängen bis zur Gegenwart. Erarbeitet ... unter Leitung und Gesamtredaktion v. Günter Albrecht; Zehnjahres-Ergänzungsband [1965/74] zur Internationalen Bibliographie ... T. 2 (Berlin 1984), S. 622–623.

Brigitte Reimann

[1] Brigitte Reimann: Franziska Linkerhand. Berlin 1974, S. 582.
[2] Ebd.
[3] Brigitte Reimann in ihren Briefen und Tagebüchern. Eine Auswahl. Hg. Elisabeth Elten-Krause/Walter Lewerenz. Berlin 1983.
[4] Helmut Sakowski: Das Wagnis des Schreibens. Berlin 1983, S. 149 f.
[5] Siehe Nachweis 3, S. 281.
[6] Siehe Nachweis 3, S. 285.
[7] Siehe Nachweis 3, S. 159.
[8] In eigener Sache. Briefe von Künstlern und Schriftstellern. Halle 1964, S. 35.
[9] Brigitte Reimann, (s. Nachweis 1), S. 63.
[10] Siehe Nachweis 3, S. 19.
[11] Was zählt, ist die Wahrheit. Briefe von Schriftstellern der DDR. Halle 1975, S. 294 f.
[12] Siehe Nachweis 3, S. 198.
[13] Ebd., S. 79.
[14] Ebd., S. 105.
[15] Ebd., S. 272 f.
[16] Ebd., S. 316.

BRIGITTE REIMANN

BIBLIOGRAPHISCHE ANGABEN

Werke: Der Tod der schönen Helena (1955, E., Ill. v. Kurt Zimmermann), [Zur Abwehr bereit, Bd. 12]; Die Frau am Pranger (1956, E., als Fsp. U. 1962); Kinder von Hellas (1956, E.); Das Geständnis (1960, E.); Ein Mann steht vor der Tür (U. 1960, Hsp., zus. mit Siegfried Pitschmann); Sieben Scheffel Salz (U. 1960, Hsp., zus. mit Siegfried Pitschmann); Ankunft im Alltag (1961, Kurzr.); Die Geschwister (1963, E.); Das grüne Licht der Steppen. Tg. einer Sibirienreise (1965, Rep., Fotos v. Thomas Billhardt); Franziska Linkerhand (1974, R., U. 1978, nach dem gleichnamigen R. eingerichtet für die Bühne. Fassg. des Mecklenburgischen Staatstheaters Schwerin, als Film U. 1980).

Selbstzeugnisse/Dokumente: Zu meinem Roman „Ankunft im Alltag". Junge Kunst, H. 10 (1960); Entdeckungsreise in unsere Gegenwart. Zum Entstehen meiner Erzählung „Die Geschwister". In: Neue Zeit (B), Nr. 160 v. 13. 7. (1963); Wenn die Wirklichkeit sich meldet. Annemarie Auer sprach mit B. R. [zu: „Franziska Linkerhand"]. In: Sonntag, Nr. 7 v. 18. 2. (1968); Es geht ums Lebenlernen. Aus einem Gespräch, das Annemarie Auer mit B. R. führte [zu: „Franziska Linkerhand"]. In: Sonntag, Nr. 43 v. 22. 10. (1972); Brigitte Reimann in ihren Briefen und Tagebüchern (Berlin 1983, Hg. v. Elisabeth Elten-Krause u. Walter Lewerenz).

Sekundärliteratur

Nachbemerkung zu „Sieben Scheffel Salz". In: Hörspieljahrbuch, Bd. 1, Hg. v. Staatlichen Rundfunkkomitee der DDR, Berlin 1961.
Auer, Annemarie: Das Mögliche [zu: „Das grüne Licht der Steppen"]. In: Neue Deutsche Literatur, H. 11 (1965).
Bernhardt, Rüdiger: Die Erzählungen B. R.s. In: ich schreibe, H. 7 (1970).
Bormann, Dagmar: Romane auf dem Theater. Zum Beispiel „Franziska Linkerhand", Aufführung in Schwerin. In: Theater der Zeit, H. 5 (1984).
Dohms, Herbert: Bewährungsprobe [zu: „Die Frau am Pranger" u. „Die Kinder von Hellas"]. In: Neue Deutsche Literatur, H. 1 (1957).
Ebert, Günter: Konstruiertes Dreieck [zu: „Ankunft im Alltag"]. In: Neues Deutschland, Nr. 20 v. 20. 1. (1962).
Ders.: Bekenntnis zur Kraft des Menschen [zu: „B. R. in ihren Briefen und Tg."]. In: Neues Deutschland, Nr. 2 v. 3. 1. (1984).
Graupner, Manfred: [Zu: „Ankunft im Alltag"]. In: Der Bibliothekar, H. 8 (1961).
Heyden, Evylin: [Zu: „Die Kinder von Hellas"]. In: Der Bibliothekar, H. 1 (1957).
John, Hans-Rainer: Es muß sie geben ... „Franziska Linkerhand" nun auch in Cottbus auf der Bühne. In: Theater der Zeit, H. 6 (1984).
Kerndl, Rainer: Wandlung eines Romans für die Theaterszene. Schwerin inszenierte „Franziska Linkerhand". In: Neues Deutschland, Nr. 119 v. 23. 5. (1978).

Knietzsch, Horst: Anregendes Bild einer wachen und phantasievollen jungen Frau [zu: „Franziska Linkerhand“, Verfilmung]. In: Neues Deutschland, Nr. 16 v. 20. 1. (1981).
Lehmann, Wolfgang: [Zu: „Die Geschwister“]. In: Der Bibliothekar, H. 8 (1963).
Linzer, Martin: „Es muß sie geben, die kluge Synthese...“, „Franziska Linkerhand“ in Schwerin für die Bühne gewonnen. In: Theater der Zeit, H. 6 (1978).
Löffler, Anneliese: Zeugnisse eines unruhigen Lebens [zu: „B. R. in ihren Briefen und Tg.“]. In: Berliner Zeitung, Nr. 54 v. 3./4. 3. (1984).
Plavius, Heinz: Häuser, Bücher, Städte für Menschen [zu: „Franziska Linkerhand“]. In: Neue Deutsche Literatur, H. 1 (1975).
Queißer, Günther: Große Themen in kleiner Form [zu: „Das grüne Licht der Steppen“]. In: Neues Deutschland, Nr. 6, Beil. Literatur v. 9. 6. (1965).
Schmidt, Irma: Veränderungen bewirken und sich mit verändern [zu: „Die Geschwister“]. In: Neues Deutschland, Nr. 346 v. 17. 12. (1963).
Schmidt, Marianne: Dramatik aus dem Äther [zu: „Sieben Scheffel Salz“]. In: Neue Deutsche Literatur, H. 5 (1961).
Sobe, Günter: Unruhe um keine Friedfertige [zu: „Franziska Linkerhand“, Verfilmung]. In: Berliner Zeitung, Nr. 14 v. 17./18. 1. (1981).
Töpelmann, Sigrid: Selbsterlebtes, Selbstnacherlebtes ... [zu: „Die Geschwister“]. In: Neue Deutsche Literatur, H. 8 (1963).
Voigt, Jutta: Unser kurzes Leben [zu: „Franziska Linkerhand“, Verfilmung]. In: Sonntag, Nr. 4 v. 25. 1. (1981).

Biobibliographien

Brigitte Reimann. In: Röhner, Eberhard: Arbeiter in der Gegenwartsliteratur (Berlin 1967).
Brigitte Reimann. In: Handbuch für schreibende Arbeiter. Hg. v. Ursula Langspach-Steinhaußen, Dieter Faulseit u. Jürgen Bonk (Berlin 1969).
Brigitte Reimann. In: Kritik in der Zeit. Der Sozialismus – seine Literatur – ihre Entwicklung. Hg. v. Klaus Jarmatz ... (Halle 1970) [Essay-Reihe. Sonderbd.].
Brigitte Reimann. In: Internationale Bibliographie zur Geschichte der deutschen Literatur von den Anfängen bis zur Gegenwart. Erarbeitet ... unter Leitung und Gesamtredaktion v. Günter Albrecht/Günther Dahlke, Bd. II, 2 (Berlin 1972), S. 502; anschließend: Zehnjahres-Ergänzungsband [1965/74] zur Internationalen Bibliographie ... T. 2 (Berlin 1984), S. 626–627.
Brigitte Reimann. In: Bibliographische Kalenderblätter. Bearb. v. der Berliner Stadtbibliothek. Folge 2 (1974).
Elten-Krause, Elisabeth: Brigitte Reimann 1933–1973 (Neubrandenburg 1978, Hg. v. Literaturzentrum Neubrandenburg).

Helmut H. Schulz

ANMERKUNGEN UND ZITATNACHWEIS

[1] Anneliese Löffler: Interview mit Helmut H. Schulz. In: Weimarer Beiträge, H. 10 (1984), S. 1628.
[2] Helmut H. Schulz. Wie kommt Sicherheit im Umgang mit dem sozialen Stoff? In: Temperamente, H. 3 (1983), S. 127, 130.
[3] Anneliese Löffler, (s. Nachweis 1), S. 1617 f.
[4] Helmut H. Schulz: Jahre mit Camilla. Berlin 1972, S. 175.
[5] Anneliese Löffler, (s. Nachweis 1), S. 1631.
[6] Meta Borst: Ein Erzähler setzt sich durch. In: Neue Deutsche Literatur, H. 3 (1975), S. 166 ff.
[7] Vgl. Dieter Schlenstedt: Ankunft und Anspruch – Zum neuen Roman in der DDR. In: Sinn und Form, H. 3 (1966), S. 814–835.
[8] Anneliese Löffler, (s. Nachweis 1), S. 1625.
[9] „Hans Stadel – sind Sie das selber". Antworten von Helmut H. Schulz. In: NDL, H. 8 (1982), S. 87.
[10] Anneliese Löffler, (s. Nachweis 1), S. 1618.
[11] Werner Liersch: Laudatio auf Helmut H. Schulz. In: Mitteilungen der Akademie der Künste der DDR. H. 4 (1983), S. 10.

BIBLIOGRAPHISCHE ANGABEN

Romane: Jahre mit Camilla (1974); Der Springer (1976); Das Erbe (1981); Dame in Weiß (1982).

Erzählungen: Der Fremde und das Dorf (1963); Abschied vom Kietz (1974); Alltag im Paradies (1977); Meschkas Enkel. Spätsommer. Felix Morak (1982); Stunde nach Zwölf (1985).

Hörspiele/Features: Abschied von Koschinski (U. 1969, Hsp.); Entscheidung fürs Leben (U. 1969, Jugendhsp.); Ich suche nicht, ich finde (U. 1969, Hsp., 1969 russ., 1971 tschech.); Die Stunde der Wahrheit (U. 1969, Hsp.); Schlüssel zur Zukunft (U. 1970, Feature); Nicht nur ein Maler (U. 1971, Hsp.); Versuch über das Glück (U. 1971, Feature); Berlin – Ecke Blumenstraße (U. 1973, Feature); Die Webers – Chronik einer Arbeiterfamilie (U. 1973, Feature, zus. mit H. Bräunlich); Der Journalist – ein Lebensbild Franz Mehrings (U. 1976, Feature); Die Legende vom Tellerwäscher. T. 5: Der Seher von Memphis (U. 1977, Khsp.); Geschichten um Hans Clauert, 5 Tle. (U. 1978, Khsp.); Die Abenteuer des Roderick Random (nach dem gleichnamigen Buch v. Tobias Smollett, 5 Tle., U. 1979, Khsp.); Der grüne Elefant (U. 1979, Kriminalhsp.); Geistergeld (U. 1981, Kriminalhsp.); Aus dem Leben zweier Taugenichtse (nach „Aus dem Leben eines Taugenichts" v. Joseph Freiherr v. Eichendorff, U. 1983, Khsp.); Der Mann im Mond (nach Wilhelm Hauff, U. 1983, Khsp.); Die Sage vom Hirschgulden (nach Wilhelm Hauff, U. 1983, Khsp.); Das Urbild oder Die Weihe der Kraft – Legende und Wahrheit (U. 1983, Feature).

Selbstzeugnisse/Dokumente: Vier junge Leute vom alten Alex. Wie findet ein Autor seine Stoffe? BZA-Gespräch zwischen H. H. S. und Günther Bellmann. In: BZ am Abend, Nr. 227 v. 26. 9. (1973); Plavius, Heinz: Drei Männer und ihre Geschichte. Im Gespräch mit dem Autor des neuen BZ-Romans „Der Springer". In: Berliner Zeitung, Nr. 149 v. 24. 6. (1976).

Sekundärliteratur

Borst, Meta: Ein Erzähler setzt sich durch [zu: „Abschied vom Kietz"]. In: Neue Deutsche Literatur, H. 3 (1975).

Drenkow, Renate: Bericht von Menschen im Spätsommer des Lebens [zu: „Spätsommer"]. In: Neues Deutschland, Nr. 20 v. 24. 1. (1980).

Eichler, Wilfriede: Im Zwiespalt zwischen Beruf und Ehe [zu: „Jahre mit Camilla"]. In: National-Zeitung (B), Nr. 266 v. 10. 11. (1973).

Dies.: Ingenieur Gnievotta sucht seinen Platz [zu: „Der Springer"]. In: National-Zeitung (B), Nr. 8 v. 10. 1. (1977).

Hannemann, Joachim: Moralische Haltungen [zu: „Alltag im Paradies"]. In: Neue Deutsche Literatur, H. 3 (1978).

Ders.: Unsere Geschichte und unser Selbstbewußtsein [zu: „Das Erbe"]. In: Neue Deutsche Literatur, H. 8 (1981).

Ders.: Negativ eines Bildes [zu: „Dame in Weiß"]. In: Neue Deutsche Literatur, H. 5 (1983).

Höhne, Günter: [Zu: „Dame in Weiß"]. In: Sonntag, Nr. 15 v. 10. 4. (1983).

Hoff, Peter: Die verändernde Kraft optimistischer Menschen [zu: „Meschkas Enkel", Fernsehf.]. In: Neues Deutschland, Nr. 305 v. 28. 12. (1981).

Kracht, Horst: Am Ende wieder auf dem Bohrfeld [zu: „Der Springer"]. In: Junge Welt (B), Nr. 211 v. 6. 9. (1977).

Krocek, Werner: Ein Abschied wird zur Abrechnung [zu: „Dame in Weiß"]. In: Neues Deutschland, Nr. 123 v. 27. 5. (1983).

Löffler, Anneliese: Neuartigkeit, die überrascht [zu: „Alltag im Paradies"]. In: Berliner Zeitung, Nr. 33 v. 8. 2. (1978).

Dies.: Konfrontation des Lesers mit unterschiedlichen Haltungen [zu: „Spätsommer"]. In: Berliner Zeitung, Nr. 278 v. 23. 11. (1979).

Dies.: Erzählwerk über unsere Zeiten [zu: „Das Erbe"]. In: Berliner Zeitung, Nr. 147 v. 24. 6. (1981).

Dies.: Lebensläufen auf der Spur [zu: „Dame in Weiß"]. In: Berliner Zeitung, Nr. 306 v. 30. 12. (1982).

Neubert, Werner: Kunde aus dem Kietz [zu: „Abschied vom Kietz"]. In: Berliner Zeitung, Nr. 316 v. 15. 11. (1974).

Reinhold, Ursula: [Zu: „Das Erbe"]. In: Weimarer Beiträge, H. 1 (1983).

Bibliographie

Helmut H. Schulz. In: Internationale Bibliographie zur Geschichte der deutschen Literatur von den Anfängen bis zur Gegenwart. Erarbeitet ... unter Leitung und Gesamtredaktion v. Günter Albrecht; Zehnjahres-Ergänzungsband [1965/74] zur Internationalen Bibliographie ... T. 2 (Berlin 1984), S. 649.

1977, Film); Addio, piccolo mia (U. 1978, Film); P. S. Film); Julia oder Erziehung zum Chorgesang (1980, E.); ...her (1983, E. für den Film).

...nisse/Dokumente: Opelt, Edith: Die Brücke der Erwartung. ...mit H. S. über ihr erstes Buch und ihre weiteren Pläne. In: ... (B), Nr. 226 v. 25. 9. (1971); Walther, Joachim: Autoren-...: H. S. In: Die Weltbühne, Nr. 48 v. 28. 11. (1972); Auf ... aus der Vorgeschichte. Gespräch zwischen H. S. und Klaus ...ch In: Neues Deutschland, Nr. 239 v. 30. 8. (1973); Wirklich-...eit meine Verantwortung. BZ-Werkstattgespräch zwischen H. S. ...nd N. Berger. In: Berliner Zeitung, Nr. 48 v. 17. 2. (1974); ...re Leonore: Interview mit H. S. In: Weimarer Beiträge, H. 2 (19...

Sek... schö... Literatur

Ab... 130 ...eter: P. S. zu „P. S.". In: Die Weltbühne, Nr. 19 v. 8. 5. (19... Dar...

Bergen, Christel: [Zu: „Julia oder Erziehung zum Chorgesang"]. In: ...eimarer Beiträge, H. 10 (1981).
Bernhardt, Rüdiger: Große Welt in kleinen Geschehnissen [zu: „Das Erdbeben bei Sangerhausen und andere Geschichten"]. In: ich schreibe, H. 3 (1974).
Böck, Dorothea: Ein janusköpfiger Epilog [zu: „Julia oder Erziehung zum Chorgesang"]. In: Neue Deutsche Literatur, H. 3 (1982).
Eichler, Wilfriede: Poetisch-heitere Sicht auf unsere Geschichte [zu: „Jette in Dresden"]. In: National-Zeitung (B), Nr. 117 v. 20. /21. 5. (1978).
Fix, Ulla: Gelungener Erstling [zu: „Vorgeschichten oder Schöne Gegend Probstein"]. In: Ich schreibe, H. 3 (1973).
Funke, Christoph: Das Ehepaar und Probstein [zu: „Das Erdbeben bei Sangerhausen und andere Geschichten"]. In: Der Morgen (B), Nr. 5 v. 6. 1. (1973).
Hannemann, Joachim: Ein Stück von der Wahrheit [zu: „Jette in Dresden"]. In: Neue Deutsche Literatur, H. 11 (1978).
Heimberger, Bernd: Witwe Blümel heiratet wieder [zu: „Festbeleuchtung"]. In: Tribüne, Nr. 25 v. 20. 12. (1974).
Ders.: Das Gewissen in der Verantwortung [zu: „Martin Luther"]. In: Neue Zeit, Nr. 267 v. 12. 11. (1983).
Herzberg, Annegret: [Zu: „Julia oder Erziehung zum Chorgesang"]. In: Sonntag, Nr. 20 v. 17. 5. (1981).
Ignasiak, D.: Breit aufgefächertes Leben [zu: „Martin Luther"]. In: National-Zeitung, Nr. 221 v. 19. 9. (1983).
Jarmatz, Klaus: Die nochmalige Heirat der Rosemarie Blümel [zu: „Festbeleuchtung"]. In: Berliner Zeitung, Nr. 22 v. 25./26. 1. (1975).
Kerschke, Jutta: „Alltäglicher Faschismus" und seine Darstellung in einigen Erzählwerken von H. S. – Möglichkeiten der Aktivierung von Geschichtsbewußtsein beim Leser. In: Wissenschaftliche Zeitschrift der Pädagogischen Hochschule Erfurt/Mühlhausen. Gesellschafts- und sprachwissenschaftliche Reihe, H. 3 (1979).

UJ
(,
N

ANMERKUNGEN UND ZITATNACHWEIS

1 Dabei ist die 1983 erschienene „Erzählung f
Luther", ausgeklammert, da sie – wie die Dr
rien – aufgrund ihrer stofflichen, thematischen
Unterschiedlichkeit den Rahmen dieser Stunde sp

2 Rüdiger Bernhardt: Große Welt in kleinen Ges
schreibe, H. 3 (1974), S. 87.

3 Klaus Schüler: Auf dem Weg aus der Vorgeschicht
Helga Schütz. In: Neues Deutschland, v. 30. 8. 1973

4 Joachim Walther: Autoren-Werkstatt: Helga Schütz.
bühne, H. 48 (1972), S. 1526.

5 Vgl. Siegfried Rönisch: [Rez. zu] Vorgeschichten oder
gend Probstein. In: Weimarer Beiträge, H. 11 (1972), S

6 Vgl. Jutta Kerschke: „Alltäglicher Faschismus" und seine
in einigen Erzählwerken von Helga Schütz – Möglichkeiten
Aktivierung von Geschichtsbewußtsein beim Leser. In: Wiss. Zeitschr. der Pädagogischen Hochschule „Dr. Th. Neubauer", Erfurt/Mühlhausen, Gesellschafts- und Sprachwissenschaftliche Reihe, H. 3 (1979), S. 118.

7 Leonore Krenzlin: Interview mit Helga Schütz. In: Weimarer Beiträge, H. 2 (1976), S. 81.

8 Vgl. Wilfried Eichler: Als die Erde mit der Wimper zuckte ... In: Nationalzeitung, v. 28. 1. 1973, S. 7.

9 Helga Schütz: Nachsatz. Lebenszeichen – Fragezeichen. In: H. S.: Festbeleuchtung. Berlin/Weimar 1974, S. 164.

10 Vgl. Leonore Krenzlin: Helga Schütz' Erzählweise. In: Weimarer Beiträge, H. 2 (1976), S. 96.

11 Leonore Krenzlin, (s. Nachweis 10), S. 81.

12 Das Werk erschien in der Schweiz und der BRD unter dem Titel „Mädchenrätsel".

13 Das betrifft u. a. die Spielfilme „Lots Weib", „Die Schlüssel", „P. S.", „Addio, piccolo mia", „Die Leiden des jungen Werther"; zit. nach
R. Schütz: Werteigenschaften literarischer Kunstwerke – analytisch
Untersuchungen des Prosaschaffens von Helga Schütz in den sie
ziger Jahren. Diss. A, Leipzig (Pädagogische Hochschule „Cla
Zetkin") 1983.

BIBLIOGRAPHISCHE ANGABEN

Werke: Lots Weib (U. 1966, Filmszenarium, zus. mit Egon Güntl
7 Sätze über das Lernen (1969, populärwiss. Film); Vorgeschi
oder Schöne Gegend Probstein (1970, R.); Das Erdbeben bei Sa
hausen und andere Geschichten (1972, En.); Polenreise (1972
in: Das Paar. 13 Liebesgeschn., [bb. Das Taschenbuch des A
Verlages, Bd. 238]; Festbeleuchtung (1974, E.); Die Schlüssel
Filmszenarium, zus. mit E. Günther); Jette in Dresden (197

Krenzlin, Leonore: H. S.' Erzählweise. In: Weimarer Beiträge, H. 2 (1976).
Melchert, Monika: Wieder die Jette [zu: „Jette in Dresden"]. In: Junge Welt (B), Nr. 32 v. 7. 2. (1978).
Rothbauer, Gerhard: Wir könnten so tun, als wäre alles beim alten [zu: „Festbeleuchtung"]. In: Neue Deutsche Literatur, H. 3 (1975).
Schüler, Klaus: Detailgesättigt und heiter gestimmt [zu: „Das Erdbeben bei Sangerhausen und andere Geschichten"]. In: Neues Deutschland, Nr. 3 Beil. Literatur v. 14. 3. (1973).
Schwarz, Anne: Noch einmal Jette und die Leute aus Probstein [zu: „Jette in Dresden"]. In: Neues Deutschland, Nr. 189 v. 12./13. 8. (1978).
Sobe, Günter: Die Erkenntnis des Peter S. [zu: „P. S.", Film]. In: Berliner Zeitung, Nr. 77 v. 31. 3./1. 4. (1979).
Streller, Siegfried: [Zu: „Martin Luther"]. In: Weimarer Beiträge, H. 11 (1983).
Trampe, Wolfgang: [Zu: „Festbeleuchtung"]. In: Sonntag, Nr. 51 v. 22. 12. (1974).
Welke, Dunja: Luther im Stand der Unschuld? [zu: „Martin Luther"]. In: Neue Deutsche Literatur, H. 11 (1983).

Bibliographie
Helga Schütz. In: Internationale Bibliographie zur Geschichte der deutschen Literatur von den Anfängen bis zur Gegenwart. Erarbeitet ... unter Leitung und Gesamtredaktion v. Günter Albrecht; Zehnjahres-Ergänzungsband [1965/74] zur Internationalen Bibliographie ... T. 2 (Berlin 1984), S. 651.

Armin Stolper

ANMERKUNGEN UND ZITATNACHWEIS

1 Armin Stolper: Narrenspiel will Raum. Berlin 1977, S. 226.
2 Ebd.
3 Ebd., S. 222.
4 Armin Stolper: Zwei Physiker. In: Neue sozialistische Dramatik Nr. 31, Beilage zu Theater der Zeit, H. 24 (1965).
5 Günter Fischborn: Interview mit Armin Stolper. In: Weimarer Beiträge, H. 10 (1977), S. 61.
6 Vgl. Gespräch mit Armin Stolper, (s. Nachweis 1), S. 211.
7 Kurt Lennartz/Thomas Wieck: Stoffe – Konflikte – Theatralische Angebote. Notizen zur DDR-Dramatik der letzten Jahre. In: Material zum Theater, H. 68, S. 50.
8 Gerhard Wolfram: Parteilichkeit und Wirklichkeitsnähe in der Arbeit des Theaters. In: Einheit, H. 10 (1971), S. 1133.
9 Werkstattgespräch mit Armin Stolper. In: Theater der Zeit, H. 4 (1970), S. 41.

[10] Armin Stolper: Mein Verhältnis. In: Begegnung und Bündnis. Berlin 1972, S. 633 f.
[11] Sergej Antonow: Der zerrissene Rubel. Berlin/Weimar 1976, S. 19.
[12] Armin Stolper, (s. Nachweis 1), S. 158.
[13] Ebd.
[14] Ebd., S. 223.
[15] Gespräch mit Armin Stolper. In: Theater der Zeit, H. 1 (1976), S. 51.
[16] Programmheft des Deutschen Nationaltheaters Weimar zum Stück „Der Schuster und der Hahn". Weimar 1975/76, H. 9.
[17] Hans-Rainer John: Interview mit Armin Stolper. In: Theater der Zeit, H. 1 (1976), S. 53.
[18] Ebd.
[19] Ebd.
[20] Armin Stolper: Aufzeichnungen eines Toten. In: Bühnenmanuskript des Henschelverlages, Berlin 1975, S. 59.
[21] Armin Stolper: Der Theaterprofessor und andere Käuze. Rostock 1977, S. 64.
…min Stolper: Die Karriere des Seiltänzers. Rostock 1979, S. 152.
…rmin Stolper: Lausitzer Trilogie. Berlin 1980, S. 167.
…bd., S. 170/171.
…bd., S. 186.
…bd., S. 177.
…bd., S. 234.
…rmin Stolper: Jeder Fuchs liebt seinen Schwanz. Rostock 1978, … 59.

…IBLIOGRAPHISCHE ANGABEN

…*rzählungen:* Der Theaterprofessor und andere Käuze (1977); Die …arriere des Seiltänzers (1979, En., Ill. v. G. Ruth Mossner); Ge…schichten aus dem Giebelzimmer (1984, En.).

Dramatik: Das Geständnis (nach Nikolajewa, U. 1963, Laiensp.); Zwei Physiker (nach Granin, U. 1965, Sch.); Amphitryon (U. 1967, Kom.); Ruzente (nach Beole, U. 1967, Komn.); Zeitgenossen (nach einer Filmn. v. J. Gabrilowitsch/J. Raisman, U. 1969, Sch., BA. 1970); Himmelfahrt zur Erde (frei nach Antonows N. „Der zerrissene Rubel", BA. 1970, U. 1971, Sch.); Der Zeitfaktor (U. 1970, Szene für „Anregung II", ein kollektiv erarbeitetes Revuestück des Hallenser Theaters); Klara und der Gänserich (U. 1973, Sch., gedr. in: Theater der Zeit, H. 10 (1973), Neufassg. 1977); Der Schuster und der Hahn (U. 1975, Spiel); Aufzeichnungen eines Toten (nach Bulgakows „Theaterroman". Unter Verwendung der Übers. v. Thomas Reschke, 1975); Das Naturkind (frei nach Voltaire, U. 1977, Kom.); Hintereinanderweg (U. 1978, 4 Einakter).
Lyrik: Weißer Flügel schwarzgerändert (1982, G.).

Kantate: Vietnamesische Schulstunde (e. 1967, Musik v. B. Wefelmeyer, 1968 Teilabdr. in: Sinn und Form).

Schriften: Narrenspiel will Raum. Von Stücken und von Stückeschreibern (1977); Jeder Fuchs lobt seinen Schwanz. 6 kritische Ausflüge zur Selbstverständigung (1978).

Herausgeber: Welche, von den Frauen? Die Nacht der Linden-Prognose u. a. Stücke. Mit einem Tonbandprotokoll von Gesprächen über Alfred Matusche, Teilnehmer Gottfried Fischborn (1979, Hg., zus. mit Jochen Ziller).

Nachdichtungen: Concerto dramatico (von, nach und mit Johann Wolfgang von Goethe 1977); Concerto dramatico (nach Goethe, Voltaire und Bulgakow, mit einem Nachw. v. Gottfried Fischborn, 1979); Dienstreisende. Gespräche zwischen Gubanow und Nitotschkin. Im 1. Teil nach „Dein Zeitgenosse" v. Gabrilowitsch und Raisman (1979).

Selbstzeugnisse/Dokumente: Die Meinung des Dramaturgen. BZ-Gespräch mit A. S. In: Berliner Zeitung, Nr. 69 v. 10. 3. (1965); Gedanken beim Schreiben. In: Theater der Zeit, H. 2 (1971); Erkenntnis eines Autors. In: Neue Deutsche Literatur, H. 5 (1974); Interview mit A. S. Das Gespräch führte Gottfried Fischborn. In: Weimarer Beiträge, H. 10 (1977).

Ausgaben: Stücke (1974); Lausitzer Trilogie (1980, enth.: Klara und der Gänserich. Der Schuster und der Hahn. Die Vogelscheuche oder Die Heimkehr des verlorenen Sohnes, mit einem Nachw. v. Martin Schmidt); Poesie trägt einen weiten Mantel. Fortgeführte Streitgespräche und Lobreden nebst einigen Stücken sowie Gedichten und Kostproben aus den ges. 6-Pfennig-Heft-Werken (1982).

Sekundärliteratur

Cwojdrak, Günther: Zerrissener Rubel und heile Welt [zu: „Himmelfahrt zur Erde", Aufführung in Berlin]. In: Die Weltbühne, Nr. 19 (1972).
Felden, Dietmar: Heitere Episode [zu: „Geschichten aus dem Giebelzimmer"]. In: National-Zeitung, Nr. 154 v. 2. 7. (1984).
Gebhardt, Horst: [Zu: „Zwei Physiker", Aufführung in Karl-Marx-Stadt]. In: Theater der Zeit, H. 15 (1965).
Gleiß, Jochen: Märchen zum Mündigwerden [zu: „Die Vogelscheuche oder Die Heimkehr des verlorenen Sohnes", Aufführung in Potsdam]. In: Theater der Zeit, H. 6 (1981).
Hametner, Michael: Theater Stralsund: „Klara und der Gänserich". In: Theater der Zeit, H. 2 (1979).
John, Hans-Rainer: [Zu: „Concerto dramatico"]. In: Theater der Zeit, H. 8 (1979).
Kähler, Hermann: A. S.s „Zeitgenossen". In: Sinn und Form, H. 1 (1970).
Langner, Rainer-K.: Ein Dramatiker schreibt Prosa [zu: „Der Thea-

terprofessor und andere Käuze"]. In: Neue Deutsche Literatur, H. 11 (1978).
Linzer, Martin: „Amphitryon" von A. S. In: Theater der Zeit, H. 19 (1967).
Ders.: Heiter-moralisch mit Voltaire [zu: „Das Naturkind", Aufführung in Senftenberg]. In: Theater der Zeit, H. 8 (1978).
Ders.: [Zu: „Narrenspiel braucht Raum"]. In: Theater der Zeit, H. 4 (1978).
Ders.: [Zu: „Jeder Fuchs lobt seinen Schwanz"]. In: Theater der Zeit, H. 1 (1979).
Ders.: Gesprächsangebot [zu: „Dienstreisende", Aufführung in Potsdam]. In: Theater der Zeit, H. 9 (1982).
Plavius, Heinz: Seine Arbeit ohne Risiko undenkbar [zu: „Die Karriere des Seiltänzers"]. In: Junge Welt, Nr. 18 v. 22. 1. (1980).
Rohmer, Rolf: [Zu: „Der Schuster und der Hahn", Aufführung in Weimar]. In: Theater der Zeit, H. 5 (1976).
Schütt, Hans-Dieter: Manche Verwunderung [zu: „Weißer Flügel schwarzgerändert"]. In: Junge Welt, Nr. 186 v. 10. 8. (1982).
Schumacher, Ernst: Der Meister und Thalia [zu: „Aufzeichnungen eines Toten", Aufführung in Senftenberg]. In: E. S.: Berliner Kritiken, Bd. 3 (1982), S. 203–205.

Biobibliographien
Armin Stolper. In: Internationale Bibliographie zur Geschichte der deutschen Literatur von den Anfängen bis zur Gegenwart. Erarbeitet ... unter Leitung und Gesamtredaktion v. Günter Albrecht/Günther Dahlke, Bd. II, 2 (Berlin 1972), S. 569–570; anschließend: Zehnjahres-Ergänzungsband [1965/74] zur Internationalen Bibliographie ... T. 2 (Berlin 1984), S. 669–670.
Armin Stolper. In: Literarische Werke von DDR-Autoren. Erschienen bzw. uraufgeführt oder gesendet im Zeitraum von November 1977 bis Dezember 1982. Zusstellg. v. Christine Preissing (Berlin 1982), S. 30, S. 95, S. 108, S. 132, S. 181.
Armin Stolper. In: Bibliographische Kalenderblätter. Bearb. v. der Berliner Stadtbibliothek. Folge 3 (1984).

Rudi Strahl

ANMERKUNGEN UND ZITATNACHWEIS

1 Diese Kurzszenen sind: Mimen und Mienen (1961), Von Mensch zu Mensch (1969), Menschen, Masken, Mimen (1984).
2 Die Stücke im Bühnenmanuskript bzw. in Textbeiträgen von „Theater der Zeit" (Henschel-Verlag) sind: Nochmal ein Ding drehen (U: 1970), Adam und Eva und kein Ende (U: 1973), Flüsterparty (1983), Das Blaue vom Himmel (1984), Der Stein des Anstoßes (U: 1985), Die Post als moralische Anstalt (1986).

BIBLIOGRAPHISCHE ANGABEN

Romane: Aufs Happy-End ist kein Verlaß (1966); Der Krösus von Wölkenau (1967).

Erzählungen/Novellen/Kurzgeschichten: Sturm auf Stollberg (1955, E.); Zwischen Zapfenstreich und später (1956, Kurzg.); Einer schwieg nicht (1957, Nn.); Moses und der Geist des Mönchs (1958, E.); Meine Freundin Sybille (1962, E., verfilmt U. 1967); Du und ich und Klein-Paris (1968, E., Ill. v. Dagmar Elsner-Schwintowsky, verfilmt U. 1971).

Lyrik: Souvenirs, Souvenirs (1961, G., Ill. v. Eberhard Binder); Mit 1000 Küssen (1964, G.); Von Mensch zu Mensch (1969, Prosa u. Lyrik), Ewig und drei Tage (1970, G.); Von Augenblick zu Augenblick (1976, G., Ill. v. Eberhard Binder-Staßfurt); Eine Wendeltreppe in den blauen Himmel nebst weiterem Heiteren. Neue und gebrauchte G. (1981, mit einer Einf. v. John Erpenbeck. Ill. v. Karl-Heinz Appelmann).

Komödien: In Sachen Adam und Eva (U. 1969, BA. 1970); Noch mal ein Ding drehen (U. 1971, Gauner-Kom., BA. 1972); Wie die ersten Menschen (U. 1972); Adam und Eva und kein Ende (U. 1973); Keine Leute, keine Leute (U. 1973), Ein irrer Duft von frischem Heu (U. 1975, als Film U. 1977, als Oper U. 1981); Arno Prinz von Wolkenstein oder Kader entscheiden alles (U. 1977); Er ist wieder da (U. 1980); Der Schlips des Helden und weitere heitere dramatische Texte (1981); Schöne Ferien (U. 1982, auch als Fsp.); Und plötzlich (1982), Vor aller Augen (U. 1982); Barby (U. 1983, zus. mit Peter Hacks).

Filme/Fernsehspiele: Das Doppelzimmer (U. 1965, Fsp.); Der Reserveheld (U. 1965, Film); Hände hoch oder ich schieße (U. 1966, Film); Wir lassen uns scheiden (U. 1968, Film); Die Pferdekur (U. 1969, Fsp.); Seine Hoheit, Genosse Prinz (U. 1969, Film, zus. mit W. Wallroth); Um vier kommt Irene (U. 1969, Fsp.); Robinson für eine Nacht (U. 1970, Fsp.); Ein gewisser Herr Katulla (U. 1973, Fsp.); Alles im Lot, alles im Eimer (U. 1978, Fsp.); Einfach Blumen aufs Dach (U. 1979, Film); Sehr jung, sehr blond (U. 1980, Fsp.); Endlich fliegen (U. 1982, Fsp.).

Mitarbeit: Lachen und lachen lassen (1958, Anth.); Klamanns Puppentheater (1961, Anth.); So ein Betrieb (1961, Anth.); Musenkuß und Pferdefuß (1964, Anth.).

Hörspiele: Kassensturz und Die Trauerrede (U. 1978, zus. mit Brigitte Hähnel); Schöne Ferien (U. 1982, nach dem gleichnamigen Fsp.).

Feuilletons/Miniaturen: Mimen und Mienen (1961, Feuill.); Die Trauerrede, ein Todestag und andere heitere Begebenheiten (1976, szenische Miniaturen).

Kinderbücher/Kinderlieder: Mit der Post nach Afrika (1960, Kb., zus. mit Erich Gürtzig); In den Ferien ... – Sandmann-Lied (1961, 2 Lieder auf einer Schallplatte); Rolli im Zoo (1961, Kb., zus. mit Erich Gürtzig); Ulli kauft ein (1961, Kb., zus. mit Erich Gürtzig); Sandmännchen auf der Leuchtturminsel (1963, Kb., zus. mit Steffi Bluhm); Teddy, Tips und Caroline (1964, Kb.); Zirkus Tusch (1964, Kb., Ill. v. Bernhard Nast); Äffchen Stupsnase (1966, Kb., Ill. v. Erika Klein); Klaus reißt aus (1968, Kb., Ill. v. Konrad Golz); Sandmann sucht die neue Stadt (1969, Kb., Bildberichter Eberhard Binder); Robinson im Müggelwald (1970, Kb., Ill. v. Eberhard Binder); Kleiner Spatz im großen Zoo (1970, Kb., zus. mit Erich Gürtzig).

Kommentar: Mimengalerie (v. Harald Kretzschmar, 1965).

Ausgaben: Wir sind doch alle, alle Menschen (1963, Ausw., gedr. in der Sowjetunion); Stücke (1976), enth. u. a.: In Sachen Adam und Eva. Wie die ersten Menschen. Keine Leute, keine Leute; Der Krösus von Wölkenau. Aufs Happy-End ist kein Verlaß (1983, Ill. v. Wolfgang Würfel u. Werner Klemke).

Selbstzeugnisse/Dokumente: Arbeitsstenogramm. In: Sonntag, Nr. 16 v. 18. 4. (1971); Autor mit Millionenpublikum. Filmautoren im Gespräch. Das Gespräch führte Hans Oliva. In: Filmspiegel, Nr. 10 v. 12. 5. (1971); Mit Leuten reden, Partner haben. Dramatikergespräch zwischen Erika Stephan und R. S. In: Sonntag, Nr. 13 v. 31. 3. (1974); Neumann, Rainer: Die Lust zur Freundlichkeit. Woran arbeiten Sie? fragte BZ den Schriftsteller R. S. In: Berliner Zeitung, Nr. 45 v. 22. 2. (1977); Funke, Christoph: Vertrauen für neue Dramatik. „Morgen"-Gespräch mit R. S. In: Der Morgen (B), Nr. 80 v. 5. 4. (1978); Fischborn, Gottfried: Interview mit R. S. In: Weimarer Beiträge, H. 9 (1981); Ich liebe das Theater – seine vielen Launen wie seine Ehrwürdigkeit. Im Gespräch mit dem Schriftsteller R. S. Das Gespräch führte Erika Roßner. In: Tribüne, Nr. 138 v. 15. 7. (1983).

Sekundärliteratur

Abel, Gerhard: Maßgeschneiderte Rollen für einen Schauspieler. Rolf Ludwig in „Die Trauerrede, ein Todestag und andere heitere Begebenheiten" von R. S. auf dem Bildschirm. In: Neues Deutschland, Nr. 205 v. 28./29. 8. (1976).
Böhme, Irene: [Zu: „Keine Leute, keine Leute", Aufführung in Gera]. In: Theater der Zeit, H. 5 (1973).
Borde, Inge: K(l)eine Liebesgeschichte [zu: „Du und ich und Klein-Paris"]. In: Neue Deutsche Literatur, H. 1 (1969).
Cwojdrak, Günther: Eine sozialistische Gaunerkomödie? [zu: „Noch mal ein Ding drehen, Aufführung in Leipzig]. In: Die Weltbühne, Nr. 49 v. 7. 12. (1971).
Fischborn, Gottfried: ... ein lieber Gott sein. Ernste Anmerkungen zu heiteren Stücken von R. S. In: Theater der Zeit, H. 7 (1974).

Ders.: Die Volkskomödien R. S.s. Kultur- und theaterpolitische Aspekte. In: Weimarer Beiträge, H. 9 (1981).
Gebauer, Achim: Lustspiel mit und ohne Lust [zu: „Vor aller Augen", Aufführungen in Berlin u. Leipzig]. In: Theater der Zeit, H. 11 (1982).
John, Hans-Rainer: Theater der Stadt Cottbus Kammerbühne [zu: „Wie die ersten Menschen"]. In: Theater der Zeit, H. 10 (1979).
Kerndl, Rainer: Schlagfertig, fröhlich, sehr heutig [zu: „In Sachen Adam und Eva", Uraufführung in Halle]. In: Neues Deutschland, Nr. 253 v. 13. 9. (1969).
Ders.: Vom Lustspiel diesmal doch zu viel verlangt? [zu: „Er ist wieder da", Uraufführung in Berlin]. In: Neues Deutschland, Nr. 112 v. 13. 5. (1980).
Knietzsch, Horst: Heiteres Ringelspiel um alten Düwelskram [zu: „Ein irrer Duft von frischem Heu", Verfilmung]. In: Neues Deutschland, Nr. 268 v. 12./13. 11. (1977).
Liljeberg, Jörg: Das kann jeder – kann das jeder? Über den Umgang mit Gegenwartskomödien [zu: „Arno Prinz von Wolkenstein ...", Aufführungen in Döbeln, Senftenberg u. Greifswald]. In: Theater der Zeit, H. 8 (1978).
Löffler, Anneliese: Auf Erden und im siebten Himmel [zu: „Der Schlips des Helden" u. „Eine Wendeltreppe in den blauen Himmel"]. In: Berliner Zeitung, Nr. 64 v. 17. 3. (1982).
Miersdorf, Stefan: Wenn der Hahn kräht, beginnt ein Sommerspaß [zu: „Ein irrer Duft von frischem Heu", Uraufführung in Berlin]. In: Neues Deutschland, Nr. 160 v. 8. 7. (1975).
Nössig, Manfred: Sympathien für Eva [zu: „Adam und Eva und kein Ende", Uraufführung in Halle]. In: Theater der Zeit, H. 3 (1974).
Reichel, Peter: „Gestrahltes" [zu: „Schöne Ferien", Aufführung in Döbeln]. In: Theater der Zeit, H. 10 (1982).
Stephan, Erika: [Zu: „Arno Prinz von Wolkenstein ...", Uraufführung in Berlin]. In: Sonntag, Nr. 21 v. 22. 5. (1977).
Thiel, Klaus: Kein betörender Duft [zu: „Ein irrer Duft von frischem Heu", Oper von Wilhelm Neef, Aufführung in Erfurt]. In: Theater der Zeit, H. 7 (1981).
Winzer, Klaus-Dieter: Des Possenreißers Beute? R. S.s heitere Stücke – nicht bloß für die linke Hand. In: National-Zeitung (B), Nr. 64 v. 15./16. 3. (1980).

Bibliographie

Rudi Strahl. In: Internationale Bibliographie zur Geschichte der deutschen Literatur von den Anfängen bis zur Gegenwart. Erarbeitet ... unter Leitung und Gesamtredaktion v. Günter Albrecht/Günther Dahlke, Bd. II, 2 (Berlin 1972), S. 570; anschließend: Zehnjahres-Ergänzungsband [1965/74] zur Internationalen Bibliographie ... T. 2 (Berlin 1984), S. 670.

Harry Thürk

ANMERKUNGEN UND ZITATNACHWEIS

1 Geschichten erzählen Geschichte. Gespräch mit dem Weimarer Schriftsteller Harry Thürk. In: Neues Deutschland, v. 8. 3. 1977, S. 4.

2 Auf die nähere Vorstellung der Arbeiten für Film und Fernsehen muß verzichtet werden. Herausragend ist das Drehbuch für den DEFA-Film „For eyes only" (1963; Regie Janoš Veiczi). Dieser erste Kundschafterfilm der DEFA entlarvt die bundesdeutsche und amerikanische Diversionstätigkeit gegen die DDR zu Beginn der fünfziger Jahre und würdigt an einem authentischen Fall das Heldentum eines kommunistischen Kundschafters. Einblicke in die Arbeit der Sicherheitsorgane unserer Republik werden auch in einigen Fernsehfilmen gegeben, zu denen Thürk das Drehbuch verfaßt hat.

3 Harry Thürk: Der Narr und das schwarzhaarige Mädchen. Weimar 1958, S. 295 f.

4 Sigrid Töpelmann: Autoren – Figuren – Entwicklung. Zur erzählerischen Literatur in der DDR. Berlin/Weimar 1975, S. 218.

5 Die zahlreichen zeitgenössischen Besprechungen des Romans sind außerordentlich scharf und ablehnend. Eva Strittmatters Bewertung gipfelt in dem Vorwurf, Harry Thürk nehme „für die Mörderelite Partei" (Vgl. Eva Strittmatter: Nachdenken oder Nachstreben? In: Neue Deutsche Literatur, H. 8 [1959] S. 93 ff.). Annemarie Auer kritisiert den unkritischen und mechanischen Nachvollzug des „harten Stils", die Nachahmung des Kriegsromans „Die Nackten und die Toten" von Norman Mailer (vgl. Annemarie Auer: Über einige notwendige Unterscheidungen. In: Junge Kunst, H. 6 [1959], S. 13 ff.), und auch im Referat von Anna Seghers auf dem V. Schriftstellerkongreß erfolgt am Beispiel Thürks eine so gerichtete kritische Auseinandersetzung (Anna Seghers: Die Tiefe und Breite der Literatur. In: V. Deutscher Schriftstellerkongreß vom 25. bis 27. Mai 1961. Referat und Diskussionsbeiträge. [Berlin], S. 43 f.). Nur in einem Fall wird das Buch positiv bewertet (Günther Cwojdrak: Eroberung der Realität. In: NDL, H. 1 [1958], S. 143 ff.).

6 Harry Thürk: Die Stunde der toten Augen. Berlin 1980. S. 399 (die weiteren Seitenangaben im Text beziehen sich auf diese Ausgabe).

7 Paul Saupe: Zum Thema Abenteuerliteratur. In: Weimarer Beiträge, H. 4 (1974), S. 164.

8 Vgl. Therese Hörnigk: Das Thema Krieg und Faschismus in der Geschichte der DDR-Literatur. In: Weimarer Beiträge, H. 5 (1978), S. 94.

9 Als markantes Beispiel sei die Zusammenarbeit mit dem Südostasienwissenschaftler Prof. Dr. Diethelm Weidemann genannt, der Thürk bei den Vorarbeiten zum Roman „Amok" unterstützte. Das dabei gewonnene Material war so umfangreich, daß eine Dokumentarerzählung unter der Autorschaft beider dem Roman folgte: Indonesien 65 (s. Bibliographische Angaben).

[10] Harry Thürk: Der Tiger von Shangri-La. Berlin 1970, S. 35.
[11] Vgl. Werner Neubert: Roman vom menschlichen Gewissen. In: NDL, H. 10 (1968), S. 175.
[12] Vgl. Werner Heiduczek: Literatur zwischen Anspruch und Bewältigung. In: Neues Deutschland, v. 30./31. 5. 1971, S. 4. Heiduczek macht hier auf die Gefahren vordergründiger Spannung aufmerksam, ohne Spannungsliteratur prinzipiell in Frage zu stellen.
[13] Harry Thürk: Der Tod und der Regen. Berlin 1967, S. 178.
[14] Harry Thürk: Amok. Berlin 1975, S. 413.
[15] Günter Ebert: Grausame Macht schafft den eigenen Totengräber. In: Neues Deutschland, v. 22./23. 3. 1975, S. 14.
[16] Wolfgang Theml: Interview mit Harry Thürk. In: Weimarer Beiträge, H. 1 (1981), S. 86.
[17] Gegner, Gaukler und „Giganten". Ein Gespräch über Politik und Literatur mit dem Schriftsteller Harry Thürk. In: Freie Welt, H. 10 (1979), S. 18.
[18] Harry Thürk: Der Gaukler. Berlin 1978, S. 108 (die Seitenangaben im Text beziehen sich auf diese Ausgabe).
[19] Hans Richter: Tendenzen der DDR-Literatur in den 70er Jahren. In: H. R.: Werke und Wege. Halle 1984, S. 151.
[20] Siehe Nachweis 17.
[21] Konstantin Simonow. In: Zürich – Moskau. Ein Briefwechsel (Alfred Andersch – Konstantin Simonow). Berlin 1978, S. 54 f.
[22] Wolfgang Theml, (s. Nachweis 16), S. 77.

BIBLIOGRAPHISCHE ANGABEN

Romane: Die Herren des Salzes (1956, als Fsp. U. 1959); Die Stunde der toten Augen (1957); Der Narr und das schwarzhaarige Mädchen (1958); Das Tal der sieben Monde (1960, verfilmt U. 1966); Verdorrter Jasmin (1961); Der Wind stirbt vor dem Dschungel (1961); Lotos auf brennenden Teichen (1962); Die weißen Feuer von Hongkong (1964); Der Tod und der Regen (1967); Der Tiger von Shangri-La (1970); Amok (1974); Des Drachens grauer Atem (1975, als Fsf. U. 1978); Der Gaukler (1978).

Erzählungen: Nacht und Morgen (1950); Treffpunkt Große Freiheit (1954); Aufstand am Gelben Meer. Nach Dokumenten von Rewi Alley aufgezeichnet v. H. T. (1960, Ill. v. Klaus Poche), [Erzählerreihe, Nr. 41]; Geschwader der Gangster (1961), [Tatsachen, Nr. 1]; Armee aus dem Dschungel (1962), [Tatsachen, Nr. 6]; U-Boote vor Pearl Harbor (1965), [Tatsachen, Nr. 43].

Reportagen/Reiseberichte: In allen Sprachen. Rep. von den 3. Weltfestspielen (1953); Träum von morgen, Julsca...! (1953, Rep. aus Ungarn); Täler und Gipfel am Strom. Ein Streifzug durch die Sächsische Schweiz (1957, Reiseber.).

Herausgeber: Begegnung und Erinnerung. Im Auftrag des Schriftstellerverbandes der DDR u. der Grenztruppen der DDR (1981, Ill. v. Günther Lück).

Übersetzung: Der Himmel muß warten (R. v. A. Winnington, 1963).

Feature: Der große Knüppel (U. 1976).

Dokumentarberichte: Pearl Harbor. Die Gesch. eines Überfalls (1965); Singapore. Der Fall einer Bastion (1970); Straße zur Hölle. Ber. über die Schlacht an der Straße Nr. 9 in Laos 1971 (1974); Indonesien '65. Anatomie eines Putsches (1975, zus. mit Diethelm Weidemann); Nachts weint die Sampaguita. Kampf u. Niederlage d. Huk auf den Philippinen (1980).

Filme/Fernsehspiele: For eyes only (U. 1963, Film, zus. mit János Veiczi); Die gefrorenen Blitze (U. 1967, Film, zweiteilig, zus. mit János Veiczi); Rendezvous mit Unbekannt (U. 1969, Fsp.-Serie); Angebot für Schenectady (U. 1971, Fsf.); Filmemacher (U. 1971, Fsp.); Istanbul-Masche (U. 1971, Fsp.); Pygmalion XII (U. 1971, Fsp.); Kein Mann für Camp Derrick (U. 1973, Fsf.); Die blonde Geisha (U. 1979, Fsf.); Tod eines Mäzens (U. 1982, Fsf.); Irrläufer (U. 1985, Fsf).

Bildband: Stärker als die reißenden Flüsse. Vietnam in Gesch. und Gegenwart (1970, Hg. u. Mitverf., zus. mit E. Borchers, W. Lulei, H. Szeponik, D. Weidemann).

Kinderbuch: Su-su von der Himmelsbrücke (1960, Ill. v. Horst Bartsch).

Selbstzeugnisse/Dokumente: Schiefelbein, Horst: Geschichten erzählen Geschichte. Gespräch mit dem Weimarer Schriftsteller H. T. In: Neues Deutschland, Nr. 57 v. 8. 3. (1977); Ich halte nichts vom Meditieren allein im stillen Kämmerlein ... ND-Gespräch mit dem Schriftsteller H. T. Das Gespräch führte Horst Schiefelbein. In: Neues Deutschland, Nr. 78 v. 2. 4. (1981); Mit unseren Büchern ergreifen wir Partei im Friedenskampf. Gespräch mit dem Schriftsteller H. T. In: Neues Deutschland, Nr. 167 v. 19. 7. (1982).

Sekundärliteratur

Bender, Werner: Spannungslektüre mit und ohne ... [zu: „Pearl Harbor"]. In: Neues Deutschland, Nr. 11, Beil. Literatur v. 10. 11. (1965).
Berger, Peter: Der Trick mit dem Dampfer nach Istanbul [zu: „Istanbul-Masche"]. In: Neues Deutschland (B), Nr. 2 v. 2. 1. (1972).
Beyer, Hartmut: [Zu: „Träum von morgen, Julsca ...!"]. In: Die Buchbesprechung, Nr. 967 (1953).
Boden, Marlis: Die kleinen Trompeterbücher [zu: „Su-su von der Himmelsbrücke"]. In: Der Bibliothekar, H. 7 (1961).
Deicke, Günther: Abenteuer und Zeitgeschichte [zu: „Der Tiger von Shangri-La"]. In: Neue Deutsche Literatur, H. 5 (1972).

Hammer, Franz: [Zu: „Die Herren des Salzes"]. In: Neues Deutschland, Nr. 198 v. 19. 8. (1956).
Ders.: Detailschilderung oder Wahrheit? [zu: „Die Stunde der toten Augen"]. In: Neues Deutschland, Nr. 13 Beil. Literatur v. 29. 3. (1958).
Hartmann, Helga: Das Ende der Schneeflieger [zu: „Des Drachens grauer Atem", Fsf.]. In: Filmspiegel, Nr. 14 (1978).
Herrmann, Gisela: Spannungs-Fahndung [zu: „Angebot für Schenectady"]. In: Berliner Zeitung, Nr. 42 v. 11. 2. (1971).
Ilberg, Werner: Um Wärme und Tiefe [zu: „Der Narr und das schwarzhaarige Mädchen"]. In: Berliner Zeitung, Nr. 213 v. 13. 9. (1958).
Kauffelt, H.: Vietnam in Geschichte und Gegenwart [zu: „Stärker als die reißenden Flüsse"]. In: Neues Deutschland, Nr. 7, Beil. Literatur v. 8. 7. (1970).
Knietzsch, Horst: Die Schlacht um Peenemünde. Uraufführung des DEFA-Films „Die gefrorenen Blitze" heute in Berlin. In: Neues Deutschland, Nr. 101 v. 13. 4. (1967).
Küchler, Manfred: Vietnam-Roman erregt Aufsehen [zu: „Der Tod und der Regen"]. In: Neues Deutschland, Nr. 335 v. 5. 12. (1967).
Lehmann, Hans: Der Zuschauer als Partner. [Zum DEFA-Film „For eyes only"]. In: Sonntag, Nr. 35 v. 1. 9. (1963).
Lehmann, Wolfgang: [Zu: „Treffpunkt Große Freiheit"]. In: Börsenblatt für den Deutschen Buchhandel, Nr. 44 v. 30. 10. (1954).
Lütge, Helmut: [Zu: „Das Tal der sieben Monde"]. In: Der Bibliothekar, H. 3 (1961).
Neubert, Werner: Der große Bluff und die Tricks der Veranstalter [zu: „Der Gaukler"]. In: Berliner Zeitung, Nr. 27 v. 1. 2. (1979).
Recknagel, Rolf: Kampagne „Amok". In: Neue Deutsche Literatur, H. 1 (1975).
Reichow, J.: „Das Tal der sieben Monde". Ein DEFA-Film nach H. T. In: Neues Deutschland, Nr. 43 v. 12. 2. (1967).
Schade, Dieter: Die Romane H. T.s. Einiges zur sozialistischen Abenteuerliteratur. In: Weimarer Beiträge, H. 5 (1973).
Standfest, Hilde: [Zu: „In allen Sprachen"]. In: Die Buchbesprechung, Nr. 908 (1953).
Stern, Katja: Gefährliche Erbschaft aus Übersee [zu: „Kein Mann für Camp Derrick"]. In: Neues Deutschland, Nr. 281 v. 11. 10. (1970).
Theml, Wolfgang: Politische Aufklärung mit literarischen Mitteln. Über H. T. In: Weimarer Beiträge, H. 1 (1981).
Weidhaas, Volker: Don Quichote im Goldenen Dreieck [zu: „Des Drachens grauer Atem", Fernsehfilm]. In: Berliner Zeitung, Nr. 131 v. 6. 6. (1979).
Wilhelm, Walter: [Zu: „Verdorrter Jasmin"]. In: Sonntag, Nr. 29 v. 15. 7. (1962).
Zurmann, Klaus: [Zu: „Der Wind stirbt vor dem Dschungel"]. In: Junge Kunst, H. 10 (1961).

Biobibliographien
Harry Thürk. In: Ein neues Leben begann. In: Junge Schriftsteller der DDR in Selbstdarstellungen (Leipzig 1965).

Harry Thürk. In: Internationale Bibliographie zur Geschichte der deutschen Literatur von den Anfängen bis zur Gegenwart. Erarbeitet ... unter Leitung und Gesamtredaktion v. Günter Albrecht/Günther Dahlke, Bd. II, 2 (Berlin 1972), S. 581–582; anschließend: Zehnjahres-Ergänzungsband [1965/74] zur Internationalen Bibliographie ... T. 2 (Berlin 1984), S. 677–678.
Harry Thürk. In: Bibliographische Kalenderblätter. Bearb. v. der Berliner Stadtbibliothek. Folge 3 (1977).

Wilhelm Tkaczyk

ANMERKUNGEN UND ZITATNACHWEIS

1 Wilhelm Tkaczyk: Der Tag ist groß. Dichtungen und Nachdichtungen. Halle 1972, S. 7.
2 Vgl. Alfred Klein: Im Auftrag ihrer Klasse. Weg und Leistung der deutschen Arbeiterschriftsteller 1918–1933. Berlin/Weimar 1972, S. 465 ff.
3 Wilhelm Tkaczyk, (s. Nachweis 1), S. 27 f.
4 Ebd., S. 19 f.
5 Johannes R. Becher: In: „Linkskurve", H. 3 (1932).
6 Wilhelm Tkaczyk: „Ein Rückblick". In, (s. Nachweis 1), S. 431 ff.
7 Wilhelm Tkaczyk, (s. Nachweis 1), S. 72.
8 Ebd., S. 82 und 88.
9 Alle Bände erschienen im Mitteldeutschen Verlag Halle (Saale).
10 Wilhelm Tkaczyk, (s. Nachweis 1), S. 121.
11 Ebd., S. 116.
12 Ebd., S. 194.
13 Ebd., S. 196.
14 Ebd., S. 141.
15 Wilhelm Tkaczyk: Lastkahn mit bunter Fracht. Gedichte und kurze Prosa. Halle 1977.
16 Vgl. Ursula Heukenkamp: Wilhelm Tkaczyks „Auf den Galapagos". In: Weimarer Beiträge, H. 3 (1982).
17 Wilhelm Tkaczyk: Meine Wolken sind irdisch. Halle 1981.
18 Vgl. Mathilde Dau: „Meine Wolken sind irdisch". Der Lyriker Wilhelm Tkaczyk. In: Weimarer Beiträge, H. 3 (1982).
19 Wilhelm Tkaczyk: Rundflüge im Abendrot. Halle/Leipzig 1983, S. 338.
20 Ebd., S. 394.
21 Ebd., S. 381.
22 Christian Löser: Kommunist und Träumer. Gespräch mit Wilhelm Tkaczyk. In: Neue Deutsche Literatur, H. 2 (1977).
23 Lothar Kühne: Gegenstand und Raum. Über die Historizität des Ästhetischen. Dresden 1981, S. 203; vgl. Johannes R. Becher: Bekenntnisse, Entdeckungen, Variationen. Berlin/Weimar 1968, S. 22.
24 Wilhelm Tkaczyk, (s. Nachweis 19), S. 393.
25 Ebd., S. 354.

WILHELM TKACZYK

BIBLIOGRAPHISCHE ANGABEN

Lyrik: Wir bauen uns eigne Himmelswiesen (1958, G.); Auf dieser Erde (1963, G. u. Nach-Dn.); Gagarin (G.). In: Sonntag, Nr. 42 (1963); Österliches. Der Unterschied (²unveränd. 1965, G.). In: Stengel, Hansgeorg: Reimereien, Hg.; Regenbogenbaldachin (1970, G.); Der Tag ist groß (1972, G. u. Nach-Dn.); Lastkahn mit bunter Fracht (1977, G. u. kurze Prosa); Meine Wolken sind irdisch (1981, G.); Rundflüge im Abendrot (1983, G.).

Übersetzungen/Nachdichtungen: Polnische Lyrik. Übersetzungen aus dem Polnischen v. W. T. (1953); Fiedler, Arkady: Rio de Oro. Übersetzung aus dem Polnischen (1955); Der blanke Schild – Kabardin. Heldensagen. Nachdichtung der Verse aus dem Russischen v. W. T. u. a. (1958); Kramarenko, Boris: Ruf aus den Sümpfen. Nachdichtung der Liedertexte aus dem Russischen (1960, R.); Auesow, Muchtar: Über Jahr und Tag. Nachdichtung aus dem Russischen v. W. T. u. a. (1961, R.); Bezruč, Petr: Schlesische Lieder. Nachdichtung aus dem Tschechischen v. W. T. u. a. (1963); Tgnjanow, Juri Nikolajewitsch: Puschkin. Nachdichtung der Verse aus dem Russischen (1963, R.); Giljarowski, Wladimir: Kaschemmen, Klubs und Künstlerklausen. Sittenbilder aus dem alten Moskau. Übers. der Verse aus dem Russischen (1964); Kundera, Ludvik/Fühmann, Franz: Die Glasträne. Gedichte des 20. Jahrhunderts, Hg. Nachdichtung aus dem Tschechischen v. W. T. u. a. (²verb. 1966); Tuwim, Julian: Die verbummelte Nachtigall. Wunderbares und Erstaunliches. Nachdichtung aus dem Polnischen (1966); Wiens, Paul: Blaue Feuer. Moderne bulgarische Lyrik. Übers. aus dem Bulgarischen v. W. T. u. a. (1966); Gorki, Maxim: Das Städtchen Okurow. Metwej Koshemjakin. Übers. der Verse aus dem Russischen (1967); Ognew, Nikolai: Das Tagebuch des Schülers Kostja Rjabzew. Nachdichtung aus dem Russischen v. W. T. (1967); Übersetzungen von Gedichten aus dem Russischen und Polnischen. In: Wessen Welt ... Poetisches Dokument (1967); Wolker, Jiří: Gedichte. Übers. aus dem Tschechischen v. W. T. u. a. (1968), [Poesiealbum, Nr. 14]; Slobin, Stepan: Der Obrist des falschen Zaren. Nachdichtung der Verse aus dem Russischen (1969, hist. R.); Wir schreiten Seit' an Seit'. Sowjetische Freunde grüßen die DDR zum 20. Jahrestag. Nachdichtung aus dem Russischen v. W. T. u. a. (1969); Mierau, Fritz: Links! Links! Links! Eine Chronik in Vers und Plakat. 1917–1921. Nachdichtung aus dem Russischen v. W. T. u. a. (1970); Nagy, László: Gedichte. Übers. aus dem Ungarischen v. W. T. u. a. (1971), [Poesiealbum, Nr. 45]; Novomeský, Laco: Abgezählt an den Fingern der Türme. Übers. aus dem Slowakischen v. W. T. u. a. (1971); Die Vögel auf dem Weihnachtsbaum (v. Magda Donászy, 1972, Übers.).

Anthologie: Spiegel unseres Werdens. Mensch und Arbeit in der dt. Dichtung (1971, zus. mit René Schwachhofer).

Ausgabe: Wilhelm Tkaczyk (1979, Ausw.: Richard Pietraß, Grafik: Wilhelm Rudolph), [Poesiealbum, Nr. 139].

Selbstzeugnisse/Dokumente: Arbeitsstenogramm. In: Sonntag, Nr. 2 (1971); Weisbach, Reinhard: Interview mit W. T. In: Weimarer Beiträge, H. 10 (1974); Löser Christian: Kommunist und Träumer. Gespräch mit W. T. In: Neue Deutsche Literatur, H. 2 (1977); Speder, Isa: Der Lastkahn mit seiner ganzen bunten Fracht. Werkstattgespräch mit dem Dichter W. T. In: Berliner Zeitung, Nr. 54 v. 4./5. 3. (1978).

Sekundärliteratur

Leichtigkeit und Schwermut [zu: „Regenbogenbaldachin"]. In: ich schreibe, H. 4 (1971).

Dau, Mathilde: [Zu: „Der Tag ist groß"]. In: Weimarer Beiträge, H. 5 (1973).

Dies.: „Meine Wolken sind irdisch", der Lyriker W. T. In: Weimarer Beiträge, H. 3 (1982).

Deicke, Günther: Ein Arbeiter – bis an sein Lebensende. In: Neue Deutsche Literatur, H. 3 (1983).

Endler, Adolf: Ein proletarischer Lyriker [zu: „Wir bauen uns eigne Himmelswiesen"]. In: Forum, Nr. 21 (1958).

Ders.: Der „Divan" des Arbeiterdichters [zu: „Regenbogenbaldachin"]. In: Sonntag, Nr. 36 (1970).

Greuner, Ruth: [Zu: „Auf dieser Erde"]. In: Die Weltbühne, Nr. 34 (1963).

Haase, Horst: Ein schreibender Proletarier, der zum sozialistischen Dichter wurde [zu: „Rundflüge im Abendrot"]. In: Neues Deutschland, Nr. 77 v. 30. 3. (1984).

Köhler, Willi: Überlegene Heiterkeit [zu: „Regenbogenbaldachin"]. In: Neues Deutschland, Nr. 7, Beil. Literatur v. 8. 7. (1970).

Kühn, Hartmut: Kraftvolle Selbstaussage [zu: „Rundflüge im Abendrot"]. In: National-Zeitung, Nr. 280 v. 28. 11. (1983).

Richter, Heinz: [Zu: „Auf dieser Erde"]. In: Der Bibliothekar, H. 7 (1963).

Schubert, Holger J.: Ein Dichterleben. In: Die Weltbühne, Nr. 1 v. 5. 1. (1982).

Schulze, Axel: Prometheus, alltäglich [zu: „Meine Wolken sind irdisch"]. In: Neue Deutsche Literatur, H. 10 (1982).

Weisbach, Reinhard: W. T. – Fünf Jahrzehnte sozialistische Poesie. In: Weimarer Beiträge, H. 10 (1974).

Ders.: Ein ganz zeitgenössischer Dichter [zu: „Lastkahn mit bunter Fracht"]. In: Neue Deutsche Literatur, H. 2 (1978).

Will, Peter: Rege die Schwingen, Mensch! [zu: „Rundflüge im Abendrot"]. In: Der Morgen, Nr. 190 v. 13. 8. (1984).

Biobibliographien

Wilhelm Tkaczyk. In: Proletarisch-revolutionäre Literatur. 1918–1933. Ein Abriß (Berlin 1962), [Schriftsteller der Gegenwart, Bd. 9].

Wilhelm Tkaczyk. In: Lexikon sozialistischer deutscher Literatur von den Anfängen bis 1945. Monographisch-biographische Darstellungen (Leipzig ^{2}unveränd. 1964).

Wilhelm Tkaczyk. In: Zenker, Edith: Wir sind die Rote Garde.

Sozialistische Literatur 1914–1935. Geleitw. v. Otto Gotsche, Nachw. v. Klaus Kändler. Bd. 2 (Leipzig ²unveränd. 1967, Hg.), [Reclams Universal-Bibliothek, Bd. 68/69. Erzählende Prosa].
Wilhelm Tkaczyk. In: Albrecht, Friedrich: Deutsche Schriftsteller in der Entscheidung. Wege zur Arbeiterklasse 1918–1933 (Berlin, Weimar 1970), [Beiträge zur Geschichte der deutschen sozialistischen Literatur im 20. Jahrhundert, Bd. 2].
Wilhelm Tkaczyk. In: Internationale Bibliographie zur Geschichte der deutschen Literatur von den Anfängen bis zur Gegenwart. Erarbeitet ... unter Leitung und Gesamtredaktion v. Günter Albrecht/Günther Dahlke, Bd. II, 2 (Berlin 1972), S. 582; anschließend: Zehnjahres-Ergänzungsband [1965/74] zur Internationalen Bibliographie ... T. 2 (Berlin 1984), S. 678.
Wilhelm Tkaczyk. In: Bibliographische Kalenderblätter. Bearb. v. der Berliner Stadtbibliothek. Folge 2 (1972).

Inge von Wangenheim

ANMERKUNGEN UND ZITATNACHWEIS

1 Inge von Wangenheim: Zu Lenins 100. Geburtstag. In: I. v. W.: Mit Leib und Seele. Ausgewählte Publizistik. Hg. M. Reso. Halle/Leipzig 1982, S. 176.
2 Ebd., S. 173.
3 Ebd., S. 180.
4 Ebd., S. 127, 160, 178.
5 Ebd., S. 14.
6 Ebd., S. 17.
7 Ebd., S. 18.
8 Ebd., S. 19.
9 Ebd., S. 41.
10 Inge von Wangenheim: Schauplätze. Bilder eines Lebens. Rudolstadt 1983, S. 50.
11 Inge von Wangenheim: Die tickende Bratpfanne. Kunst und Künstler aus meinem Stundenbuch. Rudolstadt 1974, S. 35.
12 Inge von Wangenheim: Am Morgen ist der Tag ein Kind. Roman eines Tages. Berlin 1957, S. 390.
13 Vgl. Sibylle, H. 2 (1984), S. 50.
14 Inge von Wangenheim, (s. Nachweis 10), S. 69.
15 Inge von Wangenheim: Die hypnotisierte Kellnerin. Rudolstadt 1968, S. 65.
16 Ebd., S. 163.
17 Inge von Wangenheim, (s. Nachweis 10), S. 122.
18 Ebd., S. 76.
19 Ebd., S. 78.
20 Ebd., S. 102.
21 Ebd., S. 82.
22 Ebd.

[23] Ebd.
[24] Inge von Wangenheim: Die Entgleisung. Halle/Leipzig 1980, S. 315.
[25] Hans Jürgen Geerdts: Unerhörter Vorfall in Groß-Naschhausen. In: Neue Deutsche Literatur, H. 7 (1981), S. 142.
[26] Ebd., S. 141.
[27] Inge von Wangenheim, (s. Nachweis 10), S. 126.
[28] Walter Kusche: Von der Ganzheit des Menschen. In: NDL, H. 4 (1984), S. 139.
[29] Inge von Wangenheim: Die Geschichte und unsere Geschichten. Gedanken eines Schriftstellers auf der Suche nach den Fabeln seiner Zeit. Halle 1966, S. 8.
[30] Inge von Wangenheim, (s. Nachweis 1), S. 112 ff.
[31] Ebd., S. 219.
[32] Inge von Wangenheim: Genosse Jemand und die Klassik. Gedanken eines Schriftstellers auf der Suche nach dem Erbe seiner Zeit. Halle/Leipzig 1981, S. 36.
[33] Inge von Wangenheim, (s. Nachweis 1), S. 85 ff.

BIBLIOGRAPHISCHE ANGABEN

Romane: Mein Haus Vaterland (1950); Am Morgen ist der Tag ein Kind (1957); Einer Mutter Sohn (1958); Professor Hudebraach (1961, als Dr. U. 1964); Das Zimmer mit den offenen Augen (1965); Die Probe (1973); Spaal (1979); Die Entgleisung (1980).

Erzählungen: Die hypnotisierte Kellnerin (1968, Geschn. u. Schwänke, Ill. v. Helmut Filge); Der Raub (E., Auszug), in: Literatur 71. Almanach (1971); Schauplätze (1984); Weiterbildung (1984).

Autobiographien: Auf weitem Feld (1954); Die tickende Bratpfanne (1974).

Reportagen/Reisebuch: Kleine Stadt im großen Blickfeld (1963, Rep.); Reise ins Gestern (1967, Rep.); Kalkutta liegt nicht am Ganges (1970, Reiseb., mit eigenen Textill.).

Essays: Die Geschichte und unsere Geschichten (1966); Die Verschwörung der Musen (1971); Von Zeit zu Zeit (1975); Hamburgische Elegie. Eine lebenslängliche Beziehung (1977); Genosse Jemand und die Klassik (1982).

Bearbeitung: Ilja Golowin und seine Wandlung (v. Sergej Wladimirowitsch Michalkow, 1950).

Briefe: Briefe (v. 19. 5. 1962, 29. 1. und 6. 11. 1963, 15. 10. 1966 u. 21. 10. 1968), in: Literatur 71. Almanach (1971).

Ausgabe: Mit Leib und Seele. Ausgew. Publizistik (1982, Hg. v. Martin Reso).

Selbstzeugnisse/Dokumente: Wer schreibt, verändert die Welt. In: Dabeisein und Mitgestalten. Schriftsteller über ihr Leben und Schaffen

(1960); Wir in unserer Epoche. In: Neue Deutsche Literatur, H. 1 (1971); Drenkow, Renate: Verantwortung vor der Geschichte. Gespräch mit I. v. W. In: Neue Deutsche Literatur, H. 7 (1972); Schiefelbein, Horst: Um den Weltgehalt unserer Literatur. Gespräch mit der Schriftstellerin I. v. W. In: Neues Deutschland, Nr. 272 v. 1. 10. (1972); Bücher auf meinem Weg. In: Sonntag, Nr. 19 v. 11. 5. (1975).

Sekundärliteratur

Adler, Günter: I. v. W.s „Hamburgische Elegie. Eine lebenslängliche Beziehung". In: Deutschunterricht, H. 12 (1978).

Geerdts, Hans Jürgen: Zwei Menschen in den Kämpfen unserer Tage [zu: „Professor Hudebraach"]. In: Neues Deutschland v. 21. 5. (1961).

Ders.: [Zu: „Die Entgleisung"]. In: Neue Deutsche Literatur, H. 7 (1981).

Haase, Horst: Und doch Hans im Glück [zu: „Einer Mutter Sohn"]. In: Neue Deutsche Literatur, H. 9 (1958).

Hochmuth, Arno: Auf der Suche nach unserer Literatur [zu: „Die Verschwörung der Musen"]. In: Neues Deutschland, Nr. 3, Beil. Literatur v. 15. 3. (1972).

Jarmatz, Klaus: Liegt alles offen zutage? [zu: „Die Geschichte und unsere Geschichten"]. In: Neues Deutschland, Nr. 224 v. 16. 8. (1966).

Kahle, Werner: Essayistik im literarischen Ensemble. Zum Schaffen I. v. W.s. In: Weimarer Beiträge, H. 10 (1971).

Ders.: Nachwort (zum Genre der literarischen Autobiographik und zu „Mein Haus Vaterland"). In: Wangenheim, Inge von: Mein Haus Vaterland (1976).

Keisch, Henryk: Verzeichnete Proportionen [zu: „Am Morgen ist der Tag ein Kind"]. In: Neue Deutsche Literatur, H. 11 (1957).

Kusche, Walter: Von der Ganzheit des Menschen [zu: „Weiterbildung"]. In: Neue Deutsche Literatur, H. 4 (1984).

Lehmann, Wolfgang: Ästhetischer Modellfall [zu: „Das Zimmer mit den offenen Augen"]. In: Neue Deutsche Literatur, H. 10 (1966).

Melchert, Monika: Provokationen für uns [zu: „Mit Leib und Seele"]. In: Neue Deutsche Literatur, H. 3 (1983).

Neubert, Werner: Reise in den Anachronismus [zu: „Reise ins Gestern"]. In: Sonntag, Nr. 19 v. 12. 5. (1968).

Ders.: Wo Kalkutta wirklich liegt ... [zu: „Kalkutta liegt nicht am Ganges"]. In: Neue Deutsche Literatur, H. 4 (1971).

Ders.: Im Rampenlicht der Historie [zu: „Die tickende Bratpfanne"]. In: Neue Deutsche Literatur, H. 3 (1975).

Predel, Wolfgang: Auf den Spuren des Herrn G. [zu: „Spaal"]. In: Neue Deutsche Literatur, H. 11 (1979).

Reso, Martin: Inhalt, Farbe, Form und progressives Bekenntnis. Schriftsteller malend und zeichnend. I. v. W. In: Börsenblatt für den Deutschen Buchhandel, Nr. 1 v. 5. 1. (1982).

Röhner, Eberhard: Arbeiter in der Gegenwartsliteratur (1967).

Schiefelbein, Horst: Die Entscheidung des Wissenschaftlers [zu: „Pro-

fessor Hudebraach" als Komödie in Erfurt]. In: Neues Deutschland, Nr. 304 v. 3. 11. (1964).
Schönewerk, Klaus-Dieter: Mit Wort und Bild ein Stück unserer Geschichte erkundet [zu: „Schauplätze"]. In: Neues Deutschland, Nr. 26 v. 31. 1. (1984).
Simons, Elisabeth: Die Frage nach dem Revolutionär unserer Tage [zu: „Die Probe"]. In: Neue Deutsche Literatur, H. 8 (1973).

Biobibliographien

Inge von Wangenheim. In: Bibliographische Kalenderblätter. Bearb. v. der Berliner Stadtbibliothek. Folge 7 (1962), Nachträge in Folge (1972), Folge 7 (1977), Folge 7 (1982).
Inge von Wangenheim. In: Internationale Bibliographie zur Geschichte der deutschen Literatur von den Anfängen bis zur Gegenwart. Erarbeitet ... unter Leitung und Gesamtredaktion v. Günter Albrecht/Günther Dahlke, Bd. II, 2 (Berlin 1972), S. 609; anschließend: Zehnjahres-Ergänzungsband [1965/74] zur Internationalen Bibliographie ... T. 2 (Berlin 1984), S. 693–694.
Inge von Wangenheim. In: Theater in der Zeitenwende. Zur Geschichte des Dramas und des Schauspieltheaters in der DDR 1945–1968. Hg. v. Institut für Gesellschaftswissenschaften beim ZK der SED Berlin u. a. Bd. 1 (Berlin 1972).
Inge von Wangenheim. In: Schriftsteller der Bezirke Erfurt und Gera. Mitglieder des Schriftstellerverbandes der DDR. Kurzbiographien und Werkverzeichnisse (Erfurt, Gera 1974).
Inge von Wangenheim. In: Schriftsteller des Bezirkes Erfurt. Mitglieder und Kandidaten des Schriftstellerverbandes der DDR. Zusgest. v. Herbert Greiner-Mai. Hg. v. Rat des Bezirkes Erfurt in Verbindung mit dem Schriftstellerverband der DDR, Bezirk Erfurt (Erfurt 1979).

Albert Wendt

ANMERKUNGEN UND ZITATNACHWEIS

1 Ludwig Tieck: Werke in zwei Bänden. Bd. 1. Berlin/Weimar 1985, S. 8.
2 Karl-Heinz Müller: Gespräch mit Albert Wendt. In: Theater der Zeit, H. 5 (1979), S. 58.
3 Ebd., S. 58.
4 Ebd., S. 58.
5 So genau wie möglich. Gespräch mit Albert Wendt. In: Neue Deutsche Literatur, H. 4 (1978), S. 47.
6 Wolfgang Feurich: Darsteller über das Stück. In: A. W.: Die Dachdecker und andere Stücke und Texte. Berlin 1984, S. 59.
7 Albert Wendt: Die Dachdecker und andere Stücke und Texte. Berlin 1984, S. 45 u. S. 72.
8 Sigmund Freud: Der Witz und seine Beziehung zum Unbewußten. Frankfurt/M. 1965, S. 178.

[9] Jean Paul: Werke. Hg. Norbert Müller. Bd. 5. München 1963, S. 176.
[10] Karl Kraus: Beim Wort genommen. München 1965, S. 117.
[11] Albert Wendt, (s. Nachweis 7), S. 38.
[12] Ebd., S. 13.
[13] Henri Bergson: Das Lachen. Jena 1921, S. 24.
[14] Karl-Heinz Müller, (s. Nachweis 2), S. 58.
[15] Ebd., S. 58.
[16] Albert Wendt, (s. Nachweis 7), S. 85.
[17] Ebd., S. 45.
[18] Ebd., S. 85.
[19] Ebd., S. 222.
[20] Vgl. Henryk Goldberg: Wind am Zirkustrapez und Eiswasser im Plasteimer. In: Neues Deutschland, v. 1. 10. 1982.
[21] Ernst Schumacher: Poesie – schwer für die Bühne. In: Berliner Zeitung, v. 10./11. 11. 1984.
[22] Albert Wendt, (s. Nachweis 7), S. 229.
[23] Ebd., S. 148.
[24] Ebd., S. 154.
[25] Ebd., S. 151.

BIBLIOGRAPHISCHE ANGABEN

Werke: Muzelkopp (U. 1976, Sch.); Nachtfrost. Die wilden Wege (U. 1978, Sche.); Die Dachdecker (U. 1979, Sch.); Der Fahrer und die Köchin (U. 1979, Hsp., als Stück U. 1980); Schritte (U. 1979, Einakter); Die Teefrau (U. 1979, Einakter); Die Weihnachtsmänner (U. 1979, Einakter); C-Eierhuhn und Stolperhahn (U. 1981, Khsp., als Stück U. 1981); Die fremde Fuhre (U. 1981, Hsp.); Das Hexenhaus (U. 1981, Khsp.); Die Kellerfalle (U. 1981, Kom.); Der Sauwetterwind (U. 1982, Khsp., auch als Stück U. 1982); Bronek und der Angeschlagene (U. 1983, Khsp., als Stück U. 1984); Mein dicker Mantel (U. 1984, Einakter); Prinzessin Zartfuß und die sieben Elefanten (U. 1984, Einakter).

Selbstzeugnisse/Dokumente: So genau wie möglich. Rudi Strahl und Werner Liersch sprachen mit dem jungen Dramatiker A. W. In: Neue Deutsche Literatur, H. 4 (1978); Müller, Karl-Heinz: Gespräch mit A. W. In: Theater der Zeit, H. 5 (1979).

Sekundärliteratur
Antosch, Georg: „Dachdecker“ im Keller, Uraufführung in Leipzig. In: Neue Zeit (B), Nr. 253 v. 26. 10. (1979).
Ders.: Prüfung bei Nacht [zu: „Die Kellerfalle“, Aufführung in Leipzig]. In: Neue Zeit, Nr. 106 v. 6. 5. (1981).
Baschleben, Klaus: Für mehr Vertrauen [zu: „Der Sauwetterwind“, Aufführung in Berlin]. In: National-Zeitung, Nr. 245 v. 19. 10. (1982).
Cwojdrak, Günther: W.s wilde Wege [zu: „Der Fahrer und die Kö-

chin", Aufführung in Berlin]. In: Die Weltbühne, Nr. 16 v. 15. 4. (1980).

Ebert, Gerhard: Grotesken – mal amüsant, mal rührselig [zu: „Prinzessin Zartfuß und die sieben Elefanten" und „Mein dicker Mantel", Aufführungen in Berlin]. In: Neues Deutschland, Nr. 273 v. 17./18. 11. (1984).

Fischborn, Gottfried: Alltagsmärchen „Sauwetterwind" von A. W. am Theater der Jungen Welt Leipzig uraufgeführt. In: Theater der Zeit, H. 1 (1983).

Funke, Christoph: Der Drache auf dem Kabelschacht [zu: „Nachtfrost", Rudolstädter Gastspiel in Dresden]. In: Der Morgen (B), Nr. 295, v. 14. 12. (1977).

Ders.: Aber die Koteletts auf dem Tisch [zu: „Der Fahrer und die Köchin", Aufführung in Berlin]. In: Der Morgen (B), Nr. 84 v. 9. 4. (1980).

Ders.: Vom Sehen in der Höhe [zu: „Die Dachdecker", Uraufführung in Leipzig]. In: Der Morgen (B), Nr. 13 v. 16. 1. (1980).

Ders.: Zwischen den Schornsteinen [zu: „Die Dachdecker", Aufführung in Karl-Marx-Stadt]. In: Der Morgen (B), Nr. 281 v. 28. 11. (1980).

Ders.: Unruhe über Beruhigung [zu: „Die Kellerfalle", Aufführung in Leipzig]. In: Der Morgen, Nr. 85 v. 10. 4. (1981).

Ders.: Traumarbeit unterm Birnbaum [zu: „Bronek und der Angeschlagene", Uraufführung in Berlin]. In: Der Morgen, Nr. 77 v. 30. 3. (1984).

Gleiß, Jochen: Deutsches Theater Berlin. Kleine Komödie [zu: „Der Fahrer und die Köchin"]. In: Theater der Zeit, H. 6 (1980).

Goldberg, Henryk: Das Ei des Anstoßes [zu: „Stolperhahn", Aufführung in Berlin]. In: Theater der Zeit, H. 12 (1981).

Ders.: Poetische Figuren mit dem Blick auf die Wirklichkeit [zu: „Die Dachdecker", Aufführung in Karl-Marx-Stadt]. In: Neues Deutschland, Nr. 246 v. 17./18. 10. (1981).

Ders.: Wind am Zirkustrapez und Eiswasser im Plasteimer [zu: „Der Sauwetterwind", Aufführung in Leipzig]. In: Neues Deutschland, Nr. 231 v. 1. 10. (1982).

Heitzenröther, Horst: Tiefe Lustigkeit des ernsthaften Spiels [zu: „Der Fahrer und die Köchin", Aufführung in Berlin]. In: National-Zeitung (B), Nr. 92 v. 18. 4. (1980).

Kranz, Dieter: Über Männer mit Weitblick [zu: „Die Dachdecker", Aufführung in Leipzig]. In: Tribüne, Nr. 13 v. 18. 1. (1980).

Krumrey, Marianne: Nachtgeschichten mit Nachhall. Dramatische Arbeiten v. A. W. In: Berliner Zeitung, Nr. 117 v. 20./21. 5. (1978).

Müller, Karl-Heinz: Figuren, die überzeugen [zu: „Die Dachdecker", Uraufführung in Leipzig und „Wilde Wege", Uraufführung in Brandenburg]. In: Theater der Zeit, H. 12 (1979).

Ders.: Stoffe, die er kennt [zu: „Nachtfrost", „Die Weihnachtsmänner", „Die Teefrau", „Schritte", „Die Dachdecker"]. In: Theater der Zeit, H. 5 (1979).

Peschke, Norbert: Ein Moralist namens A. W. In: Die Weltbühne, Nr. 28 v. 14. 7. (1981).

Reichel, Peter: Tüchtige Leute [zu: „Die fremde Fuhre", Urauffüh-

rung in Dresden und „Die Kellerfalle", Uraufführung in Leipzig]. In: Sonntag, Nr. 13 v. 29. 3. (1981).
Scheller, Bernhard: [Zu: „Der Fahrer und die Köchin", Aufführung in Berlin]. In: Sonntag, Nr. 15 v. 13. 4. (1980).
Ders.: [Zu: „Die Dachdecker", Uraufführung in Leipzig]. In: Sonntag, Nr. 1 v. 6. 1. (1980).
Ders.: [Zu: „Die Kellerfalle", Uraufführung in Leipzig]. In: Sonntag, Nr. 17 v. 26. 4. (1981).
Stephan, Erika: Versuche über uns [zu: „Muzelkopp" und „Nachtfrost", Aufführungen in Leipzig]. In: Theater der Zeit, H. 12 (1976).
Schumacher, Ernst: Poesie – schwer für die Bühne [zu: „Prinzessin Zartfuß und die sieben Elefanten", Aufführung in Berlin]. In: Berliner Zeitung, Nr. 267 v. 10./11. 11. (1984).
Ullrich, Helmut: Symbolik und spielerischer Einfall [zu: „Mein dicker Mantel" und „Prinzessin Zartfuß und die sieben Elefanten", Aufführungen in Berlin]. In: Neue Zeit, Nr. 269 v. 13. 11. (1984).

Walter Werner

ANMERKUNGEN UND ZITATNACHWEIS

[1] Walter Werner: Ich wuchs mit ihr. In: Freies Wort, v. 19. 9. 1959, S. 6.
[2] Walter Werner: Licht in der Nacht. Weimar 1957.
[3] Walter Werner: Dem Echo nach. Berlin 1958.
[4] Walter Werner: Vor Orel. In: (s. Nachweis 2), S. 8.
[5] Walter Werner: Ellenbogen. In: (s. Nachweis 2), S. 38.
[6] Walter Werner: Bewegte Landschaft. Halle 1959.
[7] Walter Werner: Sichtbar wird der Mensch. Ein Poem. Halle 1960.
[8] Walter Werner: Dem Freunde. In: (s. Nachweis 6), S. 20.
[9] Walter Werner: Abend im Grenzwald. In: In den Liedern geboren. Halle 1963. S. 64.
[10] Walter Werner: Kleines Lied von der Linde. In: (s. Nachweis 9), S. 68.
[11] Walter Werner: Der Holzfäller. In: Ebd., S. 75.
[12] Walter Werner: Die Strohhalmflöte. Skizzen und Etüden/Aufzeichnungen. Halle 1965.
[13] Walter Werner: Arbeiter des Waldes. In: Ebd., S. 17 f.
[14] Walter Werner: Waldherbst. In: Ebd., S. 103 f.
[15] Walter Werner: Von Wechselwirkungen. In: Ebd., S. 99.
[16] Walter Werner: Überdacht. In: Ebd., S. 166.
[17] Walter Werner: Mein Gedicht und ich. In: W. W.: Das Gras hält meinen Schatten. Gedichte-Prosa-Aufsätze. Reihe: Im Querschnitt. Halle/Leipzig 1982, S. 313 ff.
[18] Walter Werner: Das unstete Holz. Halle 1970.
[19] Walter Werner: Talfahrt. In: Ebd., S. 5.
[20] Walter Werner: Amselbrunn. In: Ebd., S. 6.
[21] Walter Werner: Auf verwunschenem Berg. In: Ebd., S. 8.

22 Walter Werner: Holzhacken. In: Ebd., S. 12.
23 Walter Werner: Unterbrochenes Selbstporträt. In: Ebd., S. 56.
24 Walter Werner: Im Sperrgebiet. In: Ebd., S. 55.
25 Walter Werner: Das unstete Holz. In: Ebd., S. 60.
26 Walter Werner: Grenzlandschaft – Wegstunden durchs Grabfeld. Halle 1972.
27 Walter Werner: [ohne Titelangabe]. In: Ebd., S. 7.
28 Ebd., S. 16.
29 Walter Werner: Mein Gedicht und ich. In: (s. Nachweis 17), S. 313 ff.
30 Walter Werner: Die Bayrische Bahn. In: (s. Nachweis 26), S. 123.
31 Walter Werner: Worte für Holunder. Halle 1974.
32 Walter Werner: In der Tropfsteinhöhle. In: Ebd., S. 7.
33 Walter Werner: Kahlschlag. In: Ebd., S. 12.
34 Walter Werner: Barlach öffnet das Holz. In: Ebd., S. 56.
35 Walter Werner: Der Baum wächst durchs Gebirge. Gedichte. Halle/Leipzig 1982.
36 Walter Werner: Die glücklichen Verwandlungen. In: (s. Nachweis 17), S. 353 f.
37 Walter Werner: Entdeckung. In: (s. Nachweis 35), S. 5.
38 Walter Werner: Grabspruch. In: (s. Nachweis 35), S. 71.
39 Walter Werner: Der Traum zu wandern – Aus Jahreszeiten und Jahrzehnten. Halle/Leipzig 1982.
40 Walter Werner: Standortbestimmung Sommerhaus. In: Ebd., S. 7.
41 Walter Werner: Abschied vom Sommerhaus. In: Ebd., S. 253 f.
42 Zit. nach: E.-O. Luthardt: Herzlichen Dank, Herr Holz! In: Freies Wort. Beilage 3 (1979), S. 2.

BIBLIOGRAPHISCHE ANGABEN

Werke: Licht in der Nacht (1957, G.); Dem Echo nach (1958, G.); Bewegte Landschaft (1959, G.); Sichtbar wird der Mensch (1960, Poem); Blüte Welle Stein (1962, G.); Der Mensch hat nie die Erde so geliebt (U. 1962, Orat., Musik v. W. Hocke); Bann's Herz mitschreibt (1963, Mundart-G.); Herz von Ahnung weit ... (1963, G.); In den Liedern geboren (1963, G.); Die Strohhalmflöte (1965, Skn., Etüden, Aufzeichnungen); Das unstete Holz (1970, G.); Grenzlandschaft. Wegstunden durchs Grabfeld (1972, Rep.); Die Kinder des Soldaten (1973, Anth., Hg.); Worte für Holunder (1974, G.); G. 1975 [Poesiealbum, Nr. 95]; Thüringer Bilder (1978, G., Keramiken v. Wolfgang Rommel); Der Traum zu wandern. Aus Jahreszeiten und Jahrzehnten (1979, Skn.); Die verführerischen Gedanken der Schmetterlinge (1979, ²erw. 1982, G., Hg. v. Adolf Endler mit einem Nachw. über die Lyrik W. W.s); Der Baum wächst durchs Gebirge (1982, G.); Ich kann leben, ich kann wachsen (U. 1984, Feature).

Ausgaben: W. W. (1975, Ausw. v. Bernd Jentzsch) [Poesiealbum, Nr. 95]; Das Gras hält meinen Schatten, G., Prosa, Aufs. (1982, Hg. u. mit einem Nachw. v. Gerhard Wolf).

Selbstzeugnisse/Dokumente: Lyrik für die Nation. In: Berliner Zeitung, Nr. 145 v. 28. 5. (1961); Ebert, Günter: Vom Alltag zur Dichtung. Aus der Werkstatt des Schriftstellers W. W. In: Sonntag, Nr. 29 v. 21. 7. (1963); Mein „individueller Beitrag". In: Sonntag, Nr. 47 v. 22. 11. (1964); Ein Gespräch. In: Junge Schriftsteller der DDR in Selbstdarstellungen. Hg. v. Wolfgang Paulick (1965); Mein Gedicht und ich. In: Berliner Zeitung, Nr. 117 v. 29. 4. (1966).

Sekundärliteratur

Bräunig, Werner: In meiner Umgebung [zu: „In den Liedern geboren"]. In: Sonntag, Nr. 50 v. 15. 12. (1963).
Deicke, Günther: Drei junge Lyriker [zu: „Licht in der Nacht"]. In: Neue Deutsche Literatur, H. 7 (1958).
Ebersbach, Volker: „Der Mensch in allem deutlich". Landschaftsbezogene Gegenwartslyrik der DDR. Studie zu drei Lyrikern. In: Weimarer Beiträge, H. 11 (1973).
Endler, Adolf: Identifizierung mit der Landschaft [zu: „Das unstete Holz"]. In: Neue Deutsche Literatur, H. 7 (1971).
Gerstmann, Günter: Poetischer Stoff in Bildern. Zum literarischen Schaffen von W. W./dichterischer Chronist. In: Der Morgen, Nr. 152 v. 30. 6,/1. 7. (1979).
Haase, Horst: Die Widersprüchlichkeit unserer Zeit im dichterischen Bild der Natur [zu: „Der Baum wächst durchs Gebirge"]. In: Weimarer Beiträge, H. 1 (1983).
Hähnel, Ingrid: [Zu: „Worte für Holunder"]. In: Sonntag, Nr. 37 v. 15. 9. (1974).
Heukenkamp, Ursula: Die Dinge der Natur [zu: „Die verführerischen Gedanken der Schmetterlinge"]. In: Sinn und Form, H. 3 (1980).
Löffler, Anneliese: Die Landschaft seines Dichtens [zu: „Das Gras hält meinen Schatten"]. In: Berliner Zeitung, Nr. 289 v. 9. 12. (1982).
Loeper, Heidrun: Eine hintergründige lyrische Reportage [zu: „Grenzlandschaft"]. In: Neue Deutsche Literatur, H. 5 (1973).
Luthardt, Ernst-Otto: Traumdeutung [zu: „Der Traum zu wandern"]. In: Neue Deutsche Literatur, H. 12 (1979).
Ders.: [Zu: „Der Baum wächst durchs Gebirge"]. In: Neue Deutsche Literatur, H. 1 (1983).
Püschel, Ursula: Selbstauseinandersetzung im Poem [zu: „Sichtbar wird der Mensch"]. In: Neue Deutsche Literatur, H. 4 (1962).
Schlenstedt, Dieter: Neue Lyrikbände [zu: „Dem Echo nach"]. In: Neue Deutsche Literatur, H. 1 (1959).
Ders.: Werktag im Gedicht [zu: „Bewegte Landschaft"]. In: Neue Deutsche Literatur, H. 4 (1960).
Zenker, Hartmut: [Zu: „Das unstete Holz"]. In: Der Bibliothekar, H. 11 (1970).

Biobibliographien

Walter Werner. In: Internationale Bibliographie zur Geschichte der deutschen Literatur von den Anfängen bis zur Gegenwart. Erarbeitet ... unter Leitung und Gesamtredaktion v. Günter Albrecht/Günther Dahlke, Bd. II, 2 (Berlin 1972), S. 633; anschließend: Zehnjahres-

Ergänzungsband [1965/74] zur Internationalen Bibliographie ... T. 2 (Berlin 1984), S. 709.
Walter Werner. In: Bibliographische Kalenderblätter. Bearb. v. der Berliner Stadtbibliothek, Folge 1 (1982).

Friedrich Wolf

ANMERKUNGEN UND ZITATNACHWEIS

1 Friedrich Wolf: Theater der Übergangszeit. In: F. W.: Ausgewählte Werke in Einzelausgaben. Bd. 13. Aufsätze über Theater. Berlin 1957, S. 169 f.
2 Friedrich Wolf: Tagebucheintragung v. 1924. Zit. nach: Werner Jehser: Friedrich Wolf. Leben und Werk. Berlin 1977, S. 37.
3 Werner Mittenzwei: Zur ästhetischen Position Friedrich Wolfs. In: Positionen. Beiträge zur marxistischen Literaturtheorie in der DDR. Leipzig 1969, S. 325.
4 Zit. nach: Werner Jehser, (s. Nachweis 2), S. 110.
5 Sergej Tretjakow: Friedrich Wolf. In: S. T.: Lyrik, Dramatik, Prosa. Leipzig 1972, S. 387.

BIBLIOGRAPHISCHE ANGABEN

Romane: Kreatur (1925); Kampf im Kohlenpott (1928); Zwei an der Grenze (1938); Heimkehr der Söhne (1944); Die Unverlorenen (1951); Menetekel oder Die fliegenden Untertassen (1952).

Prosa: Das Heldenepos des Alten Bundes (1925, Prosa); Der Sprung durch den Tod (1925, E.); Fort Brimont-Galizyno (1936, E.); Die Nacht von Béthinville (1936, N.); Gefährlicher Beifall (1941, En.); Der Kirschbaum (1942, E.); Der Russenpelz (1942, E.); Sieben Kämpfer vor Moskau (1942, En.); Das Öhmchen (1944, E.); Lucie und der Angler von Paris (1946, neue, erw. Ausg. 1949, En., als Fsfilm, bearb. v. H. Müncheberg, U. 1970); Bitte der Nächste. Dr. Isegrimms Rezeptfolgen (1948, Prosa); En., Kurzgeschn., Sketche (1952); Die lebendige Mauer (1957, Prosa); Die Gefangenen von Le Vernet und Kiki (1964, E. u. Kb., Ill. v. Werner Ruhner) [Kleine Jugendreihe, Jg. 15, H. 15].

Dramen: Der Löwe Gottes (e. 1917, U. 1921); Mohammed (e. 1917, gedr. 1922); Das bist du (U. 1919); Der Unbedingte (e. 1919, U. 1921); Die schwarze Sonne (e. 1921, U. 1924); Elemente (U. 1922); Der arme Konrad (U. 1924); Der Mann im Dunkel (e. 1925, U. 1927); Kolonne Hund (U. 1927); Cyankali (e. 1929, als Film U. 1930); Die Matrosen von Cattaro (1930, 1958 mit einem Aufs. v. F. W.: Weshalb schrieb ich „Die Matrosen von Cattaro"? als Fsfilm U. 1979); Tai Yang erwacht (1931); Professor Mamlock (U. 1934, gedr. 1938, 1958 mit einem Aufs. v. F. W., dt. Verfilmung

U. 1960); Floridsdorf (U. 1936, gedr. 1938); Peter kehrt heim (russ. U. 1937, gedr. 1938); Das trojanische Pferd. Anhang: Regiekommentar (1937); Beaumarchais (1941, U. 1946); Patrioten (1943, U. 1946); Doktor Wanner (1944); Was der Mensch säet... (1945, U. 1955); Die letzte Probe (1946); Wie die Tiere des Waldes (U. 1948); Bürgermeister Anna (U. 1950, als Film U. 1949); So fing es an (U. 1951); Thomas Müntzer, der Mann mit der Regenbogenfahne (1953, U. 1954 als Film); Das Schiff auf der Donau (1955); Koritke (U. 1975). Komödie: Die Jungen von Mons (1931).

Oper: Die Nachtschwalbe (1947, Libr. für eine Kurzoper, Musik v. Boris Blacher).

Agitprop-Stücke: Bauer Baetz (1932); Von New York bis Shanghai (1932); Wie stehn die Fronten? (1932).

Poem: Lilo Herrmann (1951, biogr. Poem).

Lyrik: Fahrt (1920, G.); Vox humana (1947, G.); Ausgew. G. (1954); Rufe übern Graben. Sketche, G., Lieder u. Fabeln (1955).

Kinderbücher: Märchen für große und kleine Kinder (1946, Ill. v. Hildegard Karnath); Bummi und andere Tiergeschn. (1951, Ill. v. Ludwig Nawrotzky); Tiergeschn. (1958, Ill. v. Elizabeth Shaw); Die Weihnachtsgans Auguste (1968, Ill. v. Heinrich Strub, als Ballett U. 1980); Der stotternde Kuckuck und andere Tiergeschn. (1970, Ill. v. Eberhard Neumann, Hg. v. Hannelore Hilzheimer); Das Osterhasenfell (1971, Ill. v. Erich Gürtzig); Der verschenkte Leutnant. Eine Ausw. (1971, Ill. v. Heini Strub, Hg. v. F.-W.-Archiv), Schnurzel, das Neinchen und andere Geschn. (1974, Ill. v. Sigrun Pfitzenreuter).

Filme: SOS Eisberg (1933); Der Kampf geht weiter (1939); Der Rat der Götter (U. 1950).

Hörspiele: Krassin rettet Italia (U. 1929); John D. erobert die Welt (U. 1930, als Bühnenstück U. 1932).

Ausgaben: Drn. (1946, 2 Bde.); Drn. (1947/55, 5 Bde.); Ausgew. W. (1953–1960; ab 1955 hg. v. Emmi Wolf u. Walther Pollatschek; 14 Bde.); Fabeln, hg. v. Emmi Wolf u. Walther Pollatschek (1957), Ges. W. (1960, hg. v. Emmi Wolf u. Walther Pollatschek, 16 Bde.); Ein Lesebuch für unsere Zeit, hg. v. Walther Pollatschek, später Ausw. u. Einl. v. Klaus Hammer (1961, ^{7}überarb. 1979); W. in 2 Bdn., hg. v. Walther Pollatschek (1973); Drn., mit einem Anh. v. Aufs. F. W.s. (1978).

Briefausgaben: Briefe, hg. v. Emmi Wolf u. Walther Pollatschek (1958), Briefwechsel mit Wsewolod Wischnewski, hg. v. W. Düwel (1965); Im Tempo einer neuen Welt. Aus unveröffentlichten Briefen

v. F. W. während der dreißiger Jahre. In: Neues Deutschland, Nr. 125 v. 8. 5. (1967); (2) Briefe (v. 1952). In: Sinn und Form, H. 3 (1968), Briefwechsel, Ausw., hg. v. Emmi Wolf u. Walther Pollatschek (1968); Briefe, Ausw., hg. v. denselben (1969); Briefe F. W./Hermann Kesser. In: Neue Deutsche Literatur, H. 1 (1981).

Übersetzung/Bearbeitung/Vorwort bzw. Vorrede/Begleitwort: Die optimistische Tragödie (v. W. Wischnewski, 1937, Übers., Bearb.); Der Kampf um die Schafsquelle (v. Lope Felix de Vega Carpio, 1946, Bearb.); Toulon [dt.] (v. Jean Richard Bloch, 1947, Vorrede); Die harte Straße (v. Alice Lex-Nerlinger, 1950, Begleitw.); Hoffnung (v. Władysław Broniewski, 1953, Vorw.).

Selbstzeugnisse/Dokumente: Wie ich zur revolutionären Arbeiterschaft kam (1931); F. W.: Der Dichter in der Zeit. F. W. erzählt sein Leben. (Geschrieben Nov. 1930). Erstveröffentlichung. In: Sonntag, Nr. 40 v. 6. 10. (1963); Aufzeichnungen und Briefe. In: Sinn und Form, H. 6 (1978).

Sekundärliteratur

Cyankali v. F. W. Eine Dokumentation, hg. v. Emmi Wolf u. Klaus Hammer (1978).
Adling, Wilfried: Eine Aufführung und die Kritiker. W. s „Peter kehrt heim" in Radebeul. In: Theater der Zeit, H. 7 (1964).
Agde, Günter: Historisch konkret und aufrüttelnd bis heute: F. W.s „Cyankali" als Fernsehinszenierung. In: Neues Deutschland, Nr. 274 v. 19./20. 11. (1977).
Albrecht, Gertrude: [Zu: „Ges. W. in 16 Bdn.", Bde. 15 u. 16]. In: Börsenblatt für den Deutschen Buchhandel v. 1. 1. (1968).
Berger, Uwe: Das historische Beispiel der Sowjetunion in den patriotischen Drn. F. W.s. In: Neue Deutsche Literatur, Sonderh. Nov. (1952).
Böhme, Irene: „Die Matrosen von Cattaro", Fernsehfilm nach F. W. In: Sonntag, Nr. 46 v. 18. 11. (1979).
Borkowski, Dieter: „Floridsdorf" v. F. W. am Staatstheater Dresden. In: Theater der Zeit, H. 7 (1953).
Dittmann, Gerhard: F. W.: „Die lebendige Mauer". In: Der Bibliothekar, H. 2 (1958).
Draeger, Volkmar: Ballettstunde II. „Die Weihnachtsgans Auguste." Ballett nach F. W. v. Bernd Wefelmeyer, Aufführung in Neustrelitz. In: Theater der Zeit, H. 1 (1981).
Düwel, Gudrun: F. W. und Wsewolod Wischnewski. Eine Untersuchung zur Internationalität sozialistisch-realistischer Dramatik (1975).
Ebert, Gerhard: Diener der Wahrheit. F. W.s „Professor Mamlock" am Deutschen Theater, Berlin. In: Sonntag, Nr. 5 (1960).
Ders.: Entdeckung bei F. W.: „Koritke", Aufführung in Neustrelitz. Theater der Zeit, H. 9 (1976).
Ders.: Zeitdokument und fidele Komödie. F. W.s „Bürgermeister Anna", Aufführung in Greifswald. In: Theater der Zeit, H. 8 (1979).
Fischborn, Gottfried: Gegenwartsstoff, Geschichtlichkeit und drama-

tische Struktur. Einige Aspekte ihres Zusammenhangs, dargestellt an Bühnenwerken F. W.s. Ein Beitrag zur Beschreibung der sozialistisch-realistischen Methode im Dramenschaffen. In: Schriften zur Theaterwissenschaft, Bd. 5 (1973).

Fix, Peter: [Zu: „Werke in zwei Bdn".]. In: ich schreibe, H. 3 (1974).

Fritz-Winheim, Maria: [Zu: „Tiergeschichten"]. In: Die Buchbesprechung, Nr. 21 (1952).

Galfert, Ilse: In der Werkstatt eines Dramatikers. Zu einer aktuellen Szene aus dem Nachlaß F. W.s [zu: „Marsch auf Mossul"]. In: Theater der Zeit, H. 5 (1957).

George, Edith: [Zu: „Bummi"]. In: Die Buchbesprechung, Nr. 21 (1952).

Haase, Erhard: Das Melodram „Lilo Herrmann" v. Paul Dessau u. F. W. In: Musik in der Schule, H. 6 (1959).

Hammer, Franz: Inmitten der Zeit [zu: „Aufsätze 1919–1944, Aufsätze 1945–1953, Briefe, Briefwechsel"]. In: Neue Deutsche Literatur, H. 10 (1970).

Hammer, Gero: Magdeburg: „Die Jungen von Mons" von F. W. In: Theater der Zeit, H. 3 (1964).

Jehser, Werner: Friedrich Wolf. Leben und Werk. Berlin 1977 [Schriftsteller der Gegenwart, Bd. 17].

Jelenski, Manfred: Gegenwartsprobleme im Spiegel der Vergangenheit [zu: „Professor Mamlock" als Film]. In: Deutsche Filmkunst, H. 7 (1961).

Kleinschmidt, Karl: Der Mann mit der Regenbogenfahne. Zu W.s Schauspiel über Thomas Müntzer. In: Neue Deutsche Literatur, H. 3 (1954).

Koeschke, Gabriele: Das geht uns an [zu: „Die Matrosen von Cattaro", Aufführung in Berlin]. In: Theater der Zeit, H. 12 (1983).

Lang-Leverenz, Helga: Der Schriftsteller, seine Verantwortung, sein Talent. Zum dramatischen Schaffen F. W.s. In: Theater der Zeit, H. 11 (1978).

Lennartz, Knut: „Beaumarchais" von F. W., Aufführung in Neustrelitz. In: Theater der Zeit, H. 9 (1982).

Luthardt, Theodor: Der Sieg des „anderen Amerika" ist gewiß. Zu F. W.s Roman „Menetekel oder Die fliegenden Untertassen". In: Neues Deutschland v. 26. 6. (1953).

Mehnert, Günter: Das Bühnenwerk F. W.s in den Jahren 1933 bis 1939 als Widerspiegelung und Bestandteil des Kampfes der KPD um die Volksfront. Thesen zur Dissertation. Vorgelegt an der Parteihochschule „Karl Marx" beim ZK der SED. In: Theorie und Praxis, H. 6 (1964).

Merkel, Kurt: Der Beitrag F. W.s zur proletarisch-revolutionären deutschen Dramatik (Phil. Diss. Potsdam 1962).

Mittenzwei, Werner: Zur ästhetischen Position Friedrich Wolfs. In: Positionen. Beiträge zur marxistischen Literaturtheorie in der DDR (1969).

Müller, Hermann: „Thomas Müntzer". Ein Farbfilm der DEFA. In: Neues Deutschland v. 18. 5. (1956).

Pollatschek, Walther: Kunst ist Waffe. Zur Herausgabe v. F. W.s „Gesammelten Dramen". In: Tägliche Rundschau v. 19. 8. (1952).

Ders.: Leidenschaftliches Bekenntnis zur Menschlichkeit [Zu: „Das Schiff auf der Donau", Uraufführung in Berlin]. In: Neues Deutschland v. 4. 2. (1955).

Ders.: „Der arme Konrad". Ein Wendepunkt in der modernen deutschen Dramatik. In: Neue Deutsche Literatur, H. 4 (1956).

Ders.: Das Bühnenwerk F. W.s. Ein Spiegel der Geschichte des Volkes. Unter Mitwirkung v. Otto Lang u. Manfred Nössig (1958).

Ders.: Stalinstädter Premiere [zu: „Wie die Tiere des Waldes"]. In: Berliner Zeitung v. 24. 5. (1961).

Ders.: Zum ersten Mal auf deutscher Bühne. F. W.s „John D. erobert die Welt", Aufführung in Neustrelitz. In: Berliner Zeitung v. 9. 4. (1961).

Rittinghaus, Johanna: „Die Unverlorenen" (d. i. „Der Russenpelz" und „Heimkehr der Söhne"). In: Die Buchbesprechung, Nr. 25 (1952).

Schäfer, Hansjürgen: Historische Gegenwart [zu: „Tai Yang erwacht", Musik v. Jean Kurt Forest]. In: Theater der Zeit, H. 1 (1961).

Scharfenberg, Dieter: Ein Spiegel des Lebens, F. W.: Frühe Romane und kleine Prosa. In: Berliner Zeitung v. 7. 4. (1960).

Thiel, Heinz: „Das trojanische Pferd" v. F. W., Aufführung in Halle. In: Theater der Zeit, H. 4 (1955).

Biobibliographien

Friedrich Wolf. 1888–1953. Hg. v. Sektor Publikationen im Bundessekretariat des Deutschen Kulturbundes (1963).

Friedrich Wolf. Zum 10. Todestag am 5. Okt. Bearb. v. der Berliner Stadtbibliothek (1963).

Friedrich Wolf. 16. Sonderblatt (1963) der Bibliographischen Kalenderblätter. Bearb. v. der Berliner Stadtbibliothek; Nachträge in: Folge 10 (1973) u. Folge 10 (1983).

Friedrich Wolf. In: Internationale Bibliographie zur Geschichte der deutschen Literatur von den Anfängen bis zur Gegenwart. Erarbeitet ... unter Leitung und Gesamtredaktion v. Günter Albrecht/Günther Dahlke, Bd. II, 2 (Berlin 1972), S. 643–650; anschließend: Zehnjahres-Ergänzungsband [1965/74] zur Internationalen Bibliographie ... T. 2 (Berlin 1984), S. 714–715.

Friedrich Wolf. In: Diezel, Peter: Exiltheater in der Sowjetunion 1932–1937 (Berlin 1978).

Friedrich Wolf. In: Theater der Kollektive. Proletarisch-revolutionäres Berufstheater in Deutschland 1928–1933. Stücke, Dokumente, Studien. Hg. v. Ludwig Hoffmann ... Bd. 1. 2. (Berlin 1980).

Friedrich Wolf. In: Handbuch der Editionen. Deutschsprachige Schriftsteller Ausgang des 15. Jahrhunderts bis zur Gegenwart. Bearb. v. Waltraud Hagen (Berlin ²1981).

Friedrich Wolf. In: Weiskopf, F. C.: Unter fremden Himmeln. Ein Abriß der deutschen Literatur im Exil 1933–1947 (Berlin 1981).

Hedda Zinner

ANMERKUNGEN UND ZITATNACHWEIS

1 Hedda Zinner: Ein Interview und einige Nachsätze. Unveröffentl. Manuskript.
2 Georg Lukács: Rezension des Stückes von Hedda Zinner (russ.), 1939. Im Besitz von Hedda Zinner (unveröffentlicht).
3 Vgl. hierzu: Theater in der Zeitwende. Zur Geschichte des Dramas und des Schauspieltheaters in der DDR 1945–1968. Forschungsgruppe unter Leitung von Werner Mittenzwei. Bd. 1. Berlin 1972, S. 259–264.
4 Hedda Zinner: Der Teufelskreis. Berlin 1961, S. 84.
5 Theater in der Zeitwende. Bd. 2. (s. Nachweis 3), S. 119.
6 Hedda Zinner: Auf dem roten Teppich. Erfahrungen, Gedanken, Impressionen. Berlin 1978, S. 369.
7 Simone Barck: Gespräch mit Hedda Zinner. In: Weimarer Beiträge. H. 11 (1978), S. 87.
8 Hedda Zinner: Im Dramatiker-Studio. Gesprächspartner Harald Hauser. [Manuskript] 1975, S. 4.
9 Hedda Zinner, (s. Nachweis 6), S. 343.
10 Dieter Schlenstedt: Wirkungsästhetische Analysen. Poetologie und Prosa in der neueren DDR-Literatur. Berlin 1979, S. 41.
11 Hedda Zinner, (s. Nachweis 1), S. 2.
12 Hedda Zinner, (s. Nachweis 6), S. 8.
13 Eberhard Scheibner: Synthese aus Dokument und Erfindung. In: Neue Deutsche Literatur, H. 4 (1985), S. 134.
14 Hedda Zinner: Wandlungen. Unveröffentl. Manuskript, S. 15.
15 Hedda Zinner zum heutigen 80. Geburtstag. Lebenssituationen – mit dem Kampf der Arbeiterklasse verbunden. Mit der Schriftstellerin sprach Prof. Dr. Werner Neubert. In: Neues Deutschland v. 20. Mai 1985, S. 4.

Wir danken dem Buchverlag Der Morgen für die Einsichtnahme in die unveröffentlichten Texte, die als Ergänzung der 3. Auflage von „Auf dem roten Teppich“ vorgesehen sind.

BIBLIOGRAPHISCHE ANGABEN

Romane: Nur eine Frau (1954, als Film U. 1958); Ahnen und Erben (R.-Trilogie): 1. Regina (1968); 2. Die Schwestern (1970); 3. Fini (1973); Katja (1980); Die Lösung (1981); Arrangement mit dem Tod (1984).

Erzählungen: Alltag eines nicht alltäglichen Landes (1950; Bd. 2 u. d. T.: „Glückliche Frauen und Kinder“, 1953, En., G.); Wenn die Liebe stirbt (1965); Die Schwiegermutter (1967).

Dramatik: Caféhaus Payer (e. 1940/41, U. 1945, Sch., auch Fsp.); General Landt (e. 1950/51, U. 1957, Sch., auch Hsp. u. Fsp.); Der

Mann mit dem Vogel (1952, Kom.); Der Teufelskreis (U. 1953, Sch., U. 1955 als Film u. Hsp.); Lützower (U. 1955, Sch., Neufassg. 1956); Auf jeden Fall verdächtig (U. 1958, Sch., als Fsp. U. 1958); Das Urteil (1958, politische Revue); Was wäre, wenn ...? (U. 1959, Kom., gedr. 1960, als Film U. 1960, plattdeutsch u. d. T.: „Wat wier, wenn", 1960); Ravensbrücker Ballade (U. 1961, Sch.); Ein Amerikaner in Berlin (U. 1963, Posse mit Gesang u. Tanz).

Opern: Plautus im Nonnenkloster (nach C. F. Meyer, 1958, Opern-Libr.); Fischer von Niezow (1959, Libr.).

Kinderbuch/Kinder- bzw. Jugendstück: Spiel ins Leben (U. 1951, Kinderstück); Wir fahren nach Moskau (1953, Kb., Ill. v. Ingeborg Meyer-Rey); Leistungskontrolle (U. 1960, Jugendstück, als Film u. d. T.: „Die aus der 12 b").

Fernsehspiele: Elisabeth Trowe (U. 1967, 1969, E.); Der Fall hinauf (U. 1967); Die Richterin (U. 1974); Das Abenteuer (U. 1976); Der Fall Sylvia Karsinke (U. 1980); Der Fall Detlef Kammrath (U. 1981); Der Fall Marion Neuhaus (U. 1983); Zwei Ärztinnen (U. 1983); Der Fall Magdalena Eigner (U. 1984).

Lyrik: Unter den Dächern (Moskau 1936, G.); Freie Völker – freie Lieder. Eine Ausw. alter und neuer Volkslieder aus der Sowjetunion und G. (Kiew 1939, Nach-D., nhg. 1951); Geschehen (Moskau 1939, G.); Fern und Nah (1947, G.).

Übersetzung/Nachdichtung: Mister Twister (v. Samuil Marschak, 1950, Ill. v. Frans Haacken); Sternenflug und Apfelblüte. Russische Lyrik von 1917–1963. Hg. v. Edel Mirowa-Florin u. Fritz Mierau. Mit einem Geleitwort v. Paul Wiens (1964), darin Nachdichtung eines Gedichts; Solang es dich, mein Rußland gibt. Russische Lyrik von Puschkin bis Jewtuschenko (^{3} 1968), [Reclams Universal-Bibliothek, Bd. 350], darin Nachdichtungen.

Schriften: Auf dem roten Teppich. Erfahrungen, Gedanken, Impressionen (1978).

Ausgabe: Stücke (1972); En. (1975); Ausgew. W. (1982 ff.; hg. v. Ekkehard Petersohn).

Selbstzeugnisse/Dokumente: H. Z. über ihr Schaffen. In: Theater der Zeit, H. 20 (1953); Erste Anfänge. Nie werde ich das vergessen. Ein Erlebnis aus dem Jahre 1931. In: Hammer und Feder. Deutsche Schriftsteller berichten aus ihrem Leben und Schaffen (1955); Erziehung von Literaturfreunden. In: Deutschunterricht, H. 10 (1959); Zimmermann, Helga: Schauspielerin, Reporterin, Schriftstellerin. Literaturgespräch mit H. Z. in Pankow. In: Berliner Zeitung, Nr. 130 v. 12. 5. (1971); Arbeitsstenogramm. In: Sonntag, Nr. 17 (1973); Barck, Simone: Gespräch mit H. Z. In: Weimarer Beiträge, H. 11 (1978); Herrmann,

Gisela: Geschichten der Freundschaft. Befreiung – das hieß für uns nach Hause kommen. Erinnerungen der Schriftstellerin H. Z. an das Jahr 1945. In: Berliner Zeitung, Nr. 16 v. 19./20. 1. (1985).

Sekundärliteratur

[Zu: „Ein Amerikaner in Berlin"]. In: Theater der Zeit, Beil. H. 2 (1963).
[Zu: „Ahnen und Erben – Regina"]. In: Der Morgen (B), Nr. 53 v. 2. 3. (1968).
Böhme, Irene: [Zu: „Die Richterin", Fsp.]. In: Sonntag, Nr. 45 v. 10. 11. (1974).
Eylau, Hans-Ulrich: Teufelskreis wird durchbrochen. H. Z.s Dimitroff-Schauspiel am Berliner Schiffbauerdamm uraufgeführt. In: Berliner Zeitung (B), Nr. 269 v. 20. 11. (1953).
Galfert, Ilse: „Der Mann mit dem Vogel", Aufführung in Leipzig. In: Theater der Zeit, H. 24 (1952).
Geerdts, Hans Jürgen: [Zu: „Katja"]. In: Neue Deutsche Literatur, H. 10 (1980).
Griebner, Angelika: [Zu: „Der Fall Detlef Kammrath", Fsp.]. In: Sonntag, Nr. 30 v. 26. 7. (1981).
Grimm, Günter: [Zu: „Ahnen und Erben"]. In: Lernen und Handeln, H. 6 (1974).
Hagen, Karl-Heinz: „General Landt". Ein neues Schauspiel von H. Z., Aufführung in Weimar. In: Neues Deutschland, Nr. 153 v. 2. 7. (1957).
Heidicke, Manfred: „Das Urteil" von H. Z. In: Theater der Zeit, H. 9 (1958).
Ders.: Zeitstück neu entdeckt [zu: „Caféhaus Payer", Aufführung in Anklam]. In: Theater der Zeit, H. 4 (1958).
Hoff, Peter: Praktische Ratschläge für das Leben [zu: „Der Fall Marion Neuhaus", Fsp.]. In: Neues Deutschland, Nr. 17 v. 21. 1. (1983).
Hofmann, Heinz: „Lützower" in neuer Fassung, Aufführung in Erfurt. In: Theater der Zeit, H. 1 (1957).
Ders.: Leise mit Tiefgang [zu: „Das Abenteuer", Fsp.]. In: National-Zeitung (B), Nr. 198 v. 20. 8. (1976).
Ders.: Ehe und Ethos der Erika Dörge [zu: „Zwei Ärztinnen", Fsp.]. In: National-Zeitung, Nr. 235 v. 5. 10. (1983).
Hoyer, Gisela: Gesucht sind: Eltern [zu: „Der Fall Sylvia Karsinke", Fsp.]. In: Der Morgen (B), Nr. 155 v. 3. 7. (1980).
Hube, Erika: Fesselndes Gesellschaftsgemälde [zu: „Ahnen und Erben – Fini"]. In: Berliner Zeitung, Nr. 291 v. 21. 10. (1973).
John, Hans-Rainer: Ein dramatisches Mahnmal [zu: „Ravensbrücker Ballade", Uraufführung in Berlin]. In: Theater der Zeit, H. 11 (1961).
Joho, Wolfgang: „Der Teufelskreis". Zu dem DEFA-Film nach dem Bühnenstück v. H. Z. In: Sonntag, Nr. 5 v. 29. 1. (1956).
Keisch, Henryk: „Leistungskontrolle" für alt und jung. Uraufführung eines Jugendstückes v. H. Z. in Berlin. In: Neues Deutschland, Nr. 146 v. 28. 5. (1960).

Kranz, Dieter: Ein echtes Volksstück. „Was wäre, wenn...?" v. H. Z. in Berlin. In: Theater der Zeit, H. 11 (1959).
Laschet, Klaus: Mehr Temperament, mehr Mut! [zu: „Nur eine Frau", Verfilmung]. In: Deutsche Filmkunst, H. 4 (1958).
Maderno, Alfred: „Und setzet ihr nicht das Leben ein...". H. Z.s „Lützower" in Berlin uraufgeführt. In: Der Morgen, Nr. 303 v. 29. 12. (1955).
Mager, Hasso: Hals über Kopf [zu: „Die Lösung"]. In: Neue Deutsche Literatur, H. 6 (1982).
Meyer, Lotte: Bewegende Schicksale in bewegter Zeit [zu: „Ahnen und Erben – Die Schwestern"]. In: Neues Deutschland, Nr. 4, Beil. Literatur v. 14. 4. (1971).
Mollenschott, Elvira: Ärger mit der Schwiegermutter [zu: „Die Schwiegermutter"]. In: Neues Deutschland, Nr. 15 v. 15. 1. (1967).
Dies.: Kein Grund zum Lächeln [zu: „Der Fall hinauf", Fsp.]. In: Neues Deutschland, Nr. 71 v. 12. 3. (1967).
Neubert, Werner: Hohe Probe auf die Menschlichkeit [zu: „Arrangement mit dem Tod"]. In: Berliner Zeitung, Nr. 4 v. 5./6. 1. (1985).
Novotny, Ehrentraud: Der Angeklagte, der zum Ankläger wurde [zu: „Der Teufelskreis", Fsp.]. In: Berliner Zeitung, Nr. 113 v. 15./16. 5. (1982).
Piens, Gerhard: Konsequenz der Friedensliebe [zu: „Auf jeden Fall verdächtig", Uraufführung in Erfurt]. In: Theater der Zeit, H. 5 (1959).
Rätzke, Angelika: Die Tänzerin Magda [zu: „Der Fall der Magdalena Eigner", Fsp.]. In: Berliner Zeitung, Nr. 245 v. 16. 10. (1984).
Richter, Rolf: Eine Episode der Befreiungskriege. „Lützower", ein historischer DEFA-Film. In: Neues Deutschland, Nr. 304 v. 2. 11. (1972).
Rittinghaus, Johanna: [Zu: „Alltag eines nicht alltäglichen Landes", Bd. 2]. In: Die Buchbesprechung, H. 8 (1953).
Dies.: Ein Roman um Louise Otto-Peters [zu: „Nur eine Frau"]. In: Die Buchbesprechung, H. 2 (1955).
Rudolph, Ilse: [Zu: „Wir fahren nach Moskau"]. In: Die Buchbesprechung, H. 12 (1953).
Scheibner, Eberhard: Liebe in der Gegenwart [zu: „Wenn die Liebe stirbt"]. In: Neues Deutschland, Nr. 4, Beil. Literatur v. 13. 4. (1966).
Schönewolf, Karl: „Plautus im Nonnenkloster" v. Max Butting und H. Z., Aufführung in Leipzig. In: Theater der Zeit, H. 11 (1959).
Simons, Elisabeth: „Ich war dabei, und ich gebe es weiter" [zu: „Auf dem roten Teppich"]. In: Neue Deutsche Literatur, H. 10 (1978).
Stern, Katja: Eine Frau aus unserer Mitte [zu: „Elisabeth Trowe", Fsp.]. In: Neues Deutschland, Nr. 210 v. 2. 8. (1967).

Biobibliographien

Hedda Zinner. In: Veröffentlichungen deutscher sozialistischer Schriftsteller in der revolutionären und demokratischen Presse 1918–1945. Bibliographie (Berlin, Weimar 1966).
Hedda Zinner. In: 20 Jahre DEFA-Spielfilm. Ein Bildband mit

400 Fotos von „Die Mörder sind unter uns“ bis „Solange Leben in mir ist“. Hg. v. Heinz Baumert u. Hermann Herlinghaus (Berlin 1968), darin Nachweise über die Werke von H. Z., die verfilmt wurden.
Hedda Zinner. In: Bibliographische Kalenderblätter. Bearb. v. der Berliner Stadtbibliothek. Folge 5 (1970).
Hedda Zinner. In: Internationale Bibliographie zur Geschichte der deutschen Literatur von den Anfängen bis zur Gegenwart. Erarbeitet ... unter Leitung und Gesamtredaktion v. Günter Albrecht/Günther Dahlke, Bd. II, 2 (Berlin 1972), S. 656–657; anschließend: Zehnjahres-Ergänzungsband [1965/74] zur Internationalen Bibliographie ... T. 2 (Berlin 1984), S. 718–719.

ABKÜRZUNGEN IN DEN BIBLIOGRAPHISCHEN ANGABEN

Anth.: Anthologie. – Aph.: Aphorismen. – Aufs.: Aufsätze. – Ausg.: Ausgabe. – Ausw.: Auswahl. – BA: Buchausgabe. – Ball.: Ballade. – Bd(e).: Band, Bände. – bearb.: bearbeitet. – Ber.: Bericht. – Bilderb.: Bilderbuch. – biogr.: biographisch. – Ders.: Derselbe (Autor). – Dies.: Dieselbe (Autorin). – Dr(n).: Drama, Dramen. – e.: entstanden. – E(n).: Erzählung(en). – Einf.: Einführung. – Einl.: Einleitung. – enth.: enthält. – Es(s).: Essay(s). – Fassg(n).: Fassung(en). – Festsp.: Festspiel. – Feuill.: Feuilletons. – Forts.: Fortsetzung. – Fragm(e).: Fragment(e) – Fsf.: Fernsehfilm. – Fsp.: Fernsehspiel. – G.: Gedichte. – gedr.: gedruckt. – Geleitw.: Geleitwort. – ges.: gesammelte. – Gesch(n). Geschichte(n). – H(e).: Heft(e). – Hg., hg.: Herausgeber, herausgegeben. – Hs., hs.: Handschrift, handschriftlich. – hist.: historisch. – Hsp(e).: Hörspiel(e). – i dr.: i drugie (russ.): und andere. – Ill.: Illustrationen. – Jgdb.: Jugendbuch. – Jh.: Jahrhundert. – Kom(n).: Komödie(n). – Kb.: Kinderbuch. – Kurzgeschn.: Kurzgeschichten. – Libr.: Libretto. – Lsp(e).: Lustspiel(e). – M.: Märchen. – Msp.: Märchenspiel(e). – Nachw.: Nachwort. – N(n).: Novelle(n). – Nr.: Nummer. – Orat.: Oratorium. – Ps.: Pseudonym. – R(e).: Roman(e). – Red.: Redaktion. – Rep.: Reportage. – RUB: Reclams Universal-Bibliothek. – sämtl.: sämtliche. – Sat(n).: Satire(n). – Sch(e).: Schauspiel(e). – Schr.: Schriften. – Sgsp(e).: Singspiel(e). – Skn.: Skizzen. – Slg.: Sammlung. – Tg.: Tagebuch. – Tl(e).: Teil(e). – Tr(n).: Tragödie(n). – Tragi-K.: Tragikomödie. – U.: Uraufführung, -sendung. – überarb.: überarbeitet. – Übers., übers.: Übersetzung, übersetzt. – übertr.: übertragen. – u. d. T.: unter dem Titel. – unveröff.: unveröffentlicht. – verb.: verbessert. – verm.: vermehrt. – Vortr(e).: Vortrag, Vorträge. – Vorw.: Vorwort. – [W.-]Berlin: [West-]Berlin. – wiederh.: wiederholt. – Zs.: Zeitschrift. – zus.-gest.: zusammengestellt.

Bildnachweis

C. Borchert, Berlin: 14
Foto-Hoffmann, Dresden: 30
St. Ketzscher, Leipzig: 2
B. Köppe, Berlin: 1, 20
K. Manzek, Berlin: 29
B. Meffert, Zepernick: 18
R. Melis, Berlin: 6, 7, 10, 12, 13, 21, 22, 23
B. Morgenstern, Berlin: 3, 8, 17, 19, 24, 25, 26, 27, 28, 31
K. Morgenstern, Berlin: 9
B. Oeburg, Berlin: 5
E. Rimkus-Beseler, Hinzenhagen: 11, 15
M. Steinfeldt, Berlin: 16
H. Strauß, Leipzig: 4

Literatur der Deutschen Demokratischen Republik: Einzeldarstellungen / von e. Autorenkollektiv unter Leitung von Hans Jürgen Geerdts u. Mitarb. von Hannelore Prosche. – Berlin: Volk u. Wissen
NE: Geerdts, Hans Jürgen [Mitarb.]
Bd. 3. 1. Aufl. – 1987. – 644 S.: Abb.

ISBN 3-06-102541-3

1. Auflage 1987

Lizenz-Nr. 203 · 1000/86 (E 10 25 41-1)
LSV 8012
Einband und Schutzumschlag: Heinz Hellmis
Typographische Gestaltung: Atelier vwv, Gerhard Neitzke
Printed in the German Democratic Republic
Gesamtherstellung: Offizin Andersen Nexö, Betriebsteil Hildburghausen
Schrift: 9/10 Garamond, Linotype
Bestell-Nr. 709 212 5
01760

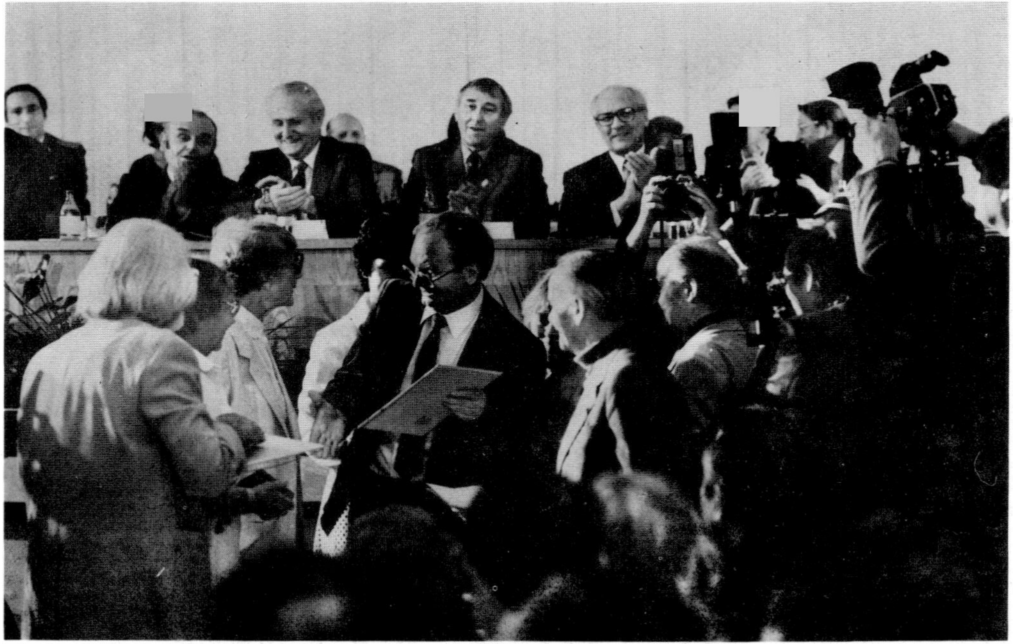

1 IX. Schriftstellerkongreß (1983)

2,3 Heinz Czechowski Fritz Rudolf Fries

4,5 Peter Gosse Uwe Greßmann

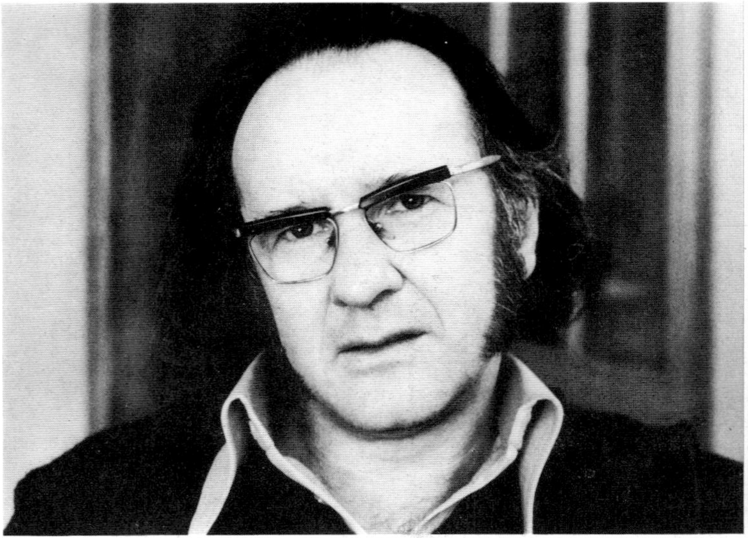

6,7 Werner Heiduczek Christoph Hein

8,9 Stefan Heym Uwe Kant

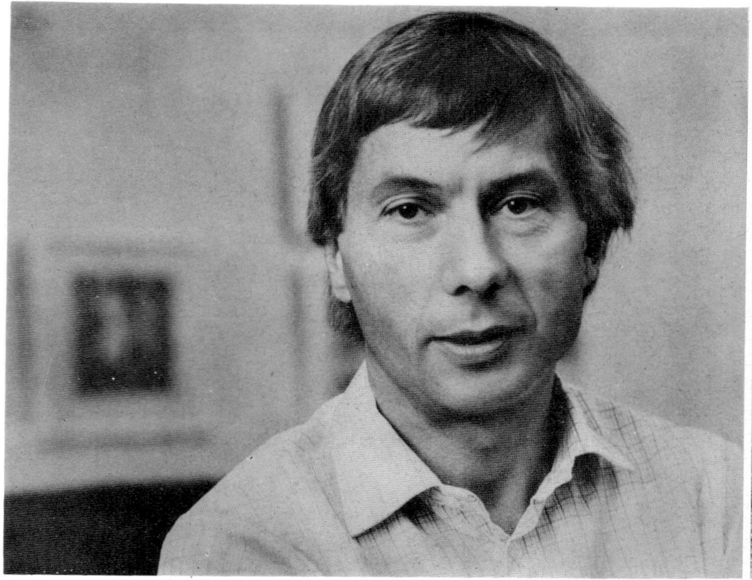

10,11 Rainer Kirsch Erich Köhler

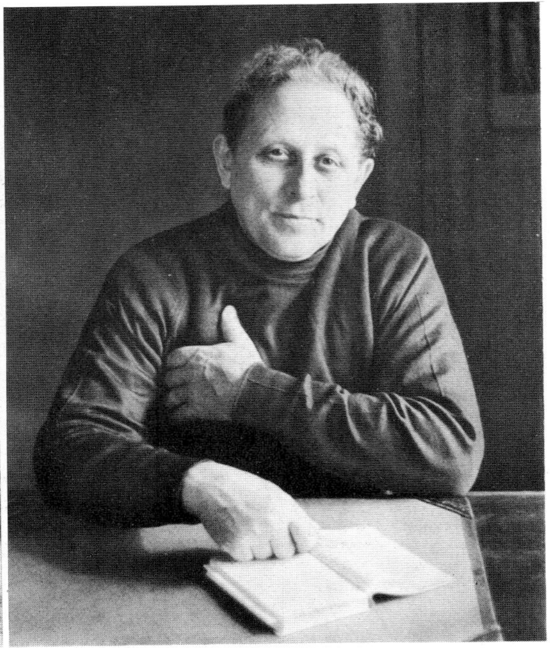

12,13 Wolfgang Kohlhaase Hans Lorbeer

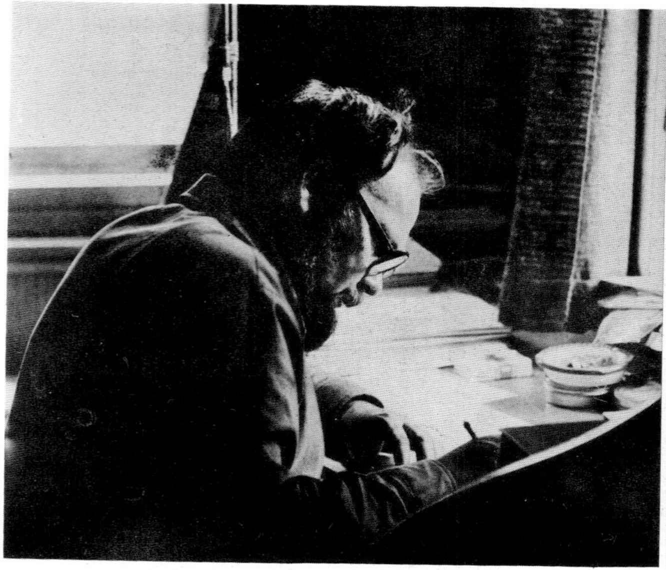

14,15 Kito Lorenc Hans Marchwitza

16,17 Karl Mickel Joachim Nowotny

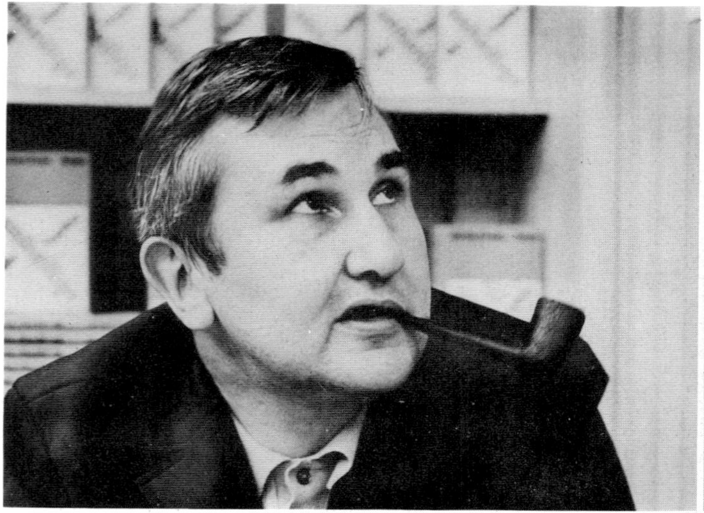

18,19 Eberhard Panitz Ulrich Plenzdorf

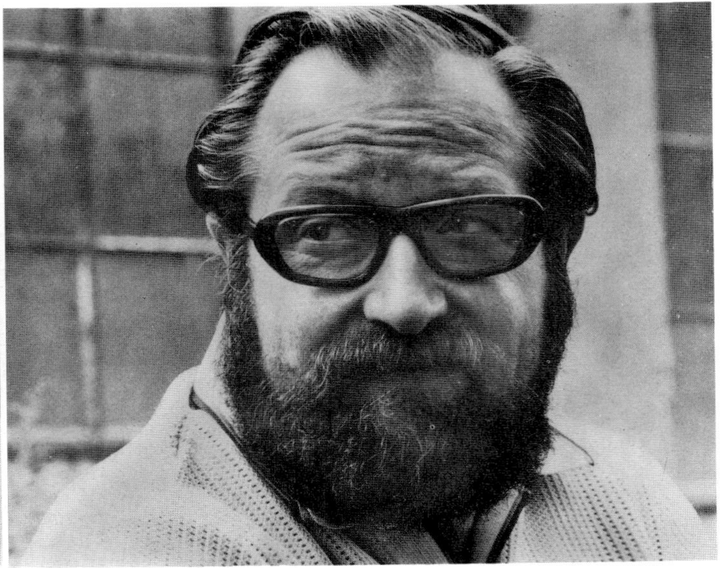
20,21 Brigitte Reimann Helmut H. Schulz

 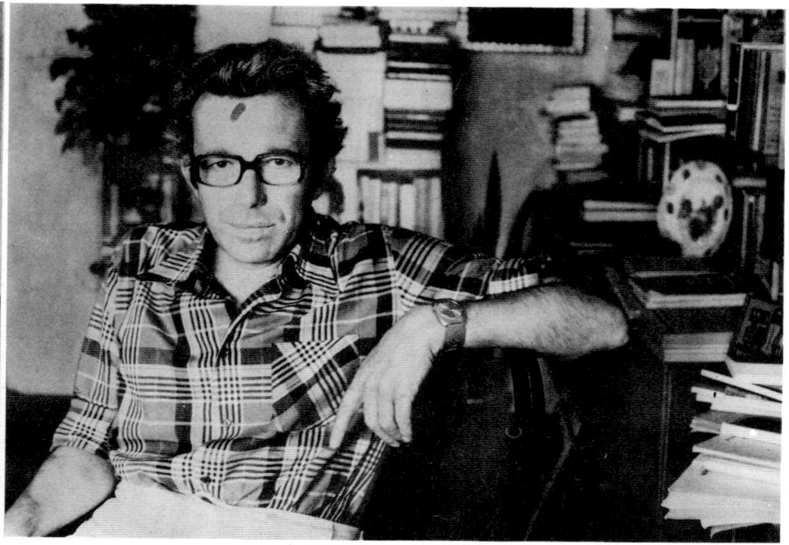

22,23 Helga Schütz Armin Stolper

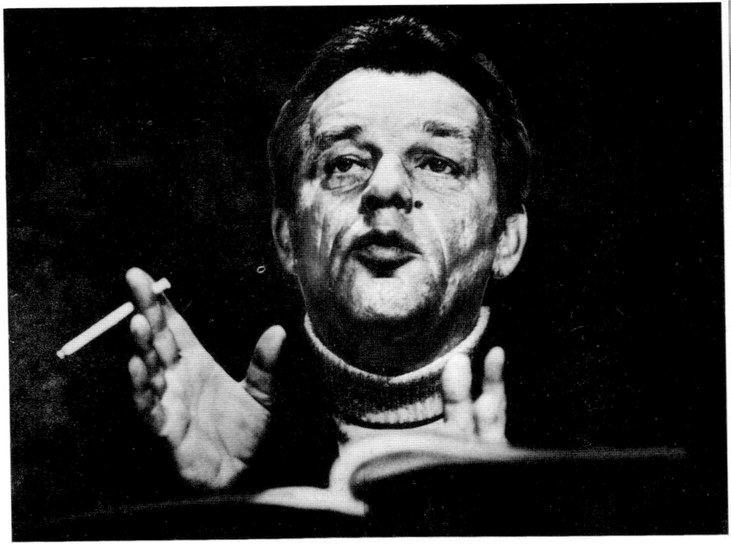

24,25 Rudi Strahl Harry Thürk

26,27 Wilhelm Tkaczyk Inge von Wangenheim

28,29 Albert Wendt Walter Werner

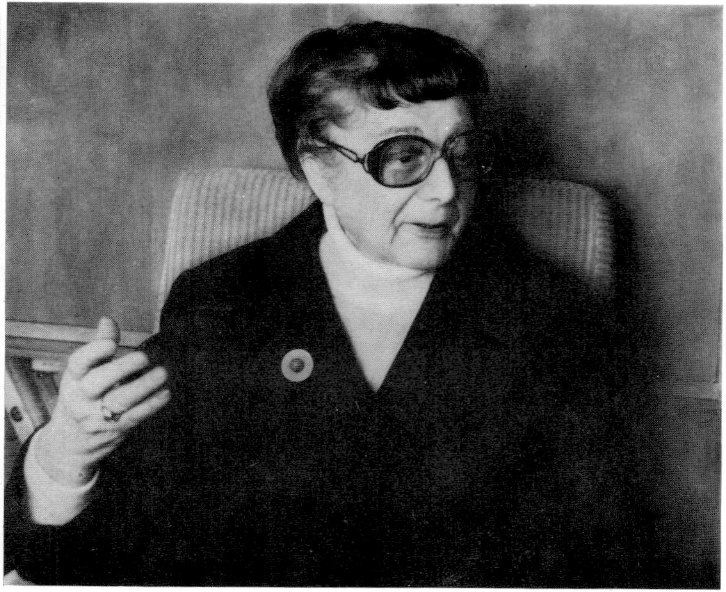

30,31 Friedrich Wolf Hedda Zinner